中华国学文库

容斋随笔

〔宋〕洪　迈撰

孔凡礼　点校

中华书局

图书在版编目(CIP)数据

容斋随笔/(宋)洪迈撰;孔凡礼点校. —北京:中华书局,2015.1(2023.9 重印)
(中华国学文库)
ISBN 978-7-101-10470-7

Ⅰ.容… Ⅱ.①洪…②孔… Ⅲ.笔记-中国-南宋-选集
Ⅳ.Z429.442

中国版本图书馆 CIP 数据核字(2014)第 235272 号

书　　名　容斋随笔
撰　　者　〔宋〕洪　迈
点 校 者　孔凡礼
丛 书 名　中华国学文库
责任编辑　张继海
责任印制　管　斌
出版发行　中华书局
　　　　　(北京市丰台区太平桥西里 38 号　100073)
　　　　　http://www.zhbc.com.cn
　　　　　E-mail:zhbc@zhbc.com.cn
印　　刷　河北新华第一印刷有限责任公司
版　　次　2015 年 1 月第 1 版
　　　　　2023 年 9 月第 7 次印刷
规　　格　开本/880×1230 毫米　1/32
　　　　　印张 26⅝　插页 2　字数 500 千字
印　　数　22001-23500 册
国际书号　ISBN 978-7-101-10470-7
定　　价　110.00 元

中华国学文库出版缘起

《中华国学文库》的出版缘起，要从九十年前说起。

1920年，中华书局在创办人陆费伯鸿先生的主持下，开始编纂《四部备要》。这套汇集三百三十六种典籍的大型丛书，精选经史子集的"最要之书"，校订成"通行善本"，以精雅的仿宋体铅字排印。一经推出，即以其选目实用、文字准确、品相精美、价格低廉的鲜明特点，最大限度地满足了国人研治学问、阅读典籍的需要，广受欢迎。丛书中的许多品种，至今仍为常用之书。

新中国成立之后，党和国家倡导系统整理中国传统文献典籍。六十馀年来，在新的学术理念和新的整理方法的指导下，数千种古籍得到了系统整理，并涌现出许多精校精注整理本，已成为超越前代的新善本，为学界所必备。

同时，随着中华民族以前所未有的自信快速发展，全社会对中国固有的学术文化——国学，也表现出前所未有的关注和重视。让中华文化的优秀成果得到继承和创新，并在世界范围内进行传播和弘扬，普惠全人类，已经成为中华民族的历史使命。当此之时，符合当代国民阅读需要的权威的国学经典读本的出现，实为当务之急。于是,《中华国学文库》应运而生。

《中华国学文库》是我们追慕前贤、服务当代的产物,因此,它自当具备以下三个基本特点:

一、《文库》所选均为中国学术文化的"最要之书"。举凡哲学、历史、文学、宗教、科学、艺术等各类基本典籍,只要是公认的国学经典,皆在此列。

二、《文库》所选均为代表当代最新学术水平的"最善之本",即经过精校精注的最有品质的整理本。其中既有传统旧注本的点校整理本,如朱熹《四书章句集注》,也有获得学界定评的新校新注本,如余嘉锡《世说新语笺疏》。总之,不以新旧为别,惟以善本是求。

三、《文库》所选均以新式标点、简体横排刊印。中国古籍向以繁体竖排为标准样式。时至当代,繁体竖排的标准古籍整理方式仍通行于学术界,但绝大多数国人早已习惯于现代通行的简体横排的图书样式。《文库》作为服务当代公众的国学读本,标准简体字横排本自当是恰当的选择。

《中华国学文库》将逐年分辑出版,每辑十种,一次推出;期以十年,以毕其功。在此,我们诚挚希望得到学术界、出版界同仁的襄助和广大读者的支持。

中华书局自 1912 年成立,至今已近百岁。我们将《中华国学文库》当作向中华书局百年诞辰敬献的一份贺礼,更是向致力于中华民族和平崛起、实现复兴大业的全国人民敬献的一份厚礼。我们自当努力,让《中华国学文库》当得起这份重任,这份荣誉。

中华书局编辑部

2010 年 12 月

前　言

一

容斋随笔，宋洪迈撰。

迈字景卢，号容斋，鄱阳（今属江西）人。宋徽宗宣和五年（一一二三）生。

宋史洪迈传称迈"幼读书日数千言"，"博极载籍，虽稗官虞初，释老傍行，靡不涉猎"。绍兴十五年（一一四五）登进士第。三十一年，累迁左司员外郎。

三十二年春，金主完颜雍（金世宗）遣使来告登位，朝议遣使报聘。其时，迈已进起居舍人。迈慨然请行。於是假翰林学士，充贺登位使，欲令金称兄弟敌国而归河南地。

四月戊子（二十二日），洪迈辞行。国书用敌国礼。入金燕京，金以为不如式，抑令使人于给金人的表章中称"陪臣"。迈初执不可，金乃锁使馆，自旦及暮，水浆不通，如是者凡三日。不得已在表章中称"陪臣"，乃得见。七月回朝，以使金辱命论罢。

平情而论，洪迈在恶劣的环境中，同金人进行了艰苦的斗争，大节是无亏的。范成大石湖居士诗集卷八洪景卢内翰使还入境以诗迓之有“玉帛干戈汹并驰，孤臣叱驭触危机”、“天地有情苏武归”之句，肯定了洪迈，以能归来为庆幸。

然而，这对于洪迈来说，始终是抹不掉的阴影，因为他终究没有很好地完成朝廷的委托。他始终不愿在自己的书中提到这件事。

孝宗隆兴元年（一一六三），起知泉州。乾道二年（一一六五），知吉州。入对，除起居舍人。三年，迁起居郎，拜中书舍人兼侍读、直学士院，仍参史事。六年，知赣州。淳熙七年（一一七九）容斋随笔初笔十六卷成，时知建宁府。十一年，知婺州。十二年，以提举佑神观兼侍讲，同修国史。十三年九月，拜翰林学士，上四朝史，北宋一祖八宗百七十八年为一书。

光宗绍熙元年（一一九〇），进焕章阁学士，知绍兴府，二年，提举玉隆万寿宫。三年，容斋随笔续笔十六卷成；上章告老，进龙图阁学士。宁宗庆元二年（一一九六），容斋随笔三笔十六卷成。三年，容斋随笔四笔十六卷成。嘉泰二年（一二〇二），以端明殿学士致仕，卒，年八十。容斋随笔五笔成十卷。赠光禄大夫，谥文敏。

洪迈著述传世者，除容斋随笔外，其流传较广、影响较大者，尚有夷坚志。此书原为四百二十卷，中华书局一九八一年新校辑本为二百七卷，其残佚者略过半。

据宋史艺文志，洪迈著述尚有太祖太宗本纪三十五卷、四朝史纪二十卷、列传一百三十五卷。以上三书，当包括在上面提到的四朝史中。

这里，需要就四朝史略作一点说明。

四朝史，即四朝国史，亦即北宋一代之史。修此书，前后历三十年。三笔卷十三四朝史志云：

> 四朝国史本纪，皆迈为编修官日作。至於淳熙乙巳（一一

八五)、丙午(一一八六),又成列传百三十五卷。

四笔卷一毕仲游二书:

> 元祐初,司马温公当国,尽改王荆公所行政事,士大夫言利害者以千百数,闻朝廷更化,莫不欢然相贺,唯毕仲游一书究尽本末。其略云(略)。……先是东坡公在馆阁,颇因言语文章,规切时政,仲游忧其及祸,贻书戒之曰(略)。……二公得书耸然,竟如其虑。予顷修史时,因得其集,读二书,思欲为之表见,故官虽不显,亦为之立传云。

今查宋史,卷二百八十一有毕仲游传,二书具在。说明元人修宋史时,于北宋的那一部分的传,依据了(至少是参考了)洪迈的文字。这样说来,四朝史的原书虽然失传了,但洪迈在这方面的贡献,我们仍可以通过宋史感受到。

洪迈之书影响较大者,尚有万首唐人绝句一百卷,绍熙间成书。有明嘉靖刊本、一九五五年古典文学出版社影印本。洪氏此书有误收者,次第有不当处,然汇一代之绝句为一书,功亦不可没。

宋史艺文志著录洪迈野处猥稿一百四卷。其书已久佚。今传野处猥稿,乃他人之作。

洪迈长兄适,字景伯,官至台辅。有盘洲文集八十卷传世。次兄遵,字景严,历官方面。有小隐集七十卷,已早佚,永乐大典征引之颇多。

二

本书以"随笔"名书,所谓随,就是不拘一个方面,这就决定了本书内容的广泛性。本书主要是讲历史。

首先是评史,对历史事实作评论。

作者致力探讨国家政权的兴衰这个历史的大主题。

他强调人才是兴国之本、强国之基。初笔卷二秦用他国人谓秦用魏人公孙鞅、赵人楼缓、魏人张仪魏冉范睢、燕人蔡泽、韩人吕不韦、楚人李斯,“卒之所以兼天下者,诸人之力也”。用人不仅限于本国、本地,同时要积极使用外来人才。

作者以为,用人之道首在于信任,其次曰专。如初笔卷八东晋将相条。

其三曰不执一端。灵活、机动,因才而用,因需而用。如五笔卷一唐宰相不历守令条,四笔卷十二祖宗用人条。

作者探讨兴国之道的同时,深入研究亡国的原因。续笔卷五秦隋之恶是其中代表作。

作者认为,秦、隋两代有其相似处,一是统一了纷争的局面,国势强盛;二是享国短促,只传了两代。对于后者,其共同点为:第一,秦、隋皆“不闻其过”。在秦代,根本听不到不同的声音;在隋代,偶尔可以听到不同的声音,即臣下的劝谏,但隋炀帝说“有谏我者,当时不杀,后必杀之”,其结果还是一样。第二,秦、隋皆“养生泰奢”。秦修阿房宫,隋修乾阳殿,一材之费,已数十万工。秦还“奉终泰厚”,秦始皇修陵墓,下锢三泉,多杀宫人,生埋工匠以万数。第三,秦、隋皆“赋敛无度,竭民财力”。秦箕敛头会,重以苛法,赭衣满路,群盗满山,孤寡老弱不能相养,死者相望。隋则殚人力以事夸侈,甲兵亟动,徭役不息。

对于上述现象,作者在初笔卷五晋之亡与秦隋异一则中归纳为“得罪于民”。

得罪于民,民群起而攻之,这就是秦、隋灭亡的根本原因。

作者评史的另一个重要方面,是评价历史人物。如续笔卷三汉文帝受言、三笔卷五光武苻坚及卷七赦恩为害、赦放债负,五笔卷七张蕴古大宝箴等。作者对历史人物进行客观、具体的分析，做到了实事求是。

本书讲历史的第二个重要内容是历史事实的纪录和考订。

先说史实纪录。

三笔卷三北狄俘虏之苦叙述金人惨无人道地虐待汉人俘虏，卷五北虏诛宗王叙述金最高统治集团内部两次血腥残杀。关于金统治区的情况，由于金人采取严密的封锁政策，南宋人知道很少。这里的记载价值甚高（此二则清代坊本容斋随笔删去，见本书附录张元济跋）。

五笔卷六李彦仙守陕记述了李彦仙建炎数年间孤军抗金作战最后壮烈殉国的事迹，可备国史。

初笔卷十杨彪陈群揭露蔡京等为政，欲殄灭元祐善类；三笔卷十三政和宫室揭露政和间蔡京大兴土木；续笔卷十五紫阁山村诗揭露宣和间朱勔等挟花石纲豪夺渔取；三笔卷十二再书博古图揭露蔡京当政和、宣和间禁士大夫不得读史；卷十四政和文忌揭露蔡京施行文化专制；续笔卷四宣和官冗揭露官僚机构臃肿，人心涣散，士无斗志，等等。

作者生活在宋、金对峙、爱国士大夫和广大人民谋求恢复的时代，以上记述，有强烈的现实意义。

再说史实考察。

本书致力于古代和当代经济状况的考察。如三笔卷四省钱百陌考察古今钱币体制，卷十四官会折阅考察官会子——纸币在宋高宗、孝宗、宁宗各朝的施行情况，五笔卷七风灾霜旱考察荒政。

律历、天文方面的考察，有续笔卷七建除十二辰，初笔卷四鬼宿渡河等。

有族姓方面的考察，如三笔卷三元魏改功臣姓氏历叙汉族与少数民族的演化与融合。

有典章制度方面的考察，如初笔卷四进士试题考察的是科举制度；初笔卷四府军名额、卷十致仕之失、四笔卷七小官受俸考察的是职官制度；续笔卷三谥法考察的是礼制等。

有史书的考订，如初笔卷六杜悰谓新唐书、资治通鉴误采野史。

有对于古代文物的考察，如三笔卷十三再书博古图系统考察宣和博古图的谬妄；续笔卷十一古錞于、卷十二铜雀台砚对錞于和铜雀台砚做了深入的考察。

本书还致力于古今地理的考察，包括一些地方名称的由来、沿革、分野、交通、风土习俗、物产。特别致力于乡邦——饶州的地理考察，包括文献资料的搜集、名胜、人物、官吏、学校有关情况的记录。

本书有一部分内容不属于史的范畴，姑以“其他”二字括之。

作者对经学有很深的造诣。四笔卷二诸家经学兴废讲了经学史。续笔卷十六周礼非周公书谓周礼实出刘歆之手。三笔卷一晁景迂经说指出晁说之(景迂)之非，而晁氏对经学有精深研究。

文字、语言，古人谓之小学，属于经学范畴。作者关于文字、语言方面的论述，包括词义考源、词义辨正、古籍释词、助词、古方言、俗语、避讳字、文字演变、音韵、语言与文化交流等，有许多精辟的见解，超越了前人和当代人。

如初笔卷五字省文谓“礼”为“禮”之说文本字，“与”为“與”之说文本字，章奏及程文书册皆可用。对今天研究简体字，尚有意义。

又如五笔卷八礼部韵略非是谓官修的“礼部韵略所分字，有绝不近人情者，如‘东’之与‘冬’，‘清’之与‘青’，至於隔韵不通用”。

按，今天流行的一些韵书，"东"与"冬"、"清"与"青"犹隔韵。作者的见解，尚有现实意义。

作者广泛论及古代子书，其中有老子、庄子、管子、晏子、荀子、尹文子、墨子、杨子、孔丛子、鬼谷子、吕氏春秋、随巢子、胡非子、文子、文中子等。作者着重论述列子，如四笔卷一列子与佛经相参引引列子天瑞篇林类"死之与生，一往一反，故死于是者，安知不生于彼"之语，其意即佛家所云轮回。作者在当时虽然没有考察出列子晚出这一事实，但这里所阐述的见解，对于研究列子却是十分重要的。

医药之书属子部。作者考察了医药问题，如四笔卷三治药捷法讲的是制剂，雷公炮炙论讲的是药方，卷四礜石之毒讲的是药性，卷八茸附治疽漏讲的是医理。

作者对一些动植物进行了考察，其中大部分属子部农家类范畴，如续笔卷十苦荬菜，四笔卷二北人重甘蔗，卷五禽畜菜茄色不同，卷六临海蟹图，卷八莆田荔枝等。

本书中有二百多条诗话、文话、词话，其中大部分前人已以容斋诗话之名辑出行世，属於文学史史料范畴。其中不少不见他书，如三笔卷十一何公桥诗所叙苏轼轶事。

作者引用的书，粗略统计，有九十五种不见于今。

作者对涉及的很多问题都有独到的见解。宋史洪迈传说他极鬼神事物之变，并非虚语。

作者与同时代的士大夫比较，思想具有较多的唯物因素。如初笔卷一郭璞葬地谓世有谓郭璞为先知，而郭不能免于非命，则所谓先知者安在？同卷诗谶不然谓世以富贵中不如意语、少壮时衰病语为谶，而白居易十八岁时已有"多疾"、"不堪老"语，白终年七十五，则所谓谶者安在？卷六郗文公楚昭王称郗文公以民为重迁于绎，竟未几而卒，楚昭王以大臣为重愿受天降之祸，竟失国，则所谓天道者安在等。

作者终究生活在十二世纪，其思想自难免有局限性，反映在三笔卷一共工氏、续笔卷二巫蛊之祸等条的议论中。

整个说来，前人称本书考据精确，议论高简，其淹通赅博实为南宋说部（笔记）之首是切合实际的。北宋说部，自以沈括梦溪笔谈为首，其科学技术内涵，本书实不及，然就史事评论而论，沈实不及洪，二者固未易分轩轾。要之，本书乃宋人笔记之代表作。

三

容斋随笔的版本主要有：

一、宋孝宗淳熙间婺州刻本。所刻为容斋随笔初集，即初笔，今称初笔本。续笔的自序提到，已佚。

二、初笔及续笔合刊本，或续笔单刊本。王楙野客丛书卷十七、卷二十四、卷二十六、卷二十七、卷二十八皆引续笔。据野客丛书王楙自序，此书成于宋宁宗嘉泰二年（一二〇二），距以下所云之嘉定五年本早十年。以此知淳熙本与嘉定本之间，至少当有一本，即此本。此本已佚。然而见于以下所云的会通馆本的丘榯跋和绍定本的周文炳跋。

三、冠以宁宗嘉定五年壬申（一二一二）何异序的洪伋赣州所刻五集合刊本。今存首二笔。简称赣州本。今藏北京国家图书馆。

四、嘉定十六年（一二二三）洪伋建宁刻本。已佚。

五、理宗绍定二年（一二二九）临川周文炳据建宁本所校刻之本。已佚。

六、临安府鞔鼓桥南河西岸陈宅书籍铺所印的临安本。见耿文光万卷精华楼藏书记卷九十二，详本书附录。已佚。

七、宋刻本，残存四笔卷一至卷五（其中有缺叶）。参以下第八元大德重刊本条及第二十四丛刊本条。其刊刻年代在赣州本、绍定本后。

八、元成宗大德九年乙巳（一三〇五）重刊本。本书丛刊本四笔，有影印残宋本卷一至卷五五卷，其中缺叶，即以此本补。此本全书已佚。

九、明成祖永乐五年（一四〇七）抄本。存三笔一至四卷，四笔十一至十六卷。藏北京国家图书馆。

一〇、明孝宗弘治八年（一四九五）会通馆铜版活字本。出自绍定本。简称会本。今藏北京国家图书馆。

一一、弘治十一年李瀚刻本。简称李本。今藏北京国家图书馆。

一二、明弘治刻本。每叶行数、字数均与赣州本相同。乃覆刻赣州本。今藏北京国家图书馆。简称弘治本。

一三、明刊本。半叶九行，行十八字。傅增湘藏园群书题记卷七定为嘉靖本。会本三笔卷十三碌碌七字一则篇末无“庄子渔父篇”云云十八字，而此本有之，说明此本不出自绍定本；赣州本初笔卷一郭璞葬地一则篇末无“厕上衔刀之见浅矣”一句，而此本亦无之，说明此本当出自赣州本。此本今藏北京国家图书馆，简称嘉靖本。

一四、明抄本。此本初笔卷一郭璞葬地之末有“厕上衔刀之见浅矣”一句，三笔卷十三碌碌七字一则之末无“庄子渔父篇”云云十八字，说明与会本一源，同出绍定本。然有会本所不及者。其一，会本五笔之末，有丘棣、洪伋二跋，周一跋；周失其名。此本五笔之末，亦有此跋，款式完全一致；而周之名两见於跋中，不过为小写。自此得知周乃名文炳。大约因为会本在用铜活字印刷时，没有小号的字，就把它删去了。知道文炳之名，有助于了解容斋随笔全书的流传。其二，会本删去了自初笔至五笔的作者自注注文；上面已经说了，铜活字中没有小号的字模，而此本的全部自注注文都保留了。此本的价值很高。此本有"温仪可象"、"斐斋图书"、"温仪"、"温仪之章"各印。傅增湘尝见之，著录于藏园群书经眼录，谓皆明人印章。惟傅氏似未就此本特色，进行深入考察。此本抄出多手，为黄冈刘氏藏书。此本今藏北京国家图书馆。

一五、明兰雪堂仿宋活字本。王国维曾据此本以校三笔、四笔、五笔，简称王校。王氏校本今藏北京国家图书馆。参本书附录的王国维跋九则。兰雪堂本今未见。

一六、明崇祯三年（一六三〇）马元调刊本。九行十八字。傅增湘疑其为翻刻嘉靖本。简称马本。

马本会合数本，校勘翻刻，参伍是正，改定千馀字。傅增湘盛赞其文字。

一七、清圣祖康熙三十九年（一七〇〇）洪璟重修马本。

一八、四库全书本。简称库本。

一九、清抄本。依马本录出。

此本之朱笔批点，乃陈訏（宋斋）手笔，其蓝笔，乃吴骞（兔床）临何焯（义门）评校。参本书附录傅增湘跋第九则。今此本藏北京国家图书馆。然原本不可得见，能见者惟胶卷。在显微阅读器中，其颜色无由辨别。陈、何二氏批点，多为义理，然间亦有文字校订。姑称之为"清抄本何焯等校"。

二〇、清高宗乾隆五十九年（一七九四）扫叶山房覆刻马本。

二一、清穆宗同治十一年（一八七二）校刊、清德宗光绪元年

（一八七五）印行，光绪九年依会通馆本重校、新丰洪氏十三公祠刻本。简称祠本。

马本刊刻者马元调氏未见会通馆本，祠本谓依会通馆本重校。然考其实，五笔卷四毛诗语助条，会通馆本"充耳以素乎而"句下，尚有"尚之以琼华乎而"一句，祠本并未补入；其他尚有会通馆本文字远胜祠本而祠本未改正者。疑祠本重校时，板已刻就，过多改刻，其势已有所不能。理或如是。

这是祠本的不足之处，但是全面说来，祠本较之马本，影响广，读者多，更具代表性。因为它在马本的基础上，继续校勘，质量又有所提高。

二二、光绪二十年（一八九四）皖南洪氏见山草堂刊本。

二三、民国四年（一九一五）罗元黼校正重印光绪二十年皖南洪氏见山草堂衣江官廨刊本。

二四、民国二十五年上海商务印书馆四部丛刊续编本。其初笔、续笔为影印宋嘉定赣州刻本，其四笔卷一至卷五为影印另一宋本；馀乃影印会通馆本，统称丛刊本。

丛刊本的嘉定本，缪荃孙氏称之为"至善"之本。见缪氏跋语。张元济跋语亦谓"明嘉靖本误处甚多"，嘉定本"可是正"。二跋均见本书附录。

丛刊本中的会本，有一些不足之处，但是上面已说它源出宋绍定本，不少地方，其文字高出现存李本、马本、库本、祠本等很多，各本皆不能替代。这一点，人们到现在为止，还没有充分注意到。

姑以会本与祠本比较，举三例于后。

一、三笔卷七五代滥刑谓"五代之际，时君以杀为嬉，视人命如草芥；唐明宗颇有仁心，独能斟酌悛救"。

"悛"有悔改之意。丛刊本以下叙石敬瑭杀以竹竿为战斗之戏之幼童二人，明宗知其事，乃下诏自咎，以为失刑，减常膳十日，以谢幽冤，罚石敬瑭一月俸。

祠本“悛”作“援”，非是。

二、四笔卷六乾宁覆试进士谓：“唐昭宗乾宁二年试进士。……是时，国祚如赘斿，悍镇强藩，请隧问鼎之不暇。”

按，“赘斿”犹“赘旒”，比喻虚居其位而无实权。

祠本“赘斿”作“赘疣”。赘疣乃肉瘤，比喻多馀无用之物。以此喻唐昭宗，大谬。盖唐昭宗虽身居逆境，犹欲有所作为，他冲破重重困难，做了一些有意义的事。以此，洪迈予以很高评价。改“斿”为“疣”，违背了洪迈的原意。

三、五笔卷三五方老人祝圣寿云：“圣节所用祝颂乐语，外方州县各当筵致语一篇，又有王母队者，若教坊，唯祝圣而已。”以下引欧阳修五方老人祝寿文，有“太山老叟，东海真仙”，“遇安期而遗枣，笑方朔之偷桃”等语。

按，教坊乃掌管乐人的官署，宋史卷一百四十二乐志有教坊专节。教坊云：每春秋圣节三大宴，有小儿队舞，致辞以述德美，女弟子队舞，亦致辞如小儿队等。苏轼文集卷四十五集英殿春宴教坊词细目有教坊致语、口号、勾合曲、勾小儿队、小儿致语、勾杂剧、放小儿队、勾女童队、队名、问女童队、女童致语、勾杂剧、放女童队等。

据以上所述，圣节举行时，有小儿与女弟子队舞；宋史所云“致辞”，即欧阳修与苏轼文集之“致语”。宋史云队舞之制，小儿队凡七十二人，女弟子队凡一百五十三人。女弟子队中有“菩萨献香花队”、“彩云仙队”。洪适盘洲文集卷六十七有王母队祝圣致语口号二首。王母队或亦在女弟子队中，队舞时，扮演西王母。

祠本“王母队”作“王母像”，误。查马本亦作“像”，则误已久。

总的说来，这次点校整理容斋随笔，决定以丛刊本为底本的原因就在这里。我们以明抄本、马本、祠本为校本。并校以王校、清抄本何焯等校。参校以李本。

在校勘过程中，根据需要，核对了一些引用书，其中有周易正义、尚书正义、诗经、春秋三传、前四史、若干唐、宋人集，共四十馀种。

关于校勘记的撰写。底本脱文（包括墨钉、空白）的补入，底本误文的改正和意义较长文字的选定，重要的异文，皆写入校勘记。

作者博极群书，亦难免偶失。对于这种情况，亦为出校。然不更动文字。

避讳字（如"桓"之讳"威"，"殷"之讳"商"、"慎"之讳"谨"、"贞"之讳"正"、"颛顼"之讳"颛帝"）、明显的误刊字（如"苻坚"之"苻"刊成"符"、"己"刊成"已"、"巳"），迳改，不写入校勘记。

意思相近的异文、校本中的错误，不写入校勘记。

底本中三笔、四笔、五笔影印明会通馆铜活字版那一部分的自注注文，依据明抄本全部录入，不一一出校（会本特点，此前已作说明）。

近些年，容斋随笔出现了多种整理本，如吉林文史出版社本、北京中国世界语出版社本、新疆人民出版社本、上海古籍出版社本、北京燕山出版社本等等。这些版本，给我的工作以很大的启迪，我衷心表示感谢。

不当之处，尚望读者指正。

孔凡礼

一九九九年十二月十日初稿，二〇〇二年十二月修订。时暂居北京大兴黄村海子角北街。二〇〇三年五月再修订。

目　录

容斋三笔

附录　关于容斋随笔及其作者洪迈的研究资料

容斋随笔卷一 二十九则

予老去习懒，读书不多，意之所之，随即纪录，因其后先，无复诠次，故目之曰随笔。淳熙庚子，鄱阳洪迈景卢。

1 欧率更帖

临川石刻杂法帖一卷，载欧阳率更一帖云："年二十馀，至鄱阳，地沃土平，饮食丰贱，众士往往凑聚。每日赏华，恣口所须。其二张才华议论，一时俊杰；殷、薛二侯，故不可言；戴君国士，出言便是月旦；萧中郎颇纵放诞，亦有雅致；彭君摛藻，特有自然，至如阁山神诗，先辈亦不能加。此数子遂无一在，殊使痛心。"兹盖吾乡故实也。

2 罗处士志

襄阳有隋处士罗君墓志曰："君讳靖，字礼，襄阳广昌人。高祖长卿，齐饶州刺史。曾祖弘智，梁殿中将军。祖养，父靖，学优不仕，有名当代。"碑字画劲楷，类褚河南。然父子皆名靖，为不可晓。拓拔魏安同父名屈，同之长子亦名屈，祖孙同名。胡人无足言者，但罗君不应尔也。

3 唐平蛮碑

成都有唐平南蛮碑，开元十九年，剑南节度副大使张敬忠所立。时南蛮大酋长染、浪州刺史杨盛颠为边患，明皇遣内常侍高守信为南道招慰处置使以讨之，拔其九城。此事新、旧唐书及野史皆不载。肃宗以鱼朝恩为观军容处置使，宪宗用吐突承璀为招讨使，议者讥其以中人主兵柄，不知明皇用守信盖有以启之也。裴光庭、萧嵩时为相，无足责者。杨氏苗裔，至今犹连"晟"字云。

4 半择迦

大般若经云：梵言"扇搋半择迦"，唐言黄门。其类有五：一曰半择迦，总名也，有男根用而不生子；二曰伊利沙半择迦，此云妒，谓他行欲即发，不见即无，亦具男根而不生子；三曰扇搋半择迦，谓本来男根不满，亦不能生子；四曰博叉半择迦〔一〕，谓半月能男，半月不能男；五曰留拏半择迦，此云割，谓被割刑者。此五种黄门，名为人中恶趣受身处。搋，音丑皆反。

【校勘记】

〔一〕博叉　祠本原校："博"一作"搏"。

5 六十四种恶口

大集经载六十四种恶口之业，曰麄语、软语、非时语、妄语、漏语、大语、高语、轻语、破语、不了语、散语、低语、仰语、错语、恶语、畏语、吃语、诤语、谄语、诳语、恼语、怯语、邪语、罪语、哑语、入语、烧语、地语、狱语、虚语、慢语、不爱语、说罪咎语、失语、别离语、利害语、两舌语、无义语、无护语、喜语、狂语、杀语、害语、系语、闲语、缚语、打语、歌语、非法语、自赞叹语、说他过语、说三宝语。

6 八月端午

唐玄宗以八月五日生，以其日为千秋节。张说上大衍历序云："谨以开元十六年八月端午赤光照室之夜献之。"唐类表有宋璟请以八月五日为千秋节表云："月惟仲秋，日在端午。"然则凡月之五日皆可称端午也。

7 赞公少公

唐人呼县令为明府，丞为赞府，尉为少府。李太白集有饯阳曲王赞公贾少公石艾尹少公序，盖阳曲丞、尉，石艾尉也。赞公、少公之语益奇。

8 郭璞葬地

世说："郭景纯过江，居于暨阳。墓去水不盈百步，时人以为近水。景纯曰：'将当为陆。'今沙涨，去墓数十里皆为桑田。"此说盖以郭为先知也。世传锦囊葬经为郭所著，行山卜宅兆者印为元龟〔一〕。然郭能知水之为陆，独不能卜吉以免其非命乎！厕上衔刀之见浅矣〔二〕。

【校勘记】

〔一〕行山卜宅兆者印为元龟　野客丛书卷二十五郭璞先知条引文“印”作“即”。

〔二〕厕上衔刀之见浅矣　此句原脱，据明抄本、会本补。王校：“赣州本无此句，会通馆活字本亦从赣州本出，有此句，不可解。”按，会本出自宋绍定本，王氏误。

9　黄鲁直诗

徐陵鸳鸯赋云：“山鸡映水那相得，孤鸾照镜不成双。天下真成长会合，无胜比翼两鸳鸯。”黄鲁直题画睡鸭曰：“山鸡照影空自爱，孤鸾舞镜不作双。天下真成长会合，两凫相倚睡秋江。”全用徐语点化之，末句尤精工。又有黔南十绝，尽取白乐天语，其七篇全用之，其三篇颇有改易处。乐天寄行简诗，凡八韵，后四韵云：“相去六千里，地绝天邈然。十书九不达，何以开忧颜。渴人多梦饮，病人多梦医。春来梦何处，合眼到东川。”鲁直翦为两首，其一云：“相望六千里，天地隔江山。十书九不到，何用一开颜。”其二云：“病人多梦医，囚人多梦赦。如何春来梦，合眼在乡社。”乐天岁晚诗七韵，首句云：“霜降水返壑，风落木归山。冉冉岁将晏，物皆复本源。”鲁直改后两句七字，作“冉冉岁华晚，昆虫皆闭关。”

10　禹治水

禹贡叙治水，以冀、兖、青、徐、扬、荆、豫、梁、雍为次。考地理言之，豫居九州中，与兖、徐接境。何为自徐之扬，顾以豫为后乎！盖禹顺五行而治之耳。冀为帝都，既在所先，而地居北方，实于五行为水，水生木，木东方也，故次之以兖、青、徐；木生火，火南方也，故次之以扬、荆；火生土，土中央也，故次之以豫；土生金，金西方也，故终于梁、雍。所谓"彝伦攸叙"者此也。与鲧之汩陈五行，相去远矣。此说予得之魏几道。

11 敕勒歌

鲁直题阳关图诗云："想得阳关更西路，北风低草见牛羊。"又集中有书韦深道诸帖云："斛律明月，胡儿也，不以文章显，老胡以重兵困敕勒川，召明月作歌以排闷，仓卒之间，语奇壮如此，盖率意道事实耳。"予按古乐府有敕勒歌，以为齐高欢攻周玉壁而败，恚愤疾发，使斛律金唱敕勒，欢自和之。其歌本鲜卑语，词曰："敕勒川，阴山下，天似穹庐，笼罩四野。天苍苍，野茫茫，风吹草低见牛羊。"鲁直所题及诗中所用，盖此也，但误以斛律金为明月。明月名光，金之子也。欢败于玉壁，亦非困于敕勒川。

12 浅妄书

俗间所传浅妄之书，如所谓云仙散录、老杜事实、开元天宝遗事之属，皆绝可笑。然士大夫或信之，至以老杜事实为东坡所作者，今蜀本刻杜集，遂以入注。孔传续六帖，采摭唐事殊有工，而悉载云仙录中事，自秽其书。开天遗事托云王仁裕所著，仁裕五代时人，虽文章乏气骨，恐不至此。姑析其数端以为笑。其一云："姚元崇开元初作翰林学士，有步辇之召。"按，元崇自武后时已为宰相，及开元初三入辅矣。其二云："郭元振少时美风姿，宰相张嘉贞欲纳为婿，遂牵红丝线，得第三女，果随夫贵达。"按，元振为睿宗宰相，明皇初年即贬死，后十年，嘉贞方作相。其三云："杨国忠盛时，朝之文武，争附之以求富贵，惟张九龄未尝及门。”按九龄去相位十年，国忠方得官耳。其四云：“张九龄览苏颋文卷，谓为文阵之雄师。”按，颋为相时，九龄元未达也。此皆显显可言者，固鄙浅不足攻，然颇能疑误后生也。惟张彖指杨国忠为冰山事，资治通鉴亦取之，不知别有何据。近岁，兴化军学刊遗事，南剑州学刊散录，皆可毁。

13　五臣注文选

东坡诋五臣注文选，以为荒陋。予观选中谢玄晖和王融诗云：“阽危赖宗衮，微管寄明牧。”正谓谢安、谢玄。安石于玄晖为远祖，以其为相，故曰宗衮。而李周翰注云：“宗衮谓王导，导与融同宗，言晋国临危，赖王导而破苻坚。牧谓谢玄，亦同破坚者。”夫以宗衮为王导，固可笑，然犹以和王融之故，微为有说。至以导为与谢玄同破苻坚，乃是全不知有史策，而狂妄注书，所谓小儿强解事也。唯李善注得之。

14　文烦简有当

欧阳公进新唐书表曰：“其事则增于前，其文则省于旧。”夫文贵于达而已，繁与省各有当也。史记卫青传：“校尉李朔、校尉赵不虞、校尉公孙戎奴，各三从大将军获王，以千三百户封朔为涉轵侯，以千三百户封不虞为随成侯，以千三百户封戎奴为从平侯。”前汉书但云：“校尉李朔、赵不虞、公孙戎奴各三从大将军，封朔为涉轵侯、不虞为随成侯、戎奴为从平侯。”比于史记五十八字中省二十三字，然不若史记为朴赡可喜。

15 地险

古今言地险者，以谓函秦宅关、河之胜，齐负海、岱，赵、魏据大河，晋表里河山，蜀有剑门、瞿唐之阻，楚国方城以为城，汉水以为池，吴长江万里，兼五湖之固，皆足以立国。唯宋、卫之郊，四通五达，无一险可恃。然东汉之末，袁绍跨有青、冀、幽、并四州，韩遂、马腾辈分据关中，刘璋擅蜀，刘表居荆州，吕布盗徐，袁术包南阳、寿春，孙策取江东，天下形胜尽矣。曹操晚得兖州，倔强其间，终之夷群雄，覆汉祚。议者尚以为操挟天子以自重，故能成功。而唐僖、昭之时，方镇擅地，王氏有赵百年，罗洪信在魏，刘仁恭在燕，李克用在河东，王重荣在蒲，朱宣、朱瑾在兖、郓，时溥在徐，王敬武在淄、青，杨行密在淮南，王建在蜀，天子都长安，凤翔、邠、华三镇鼎立为梗，李茂贞、韩建皆尝劫迁乘舆。而朱温区区以汴、宋、亳、颍巘然中居，及其得志，乃与操等。以在德不在险为言，则操、温之德又可见矣。

16 史记世次

史记所纪帝王世次，最为不可考信。且以稷、契论之。二人皆帝喾子，同仕于唐虞。契之后为商，自契至成汤凡十三世，历五百馀年。稷之后为周，自稷至武王凡十五世，历千一百馀年。王季盖与汤为兄弟，而世之相去六百年，既已可疑，则周之先十五世，须每世皆在位七八十年，又皆暮年所生嗣君，乃合此数，则其所享寿皆当过百岁乃可。其为漫诞不稽，无足疑者。国语所载太子晋之言曰："自后稷之始基靖民，十五王而文始平之。"皆不然也。

17　解释经旨

解释经旨，贵于简明，惟孟子独然。其称公刘之诗“乃积乃仓，乃裹糇粮。于橐于囊，思戢用光，弓矢斯张，干戈戚扬，爰方启行”，而释之之词但云：“故居者有积仓，行者有裹囊也，然后可以爰方启行。”其称烝民之诗“天生烝民，有物有则，民之秉夷，好是懿德”，而引孔子之语以释之，但曰：“故有物必有则，民之秉夷也，故好是懿德。”用两“故”字，一“必”字，一“也”字，而四句之义昭然。彼训“曰若稽古”三万言，真可覆酱瓿也。

18　坤动也刚

坤卦文言曰：“坤至柔而动也刚。”王弼云：“动之方正〔一〕，不为邪也。”程伊川云：“坤道至柔，而其动则刚，动刚故应乾不违。”张横渠云：“柔亦有刚，静亦有动，但举一体，则有屈伸动静终始。”又云：“积大势成而然。”东坡云：“夫物非刚者能刚，惟柔者能刚尔。畜而不发，及其极也，发之必决。”张葆光但以训六二之直。陈了翁云：“至柔至静，坤之至也。刚者道之动，方者静之得〔二〕，柔刚静动，坤元之道之德也。”郭雍云：“坤虽以柔静为主，苟无方刚之德，不足以含洪光大。”诸家之说，率不外此。予顷见临安退居庵僧昙莹云：“动者谓爻之变也，坤不动则已，动则阳刚见焉。在初为复，在二为师，在三为谦，自是以往皆刚也。”其说最为分明有理。

【校勘记】

〔一〕动之方正　祠本“正”作“直”。按，周易正义王弼注作“直”，疑作

“直”是。

〔二〕方者静之得　马本、祠本“得”作“德”。按，易“坤至柔而动也刚”句下为“至静而德方”，疑作“德”是。

19　乐天侍儿

世言白乐天侍儿唯小蛮、樊素二人。予读集中小庭亦有月一篇云：“菱角执笙簧，谷儿抹琵琶，红绡信手舞，紫绡随意歌。”自注曰：“菱、谷、紫、红皆小臧获名。”若然，则红、紫二绡亦女奴也。

20　白公咏史

东坡志林云：“白乐天尝为王涯所谗，贬江州司马。甘露之祸，乐天有诗云：‘当君白首同归日，是我青山独往时。’不知者以乐天为幸之，乐天岂幸人之祸者哉！盖悲之也。”予读白集有咏史一篇，注云：“九年十一月作。”其词曰：“秦磨利刃斩李斯，齐烧沸鼎烹郦其。可怜黄、绮入商、洛，闲卧白云歌紫芝。彼为葅醢机上尽，此作鸾凰天外飞。去者逍遥来者死，乃知祸福非天为。”正为甘露事而作，其悲之之意可见矣。

21　十年为一秩

白公诗云：“已开第七秩，饱食仍安眠。”又云：“年开第七秩，屈指几多人。”是时年六十二，元日诗也。又一篇云：“行开第八秩，可谓尽天年。”注曰：“时俗谓七十以上为开第八秩。”盖以十年为一秩云。司马温公作庆文潞公八十会致语云“岁历行开九帙新”，亦用此也。

22　裴晋公禊事

唐开成二年三月三日，河南尹李待价将禊于洛滨，前一日启留守裴令公。公明日召太子少傅白居易、太子宾客萧籍、李仍叔、刘禹锡、中书舍人郑居中等十五人合宴于舟中，自晨及暮，前水嬉而后妓乐，左笔砚而右壶觞，望之若仙，观者如堵。裴公首赋一章，四坐继和，乐天为十二韵以献，见于集中。今人赋上巳，鲜有用其事者。予案裴公传，是年起节度河东，三年以病丐还东都。文宗上巳宴群臣曲江，度不赴，帝赐以诗，使者及门而度薨。与前事相去正一年。然乐天又有一篇，题云："奉和裴令公三月上巳日游太原龙泉，忆去岁禊洛之作。"是开成三年诗，则度以四年三月始薨。新史以为三年，误也。宰相表却载其三年十二月为中书令，四年三月薨，而帝纪全失书，独旧史纪、传为是。

23　司字作入声

白乐天诗好以"司"字作入声读，如云："四十着绯军司马，男儿官职未蹉跎"，"一为州司马，三见岁重阳"是也。又以"相"字作入声，如云"为问长安月，谁教不相离"是也。"相"字之下自注云："思必切。"以"十"字作平声读，如云："在郡六百日，入山十二回"，"绿浪东西南北路，红栏三百九十桥"是也。以"琵"字作入声读，如云"四弦不似琵琶声，乱写真珠细撼铃"，"忽闻水上琵琶声"是也。武元衡亦有句云："唯有白须张司马，不言名利尚相从。"

24 乐天新居诗

白乐天自杭州刺史分司东都，有题新居呈王尹兼简府中三掾诗云："弊宅须重葺，贫家乏羡财。桥凭州守造[一]，树倩府寮栽。朱板新犹湿，红英暖渐开。仍期更携酒，倚槛看花来。"乃知唐世风俗尚为可喜。今人居闲，而郡守为之造桥，府寮为之栽树，必遭讥议，又肯形之篇咏哉！

【校勘记】

〔一〕桥凭州守造　"州"原作"川"，据李本改。按，白居易集作"州"。

25 黄纸除书

乐天好用"黄纸除书"字。如："红旗破贼非吾事，黄纸除书无我名。""正听山鸟向阳眠，黄纸除书落枕前。""黄纸除书到，青宫诏命催。"

26 白用杜句

杜子美诗云："夜足沾沙雨，春多逆水风。"白乐天诗："巫山暮足霑花雨，陇水春多逆浪风。"全用之。

27 唐人重服章

唐人重服章，故杜子美有"银章付老翁"、"朱绂负平生"、"扶病垂朱绂”之句。白乐天诗言银绯处最多，七言如“大抵着绯宜老大”、“一片绯衫何足道”、“暗淡绯衫称我身”、“酒典绯花旧赐袍”、“假着绯袍君莫笑”、“腰间红绶系未稳”、“朱绂仙郎白雪歌”、“腰佩银龟朱两轮”、“便留朱绂还铃阁”、“映我绯衫浑不见”、“白头俱未着绯衫”、“绯袍着了好归田”、“银鱼金带绕腰光”、“银章暂假为专城”、“新授铜符未着绯”、“徒使花袍红似火”、“似挂绯衫衣架上”。五言如“未换银青绶，唯添雪白须”、“笑我青袍故，饶君茜绶新”、“老逼教垂白，官科遣着绯”、“那知垂白日，始是着绯年”、“晚遇何足言，白发映朱绂”。至于形容衣鱼之句，如“鱼缀白金随步跃，鹄衔红绶绕身飞”。

28 诗谶不然

今人富贵中作不如意语，少壮时作衰病语，诗家往往以为谶。白公十八岁，病中作绝句云：“久为劳生事，不学摄生道。少年已多病，此身岂堪老。”然白公寿七十五。

29 青龙寺诗

乐天和钱员外青龙寺上方望旧山诗云：“旧峰松雪旧溪云，怅望今朝遥属君。共道使臣非俗吏，南山莫动北山文。”顷于乾道四年讲筵开日，蒙上书此章于扇以赐，改“使臣”为“侍臣”云。

容斋随笔卷二 二十四则

1 唐重牡丹

欧阳公牡丹释名云："牡丹初不载文字，唐人如沈、宋、元、白之流，皆善咏花，当时有一花之异者，彼必形于篇什，而寂无传焉，唯刘梦得有咏鱼朝恩宅牡丹诗，但云一丛千朵而已，亦不云其美且异也。"予按，白公集有白牡丹一篇十四韵，又秦中吟十篇，内买花一章，凡百言，云："共道牡丹时，相随买花去。一丛深色花，十户中人赋。"而讽谕乐府有牡丹芳一篇，三百四十七字，绝道花之妖艳，至有"遂使王公与卿士，游花冠盖日相望"、"花开花落二十日，一城之人皆若狂"之语。又寄微之百韵诗云："唐昌玉蕊会，崇敬牡丹期。"注："崇敬寺牡丹花，多与微之有期。"又惜牡丹诗云："明朝风起应吹尽，夜惜衰红把火看。"醉归盩厔诗云："数日非关王事系，牡丹花尽始归来。"元微之有入永寿寺看牡丹诗八韵，和乐天秋题牡丹丛三韵，酬胡三咏牡丹一绝，又有五言二绝句。许浑亦有诗云："近来无奈牡丹何，数十千钱买一窠。"徐凝云："三条九陌花时节，万马千车看牡丹。"又云："何人不爱牡丹花，占断城中好物华。"然则元、白未尝无诗，唐人未尝不重此花也。

2 长歌之哀

嬉笑之怒，甚于裂眦，长歌之哀，过于恸哭。此语诚然。元微之在江陵，病中闻白乐天左降江州，作绝句云："残灯无焰影憧憧，此夕闻君谪九江。垂死病中惊起坐，暗风吹雨入寒窗。"乐天以为："此句他人尚不可闻，况仆心哉。"微之集作"垂死病中仍怅望"，此三字既不佳，又不题为病中作，失其意矣。东坡守彭城，子由来访之，留百馀日而去，作二小诗曰："逍遥堂后千寻木，长送中宵风雨声。悮喜对床寻旧约，不知漂泊在彭城。""秋来东阁凉如水，客去山公醉似泥。困卧北窗呼不醒，风吹松竹雨凄凄。"东坡以为读之殆不可为怀，乃和其诗以自解。至今观之，尚能使人悽然也。

3　韦苏州

韦苏州集中有逢杨开府诗云："少事武皇帝，无赖恃恩私。身作里中横，家藏亡命儿。朝持樗蒱局，暮窃东邻姬。司隶不敢捕，立在白玉墀。骊山风雪夜，长杨羽猎时。一字都不识，饮酒肆顽痴。武皇升仙去，憔悴被人欺。读书事已晚，把笔学题诗。两府始收迹，南宫谬见推。非才果不容，出守抚惸嫠。忽逢杨开府，论旧涕俱垂。"味此诗，盖应物自叙其少年事也，其不羁乃如此。李肇国史补云："应物为性高洁，鲜食寡欲，所居焚香扫地而坐，其为诗驰骤建安已还，各得风韵。"盖记其折节后来也。唐史失其事，不为立传。高适亦少落魄，年五十始为诗，即工。皆天分超卓，不可以常理论云。应物为三卫，正天宝间，所为如是，而吏不敢捕，又以见时政矣。

4　古行宫诗

白乐天长恨歌、上阳人歌，元微之连昌宫词，道开、天间宫禁事，最为深切矣。然微之有行宫一绝句云："寥落古行宫，宫花寂寞红。白头宫女在，闲坐说玄宗。”语少意足，有无穷之味。

5　隔是

乐天诗云：“江州去日听筝夜，白头新生不愿闻。如今格是头成雪，弹到天明亦任君。”元微之诗云：“隔是身如梦，频来不为名。怜君近南住，时得到山行。”“格”与“隔”二字义同，“格是”犹言已是也。

6　张良无后

张良、陈平皆汉祖谋臣，良之为人，非平可比也。平尝曰：“我多阴谋，道家之所禁。吾世即废矣，以吾多阴祸也。”平传国至曾孙，而以罪绝，如其言。然良之爵但能至子，去其死财十年而绝，后世不复绍封，其祸更促于平，何哉？予盖尝考之，沛公攻峣关，秦将欲连和，良曰：“不如因其懈怠击之。”公引兵大破秦军。项羽与汉王约中分天下，既解而东归矣。良有养虎自遗患之语，劝王回军追羽而灭之。此其事固不止于杀降也，其无后宜哉。

7　周亚夫

周亚夫距吴、楚，坚壁不出。军中夜惊，内相攻击扰乱，至于帐下。亚夫坚卧不起，顷之，复定。吴奔壁东南陬，亚夫使备西北。已而果奔西北，不得入。汉史书之，以为亚夫能持重。按，亚夫军细柳时，天子先驱至，不得入。文帝称其不可得而犯。今乃有军中夜惊相攻之事，安在其能持重乎！

8 汉轻族人

爰盎陷晁错,但云:“方今计,独有斩错耳。”而景帝使丞相以下劾奏,遂至父母妻子同产无少长皆弃市。主父偃陷齐王于死,武帝欲勿诛,公孙丞相争之,遂族偃。郭解客杀人,吏奏解无罪,公孙大夫议,遂族解。且偃、解两人本不死,因议者之言,杀之足矣,何遽至族乎!汉之轻于用刑如此。

9 漏泄禁中语

京房与汉元帝论幽、厉事,至于十问十答。西汉所载君臣之语,未有如是之详尽委曲者。盖汉法,漏泄省中语为大罪。如夏侯胜出,道上语,宣帝责之,故退不敢言,人亦莫能知者。房初见帝时,出为御史大夫郑君言之,又为张博道其语,博密记之,后竟以此下狱弃市。今史所载,岂非狱辞乎!王章与成帝论王凤之罪,亦以王音侧听闻之耳。

10 田叔

贯高谋弑汉祖,事发觉,汉诏赵王,有敢随王罪三族,唯田叔、孟舒等自髡钳随王,赵王既出,上以叔等为郡守。文帝初立,召叔问曰:“公知天下长者乎?”曰:“故云中守孟舒,长者也。”是时,舒坐虏大入云中免。上曰:“虏入云中,孟舒不能坚守,士卒死者数百人,长者固杀人乎?”叔叩头曰:“夫贯高等谋反,天子下明诏,赵有敢随张王者,罪三族。然孟舒自髡钳,随张王,以身死之,岂自知为云中守哉！是乃所以为长者。”上曰：“贤哉孟舒。”复召以为云中守。按，田叔、孟舒同随张王，今叔指言舒事，几于自荐矣。叔不自以为嫌，但欲直孟舒之事，文帝不以为过，一言开悟，为之复用舒，君臣之诚意相与如此。

11　孟舒魏尚

云中守孟舒，坐虏大入云中免。田叔对文帝曰：“匈奴来为边寇，孟舒知士卒罢敝，不忍出言，士争临城死敌，如子为父，以故死者数百人。孟舒岂驱之哉！”上曰：“贤哉孟舒。”复召以为云中守。又，冯唐对文帝曰：“魏尚为云中守，虏尝一入，尚率车骑击之。士卒终日力战。上功莫府，坐首虏差六级，下吏削爵。臣以为陛下罚太重。”上赦魏尚，复以为云中守。案，孟舒、魏尚，皆以文帝时为云中守，皆坐匈奴入寇获罪，皆得士死力，皆用他人言复故官，事切相类，疑其只一事云。

12　秦用他国人

七国虎争天下，莫不招致四方游士。然六国所用相，皆其宗族及国人，如齐之田忌、田婴、田文，韩之公仲、公叔，赵之奉阳、平原君，魏王至以太子为相。独秦不然，其始与之谋国以开霸业者，魏人公孙鞅也。其它若楼缓赵人，张仪、魏冉、范睢皆魏人，蔡泽燕人，吕不韦韩人，李斯楚人，皆委国而听之不疑，卒之所以兼天下者，诸人之力也。燕昭王任郭隗、剧辛、乐毅，几灭强齐，辛、毅皆赵人也。楚悼王任吴起为相，诸侯患楚之强，盖卫人也。

13　曹参赵括

汉高祖疾甚，吕后问曰："萧相国既死，谁令代之。"上曰："曹参可。"萧何事惠帝，病，上问曰："君即百岁后，谁可代君?"对曰："知臣莫若主。"帝曰："曹参何如?"曰："帝得之矣。"曹参相齐，闻何薨，告舍人趣治行，吾且入相。居无何，使者果召参。赵括自少时学兵法，其父奢不能难，然不谓善，谓其母曰："赵若必将之，破赵军者必括也。"后廉颇与秦相持，秦应侯行千金为反间于赵，曰："秦之所畏，独赵括耳。"赵王以括代颇将。蔺相如谏，王不听。括母上书言括不可使，王又不听。秦王闻括已为赵将，乃阴使白起代王龁，遂胜赵。曹参之宜为相，高祖以为可，惠帝以为可，萧何以为可，参自以为可，故汉用之而兴。赵括之不宜为将，其父以为不可，母以为不可，大臣以为不可，秦王知之，相应侯知之，将白起知之，独赵王以为可，故用之而败。呜呼，将相安危所系，可不监哉！且秦以白起易王龁，而赵乃以括代廉颇，不待于战，而胜负之形见矣。

14　信近于义

"信近于义，言可复也。恭近于礼，远耻辱也。因不失其亲，亦可宗也。"程明道曰："因恭信而不失其所以亲，近于礼义，故亦可宗。"伊川曰："因不失于相近，亦可尚也。"又曰："因其近礼义而不失其亲，亦可宗也。况于尽礼义者乎！"范纯父曰："君子所因者本，而立爱必自亲始，亲亲必及人，故曰因不失其亲。"吕与叔分为三事。谢显道曰："君、师、友三者，虽非天属，亦可以亲，舍此三者之外，吾恐不免于谄贱。惟亲不失其所亲，然后为可宗也。"杨中立曰："信不失义，恭不悖礼，又因不失其亲焉，是亦可宗也。"尹彦明曰："因其近，虽未足以尽礼义之本，亦不失其所宗尚也。"予切以谓义与礼之极，多至于不亲，能至于不失其亲，斯为可宗也〔一〕。然未敢以为是。

【校勘记】

〔一〕斯为可宗也　祠本原校：馆本"为可宗"作"可为宗"。

15　刚毅近仁

刚毅者，必不能令色；木讷者，必不为巧言。此近仁、鲜仁之辨也。

16　忠恕违道

曾子曰："夫子之道，忠恕而已矣。"中庸曰："忠恕违道不远。"学者疑为不同。伊川云："中庸恐人不喻，乃指而示之近。"又云："忠恕固可以贯道，子思恐人难晓，故降一等言之。"又云："中庸以曾子之言虽是如此，又恐人尚疑忠恕未可便为道，故曰违道不远。"游定夫云："道一而已，岂参彼此所能豫哉！此忠恕所以违道，为其未能一以贯之也。虽然，欲求入道者，莫近于此。此所以违道不远也。"杨中立云："忠恕固未足以尽道，然而违道不远矣。"侯师圣云："子思之忠恕，施诸己而不愿，亦勿施于人。此已是违道。若圣人，则不待施诸己而不愿然后勿施诸人也。"诸公之说，大氐不同。予切以为道不可名言，既丽于忠恕之名，则为有迹。故曰违道。然非忠恕二字，亦无可以明道者。故曰不远。非谓其未足以尽道也。违者违去之谓，非违畔之谓。老子曰："上善若水，水善利万物而不争，处众人之所恶，故几于道。"苏子由解云："道无所不在，无所不利，而水亦然。然而既已丽于形，则于道有间矣。故曰几于道。然而可名之善，未有若此者。故曰上善。"其说与此略同。

17　求为可知

"不患无位，患所以立，不患莫己知，求为可知也。"为之说者皆以为当求为可知之行。唯谢显道云："此论犹有求位求可知之道，在至论则不然，难用而莫我知，斯我贵矣，夫复何求。"予以为君子不以无位为患，而以无所立为患；不以莫己知为患，而以求为可知为患。第四句盖承上文言之。夫求之有道，若汲汲然求为可知，则亦无所不至矣。

18　里仁

"里仁为美。择不处仁，焉得智？"孟子论函矢、巫匠之术，而引此以质之，说者多以里为居，居以亲仁为美。予尝记一说云："函矢、巫匠，皆里中之仁也。然于仁之中，有不仁存焉。则仁亦在夫择之而已矣。"尝与郑景望言之，景望不以为然。予以为此特谓闾巷之间所推以为仁者，固在所择，正合孟子之意。不然，仁之为道大矣，尚安所择而处哉。

19　汉采众议

汉元帝时，珠厓反，连年不定。上与有司议大发军，待诏贾捐之建议，以为不当击。上以问丞相、御史，御史大夫陈万年以为当击，丞相于定国以为捐之议是，上从之，遂罢珠厓郡。匈奴呼韩邪单于既事汉，上书愿保塞上谷以西，请罢边备塞吏卒，以休天子人民。天子令下有司议，议者皆以为便，郎中侯应习边事，以为不可许。上问状，应对十策，有诏勿议罢边塞事。成帝时，匈奴使者欲降，下公卿议，议者言宜如故事受其降。光禄大夫谷永以为不如勿受，天子从之。使者果诈也。哀帝时，单于求朝，帝欲止之，以问公卿，亦以为虚费府帑，可且勿许。单于使辞去。黄门郎杨雄上书谏，天子寤焉，召还匈奴使者，更报单于书而许之。安帝时，大将军邓骘欲弃凉州，并力北边，会公卿集议，皆以为然，郎中虞诩陈三不可，乃更集四府，皆从诩议。北匈奴复强，西域诸国既绝于汉，公卿多以为宜闭玉门关绝西域，邓太后召军司马班勇问之，勇以为不可，于是从勇议。顺帝时，交阯蛮叛，帝召公卿百官及四府掾属，问以方略，皆议遣大将发兵赴之，议郎李固驳之，乞选刺史太守以往，四府悉从固议，岭外复平。灵帝时，簾州兵乱不解，司徒崔烈以为宜弃，诏会公卿百官议之，议郎傅燮以为不可，帝从之。此八事者，所系利害甚大，一时公卿百官既同定议矣，贾捐之以下八人，皆以郎大夫之微，独陈异说。汉元、成、哀、安、顺、灵，皆非明主，悉能违众而听之，大臣无贤愚亦不复执前说，盖犹有公道存焉。每事皆能如是，天下其有不治乎！

20　汉母后

汉母后预政，不必临朝及少主，虽长君亦然。文帝系周勃，薄太后曰："绛侯绾皇帝玺，将兵于北军，不以此时反，今居一小县，顾欲反邪？"帝谢曰："吏方验而出之。"遂赦勃。吴、楚反，诛，景帝欲续之，窦太后曰："吴王，老人也，宜为宗室顺善，今乃首乱天下，奈何续其后？"不许吴，许立楚后。郅都害临江王，窦太后怒，会匈奴中都以汉法。帝曰："都忠臣。"欲释之。后曰："临江王独非忠臣乎？"于是斩都。武帝用王臧、赵绾，太皇窦太后不悦儒术，绾请毋奏事东宫，后大怒，求得二人奸利事以责上，上下绾、臧吏，杀之。窦婴、田蚡廷辩，王太后大怒不食，曰："我在也，而人皆藉吾弟，且帝宁能为石人邪！"帝不直蚡，特为太后故杀婴。韩嫣得幸于上，江都王为太后泣，请得入宿卫比嫣，后繇此衔嫣，嫣以奸闻，后使使赐嫣死。上为谢，终不能得。成帝幸张放，太后以为言，帝常涕泣而遣之。

21　田千秋郅恽

汉武帝杀戾太子，田千秋讼太子冤曰："子弄父兵当何罪？"帝大感悟，曰："父子之间，人所难言也。公独明其不然，公当遂为吾辅佐。"遂拜为丞相。光武废郭后，郅恽言曰："夫妇之好，父不能得之于子，况臣能得之于君乎！是臣所不敢言。虽然，愿陛下念其可否之计，无令天下有议社稷而已。"帝曰："恽善恕己量主。"遂以郭氏为中山王太后，卒以寿终。此二人者，可谓善处人骨肉之间，谏不费词，婉而能入者矣。

22　戾太子

戾太子死，武帝追悔，为之族江充家，黄门苏文助充谮太子，至于焚杀之。李寿加兵刃于太子，亦以它事族。田千秋以一言至为丞相。又作思子宫，为归来望思之台。然其孤孙囚系于郡邸，独不能释之，至于掖庭令养视而不问也，岂非汉法至严，既坐太子以反逆之罪，虽心知其冤，而有所不赦者乎？

23　灌夫任安

窦婴为丞相，田蚡为太尉，同日免。蚡后为丞相，而婴不用，无势，诸公稍自引而怠骜，唯灌夫独否。卫青为大将军，霍去病财为校尉，已而皆为大司马。青日衰，去病日益贵。青故人门下多去事去病，唯任安不肯去。灌夫、任安，可谓贤而知义矣。然皆以它事卒不免于族诛，事不可料如此。

24　单于朝汉

汉宣帝黄龙元年正月，匈奴单于来朝，二月归国，十二月帝崩。元帝竟宁元年正月，又来朝，五月帝崩。故哀帝时，单于愿朝，时帝被疾，或言匈奴从上游来厌人，自黄龙、竟宁时，中国辄有大故。上由是难之。既不许矣，俄以杨雄之言，复许之。然元寿二年正月，单于朝，六月帝崩。事之偶然符合有如此者。

容斋随笔卷三 二十一则

1 进士试题

唐穆宗长庆元年，礼部侍郎钱徽知举，放进士郑朗等三十三人，后以段文昌言其不公，诏中书舍人王起、知制诰白居易重试，驳放卢公亮等十人，贬徽江州刺史。白公集有奏状论此事，大略云：“伏料自欲重试进士以来论奏者甚众。盖以礼部试进士，例许用书策，兼得通宵，得通宵则思虑必周，用书册则文字不错。昨重试之日，书策不容一字，木烛只许两条，迫促惊忙，幸皆成就，若比礼部所试事校不同。”及驳放公亮等敕文，以为孤竹管赋出于周礼正经，阅其程试之文，多是不知本末。乃知唐试进士许挟书及见烛如此。国朝淳化三年，太宗试进士，出卮言日出赋题，孙何等不知所出，相率扣殿槛乞上指示之，上为陈大义。景德二年，御试天道犹张弓赋。后礼部贡院言，近年进士，惟钞略古今文赋，怀挟入试，昨者御试以正经命题，多懵所出，则知题目不示以出处也。大中祥符元年，试礼部进士，内出清明象天赋等题，仍录题解，摹印以示之。至景祐元年，始诏御药院，御试日进士题目，具经史所出，摹印给之，更不许上请。

2 儒人论佛书

韩文公送文畅序言儒人不当举浮屠之说以告僧。其语云：“文畅，浮屠也。如欲闻浮屠之说，当自就其师而问之，何故谒吾徒而来请也？”元微之作永福寺石壁记云：“佛书之妙奥，僧当为予言，予不当为僧言。”二公之语，可谓至当。

3　和归去来

今人好和归去来词，予最敬晁以道所言。其答李持国书云：“足下爱渊明所赋归去来辞，遂同东坡先生和之，仆所未喻也。建中靖国间，东坡和归去来初至京师，其门下宾客从而和者数人，皆自谓得意也，陶渊明纷然一日满人目前矣。参寥忽以所和篇示予，率同赋，予谢之曰：‘童子无居位，先生无并行，与吾师共推东坡一人于渊明间可也。’参寥即索其文袖之，出吴音，曰：‘罪过公〔一〕，悔不先与公话。’今辄以厚于参寥者为子言。”昔大宋相公谓陶公归去来是南北文章之绝唱，五经之鼓吹，近时绘画归去来者，皆作大圣变，和其辞者，如即事遣兴小诗，皆不得正中者也。

【校勘记】

〔一〕罪过公　清抄本何焯等校：“公”疑衍。

4　四海一也

海一而已，地之势西北高而东南下，所谓东、北、南三海，其实一也。北至于青、沧，则云北海，南至于交、广，则云南海，东渐吴、越，则云东海，无由有所谓西海者。诗、书、礼经所载四海，盖引类而言之。汉西域传所云蒲昌海疑亦渟居一泽尔。班超遣甘英往条支，临大海，盖即南海之西云。

5 李太白

世俗多言李太白在当涂采石因醉泛舟于江，见月影俯而取之，遂溺死，故其地有捉月台。予按李阳冰作太白草堂集序云："阳冰试弦歌于当涂，公疾亟，草藁万卷，手集未修，枕上授简，俾为序。"又李华作太白墓志，亦云："赋临终歌而卒。"乃知俗传良不足信，盖与谓杜子美因食白酒牛炙而死者同也。

6 太白雪谗

李太白以布衣入翰林，既而不得官。唐史言高力士以脱鞾为耻，摘其诗以激杨贵妃，为妃所沮止。今集中有雪谗诗一章，大率载妇人淫乱败国，其略云："彼妇人之猖狂，不如鹊之彊彊。彼妇人之婬昏，不如鹑之奔奔。坦荡君子，无悦簧言。"又云："妲己灭纣，褒女惑周。汉祖吕氏，食其在傍。秦皇太后，毐亦淫荒。螮蝀作昏，遂掩太阳。万乘尚尔，匹夫何伤。词殚意穷，心切理直。如或妄谈，昊天是殛。"予味此诗，岂非贵妃与禄山淫乱，而白曾发其奸乎？不然，则"飞燕在昭阳"之句，何足深怨也！

7 冉有问卫君

冉有曰："夫子为卫君乎？"子贡曰："吾将问之。"入，曰："伯夷、叔齐，何人也？"曰："古之贤人也。"曰："怨乎？"曰："求仁而得仁，又何怨！"出，曰："夫子不为也。"说者皆评较蒯聩、辄之是非，多至数百言。惟王逢原以十字蔽之，曰："贤兄弟让，知恶父子争矣。"

最为简妙。盖夷、齐以兄弟让国，而夫子贤之，则不与卫君以父子争国可知矣。晁以道亦有是语，而结意不同。尹彦明之说，与逄原同。唯杨中立云："世之说者，以谓'善兄弟之让，则恶父子之争可知'失其旨矣。"其意为不可晓。

8　商颂

宋自微子至戴公，礼乐废坏。正考甫得商颂十二篇于周之太师，后又亡其七，至孔子时，所存才五篇尔。宋，商王之后也，于先代之诗如是，则其它可知。夫子所谓"殷礼吾能言之，宋不足征也"，盖有叹于此。杞以夏后之裔，至于用夷礼，尚何有于文献哉！郯国小于杞、宋，少昊氏远于夏、商，而凤鸟名官，郯子枚数不忘，曰："吾祖也，我知之。"其亦贤矣。

9　俗语有所本

俗语谓钱一贯有畸曰千一、千二，米一石有畸曰石一、石二，长一丈有畸曰丈一、丈二之类。按，考工记："殳长寻有四尺。"注云："八尺曰寻，殳长丈二。"史记张仪传"尺一之檄"，汉淮南王安书云"丈一之组"，匈奴传"尺一牍"，后汉"尺一诏书"，唐"城南去天尺五"之类，然则亦有所本云。

10　鄱阳学

鄱阳学在城外东湖之北，相传以为范文正公作郡守时所创。予考国史，范公以景祐三年乙亥岁四月知饶州；四年十二月，诏自今须藩镇乃得立学，他州勿听；是月，范公移润州。余襄公集有饶州新建州学记，实起于庆历五年乙酉岁，其郡守曰都官员外郎张君，其略云："先是郡先圣祠宫栋宇隳剥，前守亦尝相土，而未遑缔治，于是即其基于东湖之北偏而经营之。"浮梁人金君卿郎中作郡学庄田记，云："庆历四年春，诏郡国立学，时守都官副郎张侯谭始营之，明年学成。"与余公记合。范公在饶时，延君卿置馆舍，使公有意建学，记中岂无一言及之！盖是时公既为执政，去郡十年矣。所谓前守相土者，不知为何人。

11　国忌休务

刑统载唐大和七年敕："准令，国忌日唯禁饮酒举乐，至于科罚人吏，都无明文。但缘其日不合釐务，官曹即不得决断刑狱，其小小笞责，在礼律固无所妨，起今以后，纵有此类，台府更不要举奏。"旧唐书载此事，因御史台奏均王傅王堪男国忌日于私第科决作人，故降此诏。盖唐世国忌休务，正与私忌义等，故虽刑狱亦不决断，谓之不合釐务者，此也。今在京百司〔一〕，唯双忌作假，以其拜跪多，又昼漏已数刻，若单忌，独三省归休耳，百司坐曹决狱，与常日亡异，视古谊为不同。元微之诗云："缚遣推囚名御史，狼藉囚徒满田地，明日不推缘国忌。"又可证也。

【校勘记】

〔一〕百司　马本、祠本"司"作"官"。

12　汉昭顺二帝

汉昭帝年十四，能察霍光之忠，知燕王上书之诈，诛桑羊、上官桀，后世称其明。然和帝时，窦宪兄弟专权，太后临朝，共图杀害。帝阴知其谋，而与内外臣僚莫由亲接，独知中常侍郑众不事豪党，遂与定议诛宪。时亦年十四，其刚决不下昭帝，但范史发明不出，故后世无称焉。顺帝时，梁商为大将军辅政，商以小黄门曹节用事于中，遣子冀与交友，而宦官忌其宠，反欲害之。中常侍张逵、蘧政、杨定等，与左右连谋，共谮商及中常侍曹腾、孟贲，云欲议废立，请收商等按罪。帝曰："大将军父子我所亲，腾、贲我所爱，必无是，但汝曹共妒之耳。"逵等知言不用，遂出矫诏收缚腾、贲。帝震怒，收逵等杀之。此事尤与昭帝相类。霍光忠于国，而为子禹覆其宗，梁商忠于国，而为子冀覆其宗，又相似。但顺帝复以政付冀，其明非昭帝比，故不为人所称。

13　三女后之贤

王莽女为汉平帝后，自刘氏之废，常称疾不朝会。莽敬惮伤哀，欲嫁之，后不肯，及莽败，后曰："何面目以见汉家。"自投火中而死。杨坚女为周宣帝后，知其父有异图，意颇不平，形于言色，及禅位，愤惋逾甚。坚内甚愧之，欲夺其志，后誓不许，乃止。李昪女为吴太子琏妃，昪既篡吴，封为永兴公主，妃闻人呼公主，则流涕而辞。三女之事略同，可畏而仰，彼为其父者，安所置愧乎！

14　贤父兄子弟

宋谢晦为右卫将军，权遇已重，自彭城还都迎家，宾客辐凑。兄瞻惊骇，曰："汝名位未多，而人归趣乃尔，此岂门户之福邪！"乃以篱隔门庭，曰："吾不忍见此。"又言于宋公裕，特乞降黜，以保衰门。及晦立佐命功，瞻意忧惧，遇病，不疗而卒。晦果覆其宗。颜竣于孝武有功，贵重，其父延之常语之，曰："吾平生不喜见要人，今不幸见汝。"尝早诣竣，见宾客盈门，竣尚未起，延之怒，曰："汝出粪土之中，升云霞之上，遽骄傲如此，其能久乎！"竣竟为孝武所诛。延之、瞻可谓贤父兄矣。隋高颎拜为仆射，其母戒之，曰："汝富贵已极，但有一斫头尔！"颎由是常恐祸变，及罢免为民，欢然无恨色，后亦不免为炀帝所诛。唐潘孟阳为侍郎，年未四十，母曰："以尔之材，而位丞郎，使吾忧之。"严武卒，母哭，曰："而今而后，吾知免为官婢。"三者可谓贤母矣。褚渊助萧道成篡宋为齐，渊从弟颎谓渊子贲曰："不知汝家司空将一家物与一家，亦复何谓！"及渊为司徒，炤叹曰："门户不幸，乃复有今日之拜。"渊卒，世子贲耻其父失节，服除遂不仕，以爵与其弟，屏居终身。齐王晏助明帝夺国，从弟思远曰："兄将来何以自立？若及此引决，犹可保全门户。"及拜骠骑将军，集会子弟，谓思远兄思微曰："隆昌之末，阿戎劝吾自裁，若从其语，岂有今日！"思远曰："如阿戎所见，今犹未晚也。"晏叹曰："世乃有劝人死者。"晏果为明帝所诛。炤、贲、思远，可谓贤子弟矣。

15　蔡君谟帖

蔡君谟一帖云："襄昔之为谏臣，与今之为词臣，一也。为谏臣有言责，世人自见亲。今无是焉，世人见亲。襄之于人，未始异之，而人之观故有以异也。"观此帖，乃知昔时居台谏者，为人所疏如此。今则反是。方为此官时，其门挥汗成雨，一徙它局，可张爵罗，风俗媮薄甚矣。又有送荔枝与昭文相公一帖云："襄再拜。宿来伏惟台候起居万福。闽中荔枝，唯陈家紫号为第一，辄献左右，以伸野芹之诚，幸赐收纳，谨奉手状上闻，不宣。襄上昭文相公阁下。"是时，侍从与宰相往还，其礼盖如是，今之不情苛礼，吁可厌哉！

16　亲王与从官往还

神宗有御笔一纸，乃为颍王时封还李受门状者。状云："右谏议大夫、天章阁待制兼侍讲李受起居皇子大王。"而其外封，题曰"台衔回纳"。下云："皇子忠武军节度使、检校太尉、同中书门下平章事、上柱国颍王名，谨封。""名"乃亲书。其后受之子覆以黄，缴进，故藏于显谟阁。先公得之于燕，始知国朝故事，亲王与从官往还公礼如此。

17　三传记事

秦穆公袭郑，晋纳邾捷菑，三传所书略相似。

左氏书秦事曰："杞子自郑告于秦曰[一]：'潜师以来，国可得也。'穆公访诸蹇叔。蹇叔曰：'劳师以袭远，非所闻也，且行千里，其谁不知！'公辞焉，召孟明出师。蹇叔哭之，曰：'孟子，吾见师之出，而不见其入也。'公曰：'尔何知，中寿，尔墓之木拱矣。'蹇叔之子与师，哭而送之，曰：'晋人御师必于殽，殽有二陵焉，必死是间，余收尔骨焉。'秦师遂东。"公羊曰："秦伯将袭郑，百里子与蹇叔子谏曰：'千里而袭人，未有不亡者也。'秦伯怒曰：'若尔之年者，宰上之木拱矣，尔曷知！'师出，百里子与蹇叔子送其子而戒之，曰："尔即死，必于殽嵚岩，吾将尸尔焉。'子揖师而行，百里子与蹇叔子从其子而哭之。秦伯怒，曰："尔曷为哭吾师？'对曰：'臣非敢哭君师，哭臣之子也。'"穀梁曰："秦伯将袭郑，百里子与蹇叔子谏曰：'千里而袭人，未有不亡者也。'秦伯曰：'子之冢木已拱矣，何知？'师行，百里子与蹇叔子送其子而戒之，曰：'女死必于殽之岩唫之下，我将尸女于是。'师行，百里子与蹇叔子随其子而哭之，秦伯怒，曰：'何为哭吾师也？'二子曰：'非敢哭师也，哭吾子也。我老矣，彼不死，则我死矣。'"

其书邾事。左氏曰："邾文公元妃齐姜生定公，二妃晋姬生捷菑。文公卒，邾人立定公。捷菑奔晋，晋赵盾以诸侯之师八百乘纳之。邾人辞曰：'齐出貜且长。'宣子曰：'辞顺而弗从，不祥。'乃还。"公羊曰："晋郤缺帅师，革车八百乘，以纳接菑于邾娄，力沛然若有馀而纳之。邾娄人辞曰：'接菑，晋出也。貜且，齐出也。子以其指，则接菑也四，貜且也六，子以大国压之，则未知齐、晋孰有之也。贵则皆贵矣，虽然，貜且也长。'郤缺曰：'非吾力不能纳也，义实不尔克也。'引师而去之。"穀梁曰："长毂五百乘，绵地千里，过宋、郑、滕、薛，夐入千乘之国，欲变人之主，至城下，然后知，何知之晚也！捷菑，晋出也。貜且，齐出也。貜且，正也。捷菑，不正也。"

予谓秦之事，穀梁纡馀有味，邾之事，左氏语简而切，欲为文记事者，当以是观之。

【校勘记】

〔一〕杞子自郑告于秦　"于"原脱，据李本、马本、祠本补。按：左传有"于"字。

18　张嘉贞

唐张嘉贞为并州长史、天兵军使，明皇欲相之，而忘其名，诏中书侍郎韦抗曰："朕尝记其风操，今为北方大将，张姓而复名，卿为我思之。"抗曰："非张齐丘乎？今为朔方节度使。"帝即使作诏以为相，夜阅大臣表疏，得嘉贞所献，遂相之。议者谓明皇欲大用人，而卤莽若是，非得嘉贞表疏，则误相齐丘矣。予考其事，大为不然。按开元八年，嘉贞为相，而齐丘以天宝八载始为朔方节度，相去三十年，安得如上所云者！又，是时明皇临御未久，方厉精为治，不应置相而不审其名位。盖郑处诲所著明皇杂录妄载其事，史家误采之也，资治通鉴弃不取云。

19　张九龄作牛公碑

张九龄为相，明皇欲以凉州都督牛仙客为尚书，执不可，曰："仙客，河湟一使典耳，擢自胥史，目不知书，陛下必用仙客，臣实耻之。"帝不悦，因是遂罢相。观九龄集中，有赠泾州刺史牛公碑，盖仙客之父，誉之甚至，云："福善莫大于有后，仙客为国之良，用商君耕战之国，修充国羌胡之具，出言可复，所计而然，边捍长城，主恩前席。"正称其在凉州时，与所谏止尚书事，亦才一年，然则与仙客非有夙嫌，特为公家忠计耳。

20　唐人告命

唐人重告命，故颜鲁公自书告身，今犹有存者。韦述集贤注记记一事尤著，漫载于此："开元二十三年七月，制加皇子荣王已下官爵，令宰相及朝官工书者，就集贤院写告身以进，于是宰相张九龄、裴耀卿、李林甫，朝士萧太师嵩、李尚书暠、崔少保琳、陈黄门希烈、严中书挺之、张兵部均、韦太常陟、褚谏议庭诲等十三人，各写一通，装缥进内，上大悦，赐三相绢各三百匹，馀官各二百匹。"以唐书考之，是时十三王并授开府仪同三司，诏诣东宫、尚书省，上日百官集送，有司供张设乐，悉拜王府官属、而不书此事。

21 典章轻废

典章故事，有一时废革遂不可复者。牧守铜鱼之制，新除刺史给左鱼，到州取州库右鱼合契。周显德六年，诏以特降制书，何假符契！遂废之。唐两省官上事宰臣，送上，四相共坐一榻，各据一隅，谓之押角。晋天福五年，敕废之。

容斋随笔卷四 二十三则

1 张浮休书

张芸叟与石司理书云："顷游京师，求谒先达之门，每听欧阳文忠公、司马温公、王荆公之论，于行义文史为多，唯欧阳公多谈吏事。既久之，不免有请：'大凡学者之见先生，莫不以道德文章为欲闻者，今先生多教人以吏事，所未谕也。'公曰：'不然，吾子皆时才，异日临事当自知之。大抵文学止于润身，政事可以及物。吾昔贬官夷陵，方壮年，未厌学，欲求史、汉一观，公私无有也。无以遣日，因取架阁陈年公案，反覆观之，见其枉直乖错，不可胜数，以无为有，以枉为直，违法徇情，灭亲害义，无所不有。且夷陵荒远、褊小，尚如此，天下固可知也。当时仰天誓心，曰："自尔遇事，不敢忽也。"'是时苏明允父子亦在焉，尝闻此语。"又有答孙子发书，多论资治通鉴，其略云："温公尝曰：'吾作此书，唯王胜之尝阅之终篇，自馀君子求乞欲观，读未终纸，已欠伸思睡矣。书十九年方成，中间受了人多少语言陵藉。'"云云。此两事，士大夫罕言之，浮休集百卷，无此二篇，今豫章所刊者，附之集后。

2 温公客位榜

司马温公作相日，亲书榜稿揭于客位，曰："访及诸君，若睹朝政阙遗，庶民疾苦，欲进忠言者，请以奏牍闻于朝廷，光得与同僚商议，择可行者进呈，取旨行之。若但以私书宠谕，终无所益。若光身有过失，欲赐规正，即以通封书简分付吏人，令传入，光得内自省讼，佩服改行。至于整会官职差遣、理雪罪名，凡干身计，并请一面进状，光得与朝省众官公议施行。若在私第垂访，不请语及。某再拜咨白。”乾道九年，公之曾孙伋出镇广州，道过赣，获观之。

3　李颀诗

欧阳公好称诵唐严维诗“柳塘春水慢，花坞夕阳迟”及杨衡“竹径通幽处，禅房花木深”之句，以为不可及。予绝喜李颀诗云：“远客坐长夜，雨声孤寺秋。请量东海水，看取浅深愁。”且作客涉远，适当穷秋，暮投孤村古寺中，夜不能寐，起坐凄恻，而闻檐外雨声，其为一时襟抱，不言可知，而此两句十字中，尽其意态，海水喻愁，非过语也。

4　诗中用茱萸字

刘梦得云：“诗中用茱萸字者凡三人。杜甫云：‘醉把茱萸子细看。’王维云：‘插遍茱萸少一人。’朱放云：‘学他年少插茱萸。’三君所用，杜公为优。”予观唐人七言，用此者又十馀家，漫录于后。王昌龄：“茱萸插鬓花宜寿。”戴叔伦：“插鬓茱萸来未尽。”卢纶：“茱萸一朵映华簪。”权德舆：“酒泛茱萸晚易醺。”白居易：“舞鬟摆落茱萸房，茱萸色浅未经霜。”杨衡：“强插茱萸随众人。”张谔：“茱萸凡作几年新。”耿湋：“发希那敢插茱萸。”刘商：“邮筒不解献茱萸。”崔橹：“茱萸冷吹溪口香。”周贺：“茱萸城里一尊前。”比之杜句，真不侔矣。

5 鬼宿渡河

宋苍梧王当七夕夜，令杨玉夫伺织女渡河，曰："见，当报我；不见，当杀汝。"钱希白洞微志载："苏德哥为徐肇祀其先人，曰：'当夜半可已。'盖俟鬼宿渡河之后。"翟公巽作祭仪十卷，云："或祭于昏，或祭于旦，皆非是，当以鬼宿渡河为候，而鬼宿渡河，常在中夜，必使人仰占以俟之。"叶少蕴云："公巽博学多闻，援证皆有据，不肯碌碌同众，所见必过人。"予案天上经星终古不动，鬼宿随天西行，春昏见于南，夏晨见于东，秋夜半见于东，冬昏见于东，安有所谓渡河及常在中夜之理。织女昏晨与鬼宿正相反，其理则同。苍梧王荒悖小儿，不足笑，钱、翟、叶三公皆名儒硕学，亦不深考如此。杜诗云："牛女漫愁思，秋期犹渡河。牛女年年渡，何曾风浪生。"梁刘孝仪诗云："欲待黄昏至，含娇浅渡河。"唐人七夕诗皆有此说，此自是牵俗遗词之过。故杜老又有诗云："牵牛出河西，织女处其东。万古永相望，七夕谁见同。神光竟难候，此事终蒙胧。"盖自洞晓其实，非它人比也。

6 府名军额

雍州，军额曰永兴，府曰京兆，而守臣以"知永兴军府事兼京兆府路安抚使"结衔。镇州军额曰成德，府曰真定，而守臣以"知成德军府事兼真定府路安抚使"结衔；政和中，始正以府额为称。荆州，军额曰荆南，府曰江陵，而守臣则曰"知荆南"，通判曰"通判荆南"，自馀掾幕县官则曰"江陵府"，淳熙四年，始尽以"江陵"为称。孟州，军额曰河阳三城，无府额，而守臣曰"知河阳军州事"。陕州无府额，而守臣曰"知陕州军府事"，法令行移，亦曰"陕府"。

7　马融皇甫规

汉顺帝时，西羌叛，遣征西将军马贤将十万人讨之。武都太守马融上疏曰："贤处处留滞，必有溃叛之变。臣愿请贤所不用关东兵五千，裁假部队之号，尽力率厉，三旬之中，必克破之。"不从。贤果与羌战败，父子皆没，羌遂寇三辅，烧园陵。诏武都太守赵冲督河西四郡兵追击。安定上计掾皇甫规上疏曰："臣比年以来，数陈便宜。羌戎未动，策其将反，马贤始出，知其必败。愿假臣屯列坐食之兵五千，出其不意，与冲共相首尾。土地山谷，臣所晓习，可不烦方寸之印、尺帛之赐，可以涤患。"帝不能用。赵冲击羌不利，羌寇充斥，凉部震恐，冲战死，累年然后定。案，马融、皇甫规之言，晓然易见，而所请兵皆不过五千，然讫不肯从，乃知宣帝纳用赵充国之册为不易得，所谓明主可为忠言也。

8　孟蜀避唐讳

蜀本石九经皆孟昶时所刻。其书"渊世民"三字皆缺画，盖为唐高祖、太宗讳也。昶父知祥，尝为庄宗、明宗臣，然于"存勗嗣源"字乃不讳。前蜀王氏已称帝，而其所立龙兴寺碑，言及唐诸帝，亦皆平阙〔一〕，乃知唐之泽远矣。

【校勘记】

〔一〕平阙　马本、祠本"平"作"半"。按，疑作"半"是。

9　翰苑亲近

白乐天渭村退居寄钱翰林诗，叙翰苑之亲近云："晓从朝兴庆，春陪宴柏梁。分庭皆命妇，对院即储皇。贵主冠浮动，亲王辔闹装。金钿相照耀，朱紫间荧煌。毬簇桃花骑，歌巡竹叶觞。洼银中贵带，昂黛内人妆。赐禊东城下，颁酺曲水傍。樽罍分圣酒，妓乐借仙倡。”盖唐世宫禁与外廷不至相隔绝，故杜子美诗：“户外昭容紫袖垂，双瞻御座引朝仪。”又云：“舍人退食收封事，宫女开函近御筵。”而学士独称内相，至于与命妇分庭，见贵主冠服、内人黛妆，假仙倡以佐酒，它司无此也〔一〕。

【校勘记】

〔一〕它司无此也　马本、祠本“此”作“比”。

10　宁馨阿堵

“宁馨”、“阿堵”，晋、宋间人语助耳。后人但见王衍指钱云：“举阿堵物却。”又山涛见衍，曰：“何物老媪，生宁馨儿？”今遂以阿堵为钱，宁馨儿为佳儿，殊不然也。前辈诗“语言少味无阿堵，冰雪相看有此君”，又“家无阿堵物，门有宁馨儿”，其意亦如此。宋废帝之母王太后疾笃，帝不往视，后怒谓侍者：“取刀来，剖我腹，那得生宁馨儿！”观此，岂得为佳！顾长康画人物，不点目精，曰：“传神写照，正在阿堵中。”犹言此处也。刘真长讥殷渊源曰：“田舍儿，强学人作尔馨语。”又谓桓温曰：“使君，如馨地宁可斗战求胜！”王导与何充语，曰：“正自尔馨。”王恬拨王胡之手，曰：“冷如鬼手馨，彊来捉人臂。”至今吴中人语言尚多用“宁馨”字为问，犹言“若何”也。刘梦得诗：“为问中华学道者，几人雄猛得宁馨。”盖得其义。以“宁”字作平声读。

11　凤毛

宋孝武嗟赏谢凤之子超宗，曰："殊有凤毛。"今人以子为凤毛，多谓出此。按世说，王劭风姿似其父导，桓温曰："大奴固自有凤毛。"其事在前，与此不同。

12　牛米

燕慕容皝以牛假贫民，使佃苑中，税其什之八；自有牛者，税其七。参军封裕谏，以为魏、晋之世，假官田牛者不过税其什六，自有牛者中分之，不取其七八也。予观今吾乡之俗，募人耕田，十取其五，而用主牛者，取其六，谓之牛米，盖晋法也。

13　石鼓歌过实〔一〕

文士为文，有矜夸过实，虽韩文公不能免。如石鼓歌极道宣王之事，伟矣。至云："孔子西行不到秦，掎摭星宿遗羲、娥。陋儒编诗不收拾，二雅褊迫无委蛇。"是谓三百篇皆如星宿，独此诗如日月也。"二雅褊迫"之语，尤非所宜言。今世所传石鼓之词尚在，岂能出吉日、车攻之右，安知非经圣人所删乎！

【校勘记】

〔一〕石鼓歌过实　"石鼓歌"原作"为文矜夸"；目录作"石鼓歌"，今从。按：此则乃就石鼓歌立言。

14　送孟东野序

韩文公送孟东野序云："物不得其平则鸣。"然其文云："在唐、虞时，咎陶、禹其善鸣者，而假之以鸣。夔假于韶以鸣，伊尹鸣殷，周公鸣周。"又云："天将和其声，而使鸣国家之盛。"然则非所谓不得其平也。

15　喷嚏

今人喷嚏不止者，必嗔唾祝云"有人说我"，妇人尤甚。予按终风诗："寤言不寐，愿言则嚏。"郑氏笺云："我其忧悼而不能寐，女思我心如是，我则嚏也。今俗人嚏，云'人道我'，此古之遗语也。"乃知此风自古以来有之。

16　野史不可信

野史杂说，多有得之传闻及好事者缘饰，故类多失实，虽前辈不能免，而士大夫颇信之。姑摭真宗朝三事于左。

魏泰东轩录云："真宗次澶渊，语寇莱公曰：'虏骑未退，何人可守天雄军？'公言参知政事王钦若。退即召王于行府，谕以上意，授敕俾行。王未及有言，公遽酌大白饮之，命曰'上马盃'，且曰：'参政勉之，回日即为同列也。'王驰骑入魏，越十一日〔一〕，虏退，召为同中书门下平章事。或云王公数进疑词于上前，故莱公因事出之。"予案澶渊之役，乃景德元年九月，是时莱公为次相，钦若为参政。闰九月，钦若判天雄。二年四月，罢政。三年，莱公罢相，钦若复知枢密院，至天禧始拜相，距景德凡十四年。

其二事者，沈括笔谈云："向文简拜右仆射，真宗谓学士李昌武曰：'朕自即位以来，未尝除仆射，敏中应甚喜。'昌武退朝，往候之，门阑悄然。明日再对，上笑曰：'向敏中大耐官职。'"存中自注云："向公拜仆射年月，未曾考于国史，因见中书记，是天禧元年八月，而是年二月，王钦若亦加仆射。"予案，真宗朝自敏中之前，拜仆射者六人：吕端、李沆、王旦皆自宰相转，陈尧叟以罢枢密使拜，张齐贤以故相拜，王钦若自枢密使转。及敏中转右仆射，与钦若加左仆射同日降制，是时李昌武死四年矣。昌武者，宗谔也。

其三事者，存中笔谈又云："时丁晋公从真宗巡幸，礼成，诏赐辅臣玉带。时辅臣八人，行在祗候库止有七带，尚衣有带，谓之比玉，价直数百万，上欲以足其数。公心欲之，而位在七人之下，度必不及己，乃谕有司：'某自有小私带可服，候还京别赐可也。'既各受赐，而晋公一带仅如指阔，上顾近侍速易之，遂得尚衣御带。"予按景德元年，真宗巡幸西京，大中祥符元年，巡幸泰山，四年，幸河中，丁谓皆为行在三司使，未登政府。七年，幸亳州，谓始以参知政事从。时辅臣六人，王旦、向敏中为宰相，王钦若、陈尧叟为枢密使，皆在谓上；谓之下尚有枢密副使马知节，即不与此说合。且既为玉带，而又名比玉，尤可笑。魏泰无足论，沈存中不应尔也。

【校勘记】

〔一〕十一日　祠本作"七日"。按：东轩笔录卷一作"七日"。

17　谤书

司马迁作史记，于封禅书中，述武帝神仙、鬼灶、方士之事甚备，故王允谓之谤书。国朝景德、祥符间，治安之极，王文穆、陈文忠、陈文僖、丁晋公诸人造作天书符瑞，以为固宠容悦之计。及真宗上仙，王沂公惧贻后世讥议，故请藏天书于梓宫以灭迹。而实录之成，乃文穆监修，其载崇奉宫庙、祥云芝鹤，唯恐不详，遂为信史之累，盖与太史公谤书意异而实同也。

18　王文正公

祥符以后，凡天书礼文、宫观典册、祭祀巡幸、祥瑞颂声之事，王文正公旦实为参政、宰相，无一不预。官自侍郎至太保，公心知得罪于清议，而固恋患失，不能决去。及其临终，乃欲削发僧服以敛，何所补哉！魏野赠诗，所谓"西祀东封今已了，好来相伴赤松游"，可谓君子爱人以德，其箴戒之意深矣。欧阳公神道碑，悉隐而不书，盖不可书也。虽持身公清，无一可议，然特张禹、孔光、胡广之流云。

19　晋文公

晋公子重耳自狄适它国凡七，卫成公、曹共公、郑文公皆不礼焉，齐桓公妻以女，宋襄公赠以马，楚成王享之，秦穆公纳之，卒以得国。卫、曹、郑皆同姓，齐、宋、秦、楚皆异姓，非所谓"岂无他人，不如同姓"也。晋文公卒未葬，秦师伐郑灭滑，无预晋事。晋先轸以为秦不哀吾丧，而伐吾同姓，背秦大惠，使襄公墨衰绖而伐之。虽幸胜于殽，终启焚舟之战，两国交兵，不复修睦者数百年。先轸是年死于狄，至孙縠而诛灭，天也。

20　南夷服诸葛

蜀刘禅时，南中诸郡叛，诸葛亮征之，孟获为夷、汉所服，七战七擒，曰："公，天威也，南人不复反矣。"蜀志所载，止于一时之事。国朝淳化中，李顺乱蜀，招安使雷有终遣嘉州士人辛怡显使于南诏，至姚州，其节度使赵公美以书来迎云："当境有泸水，昔诸葛武侯戒曰：'非贡献征讨，不得辄渡此水；若必欲过，须致祭，然后登舟。'今遣本部军将赍金龙二条、金钱三十文〔一〕，并设酒脯，请先祭享而渡。"乃知南夷心服，虽千年如初。呜呼，可谓贤矣！事见怡显所作云南录。

【校勘记】

〔一〕三十文　李本、马本、祠本作"二千文"。

21　二疏赞

作议论文字，须考引事实无差忒，乃可传信后世。东坡先生作二疏图赞云："孝宣中兴，以法驭人。杀盖、韩、杨，盖三良臣。先生怜之，振袂脱屣。使知区区，不足骄士。"其立意超卓如此。然以其时考之，元康三年二疏去位，后二年盖宽饶诛，又三年韩延寿诛，又三年杨恽诛。方二疏去时，三人皆亡恙。盖先生文如倾河，不复效常人寻阅质究也。

22　李宓伐南诏

唐天宝中，南诏叛，剑南节度使鲜于仲通讨之，丧士卒六万人。

杨国忠掩其败状，仍叙其战功。时募兵击南诏，人莫肯应募，国忠遣御史分道捕人，连枷送诣军所，行者愁怨，所在哭声振野。至十三载，剑南留后李宓将兵七万往击南诏，南诏诱之深入，闭壁不战，宓粮尽，士卒瘴疫及饥死什七八，乃引还。蛮追击之，宓被擒，全军皆没。国忠隐其败，更以捷闻，益发兵讨之。此通鉴所纪。旧唐书云："李宓率兵击蛮于西洱河，粮尽军旋，马足陷桥，为阁罗凤所擒。"新唐书亦云："宓败死于西洱河。"予案高适集中有李宓南征蛮诗一篇，序云："天宝十一载，有诏伐西南夷，丞相杨公兼节制之寄，乃奏前云南太守李宓涉海自交趾击之，往复数万里，十二载四月，至于长安。君子是以知庙堂使能，而李公效节。予忝斯人之旧，因赋是诗。"其略曰："肃穆庙堂上，深沉节制雄。遂令感激士，得建非常功。鼓行天海外，转战蛮夷中。长驱大浪破，急击群山空。饷道忽已远，县军垂欲穷。野食掘田鼠，晡餐兼僰僮。收兵列亭候，拓地弥西东。泸水夜可涉，交州今始通。归来长安道，召见甘泉宫。"其所称述如此。虽诗人之言，未必皆实，然当时之人所赋，其事不应虚言，则宓盖归至长安，未尝败死，其年又非十三载也。味诗中掘鼠餐僮之语，则知粮尽危急，师非胜归明甚。

23　浮梁陶器

彭器资尚书文集有送许屯田诗，曰："浮梁巧烧瓷，颜色比琼玖。因官射利疾，众喜君独不。父老争叹息，此事古未有。"注云："浮梁父老言，自来作知县不买瓷器者一人，君是也。作饶州不买者一人，今程少卿嗣宗是也。"惜乎不载许君之名。

容斋随笔卷五 二十五则

1 汉唐八相

萧、曹、丙、魏，房、杜、姚、宋，为汉、唐名相，不待诵说。然前六君子皆终于位，而姚、宋相明皇，皆不过三年。姚以二子及亲吏受赂，其罢犹有说；宋但以严禁恶钱及疾负罪而妄诉不已者，明皇用优人戏言而罢之；二公终身不复用。宋公罢相时，年才五十八，后十七年乃薨。继之者如张嘉贞、张说、源乾曜、王晙、宇文融、裴光庭、萧嵩、牛仙客，其才可睹矣。唯杜暹、李元纮为贤，亦清介龊龊自守者。释骐骥而不乘，焉皇皇而更索，可不惜哉！萧何且死，所推贤唯曹参；魏、丙同心辅政；房乔每议事，必曰非如晦莫能筹之；姚崇避位，荐宋公自代。唯贤知贤，宜后人之莫及也。

2 六卦有坎

易乾、坤二卦之下，继之以屯、蒙、需、讼、师、比，六者皆有坎，圣人防患备险之意深矣。

3 晋之亡与秦隋异

自尧、舜及今，天下裂而复合者四：周之末为七战国，秦合之；汉之末分为三国，晋合之；晋之乱分为十馀国，争战三百年，隋合之;唐之后又分为八九国,本朝合之。然秦始皇一传而为胡亥,晋武帝一传而为惠帝,隋文帝一传而为炀帝,皆破亡其社稷。独本朝九传百七十年,乃不幸有靖康之祸,盖三代以下治安所无也。秦、晋、隋皆相似,然秦、隋一亡即扫地,晋之东虽曰"牛继马后",终为守司马氏之祀,亦百有馀年。盖秦、隋毒流四海,天实诛之,晋之八王擅兵,孽后盗政,皆本于惠帝昏蒙,非得罪于民,故其亡也,与秦、隋独异。

4　上官桀

汉上官桀为未央厩令,武帝尝体不安,及愈,见马,马多瘦,上大怒:"令以我不复见马邪!"欲下吏。桀顿首,曰:"臣闻圣体不安,日夜忧惧,意诚不在马。"言未卒,泣数行下。上以为忠,由是亲近,至于受遗诏辅少主。义纵为右内史,上幸鼎湖,病久,已而卒起,幸甘泉,道不治,上怒,曰:"纵以我为不行此道乎!"衔之,遂坐以它事弃市。二人者,其始获罪一也,桀以一言之故超用,而纵及诛,可谓幸不幸矣。

5　金日磾

金日磾没入宫,输黄门养马。武帝游宴见马,后宫满侧,日磾等数十人牵马过殿下,莫不窃视。至日磾,独不敢。日磾容貌甚严,马又肥好,上奇焉,即日拜为马监,后受遗辅政[一]。日磾与上官桀皆因马而受知,武帝之取人,可谓明而不遗矣。

【校勘记】

〔一〕受遗辅政　祠本“遗”后有“诏”字。

6　汉宣帝忌昌邑王

汉废昌邑王贺而立宣帝，贺居故国，帝心内忌之，赐山阳太守张敞玺书，戒以谨备盗贼。敞条奏贺居处，著其废亡之效。上知贺不足忌，始封为列侯。光武废太子彊为东海王而立显宗，显宗即位，待彊弥厚。宣、显皆杂霸道，治尚刚严，独此事，显优于宣多矣。

7　平津侯

公孙平津本传称其意忌内深，杀主父偃，徙董仲舒，皆其力。然其可称者两事：武帝置苍海、朔方之郡，平津数谏，以为罢弊中国以奉无用之地，愿罢之。上使朱买臣等难之，乃谢曰：“山东鄙人，不知其便若是，愿罢西南夷，专奉朔方。”上乃许之。卜式上书，愿输家财助边，盖迎合主意。上以语平津，对曰：“此非人情，不轨之臣不可以为化而乱法，愿勿许。”乃罢式。当武帝好大喜功而能如是，概之后世，足以为贤相矣，惜不以式事载本传中。

8　韩信周瑜

世言韩信伐赵，赵广武君请以奇兵塞井陉口，绝其粮道，成安君不听。信使间人窥知其不用广武君策，还报，则大喜，乃敢引兵遂下，遂胜赵。使广武计行，信且成禽，信盖自言之矣。周瑜拒曹公于赤壁，部将黄盖献火攻之策，会东南风急，悉烧操舡，军遂败。使天无大风，黄盖不进计，则瑜未必胜。是二说者，皆不善观人者也。夫以韩信敌陈馀，犹以猛虎当羊豕尔。信与汉王语，请北举燕、赵，正使井陉不得进，必有它奇策矣。其与广武君言曰："向使成安君听子计，仆亦禽矣。"盖谦以求言之词也。方孙权问计于周瑜，瑜已言操冒行四患，将军禽之宜在今日。刘备见瑜，恨其兵少。瑜曰："此自足用，豫州但观瑜破之。"正使无火攻之说，其必有以制胜矣。不然，何以为信、瑜！

9　汉武赏功明白

卫青为大将军，霍去病始为校尉，以功封侯，青失两将军，亡翕侯，功不多，不益封。其后各以五万骑深入，去病益封五千八百户，裨校封侯益邑者六人，而青不得益封，吏卒无封者。武帝赏功，必视法如何，不以贵贱为高下，其明白如此。后世处此，必曰青久为上将，俱出塞致命，正不厚赏，亦当有以尉其心，不然，它日无以使人，盖失之矣。

10　周召房杜

召公为保，周公为师，相成王为左右。观此二相，则刑措四十年，颂声作于下，不言可知。唐贞观三年二月，房玄龄为左仆射，杜如晦为右仆射，魏徵参预朝政。观此三相，则三百年基业之盛，概可见矣。

11　三代书同文

三代之时，天下书同文，故春秋左氏所载人名字，不以何国，大抵皆同。郑公子归生，鲁公孙归父，蔡公孙归生，楚仲归，齐析归父，皆字子家。楚成嘉，郑公子嘉，皆字子孔。郑公孙段、印段，宋褚师段，皆字子石。郑公子喜，宋乐喜，皆字子罕。楚公子黑肱，郑公孙黑，孔子弟子狄黑，皆字子皙。鲁公子翚，郑公孙挥，皆字子羽。郲子克，楚斗克，周王子克，宋司马之臣克，皆字曰仪。晋籍偃，荀偃，郑公子偃，吴言偃，皆字曰游。晋羊舌赤，鲁公西赤，皆字曰华。楚公子侧，鲁孟之侧，皆字曰反。鲁冉耕，宋司马耕，皆字曰牛。颜无繇、仲由，皆字曰路。

12 周世中国地

成周之世，中国之地最狭，以今地里考之，吴、越、楚、蜀、闽皆为蛮，淮南为群舒，秦为戎。河北真定、中山之境，乃鲜虞、肥、鼓国。河东之境，有赤狄、甲氏、留吁、铎辰、潞国。洛阳为王城，而有杨拒、泉皋、蛮氏、陆浑、伊雒之戎。京东有莱、牟、介、莒，皆夷也。杞都雍丘，今汴之属邑，亦用夷礼。郲近于鲁，亦曰夷。其中国者，独晋、卫、齐、鲁、宋、郑、陈、许而已。通不过数十州，盖于天下特五分之一耳。

13 李后主梁武帝

东坡书李后主去国之词云："最是苍皇辞庙日，教坊犹奏别离歌，挥泪对宫娥。"以为后主失国，当恸哭于庙门之外，谢其民而后行，乃对宫娥听乐，形于词句。予观梁武帝启侯景之祸，涂炭江左，以致覆亡，乃曰："自我得之，自我失之，亦复何恨。"其不知罪己，亦甚矣。窦婴救灌夫，其夫人谏止之。婴曰："侯自我得之，自我捐之，无所恨。”梁武用此言而非也。

14 诗什

诗二雅及颂前三卷题曰：“某诗之什。”陆德明释云：“歌诗之作，非止一人，篇数既多，故以十篇编为一卷，名之为什。”今人以诗为篇什，或称誉它人所作为佳什，非也。

15 易举正

唐苏州司户郭京有周易举正三卷，云：“曾得王辅嗣、韩康伯手写注定传授真本〔一〕，比校今世流行本及国学、乡贡举人等本，或将经入注，用注作经，小象中间以下句，反居其上，爻辞注内移，后义却处于前，兼有脱遗、两字颠倒、谬误者，并依定本举正其讹，凡一百三节。”今略取其明白者二十处载于此：

坤初六：“履霜坚冰至。”象曰：“履霜，阴始凝也。驯致其道，至坚冰也。”今本于象文“霜”字下误增“坚冰”二字。

屯六三象曰：“即鹿无虞何？以从禽也。”今本脱“何”字。

师六五：“田有禽，利执之，无咎。”元本“之”字行书向下引脚，稍类“言”字，转写相仍，故误作“言”，观注义亦全不作言字释也。

比九五象曰：“失前禽，舍逆取顺也。”今本误倒其句。

贲：“亨，不利有攸往。”今本“不”字误作“小”字。“刚柔交错，天文也，文明以止，人文也。”注云：“刚柔交错而成文焉，天之文也。”今本脱“刚柔交错”一句。

坎卦“习坎”上脱“坎”字。

姤：“九四，包失鱼。”注：“二有其鱼，故失之也。”今本误作“无鱼”。

蹇：“九三，往蹇来正。”今本作“来反”。

困初六象曰：“入于幽谷，不明也。”今本“谷”字下多“幽”字。

鼎象：“圣人亨以享上帝，以养圣贤。”注云：“圣人用之，上以享上帝，而下以养圣贤。”今本正文多“而大亨”三字，故注文亦误增“大亨”二字。

震象曰：“不丧匕鬯，出可以守宗庙社稷，以为祭主也。”今本脱“不丧匕鬯”一句。

渐象曰：“君子以居贤德，善风俗。”注云：“贤德以止巽则居，风俗以止巽乃善。”今本正文脱“风”字。

丰九四象：“遇其夷主，吉，志行也。”今文脱“志”字。

中孚象：“豚鱼吉，信及也。”今本“及”字下多“豚鱼”二字。

小过象：“柔得中，是以可小事也。”今本脱“可”字，而“事”字下误增“吉”字。

六五象曰：“密云不雨，已止也。”注：“阳已止下故也。”今本正文作“已上”，故注亦误作“阳已上故止也”。

既济象曰：“既济，亨小，小者亨也。”今本脱一“小”字。

系辞：“二多誉，四多惧。”注云：“惧，近也。”今本误以“近也”字为正文，而注中又脱“惧”字。

杂卦：“蒙稚而著。”今本“稚”误作“杂”字。

予顷于福州道藏中见此书而传之，及在后省，见晁公武所进易解，多引用之，世罕有其书也。

【校勘记】

〔一〕唐苏州司户郭京有周易举正三卷云曾得王辅嗣韩康伯手写注定传授真本　清抄本校：“辅嗣，正始名士，而韩康伯乃殷深源外生，相去百年，而［郭］京以王、韩为师弟亲授受，其妄不攻可破，不知以野处之精博，何乃信之！”按，野处乃洪迈之号。

16　其惟圣人乎

乾卦：“其惟圣人乎。”魏王肃本作“愚人”，后结句始作“圣人”，见陆德明释文。

17　易说卦

易说卦荀爽九家集解，乾为木果之下，更有四，曰：为龙，为车，为衣，为言。坤后有八，曰：为牝，为迷，为方，为囊，为裳，为黄，为帛，为浆。震后有三，曰：为王，为鹄，为鼓。巽后有二，曰：为杨，为鹳。坎后有八，曰：为宫，为律，为可，为栋，为丛棘，为狐，为蒺藜，为桎梏。离后有一，曰：为牝牛。艮后有三，曰：为鼻，为虎，为狐。兑后有二，曰：为常，为辅颊。注云：“常，西方神也。”陆德明以其与王弼本不同，故载于释文。案，震为龙，与乾同，故虞翻、干宝本作駹。

18　元二之灾

后汉邓骘传：“拜为大将军时，遭元二之灾，人士饥荒，死者相望，盗贼群起，四夷侵畔。”章怀注云：“元二，即元元也。古书字当再读者，即于上字之下为小二字，言此字当两度言之。后人不晓，遂读为元二，或同之阳九，或附之百六，良由不悟，致斯乖舛。今岐州石鼓铭，凡重言者皆为二字，明验也。”汉碑有杨孟文石门颂云：“中遭元二，西夷虐残。”孔耽碑云：“遭元二轗轲，人民相食。”赵明诚金石跋云："若读为元元，不成文理，疑当时自有此语，汉注未必然也。"案，王充论衡恢国篇云："今上嗣位，元、二之间，嘉德布流。三年，零陵生芝草。四年，甘露降五县。五年，芝复生。六年，黄龙见。"盖章帝时事。考之本纪，所书建初三年以后诸瑞皆同，则知所谓元二者，谓建初元年、二年也。既称嘉德布流以致祥瑞，其为非灾眚之语，益可决疑。安帝永初元年、二年，先零滇羌寇叛，郡国地震，大水。邓骘以二年十一月拜大将军，则知所谓元二者，谓永初元年、二年也。凡汉碑重文不皆用小二字，岂有范史一部唯独一处如此？予兄丞相作隶释，论之甚详。予修国史日，撰钦宗纪赞，用"靖康元、二之祸"，实本于此。

19 圣人污

孟子曰："宰我、子贡、有若智足以知圣人。污，不至阿其所好。"赵岐注云："三人之智，足以识圣人。污，下也。言三人虽小污不平，亦不至于其所好，阿私所爱而空誉之。"详其文意，"足以识圣人"是一句。"污下也"自是一节。盖以"下"字训污也，其义明甚。而老苏先生乃作一句读，故作三子知圣人污论，谓："三子之智，不足以及圣人高深幽绝之境，徒得其下焉耳。"此说窃谓不然。夫谓"夫子贤于尧、舜，自生民以来未有"，可污谓大矣，犹以为污下何哉？程伊川云："有若等自能知夫子之道，假使污下，必不为阿好而言。"其说正与赵氏合。大抵汉人释经子，或省去语助，如郑氏笺毛诗"奄观铚艾"云："奄，久。观，多也。"盖以久训奄，以多训观。近者黄启宗有补礼部韵略，于"淹"字下添"奄"字，注云："久观也。"亦是误以笺中五字为一句。

20 廿卅卌字

今人书二十字为廿，三十字为卅，四十为卌，皆说文本字也。廿音入，二十并也。卅音先合反，三十之省便，古文也。卌音先立反，数名，今直以为四十字。案，秦始皇凡刻石颂德之辞，皆四字一句。泰山辞曰："皇帝临位，二十有六年。"琅邪台颂曰："维二十六年，皇帝作始。"之罘颂曰："维二十九年，时在中春。"东观颂曰："维二十九年，皇帝春游。"会稽颂曰："德惠修长，三十有七年。"此史记所载，每称年者，辄五字一句。尝得泰山辞石本，乃书为"廿有六年"，想其馀皆如是，而太史公误易之，或后人传写之讹耳，其实四字句也。

21 字省文

今人作字省文，以禮为礼，以處为处，以與为与，凡章奏及程文书册之类不敢用，然其实皆说文本字也。许叔重释"礼"字云："古文。""处"字云："止也，得几而止。或从處。""与"字云："赐予也。'与'、'與'同。"然则当以省文者为正。

22 负剑辟咡

曲礼记童子事曰："负剑辟咡诏之。"郑氏注云："负，谓置之于背。剑，谓挟之于旁。辟咡诏之，谓倾头与语。口旁曰咡。"欧阳公作其父泷冈阡表云："回顾乳者剑汝而立于旁。"正用此义。今庐陵石刻由存，衢州所刊六一集，已得其真，或者不晓，遂易剑为抱，可叹也！

23　国初人至诚

真宗时，并州谋帅，上谓辅臣曰："如张齐贤、温仲舒皆可任，但以其尝历枢近，或有固辞，宜召至中书询问，愿往则授之。"及召二人至，齐贤辞以恐为人所谗。仲舒曰："非敢有辞，但在尚书班已十年，若得改官端揆，赐都部署添给，敢不承命！"辅臣以闻。上曰："是皆不欲往也，勿彊之。"王元之自翰林学士以本官刑部郎中知黄州，遣其子嘉祐献书于中书门下，以为："朝廷设官，进退必以礼，一失错置，咎在廊庙。某一任翰林学士，三任制诰舍人，以国朝旧事言之，或得给事中，或得侍郎，或为谏议大夫。某独异于斯，斥去不转一级，与钱谷俗吏，混然无别，执政不言，人将安仰！"予谓仲舒尝为二府，至于自求迁转及增请给；元之一代刚正名臣，至于公移笺书，引例乞转。唯其至诚不矫伪故也。后之人外为大言，避宠辞禄，而阴有营求，失其本真者多矣，风俗使然也。

24　史馆玉牒所

国朝熙宁以前，秘书省无著作局，故置史馆，设修撰、直馆之职。元丰官制行，有秘书官，则其职归于监、少及著作郎、佐矣。而绍兴中复置史馆修撰、检讨，是与本省为二也。宗正寺修玉牒官亦然。官制既行，其职归于卿、丞矣。而绍兴中复差侍从为修牒，又以它官兼检讨，是与本寺为二也。然则今有户部，可别置三司，有吏、刑部，可别置审官、审刑院矣。又玉牒旧制，每十年一进，谓甲子岁进书，则甲戌、甲申岁复然。今乃从建隆以来再行补修，每及十年则一进，以故不过三二年辄一行赏，书局僭赏，此最甚焉。

25　稗沙门

宝积经说僧之无行者曰："譬如麦田，中生稗麦，其形似麦，不可分别。尔时田夫，作如是念，谓此稗麦，尽是好麦，后见穟生，尔乃知非。如是沙门，在于众中，似是持戒，有德行者。施主见时，谓尽是沙门，而彼痴人，实非沙门，是名稗沙门。"此喻甚佳，而文士鲜曾引用，聊志于此。

容斋随笔卷六 十九则

1　建武中元

成都有汉蜀郡太守何君造尊楗阁碑，其末云："建武中元二年六月。"按范史本纪，建武止三十一年，次年改为中元，直书为中元元年。观此所刻，乃是虽别为中元，犹冠以建武如文、景帝中元、后元之类也。又祭祀志载封禅后赦天下诏，明言云："以建武三十二年为建武中元元年。"东夷倭国传云："建武中元二年，来奉贡。"援据甚明。而宋莒公作纪年通谱乃云："纪、志所载不同，必传写脱误。"学者失于精审，以意删去，殆亦不深考耳。韩庄敏家一铜斗，铭云："新始建国天凤上戊六年。"又，绍兴中郭金州得一钲，铭云："新始建国地皇上戊二年。"按，王莽始建国之后，改天凤，又改地皇，兹二器各冠以始元者，自莽之制如此，亦犹其改易郡名不常，每下诏犹系其故名之类耳，不可用中元为比也。

2　带职人转官

绍兴中，王浚明以右奉直大夫直秘阁，乞磨勘，吏部拟朝议大夫，时相以为既带职，则朝议、奉直为一等，遂超转中奉。其后曾慥踵之。绍兴末，向伯奋亦用此，继而续觱复然。后省有言，不应蓦三级，自是但得朝议。予按故事，官制未行时，前行郎中迁少卿，有出身，得太常，无出身，司农。继转光禄，即今奉直、朝议也。自少卿迁大卿、监，有出身，得光禄卿，无出身，历司农卿、少府监、卫尉卿，然后至光禄。若带职，则自少农以上径得光卿，不涉馀级，至有超五资者。然则浚明等不为过，盖昔日职名不轻与人，故恩典亦异。又，自承务郎至奉议词人，但三转，而带职者乃与馀人同作六阶不小异，乃有司之失也。

3　上下四方

上下四方不可穷竟，正杂庄、列、释氏之寓言〔一〕，曼衍不能说也。列子："商汤问于夏革曰：'上下八方有极尽乎？'革曰：'不知也。'汤固问。革曰：'无则无极，有则有尽，朕何以知之？然无极之外，复无无极，无尽之中，复无无尽，无极复无无极，无尽复无无尽，朕是以知其无极无尽也，而不知其有极有尽也，焉知天地之表，不有大天地者乎！'"大集经："'风住何处？'曰：'风住虚空。'又问：'虚空为何所住？'答言：'虚空住于至处。'又问：'至处复何所住？'答言：'至处何所住者，不可宣说。何以故？远离一切诸处所故，一切处所所不摄故，非数非称不可量故，是故至处无有住处。'"二家之说，如是而已。

【校勘记】

〔一〕正杂庄列释氏之寓言　"杂"原作"虽"，据李本、马本、祠本改。

4　魏相萧望之

赵广汉之死由魏相，韩延寿之死由萧望之。魏、萧贤公卿也，忍以其私陷二材臣于死地乎？杨恽坐语言怨望，而廷尉当以为大逆不道。以其时考之，乃于定国也。史称定国为廷尉，民自以不冤，岂其然乎！宣帝治尚严，而三人者又从而辅翼之，为可恨也。

5　姓氏不可考

姓氏所出，后世茫不可考，不过证以史传，然要为难晓。自姚、虞、唐、杜、姜、田、范、刘之外，馀盖纷然杂出。且以左传言之：申氏出于四岳，周有申伯，然郑又有申侯，楚有申舟，又有申公巫臣，鲁有申繻、申枨，晋有申书，齐有申鲜虞。贾氏姬姓之国，以国氏，然晋有贾华，又狐射姑亦曰贾季，齐有贾举。黄氏嬴姓之国，然金天氏之后，又有沈、姒、蓐、黄之黄，晋有黄渊。孔氏出于殷，孔子其后也。然卫有孔达，宋有孔父，郑有孔叔，陈有孔宁，齐有孔虺，而郑子孔之孙又为孔张。高氏出于齐，然子尾之后又为高彊，郑有高克，宋有高哀。国氏亦出于齐，然邢有国子，郑子国之孙又为国参。晋有庆郑，齐有庆克，陈有庆虎。卫有石碏，齐有石之纷如，郑有石臭，周有石尚，宋有石驱。晋有阳处父，楚有阳丐，鲁有阳虎。孙氏出于卫，而楚有叔敖，齐有孙书，吴有孙武。郭氏出于虢，而晋有郭偃，齐有郭最，又有所谓郭公者。千载之下，遥遥世祚，将安所质究乎！

6　畏无难

圣人不畏多难而畏无难。故曰："惟有道之主能持胜。"使秦不并六国，二世未亡；隋不一天下服四夷，炀帝不亡；苻坚不平凉取蜀，灭燕翦代，则无肥水之役；唐庄宗不灭梁下蜀，则无嗣源之祸；李景不取闽并楚，则无淮南之失。

7 绿竹青青

毛公解卫诗淇奥分绿竹为二物，曰："绿，王刍也。竹，萹竹也。"韩诗：竹字作薄，音徒沃反，亦以为萹筑。郭璞云："王刍，今呼白脚莎，即菉蓐豆也。萹竹似小藜，赤茎节，好生道旁，可食。"又云："有草似竹，高五六尺，淇水侧人谓之菉竹。"案此诸说，皆北人不见竹之语耳。汉书："下淇园之竹以为楗。"寇恂为河内太守，伐淇园竹为矢百馀万。卫诗又有"籊籊竹竿，以钓于淇"之句，所谓绿竹，岂不明甚。若白脚莎、菉豆，安得云"猗猗"、"青青"哉！

8 孔子欲讨齐

陈成子弑齐简公。孔子告于鲁哀公，请讨之。公曰："告夫三子者。"之三子告，不可。左传曰："孔子请伐齐，公曰：'鲁为齐弱久矣，子之伐之，将若之何？'对曰：'陈常弑其君，民之不与者半，以鲁之众，加齐之半，可伐也。'"说者以为孔子岂校力之强弱，但明其义而已。能顺人心而行天讨，何患不克！使鲁君从之，孔子其使于周，请命乎天子，正名其罪。至其所以胜齐者，孔子之馀事也。予以为鲁之不能伐齐，三子之不欲伐齐，周之不能讨齐，通国知之矣。孔子为此举，岂真欲以鲁之半力敌之哉？盖是时三子无君，与陈氏等，孔子上欲悟哀公，下欲警三子。使哀公悟其意，必察三臣之擅国，思有以制之，起孔子而付以政，其正君君、臣臣之分，不难也。使三子者警，必将曰：鲁小于齐，齐臣弑君而欲致讨，吾三臣或如是，彼齐、晋大国肯置而不问乎！惜其君臣皆不识圣人之深旨。自是二年，孔子亡，又十一年，哀公竟偪于三子而孙于越，比之简公，仅全其身尔。

9 韩退之

旧唐史韩退之传，初言："愈常以为魏、晋已远，为文者多拘偶对，而经诰之指归，不复振起。故所为文抒意立言，自成一家新语，后学之士取为师法。当时作者甚众，无以过之，故世称韩文。"而又云："时有恃才肆意，亦盭孔、孟之旨。若南人妄以柳宗元为罗池神，而愈撰碑以实之。李贺父名晋，不应进士，而愈为贺作讳辩，令举进士。又为毛颖传，讥戏不近人情。此文章之甚纰缪者。撰顺宗实录，繁简不当，叙事拙于取舍，颇为当代所非。"裴晋公有寄李翱书云："昌黎韩愈，仆识之旧矣，其人信美材也。近或闻诸侪类云，恃其绝足，往往奔放，不以文立制，而以文为戏，可矣乎？今之不及之者，当大为防焉尔。"旧史谓愈为纰缪，固不足责，晋公亦有是言，何哉？考公作此书时，名位犹未达，其末云："昨弟来，欲度及时干进，度昔岁取名，不敢自高。今孤茕若此，游宦谓何！是不能复从故人之所勉耳，但置力田园，苟过朝夕而已。"然则公出征淮西，请愈为行军司马，又令作碑，盖在此累年之后，相知已深，非复前比也。

10 诞节受贺

唐穆宗即位之初年，诏曰："七月六日，是朕载诞之辰，其日，百寮命妇宜于光顺门进名参贺，朕于门内与百寮相见。"明日，又敕受贺仪宜停。先是左丞韦绶奏行之，宰臣以古无降诞受贺之礼，奏罢之，然次年复行贺礼。诞节之制，起于明皇，令天下宴集休假三日，肃宗亦然，代、德、顺三宗，皆不置节名，及文宗以后，始置宴如初。则受贺一事，盖自长庆年，至今用之也。

11　左氏书事

左传书晋惠公背秦穆公事，曰：“晋侯之入也，秦穆姬属贾君焉，且曰：‘尽纳群公子。’晋侯烝于贾君，又不纳群公子，是以穆姬怨之。晋侯许赂中大夫，既而皆背之。赂秦伯以河外列城五，东尽虢略，南及华山，内及解梁城，既而不与。晋饥，秦输之粟，秦饥，晋闭之籴。故秦伯伐晋。”观此一节，正如狱吏治囚，蔽罪议法，而皋陶听之，何所伏窜，不待韩原之战，其曲直胜负之形见矣。晋厉公绝秦，数其五罪，书词铿訇，极文章鼓吹之妙，然其实皆诬秦。故传又书云：“秦桓公既与晋厉公为令狐之盟，而又召狄与楚，欲道以伐晋。”杜元凯注云：“据此三事，以正秦罪。”左氏于文反复低昂，无所不究其至，观秦、晋争战二事，可窥一斑矣。

12　狐突言词有味

晋侯使太子申生伐东山皋落氏，以十二月出师，衣之偏衣，佩之金玦。左氏载狐突所叹八十馀言，而词义五转，其一曰：“时，事之征也。衣，身之章也。佩，衷之旗也。”其二曰：“敬其事，则命以始。服其身，则衣之纯。用其衷，则佩之度。”其三曰：“今命以时卒，闷其事也。衣之龙服，远其躬也。佩以金玦，弃其衷也。”其四曰：“服以远之，时以闷之。”其五曰：“龙凉，冬杀，金寒，玦离。”其宛转有味，皆可咀嚼。国语亦多此体，有至六七转，然大抵缓而不切。

13 宣发

考工记："车人之事，半矩谓之宣。"注："头发颢落曰宣。易：'巽为宣发。'宣字本或作寡。"周易："巽为寡发。"释文云："本又作宣，黑白杂为宣发。"宣发二字甚奇。

14 郑文公楚昭王

郑文公卜迁于绎。史曰："利于民而不利于君。"郑子曰："命在养民，死之短长，时也。民苟利矣，迁也吉莫如之。"遂迁于绎，未几而卒。君子曰："知命。"楚昭王之季年，有云如众赤鸟，夹日以飞三日。周太史曰："其当王身乎？若禜之，可移于令尹、司马。"王曰："除腹心之疾，而置诸股肱，何益！不穀不有大过，天其夭诸？有罪受罚，又焉移之。"遂弗禜。孔子曰："楚昭王知大道矣，其不失国也宜哉。"案，宋景公出人君之言三，荧惑为之退舍，郑文、楚昭之言，亦是物也，而终不蒙福，天道远而不可知如此。

15 杜悰

唐懿宗咸通二年二月，以杜悰为相。一日，两枢密使诣中书，宣徽使杨公庆继至，独揖悰受宣，三相起避。公庆出书授悰，发之，乃宣宗大渐时，宦官请郓王监国奏也，且曰："当时宰相无名者，当以反法处之。"悰反复读，复封以授公庆，曰："主上欲罪宰相，当于延英面示圣旨。"公庆去，悰谓两枢密曰："内外之臣，事犹一体，今主上新践阼，固当以仁爱为先，岂得遽赞成杀宰相事！若习以性成，则中尉、枢密岂得不自忧乎！”两枢密相顾默然，徐曰：“当具以公言白至尊，非公重德，无人及此。”三相复来见悰，微请宣意，悰无言。三相惶怖，乞存家族。悰曰：“勿为它虑。”既而寂然。及延英开，上色甚悦。此资治通鉴所载也。新唐史云：宣宗世，夔王处大明宫，而郓王居十六宅。帝大渐，遗诏立夔王，而中尉王宗贯迎郓王立之，是为懿宗。久之，遣枢密使杨庆诣中书独揖悰。它宰相毕諴、杜审权、蒋伸不敢进，乃授悰中人请帝监国奏，因谕悰劾大臣名不在者。悰语之如前所云，庆色沮去，帝怒亦释。予以史考之，懿宗即位之日，宰相四人，曰令狐绹、曰萧邺、曰夏侯孜、曰蒋伸，至是时唯有伸在，三人者罢去矣。諴及审权乃懿宗自用者，无由有斯事。盖野史之妄，而二书误采之。温公以唐事属之范祖禹，其审取可谓详尽，尚如此。信乎，修史之难哉！

16　唐书世系表

新唐宰相世系表皆承用逐家谱谍，故多有谬误，内沈氏者最可笑。其略云：“沈氏出自姬姓。周文王子聃叔季，字子揖，食采于沈，今汝南平舆沈亭是也。鲁成公八年，为晋所灭。沈子生逞，字修之，奔楚，遂为沈氏。生嘉，字惟良，嘉生尹戌[一]，戌生诸梁、诸梁子尹射，字修文。其后入汉，有为齐王太傅敷德侯者，有为骠骑将军者，有为鼓城侯者。”宋书沈约自叙云：“金天氏之后，沈国在汝南平舆，定公四年，为蔡所灭。秦末有逞者，徵丞相不就。”其后颇与唐表同。案，聃季所封，自是一国，与沈了不相涉。春秋成公八年，晋侵沈，获沈子揖。昭二十三年，吴败顿、胡、沈、蔡之师于鸡父，沈子逞灭。定四年，蔡灭沈，杀沈子嘉。今表云聃季字子揖，成八年为晋所灭，是文王之子寿五百馀岁矣。逞为吴所杀，而表云奔楚，宋书云秦召为丞相。沈尹戌为楚将[二],战死于柏举,正与嘉之死同时,而以为嘉之子。尹射书于左传三十四年,始书诸梁[三],乃以为其子。又,春秋时人立字皆从子及伯仲,岂有修之、惟良、修文之比。汉列侯表岂有所谓敷德、彭城侯?百官表岂有所谓骠骑将军沈达者?沈约称一时文宗,妄谱其上世名氏官爵,固可蚩诮,又不分别两沈国。其金天氏之裔沈、姒、蓐、黄之沈,封于汾川,晋灭之,春秋之沈,封于汝南,蔡灭之,顾合而为一,岂不读左氏乎!欧阳公略不笔削,为可恨也。

【校勘记】

〔一〕沈……嘉生尹戌　祠本"戌"作"戊"。按,新唐书卷七十四上(标点本第三一四六页)作"戊";下句"戌生诸梁"句同。今仍其旧,参下条校勘记。

〔二〕沈尹戌为楚将　祠本"戌"作"戊"。左传定公四年作"戌"。则祠本此条及上条作"戊",未为全是。今姑仍其旧。

〔三〕沈……尹射书于左传三十四年始书诸梁　此句有脱文,"左传三十四年"不可通。清抄本何焯等校"三十"作"昭四年至哀"。左传昭公四年云楚子、蔡侯等会于申,其中有沈子。知此沈子乃尹射,哀公十七年书沈尹朱,乃沈诸梁。据此,清抄本之说可通。然作者原文是否如此,未敢遽定,今姑仍其旧。

17　鲁昭公

春秋之世,列国之君失守社稷,其国皆即日改立君,无虚位以俟者。惟鲁昭公为季孙意如所逐而孙于齐,又适晋,凡八年乃没。意如在国摄事主祭,岁具从者之衣屦而归之于乾侯,公薨之明年,丧还故国,然后其弟公子宋始即位,它国无此比也。岂非鲁秉周礼,虽不幸逐君,犹存厥位,而不敢绝之乎!其后哀公孙于越,左传终于是年，不知悼公以何时立也。

18　州县失故名

今之州县，以累代移徙改割之故，往往或失其故名，或州异而县不同者。如建昌军在江西，而建昌县乃隶南康；南康军在江东，而南康县乃隶南安；南安军在江西，而南安县乃隶泉州；韶州为始兴郡，而始兴县外属；赣州为南康郡，而南康县外属郁林为州，而郁林县隶贵州；桂阳为军，而桂阳县隶郴州。此类不可悉数。

19　严州当为庄

严州本名睦州，宣和中以方寇之故改焉。虽以威严为义，然实取严陵滩之意也。殊不考子陵乃庄氏，东汉避显宗讳以"庄"为"严"，故史家追书以为严光，后世当从实可也。

容斋随笔卷七 十八则

1 孟子书百里奚

柳子厚复杜温夫书云："生用助字，不当律令，所谓乎、欤、耶、哉、夫、也者，疑辞也。矣、耳、焉、也者，决辞也。今生则一之，宜考前闻人所使用，与吾言类且异，精思之则益也。"予读孟子百里奚一章曰："曾不知以食牛干秦缪公之为污也，可谓智乎？不可谏而不谏，可谓不智乎？知虞公之将亡而先去之，不可谓不智也。时举于秦，知缪公之可与有行也而相之，可谓不智乎？"味其所用助字，开阖变化，使人之意飞动，此难以为温夫辈言也。

2 韩柳为文之旨

韩退之自言：作为文章，上规姚、姒、盘、诰、春秋、易、诗、左氏、庄、骚、太史、子云、相如，闳其中而肆其外。柳子厚自言：每为文章，本之书、诗、礼、春秋、易，参之穀梁氏以厉其气，参之孟、荀以畅其支，参之庄、老以肆其端，参之国语以博其趣，参之离骚以致其幽，参之太史公以著其洁。此韩、柳为文之旨要，学者宜思之。

3 李习之论文

李习之答朱载言书论文最为明白周尽，云："六经创意造言，皆不相师。故其读春秋也，如未尝有诗也；其读诗也，如未尝有易也；其读易也，如未尝有书也；其读屈原、庄周也，如未尝有六经也。如山有岱、华、嵩、衡焉，其同者高也，其草木之荣，不必均也。如渎有济、淮、河、江焉，其同者出源到海也，其曲直浅深，不必均也。天下之语文章，有六说焉。其尚异者曰：'文章词句，奇险而已。'其好理者曰：'文章叙意，苟通而已。'溺于时者曰：'文章必当对。'病于时者曰：'文章不当对。'爱难者曰：'宜深，不当易。'爱易者曰：'宜通，不当难。'此皆情有所偏滞，未识文章之所主也。义不深不至于理，而词句怪丽者有之矣，剧秦美新、王褒僮约是也。其理往往有是者，而词章不能工者有之矣，王氏中说、俗传太公家教是也。古之人能极于工而已，不知其辞之对与否、易与难也。'忧心悄悄，愠于群小'，非对也。'遘闵既多，受侮不少'，非不对也。'朕堲谗说殄行，震警朕师'，'菀彼桑柔，其下侯旬，捋采其刘'，非易也。'光被四表，格于上下'，'十亩之间兮，桑者闲闲兮'，非难也。六经之后，百家之言兴，老聃、列、庄至于刘向、杨雄，皆自成一家之文，学者之所师归也。故义虽深，理虽当，词不工者不成文，宜不能传也。"其论于文者如此，后学宜志之。

4　魏郑公谏语

魏郑公谏止唐太宗封禅，中间数语，引喻剀切，曰："今有人十年长患，疗治且愈，此人应皮骨仅存，便欲使负米一石，日行百里，必不可得。隋氏之乱，非止十年，陛下为之良医，疾苦虽已乂安，未甚充实。告成天地，臣切有疑。"太宗不能夺。此语见于公谏录及旧唐书，而新史不载，资治通鉴记其谏事，亦删此一节，可惜也。

5 虞世南

虞世南卒后，太宗夜梦见之，有若平生。翌日，下制曰："世南奄随物化，倏移岁序。昨因夜梦，忽睹其人，追怀遗美，良增悲叹！宜资冥助，申朕思旧之情。可于其家为设五百僧斋，并为造天尊像一躯。"夫太宗之梦世南，盖君臣相与之诚所致，宜恤其子孙，厚其恩典可也。斋僧造像，岂所应作！形之制书，著在国史，惜哉，太宗而有此也。

6 七发

枚乘作七发，创意造端，丽旨腴词，上薄骚些，盖文章领袖，故为可喜。其后继之者，如傅毅七激、张衡七辩、崔骃七依、马融七广、曹植七启、王粲七释、张协七命之类，规仿太切，了无新意。傅玄又集之以为七林，使人读未终篇，往往弃诸几格。柳子厚晋问，乃用其体，而超然别立新机杼，激越清壮，汉晋之间诸文士之弊于是一洗矣。东方朔答客难，自是文中杰出，杨雄拟之为解嘲，尚有驰骋自得之妙。至于崔骃达旨、班固宾戏、张衡应间，皆屋下架屋，章摹句写，其病与七林同，及韩退之进学解出，于是一洗矣。毛颖传初成，世人多笑其怪，虽裴晋公亦不以为可，惟柳子独爱之。韩子以文为戏，本一篇耳，妄人既附以革华传，至于近时，罗文、江瑶、叶嘉、陆吉诸传，纷纭杂沓，皆托以为东坡，大可笑也。

7 将军官称

前汉书百官表："将军皆周末官，秦因之。"予案国语："郑文公以詹伯为将军。”又：“吴夫差十旌一将军。”左传：“岂将军食之而有不足。”檀弓：“卫将军。”文子：“鲁使慎子为将军。”然则其名久矣。彭宠为奴所缚，呼其妻，曰：“趣为诸将军办装。”东汉书注云：“呼奴为将军，欲其赦己也。”今吴人语犹谓小苍头为将军，盖本诸此。

8　北道主人

秦、晋围郑，郑人谓秦盍舍郑以为东道主。盖郑在秦之东，故云。今世称主人为东道者，此也。东汉载北道主人，乃有三事：“常山太守邓晨会光武于巨鹿，请从击邯郸，光武曰：‘伟卿以一身从我，不如以一郡为我北道主人。’”又：“光武至蓟，将欲南归，耿弇以为不可，官属腹心皆不肯，光武指弇曰：‘是我北道主人也。’”“彭宠将反，光武问朱浮，浮曰：‘大王倚宠为北道主人，今既不然，所以失望。’”后人罕引用之。

9　洛中盱江八贤

司马温公序赙礼，书闾阎之善者五人。吕南公作不欺述，书三人。皆以卑微不见于史氏。予顷修国史，将以缀于孝行传而不果成，聊纪之于此。

温公所书皆陕州夏县人，曰医刘太，居亲丧，不饮酒食肉，终三年，以为今世士大夫所难能。其弟永一，尤孝友廉谨。夏县有水灾，民溺死者以百数，永一执竿立门首，他人物流入门者，辄擿出之。有僧寓钱数万于其室而死，永一诣县自陈，请以钱归其弟子。乡人负债不偿者，毁其券。曰周文粲，其兄耆酒，仰弟为生，兄或时酗殴粲，邻人不平而唁之，粲怒，曰：“兄未尝殴我，汝何离间吾兄弟也！”

曰苏庆文者，事继母以孝闻，常语其妇曰："汝事吾母小不谨，必逐汝。"继母少寡而无子，由是安其室终身。曰台亨者，善画，朝廷修景灵宫，调天下画工诣京师，事毕，诏选试其优者，留翰林授官禄，亨名第一。以父老固辞，归养于田里。

南公所书皆建昌南城人。曰陈策，尝买骡，得不可被鞍者，不忍移之它人，命养于野庐，俟其自毙。其子与猾驵计，因经过官人丧马，即磨破骡背，以衒贾之。既售矣，策闻，自追及，告以不堪。官人疑策爱也，秘之。策请试以鞍，亢亢终日不得被，始谢还焉。有人从策买银器若罗绮者，策不与罗绮。其人曰："向见君帑有之，今何靳？"策曰："然。有质钱而没者，岁月已久，丝力糜脆不任用，闻公欲以嫁女，安可以此物病公哉！"取所当与银器投炽炭中，曰："吾恐受质人或得银之非真者，故为公验之。"曰危整者，买鲍鱼，其驵舞秤权阴厚整。鱼人去，身留整傍，请曰："公买止五斤，已为公密倍入之，愿畀我酒。"整大惊，追鱼人数里返之，酬以直。又饮驵醇酒，曰："汝所欲酒而已，何欺寒人为！"曰曾叔卿者，买陶器欲转易于北方，而不果行。有人从之并售者，叔卿与之，已纳价，犹问曰："今以是何之？"其人对："欲效公前谋耳。"叔卿曰："不可，吾缘北方新有灾荒，是故不以行，今岂宜不告以误君乎！"遂不复售。而叔卿家苦贫，妻子饥寒不恤也。

呜呼，此八人者贤乎哉。

10　王导小名

颜鲁公书远祖西平靖侯颜含碑，晋李阐之文也。云："含为光禄大夫，冯怀欲为王导降礼，君不从，曰：'王公虽重，故是吾家阿宠。'君是王亲丈人，故呼王小字。"晋书亦载此事而不书小字。世说："王丞相拜司空，桓廷尉叹曰：'人言阿宠超，阿龙故自超。'"呼三公小字，晋人浮虚之习如此。

11　汉书用字

太史公陈涉世家："今亡亦死，举大计亦死，等死，死国可乎？"又曰："戍死者固什六七，且壮士不死即已，死即举大名耳！叠用七死字，汉书因之。汉沟洫志载贾让治河策云："河从河内北至黎阳为石堤，激使东抵东郡平刚；又为石堤，使西北抵黎阳观下；又为石堤，使东北抵东郡津北；又为石堤，使西北抵魏郡昭阳；又为石堤，激使东北，百馀里间，河再西三东。"凡五用"石堤"字而不为冗复，非后人笔墨畦径所能到也。

12　姜嫄简狄

毛公注生民诗姜嫄生后稷"履帝武敏歆"之句，曰："从于高辛帝而见于天也。"玄鸟诗"天命玄鸟，降而生商"之句，曰："春分玄鸟降，简狄配高辛帝，帝与之祈于郊禖而生契，故本其为天所命，以玄鸟至而生焉。"其说本自明白。至郑氏笺始云："帝，上帝也。敏，拇也。祀郊禖时，有大人之迹，姜嫄履之，足不能满，履其拇指之处，心体歆歆然如有人道感己者，遂有身，后则生子。"又谓："鳦遗卵，简狄吞之而生契。"其说本于史记，谓："姜嫄出野，见巨人迹，忻然践之，因生稷。""简狄行浴，见燕堕卵，取吞之，因生契。"此二端之怪妄，先贤辞而辟之多矣。欧阳公谓稷、契非高辛之子，毛公于史记不取履迹之怪，而取其讹缪之世次。案汉书，毛公赵人，为河间献王博士，然则在司马子长之前数十年，谓为取史记世次，亦不然。

盖世次之说，皆出于世本，故荒唐特甚，其书今亡。夫适野而见巨迹，人将走避之不暇，岂复故故践履，以求不可知之机祥；飞鸟堕卵，知为何物，而遽取吞之。以古揆今，人情一也。今之愚人未必尔，而谓古圣人之后妃为之，不待辨而明矣。

13　羌庆同音

王观国彦宾、吴棫材老有学林及叶韵补注、毛诗音二书，皆云："诗、易、太玄凡用庆字，皆与阳字韵叶，盖羌字也。"引萧该汉书音义："庆，音羌。"又曰："汉书亦有作羌者。班固幽通赋'庆未得其云已'，文选作羌，而它未有明证。"予案杨雄传所载反离骚："庆夭顇而丧荣。"注云："庆，辞也，读与羌同。"最为切据。

14　佐命元臣

盛王创业，必有同德之英辅，成垂世久长之计，不如是，不足以为一代宗臣。伊尹、周公之事，见于诗书，可考也。汉萧何佐高祖，其始入关，即收秦丞相御史律令图书，以周知天下阸塞、户口多少强弱处，民所疾苦。高祖失职为汉王，欲攻项羽，周勃、灌婴、樊哙皆劝之，何独曰："今众弗如，百战百败，愿王王汉中，收用巴蜀，然后还定三秦。"王用其言。此刘氏兴亡至计也。进韩信为大将，使当一面，定魏、赵、燕、齐，高祖得颛心与楚角，无北顾忧。且死，引曹参代己，而画一之法成。约三章以蠲秦暴，拊百姓以申汉德。四百年基业，此焉肇之。唐房玄龄佐太宗，初在秦府，已独收人物致幕下，与诸将密相申结，引杜如晦与参筹帷。及为宰相，粲然兴起治功，以州县成天下之治，以租庸调天下之财，以八百府、十六卫本天下之兵，以谏争付王、魏，以兵事付靖、勣，御夷狄有道，用贤材有术。三百年基业，此焉肇之。其后制节度使而州县之治坏，更二税法而租庸之理坏，变府兵为彍骑、诸卫为神策而军政坏，虽有名臣良辅，不能救也。赵韩王佐艺祖，监方镇之势，削支郡以损其彊，置转运、通判使掌钱谷以夺其富，参命京官知州事以分其党，禄诸大功臣于环卫而不付以兵，收天下骁锐于殿岩而不使外重。建法立制，审官用人，一切施为，至于今是赖。此三君子之后，代天理物，硕大光明者，世有其人，所谓一时之相尔。萧之孙有罪及无子，凡六绝国，汉辄绍封之。国朝褒录韩王苗裔，未尝或忘。唯房公之亡未十年，以其子故，夺袭爵、停配享，讫唐之世不复续，唐家亦少恩哉！

15　名世英宰

曹参为相国，日夜饮醇酒不事事，而画一之歌兴。王导辅佐三世，无日用之益，而岁计有馀，末年略不复省事，自叹曰："人言我愦愦，后人当思我愦愦。"谢安石不存小察，经远无竞。唐之房、杜，传无可载之功。赵韩王得士大夫所投利害文字，皆置二大瓮，满则焚之。李文靖以中外所陈一切报罢，云："以此报国。"此六七君子，盖非扬己取名，瞭然使户晓者，真名世英宰也，岂曰不事事哉！

16　檀弓误字

檀弓载吴侵陈事曰："陈太宰嚭使于师，夫差谓行人仪曰：'是夫也多言，盍尝问焉，师必有名，人之称斯师也者，则谓之何！'太宰嚭曰：'其不谓之杀厉之师与！'"案，嚭乃吴夫差之宰，陈遣使者正用行人，则仪乃陈臣也。记礼者简策差互，故更错其名，当云"陈行人仪使于师，夫差使太宰嚭问之”，乃善。忠宣公作春秋诗引斯事，亦尝辩正云。

17　薛能诗

薛能者，晚唐诗人，格调不能高，而妄自尊大。其海棠诗序云：“蜀海棠有闻，而诗无闻，杜子美于斯，兴象不出，没而有怀。天之厚余，谨不敢让，风雅尽在蜀矣，吾其庶几。”然其语不过曰“青苔浮落处，暮柳间开时。带醉游人插，连阴彼叟移。晨前清露湿，晏后恶风吹。香少传何许，妍多画半遗”而已。又有荔枝诗序曰：“杜工部老居两蜀〔一〕，不赋是诗，岂有意而不及欤！白尚书曾有是作，兴旨卑泥，与无诗同。予遂为之题，不愧不负，将来作者以其荔枝首唱，愚其庶几。”然其语不过曰“颗如松子色如樱，未识蹉跎欲半生。岁杪监州曾见树，时新入座久闻名”而已。又有折杨柳十首，叙曰：“此曲盛传，为词者甚众，文人才子各衒其能，莫不条似舞腰，叶如眉翠，出口皆然，颇为陈熟。能专于诗律，不爱随人，搜难抉新，誓脱常态，虽欲勿伐，知音者其舍诸?”然其词不过曰：“华清高树出离宫，南陌柔条带暖风。谁见轻阴是良夜，瀑泉声畔月明中。”“洛桥晴影覆江船，羌笛秋声湿塞烟。闲想习池公宴罢，水蒲风絮夕阳天”而已。别有柳枝词五首，最后一章曰：“刘、白苏台揔近时，当初章句是谁推。纤腰舞尽春杨柳，未有侬家一首诗。”自注云：“刘、白二尚书，继为苏州刺史，皆赋杨柳枝词，世多传唱，虽有才语，但文字太僻，宫商不高耳。”能之大言如此，但稍推杜陵，视刘、白以下蔑如也。今读其诗，正堪一笑。刘之词云：“城外春风吹酒旗，行人挥袂日西时。长安陌上无穷树，唯有垂杨管别离。”白之词云：“红板江桥清酒旗，馆娃宫暖日斜时。可怜雨歇东风定，万树千条各自垂。”

其风流气概，岂能所可仿佛哉！

【校勘记】

〔一〕杜工部老居两蜀　祠本"两"作"西"。

18　汉晋太常

汉自武帝以后，丞相无爵者乃封侯，其次虽御史大夫，亦不以爵封为间。唯太常一卿，必以见侯居之，而职典宗庙园陵，动辄得咎，由元狩以降，以罪废斥者二十人。意武帝阴欲损侯国，故使居是官以困之尔。表中所载：鄼侯萧寿成，坐牺牲瘦；蓼侯孔臧，坐衣冠道桥坏；郸侯周仲居，坐不收赤侧钱；绳侯周平，坐不缮园屋；睢陵侯张昌，坐乏祠；阳平侯杜相，坐擅役郑舞人；广阿侯任越人，坐庙酒酸；江邹侯靳石，坐离宫道桥苦恶；戚侯李信成，坐纵丞相侵神道；俞侯栾贲，坐雍牺牲不如令；山阳侯张当居，坐择博士弟子不以实；成安侯韩延年，坐留外国文书；新畤侯赵弟，坐鞫狱不实；牧丘侯石德，坐庙牲瘦；当涂侯魏不害，坐孝文庙风发瓦；轑阳侯江德，坐庙郎夜饮失火；蒲侯苏昌，坐泄官书；弋阳侯任宫，坐人盗茂陵园物；建平侯杜缓，坐盗贼多。自鄼侯至牧丘十四侯皆夺国，武帝时也。自当涂至建平五侯但免官，昭、宣时也。下及晋世，此风犹存。惠帝元康四年，大风，庙阙屋瓦有数枚倾落，免太常荀寓。五年，大风，兰台主者求索阿栋之间，得瓦小邪十五处，遂禁止太常，复兴刑狱。陵上荆一枝围七寸二分者被斫，司徒、太常犇走道路，太常禁止不解，盖循习汉事云。

容斋随笔卷八 十五则

1 诸葛公

诸葛孔明千载人，其用兵行师，皆本于仁义节制，自三代以降，未之有也。盖其操心制行，一出于诚，生于乱世，躬耕垅亩，使无徐庶之一言，玄德之三顾，则苟全性命，不求闻达必矣。其始见玄德，论曹操不可与争锋，孙氏可与为援而不可图，唯荆、益可以取，言如蓍龟，终身不易。二十馀年之间，君信之，士大夫仰之，夷夏服之，敌人畏之。上有以取信于主，故玄德临终，至云"嗣子不才，君可自取"；后主虽庸懦无立，亦举国听之而不疑。下有以见信于人，故废廖立而立垂泣，废李严而严致死。后主左右奸辟侧佞，充塞于中，而无一人有心害疾者。魏尽据中州，乘操、丕积威之后，猛士如林，不敢西向发一矢以临蜀，而公六出征之，使魏畏蜀如虎。司马懿案行其营垒处所，叹为天下奇才。锺会伐蜀，使人至汉川祭其庙，禁军士不得近墓樵采，是岂智力策虑所能致哉！魏延每随公出，辄欲请兵万人，与公异道会于潼关，公制而不许，又欲请兵五千，循秦岭而东，直取长安，以为一举而咸阳以西可定。史臣谓公以为危计不用，是不然。公真所谓义兵不用诈谋奇计，方以数十万之众，据正道而临有罪，建旗鸣鼓，直指魏都，固将飞书告之，择日合战，岂复翳行窃步，事一旦之谲以规咸阳哉！司马懿年长于公四岁，懿存而公死，才五十四耳，天不祚汉，非人力也。"霸气西南歇，雄图历数屯。"杜诗尽之矣。

2　沐浴佩玉

石骀仲卒，"有庶子六人，卜所以为后者，曰：'沐浴佩玉则兆。'五人者皆沐浴佩玉。石祁子曰：'孰有执亲之丧而沐浴佩玉者乎？'不沐浴佩玉。"此檀弓之文也。今之为文者不然，必曰："沐浴佩玉则兆，五人者如之，祁子独不可，曰：'孰有执亲之丧若此者乎？'"似亦足以尽其事，然古意衰矣。

3　谈丛失实

后山陈无己著谈丛六卷，高简有笔力，然所载国朝事，失于不考究，多爽其实，漫析数端于此。

其一云："吕许公恶韩、富、范三公，欲废之而不能，及西军罢，尽用三公及宋莒公、夏英公于二府，皆其仇也。吕既老，大事犹问，遂请出大臣行三边，既建议，乃数出道者院宿。范公奉使陕西，宿此院，相见。"云云。案，吕公罢相，诏有同议大事之旨，公辞，乃庆历三年三月，至九月致仕矣。四年七月，富、范始奉使，又三公入二府时，莒公自在外，英公拜枢密使而中辍，后二年莒方复入，安有五人同时之事！

其二云："杜正献、丁文简为河东宣抚，任布之子上书历诋执政，至云至于臣父亦出遭逢，谓其非德选也。杜戏丁曰：'贤郎亦要牢笼。'丁深衔之。其后二公同在政府，苏子美进奏事作，杜避嫌不预，丁论以深文，子美坐废为民，杜亦罢去。一言之谑，贻祸如此。"案，杜公以执政使河东时，丁以学士为副，庆历四年十一月进奏狱起，杜在相位，五年正月罢，至五月，丁公方从翰林参知政事，安有深文论子美之说！且杜公重厚，当无以人父子为谑之理，丁公长者也，肯追仇一言陷贤士大夫哉！

其三云："张乖崖自成都召为参知政事，既至而脑疽作，求补外，乃知杭州而疾愈。上使中人往伺之，言且将召也，丁晋公以白金赂使者，还言如故，乃不召。"案，张两知成都，其初还朝为户部使、中丞，始知杭州。是时，丁方在侍从。其后自蜀知升州，丁为三司使。岂有如前所书之事！

其四云："乖崖在陈，闻晋公逐莱公，知祸必及己，乃延三大户与之博，出彩骰子胜其一坐，乃买田宅为归计以自污，晋公闻之，亦不害也。"案，张公以祥符六年知陈州，八年卒，后五年当天禧四年，寇公方罢相，旋坐贬，岂有所谓乖崖自污之事！

兹四者所系不细，乃诞漫如此。盖前辈不家藏国史，好事者肆意饰说为美听，疑若可信，故误入纪述。后山之书，必传于后世，惧诒千载之惑，予是以辨之！

4　石砮

东坡作石砮记云："禹贡荆州贡砺、砥、砮、丹及箘簵、楛，梁州贡砮、磬。至春秋时，隼集于陈廷，楛矢贯之，石砮长尺有咫，问于孔子，孔子不近取之荆、梁，而远取之肃慎，则荆、梁之不贡此久矣。颜师古曰：'楛木堪为笴，今豳以北皆用之。'以此考之，用楛为矢，至唐犹然，而用石为砮，则自春秋以来莫识矣。"案，晋书挹娄传：有石砮、楛矢，国有山出石，其利入铁。周武王时，献其矢、砮。魏景元末亦来贡。晋元帝中兴，又贡石砮，后通贡于石虎，虎以夸李寿者也。唐书黑水靺鞨传：其矢，石镞长二寸，盖楛砮遗法。然则东坡所谓春秋以来莫识，恐不考耳。予家有一砮，正长二寸，岂黑水物乎？

5 陶渊明

陶渊明高简闲靖，为晋、宋第一辈人。语其饥则箪瓢屡空，缾无储粟。其寒则短褐穿结，絺绤冬陈。其居则环堵萧然，风日不蔽。穷困之状，可谓至矣。读其与子俨等疏云："恨室无莱妇，抱兹苦心。汝等虽曰同生[一]，当思四海皆兄弟之义。管仲、鲍叔分财无猜，他人尚尔，况同父之人哉！"然则犹有庶子也。责子诗云："雍、端年十三。"此两人必异母尔。渊明在彭泽，悉令公田种秫，曰："吾常得醉于酒足矣。"妻子固请种秔，乃使二顷五十亩种秫，五十亩种秔。其自叙亦云："公田之利，足以为酒，故便求之。"犹望一稔而逝，然仲秋至冬，在官八十馀日，即自免去职。所谓秫、秔，盖未尝得颗粒到口也，悲夫！

【校勘记】

〔一〕汝等虽曰同生　马本、祠本"曰"作"不"。按：库本陶潜集作"不"，疑作"不"是。

6 东晋将相

西晋南渡，国势至弱，元帝为中兴主，已有雄武不足之讥，馀皆童幼相承，无足称算。然其享国百年，五胡云扰，竟不能窥江、汉。苻坚以百万之众，至于送死肥水。后以强臣擅政，鼎命乃移，其于江左之势，固自若也。是果何术哉？尝考之矣。以国事付一相，而不贰其任；以外寄付方伯，而不轻其权；文武二柄，既得其道，馀皆可概见矣。百年之间，会稽王昱、道子、元显以宗室，王敦、二桓以逆取，姑置勿言，卞壸、陆玩、郗鉴、陆晔、王彪之、坦之不任事，其真托国者，王导、庾亮、何充、庾冰、蔡谟、殷浩、谢安、刘裕八人而已。方伯之任，莫重于荆、徐，荆州为国西门，刺史常都督七八州事，力雄强，分天下半，自渡江讫于太元，八十馀年，荷阃寄者，王敦、陶侃、庾氏之亮、翼、桓氏之温、豁、冲、石民八人而已，非终于其军不辄易，将士服习于下，敌人畏敬于外，非忽去忽来，兵不适将，将不适兵之比也。顷尝为主上论此，蒙欣然领纳，特时有不同，不能行尔。

7 赏鱼袋

衡山有唐开元二十年所建南岳真君碑，衡州司马赵颐贞撰，荆府兵曹萧诚书，末云"别驾赏鱼袋上柱国光大晊"。"赏鱼袋"之名不可晓，它处未之见也。

8 浯溪留题

永州浯溪，唐人留题颇多。其一云："太仆卿分司东都韦瓘，大中二年过此。余大和中，以中书舍人谪宦康州，逮今十六年。去冬，罢楚州刺史。今年二月，有桂林之命。才经数月，又蒙除替，行次灵川，闻改此官，分司优闲，诚为忝幸。"案，新唐书："瓘仕累中书舍人，与李德裕善，李宗闵恶之，德裕罢相，贬为明州长史，终桂管观察使。"以题名证之，乃自中书谪康州，又不终于桂，史之误如此。瓘所称十六年前，正当大和七年。是时，德裕方在相位，八年十一月始罢。然则瓘之去国，果不知坐何事也。

9　皇甫湜诗

皇甫湜、李翱虽为韩门弟子，而皆不能诗，浯溪石间有湜一诗，为元结而作。其词云："次山有文章，可惋只在碎。然长于指叙，约洁多馀态。心语适相应，出句多分外。于诸作者间，拔戟成一队。中行虽富剧，粹美君可盖。子昂感遇佳，未若君雅裁。退之全而神，上与千年对。李杜才海翻，高下非可概。文于一气间，为物莫与大。先王路不荒，岂不仰吾辈。石屏立衙衙，溪口扬素濑。我思何人知，徙倚如有待。"味此诗，乃论唐人文章耳，风格殊无可采也。

10　人物以义为名

人物以义为名者，其别最多。仗正道曰义，义师、义战是也。众所尊戴者曰义，义帝是也。与众共之曰义，义仓、义社、义田、义学、义役、义井之类是也。至行过人曰义，义士、义侠、义姑、义夫、义妇之类是也。自外入而非正者曰义，义父、义儿、义兄弟、义服之类是也。衣裳器物亦然。在首曰义髻，在衣曰义襕、义领，合中小合曰义子之类是也。合众物为之，则有义浆、义墨、义酒。禽畜之贤，则有义犬、义乌、义鹰、义鹘。

11　人君寿考

三代以前，人君寿考有过百年者。自汉、晋、唐，三国、南北下及五季，凡百三十六君，唯汉武帝、吴大帝、唐高祖至七十一，玄宗七十八，梁武帝八十三，自馀至五六十者亦鲜。即此五君而论之。

梁武召侯景之祸，幽辱告终，旋以亡国。玄宗身致大乱，播迁失意，饮恨而没。享祚久长，翻以为害，固已不足言。汉武末年，巫蛊事起，自皇太子、公主、皇孙皆不得其死，悲伤愁沮，群臣上寿，拒不举觞，以天下付之八岁儿。吴大帝废太子和，杀爱子鲁王霸。唐高祖以秦王之故，两子十孙同日并命，不得已而禅位，其方寸为如何！然则五君者，虽有崇高之位，享耆耋之寿，竟何益哉！若光尧太上皇帝之福，真可于天人中求之。

12　韩文公佚事

韩文公自御史贬阳山，新、旧二唐史皆以为坐论宫市事。案公赴江陵涂中诗，自叙此事甚详，云："是年京师旱，田亩少所收。有司恤经费，未免烦诛求。传闻闾里间，赤子弃渠沟。我时出衢路，饿者何其稠。适会除御史，诚当得言秋。拜疏移閤门，为忠宁自谋。上陈人疾苦，无令绝其喉。下言畿甸内，根本理宜优。积雪验丰熟，幸宽待蚕麰。天子恻然感，司空叹绸缪。谓言即施设，乃反迁炎洲。"皇甫湜作公神道碑云："关中旱饥，人死相枕藉，吏刻取恩，先生列言天下根本，民急如是，请宽民徭而免田租，专政者恶之，遂贬。"然则不因论宫市明甚。碑又书三事云："公为河南令，魏、郓、幽、镇各为留邸，贮潜卒以櫜罪亡。公将擿其禁，断民署吏，俟旦发，留守尹大恐，遽止之。是后郓邸果谋反，将屠东都，以应淮、蔡。及从讨元济，请于裴度，须精兵千人，间道以入，必擒贼。未及行，李愬自文城夜入，得元济，三军之士为公恨。复谓度曰：'今藉声势，王承宗可以辞取，不烦兵矣。'得柏耆，口授其词，使耆执笔书之，持以入镇州，承宗遂割德、棣二州以献。"李翱作公行状，所载略同。而唐书并逸其事，且以镇州之功专归柏耆，岂非未尝见湜文集乎！资治通鉴亦仅言耆以策干愈，愈为白度，为书遣之耳。

13　论韩公文

刘梦得、李习之、皇甫持正、李汉皆称诵韩公之文，各极其挚。刘之语云："高山无穷，太华削成。人文无穷，夫子挺生。鸾凤一鸣，蜩螗革音。手持文柄，高视寰海。权衡低昂，瞻我所在。三十馀年，声名塞天。"习之云："建武以还，文卑质丧。气萎体败，剽剥不让。拨去其华，得其本根。包刘越嬴，并武同殷。六经之风，绝而复新。学者有归，大变于文。"又云："公每以为自杨雄之后，作者不出，其所为文，未尝效前人之言而固与之并，后进之士有志于古文者，莫不视以为法。"皇甫云："先生之作，无圆无方，主是归工。抉经之心，执圣之权。尚友作者，跂邪觗异。以扶孔子，存皇之极。茹古涵今，无有端涯。鲸铿春丽，惊耀天下。栗密窈眇，章妥句适。精能之至，鬼入神出。姬氏以来，一人而已。"又云："属文意语天出，业孔子、孟轲而侈其文，焯焯烈烈，为唐之章。"又云："如长江秋注，千里一道，然施于灌激，或爽于用。"此论似为不知公者。汉之语云："诡然而蛟龙翔，蔚然而虎凤跃，锵然而韶钧鸣，日光玉洁，周情孔思，千态万貌，卒泽于道德仁义，炳如也。"是四人者，所以推高韩公，可谓尽矣。及东坡之碑一出，而后众说尽废。其略云："匹夫而为百世师，一言而为天下法，是皆有以参天地之化，关盛衰之运。自东汉以来，道丧文弊，历唐贞观、开元而不能救，独公谈笑而麾之，天下靡然从公，复归于正。文起八代之衰，道济天下之溺，岂非参天地而独存者乎！"骑龙白云之诗，蹈厉发越，直到雅颂，所谓若捕龙蛇、搏虎豹者，大哉言乎！

14　治生从宦

韩诗曰:"居闲食不足,从仕力难任。两事皆害性,一生常苦心。"然治生从宦,自是两涂,未尝有兼得者。张释之以赀为郎,十年不得调,曰:"久宦减兄仲之产,不遂。"欲免归。司马相如亦以赀为郎,因病免,家贫无以自业,至从故人于临邛,及归成都,家徒四壁立而已。

15　真宗末年

真宗末年属疾,每视朝不多语言,命令间或不能周审,前辈杂传记多以为权臣矫制而非也。钱文僖在翰林,有天禧四年笔录,纪逐日琐细家事及一时奏对并他所闻之语,今略载于此。寇莱公罢相之夕,钱公当制,上问:"与何官得?"钱奏云:"王钦若近出,除太子太保。"上曰:"近上是甚?"云:"太子太傅。"上曰:"与太子太傅。"又云:"更与一优礼。"钱奏但请封国公而已。时枢密有五员,而中书只参政李迪一人,后月馀,召学士杨大年,宣云:"冯拯与吏书,李迪吏侍。"更无他言。杨奏:"若只转官,合中书命词,唯枢密使、平章事,却学士院降制。"上云:"与枢密使、平章事。"杨亦忧虑,而不复审,退而草制,以迪为吏部侍郎、集贤相,拯为枢密相。又四日,召知制诰晏殊,殊退乃召钱。上问:"冯拯如何商量?"钱奏:"外论甚美,只为密院却有三员正使,三员副使,中书依旧一员,以此外人疑讶。"上云:"如何安排?"钱奏:"若却令拯入中书,即是彰昨来错误,但于曹利用、丁谓中选一人过中书,即并不妨事。"上云:"谁得?"钱奏:"丁谓是文官,合入中书。"上云:"入中书。"遂奏授同平章事。

又奏兼玉清宫使，又奏兼昭文国史。又乞加曹利用平章事。上云："与平章事。"

案，此际大除拜，本真宗启其端，至于移改曲折，则其柄乃系词臣，可以舞文容奸，不之觉也。寇公免相四十日，周怀政之事方作，温公记闻，苏子由龙川志，范蜀公东斋记事，皆误以为因怀政而罢，非也。予尝以钱录示李焘，焘采取之，又误以为召晏公为寇罢之夕，亦非也。

容斋随笔卷九 二十八则

1 霍光赏功

汉武帝外事四夷，出爵劝赏，凡将士有军功，无问贵贱，未有不封侯者。及昭帝时，大鸿胪田广明平益州夷，斩首捕虏三万，但赐爵关内侯。盖霍光为政，务与民休息，故不欲求边功，益州之师，不得已耳，与唐宋璟抑郝灵佺斩默啜之意同。然数年之后，以范明友击乌桓，傅介子刺楼兰，皆即侯之，则为非是，盖明友，光女婿也。

2 尺棰取半

庄子载惠子之语曰："一尺之棰，日取其半，万世不竭。"虽为寓言，然此理固具。盖但取其半，正碎为微尘，馀半犹存，虽至于无穷可也。特所谓卵有毛、鸡三足、犬可以为羊、马有卵、火不热、龟长于蛇、飞鸟之景未尝动，如是之类，非词说所能了也。

3 汉文失材

汉文帝见李广，曰："惜广不逢时，令当高祖世，万户侯岂足道哉！"贾山上书言治乱之道，借秦为谕，其言忠正明白，不下贾谊，曾不得一官，史臣犹赞美文帝，以为山言多激切，终不加罚，所以广谏争之路。观此二事，失材多矣。吴、楚反时，李广以都尉战昌邑下显名，以梁王授广将军印，故赏不行。武帝时，五为将军击匈奴，无尺寸功，至不得其死。三朝不遇，命也夫！

4 陈轸之说疏

战国权谋之士，游说从横，皆趋一时之利，殊不顾义理曲直所在。张仪欺楚怀王，使之绝齐而献商於之地。陈轸谏曰："张仪必负王，商於不可得而齐、秦合，是北绝齐交，西生秦患。"其言可谓善矣。然至云："不若阴合而阳绝于齐，使人随张仪，苟与吾地，绝齐未晚。"是轸不深计齐之可绝与否，但以得地为意耳。及秦负约，楚王欲攻之。轸又劝曰："不如因赂之以一名都，与之并兵而攻齐，是我亡地于秦，取偿于齐也。"此策尤乖谬不义。且秦加亡道于我，乃欲赂以地，齐本与国，楚无故而绝之，宜割地致币，卑词谢罪，复求其援，而反欲攻之，轸之说于是疏矣。乃知鲁仲连、虞卿为豪杰之士，非轸辈所能企及也。

5 颜率儿童之见

秦兴师临周而求九鼎，周君患之。颜率请借救于齐。乃诣齐王许以鼎，齐为发兵救周，而秦兵罢。齐将求鼎，周君又患之。颜率复诣齐，曰："愿献九鼎，不识何涂之从而致之齐。"齐王将寄径于梁、于楚，率皆以为不可，齐乃止。战国策首载此事，盖以为奇谋。予谓此特儿童之见尔。争战虽急，要当有信。今一绐齐可也，独不计后日诸侯来伐，谁复肯救我乎！疑必无是事，好事者饰之尔。故史记、通鉴皆不取。

6　皇甫湜正闰论

晋、魏以来，正、闰之说纷纷，前人论之多矣。盖以宋继晋，则至陈而无所终，由隋而推之，为周为魏，则上无所起。故司马公于通鉴取南朝承晋讫于陈亡，然后系之隋开皇九年，姑藉其年以纪事，无所抑扬也。唯皇甫湜之论不然，曰："晋之南迁，与平王避戎之事同，而元魏种实匈奴，自为中国之位号。谓之灭邪？晋实未改。谓之禅耶？已无所传。而往之著书者有帝元，今之为录者皆闰晋，失之远矣。晋为宋，宋为齐，齐为梁，江陵之灭，则为周矣。陈氏自树而夺，无容于言。故自唐推而上，唐受之隋，隋得之周，周取之梁，推梁而上以至于尧、舜，为得天下统。则陈僭于南，元闰于北，其不昭昭乎！"此说亦有理。然予复考之，灭梁江陵者，魏文帝也，时岁在甲戌。又三年丁丑，周乃代魏。不得云江陵之灭，则为周也。

7　简师之贤

皇甫持正集有送简师序，云："韩侍郎贬潮州，浮图之士，欢快以抃，师独愤起访余求序，行资适潮，不顾蛇山鳄水万里之崄毒，若将朝得进拜而夕死者。师虽佛其名，而儒其行，虽夷狄其衣服，而人其知。不犹愈于冠儒冠，服朝服，惑溺于经怪之说以斁彝伦邪！"予读其文，想见简师之贤，而惜其名无传于后世，故表而出之。

8　老人推恩

唐世赦宥，推恩于老人绝优。开元二十三年，耕籍田。侍老百岁以上，版授上州刺史；九十以上，中州刺史；八十以上，上州司马。二十七年，赦。百岁以上，下州刺史，妇人郡君；九十以上，上州司马，妇人县君；八十以上，县令，妇人乡君。天宝七载，京城七十以上本县令，六十以上县丞，天下侍老除官与开元等。国朝之制，百岁者始得初品官封，比唐不侔矣。淳熙三年，以太上皇帝庆寿之故，推恩稍优，遂有增年诡籍以冒荣命者，使如唐日，将如何哉！

9　唐三杰

汉高祖以萧何、张良、韩信为人杰，此三人者，真足以当之也。唐明皇同日拜宋璟、张说、源乾曜三故相官，帝赋三杰诗，自写以赐，其意盖以比萧、张等也。说与乾曜，岂璟比哉，明皇可谓不知臣矣。

10　忠义出天资

忠义守节之士，出于天资，非关居位贵贱、受恩深浅也。王莽移汉祚，刘歆以宗室之俊，导之为逆，孔光以宰相辅成其事，而龚胜以故大夫守谊以死。郭钦、蒋诩以刺史、郡守，栗融、禽庆、曹竟、苏章以儒生，皆去官不仕。陈咸之家，至不用王氏腊。萧道成篡宋，褚渊、王俭奕世达官，身为帝甥、主婿，所以纵臾灭刘，唯恐不速；而死节者乃王蕴、卜伯兴、黄回、任候伯之辈耳。安禄山、朱泚之变，陈希烈、张均、张垍、乔琳、李忠臣皆以宰相世臣，为之丞弼；而甄济、权皋、刘海宾、段秀实或以幕府小吏，或以废斥列卿，捐身立节，名震海内。人之贤不肖，相去何止天冠地屦乎！

11　刘歆不孝

事亲孝，故忠可移于君，是以求忠臣必于孝子之门。刘歆事父虽不载不孝之迹，然其议论每与向异同。故向拳拳于国家，欲抑王氏以崇刘氏，而歆乃力赞王莽，唱其凶逆，至为之国师公，又改名秀以应图谶，竟亦不免为莽所诛，子棻、女愔皆以戮死。使天道每如是，不善者其知惧乎！

12　汉法恶诞谩

李广以私忿杀霸陵尉，上书自陈谢罪。武帝报之曰："报忿除害，朕之所图于将军也。若乃免冠徒跣，稽颡请罪，岂朕之指哉！"张敞杀絮舜，上书曰："臣待罪京兆，絮舜本臣素所厚吏，以臣有章劾当免，受记考事，谓臣'五日京兆'，背恩忘义。臣窃以舜无状，枉法以诛之。臣贼杀不辜，鞠狱故不直，死无所恨。"宣帝引拜为刺史。汉世法令，最恶诞谩罔上。广、敞虽妄杀人，一语陈情，则赦之不问，所以开臣下不敢为欺之路也。武帝待张汤非不厚，及问鲁谒居事，谓其怀诈面欺，杀之不贷，真得御臣之法。

13　汉官名

汉官名有不书于百官表而因事乃见者。如行冤狱使者，因张敞杀絮舜而见；美俗使者，因何并代严诩而见；河堤使者，因王延世塞决河而见；直指使者，因暴胜之而见。岂非因事置官，事已即罢乎！

14　五胡乱华

刘聪乘晋之衰，盗窃中土，身死而嗣灭，男女无少长皆戕于靳准。刘曜承其后，不能十年，身为人禽。石勒尝盛矣，子夺于虎。虎尽有秦、魏、燕、齐、韩、赵之地，死不一年而后嗣屠戮，无一遗种。慕容儁乘石氏之乱，跨据河山，亦仅终其身，至子而灭。苻坚之兴，又非刘、石比，然不能自免，社稷为墟。慕容垂乘苻氏之乱，尽复燕祚，死未期年，基业倾覆。此七人者，皆夷狄乱华之巨擘也，而不能久如此。今之北虏，为国八十年，传数酋矣，未亡何邪？

15　石宣为彗

石虎将杀其子宣，佛图澄谏曰："陛下若加慈恕，福祚犹长，若必诛之，宣当为彗星下扫邺宫。"虎不从。明年，虎死。二年，国亡。晋史书之，以为澄言之验。予谓此乃石氏穷凶极虐，为天所弃，岂一逆子便能上干玄象，起彗孛乎！宣杀其弟韬，又欲行冒顿之事，宁有不问之理！澄言既妄，史氏误信而载之，资治通鉴亦失于不删也。

16　三公改它官

国初以来，宰相带三公官居位，及罢去，多有改它官者。范质自司徒、侍中改太子太傅，王溥自司空改太子太保，吕蒙正自司空改太子太师是也。天禧以前唯赵普、王旦乃依旧公师，仍复迁秩。天圣而后，恩典始隆，张士逊致仕，至以兵部尚书得太傅云。

17 带职致仕

熙宁以前，待制学士致仕者，率迁官而解其职。若有疾就闲者，亦换为集贤院学士。盖不以近职处散地也。带职致仕，方自熙宁中王素始。后改集贤学士为修撰，政和中又改为右文云。

18 朋友之义

朋友之义甚重。天下之达道五，君臣、父子、兄弟、夫妇而至朋友之交。故天子至于庶人，未有不须友以成者。天下俗薄，而朋友道绝，见于诗。不信乎朋友，弗获乎上，见于中庸、孟子。朋友信之，孔子之志也；车马衣裘与朋友共，子路之志也；与朋友交而信，曾子之志也。周礼六行，五曰任，谓信于友也。汉、唐以来，犹有范张、陈雷、元白、刘柳之徒，始终相与，不以死生贵贱易其心。本朝百年间，此风尚存。呜呼，今亡矣。

19 高科得人

国朝自太平兴国以来，以科举罗天下士，士之策名前列者，或不十年而至公辅。吕文穆公蒙正、张文定公齐贤之徒是也。及嘉祐以前，亦指日在清显。东坡送章子平序，以谓仁宗一朝十有三榜，数其上之三人，凡三十有九，其不至于公卿者，五人而已。盖为士者知其身必达，故自爱重而不肯为非，天下公望亦以鼎贵期之，故相与爱惜成就，以待其用。至嘉祐四年之制，前三名始不为通判，第一人才得评事、签判，代还升通判，又任满，始除馆职。王安石为政，又杀其法，恩数既削，得人亦衰矣。观天圣初榜，宋郑公郊、叶清臣、郑文肃公戬、高文庄公若讷、曾鲁公公亮五人连名，二宰相，二执政，一三司使。第二榜，王文忠公尧臣、韩魏公琦、赵康靖公概连名。第三榜〔一〕，王宣徽拱辰、刘相沆、孙文懿公抃连名。杨寘榜，寘不幸即死，王岐公珪、韩康公绛、王荆公安石连名。刘烽榜，烽不显，胡右丞宗愈、安门下焘、刘忠肃公挚、章申公惇连名〔二〕。其盛如此。治平以后，第一人作侍从，盖可数矣。

【校勘记】

〔一〕第三榜　“三”原误作“二”，据李本、马本、祠本改。按：以上已言“第二榜”。

〔二〕刘烽榜……章申公惇　刘烽为宋仁宗嘉祐四年（一〇五九）榜进士及第第一人。据宋朱弁曲洧旧闻卷五，惇登嘉祐二年进士第；惇与晁端彦（美叔）同榜、同龄、同馆职（秘监），有“寄语三同晁秘监”之句。馀参苏轼年谱卷三。与作者此处所叙不同，疑作者有误。

20　辛庆忌

汉成帝将立赵飞燕为皇后，怒刘辅直谏，囚之掖廷狱，左将军辛庆忌等上书救辅，遂得减死。朱云请斩张禹，上怒，将杀之，庆忌免冠解印绶，叩头殿下，曰：“此臣素著狂直，臣敢以死争。”叩头流血。上意解，然后得已。庆忌此两事，可与汲黯、王章同科。班史不书于本传，但言其为国虎臣，匈奴、西域敬其威信而已。方争朱云时，公卿在前，曾无一人助之以请，为可羞也。

21　楚怀王

秦、汉之际，楚怀王以牧羊小儿，为项氏所立，首尾才三年。以事考之，东坡所谓天下之贤主也。项梁之死，王并吕臣、项羽军自将之，羽不敢争。见宋义论兵事，即以为上将军，而羽乃为次将。择诸将入关，羽怨秦，奋势愿与沛公西，王以羽慓悍祸贼，不许，独遣沛公，羽不敢违。及秦既亡，羽使人还报王，王曰："如约。"令沛公王关中。此数者，皆能自制命，非碌碌孱王受令于强臣者，故终不能全于项氏。然遣将救赵灭秦，至于有天下，皆出其手。太史公作史记，当为之立本纪，继于秦后，迨其亡，则次以汉高祖可也。而乃立项羽本纪，义帝之事特附见焉，是直以羽为代秦也，其失多矣。高祖尝下诏，以秦皇帝、楚隐王亡后，为置守冢，并及魏、齐、赵三王，而义帝乃高祖故君，独缺不问，岂简策脱佚乎！

22　范增非人杰

世谓范增为人杰，予以为不然。夷考平生，盖出战国从横之馀，见利而不知义者也。始劝项氏立怀王，及羽夺王之地，迁王于郴，已而弑之，增不能引君臣大谊，争之以死。怀王与诸将约，先入关中者王之，沛公既先定关中，则当如约，增乃劝羽杀之，又徙之蜀汉。羽之伐赵，杀上将宋义，增为末将，坐而视之。坑秦降卒，杀秦降王，烧秦宫室，增皆亲见之，未尝闻一言也。至于荥阳之役，身遭反间，然后发怒而去。呜呼，疏矣哉。东坡公论此事伟甚，犹未尽也。

23　翰苑故事

翰苑故事，今废弃无馀。唯学士入朝，犹有朱衣院吏双引至朝堂而止，及景灵宫行香，则引至立班处。公文至三省不用申状，但尺纸直书其事，右语云："谘报尚书省，伏候裁旨，月日押。"谓之谘报。此两事仅存。

24　唐扬州之盛

唐世盐铁转运使在扬州，尽斡利权，判官多至数十人，商贾如织。故谚称"扬一益二"，谓天下之盛，扬为一而蜀次之也。杜牧之有"春风十里珠帘"之句。张祜诗云："十里长街市井连，月明桥上看神仙。人生只合扬州死，禅智山光好墓田。"王建诗云："夜市千灯照碧云，高楼红袖客纷纷。如今不似时平日，犹自笙歌彻晓闻。"徐凝诗云："天下三分明月夜，二分无赖是扬州。"其盛可知矣。自毕师铎、孙儒之乱，荡为丘墟。杨行密复葺之，稍成壮藩，又毁于显德。本朝承平百七十年，尚不能及唐之什一，今日真可酸鼻也。

25　张祜诗

唐开元、天宝之盛，见于传记、歌诗多矣，而张祜所咏尤多，皆他诗人所未尝及者。如正月十五夜灯云："千门开锁万灯明，正月中旬动帝京。三百内人连袖舞，一时天上着词声。"上巳乐云："猩猩血染系头标，天上齐声举画桡。却是内人争意切，六宫红袖一时招。"春莺啭云："兴庆池南柳未开，太真先把一枝梅。内人已唱春莺啭，花下傞傞软舞来。”又有大酺乐、邠王小管、李谟笛、宁哥来、邠娘羯鼓、退宫人、耍娘歌、悖拏儿舞、阿鶻汤、雨霖铃、香囊子等诗，皆可补开天遗事，弦之乐府也。

26　古人无忌讳

古人无忌讳。如季武子成寝，杜氏之葬在西阶之下，请合葬焉，许之，入宫而不敢哭，武子命之哭。曾子与客立于门侧，其徒有父死将出哭于巷者，曾子曰：“反哭于尔次。”北面而吊焉。伯高死于卫，赴于孔子。孔子曰：“夫由赐也见我，吾哭诸赐氏。”遂哭于子贡寝门之外，命子贡为之主，曰：“为尔哭也，来者拜之。”夫以国卿之寝阶，许外人入哭而葬，己所居室而令门弟子哭其亲，朋友之丧而受哭于寝门之外，今人必不然者也。圣贤所行，固为尽礼，季孙宿亦能如是。以古方今，相去何直千万也。

27　宰我不诈

宰我以三年之丧为久，夫子以食稻衣锦问之，曰：“于女安乎？”曰：“安。”后人以是讥宰我，谓孔门高第乃如是。殊不知其由衷之言，不为诈隐，所以为孔门高第也。鲁悼公之丧，孟敬子曰：“食粥，天下之达礼也，吾三臣者之不能居公室也，四方莫不闻矣，勉而为瘠，毋乃使人疑夫不以情居瘠者乎哉！我则食食。”乐正子春之母死，五日而不食，曰：“吾悔之，自吾母而不得吾情，吾恶乎用吾情？”谓勉强过礼也。夫不情之恶，贤者所深戒，虽孟敬子之不臣，宁废礼食食，不肯不情而为瘠。盖先王之泽未远，故不肖者亦能及之。

28　李益卢纶诗

李益、卢纶皆唐大历十才子之杰者。纶于益为内兄，尝秋夜同宿，益赠纶诗，曰："世故中年别，馀生此会同。却将悲与病，独对朗陵翁。"纶和曰："戚戚一西东，十年今始同。可怜风雨夜，相问两衰翁。"二诗虽绝句，读之使人悽然，皆奇作也。

容斋随笔卷十 二十则

1 杨彪陈群

魏文帝受禅，欲以杨彪为太尉，彪辞曰："彪备汉三公，耄年被病，岂可赞惟新之朝。"乃授光禄大夫。相国华歆以形色忤旨，徙为司徒而不进爵。帝久不怿，以问尚书令陈群，曰："我应天受禅，相国及公独不怡，何也？"群对曰："臣与相国，曾臣汉朝，心虽悦喜，犹义形于色。"夫曹氏篡汉，忠臣义士之所宜痛心疾首，纵力不能讨，忍复仕其朝为公卿乎。歆、群为一世之贤，所立不过如是。彪逊词以免祸，亦不敢一言及曹氏之所以得。盖自党锢祸起，天下贤士大夫如李膺、范滂之徒，屠戮殆尽，故所存者如是而已。士风不竞，悲夫！章惇、蔡京为政，欲殄灭元祐善类，正士禁锢者三十年，以致靖康之祸，其不为歆、群者几希矣。

2 袁盎温峤

赵谈常害袁盎，盎兄子种曰："君与斗，廷辱之，使其毁不用。"文帝出，谈参乘，盎前，曰："天子所与共六尺舆者，皆天下豪英，陛下奈何与刀锯馀人载！"上笑，下谈，谈泣下车。温峤将去王敦，而惧钱凤为之奸谋，因敦饯别，峤起行酒，至凤，击凤帻坠，作色曰："钱凤何人，温太真行酒而敢不饮。"及发后，凤入说敦曰："峤于朝廷甚密，未必可信。"敦曰："太真昨醉，小加声色，岂得以此便相谗贰。"

由是凤谋不行。二者之智如此。

3　日饮亡何

汉书爰盎传:“南方卑湿,君能日饮亡何。”颜师古注云:“无何,言更无馀事。”而史记盎传作“日饮毋苛”,盖言南方不宜多饮耳。今人多用“亡何”字。

4　爰盎小人

爰盎真小人,每事皆借公言而报私怨,初非尽忠一意为君上者也。尝为吕禄舍人,故怨周勃。文帝礼下勃,何豫盎事,乃有“非社稷臣”之语,谓勃不能争吕氏之事,适会成功耳,致文帝有轻勃心。既免使就国,遂有廷尉之难。尝谒丞相申屠嘉,嘉弗为礼,则之丞相舍折困之。为赵谈所害,故沮止其参乘。素不好鼂错,故因吴反事请诛之。盖盎本安陵群盗,宜其忮心忍戾如此,死于刺客,非不幸也。

5　唐书判

唐铨选择人之法有四:一曰身,谓体貌丰伟;二曰言,言辞辩正;三曰书,楷法遒美;四曰判,文理优长。凡试判登科谓之入等,甚拙者谓之蓝缕,选未满而试文三篇谓之宏辞,试判三条谓之拔萃。中者即授官。既以书为艺,故唐人无不工楷法,以判为贵,故无不习熟。而判语必骈俪,今所传龙筋凤髓判及白乐天集甲乙判是也。自朝廷至县邑,莫不皆然,非读书善文不可也。宰臣每启拟一事，亦必偶数十语，今郑畋敕语、堂判犹存。世俗喜道琐细遗事，参以滑稽，目为花判，其实乃如此，非若今人握笔据案，只署一字亦可。国初尚有唐馀波，久而革去之。但体貌丰伟，用以取人，未为至论。

6　古彝器

三代彝器其存至今者，人皆宝为奇玩。然自春秋以来，固重之矣。经传所记，取郜大鼎于宋，鲁以吴寿梦之鼎贿荀偃，晋赐子产莒之二方鼎，齐赂晋以纪甗、玉磬，徐赂齐以甲父之鼎，郑赂晋以襄钟，卫欲以文之舒鼎、定之鞶鉴纳鲁侯，乐毅为燕破齐，祭器设于宁台，大吕陈于元英，故鼎反乎磨室是已。

7　玉蕊杜鹃

物以希见为珍，不必异种也。长安唐昌观玉蕊，乃今玚花，又名米囊，黄鲁直易为山矾者。润州鹤林寺杜鹃，乃今映山红，又名红踯躅者。二花在江东弥山亘野，殆与榛莽相似。而唐昌所产，至于神女下游，折花而去，以践玉阁之期，鹤林之花；至以为外国僧钵盂中所移，上玄命三女下司之已逾百年，终归阆苑。是不特土俗罕见，虽神仙亦不识也。王建宫词云："太仪前日暖房来，嘱向昭阳乞药栽。敕赐一窠红踯躅，谢恩未了奏花开。"其重如此，盖宫禁中亦鲜云。

8　礼寺失职

唐开元中，封孔子为文宣王，颜子为兖公，闵子至子夏为侯，群弟子为伯。本朝祥符中，进封公为国公，侯为郡公，伯为侯。绍兴二十五年，太上皇帝御制赞七十五首，而有司但具唐爵，故宸翰所标，皆用开元国邑，其失于考据如此，今当请而正之可也。绍兴末，胡马饮江，既而自毙，诏加封马当、采石、金山三水府。太常寺按籍，系四字王，当加至六字。及降告命至其处，庙令以旧告来，则已八字矣。逐郡为缴回新命，而别易二美名以宠之。礼寺之失职类此。方完颜亮据淮上，予从枢密行府于建康，尝致祷大江，能令虏不得渡者，当奏册为帝。洎事定，朝廷许如约。朱丞相汉章曰："四渎当一体，独帝江神，礼乎？"予曰："惩劝之道，人神一也。彼洪河、长淮，受国家祭祀血食，不为不久，当胡骑之来，如行枕席，唯大江滔滔天险，坐遏巨敌之冲，使其百万束手倒戈而退，此其灵德阴功，于河淮何如？自五岳进册之后，今蒋庙陈果仁祠亦称之，江神之帝，于是为不忝矣。"朱公终以为不可，亦仅改两字。吁，可惜哉！

9　徐凝诗

徐凝以瀑布"界破青山"之句，东坡指为恶诗，故不为诗人所称说。予家有凝集，观其馀篇，亦自有佳处，今漫纪数绝于此。汉宫曲云："水色帘前流玉霜，赵家飞燕侍昭阳。掌中舞罢箫声绝，三十六宫秋夜长。"忆扬州云："萧娘脸下难胜泪，桃叶眉头易得愁。天下三分明月夜，二分无赖是扬州。"相思林云："远客远游新过岭，每逢芳树问芳名。长林遍是相思树，争遣愁人独自行。"玩花云："一树梨花春向暮，雪枝残处怨风来。明朝渐校无多去，看到黄昏不欲回。"将归江外辞韩侍郎云："一生所遇唯元、白，天下无人重布衣。欲别朱门泪先尽，白头游子白身归。"皆有情致，宜其见知于微之、乐天也。但俗子妄作乐天诗，缪为赏激，以起东坡之诮耳。

10 梅花横参

今人梅花诗词，多用“参横”字，盖出柳子厚龙城录所载赵师雄事，然此实妄书，或以为刘无言所作也。其语云：“东方已白，月落参横。”且以冬半视之，黄昏时，参已见，至丁夜则西没矣，安得将旦而横乎！秦少游诗：“月落参横画角哀，暗香消尽令人老。”承此误也。唯东坡云：“纷纷初疑月挂树，耿耿独与参横昏。”乃为精当。老杜有“城拥朝来客，天横醉后参”之句，以全篇考之，盖初秋所作也。

11 致仕之失

大夫七十而致事，谓之得谢，美名也。汉韦贤、薛广德、疏广、疏受，或县安车以示子孙，卖黄金以侈君赐，为荣多矣。至于龚胜、郑弘辈，亦诏策褒表，郡县存问，合于三代敬老之义。本朝尤重之，大臣告老，必宠以东宫师傅、侍从。耆艾若晁迥、孙奭、李柬之亦然。宣和以前，盖未有既死而方乞致仕者，南渡之后，故实散亡，于是朝奉、武翼郎以上，不以内外高卑，率为此举。其最甚而无理者，虽宰相辅臣，考终于位，其家发哀即服，降旨声钟给赙，既已阅日，方且为之告廷出命，纶书之中，不免有亲医药、介寿康之语。如秦太师、万俟丞相、陈鲁公、沈必先、王时亨、郑仲益是已。其在外者，非易箦属纩，不复有请，间千百人中有一二焉，则知与不知，骇惜其死，子弟游宦远地，往往饮泣不宁，谒急奔命，故及无事日，不敢为之。绍兴二十九年，予为吏部郎，因轮对，奏言：“乞令吏部立法，自今日以往，当得致仕恩泽之人，物故者，即以告所在州，州上省部，然后夷考其平生，非有赃私过恶于式有累者，辄官其后人。若真能陈义引年，或辞荣知止者，乞厚其节礼，以厉风俗，贤于率天下为伪也。”太上览奏欣纳，曰：“朕记得此事之废，方四十年，当如卿语。”既下三省，诸公多以为是，而首相汤岐公独难之，其议遂寝，今不复可正云。

12 南班宗室

南班宗室，自来只以本官奉朝请。自隆兴以后，始带宫观使及提举。今嗣濮王、永阳、恩平、安定王以下皆然，非制也。

13 省郎称谓

除省郎者，初降旨挥，但云“除某部郎官”。盖以知州资序者当为郎中，不及者为员外郎。及吏部拟告身细衔，则始直书之。其兼权者，初云“权某部郎官”，洎入衔及文书，皆曰“权员外郎”，已是它部郎中，则曰“权郎中”。至绍兴末，冯方以馆职摄吏部，欲为异，则系衔曰“兼权尚书吏部郎官”。予尝扣其说。冯曰：“所被省札只言‘权郎官’，故不敢耳。”予曰：“省札中岂有‘尚书’二字乎！”冯无以对，然讫不肯改。自后相承效之，至今告命及符牒所书，亦云“权郎官”，固已甚野，至于尚左、侍右之名，遂入除目，皆小吏不谙熟故事，驯以致然，书之记注，为不美耳。

14 水衡都尉二事

龚遂为渤海太守，宣帝召之，议曹王生愿从，遂不忍逆。及引入宫，王生从后呼曰：“天子即问君何以治渤海，宜曰：‘皆圣主之德，非小臣之力也。'”遂受其言。上果问以治状，遂对如王生言。天子悦其有让，笑曰："君安得长者之言而称之？”遂曰："乃臣议曹教戒臣也。”上拜遂水衡都尉，以王生为丞。予谓遂之治郡，功效著明，宣帝不以为赏，而顾悦其佞词乎！宜其起王成胶东之伪也。褚先生于史记中又载武帝时，召北海太守，有文学卒史王先生自请与太守俱。太守入宫，王先生曰："天子即问君何以治北海令无盗贼，君对曰何哉？”守曰："选择贤材，各任之以其能，赏异等，罚不肖。”王先生曰："是自誉自伐功，不可也。愿君对言：'非臣之力，尽陛下神灵威武所变化也。'”太守如其言。武帝大笑，曰："安得长者之言而称之，安所受之？”对曰："受之文学卒史。”于是以太守为水衡都尉，王先生为丞。二事不应相类如此，疑即龚遂，而褚误书也。

15 程婴杵臼

春秋于鲁成公八年书晋杀赵同、赵括，于十年书晋景公卒，相去二年。而史记乃有屠岸贾欲灭赵氏，程婴、公孙杵臼共匿赵孤，十五年景公复立赵武之说。以年世考之，则自同、括死后，景公又卒，厉公立，八年而弑，悼公立，又五年矣，其乖妄如是。婴、杵臼之事，乃战国侠士刺客所为，春秋时风俗无此也。元丰中，吴处厚以皇嗣未立，上书乞立二人庙，访求其墓，优加封爵。敕令河东路访寻遗迹，得其冢于绛州太平县。诏封婴为成信侯，杵臼为忠智侯，庙食于绛。后又以为韩厥存赵，追封为公。三人皆以春秋祠于祚德庙。且自晋景公至元丰，千六百五十年矣。古先圣帝明王之墓尚不可考，区区二士，岂复有兆域所在乎！绛郡以朝命所访，姑指它丘垅为之词以塞责耳。此事之必不然者也。处厚之书进御，即除将作丞，狃于出位陈言以得宠禄，遂有讦蔡新州十诗之事，所获几何，诒笑无极，哀哉！

16　战国自取亡

秦以关中之地，日夜东猎六国，百有馀年，悉禽灭之。虽云得地利，善为兵，故四世有胜〔一〕，以予考之，实六国自有以致之也。韩、燕弱小，置不足论。彼四国者，魏以惠王而衰，齐以闵王而衰，楚以怀王而衰，赵以孝成王而衰，皆本于好兵贪地之故。魏承文侯、武侯之后，表里山河，大于三晋，诸侯莫能与之争。而惠王数伐韩、赵，志吞邯郸，挫败于齐，军覆子死，卒之为秦所困，国日以蹙，失河西七百里，去安邑而都大梁，数世不振，讫于殄国。闵王承威、宣之后，山东之建国莫强焉。而狃于伐宋之利，南侵楚，西侵三晋，欲并二周为天子，遂为燕所屠。虽赖田单之力，得复亡城，子孙沮气，孑孑自保，终堕秦计，束手为虏。怀王贪商于六百里，受诈张仪，失其名都，丧其甲士，不能取偿，身遭囚辱以死。赵以上党之地，代韩受兵，利令智昏，轻用民死，同日坑于长平者过四十万，几于社稷为墟，幸不即亡，终以不免。此四国之君，苟为保境睦邻，畏天自守，秦虽强大，岂能加我哉！

【校勘记】

〔一〕四世有胜　李本、马本、祠本作"百战百胜"。

17　临敌易将

临敌易将，固兵家之所忌，然事当审其是非，当易而不易，亦非也。秦以白起易王龁而胜赵，以王翦易李信而灭楚，魏公子无忌易晋鄙而胜秦，将岂不可易乎？燕以骑劫易乐毅而败，赵以赵括易廉颇而败，以赵葱易李牧而灭，魏使人代信陵君将亦灭，将岂可易乎？

18　司空表圣诗

东坡称司空表圣诗文高雅，有承平之遗风，盖尝自列其诗之有得于文字之表者二十四韵，恨当时不识其妙。又云："表圣论其诗，以为得味外味，如'绿树连村暗，黄花入麦稀'，此句最善。又'棋声花院闭，幡影石坛高'，吾尝独入白鹤观，松阴满地，不见一人，惟闻棋声，然后知此句之工，但恨其寒俭有僧态。"予读表圣一鸣集，有与李生论诗一书，乃正坡公所言者。其馀五言句云："人家寒食月，花影午时天。""雨微吟足思，花落梦无憀。""坡暖冬生笋，松凉夏健人。""川明虹照雨，树密鸟冲人。""夜短猿悲减，风和鹊喜灵。""马色经寒惨，雕声带晚饥。""客来当意惬，花发遇歌成。"七言句云："孤屿池痕春涨满，小栏花韵午晴初。""五更惆怅回孤枕，由自残灯照落花。"皆可称也。

19　汉丞相

汉丞相或终于位，或免就国，或免为庶人，或致仕，或以罪死，其复召用者，但为光禄大夫，或特进，优游散秩，未尝有除它官者也。御史大夫则间为九卿、将军。至东汉则大不然。始于光武时，王梁罢大司空而为中郎将，其后三公去位，辄复为大夫、列卿。如崔烈历司徒、太尉之后，乃为城门校尉，其体貌大臣之礼亦衰矣。

20　册礼不讲

唐封拜后妃王公及赠官，皆行册礼。文宗大和四年，以裴度守司徒平章重事，度上表辞册命，其言云："臣此官已三度受册，有靦面目。"从之。然则唐世以为常仪，辞者盖鲜。唯国朝以此礼为重，自皇后、太子之外，虽王公之贵，率一章乞免即止，典礼益以不讲，良为可惜！

容斋随笔卷十一 十六则

1 将帅贪功

以功名为心，贪军旅之寄，此自将帅习气，虽古来贤卿大夫，未有能知止自敛者也。廉颇既老，饭斗米，肉十斤，被甲上马，以示可用，致困郭开之口，终不得召。汉武帝大击匈奴，李广数自请行，上以为老，不许，良久乃许之，卒有东道失军之罪。宣帝时，先零羌反，赵充国年七十馀，上老之，使丙吉问谁可将，曰："亡逾于老臣者矣。"即驰至金城，图上方略，虽全师制胜，而祸及其子卬。光武时，五溪蛮夷畔，马援请行，帝愍其老，未许。援自请曰："臣尚能被甲上马。"帝令试之，援据鞍顾盼，以示可用。帝笑曰："矍铄哉！是翁也。"遂用为将，果有壶头之厄。李靖为相，以足疾就第，会吐谷浑寇边，即往见房乔，曰："吾虽老，尚堪一行。"既平其国，而有高甑生诬罔之事，几于不免。太宗将伐辽，召入谓曰："高丽未服，公亦有意乎？"对曰："今疾虽衰，陛下诚不弃，病且瘳矣。"帝悯其老，不许。郭子仪年八十馀，犹为关内副元帅、朔方河中节度，不求退身，竟为德宗册罢。此诸公皆人杰也，犹不免此，况其下者乎！

2 汉二帝治盗

汉武帝末年，盗贼滋起，大群至数千人，小群以百数。上使使者衣绣衣，持节虎符，发兵以兴击，斩首大部或至万馀级。于是作

"沈命法",曰:"群盗起不发觉,觉而弗捕满品者,二千石以下至小吏主者皆死。"其后小吏畏诛,虽有盗,弗敢发,恐不能得。坐课累府,府亦使不言。故盗贼寖多,上下相为匿,以避文法焉。光武时,群盗处处并起,遣使者下郡国,听群盗自相纠擿,五人共斩一人者除其罪。吏虽逗留回避故纵者,皆勿问,听以禽讨为效。其牧守令长坐界内有盗贼而不收捕者,及以畏愞捐城委守者,皆不以为负,但取获贼多少为殿最,唯蔽匿者乃罪之。于是更相追捕,贼并解散。此二事均为治盗,而武帝之严,不若光武之宽,其效可睹也。

3 汉唐封禅

汉光武建武三十年,车驾东巡,群臣上言,即位三十年,宜封禅泰山。诏曰:"即位三十年,百姓怨气满腹,吾谁欺?欺天乎,何事污七十二代之编录!若郡县远遣吏上寿,盛称虚美,必髡令屯田。"从此群臣不敢复言。后二年,上斋,夜读河图会昌符,曰"赤刘之九,会命岱宗"。感此文,乃诏梁松等案索河雒谶文言九世封禅事者,遂奏三十六事,于是求武帝元封故事,以三月行封禅礼。唐太宗贞观五年,群臣以四夷咸服,表请封禅,诏不许。六年,复请。上曰:"卿辈皆以封禅为帝王盛事,朕意不然。若天下乂安,家给人足,虽不封禅,庸何伤乎!昔秦始皇封禅,而汉文帝不封禅,后世岂以文帝之贤不及始皇邪?且事天扫地而祭,何必登泰山之颠,封数尺之土,然后可以展其诚敬乎!"已而欲从其请,魏郑公独以为不可,发六难以争之,至以谓崇虚名而受实害。会河南北大水,遂寝。十年,复使房乔裁定其礼,将以十六年二月有事于泰山,会星孛太微而罢。予谓二帝皆不世出盛德之主,灼知封禅之非,形诸诏告,可谓著明。然不能几时,自为翻覆,光武惑于谶记,太宗好大喜名,以今观之，盖所以累善政耳。

4 汉封禅记

应劭汉官仪载马第伯封禅仪记，正纪建武东封事，每称天子为国家，其叙山势陗崄、登陟劳困之状极工，予喜诵之。其略云："是朝上山，骑行，往往道峻峭，下骑步，牵马，乍步乍骑且相半。至中观，留马，仰望天关，如从谷底仰观抗峰。其为高也，如视浮云，其峻也，石壁窅窱，如无道径。遥望其人，端如行朽兀，或为白石，或雪，久之，白者移过树，乃知是人也。殊不可上，四布僵卧石上，亦赖赍酒脯，处处有泉水，复勉强相将行，到天关，自以已至也，问道中人，言尚十馀里。其道旁山胁，仰视岩石松树，郁郁苍苍，若在云中。俛视谿谷，碌碌不可见丈尺。直上七里，赖其羊肠逶迤，名曰环道，往往有絙索，可得而登也。两从者扶挟，前人相牵，后人见前人履底，前人见后人顶，如画。初上此道，行十馀步一休，稍疲，咽唇燋，五六步一休，牒牒据顿地，不避暗湿，前有燥地，目视而两脚不随。"又云："封毕，诏百官以次下，国家随后，道迫小，步从匍匐邪上，起近炬火，止亦骆驿，步从触击大石，石声正欢，但欢石无相应和者。肠不能已，口不能默。明日，太医令问起居，国家云：'昨上下山，欲行迫前人，欲休则后人所蹈，道峻危险。国家不劳。'"又云："东山名曰日观，鸡一鸣时，见日始欲出，长三丈所。秦观者望见长安，吴观者望见会稽，周观者望见齐。"凡记文之工悉如此，而未尝见称于昔贤，秦、吴、周三观，亦无曾用之者。今应劭书脱略，唯刘昭补注东汉志仅有之，亦非全篇也。

5　杨虞卿

刘禹锡有寄毗陵杨给事诗，云："曾主鱼书轻刺史，今朝自请左鱼来。青云直上无多地，却要斜飞取势回。"以其时考之，盖杨虞卿也。案，唐文宗大和七年，以李德裕为相，与之论朋党事。时给事中杨虞卿、萧澣，中书舍人张元夫依附权要，上干执政，下挠有司，上闻而恶之，于是出虞卿为常州刺史，澣为郑州刺史，元夫为汝州刺史，皆李宗闵客也。它日，上复言及朋党，宗闵曰："臣素知之，故虞卿辈臣皆不与美官。"德裕曰："给事中、中书舍人非美官而何！"宗闵失色。然则虞卿之刺毗陵，乃为朝廷所逐耳，禹锡犹以为自请，诗人之言，渠可信哉！

6　屯蒙二卦

屯、蒙二卦，皆二阳而四阴。屯以六二乘初九之刚，蒙以六三乘九二之刚。而屯之爻曰"女子贞不字，十年乃字"，蒙之爻曰"勿用取女，见金夫，不有躬"，其正邪不同如此者。盖屯二居中得正，不为初刚所诱，而上从九五，所以为贞。蒙三不中不正，见九二之阳，悦而下从之，而舍上九之正应，所以勿用。士之守身居世，而择所从所处，尚监兹哉！

7　汉诽谤法

汉宣帝诏群臣议武帝庙乐。夏侯胜曰："武帝竭民财力，奢泰亡度，天下虚耗，百姓流离，赤地数千里，亡德泽于民，不宜为立庙乐。”于是丞相、御史劾奏胜非议诏书，毁先帝，不道。遂下狱，系再更冬，会赦，乃得免。章帝时，孔僖、崔骃游太学，相与论武帝始为天子，崇信圣道，及后恣己，忘其前善。为邻房生告其诽谤先帝，刺讥当世，下吏受讯，僖以书自讼，乃勿问。元帝时，贾捐之论珠厓事，曰：“武帝籍兵厉马，攘服夷狄，天下断狱万数，寇贼并起，军旅数发，父战死于前，子斗伤于后，女子乘亭障，孤儿号于道，老母寡妇，饮泣巷哭，是皆廓地泰大，征伐不休之故也。”考三人所指武帝之失，捐之言最切。而三帝或罪或否，岂非夏侯非议诏书，僖、骃诽谤，皆汉法所禁，如捐之直指其事，则在所不问乎！

8　谊向触讳

贾谊上疏文帝，曰：“生为明帝，没为明神。使顾成之庙，称为太宗，上配太祖，与汉亡极。虽有愚幼不肖之嗣，犹得蒙业而安。植遗腹，朝委裘，而天下不乱。”又云：“万年之后，传之老母弱子。”此既于生时谈死事，至云“传之老母”，则是言其当终于太后之前，又目其嗣为“愚幼不肖”，可谓指斥。而帝不以为过，谊不以为疑。刘向上书成帝谏王氏事，曰：“王氏与刘氏，且不并立，陛下为人子孙，守持宗庙，而令国祚移于外亲，降为皂隶，纵不为身，奈宗庙何！”又云：“天命所授者博，非独一姓。”此乃于国存时说亡语，而帝不以为过，向不以为疑，至乞援近宗室，几于自售，亦不以为嫌也。两人皆出于忠精至诚，故尽言触忌讳而不自觉。文帝隆宽待下，圣德固尔，而成帝亦能容之，后世难及也。

9　小贞大贞

人君居尊位，倒持太阿，政令有所不行，德泽有所不下，身为寄坐,受人指麾,危亡之形,且立至矣。故易有"屯其膏,小贞,吉;大贞,凶"之戒,谓当以渐而正之。说者多引鲁昭公、高贵乡公为比。予谓此自系一时国家之隆替、君身之祸福,盖有刚决而得志、隐忍而危亡者,不可一概论也。汉宣帝之诛霍禹,和帝之诛窦宪,威宗之诛梁冀、魏孝庄之诛尔朱荣,刚决而得志者也。鲁昭公之讨季氏,齐简公之谋田常,高贵乡公之讨司马昭,晋元帝之征王敦,唐文宗之谋宦者,潞王之徙石敬瑭,汉隐帝之杀郭威,刚决而失者也。若齐郁林王知鸾之异志,欲取之而不能,汉献帝知曹操之不臣,欲图之而不果,唐昭宗知朱温之必篡,欲杀之而不克,皆翻以及亡,虽欲小正之,岂可得也!

10 唐诗戏语

士人于棋酒间,好称引戏语,以助谭笑,大抵皆唐人诗,后生多不知所从出,漫识所记忆者于此。"公道世间惟白发,贵人头上不曾饶",杜牧送隐者诗也。"因过竹院逢僧话,又得浮生半日闲",李涉诗也。"只恐为僧僧不了,为僧得了尽输僧","啼得血流无用处,不如缄口过残春",杜荀鹤诗也。"数声风笛离亭晚,君向潇湘我向秦",郑谷诗也。"今朝有酒今朝醉,明日愁来明日愁","劝君不用分明语,语得分明出转难","自家飞絮犹无定,争解垂丝绊路人","明年更有新条在,挠乱春风卒未休","采得百花成蜜后,不知辛苦为谁甜",罗隐诗也。高骈在西川,筑城御蛮,朝廷疑之,徙镇荆南,作风筝诗以见意,曰:"昨夜筝声响碧空,宫商信任往来风。依稀似曲才堪听,又被吹将别调中。"今人亦好引此句也。

11 何进高睿

东汉末，何进将诛宦官，白皇太后悉罢中常侍、小黄门，使还里舍。张让子妇，太后之妹也。让向子妇叩头，曰："老臣得罪，当与新妇俱归私门，唯受恩累世，今当远离宫殿，愿复一入直，得暂奉望太后颜色，死不恨矣。"子妇为言之，乃诏诸常侍皆复入直。不数日，进乃为让所杀，董卓随以兵至，让等虽死，汉室亦亡。北齐和士开在武成帝世，奸蠹败国。及后主嗣立，宰相高睿与娄定远白胡太后，出士开为兖州刺史。后欲留士开过百日，睿守之以死，苦言之。士开载美女珠帘赂定远，曰："蒙王力，用为方伯，今当远出，愿得一辞觐二宫。"定远许之，士开由是得见太后及帝，进说曰："臣出之后，必有大变，今已得入，复何所虑。"于是出定远为青州而杀睿。后二年，士开虽死，齐室亦亡。呜呼，奸佞之难去久矣！何进、高睿不惜陨身破家，为汉、齐社稷计，而张让、士开以谈笑一言，变如反掌，忠良受祸，宗庙为墟。乃知背胁瘭疽，决之不可不速；虎狼在阱，养之则自贻害。可不戒哉！

12 南乡掾史

金石刻有晋南乡太守司马整碑，其阴刻掾史以下姓名，合三百五十一。议曹祭酒十一人，掾二十九人，诸曹掾、史、书佐、循行、干百三十一人，从掾位者九十六人，从史位者三十一人，部曲督将三十六人，其冗如此。以晋史考之，南乡本南阳西界，魏武平荆州，始分为郡，至晋泰始中，所管八县，才二万户耳，而掾史若是之多，掾史既然，吏士又可知矣。民力安得不困哉！整乃宗室安平王孚之孙也。

13　汉景帝忍杀

汉景帝恭俭爱民，上继文帝，故亦称为贤君。考其天资，则刻戾忍杀之人耳。自在东宫时，因博戏杀吴太子，以起老濞之怨，即位之后，不思罪己，一旦于三郡中而削其二，以速兵端。正信用晁错，付以国事，及爰盎之说行，但请斩错而已，帝令有司劾错以大逆，遂父母妻子同产皆弃市。七国之役，下诏以深入多杀为功，比三百石以上皆杀，无有所置，敢有议诏及不如诏者，皆要斩。周亚夫以功为丞相，坐争封匈奴降将事病免，心恶之，赐食不置箸，叱之使起，昧于敬礼大臣之义，卒以非罪置之死，悲哉！光武遣冯异征赤眉，敕之曰："征伐非必略地屠城，要在平定安集之耳。诸将非不健斗，然好虏掠。卿本能御吏士，念自修敕，无为郡县所苦。"光武此言，视景帝诏书，为不侔矣。

14　燕昭汉光武之明

乐毅为燕破齐，或谗之昭王曰："齐不下者两城耳，非其力不能拔，欲久仗兵威以服齐人，南面而王耳。"昭王斩言者，遣使立毅为齐王。毅惶恐不受，以死自誓。冯异定关中，自以久在外，不自安。人有章言异威权至重，百姓归心，号为"咸阳王"，光武以章示异。异上书谢，诏报曰："将军之于国家，恩犹父子，何嫌何疑，而有惧意？"及异破隗嚣，诸将欲分其功，玺书诮大司马以下，称异功若丘山。今人咸知毅、异之为名将，然非二君之明，必困谗口矣。田单复齐国，信陵君败秦兵，陈汤诛郅支，卢植破黄巾，邓艾平蜀，王濬平吴，谢安却苻坚，慕容垂挫桓温，史万岁破突厥，李靖灭吐谷浑，郭子仪、李光弼中兴唐室，李晟复京师，皆有大功于社稷，率为谮人所惎，或至杀身。区区庸主不足责，唐太宗亦未能免。营营青蝇，亦可畏哉！

15 周南召南

毛诗序曰："关雎、麟趾之化，王者之风，故系之周公；南，言化自北而南也。鹊巢、驺虞之德，诸侯之风也，先王之所以教，故系之召公。周南、召南，正始之道。"据文义，"周公"、"召公"二"公"字，皆合为"南"字，则与上下文相应，盖简策误耳。"王者之风"，恐不当系之周公，而"先王之所以教"，又与召公自不相涉也。

16 易中爻

易系辞云："杂物撰德，辨是与非，则非其中爻不备。"中爻者，谓二三四及三四五也。如坤坎为师，而六五之爻曰"长子帅师"，以正应九二而言，盖指二至四为震也。坤艮为谦，而初六之爻曰"用涉大川"，盖自是而上，则六二、九三、六四为坎也。归妹之六五曰"帝乙归妹"，以下配九二而言，盖指震也。而泰之六五亦曰"帝乙归妹"，固亦下配九二，而九三、六四、六五，盖震体云。它皆类此。

容斋随笔卷十二 十八则

1 利涉大川

易卦辞称"利涉大川"者七,"不利涉"者一。爻辞称"利涉"者二,"用涉"者一,"不可涉"者一。需、讼、未济,指坎体而言。益、中孚,指巽体而言,涣指坎、巽而言。盖坎为水,有大川之象。而巽为木,木可为舟楫以济川。故益之象曰"木道乃行",中孚之象曰"乘木舟虚",涣之象曰"乘木有功"。又舟楫之利,实取诸涣,正合二体以取象也。谦、蛊则中爻有坎,同人、大畜则中爻有巽。颐之反,对大过,方有巽体,五去之远,所以言"不可涉",上则变而之对卦,故"利涉"云。

2 光武弃冯衍

汉室中兴,固皆光武之功,然更始既即天子位,光武受其爵秩,北面为臣矣,及平王郎,定河北,诏令罢兵,辞不受召,于是始贰焉。更始方困于赤眉,而光武杀其将谢躬、苗曾,取洛阳,下河东,翻为腹心之疾。后世以成败论人,故不复议。予谓光武知更始不材,必败大业,逆取顺守,尚为有辞。彼鲍永、冯衍,始坚守并州,不肯降下,闻更始已亡,乃罢兵来归,曰:"诚惭以其众幸富贵。"其忠义之节,凛然可称。光武不能显而用之,闻其言而不悦。永后以它立功见用,而衍终身摈斥,群臣亦无为之言者。吁,可叹哉!

3 恭显议萧望之

弘恭、石显议置萧望之于牢狱，汉元帝知其不肯就吏，而讫可其奏，望之果自杀，帝召显等责问以议不详，皆免冠谢，乃已。王氏五侯奢僭，成帝内衔之，一旦赫怒，诏尚书奏诛薄昭故事，然特欲恐之，实无意诛也。窦宪恃宫掖声势，夺公主园，章帝切责，有孤雏腐鼠之比，然竟不绳其罪。三君之失政，前史固深讥之矣。司马公谓元帝始疑望之不肯就狱，恭、显以为必无忧，其欺既明，终不能治，可谓易欺而难寤也。予谓师傅大臣进退罪否，人主当决之于心，何为谋及宦者！且望之先时已尝下廷尉矣，使其甘于再辱，忍耻对吏，将遂以恭、显之议为是耶？望之死与不死，不必论也。成帝委政外家，先汉颠覆，章帝仁柔无断，后汉遂衰，皆无足责。

4 晁错张汤

晁错为内史，言事辄听，幸倾九卿，及为御史大夫，权任出丞相右。张汤为御史，每朝奏事，国家用日旰，丞相取充位，天下事皆决汤。萧望之为御史，意轻丞相，遇之无礼。三人者，贤否虽不同，然均为非谊，各以它事至死，抑有以致之邪。

5 逸诗书

逸书、逸诗虽篇名或存，既亡其辞，则其义不复可考。而孔安国注尚书，杜预注左传，必欲强为之说。书“汩作”注云“言其治民之功”，“咎单作明居”注云“咎单，主土地之官，作明居，民法”。左传

"国子赋辔之柔矣"注云"义取宽政以安诸侯,若柔辔之御刚马"。如此之类。予顷教授福州日,林之奇少颖为书学谕,讲"帝釐下土"数语,曰:"知之为知之,尧典、舜典之所以可言也;不知为不知,九共、槁饫,略之可也。"其说最纯明可喜。林君有书解行于世,而不载此语,故为表出之。

6 刑罚四卦

易六十四卦,而以刑罚之事著于大象者凡四焉。噬嗑曰"先王以明罚敕法",丰曰"君子以折狱致刑",贲曰"君子以明庶政,无敢折狱",旅曰"君子以明慎用刑而不留狱"。噬嗑、旅上卦为离,丰、贲下卦为离。离,明也。圣人知刑狱为人司命,故设卦观象,必以文明为主,而后世付之文法俗吏,何邪?

7 巽为鱼

易中所言鱼〔一〕,皆指巽也。姤卦巽下乾上,故九二有鱼,九四无鱼。井内卦为巽,故二有射鲋之象。中孚外卦为巽,故曰"豚鱼吉"。剥卦五阴而一阳。方一阴自下生,变乾为姤,其下三爻,乃巽体也。二阴生而为遁,则六二、九三、九四乃巽体。三阴生而为否,则六三、九四、九五乃巽体。四阴生而为观,则上三爻乃巽体。至五阴为剥,则巽始亡,故六五之爻辞曰"贯鱼",盖指下四爻皆从巽来,如鱼骈头而贯也。或曰:"说卦不言'巽为鱼',今何以知之?"曰:"以类而知之,说卦所不该者多矣。如'长子'、'长女'、'中女'、'少女'见于震、巽、离、兑中,而坎、艮之下,不言'为中男'、'为少男'之类,它可推也。"

【校勘记】

〔一〕易中所言鱼　马本、祠本"中"作"卦"。

8　三省长官

中书、尚书令在西汉时为少府官属，与大官、汤官、上林诸令品秩略等〔一〕，侍中但为加官，在东汉亦属少府，而秩稍增，尚书令为千石，然铜印墨绶，虽居几要，而去公卿甚远，至或出为县令。魏、晋以来，浸以华重，唐初遂为三省长官，居真宰相之任，犹列三品。大历中乃升正二品。入国朝，其位益尊，叙班至在太师之上，然只以为亲王及使相兼官，无单拜者。见任宰相带侍中者才五人：范鲁公质、赵韩王普、丁晋公谓、冯魏公拯、韩魏王琦。尚书令又最贵，除宗王外，不以假人。赵韩王、韩魏王始赠真令，韩公官止司徒，及赠尚书令〔二〕，乃诏自今更不加赠，盖不欲以三师之官，赘其称也。政和初，蔡京改侍中、中书令为左辅、右弼，而不置尚书令，以为太宗皇帝曾任此官。殊不知乃唐之太宗为之，故郭子仪不敢拜，非本朝也。

【校勘记】

〔一〕与大官汤官上林诸令品秩略等　李本、马本、祠本"大"作"太"。

〔二〕韩魏王琦……赠尚书令　"书"原脱，据李本、马本、祠本补。按，宋神宗为琦所撰两朝顾命定策元勋之碑有"书"字。

9　王珪李靖

杜子美送重表侄王评事诗云："我之曾老姑，尔之高祖母。尔祖未显时，归为尚书妇。隋朝大业末，房、杜俱交友。长者来在门，荒年自糊口。家贫无供给，客位但箕帚。俄顷羞颇珍，寂寥人散后。"云云。"上云天下乱，宜与英俊厚。向窃窥数公，经纶亦俱有。次问最少年，虬髯十八九。子等成大名，皆因此人手。下云风云合，龙虎一吟吼。愿展丈夫雄，得辞儿女丑。秦王时在坐，真气惊户牖。及乎贞观初，尚书践台斗。夫人常肩舆，上殿称万寿。至尊均嫂叔，盛事垂不朽"。观此诗，疑指王珪。珪相唐太宗，赠礼部尚书。然细考其事，大不与史合。蔡絛诗话引唐书列女传云："珪母卢氏，识房、杜必贵。"质之此诗，则珪母乃杜氏也。桐江诗话云："不特不姓卢，乃珪之妻，非母也。"予案唐列女传，元无此事，珪传末只云："始隐居时，与房玄龄、杜如晦善，二人过其家，母李窥之，知其必贵。"蔡说妄云有传，又误以李为卢，皆不足辨。但唐高祖在位日，太子建成与秦王不睦，以权相倾。珪为太子中允，说建成曰："秦王功盖天下，中外归心，殿下但以长年，位居东宫，无大功以镇服海内，今刘黑闼散亡之馀，宜自击之，以取功名。"建成乃请行。其后杨文幹之事起，高祖责以兄弟不睦，归罪珪等而流之。太宗即位，乃召还任用。久之，宴近臣于丹霄殿，长孙无忌曰："王珪、魏徵，昔为仇雠，不谓今日得同此宴。"上曰："珪、徵尽心所事，我故用之。"然则珪与太宗非素交，明矣。唐书载李氏事，亦采之小说，恐未必然，而杜公称其祖姑事，不应不实。且太宗时宰相，别无姓王者，真不可晓也。

又有杜光庭虬须客传云："隋炀帝幸江都，命杨素留守西京，李靖以布衣往谒，窃其一妓，道遇异人，与俱至太原，因刘文静以见州将之子，言其真英主，倾家资与靖，使助创业之举，即太宗也。按，史载唐公击突厥，靖察有非常志，自囚上急变。后高祖定京师，将斩之而止，必无先识太宗之事。且炀帝在江都时，杨素死已十馀年矣。此一传，大抵皆妄云。

10　虎夔藩

黄鲁直宿舒州太湖观音院诗云〔一〕："汲烹寒泉窟，伐烛古松根。相戒莫浪出，月黑虎夔藩。""夔"字甚新，其意盖言抵触之义，而莫究所出。惟杜工部课伐木诗序云："课隶人入谷斩阴木，晨征暮返，我有藩篱，是缺是补，旅次于小安。山有虎，知禁。若恃爪牙之利，必昏黑撑突。夔人屋壁，列树白桃，镘焉墙，实以竹，示式遏。为与虎近，混沦乎无良宾客。"其诗句有云："藉汝跨小篱，乳兽待人肉。虎穴连里闾，久客惧所触。"乃知鲁直用此序中语。然杜公在夔府所作诗，所谓"夔人"者，述其土俗耳，本无抵触之义，鲁直盖误用之。

又，寺斋睡起绝句云："人言九事八为律，傥有江船吾欲东。"按，主父偃传："上书言九事，其八事为律令，一事谏伐匈奴。"谓八事为律令而言，则"为"字当作去声读，今鲁直似以为平声，恐亦误也。

【校勘记】

〔一〕黄鲁直宿舒州太湖观音院诗　诗在黄庭坚（鲁直）山谷外集诗注卷十一。该卷有己未过太湖僧寺得宗汝为书寄山芋白酒长韵寄答、庚申宿观音院二诗。作者此所云之诗乃后者。此所云己未、庚申，乃元丰五年（一〇八二）四月。据宋黄䇓山谷先生年谱，元丰三年秋冬间至舒州，然未尝至舒州所属太湖县。庭坚诗题中所云"太湖"，实为"太和"之误。时庭坚为吉州太和县令。二诗所叙皆太和事，与太湖无涉。据以上所云，"舒州太湖"，实应作"吉州太和"。今姑仍其旧。

（点校者乃太湖人，尝有专文考之）

11 曹操用人

曹操为汉鬼蜮，君子所不道，然知人善任使，实后世之所难及。荀彧、荀攸、郭嘉皆腹心谋臣，共济大事，无待赞说。其馀智效一官，权分一郡，无小无大，卓然皆称其职。恐关中诸将为害，则属司隶校尉锺繇以西事，而马腾、韩遂遣子入侍。当天下乱离，诸军乏食，则以枣祗、任峻建立屯田，而军国饶裕，遂芟群雄。欲复盐官之利，则使卫觊镇抚关中，而诸将服。河东未定，以杜畿为太守，而卫固、范先束手禽戮。并州初平，以梁习为刺史，而边境肃清。扬州陷于孙权，独有九江一郡，付之刘馥，而恩化大行。冯翊困于鄜盗，付之郑浑，而民安寇灭。代郡三单于，恃力骄恣，裴潜单车之郡，而单于詟服。方得汉中，命杜袭督留事，而百姓自乐，出徙于洛、邺者，至八万口。方得马超之兵，闻当发徙，惊骇欲变，命赵俨为护军，而相率还降，致于东方者亦二万口。凡此十者，其为利岂不大哉！张辽走孙权于合肥，郭淮拒蜀军于阳平，徐晃却关羽于樊，皆以少制众，分方面忧。操无敌于建安之时，非幸也。

12 汉士择所从

汉自中平黄巾之乱，天下震扰，士大夫莫不择所从，以为全身远害之计，然非豪杰不能也。荀彧少时，以颍川四战之地，劝父老亟避之，乡人多怀土不能去，彧独率宗族往冀州，袁绍待以上宾之礼，彧度绍终不能定大业，去而从曹操，其乡人留者，多为贼所杀。袁绍遣使迎汝南士大夫，和洽独往荆州，刘表以上客待之。洽曰："所以不从本初，避争地也。昏世之主，不可黩近，久而不去，谗慝将兴。"

遂南之武陵，其留者多为表所害。曹操牧兖州，陈留太守张邈与之亲友。郡士高柔独以为邈必乘间为变，率乡人欲避之，众皆以曹、张相亲，不然其言。柔举宗适河北，邈果叛操。郭嘉初见袁绍，谓其谋臣辛评等曰："智者审于量主，袁公多端寡要，好谋无决，难与共济大难，吾将更举以求主，子盍去乎？"评等曰："袁氏今最强，去将何之？"嘉不复言，遂去依曹操。操召见，与论天下事。出曰："真吾主也。"杜袭、赵俨、繁钦避乱荆州，钦数见奇于表，袭曰："所以俱来者，欲全身以待时耳。子若见能不已，非吾徒也。"及天子都许，俨曰："曹镇东必能济华夏，吾知归矣。"遂诣操。河间邢颙在无终，闻操定冀州，谓田畴曰："闻曹公法令严，民厌乱矣，乱极则平，请以身先。"遂装还乡里。畴曰："颙，天民之先觉者也。"孙策定丹阳，吕范请暂领都督，策曰："子衡已有大众，岂宜复屈小职！"范曰："今舍本土而托将军者，欲济世务也。譬犹同舟涉海，一事不牢，即俱受其败，此亦范计，非但将军也。"策从之。周瑜闻策声问，便推结分好，及策卒权立，瑜谓权可与共成大业，遂委心服事焉。诸葛亮在襄阳，刘表不能起，一见刘备，事之不疑。此诸人识见如是，安得困于乱世哉！

13　刘公荣

王戎诣阮籍，时兖州刺史刘昶字公荣在坐。阮谓王曰："偶有二斗美酒，当与君共饮。彼公荣者无预焉。"二人交觞酬酢，公荣遂不得一杯，而言语谈戏，三人无异。或有问之者，阮曰："胜公荣者，不得不与饮酒，不如公荣者，不可不与饮酒，唯公荣可不与饮酒。"此事见戎传，而世说为详。又一事云：公荣与人饮酒，杂秽非类，人或讥之。答曰："胜公荣者，不可不与饮，不如公荣者，亦不可不与饮，是公荣辈者，又不可不与饮，故终日共饮而醉。”二者稍不同。公荣待客如是，费酒多矣，顾不蒙一杯于人乎！东坡诗云：“未许低头拜东野，徒言共饮胜公荣。”盖用前事也。

14 元丰官制

元丰官制初成，欲以司马公为御史大夫，又将俟建储时，以公及吕申公为保傅。元祐初，起文潞公于既老，议处以侍中、中书令，为言者所攻，乃改平章军国重事。自后习以为制，不复除此等官，以谓前无故事。其实不然也。绍兴二十五年十月，中批右正言张扶除太常卿〔一〕，执政言自来太常不置卿，遂改宗正，复言之，乃以为国子祭酒。近岁，除莫济秘书监，济辞避累日，然后就职。已而李焘、陈骙、郑丙皆为之，均曰：“职事官，何不可除之有！”

【校勘记】

〔一〕绍兴二十五年十月中批右正言张扶除太常卿　“十月”二字原为空格，据会本、李本补。按，建炎以来系年要录卷一百六十九绍兴二十五年十月辛丑纪事有此记载。

15 耳馀袁刘

张耳陈馀少时为刎颈交，其后争权，相与致死地而不厌，盖势利之极，其究必然。韩馥举冀州以迎袁绍，而终以惧死。刘璋开门延刘备，坐失益州。翟让提兵授李密，而举族不免。尔朱兆以六镇之众付高欢，而卒毙于欢手。绍、密、欢忘其所自，不足深责，孰谓玄德之长者而忍为此邪！

16 周汉存国

周之初，诸侯千八百国，至王赧之亡，所存者才八国耳，七战国与卫也。然赵、韩、魏分晋而立，齐田氏代姜而兴，其有土各不及二百年，俱非旧邦。秦始皇乃吕氏子，楚幽王乃黄氏子，所谓嬴、芈之先，当不歆非类。然则惟燕、卫二姬姓存，而卫至胡亥世乃绝，若以为召公、康叔之德，则周公岂不及乎！汉列侯八百馀人，及光武而存者，平阳、建平、富平三侯耳。建平以先降梁王永夺国。平阳为曹参之后，富平为张安世之后。参犹有创业之功，若安世则汤子也，史称其推贤扬善，固宜有后，然轻重其心，杀人亦多矣，独无馀殃乎！汉侯之在王莽朝，皆不夺国，光武乃但许宗室复故，馀皆除之，虽酂侯亦不绍封，不知曹、张两侯，何以能独全也？

17 曹操杀杨修

曹操杀杨修之后，见其父彪，问曰："公何瘦之甚？"对曰："愧无日磾先见之明，犹怀老牛舐犊之爱。"操为之改容。古文苑载操与彪书，数修之罪，以为恃豪父之势，每不与吾同怀，将延足下尊门大累，便令刑之。且赠彪锦裘二领，八节角桃杖一枝，青牸牛二头，八百里骅骝马一匹，四望通幰七香车一乘，驱使二人。又遗其妻裘、韡、有心青衣二人，钱绢甚厚。卞夫人亦与袁夫人书云："贤郎有盖世文才，阖门钦敬，明公性急，辄行军法。"以衣服、文绢、房子官锦、香车送之。彪及袁夫人皆答书引愆致谢。是时，汉室将亡，政在曹氏，袁公四世宰相[一]，为汉宗臣，固操之所忌，彪之不死其手，幸矣。呜呼危哉。

【校勘记】

〔一〕袁公四世宰相　祠本"袁"作"杨"。按，据后汉书卷五十四，此四世宰相，乃谓杨震、杨秉、杨赐、杨彪。疑作"杨"是。

18　古人重国体

古人为邦，以国体为急，初无小大强弱之异也。其所以自待，及以之待人，亦莫不然。故执言修辞，非贤大夫不能尽。楚申舟不假道于宋而聘齐，宋华元止之，曰："过我而不假道，鄙我也。鄙我，亡也。杀其使者，必伐我。伐我，亦亡也。亡，一也。"乃杀之。及楚子围宋既急，犹曰："城下之盟，有以国毙，不能从也。"郑三卿为盗所杀，馀盗在宋，郑人纳赂以请之。师慧曰："以千乘之相，易淫乐之矇，宋无人焉故也。"子罕闻之，固请而归其赂。晋韩宣子有环在郑商，谒诸郑伯，子产弗与，曰："大国之求，无礼以斥之，何餍之有！吾且为鄙邑，则失位矣。若大国令而共无艺，郑鄙邑也，亦弗为也。"晋合诸侯于平丘，子产争贡赋之次，子大叔咎之。子产曰："国不竞亦陵，何国之为！"郑驷偃娶于晋，偃卒，郑人舍其子而立其弟，晋人来问，子产对客曰："若寡君之二三臣，其即世者，晋大夫而专制其位，是晋之县鄙也，何国之为！"楚囚郑印堇父，献于秦，郑以货请之。子产曰："不获。受楚之功，而取货于郑，不可谓国，秦不其然。若曰郑国微君之惠，楚师其犹在敝邑之城下。"弗从，秦人不予。更币，从子产而后获之。读此数事，知春秋列国各数百年，其必有道矣。

容斋随笔卷十三 十八则

1 谏说之难

韩非作说难，而死于说难，盖谏说之难，自古以然。至于知其所欲说，迎而拒之，然卒至于言听而计行者，又为难而可喜者也。秦穆公执晋侯，晋阴饴甥往会盟，其为晋游说，无可疑者。秦伯曰："晋国和乎？"对曰："不和。小人曰必报雠，君子曰必报德。"秦伯曰："国谓君何？"曰："小人谓之不免，君子以为必归。以德为怨，秦不其然。"秦遂归晋侯。秦伐赵，赵求救于齐，齐欲长安君为质。太后不肯，曰："复言者，老妇必唾其面。"左师触龙愿见，后盛气而胥之入〔一〕，知其必用此事来也。左师徐坐，问后体所苦，继乞以少子补黑衣之缺。后曰："丈夫亦爱怜少子乎？"曰："甚于妇人。"然后及其女燕后，乃极论赵王三世之子孙无功而为侯者，祸及其身。后既寤，则言："长安君何以自托于赵？"于是后曰："恣君之所使。"长安遂出质。范雎见疏于秦，蔡泽入秦，使人宣言感怒雎，曰："燕客蔡泽，天下辩士也。彼一见秦王，必夺君位。"雎曰："百家之说，吾既知之，众口之辩，吾皆摧之，是恶能夺我位乎？"使人召泽，谓之曰："子宣言欲代我相，有之乎？"对曰："然。"即引商君、吴起、大夫种之事。雎知泽欲困己以说，谬曰："杀身成名，何为不可？"泽以身名俱全之说诱之，极之以闳夭、周公之忠圣。今秦王不倍功臣，不若秦孝公、楚、越王，雎之功不若三子，劝其归相印以让贤。雎竦然失其宿怒，忘其故辩，敬受命，延入为上客。卒之代为秦相者泽也。秦始皇迁其母,下令曰:"敢以太后事谏者杀之。"死者二十七人矣。茅焦请谏,王召镬将烹之。焦数以桀、纣狂悖之行,言未绝口,王母子如初。吕甥之言出于义,左师之计伸于爱,蔡泽之说激于理,若茅焦者,具所谓劘虎牙者矣。范雎亲困穰侯而夺其位,何遽不如泽哉!彼此一时也。

【校勘记】

〔一〕后盛气而胥之入　祠本"胥"作"揖"。按:国学基本丛书本战国策卷二十一作"揖"。

2　韩馥刘璋

韩馥以冀州迎袁绍,其僚耿武、闵纯、李历、赵浮、程涣等谏止之,馥不听。绍既至,数人皆见杀。刘璋迎刘备,主簿黄权、王累,名将杨怀、高沛止之,璋逐权,不纳其言,二将后为备所杀。王浚受石勒之诈,督护孙纬及将佐皆欲拒勒,浚怒欲斩之,果为勒所杀。武、纯、怀、沛诸人,谓之忠于所事可矣,若云择君,则未也。呜呼,生于乱世,至死不变,可不谓贤矣乎!

3　萧房知人

汉祖至南郑,韩信亡去,萧何自追之。上骂曰:"诸将亡者以十数,公无所追,追信,诈也。"何曰:"诸将易得,至如信,国士亡双,必欲争天下,非信无可与计事者。"乃拜信大将,遂成汉业。唐太宗为秦王时,府属多外迁,王患之。房乔曰:"去者虽多不足吝,杜如晦,王佐才也,王必欲经营四方,舍如晦无共功者。"乃表留幕府,遂为名相。二人之去留，系兴替治乱如此，萧、房之知人，所以为莫及也。樊哙从高祖起丰、沛，劝霸上之还，解鸿门之厄，功亦不细矣，而韩信羞与为伍。唐俭赞太宗建大策，发蒲津之谋，定突厥之计，非庸臣也，而李靖以为不足惜。盖以信、靖而视哙、俭，犹熊罴之与狸狌耳。帝王之功，非一士之略，必待将如韩信、相如杜公而后用之，不亦难乎！惟能置萧、房于帷幄中，拔茅汇进，则珠玉无胫而至矣。

4 俞似诗

英州之北三十里，有金山寺，予尝至其处，见法堂后壁题两绝句。僧云："广州钤辖俞似之妻赵夫人所书。"诗句洒落不凡，而字画径四寸，遒健类薛稷，极可喜。数年后又过之，僧空无人，壁亦隳圮，犹能追忆其语，为纪于此。其一云："莫遣鞲鹰饱一呼，将军谁志灭匈奴。年来万事灰人意，只有看山眼不枯。"其二云："转食胶胶扰扰间，林泉高步未容攀。兴来尚有平生屐，管领东南到处山。"盖似所作也。

5 吴激小词

先公在燕山，赴北人张总侍御家集。出侍儿佐酒，中有一人，意状摧抑可怜，扣其故，乃宣和殿小宫姬也。坐客翰林直学士吴激赋长短句纪之，闻者挥涕。其词曰："南朝千古伤心地，还唱后庭花。旧时王、谢，堂前燕子，飞向谁家？恍然相遇，仙姿胜雪，宫髻堆鸦。江州司马，青衫湿泪，同是天涯。"激字彦高，米元章婿也。

6　君子晋国

传曰:"不有君子,其能国乎?"古之为国,言辞抑扬,率以有人无人占轻重。晋以诈取士会于秦,绕朝曰:"子无谓秦无人,吾谋适不用也。"楚子反曰:"以区区之宋,犹有不欺人之臣,可以楚而无乎?"宋受郑赂,郑师慧曰:"宋必无人。"鲁盟臧纥之罪,纥曰:"国有人焉。"贾谊论匈奴之嫚侮,曰:"倒悬如此,莫之能解,犹谓国有人乎?"后之人不能及此,然知敌之不可犯,犹曰彼有人焉,未可图也。一士重于九鼎,岂不信然!

7　兑为羊

兑为羊,易之称羊者凡三卦。夬之九四曰"牵羊悔亡",归妹之上六曰"士刲羊,无血",皆兑也。大壮内外卦为震与乾,而三爻皆称羊者,自复之一阳推而上之,至二为临,则兑体已见,故九三曰"羝羊触藩,羸其角",言三阳为泰而消兑也。自是而阳上进,至于乾而后已。六五"丧羊于易",谓九三、九四、六五为兑也,上六复"触藩不能退",盖阳方夬决,岂容上兑俨然乎!九四中爻亦本兑,而云"不羸"者,赖震阳之壮耳。

8　晏子杨雄

齐庄公之难,晏子不死不亡,而曰:"君为社稷死则死之,为社稷亡则亡之,若为己死而为己亡,非其私暱,谁敢任之!"及崔杼、庆封盟国人曰:"所不与崔、庆者。"晏子叹曰:"婴所不唯忠于君利社稷者是与,有如上帝!”晏子此意正与豫子所言“众人遇我”之义同,特不以身殉庄公耳。至于毅然据正以社稷为辞,非豫子可比也。杨雄仕汉,亲蹈王莽之变,退托其身于列大夫中,不与高位者同其死,抱道没齿,与晏子同科。世儒或以剧秦美新贬之,是不然,此雄不得已而作也。夫诵述新莽之德,止能美于暴秦,其深意固可知矣。序所言配五帝、冠三王,开辟以来未之闻,真以戏莽尔〔一〕。使雄善为谀佞,撰符命,称功德,以邀爵位,当与国师公同列,岂固穷如是哉!

【校勘记】

〔一〕真以戏莽尔　祠本“真”作“直”。疑作“直”是。

9　一以贯之

“一以贯之”之语,圣贤心学也,夫子以告曾子、子贡、而学者犹以为不同。尹彦明曰:“子贡之于学,不及曾子也如此。孔子于曾子,不待其问而告之,曾子复深喻之曰‘唯’。至于子贡,则不足以知之矣,故先发‘多学而识之’之问,果不能知之以为然也,又复疑其不然而请焉,方告之曰‘予一以贯之’。虽闻其言,犹不能如曾子之‘唯’也。”范淳父亦曰:“先攻子贡之失,而后语以至要。”予窃以为二子皆孔门高第也,其闻言而“唯”,与夫闻而不复问,皆已默识于言意之表矣。世儒所以卑子贡者,为其先然“多学而识之”之旨也,是殆不然。方闻圣言如是,遽应曰“否”,非弟子所以敬师之道也,故对曰“然”,而即继以“非与”之问,岂为不能知乎?或者至以为孔子择而告参、赐,盖非馀人所得闻,是又不然。颜氏之子,冉氏之孙,岂不足以语此乎?曾子于一“唯”之后,适门人有问,故发其“忠恕”

之言。使子贡是时亦有从而问者，其必有以诏之矣。

10　裴潜陆俟

曹操以裴潜为代郡太守，服乌丸三单于之乱。后召潜还，美其治代之功。潜曰："潜于百姓虽宽，于诸胡为峻。今继者必以潜为治过严，而事加宽惠，彼素骄恣，过宽必弛，既弛又将摄之以法，此怨叛所由生也。以势料之，代必复叛。"于是操深悔还潜之速。后数十日，单于反问果至。元魏以陆俟为怀荒镇将，高车诸莫弗讼俟严急无恩，复请前镇将郎孤。魏使孤代俟，俟既至，言曰："不过期年，郎孤必败，高车必叛。"世祖切责之。明年，诸莫弗果杀孤而叛。帝召俟问曰："何以知其然？"俟曰："高车不知上下之礼，故臣制之以法，使知分限，而诸莫弗讼臣无恩，称孤之美。孤获还镇，悦其称誉，专用宽恕待之，无礼之人，易生骄慢，孤必将复以法裁之，众心怨怼，必生祸乱矣。"帝然之。裴潜、陆俟，可谓知为治之道矣。郑子产戒子大叔曰："惟有德者，能以宽服人，其次莫如猛。"大叔不忍猛而宽，是以致萑苻之盗，故孔子有宽猛相济之说。乌丸、高车不知礼法，裴、陆先之以威，使其久而服化，必渐施之以宽政矣。后之人读纸上语，专以鹰击毛挚为治，而不思救弊之术，无问华夷，吾见其败也。

11　拔亡为存

燕乐毅伐齐，下七十馀城，所存者唯莒、即墨两城耳，赖田单之力，齐复为齐，尺寸之土无所失。曹操牧兖州，州叛迎吕布，郡县八十城皆应之，唯鄄城、范、东阿不动，赖荀彧、程昱之力，卒全三城以待操，州境复安。古之人拔亡为存，转祸为福，如此多矣。靖康、建炎间，国家不竞，秦、魏、齐、韩之地，名都大邑数百，翦而为戎，越五十年矣，以今准古，岂曰无人乎哉！

12 孙吴四英将

孙吴奄有江左，亢衡中州，固本于策、权之雄略，然一时英杰，如周瑜、鲁肃、吕蒙、陆逊四人者，真所谓社稷心膂、与国为存亡之臣也。自古将帅，未尝不矜能自贤，疾胜己者。此诸贤则不然。孙权初掌事，肃欲北还，瑜止之，而荐之于权，曰："肃才宜佐时，当广求其比，以成功业。"后瑜临终与权笺曰："鲁肃忠烈，临事不苟，若以代瑜，死不朽矣。"肃遂代瑜典兵。吕蒙为寻阳令，肃见之，曰："卿今者才略，非复吴下阿蒙。"遂拜蒙母，结友而别。蒙遂亦代肃。蒙在陆口，称疾还，权问："谁可代者？"蒙曰："陆逊意思深长，才堪负重，观其规虑，终可大任，无复是过也。"逊遂代蒙，四人相继，居西边三四十年，为威名将，曹操、刘备、关羽皆为所挫，虽更相汲引，而孙权委心听之，吴之所以为吴，非偶然也。

13 东坡罗浮诗

东坡游罗浮山，作诗示叔党，其末云："负书从我盍归去，群仙正草新宫铭。汝应奴隶蔡少霞，我亦季孟山玄卿。"坡自注曰："唐有梦书新宫铭者，云紫阳真人山玄卿撰，其略曰：'良常西麓，原泽东泄。新宫宏宏，崇轩輵輵。'又有蔡少霞者，梦人遣书碑铭曰：'公昔乘鱼车，今履瑞云，躅空仰涂，绮辂轮囷。'其末题云：五云书阁吏蔡少霞书。"予按唐小说薛用弱集异记，载蔡少霞梦人召去，令书碑，题云：苍龙溪新宫铭，紫阳真人山玄卿撰。其词三十八句，不闻有五云阁吏之说。鱼车瑞云之语，乃逸史所载陈幼霞事，云苍龙溪主欧阳某撰。盖坡公误以幼霞为少霞耳。玄卿之文，严整高妙，非神仙中人嵇叔夜、李太白之流不能作，今纪于此。云："良常西麓，源泽东泄。新宫宏宏，崇轩巘巘。雕珉盘础，镂檀竦楶。碧瓦鳞差，瑶阶肪截。阁凝瑞雾，楼横祥霓。驺虞巡徼，昌明捧闑。珠树规连，玉泉矩泄泄。灵飙遐集，圣日俯晰。太上游储，无极便阙。百神守护，诸真班列。仙翁鹄立，道师冰洁。饮玉成浆，馔琼为屑。桂旗不动，兰幄牙设。妙乐竞奏，流铃间发。天籁虚徐，风箫泠澈。凤歌谐律，鹤舞会节。三变玄云，九成绛雪。易迁徒语，童初讵说。如毁乾坤，自有日月。清宁二百三十一年四月十二日建。"予顷作广州三清殿碑，仿其体为铭诗曰："天池北阯，越领东鹿。银宫旟旟，瑶殿矗矗。陛纳九齿，闾披四目。盾角储清，檐牙衮缛。雕牖绀閜，镂楹熠煜。元尊端拱，泰上秉箓。绣黼周张，神光晬穆。宝帐流黄，温屏结绿。翠凤千旗，紫霓溜褥。星伯振鹭，仙翁立鹄。昌明侍几，眉连捧纛。月节下堕，曦轮旁烛。冻雨清尘，矞云散縠。钧籁虚徐，流铃禄续。童初渟潛，勾漏蓄缩。岳君有衡，海帝维儵。中边何护，时节朝宿。飓母沦威，疟妃谢毒。丹厓罢徼，赤子累福。亿龄圣寿，万世宋箓。"凡四十句，读者或许之，然终不近也。

14　魏明帝容谏

魏明帝时，少府杨阜上疏，欲省宫人诸不见幸者。乃召御府吏，问后宫人数。吏守旧令，对曰："禁密，不得宣露。"阜怒，杖吏一百，数之曰："国家不与九卿为密，反与小吏为密乎！"帝愈严惮之。房玄龄、高士廉问少府少监窦德素北门近有何营造，德素以闻。太宗大怒,谓玄龄等曰:“君但知南牙耳,北门小小营造,何预君事耶!”玄龄等拜谢。夫太宗之与明帝,不待比拟,观所以责玄龄之语,与夫严惮杨阜之事,不迨远矣。贤君一话一言,为后世法。惜哉!魏史以谓群臣直谏之言,帝虽不能尽用,然皆优容之,虽非谊主,亦可谓有君人之量矣。

15 汉世谋于众

两汉之世,事无小大,必谋之于众人,予前论之矣,然亦有持以藉口掩众议者。霍光薨后,宣帝出其亲属补吏。张敞言:“朝臣宜有明言霍氏颛制,请罢三侯就第。明诏以恩不听,群臣以义固争而后许之。今明诏自亲其文,非策之得者也。”哀帝欲封董贤等,王嘉言:“宜延问公卿、大夫、博士、议郎,明正其义,然后乃加爵土。不然,恐大失众心。暴平其事,必有言当封者,在陛下所从。天下虽不说,咎有所分,不独在陛下。前成帝初封淳于长,其事亦议。谷永以长当封,众人归咎于永,先帝不独蒙其讥。”哀帝乃止。是知委曲迁就,使恩出君上,过归于下,汉代多如此也。

16 国朝会要

国朝会要,自元丰三百卷之后,至崇宁、政和间,复置局修纂。宣和初,王黼秉政,罢修书五十八所。时会要已进一百十卷,馀四百卷亦成,但局中欲节次觊赏,故未及上。既有是命,局官以谓若朝廷许立限了毕,不过三两月可以投进。而黼务悉矫蔡京所为,故一切罢之,官吏既散,文书皆为弃物矣。建炎三年,外舅张渊道为太常博士,时礼寺典籍散佚亡几,而京师未陷,公为宰相言:“宜遣官往访故府，取见存图籍，悉辇而来，以备掌故。此若缓而甚急者也。”宰相不能用，其后逆豫窃据，鞠为煨烬。吁，可惜哉！

17 孙膑减灶

孙膑胜庞涓之事，兵家以为奇谋，予独有疑焉，云：“齐军入魏地为十万灶，明日为五万灶，又明日为二万灶。”方师行逐利，每夕而兴此役，不知以几何人给之，又必人人各一灶乎！庞涓行三日而大喜，曰：“齐士卒亡者过半。”则是所过之处，必使人枚数之矣。是岂救急赴敌之师乎！又云：“度其暮当至马陵，乃斫大树，白而书之，曰‘庞涓死于此树之下’。遂伏万弩，期日暮见火举而俱发。涓果夜至斫木下，见白书，钻火烛之，读未毕，万弩俱发。”夫军行迟速，既非他人所料，安能必其以暮至不差晷刻乎！古人坐于车中，既云暮矣，安知树间之有白书，且必举火读之乎！齐弩尚能俱发，而涓读八字未毕，皆深不可信。殆好事者为之而不精考耳。

18 虫鸟之智

竹鸡之性，遇其俦必斗。捕之者扫落叶为城，置媒其中，而隐身于后操罔焉。激媒使之鸣，闻者随声必至，闭目飞入城，直前欲斗，而罔已起，无得脱者，盖目既闭则不复见人。鹧鸪性好洁，猎人于茂林间净扫地，稍散谷于上，禽往来行游，且步且啄，则以黐竿取之。麂行草莽中，畏人见其迹，但循一迳，无问远近也。村民结绳为环，置其所行处，麂足一絓，则倒悬于枝上，乃生获之。江南多土蜂，人不能识其穴，往往以长纸带粘于肉，蜂见之必衔入穴，乃蹑寻得之，熏取其子。虫鸟之智，自谓周身矣，如人之不仁何！

容斋随笔卷十四 十七则

1 张文潜论诗

前辈议论，有出于率然不致思而于理近碍者。张文潜云："诗三百篇，虽云妇人、女子、小夫、贱隶所为，要之非深于文章者不能作。如'七月在野'至'入我床下'，于七月已下，皆不道破，直至十月方言蟋蟀，非深于文章者能为之邪！"予谓三百篇固有所谓女、妇、小、贱所为，若周公、召康公、穆公、卫武公、芮伯、凡伯、尹吉甫、仍叔、家父、苏公、宋襄公、秦康公、史克、公子素，其姓氏明见于大序，可一概论之乎？且"七月在野，八月在宇，九月在户"，本自言农民出入之时耳，郑康成始并入下句，皆指为蟋蟀，正已不然，今直称此五句为深于文章者，岂其馀不能过此乎！以是论诗，隘矣。

2 汉祖三诈

汉高祖用韩信为大将，而三以诈临之。信既定赵，高祖自成皋度河，晨自称汉使驰入信壁，信未起，即其卧，夺其印符，麾召诸将易置之。项羽死，则又袭夺其军。卒之伪游云梦而缚信。夫以豁达大度开基之主，所行乃如是，信之终于谋逆，盖有以启之矣。

3 有心避祸

有心于避祸，不若无心于任运，然有不可一概论者。董卓盗执国柄，筑坞于郿，积谷为三十年储，自云："事不成，守此足以毕老。"殊不知一败则扫地，岂容老于坞耶！公孙瓒据幽州，筑京于易地，以铁为门，楼橹千重，积谷三百万斛，以为足以待天下之变，殊不知梯冲舞于楼上，城岂可保邪！曹爽为司马懿所奏，桓范劝使举兵，爽不从，曰："我不失作富家翁。"不知诛灭在旦暮耳，富可复得邪！张华相晋，当贾后之难不能退，少子以中台星坼，劝其逊位，华不从，曰："天道玄远，不如静以待之。"竟为赵王伦所害。方事势不容发，而欲以静待，又可蚩也。他人无足言，华博物有识，亦暗于几事如此哉！

4　蹇解之险

蹇卦艮下坎上，见险而止，故诸爻皆有蹇难之辞。独六二重言蹇蹇，说者以为六二与九五为正应，如臣之事君，当以身任国家之责，虽蹇之又蹇，亦匪躬以济之，此解释文义之旨也。若寻绎爻画，则有说焉，盖外卦一坎，诸爻所同，而自六二推之，上承九三、六四，又为坎体，是一卦之中已有二坎也，故重言之。解卦坎下震上，动而免乎险矣。六三将出险，乃有负乘致寇之咎，岂非上承九四、六五又为坎乎！坎为舆为盗，既获出险而复蹈焉，宜其可丑而致戎也，是皆中爻之义云。

5　士之处世

士之处世，视富贵利禄，当如优伶之为参军，方其据几正坐，噫呜诃棰，群优拱而听命，戏罢则亦已矣。见纷华盛丽，当如老人之抚节物，以上元、清明言之，方少年壮盛，昼夜出游，若恐不暇，灯收花暮,辄怅然移日不能忘,老人则不然,未尝置欣戚于胸中也。睹金珠珍玩,当如小儿之弄戏剧,方杂然前陈,疑若可悦,即委之以去,了无恋想。遭横逆机阱,当如醉人之受骂辱,耳无所闻,目无所见,酒醒之后,所以为我者自若也,何所加损哉!

6　张全义治洛

唐洛阳经黄巢之乱,城无居人,县邑荒圮,仅能筑三小城,又遭李罕之争夺,但遗馀堵而已。张全义招怀理葺,复为壮藩,五代史于全义传书之甚略,资治通鉴虽稍详,亦不能尽。辄采张文定公所著缙绅旧闻记,芟取其要而载于此。

"厥今荆、襄、淮、沔,创痍之馀[一],绵地数千里,长民之官,用守边保障之劳,超阶擢职,不知几何人,其真能髣髴全义所为者,吾未见其人也。岂局于文法讥议,有所制而不得骋乎?全义始至洛,于麾下百人中,选可使者十八人,命之曰屯将,人给一旗一榜,于旧十八县中,令招农户自耕种,流民渐归。又选可使者十八人,命之曰屯副,民之来者绥抚之,除杀人者死,馀但加杖,无重刑,无租税,归者渐众。又选谙书计者十八人,命之曰屯判官,不一二年,每屯户至数千。于农隙时,选丁夫,教以弓矢枪剑,为坐作进退之法。行之一二年,得丁夫二万馀人,有盗贼即时擒捕。关市之赋,迨于无籍,刑宽事简,远近趋之如市,五年之内,号为富庶,于是奏每县除令簿主之。喜民力耕织者,知某家蚕麦善,必至其家,悉召老幼,亲慰劳之,赐以酒食茶彩,遗之布衫裙袴,喜动颜色。见稼田中无草者,必下马观之,召田主赐衣服;若禾下有草,耕地不熟,则集众决责之。或诉以阙牛,则召责其邻伍,曰:'此少人牛[二]!何不众助!'自是民以耕桑为务,家家有蓄积,水旱无饥人。在洛四十馀年，至今庙食。”

鸣呼，今之君子，其亦肯以全义之心施诸人乎！

【校勘记】

〔一〕厥今荆襄淮沔创痍之馀　马本、祠本“厥”作“曰”。疑作“曰”是。

〔二〕此少人牛　马本、祠本无“人”字，“牛”后有“如”字。按，疑以上二本是，“如”属下句。

7　博古图

政和、宣和间，朝廷置书局以数十计，其荒陋而可笑者莫若博古图。予比得汉匜，因取一册读之，发书捧腹之馀，聊识数事于此。父癸匜之铭曰“爵方父癸”。则为之说曰：“周之君臣，其有癸号者，惟齐之四世有癸公，癸公之子曰哀公，然则作是器也，其在哀公之时欤！故铭曰‘父癸’者此也。”夫以十干为号，及称父甲、父丁、父癸之类，夏、商皆然，编图者固知之矣，独于此器表为周物，且以为癸公之子称其父，其可笑一也。周义母匜之铭曰“仲姞义母作”。则为之说曰：“晋文公杜祁让偪姞而己次之，赵孟云‘母义子贵’，正谓杜祁，则所谓仲姞者自名也，义母者襄公谓杜祁也。”夫周世姞姓女多矣，安知此为偪姞，杜祁但让之在上，岂可便为母哉！既言仲姞自名，又以为襄公为杜祁所作，然则为谁之物哉？其可笑二也。汉注水匜之铭曰“始建国元年正月癸酉朔日制”。则为之说曰：“汉初始元年十二月，改为建国，此言元年正月者，当是明年也。”案汉书，王莽以初始元年十二月癸酉朔日，窃即真位，遂以其日为始建国元年正月，安有明年却称元年之理，其可笑三也。楚姬盘之铭曰“齐侯作楚姬宝盘”。则为之说曰：“楚与齐从亲，在齐湣王之时，所谓齐侯，则湣王也。周末诸侯自王，而称侯以铭器，尚知止乎礼义也。"夫齐、楚之为国各数百年，岂必当湣王时从亲乎！且湣王在齐诸王中最为骄暴，尝称东帝，岂有肯自称侯之理！其可笑四也。汉梁山铜之铭曰"梁山铜造"。则为之说曰："梁山铜者，纪其所贡之地，梁孝王依山鼓铸，为国之富，则铜有自来矣。"夫即山铸钱，乃吴王濞耳，梁山自是山名，属冯翊夏阳县，于梁国何预焉！其可笑五也。观此数说，他可知矣。

8 士大夫论利害

士大夫论利害，固当先陈其所以利之实，然于利之中而有小害存焉，亦当科别其故，使人主择而处之，乃合毋隐勿欺之谊〔一〕。赵充国征先零，欲罢骑兵而屯田，宣帝恐虏闻兵罢，且攻扰田者。充国曰："虏小寇盗，时杀人民，其原未可卒禁。诚令兵出而虏绝不为寇，则出兵可也。即今同是，而释坐胜之道，非所以视蛮夷也。"班勇乞复置西域校尉。议者难曰："班将能保北虏不为边害乎？"勇曰："今置州牧以禁盗贼，若州牧能保盗贼不起者，臣亦愿以要斩保匈奴之不为边害也。今通西域，则虏势必弱，为患微矣。若势归北虏，则中国之费不止十亿，置之诚便。"此二人论事，可谓极尽利害之要，足以为法也。

【校勘记】

〔一〕乃合毋隐勿欺之谊　马本、祠本"谊"作"义"。

9 舒元舆文

舒元舆，唐中叶文士也，今其遗文所存者才二十四篇。既以甘露之祸死，文宗因观牡丹摘其赋中桀句，曰："向者如迓，背者如诀。拆者如语，含者如咽。俯者如怨，仰者如悦。"为之泣下。予最爱其玉筯篆志论李斯、李阳冰之书，其词曰："斯去千年，冰生唐时。冰复去矣，后来者谁。后千年有人，谁能待之。后千年无人，篆止于斯。呜呼主人，为吾宝之。"此铭有不可名言之妙，而世或鲜知之。

10　绝唱不可和

韦应物在滁州，以酒寄全椒山中道士，作诗曰："今朝郡斋冷，忽念山中客。涧底束荆薪，归来煮白石。欲持一樽酒，远慰风雨夕。落叶满空山，何处寻行迹。"其为高妙超诣，固不容夸说，而结尾两句，非复语言思索可到。东坡在惠州，依其韵作诗寄罗浮邓道士曰："一杯罗浮春，远饷采薇客。遥知独酌罢，醉卧松下石。幽人不可见，清啸闻月夕。聊戏庵中人，空飞本无迹。"刘梦得"山围故国周遭在，潮打空城寂寞回"之句，白乐天以为后之诗人无复措词。坡公仿之曰："山围故国城空在，潮打西陵意未平。"坡公天才，出语惊世，如追和陶诗，真与之齐驱，独此二者，比之韦、刘为不侔。岂非绝唱寡和，理自应尔邪！

11　赠典轻重

国朝未改官制以前，从官丞、郎、直学士以降，身没大抵无赠典，唯尚书、学士有之，然亦甚薄。余襄公、王素自工书得刑书，蔡君谟自端明、礼侍得吏侍耳。元丰以后，待制以上皆有四官之恩，后遂以为常典，而致仕又迁一秩。梁扬祖终宝文学士、宣奉大夫，既以致仕转光禄，遂赠特进、龙图学士，盖以为银青、金紫、特进只三官，故增其职，是从左丞得仆射也。节度使旧制赠侍中或太尉，官制行，多赠开府。秦桧创立检校少保之例，以赠王德、叶梦得、张澄，近岁王彦遂用之，实无所益也。元祐中，王岩叟终于朝奉郎、端明殿学士，以尝签书枢密院，故超赠正议大夫。杨愿终于朝奉郎、资政殿学士，但赠朝请大夫，以执政而赠郎秩，轻重为不侔，皆掌固之失也〔一〕。

【校勘记】

〔一〕皆掌固之失也　马本、祠本"固"作"故"。按，疑作"故"是。

12　扬之水

左传所载列国人语言书讯，其辞旨如出一手。说者遂以为皆左氏所作，予疑其不必然。乃若润色整齐，则有之矣，试以诗证之。扬之水三篇，一周诗，一郑诗，一晋诗，其二篇皆曰"不流束薪"、"不流束楚"。邶之谷风曰"习习谷风，以阴以雨"，雅之谷风曰"习习谷风，维风及雨"。"在南山之阳"，"在南山之下"，"在南山之侧"；"在浚之郊"，"在浚之都"，"在浚之城"；"在河之浒"，"在河之浒"，"在河之漘"；"山有枢，隰有榆"，"山有苞栎，隰有六驳"，"山有蕨薇，隰有杞桋"；"言秣其马"，"言采其蝱"，"言观其旂"，"言韔其弓"。皆杂出于诸诗，而兴致一也。盖先王之泽未远，天下书同文，师无异道，人无异习，出口成言，皆止乎礼义，是以不谋而同尔。

13　李陵诗

文选编李陵、苏武诗凡七篇，人多疑"俯观江、汉流"之语，以为苏武在长安所作，何为乃及江、汉。东坡云："皆后人所拟也。"予观李诗云："独有盈觞酒，与子结绸缪。""盈"字正惠帝讳，汉法触讳者有罪，不应陵敢用之，益知坡公之言为可信也。

14　大曲伊凉

今乐府所传大曲，皆出于唐，而以州名者五，伊、凉、熙、石、渭也。凉州今转为梁州，唐人已多误用，其实从西凉府来也。凡此诸曲，唯伊、凉最著，唐诗词称之极多〔一〕。聊纪十数联，以资谈助。如"老去将何散旅愁，新教小玉唱伊州"，"求守管弦声款逐，侧商调里唱伊州，钿蝉金雁皆零落〔二〕，一曲伊州泪万行"，"公子邀欢月满楼，双成揭调唱伊州"、"赚杀唱歌楼上女，伊州误作石州声"，"胡部笙歌西部头，梨园弟子和凉州"，"唱得凉州意外声，旧人空数米嘉荣"，"霓裳奏罢唱梁州，红袖斜翻翠黛愁"，"行人夜上西城宿，听唱凉州双管逐"，"丞相新裁别离曲，声声飞出旧梁州"，"只愁拍尽凉州杖，画出风雷是拨声"，"一曲凉州今不清，边风萧飒动江城"，"满眼由来是旧人，那堪更奏梁州曲"，"昨夜蕃军报国雠，沙州都护破梁州"，"边将皆承主恩泽，无人解道取凉州"。皆王建、张祜、刘禹锡、王昌龄、高骈、温庭筠、张籍诸人诗也。

【校勘记】

〔一〕唐诗词称之极多　"唐"原作"启"，误刊，据会本、李本、马本、祠本改。按，此以下引七唐人诗。

〔二〕钿蝉金雁皆零落　"钿"原作"细"，据会本、李本改。

15　元次山元子

元次山有文编十卷，李商隐作序，今九江所刻是也。又有元子十卷，李纾作序，予家有之，凡一百五篇，其十四篇已见于文编，馀者大抵澶漫矫亢。而第八卷中所载睿方国二十国事，最为谲诞。其略云："方国之僭，尽身皆方，其俗恶圆。设有问者，曰'汝心圆'，则两手破胸露心，曰'此心圆耶'，圆国则反之。言国之僭，三口三舌。相乳国之僭，口以下直为一窍。无手国足便于手，无足国肤行如风。"其说颇近山海经，固已不韪，至云："恶国之僭，男长大则杀父，女长大则杀母。忍国之僭，父母见子，如臣见君。无鼻之国，兄弟相逢则相害。触国之僭，子孙长大则杀之。"如此之类，皆悖理害教，于事无补。次山中兴颂与日月争光，若此书，不作可也，惜哉！

16　次山谢表

元次山为道州刺史，作春陵行，其序云："州旧四万馀户，经贼以来，不满四千，太半不胜赋税。到官未五十日，承诸使征求符牒二百馀封，皆曰'失期限者罪至贬削'。於戏，若悉应其命，则州县破乱，刺史欲焉逃罪！若不应命，又即获罪戾，吾将静以安人，待罪而已。"其辞甚苦，大略云："州小经乱亡，遗人实困疲。朝餐是草根，暮食乃木皮。出言气欲绝，意速行步迟。追呼尚不忍，况乃鞭扑之。邮亭传急符，来往迹相追。更无宽大恩，但有迫催期。欲令鬻儿女，言发恐乱随。奈何重驱逐，不使存活为。安人天子命，符节我所持。逋缓违诏令，蒙责固所宜。"又贼退示官吏一篇，言："贼攻永破邵，不犯此州，盖蒙其伤怜而已，诸使何为忍苦征敛！"其诗云："城小贼不屠，人贫伤可怜。是以陷邻境，此州独见全。使臣将王命，岂不如贼焉。今彼征敛者，迫之如火煎。"二诗忧民惨切如此。故杜老以为："今盗贼未息，知民疾苦，得结辈十数公，落落参错天下为邦伯，天下少安，立可待矣。"遂有"两章对秋月，一字偕华星"之句。今次山集中，载其谢上表两通。其一云："今日刺史，若无武略以制暴乱，若无文才以救疲弊，若不清廉以身率下，若不变通以救时须，则乱将作矣。臣料今日州县堪征税者无几，已破败者实多，百姓恋坟墓者盖少，思流亡者乃众。则刺史宜精选谨择以委任之，固不可拘限官次，得之货贿出之权门者也。"其二云："今四方兵革未宁，赋敛未息，百姓流亡转甚，官吏侵刻日多，实不合使凶庸贪猥之徒，凡弱下愚之类，以货赂权势，而为州县长官。"观次山表语，但因谢上，而能极论民穷吏恶，劝天子以精择长吏，有谢表以来，未之见也。世人以杜老褒激之故，或稍诵其诗，以中兴颂故诵其文，不闻有称其表者，予是以备录之，以风后之君子。次山临道州，岁在癸卯，唐代宗初元广德也。

17　光武仁君

汉光武虽以征伐定天下，而其心未尝不以仁恩招怀为本。隗嚣受官爵而复叛，赐诏告之曰："若束手自诣，保无他也。"公孙述据蜀，大军征之垂灭矣，犹下诏喻之曰："勿以来歙、岑彭受害自疑，今以时自诣，则家族全，诏书手记不可数得，朕不食言。"遣冯异西征，戒以平定安集为急。怒吴汉杀降，责以失斩将吊民之义。可谓仁君矣。萧铣举荆楚降唐，而高祖怒其逐鹿之对，诛之于市，其隘如此。新史犹以高祖为圣，岂理也哉。

容斋随笔卷十五 十九则

1 张文潜哦苏杜诗

“溪回松风长，苍鼠窜古瓦。不知何王殿，遗缔绝壁下。阴房鬼火青，坏道哀湍泻。万籁真笙竽，秋色正萧洒。美人为黄土，况乃粉黛假。当时侍金舆，故物独石马。忧来藉草坐，浩歌泪盈把。冉冉征途间，谁是长年者？”此老杜玉华宫诗也。张文潜暮年在宛丘，何大圭方弱冠，往谒之，凡三日，见其吟哦此诗不绝口。大圭请其故。曰：“此章乃风、雅鼓吹，未易为子言。”大圭曰：“先生所赋，何必减此？”曰：“平生极力模写，仅有一篇稍似之，然未可同日语。”遂诵其离黄州诗，偶同此韵。曰：“扁舟发孤城，挥手谢送者。山回地势卷，天豁江面泻。中流望赤壁，石脚插水下。昏昏烟雾岭，历历渔樵舍。居夷实三载，邻里通假借。别之岂无情，老泪为一洒。篙工起鸣鼓，轻橹健于马。聊为过江宿，寂寂樊山夜。”此其音响节奏，固似之矣，读之可默谕也。又好诵东坡梨花绝句，所谓“梨花淡白柳深青，柳絮飞时花满城，惆怅东栏一株雪，人生看得几清明”者，每吟一过，必击节赏叹不能已，文潜盖有省于此云。

2 任安田仁

任安、田仁，皆汉武帝时能臣也，而汉史载其事甚略。褚先生曰：“两人俱为卫将军舍人，家监使养恶啮马。仁曰：‘不知人哉家监也！'安曰：'将军尚不知人，何乃家监也！'后有诏募择卫将军舍人以为郎。会贤大夫赵禹来，悉召舍人百馀人，以次问之，得田仁、任安，曰：'独此两人可耳，馀无可用者。'将军上籍以闻。诏召此二人，帝遂用之。仁刺举三河，时河南、河内太守皆杜周子弟，河东太守石丞相子孙，仁已刺三河，皆下吏诛死。"观此事，可见武帝求才不遗微贱，得人之盛，诚非后世所及。然班史言："霍去病既贵，卫青故人门下多去事之，唯任安不肯去。"又言："卫将军进言仁为郎中。"与褚生所书为不同。杜周传云："两子夹河为郡守，治皆酷暴。"亦不书其所终，皆阙文也。

3　杜延年杜钦

前汉书称杜延年本大将军霍光吏，光持刑罚严，延年辅之以宽，论议持平，合和朝廷；杜钦在王凤幕府，救解冯野王、王尊之罪过，当世善政，多出于钦。予谓光以侯史吴之事，一朝杀九卿三人，延年不能谏。王章言王凤之过，天子感寤，欲退凤，钦令凤上疏谢罪。上不忍废凤，凤欲遂退，钦说之而止。章死，众庶冤之，钦复说凤，以为"天下不知章实有罪，而以为坐言事，宜因章事举直言极谏，使天下咸知主上圣明不以言罪下，若此，则流言消释矣"。凤白行其策。夫新莽盗国，权舆于凤，凤且退而复止，皆钦之谋，若钦者，盖汉之贼也，而谓当世善政出其手，岂不缪哉！

4　范晔作史

范晔在狱中，与诸甥侄书曰："吾既造后汉，详观古今著述及评论，殆少可意者。班氏最有高名，既任情无例，不可甲乙，唯志可推耳。博赡可不及之，整理未必愧也。吾杂传论，皆有精意深旨。至于循吏以下及六夷诸序论，笔势纵放，实天下之奇作。其中合者，往往不减过秦篇。尝共比方班氏所作，非但不愧之而已。赞自是吾文之杰思，殆无一字空设，奇变不穷，同合异体，乃自不知所以称之。此书行，故应有赏音者。自古体大而思精，未有此也。”晔之高自夸诩如此。至以谓过班固，固岂可过哉。晔所著序论，了无可取，列传如邓禹、窦融、马援、班超、郭泰诸篇者，盖亦有数也。人苦不自知，可发千载一笑。

5　唐诗人有名不显者

温公诗话云：“唐之中叶，文章特盛，其姓名湮没不传于世者甚众，如河中府鹳雀楼有王之奂、畅诸二诗，二人皆当时所不数，而后人擅诗名者岂能及之哉！”予观少陵集中所载韦迢、郭受诗，少陵酬答，至有“新诗锦不如”，“自得随珠觉夜明”之语，则二人诗名可知矣，然非编之杜集，几于无传焉。又有严恽惜花一绝云：“春光冉冉归何处，更向花前把一盃。尽日问花花不语，为谁零落为谁开。”前人多不知谁作，乃见于皮、陆唱和集中。大率唐人多工诗，虽小说戏剧，鬼物假托，莫不宛转有思致，不必颛门名家而后可称也。

6　苏子由诗

苏子由南窗诗云：“京城三日雪，雪尽泥方深。闭门谢还往，不闻车马音。西斋书帙乱，南窗朝日升。展转守床榻，欲起复不能。开户失琼玉，满阶松竹阴。故人远方来，疑我何苦心。疏拙自当尔，有酒聊共斟。”此其少年时所作也。东坡好书之，以为人间当有数百本。盖闲淡简远，得味外之味云。

7 呼君为尔汝

东坡云："凡人相与号呼者，贵之则曰公，贤之则曰君，自其下则尔汝之。虽王公之贵，天下貌畏而心不服，则进而君公，退而尔汝者多矣。"予谓此论，特后世之俗如是尔，古之人心口一致，事从其真，虽君臣父子之间，出口而言，不复顾忌，观诗、书所载可知矣。箕子陈洪范，对武王而汝之。金縢策祝，周公所以告大王、王季、文王三世祖考也，而呼之曰尔三王，自称曰予。至云："尔之许我，我其以璧与珪，归俟尔命，尔不许我，我乃屏璧与珪。"殆近乎相质责而邀索也。天保报上之诗，曰"天保定尔，俾尔戬谷"，閟宫颂君之诗，曰"俾尔富而昌"，"俾尔昌而炽"，及节南山、正月、板、荡、卷阿、既醉、瞻卬诸诗，皆呼王为尔。大明曰"上帝临女"，指武王也。民劳曰"王欲玉女"，指厉王也。至或称为小子，虽幽、厉之君，亦受之而不怒。呜呼，三代之风俗，可复见乎！晋武公请命乎天子，其大夫赋无衣，所谓"不如子之衣"，亦指周王也。

8 世事不可料

秦始皇并六国，一天下，东游会稽，度浙江，撊然谓子孙帝王万世之固，不知项籍已纵观其旁，刘季起喟然之叹于咸阳矣。曹操芟夷群雄，遂定海内，身为汉相，日夜窥伺龟鼎，不知司马懿已入幕府矣。梁武帝杀东昏侯，覆齐祚，而侯景以是年生于漠北。唐太宗杀建成、元吉，遂登天位，而武后已生于并州。宣宗之世，无故而复河、陇，戎狄既衰，藩镇顺命，而朱温生矣。是岂智力谋虑所可为哉！

9 蔡君谟帖语

韩献肃公守成都时，蔡君谟与之书曰："襄启。岁行甫新，鲁钝之资，日益衰老。虽勉就职务，其于精力不堪劳苦。念君之生，相距旬日，如闻年来补治有方，当愈彊健，果如何哉！襄于京居，尚留少时，伫君还轸，伸眉一笑，倾怀之极。今因樊都官西行，奉书问动靖，不一一。襄上子华端明峰下。"此帖语简而情厚，初无寒温之问，寝食之祝，讲德之佞也。今风俗日以偷薄，士大夫之猥浮者，于尺牍之间，益出新巧，习贯自然，虽有先达笃实之贤，亦不敢自拔以速嘲骂。每诒书多至十数纸，必系衔，相与之际，悉忘其真，言语不情，诚意扫地。相呼不以字，而云某丈，僭紊官称，无复差等，观此其少愧乎！忆二纪之前，予在馆中见曾监吉甫与人书，独不作札子，且以字呼同舍，同舍因相约云："曾公前辈可尊，是宜曰丈，馀人自今各以字行，其过误者罚一直。"行之几月，从官郎省，欣然皆欲一变，而有欲败此议者，载酒饮同舍，乞仍旧。于是从约皆解，遂不可复革，可为一叹。

10 孔氏野史

世传孔毅甫野史一卷，凡四十事，予得其书于清江刘靖之所，载赵清献为青城宰，挈散乐妓以归，为邑尉追还，大恸且怒，又因与妻忿争，由此惑志。文潞公守太原，辟司马温公为通判，夫人生日，温公献小词，为都漕唐子方峻责。欧阳永叔、谢希深、田元均、尹师鲁在河南，携官妓游龙门，半月不返，留守钱思公作简招之，亦不答。范文正与京东人石曼卿、刘潜之类相结以取名，服中上万言书，甚非言不文之义。苏子瞻被命作储祥宫记，大貂陈衍干当宫事，得旨置酒与苏高会，苏阴使人发，御史董敦逸即有章疏，遂堕计中。又云子瞻四六表章不成文字。其它如潞公、范忠宣、吕汲公、吴冲卿、傅献简诸公，皆不免讥议。予谓决非毅甫所作，盖魏泰碧云騢之流耳。温公自用庞颍公辟，不与潞公、子方同时，其谬妄不待攻也。靖之乃原甫曾孙，佳士也，而跋是书云："孔氏兄弟，曾大父行也。思其人欲闻其言久矣，故录而藏之。"汪圣锡亦书其后，但记上官彦衡一事，岂弗深考云！

11 有若

史记有若传云："孔子没，弟子以若状似孔子，立以为师。他日，进问曰：'昔夫子当行，使弟子持雨具，已而果雨。弟子问：何以知之？夫子曰：诗不云乎？月离于毕，俾滂沱矣。昨暮月不宿毕乎！他日，月宿毕，竟不雨。商瞿年长无子，孔子曰瞿年四十后当有五丈夫子。已而果然。敢问何以知此？'有若无以应。弟子起，曰：'有子避之，此非子之座也。'"予谓此两事殆近于星历卜祝之学，何足以为圣人，而谓孔子言之乎？有若不能知，何所加损，而弟子遽以是斥退之乎！孟子称"子夏、子张、子游以若似圣人，欲以所事孔子事之，曾子不可"，但言"江汉秋阳不可尚"而已，未尝深诋也。论语记诸善言，以有子之言为第二章。在曾子之前，使有避坐之事，弟子肯如是哉！檀弓载有子闻曾子"丧欲速贫，死欲速朽"两语，以为"非君子之言"，又以为"夫子有为言之"。子游曰："甚哉！有子之言似夫子也。"则其为门弟子所敬久矣，太史公之书，于是为失矣。且门人所传者道也，岂应以状貌之似而师之邪！世所图七十二贤画象，其画有若遂与孔子略等，此又可笑也。

12 张天觉为人

张天觉为人贤否，士大夫或不详知。方大观、政和间，时名甚著，多以忠直许之。盖其作相适承蔡京之后，京弄国为奸，天下共疾，小变其政，便足以致誉，饥者易为食，故蒙贤者之名。靖康初政，遂与司马公、范文正同被褒典。予以其实考之，彼直奸人之雄尔。其外孙何麒作家传，云："为熙宁御史，则逐于熙宁；为元祐廷臣，则逐于元祐；为绍圣谏官，则逐于绍圣；为崇宁大臣，则逐于崇宁；为大观宰相，则逐于政和。"其迹是矣，而实不然。为御史时，以断狱失当，为密院所治，遂摭博州事以报之，三枢密皆乞去，故坐贬。为谏官时，首攻内侍陈衍以摇宣仁，至比之于吕、武；乞追夺司马公、吕申公赠谥，仆碑毁楼；论文潞公背负国恩，吕汲公动摇先烈；辩吕惠卿、蔡确无罪。后以交通颍昌富民盖渐故，又贬。元符末，除中书舍人，谢表历诋元祐诸贤，云："当元祐之八九年，擢党人之二十辈。"及在相位，乃以与郭天信交结而去耳。平生言行如此，而得美誉，则以蔡京不相能之故。然皆章子厚门下客，其始非不同也。京拜相之词，天觉所作，是以得执政云。

13 为文论事

为文论事，当反复致志，救首救尾，则事词章著，览者可以立决。陈汤斩郅支而功未录，刘向上疏论之。首言："周方叔、吉甫诛猃狁。"次言："齐桓公有灭项之罪，君子以功覆过。李广利靡亿万之费，捐五万之师，廑获宛王之首，孝武不录其过，封为列侯。"末言："常惠随欲击之乌孙，郑吉迎自来之日逐，皆裂土受爵。"然后极言：

"今康居国彊于大宛,郅支之号重于宛王,杀使者罪甚于留马,而不烦汉士,不费斗粮,比于贰师,功德百之。"又曰:"言威武勤劳则大于方叔、吉甫,列功覆过则优于齐桓、贰师,近事之功则高于安远、长罗,而大功未著,小恶数布,臣窃痛之。"于是天子乃下诏议封。盖其一疏抑扬援证明白如此,故以丞相匡衡、中书石显,出力沮害,竟不能夺。不然,衡、显之议,岂区区一故九卿所能亢哉!

14　连昌宫词

元微之、白乐天,在唐元和长庆间齐名。其赋咏天宝时事,连昌宫词、长恨歌皆脍炙人口,使读之者情性荡摇,如身生其时,亲见其事,殆未易以优劣论也。然长恨歌不过述明皇追怆贵妃始末,无它激扬,不若连昌词有监戒规讽之意。如云:"姚崇、宋璟作相公,劝谏上皇言语切。长官清平太守好,拣选皆言由相公。开元之末姚、宋死,朝廷渐渐由妃子。禄山宫里养作儿,虢国门前闹如市。弄权宰相不记名,依俙忆得杨与李。庙谟颠倒四海摇,五十年来作疮痏。"其末章及官军讨淮西,乞"庙谟休用兵"之语〔一〕,盖元和十一二年间所作,殊得风人之旨,非长恨比云。

【校勘记】

〔一〕乞庙谟休用兵之语　"谟"原作"谋",据会本、祠本改。按,元稹(微之)集作"谟"。

15　二士共谈

维摩诘经言:文殊从佛所将诣维摩丈室问疾,菩萨随之者以万亿计，曰："二士共谈，必说妙法。"予观杜少陵寄李太白诗云："何时一尊酒，重与细论文。"使二公真践此言，时得洒扫撰杖屦于其侧，所谓不二法门，不传之妙，启聪击蒙，出肤寸之泽以润千里者，可胜道哉。

16 张子韶祭文

先公自岭外徙宜春，没于保昌，道出南安，时犹未闻桧相之死。张子韶先生来致祭，其文但云："维某年月日具官某，谨以清酌之奠，昭告于某官之灵。呜呼哀哉，伏惟尚飨。"其情旨哀怆，乃过于词，前人未有此格也。

17 京师老吏

京师盛时，诸司老吏，类多识事体，习典故。翰苑有孔目吏，每学士制草出，必据案细读，疑误辄告。刘嗣明尝作皇子剃胎发文，用"克长克君"之语，吏持以请。嗣明曰："此言堪为长堪为君，真善颂也。"吏拱手曰："内中读文书不如是，最以语忌为嫌，既克长又克君，殆不可用也。"嗣明悚然亟易之。靖康岁，都城受围，御敌器甲刓弊。或言太常寺有旧祭服数十，闲无所用，可以藉甲。少卿刘珏即具稿欲献于朝，以付书史。史作字楷而敏，平常无错误，珏将上马，立俟之，既至，而结衔脱两字。趣使更写，至于三，其误如初。珏怒责之，逡巡谢曰："非敢误也，某小人窃妄有管见。在礼'祭服敝则焚之'，今国家迫急，诚不宜以常日论，然容台之职，唯当秉礼。少卿固体国，不若俟朝廷来索则纳之，贤于先自背礼而有献也。"珏愧叹而止。后每为人言，嘉赏其意。今之胥徒，虽公府右职，省寺掌故，但能鼓扇猥浮，顾赇谢为业，簿书期会之间，乃漫不之晓，求如彼二人，岂可得哉！

18　曹操唐庄宗

曹操在兖州，引兵东击陶谦于徐，而陈宫潜迎吕布为兖牧，郡县皆叛，赖程昱、荀彧之力，全东阿、鄄、范三城以待操。操还，执昱手曰："微子之力，吾无所归矣。"表为东平相。唐庄宗与梁人相持于河上，梁将王檀乘虚袭晋阳。城中无备，几陷者数四，赖安金全帅子弟击却之于内，石君立引昭义兵破之于外，晋阳获全。而庄宗以策非己出，金全等赏皆不行。操终有天下，庄宗虽能灭梁，旋踵覆亡，考其行事，概可睹矣。

19　云中守魏尚

史记、汉书所记冯唐救魏尚事，其始云："魏尚为云中守，与匈奴战，上功莫府，一言不相应，文吏以法绳之，其赏不行。臣以为陛下赏太轻，罚太重。"而又申言之云："且云中守魏尚，坐上功首虏差六级，陛下下之吏，削其爵，罚作之。"重言云中守及姓名，而文势益遒健有力，今人无此笔也。

容斋随笔卷十六 十九则

1 文章小伎

“文章一小伎，于道未为尊”。虽杜子美有激而云，然要为失言，不可以训。文章岂小事哉。易贲之彖言：“刚柔交错，天文也；文明以止，人文也。观乎天文以察时变，观乎人文以化成天下。”孔子称帝尧焕乎有文章。子贡曰：“夫子之文章，可得而闻。”诗美卫武公，亦云有文章。尧、舜、禹、汤、文、武、成、康之圣贤，桀、纣、幽、厉之昏乱，非诗、书以文章载之何以传？伏羲画八卦，文王重之，非孔子以文章翼之，何以传？孔子至言要道，托孝经、论语之文而传。曾子、子思、孟子传圣人心学，使无中庸及七篇之书，后人何所窥门户？老、庄绝灭礼学，忘言去为，而五千言与内、外篇极其文藻。释氏之为禅者，谓语言为累，不知大乘诸经可废乎？然则诋为小伎，其理谬矣。彼后世为词章者，逐其末而忘其本，玩其华而落其实，流宕自远，非文章过也。杜老所云“文章千古事”，“已似爱文章”，“文章日自负”，“文章实致身”，“文章开突奥”，“文章憎命达”，“名岂文章著”，“枚乘文章老”，“文章敢自诬”，“海内文章伯”，“文章曹植波澜阔”，“庾信文章老更成”，“岂有文章惊海内”，“每语见许文章伯”，“文章有神交有道”，如此之类，多指诗而言。所见狭矣。

2 三长月

释氏以正、五、九月为三长月，故奉佛者皆茹素。其说云：“天帝释以大宝镜，轮照四天下，寅、午、戌月，正临南赡部洲，故当食素以徼福。官司谓之‘断月’，故受驿券有所谓羊肉者，则不支。俗谓之‘恶月’，士大夫赴官者，辄避之。或人以谓唐日藩镇莅事，必大享军，屠杀羊豕至多，故不欲以其月上事，今之它官，不当尔也。”然此说亦无所经见。予读晋书礼志，穆帝纳后，欲用九月，九月是“忌月”。北齐书云高洋谋篡魏，其臣宋景业言：“宜以仲夏受禅。”或曰：“五月不可入官，犯之，终于其位。”景业曰：“王为天子，无复下期，岂得不终于其位乎。”乃知此忌相承，由来已久，竟不能晓其义及出何经典也。

3 兄弟直西垣

秦少游集中有与鲜于子骏书，云：“今中书舍人皆以伯仲继直西垣，前世以来，未有其事，诚国家之美，非特衣冠之盛也。除书始下，中外欣然，举酒相属。”予以其时考之，盖元祐二年，谓苏子由、曾子开、刘贡甫也。子由之兄子瞻，子开之兄子固、子宣，贡甫之兄原甫，皆经是职，故少游有此语云。绍兴二十九年，予仲兄始入西省，至隆兴二年，伯兄继之，乾道三年，予又继之，相距首尾九岁。予作谢表云：“父子相承，四上銮坡之直；弟兄在望，三陪凤阁之游。”比之前贤，实为遭际，固为门户荣事，然亦以此自愧也。

4 续树萱录

顷在秘阁抄书，得续树萱录一卷，其中载隐君子元撰夜见吴王夫差与唐诸诗人吟咏事。李翰林诗曰：“芙蓉露浓红压枝，幽禽感秋花畔啼。玉人一去未回马，梁间燕子三见归。”张司业曰：“绿头鸭儿哑萍藻，采莲女郎笑花老。”杜舍人曰：“鼓鼙夜战北窗风，霜叶沿阶贴乱红。”三人皆全篇。杜工部曰：“紫领宽袍漉酒巾，江头萧散作闲人。”白少傅曰：“不因霜叶辞林去，的当山翁未觉秋。”李贺曰：“鱼鳞甃空排嫩碧，露桂梢寒挂团璧。”三人皆未终篇。细味其体格语句，往往逼真。后阅秦少游集，有秋兴九首，皆拟唐人，前所载咸在焉。关子东为秦集序云“拟古数篇，曲尽唐人之体”，正谓是也。何子楚云：“续萱录乃王性之所作，而托名它人。”今其书才有三事，其一曰贾博喻，一曰全若虚，一曰元撰。详命名之义，盖取诸子虚、亡是公云。

5　馆职名存

国朝馆阁之选，皆天下英俊，然必试而后命。一经此职，遂为名流。其高者，曰集贤殿修撰、史馆修撰、直龙图阁、直昭文馆、史馆、集贤院、秘阁。次曰集贤、秘阁校理。官卑者，曰馆阁校勘、史馆检讨，均谓之馆职。记注官缺，必于此取之，非经修注，未有直除知制诰者。官至员外郎则任子，中外皆称为学士。及元丰官制行，凡带职者，皆迁一官而罢之，而置秘书省官，大抵与职事官等，反为留滞。政和以后，增修撰、直阁贴职为九等，于是材能治办之吏，贵游乳臭之子，车载斗量，其名益轻。南渡以来，初除校书正字，往往召试，虽曰馆职不轻畀，然其迁叙，反不若寺监之径捷。至推排为郎，即失其故步，混然无别矣。

6　南宫适

南宫适问羿、奡不得其死，禹、稷有天下，言力可贱而德可贵。

其义已尽，无所可答，故夫子俟其出而叹其为君子，奖其尚德，至于再言之，圣人之意斯可见矣。然明道先生云："以禹、稷比孔子，故不答。"范淳父以为禹、稷有天下，故夫子不敢答，弗敢当也。杨龟山云："禹、稷之有天下，不止于躬稼而已，孔子未尽然其言，故不答。然而不止之者，不责备于其言，以沮其尚德之志也，与所谓'雍之言然'则异矣。"予窃谓南宫之问，初无以禹、稷比孔子之意，不知二先生何为有是言？若龟山之语，浅之已甚。独谢显道云："南宫适知以躬行为事，是以谓之君子。知言之要，非尚德者不能，在当时发问间，必有目击而道存，首肯之意，非直不答也。"其说最为切当。

7 吴王殿

汉高祖五年，以长沙、豫章、象郡、桂林、南海立番君吴芮为长沙王。十二年，以三郡封吴王濞，而豫章亦在其中。又，赵佗先有南海，后击并桂林、象郡，则芮所有，但长沙一郡耳。按，芮本为秦番阳令，故曰番君。项羽已封为衡山王，都邾。邾，今之黄州也。复侵夺其地。故高祖徙之长沙而都临湘，一年薨。则其去番也久矣。今吾邦犹指郡正听为吴王殿，以谓芮为王时所居。牛僧孺玄怪录载，唐元和中，饶州刺史齐推女，因止州宅诞育，为神人击死，后有仙官治其事，云："是西汉鄱阳王吴芮。今刺史宅，是芮昔时所居。"皆非也。

8 王卫尉

汉高祖怒萧何，谓王卫尉曰："李斯相秦皇帝，有善归主，有恶自予。今相国请吾苑以自媚于民，故系治之。"卫尉曰："秦以不闻其过亡天下，李斯之分过，又何足法哉。”唐太宗疑三品以上轻魏王，责之曰：“我见隋家诸王，一品以下皆不免其踬顿，我自不许儿子纵横耳。”魏郑公曰：“隋高祖不知礼义，宠纵诸子，使行非礼，寻皆罪黜，不可以为法，亦何足道。”观高祖、太宗一时失言，二臣能因其所言随即规正，语意既直，于激切中有婉顺体，可谓得谏争之大义。虽微二帝，其孰不降心以听乎。

9　前代晋监

人臣引古规戒，当近取前代，则事势相接，言之者有证，听之者足以监。诗曰：“殷监不远，在夏后之世。”周书曰：“今惟殷坠厥命，我其可不大监。”又曰：“我不可不监于有殷。”又曰：“有殷受天命，惟有历年，惟不敬厥德，乃早坠厥命。”周公作无逸，称殷三宗。汉祖命群臣言吾所以有天下，项氏所以失天下，命陆贾著秦所以失天下。张释之为文帝言秦、汉之间事，秦所以失，汉所以兴。贾山借秦为谕。贾谊请人主引殷、周、秦事而观之。魏郑公上书于太宗，云：“方隋之未乱，自谓必无乱；方隋之未亡，自谓必无亡。臣愿当今动静以隋为监。”马周云：“炀帝笑齐、魏之失国，今之视炀帝，亦犹炀帝之视齐、魏也。”张玄素谏太宗治洛阳宫，曰：“乾阳毕功，隋人解体，恐陛下之过，甚于炀帝。若此役不息，同归于乱耳。”考诗、书所载及汉、唐诸名臣之论，有国者之龟镜也，议论之臣宜以为法。

10　治盗法不同

唐崔安潜为西川节度使，到官不诘盗，曰：“盗非所由通容，则不能为。”乃出库钱置三市，置榜其上，曰：“告捕一盗，赏钱五百缗。

侣者告捕，释其罪，赏同平人。”未几，有捕盗而至者。盗不服，曰："汝与我同为盗十七年，赃皆平分，汝安能捕我？"安潜曰："汝受知吾有榜，何不捕彼以来？则彼应死，汝受赏矣。汝既为所先，死复何辞！"立命给捕者钱，使盗视之，然后杀盗于市。于是诸盗与其侣互相疑，无地容足，夜不及旦，散逃出境，境内遂无一人之盗。予每读此事。以为策之上者。及得李公择治齐州事，则又不然。齐素多盗，公择痛治之，殊不止。它日得黠盗，察其可用，刺为兵，使直事铃下。间问以盗发辄得而不衰止之故。曰："此繇富家为之囊。使盗自相推为甲乙，官吏巡捕及门，擒一人以首，则免矣。"公择曰："吾得之矣。"乃令凡得藏盗之家，皆发屋破柱，盗贼遂清。予乃知治世间事，不可泥纸上陈迹。如安潜之法，可谓善矣。而齐盗反恃此以为沉命之计，则变而通之，可不存乎其人哉。

11　和诗当和意

古人酬和诗，必答其来意，非若今人为次韵所局也。观文选所编何劭、张华、卢谌、刘琨、二陆、三谢诸人赠答，可知已。唐人尤多，不可具载。姑取杜集数篇，略纪于此。高适寄杜公："愧尔东西南北人。"杜则云："东西南北更堪论。"高又有诗云："草玄今已毕，此外更何言。"杜则云："草玄吾岂敢，赋或似相如。"严武寄杜云："兴发会能驰骏马，终须重到使君滩。"杜则云："枉沐旌麾出城府，草茅无迳欲教锄。"杜公寄严诗云："何路出巴山，重岩细菊班，遥知簇鞍马，回首白云间。"严答云："卧向巴山落月时"，"篱外黄花菊对谁，跂马望君非一度[一]。"杜送韦迢云："洞庭无过雁，书疏莫相忘。"迢云："相忆无南雁，何时有报章。"杜又云："虽无南去雁，看取北来鱼。"郭受寄杜云："春兴不知凡几首。"杜答云："药裹关心诗总废。”皆知钟磬在簴，扣之则应，往来反复，于是乎有馀味矣。

【校勘记】

〔一〕跋马望君非一度　祠本“跋”作“跂”。

12　稷有天下

稷躬稼而有天下，泰伯三以天下让，文王一怒而安天下之民，皆以子孙之事追言之。是时，稷始封于邰，古公方邑于梁山之下，文王才有岐周之地，未得云天下也。禹未尝躬稼，因稷而称之。

13　一世人材

一世人材，自可给一世之用。苟有以致之，无问其取士之门如何也。今之议者，多以科举经义、诗赋为言，以为诗赋浮华无根柢，不能致实学，故其说常右经而左赋。是不然。成周之时，下及列国，皆官人以世。周之刘、单、召、甘，晋之韩、赵、荀、魏，齐之高、国、陈、鲍，卫之孙、宁、孔、石，宋之华、向、皇、乐，郑之罕、驷、国、游，鲁之季、孟、臧、展，楚之斗、蔿、申、屈，皆世不乏贤，与国终毕。汉以经术及察举，魏、晋以州乡中正，东晋、宋、齐以门地，唐及本朝以进士，而参之以任子，皆足以尽一时之才。则所谓科目，特借以为梯阶耳，经义、诗赋，不问可也。

14　王逢原

王逢原以学术，邢敦夫以文采，有盛名于嘉祐、元丰间。然所为诗文，多怨抑沉愤，哀伤涕泣，若辛苦憔悴不得其平者，故皆不克寿。逢原年二十八，敦夫才二十。天畀其才而啬其寿，吁，可惜哉！

15　吏文可笑

吏文行移，只用定本，故有绝可笑者。如文官批书印纸，虽宫、观、岳、庙，亦必云不曾请假，或已登科级，见官台省清要，必云不曾应举若试刑法。予在西掖时，汉州申显惠侯神，顷系宣抚司便宜加封昭应公，乞换给制书。礼、寺看详，谓不依元降指挥于一年限内自陈，欲符下汉州，告示本神知委。予白丞相别令勘当，乃得改命。淳熙六年，予以大礼恩泽改奏一岁儿，吏部下饶州，必欲保官状内声说被奏人曾与不曾犯决笞，有无翦刺，及曾与不曾先经补官因罪犯停废，别行改奏；又令供与予系是何服属。父之于子，而问何服属，一岁婴儿，而问曾与不曾入仕坐罪，岂不大可笑哉。

16　靖康时事

邓艾伐蜀，刘禅既降，又敕姜维使降于钟会，将士咸怒，拔刀斫石。魏围燕于中山，既久，城中将士皆思出战。至数千人相率请于燕主，慕容隆言之尤力，为慕容麟沮之而罢。契丹伐晋连年，晋拒之，每战必胜。其后，杜重威阴谋欲降，命将士出陈于外，士皆踊跃，以为出战，既令解甲，士皆恸哭，声振原野。予顷修靖康实录，窃痛一时之祸，以堂堂大邦，中外之兵数十万，曾不能北向发一矢，获一胡，端坐都城，束手就毙！虎旅云屯，不闻有如蜀、燕、晋之愤哭者。近读朱新仲诗集，有记昔行一篇，正叙此时事。其中云："老种愤死不得战，汝霖疽发何由痊。"乃知忠义之士，世未尝无之，特时运使然耳。

17 并韶

梁武帝时，有交趾人并韶者，富于词藻，诣选求官，而吏部尚书蔡撙以并姓无前贤，除广阳门郎。韶耻之，遂还乡里谋作乱。夫用门地族望为选举低昂，乃晋、宋以来弊法，蔡撙贤者也，不能免俗，何哉？

18 谶纬之学

图谶星纬之学，岂不或中，然要为误人，圣贤所不道也。眭孟睹"公孙病已"之文，劝汉昭帝求索贤人，禅以帝位，而不知宣帝实应之，孟以此诛。孔熙先知宋文帝祸起骨肉，江州当出天子，故谋立江州刺史彭城王，而不知孝武实应之，熙先以此诛。当涂高之谶，汉光武以诘公孙述，袁术、王浚皆自以姓名或父字应之，以取灭亡，而其兆为曹操之魏。两角犊子之谶，周子谅以劾牛仙客，李德裕以议牛僧孺，而其兆为朱温。隋炀帝谓李氏当有天下，遂诛李金才之族，而唐高祖乃代隋。唐太宗知女武将窃国命，遂滥五娘子之诛，而阿武婆几易姓。武后谓代武者刘，刘无强姓，殆流人也，遂遣六道使悉杀之，而刘幽求佐临淄王平内难，韦、武二族皆殄灭。晋张华、郭璞，魏崔伯深，皆精于天文卜筮，言事如神，而不能免于身诛家族，况其下者乎。

19 真假皆妄

江山登临之美，泉石赏玩之胜，世间佳境也，观者必曰如画。

故有“江山如画”、“天开图画即江山”、“身在画图中”之语。至于丹青之妙，好事君子嗟叹之不足者，则又以逼真目之。如老杜“人间又见真乘黄”，“时危安得真致此”，“悄然坐我天姥下”，“斯须九重真龙出”，“凭轩忽若无丹青”，“高堂见生鹘”，“直讶杉松冷，兼疑菱荇香”之句是也。以真为假，以假为真，均之为妄境耳。人生万事如是，何特此耶！

容斋续笔卷一 十八则

是书先已成十六卷，淳熙十四年八月，在禁林日入侍至尊寿皇圣帝清间之燕，圣语忽云："近见甚斋随笔？"迈竦而对曰："是臣所著容斋随笔，无足采者。"上曰："煞有好议论。"迈起谢，退而询之，乃婺女所刻，贾人贩鬻于书坊中，贵人买以入，遂尘乙览。书生遭遇，可谓至荣。因复裒臆说缀于后，惧与前书相乱，故别以一二数而目曰续，亦十六卷云。绍熙三年三月十日，迈序。

1 颜鲁公

颜鲁公忠义大节，照映今古，岂唯唐朝人士罕见比伦，自汉以来，殆可屈指也。考其立朝出处，在明皇时，为杨国忠所恶，由殿中侍御史出东都、平原。肃宗时，以论太庙筑坛事，为宰相所恶，由御史大夫出冯翊。为李辅国所恶，由刑部侍郎贬蓬州。代宗时，以言祭器不饬，元载以为诽谤，由刑部尚书贬峡州。德宗时，不容于杨炎，由吏部尚书换东宫散秩。卢杞之擅国也，欲去公，数遣人问方镇所便，公往见之，责其不见容，由是衔恨切骨。是时年七十有五，竟堕杞之诡计而死，议者痛之。呜呼，公既知杞之恶己，盍因其方镇之问，欣然从之。不然，则高举远引，挂冠东去，杞之所甚欲也。而乃眷眷京都，终不自为去就，以蹈危机。春秋责备贤者，斯为可恨。司空图隐于王官谷，柳璨以诏书召之，图阳为衰野，堕笏失仪，得放还山。璨之奸恶过于杞，图非公比也，卒全身于大乱之世，然则公之委命贼手，岂不大可惜也哉！虽然，公囚困于淮西，屡折李希烈，卒之损身徇国，以激四海义烈之气，贞元反正，实为有助焉。岂天欲全畀公以万世之名，故使一时堕于横逆以成始成终者乎！

2　戒石铭

"尔俸尔禄，民膏民脂。下民易虐，上天难欺。"太宗皇帝书此以赐郡国，立于听事之南，谓之戒石铭。案，成都人景焕，有野人闲话一书，乾德三年所作，其首篇颁令箴，载蜀王孟昶为文颁诸邑云："朕念赤子，旰食宵衣。言之令长，抚养惠绥。政存三异，道在七丝。驱鸡为理，留犊为规。宽猛得所，风俗可移。无令侵削，无使疮痍。下民易虐，上天难欺。赋舆是切，军国是资。朕之赏罚，固不逾时。尔俸尔禄，民膏民脂。为民父母，莫不仁慈。勉尔为戒，体朕深思。"凡二十四句。昶区区爱民之心，在五季诸僭伪之君为可称也。但语言皆不工，唯经表出者，词简理尽，遂成王言，盖诗家所谓夺胎换骨法也。

3　双生子

今时人家双生男女，或以后生者为长，谓受胎在前；或以先生者为长，谓先后当有序。然固有经一日或亥、子时生，则弟乃先兄一日矣。辰时为弟，巳时为兄，则弟乃先兄一时矣。按，春秋公羊传隐公元年："立適以长不以贤，立子以贵不以长。"何休注云："子谓左右媵及侄娣之子，质家亲亲先立娣，文家尊尊先立侄，其双生也，质家据见立先生，文家据本意立后生。"乃知长幼之次，自商、周以来不同如此。

4 李建州

建安城东二十里，有梨山庙，相传为唐刺史李公祠。予守郡日，因作祝文，曰："亟回哀眷。"书吏持白"回"字犯相公名，请改之，盖以为李回也。后读文艺李频传，懿宗时，频为建州刺史，以礼法治下。时朝政乱，盗兴，相椎敓，而建赖频以安。卒官下，州为立庙梨山，岁祠之，乃证其为频。继往祷而祝之，云倏获感应，则当刻石纪实。已而得雨，遂为作碑。偶阅唐末人石文德所著唐朝新纂一书，正纪频事，云除建州牧，卒于郡。曹松有诗悼之，曰："出旌临建水，谢世在公堂。苦集休藏箧，清资罢转郎。瘴中无子奠，岭外一妻孀。恐是浮吟骨，东归就故乡。"其身后事落拓如此。传又云："频丧归寿昌，父老相与扶柩葬之。天下乱，盗发其冢，县人随加封掩。"则无后可见云。稽神录载一事，亦以为回，徐铉失于不审也。

5 侍从官

自观文殿大学士至待制，为侍从官，令文所载也。绍兴三十一年，完颜亮死于广陵，车驾将幸建康，从官列衔上奏，乞同班入对。时汤岐公以大观文为行宫留守，寄声欲联名，众以名位不同为辞。岐公曰："思退亦侍从也。"然竟不克从。绍熙二年，吏部郑尚书侨上章乞荐士，诏令在内近臣台谏、在外侍从，各举六人堪充朝士者。吏部遍牒，但及内任从官与在外待制以上，而前宰相执政皆不预。

安有从官得荐人，而旧弼乃不然，有司之失也。

6 存亡大计

国家大策，系于安危存亡，方变故交切，幸而有智者陈至当之谋，其听而行之，当如捧漏瓮以沃焦釜。而愚荒之主，暗于事几，且惑于谀佞孱懦者之言，不旋踵而受其祸败，自古非一也。曹操自将征刘备，田丰劝袁绍袭其后，绍辞以子疾不行。操征乌桓〔一〕，刘备说刘表袭许，表不能用，后皆为操所灭。唐兵征王世充于洛阳，窦建德自河北来救，太宗屯虎牢以扼之，建德不得进，其臣凌敬请悉兵济河，攻取怀州、河阳，逾太行，入上党，徇汾、晋，趣蒲津，蹈无人之境，取胜可以万全，关中骇震，则郑围自解。诸将曰："凌敬书生，何为知战事，其言岂可用！"建德乃谢敬。其妻曹氏，又劝令乘唐国之虚，连营渐进，以取山北，西抄关中，唐必还师自救，郑围何忧不解。建德亦不从，引众合战，身为人擒，国随以灭。唐庄宗既取河北，屯兵朝城，梁之君臣，谋数道大举，令董璋引陕、虢、泽、潞之兵趣太原，霍彦威以汝、洛之兵寇镇定，王彦章以禁军攻郓州，段凝以大军当庄宗。庄宗闻之，深以为忧。而段凝不能临机决策，梁主又无断，遂以致亡。石敬瑭以河东叛，耶律德光赴救，败唐兵而围之，废帝问策于群臣。时德光兄赞华，因争国之故，亡归在唐，吏部侍郎龙敏请立为契丹主，令天雄、卢龙二镇分兵送之，自幽州趣西楼，朝廷露檄言之，虏必有内顾之虑，然后选募精锐以击之，此解围一策也。帝深以为然。而执政恐其无成，议竟不决，唐遂以亡。皇家靖康之难，胡骑犯阙，孤军深入，后无重援，亦有出奇计乞用师捣燕者。天未悔祸，噬齐弗及，可胜叹哉！

【校勘记】

〔一〕乌桓　“桓”原作“戎”。清抄本何焯等校：“戎”字避钦宗讳。钦宗名桓。今据改。

7　唐人诗不传

韩文公送李础序云：“李生温然为君子，有诗八百篇，传咏于时。”又卢尉墓志云：“君能为诗，自少至老，诗可录传者，在纸凡千馀篇。无书不读，然止用以资为诗。任登封尉，尽写所为诗，投留守郑馀庆，郑以书荐于宰相。”观此，则李、卢二子之诗多而可传。又裴迪与王维同赋辋川诸绝，载于维集，此外更无存者。杜子美有寄裴十诗云“知君苦思缘诗瘦”，乃迪也，其能诗可知。今考之唐史艺文志，凡别集数百家，无其书，其姓名亦不见于他人文集，诸类诗文中亦无一篇。白乐天作元宗简集序，云：“著格诗一百八十五，律诗五百九。”至悼其死，曰：“遗文三十轴，轴轴金玉声。”谓其古常而不鄙，新奇而不怪。今世知其名者寡矣，而况于诗乎！乃知前贤遗稿湮没非一，真可惜也。

8　泰誓四语

孔安国古文尚书，自汉以来，不列于学官，故左氏传所引者，杜预辄注为逸书。刘向说苑臣术篇一章云：“泰誓曰：‘附下而罔上者死，附上而罔下者刑。与闻国政而无益于民者退，在上位而不能进贤者逐。’此所以劝善而黜恶也。”汉武帝元朔元年，诏责中外不兴廉举孝。有司奏议曰：“夫附下罔上者死，附上罔下者刑。与闻国政而无益于民者斥，在上位而不能进贤者退。此所以劝善黜恶也。”其语与说苑所载正同。而诸家注释，至于颜师古，皆不能援以为证。今之泰誓，初未尝有此语也。汉宣帝时，河内女子得泰誓一篇献之，然年月不与序相应，又不与左传、国语、孟子众书所引泰誓同，马、郑、王肃诸儒皆疑之，今不复可考。

9 重阳上巳改日

唐文宗开成元年，归融为京兆尹，时两公主出降，府司供帐事繁，又俯近上巳曲江赐宴，奏请改日。上曰："去年重阳取九月十九日，未失重阳之意，今改取十三日可也。"且上巳、重阳皆有定日，而至展一旬，乃知郑谷所赋十日菊诗云："自缘今日人心别，未必秋香一夜衰。"亦为未尽也。唯东坡公有"菊花开时即重阳"之语，故记其在海南艺菊九畹，以十一月望，与客泛酒作重九云。

10 田宅契券取直

隋书志："晋自过江，凡货卖奴婢马牛田宅，有文券，率钱一万，输估四百入官，卖者三百，买者一百。无文券者，随物所堪，亦百分收四，名为散估。历宋、齐、梁、陈如此，以为常。以人竞商贩，不为田业，故使均输，欲为惩劝。虽以此为辞，其实利在侵削也。"今之牙契投税，正出于此。田宅所系者大，奉行唯谨，至于奴婢马牛，虽著于令甲，民不复问。然官所取过多，并郡邑导行之费，盖百分用其十五六，又皆买者独输，故为数多者率隐减价直，赊立岁月，坐是招激讦诉。顷尝因奏对，上章乞蠲其半，使民不作伪以息争，则自言者必多，亦以与为取之义。既下有司，而户部引条制沮其说。

11　公子奚斯

閟宫诗曰："新庙奕奕，奚斯所作。"其辞只谓奚斯作庙，义理甚明。郑氏之说，亦云作姜嫄庙也。而杨子法言，乃曰正考甫尝晞尹吉甫，公子奚斯晞正考甫。宋咸注文，以谓奚斯慕考甫而作鲁颂，盖子云失之于前，而宋又成其过耳。故吴祕又巧为之说，曰："正考甫商颂盖美禘祀之事，而奚斯能作闵公之庙，亦晞诗之教也，而鲁颂美之。"于义迂矣。司马温公亦以谓奚斯作閟宫之诗。兼正考甫只是得商颂于周大师耳，初非自作也。班固、王延寿亦云奚斯颂鲁，后汉曹褒曰："奚斯颂鲁，考甫咏商。"注引薛君韩诗传云："是诗公子奚斯所作。"皆相承之误。

12　唐藩镇幕府

唐世士人初登科或未仕者，多以从诸藩府辟置为重。观韩文公送石洪、温造二处士赴河阳幕序，可见礼节。然其职甚劳苦，故亦或不屑为之。杜子美从剑南节度严武辟为参谋，作诗二十韵呈严公，云："胡为来幕下，只合在舟中。束缚酬知己，蹉跎效小忠。周防期稍稍，太简遂匆匆。晓入朱扉启，昏归画角终。不成寻别业，未敢息微躬。会希全物色，时放倚梧桐。"而其题曰遣闷，意可知矣。韩文公从徐州张建封辟为推官，有书上张公云："受牒之明日，使院小吏持故事节目十馀事来，其中不可者，自九月至二月，皆晨入夜归，非有疾病事故，辄不许出，若此者非愈之所能也。若宽假之，使不失其性，寅而入，尽辰而退，申而入，终酉而退，率以为常，亦不废事。苟如此，则死于执事之门无悔也。"杜、韩之旨，大略相似云。

13 文中子门人

王氏中说所载门人，多贞观时知名卿相，而无一人能振师之道者，故议者往往致疑。其最所称高第曰程、仇、董、薛，考其行事，程元、仇璋、董常无所见，独薛收在唐史有列传，踪迹甚为明白。收以父道衡不得死于隋，不肯仕，闻唐高祖兴，将应义举，郡通守尧君素觉之，不得去。及君素东连王世充，遂挺身归国，正在丁丑、戊寅岁中。丁丑为大业十三年，又为义宁元年。戊寅为武德元年。是年三月，炀帝遇害于江都，盖大业十四年也。而杜淹所作文中子世家云："十三年江都难作，子有疾，召薛收谓曰：吾梦颜回称孔子归休之命。乃寝疾而终。"殊与收事不合，岁年亦不同。是为大可疑者也。又称李靖受诗及问圣人之道，靖既云"丈夫当以功名取富贵，何至作章句儒"，恐必无此也。今中说之后，载文中次子福畤所录云："杜淹为御史大夫，与长孙太尉有隙。"予按淹以贞观二年卒，后二十一年高宗即位，长孙无忌始拜太尉，其不合于史如此。故或者疑为阮逸所作，如所谓薛收元经传，亦非也。

14 晋燕用兵

万事不可执一法，而兵为甚。晋文公围曹，攻门者多死，曹人尸诸城上。晋侯患之，听舆人之谋，曰："称舍于墓。"言若将发冢者。师迁焉，曹人凶惧，因其凶而攻之，遂入曹。燕将骑劫攻齐即墨，田单纵反间，言吾惧燕人掘吾城外冢墓。燕军乃尽掘冢墓，烧死人，齐人望见皆涕泣，其欲出战，怒自十倍，已而果败燕军。观晋、燕之所以用计则同，而其成败顿异者何邪？晋但舍于墓，阳为若将发冢，故曹人惧，而燕真为之，以激怒齐人故尔。

15 李卫公帖

李卫公在朱崖，表弟某侍郎遣人饷以衣物，公有书答谢之，曰："天地穷人，物情所弃。虽有骨肉，亦无音书。平生旧知，无复吊问。阁老至仁念旧，再降专人，兼赐衣服器物茶药至多，开缄发纸，涕咽难胜。大海之中，无人拯恤，资储荡尽，家事一空，百口嗷然，往往绝食，块独穷悴，终日苦饥，唯恨垂没之年，须作馁而之鬼。十月末，伏枕七旬，药物陈裛，又无医人，委命信天，幸而自活。"书后云："闰十一月二十日，从表兄崖州司户参军同正李德裕状侍郎十九弟。"案，德裕以大中二年十月自潮州司马贬崖州，所谓闰十一月，正在三年，盖到崖才十馀月尔，而穷困苟生已如是。唐书本传云："贬之明年卒。"则是此书既发之后，旋踵下世也。当是时，宰相皆其怨仇，故虽骨肉之亲，平生之旧，皆不敢复通音问。而某侍郎至于再遣专使，其为高义绝俗可知，惜乎姓名不可得而考耳。此帖藏禁中，后出付秘阁，今勒石于道山堂西。绍兴中，赵忠简公亦谪朱崖，士大夫畏秦氏如虎，无一人敢辄寄声，张渊道为广西帅，屡遣兵校持书及药石、酒面为饱。公尝答书云："鼎之为己为人，一至于此。"其述酸寒苦厄之状，略与卫公同。既而亦终于彼。手札今尚存于张氏。姚崇曾孙勖为李公厚善，及李谮逐，擿索支党，无敢通劳问。既居海上，家无资，病无汤剂，勖数馈饷候问，不傅时为厚薄，其某侍郎之徒与！

16　王孙赋

王延寿王孙赋，载于古文苑。其辞有云："颜状类乎老翁，躯体似乎小儿。"谓猴也。乃知杜诗"颜状老翁为"，盖出诸此。

17　汉郡国诸官

西汉盐铁、膳羞、陂湖、工服之属，郡县各有司局斡之，其名甚多，然居之者罕。尝见于史传，今略以地理所载言之〔一〕，凡铁官三十八，盐官二十九，工官九，皆不暇纪其处。自馀若京兆有船司空，为主船官；太原有挏马官，主牧马；元名家马官。辽东有牧师官；交趾有羞官；南郡有发弩官；严道有木官；丹阳有铜官；桂阳有金官；南海有洭浦官；南郡江夏有云梦官；九江有陂官、湖官；朐忌、鱼复有橘官〔二〕；鄱阳黄金采，主采金，亦有官。在内则奉常之均官、食官，司农之斡官，少府之大官主膳食，汤官主饼饵，导官主择米，如是者盖以百数。

【校勘记】

〔一〕地理　马本、祠本"理"后有"志"字。

〔二〕朐忌　王校"忌"作"䏰"。按汉书卷二十八上作"忍"。疑作"忌"误。

18　汉狱名

汉以廷尉主刑狱，而中都它狱亦不一。宗正属官有左右都司空。鸿胪有别火令丞，郡邸狱。少府有若卢狱令，考工共工狱。执金吾有寺互、都船狱。又有上林诏狱，水司空掖受秘狱，暴室、请室、居室、徒官之名。张汤传苏林曰："汉仪注狱二十六所。"东汉志云："孝武帝所置，世祖皆省之。"东汉洎唐，虽鞫囚非一处，然不至如是其多。国朝但有大理及台狱，元丰、绍圣间，蔡确、章子厚起同文馆狱之类，非故事也。

容斋续笔卷二 十八则

1 权若讷冯澥

唐中宗既流杀五王，再复武氏陵庙，右补阙权若讷上疏，以为："天地日月等字，皆则天能事，贼臣敬晖等轻紊前规，削之无益于淳化，存之有光于孝理。又神龙制书，一事以上并依贞观故事，岂可近舍母仪，远尊祖德。"疏奏，手制褒美。钦宗在位，惩王安石、蔡京之误国，政事悉以仁宗为法。左谏议大夫冯澥上言："仁宗皇帝，陛下之高祖也。神宗皇帝，陛下之祖也。子孙之心，宁有厚薄。王安石、司马光皆天下之大贤，其优劣等差，自有公论，愿无作好恶，允执厥中，则是非自明矣。"诏榜朝堂。侍御史李光驳之，不听，复为右正言崔鶠所击。宰相不复问，而迁澥吏部侍郎。按，若讷与澥两人议论操持绝相似，盖澥在崇宁中，首上书乞废元祐皇后，自选人除寺监丞，其始终大节，不论可见。建炎初元，乃超居政地，公议愤之。

2 岁旦饮酒

今人元日饮屠酥酒，自小者起，相传已久，然固有来处。后汉李膺、杜密以党人同系狱，值元日，于狱中饮酒，曰："正旦从小起。"时镜新书晋董勋云："正旦饮酒，先饮小者，何也？"勋曰："俗以小者得岁，故先酒贺之，老者失时，故后饮酒。"初学记载四民月令云：

“正旦进酒次第，当从小起，以年小者起先。”唐刘梦得、白乐天元日举酒赋诗，刘云：“与君同甲子，寿酒让先杯。”白云：“与君同甲子，岁酒合谁先？”白又有岁假内命酒一篇云：“岁酒先拈辞不得，被君推作少年人。”顾况云：“不觉老将春共至，更悲携手几人全。还丹寂寞羞明镜，手把屠苏让少年。”裴夷直云：“自知年几偏应少，先把屠苏不让春。倘更数年逢此日，还应惆怅羡他人。”成文幹云：“戴星先捧祝尧觞，镜里堪惊两鬓霜。好是灯前偷失笑，屠苏应不得先尝。”方干云：“才酌屠苏定年齿，坐中皆笑鬓毛斑。”然则尚矣。东坡亦云：“但把穷愁博长健，不辞最后饮屠酥。”其义亦然。

3　存殁绝句

杜子美有存殁绝句二首云：“席谦不见近弹棋，毕曜仍传旧小诗。玉局他年无限笑，白杨今日几人悲。”“郑公粉绘随长夜，曹霸丹青已白头。天下何曾有山水，人间不解重骅骝。”每篇一存一殁，盖席谦、曹霸存，毕、郑殁也。黄鲁直荆江亭即事十首，其一云：“闭门觅句陈无己，对客挥毫秦少游。正字不知温饱未，西风吹泪古藤州。”乃用此体，时少游殁而无己存也。近岁新安胡仔著渔隐丛话，谓鲁直以今时人形入诗句，盖取法于少陵，遂引此句，实失于详究云。

4　汤武之事

汤、武之事，古人言之多矣。惟汉辕固、黄生争辩最详。黄生曰：“汤、武非受命，乃杀也。”固曰：“不然。桀、纣荒乱，天下之心皆归汤、武，汤、武因天下之心而诛桀、纣，不得已而立，非受命为何！”

黄生曰:“冠虽敝必加于首,履虽新必贯于足。今桀、纣虽失道,君上也,汤、武虽圣,臣下也,反因过而诛之,非杀而何?”景帝曰:“食肉毋食马肝,未为不知味,言学者毋言汤、武受命,不为愚。”遂罢。颜师古注云:“言汤、武为杀,是背经义,故以马肝为喻也。”东坡志林云:“武王非圣人也,昔者孔子盖罪汤、武,伯夷、叔齐不食周粟,而孔子予之,其罪武王也甚矣。至孟轲始乱之,使当时有良史,南巢之事,必以叛书,牧野之事,必以弑书。汤、武仁人也,必将为法受恶。”可谓至论。然予切考孔子之序书,明言伊尹相汤伐桀,成汤放桀于南巢,武王伐商,武王胜商杀受,各蔽以一语,而大指皦如,所谓六艺折衷,无待于良史复书也。

5 张释之传误

汉书纪、传、志、表,矛盾不同非一,然唯张释之为甚。本传云:“释之为骑郎,事文帝十年不得调,亡所知名,欲免归。中郎将袁盎惜其去,请徙补谒者,后拜为廷尉,逮事景帝,岁馀,为淮南相。”而百官公卿表所载,文帝即位三年,释之为廷尉,至十年,书廷尉昌、廷尉嘉又二人,凡历十三年,景帝乃立,而张欧为廷尉。则是释之未尝十年不调,及未尝以廷尉事景帝也。

6 张于二廷尉

张释之为廷尉,天下无冤民。于定国为廷尉,人自以不冤,此汉史所称也。两人在职皆十馀年。周勃就国,人上书告勃欲反,下廷尉逮捕,吏稍侵辱之,勃以千金与狱吏,吏使以公主为证,太后亦以为无反事,乃得赦出。释之正为廷尉,不能救,但申理犯跸、盗环一二细事耳。杨恽为人告骄奢不悔过，下廷尉按验，始得所予孙会宗书，定国当恽大逆无道，恽坐要斩。恽之罪何至于是！其徇主之过如此。传所谓“决疑平法务在哀矜”者，果何为哉！

7 汉唐置邮

赵充国在金城，上书言先零、罕羌事，六月戊申奏，七月甲寅玺书报从其计。案，金城至长安一千四百五十里，往反倍之，中间更下公卿议臣，而自上书至得报，首尾才七日。唐开元十年八月己卯夜，权楚璧等作乱，时明皇幸洛阳，相去八百馀里。壬午遣河南尹王怡如京师按问、宣慰，首尾才三日。置邮传命，既如此其速，而廷臣共议，盖亦未尝淹久，后世所不及也。

8 龙且张步

韩信击赵，李左车劝陈馀勿与战，馀曰：“今如此避弗击，诸侯谓吾怯，而轻来伐我。”遂与信战，身死国亡。是时，信方为汉将，始攻下魏、代，威声犹未暴白，陈馀易之，尚不足讶。及灭赵服燕，则关东六国，既定其四矣。信伐齐，楚使龙且来救。或言汉兵不可当，龙且曰：“吾平生知韩信为人，易与耳，不足畏也，何为而止！”一战而没，项随以亡。耿弇讨张步，斩其大将军费邑，走邑之弟敢，进攻西安、临淄，拔其城，又走其弟蓝，势如破竹。先是，弇已破尤来、大枪、延岑、彭宠、富平、获索矣。时步所盗齐地，太半为弇所得。然步犹曰：“以尤来、大彤十馀万众，吾皆即其营而破之。今弇兵少于彼，又皆疲劳，何足摧乎！”竟出兵大战，兄弟成禽。兵法云：“知彼知己，百战不殆。”龙且、张步岂复识此哉！梁临川王宏伐魏，魏元英御之，宏停军不前。魏人劝英进据洛水。英曰："萧临川虽驳，其下有良将韦、裴之属，未可轻也。宜且观形势，勿与交锋。"宏卒败退。英之识见，非前人可比也。然遂进军围锺离，魏邢峦以为不可，魏主召使还，英表称必克，为曹景宗、韦睿所挫，失亡二十馀万人。智于前而昧于后，为可恨耳。

9　义理之说无穷

经典义理之说最为无穷，以故解释传疏，自汉至今，不可概举，至有一字而数说者。姑以周易革卦言之。"已日乃孚，革而信之。"自王辅嗣以降，大抵谓即日不孚，已日乃孚。"已"字读如"矣"音，盖其义亦止如是耳。唯朱子发读为戊己之"己"。予昔与易僧昙莹论及此，问之曰："或读作己音纪日如何？"莹曰："岂唯此也，虽作巳音似日亦有义。"乃言曰："天元十干，自甲至己，然后为庚，庚者革也，故己日乃孚，犹云从此而革也。十二辰自子至巳六阳，数极则变而之阴，于是为午，故巳日乃孚，犹云从此而变也。"用是知好奇者欲穿凿附会，固各有说云。

10　开元五王

唐明皇兄弟五王，兄申王㧑以开元十二年，宁王宪、邠王守礼以二十九年，弟岐王范以十四年，薛王业以二十二年薨，至天宝时已无存者。杨太真以三载方入宫，而元稹连昌宫词云："百官队仗避岐、薛，杨氏诸姨车斗风。"李商隐诗云："夜半宴归宫漏永，薛王沉醉寿王醒。"皆失之也。

11　巫蛊之祸

汉世巫蛊之祸，虽起于江充，然事会之来，盖有不可晓者。武帝居建章宫，亲见一男子带剑入中龙华门，疑其异人，命收之，男子捐剑走，逐之弗获。上怒，斩门候，闭长安城门，大索十一日，巫蛊始起。又尝昼寝，梦木人数千持杖欲击己〔一〕，乃惊寤，因是体不平，遂苦忽忽善忘。此两事可谓异矣。木将腐，蠹实生之。物将坏，虫实生之。是时帝春秋已高，忍而好杀，李陵所谓法令无常，大臣无罪夷灭者数十家。由心术既荒，随念招妄，男子、木人之兆，皆迷不复开，则谪见于天，鬼瞰其室。祸之所被，以妻则卫皇后，以子则戾园，以兄子则屈氂，以女则诸邑、阳石公主，以妇则史良娣，以孙则史皇孙。骨肉之酷如此，岂复顾他人哉！且两公主实卫后所生，太子未败数月前，皆已下狱诛死，则其母与兄岂有全理！固不待于江充之谮也。

【校勘记】

〔一〕梦木人数千　祠本"千"作"十"。

12　唐诗无讳避

唐人歌诗，其于先世及当时事，直辞咏寄，略无避隐。至宫禁嬖昵，非外间所应知者，皆反复极言，而上之人亦不以为罪。如白乐天长恨歌讽谏诸章，元微之连昌宫词，始末皆为明皇而发。杜子美尤多，如兵车行、前后出塞、新安吏、潼关吏、石壕吏、新婚别、垂老别、无家别、哀王孙、悲陈陶、哀江头、丽人行、悲青阪、公孙舞剑器行，终篇皆是。其它波及者，五言如："忆昨狼狈初，事与古先别。""不闻夏、殷衰，中自诛褒、妲。""是时妃嫔戮，连为粪土丛。""中宵焚九庙，云汉为之红。""先帝正好武，寰海未凋枯。""拓境功未已，元和辞大炉。""内人红袖泣，王子白衣行。""毁庙天飞雨，焚宫火彻明。""南内开元曲，常时弟子传。""法歌声变转，满座涕潺湲。""御气云楼敞，含风彩仗高。""仙人张内乐，王母献宫桃。""须为下殿走，不可好楼居。""固无牵白马，几至着青衣。""夺马悲公主，登车泣贵嫔。""兵气凌行在，妖星下直庐。""落日留王母，微风倚少儿。""能画毛延寿，投壶郭舍人。""斗鸡初赐锦，舞马更登床。""骊山绝望幸，花萼罢登临。""殿瓦鸳鸯坼，宫帘翡翠虚"。七言如："关中小儿坏纪纲，张后不乐上为忙"。"天子不在咸阳宫，得不哀痛尘再蒙。""曾貌先帝照夜白，龙池十日飞霹雳。""要路何日罢长戟，战自青羌连白蛮"。"岂谓尽烦回纥马，翻然远救朔方兵"。如此之类，不能悉书。此下如张祜赋连昌宫、元日仗、千秋乐、大酺乐、十五夜灯、热戏乐、上巳东、邠王小管、李谟笛、退宫人、玉环琵琶、春莺啭、宁哥来、容儿钵头、邠娘羯鼓、耍娘歌、悖拏儿舞、华清宫、长门怨、集灵台、阿䧿汤、马嵬归、香囊子、散花楼、雨霖铃等三十篇，大抵咏开元、天宝间事。李义山华清宫、马嵬、骊山、龙池诸诗亦然。今之诗人不敢尔也。

13　李晟伤国体

将帅握重兵居阃外，当国家多事时，其奉上承命，尤当以恭顺为主。唐李晟在德宗朝，破朱泚，复长安，功名震耀，盖社稷宗臣也。然尝将神策军戍蜀，及还，以营妓自随，节度使张延赏追而返之，由是有隙。晟既立大功，上召延赏入相，晟表陈其过恶，上重违其意，乃止。后岁馀，上命韩滉谕旨于晟使释怨，滉因使晟表荐，延赏遂为相。然则辅相之拜罢，皆大将得制之，其伤国体甚矣。德宗猜忌刻薄，渠能释然！晟之失兵柄，正缘此耳。国学武成王庙，本列晟于十哲，乾道中有旨，退于从祀，寿皇圣意岂非出此乎！

14 元和六学士

白乐天分司东都，有诗上李留守相公，其序言："公见过池上，泛舟举酒，话及翰林旧事，因成四韵。"后两联云："白首故情在，青云往事空。同时六学士，五相一渔翁。"此诗盖与李绛者，其词正纪元和二年至六年事。予以其时考之，所谓五相者，裴垍、王涯、杜元颖、崔群及绛也。绍兴二十八年三月，予入馆，明年八月，除吏部郎官，一时同舍秘书丞虞雍公并甫、著作郎陈魏公应求、秘书郎史魏公直翁、校书郎王鲁公季海，皆至宰相，汪庄敏公明远至枢密使，恩数与宰臣等，甚类元和事云。

15 二传误后世

自左氏载石碏事，有"大义灭亲"之语，后世援以为说，杀子孙，害兄弟。如汉章帝废太子庆，魏孝文杀太子恂，唐高宗废太子贤者，不可胜数。公羊书鲁隐公、桓公事，有"子以母贵，母以子贵"之语，后世援以为说，废长立少，以妾为后妃。如汉哀帝尊傅昭仪为皇太太后，光武废太子彊而立东海王阳，唐高宗废太子忠而立孝敬者，亦不可胜数。

16 卜子夏

魏文侯以卜子夏为师。案史记所书，子夏少孔子四十四岁，孔子卒时，子夏年二十八矣。是时，周敬王四十一年，后一年元王立，历贞定王、考王，至威烈王二十三年，魏始为侯，去孔子卒时七十五年。文侯为大夫二十二年而为侯，又十六年而卒。姑以始侯之岁计之，则子夏已百三岁矣，方为诸侯师，岂其然乎？

17 父子忠邪

汉王氏擅国，王章、梅福尝言之，唯刘向勤勤恳恳，上封事极谏，至云："事势不两大，王氏与刘氏亦且不并立。陛下为人子孙，守持宗庙，而令国祚移于外亲，降为皂隶，为后嗣忧，昭昭甚明。"其言痛切如此。而子歆乃用王莽举为侍中，为莽典文章，倡导在位，褒扬功德，安汉、宰衡之名，皆所共谋，驯致摄篡，卒之身亦不免。魏陈矫事曹氏，三世为之尽忠，明帝忧社稷，问曰："司马懿忠正，可谓社稷之臣乎？"矫曰："朝廷之望，社稷未知也。"懿竟窃国柄。至孙炎篡魏为晋，而矫之子骞乃用佐命勋，位极公辅。晋郗愔忠于王室，而子超党于桓氏，为温建废立之谋。超死，愔哀悼成疾，后见超书一箱，悉与温往反密计，遂大怒，曰："小子死恨晚。"更不复哭。晋史以为有大义之风。向、矫、愔之忠如是，三子不胜诛矣。

18 苏张说六国

苏秦张仪同学于鬼谷，而其从横之辩，如冰炭水火之不同，盖所以设心者异耳。苏欲六国合从以摈秦，故言其彊。谓燕地方二千馀里，带甲数十万，车六百乘，骑六千匹；谓赵地亦方二千馀里，带甲数十万，车千乘，骑万匹；谓韩地方九百里，带甲数十万，天下之强弓劲弩，皆从韩出，韩卒之勇，一人当百；谓魏地方千里，卒七十万；齐地方二千馀里，临菑之卒固已二十一万；楚地方五千里，带甲百万，车千乘，骑万匹。至于张仪，则欲六国为横以事秦，故言其弱。谓梁地方不过千里，卒不过三十万；韩地险恶，卒不过二十万；临菑、即墨非齐之有；断赵右肩；黔、巫非楚有；易水、长城非燕有。然而六王皆耸听敬从，举国而付之，未尝有一语相折难者。彼皆长君，持国之日久，逮其临事，乃顾如桔槔，随人俯仰，得不危亡，幸矣哉。且一国之势，犹一家也。今夫主一家之政者，较量生理，名田若干顷，岁收谷粟若干；艺园若干亩，岁收桑麻若干；邸舍若干区，为钱若干；下至牛羊犬鸡，莫不有数，自非童騃孱愚之人，未有不能件析而枚数者，何待于疏远游客为吾借箸而筹哉！苟一以为多，一以为寡，将遂挈挈然举而信之乎！晁错说景帝曰："高帝大封同姓，齐七十馀城，楚四十馀城，吴五十馀城，分天下半。"以汉之广，三国渠能分其半？此错欲削诸侯，故盛言其大尔。膠西王将与吴反，群臣谏曰："诸侯地不能当汉十二，为叛逆，非计也。"是时反者即吴、楚、诸齐，此膠西臣欲止王之谋，故盛言其小尔。二者视苏、张之言，疑若相似，而用心则否，听之者惟能知彼知己，则善矣。

容斋续笔卷三　十八则

1　一定之计

人臣之遇明主，于始见之际，图事揆策，必有一定之计，据以为决，然后终身不易其言，则史策书之，足为不朽。东坡序范文正公之文，盖论之矣。伊尹起于有莘，应汤三聘，将使君为尧、舜之君，民为尧、舜之民，卒之相汤伐夏，俾厥后惟尧、舜，格于皇天。傅说在岩野，爰立作相，三篇之书，皎若星日，虽史籍久远，不详纪其行事，而高宗克鬼方，伐荆楚，嘉靖商邦，礼陟配天，载于易之既济，书之无逸，诗之殷武，商代之君莫盛焉。罔俾阿衡，专美有商，于是为允蹈矣。管仲以其君霸，商君基秦为强，虽圣门羞称，后世所贱，然考其为政，盖未尝一戾于始谋。韩信劝汉祖任天下武勇，以城邑封功臣，以义兵从思东归之士，传檄而定三秦；下魏之后，请北举燕、赵，东击齐，南绝楚粮道，西会荥阳，至于灭楚，无一言不酬。邓禹见光武于河北，知更始无成，说帝延揽英雄，务悦民心，立高祖之业，救万民之命，帝与定计议，终济大业。耿弇与光武同讨王郎，愿归幽州，益发精兵，定彭宠，取张丰，还收富平、获索，东攻张步，以平齐地，帝常以为落落难合，而事竟成。诸葛亮论曹操挟天子令诸侯，难与争锋，孙权据有江东，可与为援而不可图。荆州用武之国，益州沃野千里，劝刘备跨有荆、益，外观时变，则霸业可成，汉室可兴。及南方已定，则表奖率三军，北定中原。已而尽行其说，至于用师未战而身先死，则天也。房乔杖策谒太宗为记室，即收人物致幕府，与诸将密相申结，辅成大勋，至于为相，号令典章，尽出其手，虽数百年犹蒙其功。王朴事周世宗，当五季草创之际，上平边策，以为："唐失吴、蜀，晋失幽、并，当知所以平之之术。当今吴易图，可挠之地二千里，攻虚击弱，则所向无前，江北诸州，乃国家之有也。既得江北，江之南亦不难平。得吴则桂、广皆为内臣，岷、蜀可飞书而召之，不至则四面并进，席卷而蜀平矣。吴、蜀平，幽可望风而至。唯并必死之寇，候其便则一削以平之。"世宗用其策，功未集而殂。至于国朝，扫平诸方，先后次第，皆不出朴所料。独幽州之举，既至城下，而诸将不能成功。若乃王安石颛国，言听计从，以身任天下之重，而师慕商鞅为人，苟可以取民者无不尽，遂诒后世之害，则在所不论也。

2　秋兴赋

宋玉九辩词云："憭慄兮若在远行，登山临水兮送将归。"潘安仁秋兴赋引其语，继之曰："送归怀慕徒之恋，远行有羁旅之愤。临川感流以叹逝，登山怀远而悼近。彼四戚之疚心，遭一涂而难忍。"盖畅演厥旨，而下语之工拙较然不侔也。

3　太史慈

三国当汉、魏之际，英雄虎争，一时豪杰志义之士，礌礌落落，皆非后人所能冀，然太史慈者尤为可称。慈少仕东莱本郡，为奏曹吏，郡与州有隙，州章劾之，慈以计败其章，而郡得直。孔融在北海为贼所围，慈为求救于平原，突围直出，竟得兵解融之难。后刘繇为扬州刺史，慈往见之，会孙策至，或劝繇以慈为大将军。繇曰："我若用子义，许子将不当笑我邪？”但使慈侦视轻重，独与一骑，卒遇策，便前斗，正与策对，得其兜鍪。及繇奔豫章，慈为策所执，捉其手曰：“宁识神亭时邪？”又称其烈义，为天下智士，释缚用之，命抚安繇之子，经理其家。孙权代策，使为建昌都尉，遂委以南方之事，督治海昏。至卒时，才年四十一，葬于新吴，今洪府奉新县也，邑人立庙敬事。乾道中封灵惠侯，予在西掖当制，其词云：“神早赴孔融，雅谓青州之烈士；晚从孙策，遂为吴国之信臣。立庙至今，作民司命。揽一同之言状，择二美以建侯。庶几江表之间，尚忆神亭之事。”盖为是也。

4 谥法

“先王谥以尊名，节以壹惠。”语出表记，然不云起于何时。今世传周公谥法，故自文王、武王以来始有谥。周之政尚文，斯可验矣。如尧、舜、禹、汤皆名，皇甫谧之徒附会为说，至于桀、纣，亦表以四字，皆非也。周王谥以一字，至威烈、贞定益以两，而卫武公曰睿圣武公，见于楚语。孔文子曰贞惠文子，见于檀弓。各三字，意当时尚多有之。唐诸帝谥，经三次加册，由高祖至明皇皆七字，其后多少不齐。代宗以四字，肃、顺、宪以九字，馀以五字，唯宣宗独十八字，曰元圣至明成武献文睿智章仁神聪懿道大孝。国朝祖宗谥十六字，唯神宗二十字，曰体元显道法古立宪帝德王功英文烈武钦仁圣孝，盖蔡京所定也。

5 汉文帝受言

汉文帝即位十三年，齐太仓令淳于意有罪当刑，其女缇萦，年十四，随至长安，上书愿没入为官婢，以赎父刑罪。帝怜悲其意，即下令除肉刑。丞相张苍、御史大夫冯敬议，请定律，当斩右止者反弃市，笞者杖背五百至三百，亦多死。徒有轻刑之名，实多杀人。其三族之罪，又不乘时建明，以负天子德意，苍、敬可谓具臣矣。史称文帝止辇受言。今以一女子上书，躬自省览，即除数千载所行之刑，曾不留难，然则天下事岂复有稽滞不决者哉！所谓集上书囊以为殿帷，盖凡囊封之书，必至前也。

6 丹青引

杜子美丹青引赠曹将军霸云："先帝天马玉花骢，画工如山貌不同。是日牵来赤墀下，迥立阊阖生长风。诏谓将军拂绢素，意匠惨澹经营中。斯须九重真龙出，一洗万古凡马空。玉花却在御榻上，榻上廷前屹相向。至尊含笑催赐金，圉人太仆皆惆怅。"读者或不晓其旨，以为画马夺真，圉人、太仆所为不乐。是不然。圉人、太仆盖牧养官曹及驭者，而黄金之赐，乃画史得之，是以惆怅，杜公之意深矣。又观曹将军画马图云："曾貌先帝照夜白，龙池十日飞霹雳。内府殷红码碯盘，婕妤传诏才人索。"亦此意也。

7 诗国风秦中事

周、召二南、豳风皆周文、武、成王时诗，其所陈者，秦中事也。所谓沼沚洲涧之水，苹蘩藻荇之菜，疑非所有。既化行江、汉，故并江之永、汉之广，率皆得言之欤？摽有梅之诗，不注释梅；而秦风终南诗："终南何有？有条有梅。"毛氏云："梅，楠也。"笺云："名山高大，宜有茂木。"今之梅与楠异，亦非茂木，盖毛、郑北人，不识梅耳。

若上林赋所引江蓠、蘼芜、揭车、蘘荷、荪、若、葴、芧之类，自是侈辞过实，与所谓八川东注太湖者等也。

8　诗文当句对

唐人诗文，或于一句中自成对偶，谓之当句对。盖起于楚辞"蕙烝兰藉"、"桂酒椒浆"、"桂酒兰枻"、"斫冰积雪"。自齐、梁以来，江文通、庾子山诸人亦如此。如王勃宴滕王阁序一篇皆然。谓若襟三江，带五湖，控蛮荆，引瓯越，龙光牛斗，徐孺陈蕃，腾蛟起凤，紫电青霜，鹤汀凫渚，桂殿兰宫，钟鸣鼎食之家，青雀黄龙之轴，落霞孤鹜，秋水长天，天高地迥，兴尽悲来，宇宙盈虚，丘墟已矣之辞是也。于公异破朱泚露布亦然。如尧舜禹汤之德，统元立极之君，卧鼓偃旗，养威蓄锐，夹川陆而左旋右抽，抵丘陵而浸淫布濩，声塞宇宙，气雄钲鼓，貔兕作威，风云动色，乘其跆藉，取彼鲸鲵，自卯及酉，来拒复攻，山倾河泄，霆斗雷驰，自北徂南，舆尸折首，左武右文，销锋铸镝之辞是也。杜诗小院回廊春寂寂，浴凫飞鹭晚悠悠；清江锦石伤心丽，嫩蕊浓花满目斑；书签药裹封蛛网，野店山桥送马蹄；戎马不如归马逸，千家今有百家存；犬羊曾烂漫，宫阙尚萧条；蛟龙引子过，荷芰逐花低；干戈况复尘随眼，鬓发还应雪满头；百万传深入，寰区望匪他。象床玉手，万草千花，落絮游丝，随风照日，青袍白马，金谷铜驼，竹寒沙碧，菱刺藤梢，长年三老，捩柂开头，门巷荆棘底，君臣豺虎边，养拙干戈，全生麋鹿，舍舟策马，拖玉腰金，高江急峡，翠木苍藤，古庙杉松，岁时伏腊，三分割据，万古云霄，伯仲之间，指挥若定，桃蹊李径，栀子红椒，庾信罗含，春来秋去，枫林橘树，复道重楼之类，不可胜举。李义山一诗，其题曰当句有对云："密迩平阳接上兰，秦楼鸳瓦汉宫盘。池光不定花光乱，日气初涵露气乾。但觉游蜂饶舞蝶，岂知孤凤忆离鸾。三星自转三山远，紫府程遥碧落宽。”其他诗句中，如青女素娥，对月中霜里；黄叶风雨，对青楼管弦；骨肉书题，对蕙兰蹊径；花须柳眼，对紫蝶黄蜂；重吟细把，对已落犹开；急鼓疏钟，对休灯灭烛；江鱼朔雁，对秦树嵩云；万户千门，对风朝露夜。如是者甚多。

9　东坡明正

东坡明正一篇送于伋失官东归云：“子之失官，有为子悲如子之自悲者乎？有如子之父兄妻子之为子悲者乎？子之所以悲者，惑于得也。父兄妻子之所以悲者，惑于爱也。”案，战国策齐邹忌谓妻曰：“我孰与城北徐公美？”其妻曰：“君美甚，徐公何能及公也。”复问其妾与客，皆言徐公不若君之美。暮寝而思之，曰：“吾妻之美我者，私我也。妾之美我者，畏我也。客之美我者，欲有求于我也。”东坡之斡旋，盖取诸此。然四菩萨阁记云：“此画乃先君之所嗜，既免丧，以施浮图惟简，曰：‘此唐明皇帝之所不能守者，而况于余乎！余惟自度不能长守此也，是以与子。’”而其末云：“轼之以是与子者，凡以为先君舍也。”与初辞意盖不同，晚学所不晓也。

10　台谏不相见

嘉祐六年，司马公以修起居注同知谏院，上章乞立宗室为继嗣。对毕，诣中书，略为宰相韩公言其旨。韩公摄飨明堂，殿中侍御史陈洙监祭，公问洙：“闻殿院与司马舍人甚熟。”洙答以“顷年曾同为直讲”。又问：“近日曾闻其上殿言何事？”洙答以“彼此台、谏官不相往来，不知言何事”。此一项，温公私记之甚详。然则国朝故实，台、谏官元不相见。故赵清献公为御史论陈恭公，而范蜀公以谏官与之争。元丰中，又不许两省官相往来。鲜于子骏乞罢此禁。元祐中，谏官刘器之、梁况之等论蔡新州，而御史中丞以下，皆以无章疏罢黜。靖康时，谏议大夫冯澥论时政失当，为侍御史李光所驳。今两者合为一府，居同门，出同幕，与故事异，而执政祭祠行事，与监察御史不相见云。

11 执政四入头

国朝除用执政，多从三司使、翰林学士、知开封府、御史中丞进拜，俗呼为"四入头"。固有尽历四职而不用，如张文定公、谓仁、英朝至神宗初始用。王宣徽之类者。赵清献公自成都召还知谏院，大臣言故事近臣自成都还将大用，必更省府，谓三司使、开封府。不为谏官。以是知一朝典章，其严如此。至若以权侍郎方受告即为参枢，如施巨、郑仲熊者，盖秦桧所用云。

12 无望之祸

自古无望之祸玉石俱焚者，释氏谓之劫数，然固自有幸不幸者。汉武帝以望气者言长安狱中有天子气，于是遣使者分条中都官诏狱系者，亡轻重一切皆杀之，独郡邸狱系者，赖丙吉得生。隋炀帝令嵩山道士潘诞合炼金丹不成，云无石胆石髓，若得童男女胆髓各三斛六斗，可以代之，帝怒斩诞。其后方士言李氏当为天子，劝帝尽诛海内李姓。以炀帝之无道，嗜杀人不啻草莽，而二说偶不行。唐太宗以李淳风言女武当王，已在宫中，欲取疑似者尽杀之，赖淳风谏而止。以太宗之贤尚如此，岂不云幸不幸哉。

13 燕说

黄鲁直和张文潜八诗，其二云："谈经用燕说，束弃诸儒传。滥觞虽有罪，末派弥九县。"大意指王氏新经学也。燕说出于韩非子，曰先王有郢书而后世多燕说。又引其事曰："郢人有遗燕相国书者，夜书，火不明，谓持烛者曰：'举烛。'已而误书'举烛'二字，非书本意也。燕相受书，曰：'举烛者尚明也，尚明者举贤而用之。'遂以白王，王大说，国以治，治则治矣，非书意也。"鲁直以新学多穿凿，故有此句。

14 折槛行

杜诗折槛行云："千载少似朱云人，至今折槛空嶙峋。娄公不语宋公语，尚忆先皇容直臣。"此篇专为谏争而设，谓娄师德、宋璟也。人多疑娄公既无一语，何得为直臣？钱伸仲云："朝有阙政，或娄公不语，则宋公语。"但师德乃是武后朝人，璟为相时，其亡久矣。杜有祭房相国文，言"群公间出，魏、杜、娄、宋"，亦并二公称之。诗言先皇，意为明皇帝也。娄氏别无显人有声开元间，为不可晓。

15 朱云陈元达

朱云见汉成帝，请斩马剑断张禹首。上大怒曰："罪死不赦。"御史将云下，云攀殿槛，槛折，御史遂将云去。辛庆忌叩头以死争，上意解，然后得已。及后当治槛，上曰："勿易，因而辑之，辑与集同，谓补合之。以旌直臣。"刘聪为刘后起鵄仪殿，陈元达谏，聪怒，命将出斩之，时在逍遥园李中堂，元达先锁腰而入，即以锁绕堂下树，左右曳之不能动。刘氏闻之，私敕左右停刑，手疏切谏，聪乃解，引元达而谢之，易园为纳贤园，堂为愧贤堂。两人之事甚相类，云之免于死，而庆忌即时争救之，故[一]差易为力。若元达之命在须臾间，聪之急暴且盛怒，何暇延留数刻而容刘氏得以草疏乎！脱使就刎其首，或令武士击杀亦可，何恃于锁腰哉，是为可疑也。成帝不易槛以旌云直，而不能命以一官，乃不若聪之待元达也。至今宫殿正中一间横槛，独不施栏盾，谓之折槛，盖自汉以来，相传如此矣。

【校勘记】

〔一〕而庆忌即时争救之故　祠本"而"作"由"。

16　杜老不忘君

前辈谓杜少陵当流离颠沛之际，一饭未尝忘君，今略纪其数语云："万方频送喜，无乃圣躬劳。""至今劳圣主，何以报皇天。""独使至尊忧社稷，诸君何以答升平。""天子亦应厌奔走，群公固合思升平。"如此之类非一。

17　栽松诗

白乐天栽松诗云："小松未盈尺，心爱手自移。苍然涧底色，云湿烟霏霏。栽植我年晚，长成君性迟。如何过四十，种此数寸枝。得见成阴否，人生七十稀。"予治圃于乡里，乾道己丑岁，正年四十七矣。自伯兄山居手移稚松数十本，其高仅四五寸，植之云壑石上，拥土以为固，不能保其必活也。过二十年，蔚然成林，皆有干霄之势，偶阅白公集，感而书之。

18　乌鹊鸣

北人以乌声为喜，鹊声为非。南人闻鹊噪则喜，闻乌声则唾而逐之，至于弦弩挟弹，击使远去。北齐书：奚永洛与张子信对坐，有鹊正鸣于庭树间。子信曰："鹊言不善，当有口舌事，今夜有唤，必不得往。"子信去后，高俨使召之，且云敕唤，永洛诈称堕马，遂免于难。白乐天在江州答元郎中、杨员外喜乌见寄曰："南宫鸳鸯地，何忽乌来止？故人锦帐郎，闻乌笑相视。疑乌报消息，望我归乡里。我归应待乌头白，惭愧元郎误欢喜。"然则鹊言固不善，而乌亦能报喜也。又有和元微之大觜乌一篇云："老巫生奸计，与乌意潜通。云此非凡鸟，遥见起敬恭。千岁乃一出，喜贺主人翁。此乌所止家，家产日夜丰。上以致寿考，下可宜田农。"案微之所赋云："巫言此乌至，财产日丰宜。主人一心惑，诱引不知疲。转见乌来集，自言家转孳。专听乌喜怒，信受若长离。"今之乌则然也。世有传阴阳局鸦经，谓东方朔所著，大略言凡占乌之鸣，先数其声，然后定其方位，假如甲日一声，即是甲声，第二声为乙声，以十干数之，乃辨其急缓，以定吉凶，盖不专于一说也。

容斋续笔卷四 十七则

1 淮南守备

周世宗举中原百郡之兵，南征李景。当是时，周室方彊，李氏政乱，以之讨伐，云若易然。而自二年之冬，讫五年之春，首尾四年，至于乘舆三驾，仅得江北。先是河中李守贞叛汉，遣其客朱元来唐求救，遂仕于唐。枢密使查文徽妻之以女。是时，请兵复诸州，即取舒、和。后以恃功偃蹇，唐将夺其兵，元怒而降周。景械其妻欲戮之，文徽方执政，表乞其命，景批云："只斩朱元妻，不杀查家女。"竟斩于市。郭廷谓不能守濠州，以家在江南，恐为唐所种族，遣使诣金陵禀命，然后出降。则知周师所以久者，景法度犹存，尚能制将帅死命故也。绍兴之季，虏骑犯淮，逾月之间，十四郡悉陷。予亲见沿淮诸郡守，尽扫府库储积，分寓京口，云预被旨许令移治。是乃平时无虞，则受极边之赏，一有缓急，委而去之，寇退则反，了无分毫絓于吏议，岂复肯以固守为心也哉！

2 周世宗

周世宗英毅雄杰，以衰乱之世，区区五六年间，威武之声，震慑夷夏，可谓一时贤主，而享年不及四十，身没半岁，国随以亡。固天方授宋，使之驱除。然考其行事，失于好杀，用法太严，群臣职事小有不举，往往置之极刑，虽素有才干声名，无所开宥，此其所短也。

薛居正旧史纪载翰林医官马道元进状，诉寿州界被贼杀其子，获正贼见在宿州，本州不为勘断。帝大怒，遣窦仪乘驲往按之。及狱成，坐族死者二十四人。仪奉辞之日，帝旨甚峻，故仪之用刑，伤于深刻，知州赵砺坐除名。此事本只马氏子一人遭杀，何至于族诛二十四家，其它可以类推矣。太祖实录窦仪传有此事，史臣但归咎于仪云。

3 窦贞固

窦贞固，汉隐帝相也。周世罢政，以司徒就第。后范质用此官在中书，乃归洛阳。常与编户课役，贞固不能堪，诉于留守向拱，拱不听。熙宁初，富韩公为相，神宗尝对大臣称知河南府李中师治状。公以中师厚结中人，因对曰："陛下何从知之？"中师衔其沮己，及再尹河南，富公已老，乃籍其户，令出免役钱，与富民等。乃知君子失势之时，小人得易而侮之，如向拱、李中师辈，固不乏也。

4 郑权

唐穆宗时，以工部尚书郑权为岭南节度使，卿大夫相率为诗送之。韩文公作序，言："权功德可称道。家属百人，无数亩之宅，僦屋以居，可谓贵而能贫，为仁者不富之效也。"旧唐史权传云："权在京师，以家人数多，奉入不足，求为镇，有中人之助，南海多珍货，权颇积聚以遗之，大为朝士所嗤。"又薛廷老传云："郑权因郑注得广州节度，权至镇，尽以公家珍宝赴京师，以酬恩地。廷老以右拾遗上疏请按权罪，中人由是切齿。"然则其为人，乃贪邪之士尔，韩公以为仁者何邪？

5 党锢牵连之贤

汉党锢之祸，知名贤士死者以百数，海内涂炭，其名迹章章者，并载于史。而一时牵连获罪，甘心以受刑诛，皆节义之士，而位行不显，仅能附见者甚多。李膺死，门生故吏并被禁锢。侍御史景毅之子，为膺门徒，未有录牒，不及于谴。毅慨然曰："本谓膺贤，遣子师之，岂可以漏籍苟安。"遂自表免归。高城人巴肃被收，自载诣县，县令欲解印绶与俱去，肃不可。范滂在征羌，诏下急捕。督邮吴导至县，抱诏书，闭传舍，伏床而泣。滂自诣狱，县令郭揖大惊，出解印绶，引与俱亡。滂曰："滂死则祸塞，何敢以罪累君。"张俭亡命，困迫遁走，所至破家相容。其所经历，伏重诛者以十数。复流转东莱，上李笃家。外黄令毛钦操兵到门，笃谓曰："张俭亡非其罪，纵俭可得，宁忍执之乎？"钦抚笃曰："蘧伯玉耻独为君子，足下如何自专仁义？"叹息而去。俭得免。后数年，上禄长和海上言："党人锢及五族，非经常之法。"由是自从祖以下，皆得解释。此数君子之贤如是，东汉尚名节，斯其验欤！

6 汉代文书式

汉代文书，臣下奏朝廷，朝廷下郡国，有汉官典仪、汉旧仪等所载，然不若金石刻所著见者为明白。史晨祠孔庙碑，前云："建宁二年三月癸卯朔七日己酉，鲁相臣晨长史臣谦顿首死罪上尚书，臣晨顿首顿首，死罪死罪。"末云："臣晨诚惶诚恐，顿首顿首，死罪死罪上尚书。"副言太傅、太尉、司徒、司空、大司农府。樊毅复华下民租碑前后与此同。无极山碑："光和四年某月辛卯朔廿二日壬子，太常臣耽、丞敏顿首上尚书。"末云:"臣耽愚戆,顿首顿首上尚书。制曰:可。大尚读为大常。承书从事,某月十七日丁丑,尚书令忠奏雒阳宫。光和四年八月辛酉朔十七日丁丑,尚书令忠下。"又云:"光和四年八月辛酉朔十七日丁丑,太常耽、丞敏下。"常山相孔庙碑,前云:"司徒臣雄、司空臣戒稽首言。"末云:"臣雄、臣戒愚戆,诚惶诚恐,顿首顿首,死罪死罪,臣稽首以闻。制曰:可。元嘉三年三月廿七日壬寅,奏雒阳宫。元嘉三年三月丙子朔廿七日壬寅,司徒雄、司空戒下鲁相。"又云:"永兴元年六月甲辰朔十八日辛酉,鲁相平、行长史事卞、守长擅叩头死罪,敢言之司徒、司空府。"末云:"平惶恐叩头,死罪死罪,上司空府。"此碑有三公奏天子,朝廷下郡国,郡国上公府三式,始末详备。文惠公隶释有之。无极山祠事,以丁丑日奏雒阳宫,是日下太常孔庙事,以壬寅日奏雒阳宫,亦以是日下鲁相,又以见汉世文书之不滞留也。

7　资治通鉴

司马公修资治通鉴,辟范梦得为官属,尝以手帖论缵述之要,大抵欲如左传叙事之体。又云:"凡年号皆以后来者为定。如武德元年,则从正月便为唐高祖,更不称隋义宁二年。梁开平元年正月,便不称唐天祐四年。"故此书用以为法。然究其所穷,颇有窒而不通之处。公意正以春秋定公为例,于未即位,即书正月为其元年。然昭公以去年十二月薨,则次年之事,不得复系于昭。故定虽未立,自当追书。兼经文至简,不过一二十字,一览可以了解。若通鉴则不侔,隋炀帝大业十三年,便以为恭皇帝上,直至下卷之末恭帝立,始改义宁,后一卷则为唐高祖。盖凡涉历三卷,而炀帝固存,方书其在江都时事。明皇后卷之首,标为肃宗至德元载,至一卷之半，方书太子即位。代宗下卷云：“上方励精求治，不次用人。”乃是德宗也。庄宗同光四年，便系于天成，以为明宗，而卷内书命李嗣源讨邺，至次卷首，庄宗方殂。潞王清泰三年，便标为晋高祖，而卷内书石敬瑭反，至卷末始为晋天福。凡此之类，殊费分说。此外，如晋、宋诸胡僭国，所封建王公及除拜卿相，纤悉必书，有至二百字者。又如西秦丞相南川宣公出连乞都卒，魏都坐大官章安侯封懿、天部大人白马文正公崔宏、宜都文成王穆观、镇远将军平舒侯燕凤、平昌宣王和其奴卒，皆无关于社稷治乱，而周勃薨乃不书。乃书汉章帝行幸长安，进幸槐里、岐山，又幸长平，御池阳宫，东至高陵，十二月丁亥还宫；又乙未幸东阿，北登太行山，至天井关，夏四月乙卯还宫。又书魏主七月戊子如鱼池，登青冈原，甲午还宫；八月己亥如弥泽，甲寅登牛头山，甲子还宫。如此行役，无岁无之，皆可省也。

8　弱小不量力

楚庄王伐萧，萧人囚熊相宜僚及公子丙。王曰：“勿杀，吾退。”萧人杀之，王怒，遂灭萧。楚伐莒，莒人囚楚公子平。楚人曰：“勿杀，吾归而俘。”莒人杀之。楚师围莒，莒溃，遂入郓。齐侯伐鲁，围龙，顷公之嬖人卢蒲就魁门焉，龙人囚之。齐侯曰：“勿杀，吾与而盟，无入而封。”弗听，杀而膊诸城上。齐遂取龙。夫以齐、楚之大，而莒一小国，萧一附庸，龙一边邑，方受攻之际，幸能囚执其人，强敌许以勿杀而退师，乃不度德量力，致怨于彼，至于亡灭，可谓失计。传称子产善相小国，使当此时，必有以处之矣。

9　田横吕布

田横既败，窜居海岛中。高帝遣使召之，曰："横来，大者王，小者乃侯耳。"横遂与二客诣雒阳。将至，谓客曰："横始与汉王俱南面称孤，今汉王为天子，而横乃为亡虏，北面事之，其愧固已甚矣。"即自刭。横不顾王侯之爵，视死如归，故汉祖流涕称其贤，班固以为雄材。韩退之道出其墓下，为文以吊曰："自古死者非一，夫子至今有耿光。"其英烈凛然，至今犹有生气也。吕布为曹操所缚，将死之际，乃语操曰："明公之所患，不过于布，今已服矣，令布将骑，明公将步，天下不足定也。"操竟杀之。布之材，未必在横下，而欲忍耻事雠。故东坡诗曰："犹胜白门穷吕布，欲将鞍马事曹瞒。"盖笑之也。刘守光以燕败为晋王所擒，既知不免，犹呼曰："王将复唐室以成霸业，何不赦臣使自效。"此又庸奴下才，无足责者。

10　中山宜阳

战国事杂出于诸书，故有不可考信者。魏文侯使乐羊伐中山，克之，以封其子。故任座云："君得中山，不以封君之弟，而以封君之子。"翟璜云："中山已拔，无使守之，臣进李克。"而赵世家书武灵王以中山负齐之强，侵暴其地，锐欲报之，至于变胡服，习骑射，累年乃与齐、燕共灭之，迁其王于肤施。此去魏文侯时已百年，中山不应既亡而复存，且肤施属上郡，本魏地，为秦所取，非赵可得而置它人，诚不可晓。惟乐毅传云："魏取中山，后中山复国，赵复灭之。"史记六国表："威烈王十二年，中山武公初立。"徐广曰："周定王之孙，西周桓公之子。"此尤不然。宜阳于韩为大县，显王三十四年，秦伐韩，拔之。故屈宜臼云：前年，秦拔宜阳。正是昭侯时。历宣惠王、襄王，而秦甘茂又拔宜阳，相去几三十年，得非韩尝失此邑，既而复取之乎！

11　相六畜

庄子载徐无鬼见魏武侯，告之以相狗、马。荀子论坚白同异云："曾不如好相鸡狗之可以为名也。"史记褚先生于日者传后云："黄直，丈夫也，陈君夫，妇人也，以相马立名天下。留长孺以相彘立名。荥阳褚氏以相牛立名。皆有高世绝人之风。"今时相马者间有之，相牛者殆绝，所谓鸡、狗、彘者，不复闻之矣。刘向七略相六畜三十八卷，谓骨法之度数，今无一存。

12　卜筮不同

洪范七稽疑，择建立卜筮人，有"龟从，筮逆"之说。礼记："卜筮不相袭。"谓卜不吉，则又筮，筮不吉，则又卜，以为渎龟筴。左传晋献公欲以骊姬为夫人，卜之不吉，筮之吉。公曰："从筮。"卜人曰："筮短龟长，不如从长。"鲁穆姜徙居东宫，筮之，遇艮之八。史曰："是谓艮之随。"杜预注云："周礼太卜掌三易，杂用连山、归藏，二易皆以七、八为占，故言遇艮之八。史疑古易遇八为不利，故更以周易占，变爻得随卦也。"汉武帝时，聚会占家问之，某日可取妇乎？五行家曰"可"，堪舆家曰"不可"，建除家曰"不吉"，丛辰家曰"大凶"，历家曰"小凶"，天人家曰"小吉"，太一家曰"大吉"，辩讼不决，以状闻。制曰："避诸死忌，以五行为主。"则历卜诸家，自古盖不同矣。唐吕才作广济阴阳百忌历，世多用之。近又有三历会同集，蒐罗详尽。姑以择日一事论之，一年三百六十日，若泥而不通，殆无一日可用也。

13　日者

墨子书贵义篇云："子墨子北之齐，遇日者。日者曰：'帝以今日杀黑龙于北方，而先生之色黑，不可以北。'子墨子不听，遂北，至淄水，不遂而反。日者曰：'我谓先生不可以北。'子墨子曰：'南之人不得北，北之人不得南，其色有黑者，有白者，何故皆不遂也？且帝以甲乙杀青龙于东方，以丙丁杀赤龙于南方，以庚辛杀白龙于西方，以壬癸杀黑龙于北方，若子之言，不可用也。'"史记作日者列传，盖本于此。徐广曰："古人占候卜筮，通谓之日者。"如以五行所直之日而杀其方龙，不知其旨安在，亦可谓怪矣。

14　柳子厚党叔文

柳子厚、刘梦得皆坐王叔文党废黜。刘颇饰非解谤，而柳独不然。其答许孟容书云："早岁与负罪者亲善，始奇其能，谓可以共立仁义，裨教化。暴起领事，人所不信，射利求进者，百不一得，一旦快意，更恣怨讟，诋诃万状，尽为敌雠。"及为叔文母刘夫人墓铭，极其称诵，谓："叔文坚明直亮，有文武之用。待诏禁中，道合储后。献可替否，有康弼调护之勤。讦谟定命，有扶翼经纬之绩。将明出纳，有弥纶通变之劳。内赞谟画，不废其位。利安之道，将施于人。而夫人终于堂，知道之士，为苍生惜焉。"其语如此。梦得自作传，云："顺宗即位，时有寒俊王叔文以善弈棋得通籍博望，因间隙得言及时事，上大奇之。叔文自言猛之后，有远祖风，唯吕温、李景俭、柳宗元以为信。然三子皆与予厚善，日夕过，言其能。叔文实工言治道，能以口辩移人。既得用，其所施为，人不以为当。上素被疾，诏下内禅，宫掖事秘，功归贵臣，于是叔文贬死。”韩退之于两人为执友，至修顺宗实录，直书其事，云：“叔文密结有当时名欲侥幸而速进者刘禹锡、柳宗元等十数人，定为死交，踪迹诡秘。既得志，刘、柳主谋议唱和，采听外事，及败，其党皆斥逐。”此论切当，虽朋友之义，不能以少蔽也。

15　汉武心术

史记龟策传：“今上即位，博开艺能之路，悉延百端之学，通一技之士，咸得自效，数年之间，太卜大集。会上欲击匈奴，西攘大宛，南收百越，卜筮至预见表象，先图其利。及猛将推锋执节，获胜于彼，而蓍龟时日亦有力于此。上尤加意，赏赐至或数千万。如丘子明之属，富溢贵宠，倾于朝廷。至以卜筮射蛊道，巫蛊时或颇中。素有眦睚不快，因公行诛，恣意所伤，以破族灭门者，不可胜数。百僚荡恐，皆曰龟策能言。后事觉奸穷，亦诛三族。”汉书音义以为史迁没后，十篇阙，有录无书。元、成之间，褚先生补阙，言辞鄙陋，日者、龟策列传在焉。故后人颇薄其书。然此卷首言“今上即位”，则是史迁指武帝，其载巫蛊之冤如是。今之论议者，略不及之。资治通鉴亦弃不取，使丘子明之恶不复著见。此由武帝博采异端，驯致斯祸。倘心术趋于正，当不如是之酷也。

16　禁天高之称

周宣帝自称天元皇帝，不听人有天、高、上、大之称。官名有犯，皆改之。改姓高者为姜，九族称高祖者为长祖。政和中，禁中外不许以龙、天、君、玉、帝、上、圣、皇等为名字。于是毛友龙但名友，叶天将但名将，乐天作但名作，句龙如渊但名句如渊，卫上达赐名仲达，葛君仲改为师仲，方天任为大任，方天若为元若，余圣求为应求，周纲字君举改曰元举，程振字伯玉改曰伯起，程瑀亦字伯玉改曰伯禹，张读字圣行改曰彦行。盖蔡京当国，遏绝史学，故无有知周事者。宣和七年七月，手诏以昨臣僚建请，士庶名字有犯天、玉、君、圣及主字者悉禁，既非上帝名讳，又无经据，谄佞不根，贻讥后世，罢之。

17　宣和冗官

宣和元年，蔡京将去相位，臣僚方疏官僚冗滥之敝，大略云："自去岁七月至今年三月，迁官论赏者五千馀人。如辰州招弓弩手，而枢密院支差房推恩者八十四人，兖州升为府，而三省兵房推恩者三百三十六人。至有入仕才二年而转十官者。今吏部两选朝奉大夫至朝请大夫六百五十五员，横行右武大夫至通侍二百二十九员，修武郎至武功大夫六千九百九十一员，小使臣二万三千七百馀员，选人一万六千五百馀员。吏员猥冗，差注不行。"诏三省枢密院令遵守成法。然此诏以四月庚子下，而明日辛丑以赏西陲诛讨之功，太师蔡京、宰相余深、王黼、知枢密院邓洵武，各与一子官，执政皆迁秩。天子命令如是即日废格之，京之罪恶至矣。

容斋续笔卷五 十三则

1　秦隋之恶

自三代讫于五季，为天下君而得罪于民，为万世所麾斥者，莫若秦与隋。岂二氏之恶浮于桀、纣哉？盖秦之后即为汉，隋之后即为唐，皆享国久长。一时论议之臣，指引前世，必首及之，信而有徵，是以其事暴白于方来，弥远弥彰而不可盖也。尝试裒举之。

张耳曰："秦为乱政虐刑，残灭天下，北为长城之役，南有五岭之戍，外内骚动，头会箕敛，重以苛法，使父子不相聊。"张良曰："秦为无道，故沛公得入关，为天下除残去贼。"陆贾曰："秦任刑法不变，卒灭嬴氏。"王卫尉曰："秦以不闻其过亡天下。"张释之曰："秦任刀笔之吏，争以亟疾苛察相高，以故不闻其过，陵夷至于二世，天下土崩。"贾山借秦为喻，曰："为宫室之丽，使其后世曾不得聚庐而托处；为驰道之丽，后世不得邪径而托足；为葬薶之丽，后世不得蓬颗而托葬。以千八百国之民自养，力罢不能胜其役，财尽不能胜其求，人与之为怨，家与之为雠，天下已坏而弗自知，身死才数月耳，而宗庙灭绝。"贾谊曰："商君遗礼谊，弃仁恩，并心于进取，行之二岁，秦俗日败，灭四维而不张，君臣乖乱，六亲殃戮，万民离叛，社稷为虚。"又曰："使赵高傅胡亥，而教之狱。今日即位，明日射人，其视杀人若刈草菅然。置天下于法令刑罚，德泽亡一有，而怨毒盈于世，下憎恶之如仇雠。"晁错曰："秦发卒戍边，有万死之害，而亡铢两之报。天下明知祸烈及己也，陈胜首倡，天下从之如流水。"又曰："任不肖而信谗贼，民力罢尽，矜奋自贤，法令烦憯，刑罚暴酷，亲疏皆危，外内咸怨，绝祀亡世。"董仲舒曰："秦重禁文学，不得挟书，弃捐礼谊而恶闻之。其心欲尽灭先圣之道，而颛为自恣苟简之治。自古以来，未尝有以乱济乱，大败天下之民如秦者也。"又曰："师申、商之法，行韩非之说，憎帝王之道，以贪狼为俗，赋敛亡度，竭民财力，群盗并起，死者相望，而奸不息。"淮南王安曰："秦使尉屠睢攻越，凿渠通道，旷日引久，发适戍以备之，往者莫反，亡逃相从，群为盗贼。于是山东之难始兴。"吾丘寿王曰："秦废王道，立私议，去仁恩而任刑戮，至于赭衣塞路，群盗满山。"主父偃曰："秦任战胜之威，功齐三代，务胜不休，暴兵露师，百姓靡敝，孤寡老弱，不能相养，死者相望，天下始叛。"徐乐曰："秦之末世，民困而主不恤，下怨而上不知，俗已乱而政不修，陈涉之所以为资也。此之谓土崩。"严安曰："秦一海内之政，坏诸侯之城，为知巧权利者进，笃厚忠正者退。法严令苛，意广心逸。兵祸北结于胡，南挂于越，宿兵于无用之地，进而不得退，天下大畔，灭世绝祀。"司马相如曰："二世持身不谨，亡国失势，信谗不寤，宗庙灭绝。"伍被曰："秦为无道，百姓欲为乱者十室而五。使徐福入海，欲为乱者十室而六。使尉佗攻百越，欲为乱者十室而七。作阿房之宫，欲为乱者十室而八。"路温舒曰："秦有十失，其一尚存，治狱之吏是也。"贾捐之曰："兴兵远攻，贪外虚内，天下溃畔，祸卒在于二世之末。"刘向曰："始皇葬于骊山，下锢三泉，多杀宫人，生薶工匠，计以万数，天下苦其役而反之。"梅福曰："秦为无道，削仲尼之迹，绝周公之轨，礼坏乐崩，王道不通，张诽谤之罔，以为汉驱除。"谷永曰："秦所以二世十六年而亡者，养生泰奢，奉终泰厚也。"刘歆曰："燔经书，杀儒士，设挟书之法，行是古之罪，道术由是遂灭。"凡汉人之论秦恶者如此。

唐高祖曰："隋氏以主骄臣谄亡天下。"孙伏伽曰："隋以恶闻其过亡天下。”薛收传：“秦王平洛阳，观隋宫室，叹曰：‘炀帝无道，殚人力以事夸侈。’收曰：‘后主奢虐是矜，死一夫之手，为后世笑。’”张元素曰：“自古未有如隋乱者，得非君自专，法日乱乎？造乾阳殿，伐木于豫章，一材之费已数十万工。乾阳毕功，隋人解体。”魏徵曰：“炀帝信虞世基，贼遍天下而不得闻。”又曰：“隋唯贵不献食〔一〕，或供奉不精，为此无限，而至于亡。方其未乱，自谓必无乱，未亡，自谓必不亡。所以甲兵亟动，徭役不息。”又曰：“恃其富强，不虞后患，役万物以自奉养，子女玉帛是求，宫室台榭是饰。外示威重，内行险忌，上下相蒙，人不堪命，以致陨匹夫之手。”又曰：“文帝骄其诸子，使至夷灭。”马周曰：“贮积者固有国之常，要当人有馀力而后收之，岂人劳而强敛之以资寇邪！隋贮洛口仓，而李密因之；积布帛东都，而王世充据之；西京府库，亦为国家之用。”陈子昂曰：“炀帝恃四海之富，凿渠决河，疲生人之力，中国之难起，身死人手，宗庙为墟。”杨相如曰：“炀帝自恃其彊，不忧时政。言同尧、舜，迹如桀、纣，举天下之大，一掷弃之。”吴兢曰：“炀帝骄矜自负，以为尧、舜莫己若，而讳亡憎谏，乃曰：‘有谏我者，当时不杀，后必杀之。’自是謇谔之士去而不顾，外虽有变，朝臣钳口，帝不知也。”柳宗元曰：“隋氏环四海以为鼎，跨九垠以为炉，爨以毒燎，煽以虐焰，沸涌灼烂，号呼腾蹈。”李珏曰：“隋文帝劳于小务，以疑待下，故二世而亡。”凡唐人之论隋恶者如此。

【校勘记】

〔一〕隋唯贵不献食　马本、祠本“贵”作“责”。按，疑作“责”是。

2　汉唐二武

东坡云：“古之君子，必忧治世而危明主，明主有绝人之资，而治世无可畏之防。”美哉斯言。汉之武帝，唐之武后，不可谓不明，而巫蛊之祸，罗织之狱，天下涂炭，后妃公卿，交臂就戮，后世闻二武之名则憎恶之。蔡确作诗，用郝甑山上元间事，宣仁谓以吾比武后；苏辙用武帝奢侈穷兵虚耗海内为谏疏，哲宗谓至引汉武上方先朝。皆以之得罪。人君之立政，可不监兹。

3 玉川子

韩退之寄卢仝诗云：“玉川先生洛城里，破屋数间而已矣。一奴长须不裹头，一婢赤脚老无齿。昨晚长须来下状，隔墙恶少恶难似。每骑屋山下窥瞰，浑舍惊怕走折趾。立召贼曹呼五百，尽取鼠辈尸诸市。”夫奸盗固不义，然必有谓而发，非贪慕货财，则挑暴子女。如玉川之贫，至于邻僧乞米，隔墙居者，岂不知之。若为色而动，窥见室家之好，是以一赤脚老婢陨命也，恶少可谓枉着一死。予读韩诗至此，不觉失笑。仝集中有所思一篇，其略云：“当时我醉美人家，美人颜色娇如花。今日美人弃我去，青楼珠箔天之涯。梦中醉卧巫山云，觉来泪滴湘江水。湘江两岸花木深，美人不见愁人心。相思一夜梅花发，忽到窗前疑是君。”则其风味殊不浅，韩诗当亦含讥讽乎？

4 银青阶

唐自肃、代以后，赏人以官爵，久而浸滥，下至州郡胥吏军班校伍，一命便带银青光禄大夫阶，殆与无官者等。明宗长兴二年，诏不得荐银青阶为州县官，贱之至矣。晋天福中，中书舍人李详上疏，以为十年以来，诸道职掌，皆许推恩，藩方荐论，动逾数百，乃至藏典书吏，优伶奴仆，初命则至银青阶，被服皆紫袍象笏，名器僭滥，贵贱不分。请自今节度州听奏大将十人，它州止听奏都押牙、都虞候、孔目官。从之。冯拯之父俊，当周太祖时，补安远镇将，以银青光禄检校太子宾客兼御史大夫。至本朝端拱中，拯登朝，遇郊恩始赠大理评事。予八世从祖师畅，畅子汉卿，卿子膺图，在南唐时皆得银青阶，至检校尚书、祭酒。然乐平县帖之全称姓名，其差徭正与里长等。元丰中，李清臣论官制，奏言："国朝踵袭近代因循之弊，牙校有银青光禄大夫阶，卒长开国而有食邑。"盖为此也。今除授蕃官，犹用此制。绍兴二十八年，广西经略司申安化三州蛮蒙全计等三百十八人进奉，乞补官勋，皆三班借差。三班差使，悉带银青祭酒，而等第加勋，文安公在西垣为之命词。

5　买马牧马

国家买马，南边于邕管，西边于岷黎，皆置使提督，岁所纲发者盖逾万匹。使臣、将校得迁秩转资，沿道数十州，驿程券食、厩圉薪刍之费，其数不赀，而江、淮之间，本非骑兵所能展奋，又三衙遇暑月，放牧于苏、秀以就水草，亦为逐处之患。因读五代旧史云："唐明宗问枢密使范延光内外马数。对曰：'三万五千匹。'帝叹曰：'太祖在太原，骑军不过七千。先皇自始至终，马才及万。今有铁马如是，而不能使九州混一，是吾养士练将之不至也。'延光奏曰：'国家养马太多，计一骑士之费可赡步军五人，三万五千骑，抵十五万步军，既无所施，虚耗国力。'帝曰：'诚如卿言。肥骑士而瘠吾民，民何负哉！'"明宗出于蕃戎，犹能以爱民为念。李克用父子以马上立国制胜，然所蓄只如此。今盖数倍之矣。尺寸之功不建，可不惜哉。且明宗都洛阳，正临中州，尚以为骑士无所施。然则今虽纯用步卒，亦未为失计也。

6 杜诗用字

律诗用自字、相字、共字、独字、谁字之类，皆是实字，及彼我所称，当以为对，故杜老未尝不然。今略纪其句于此："径石相萦带，川云自去留。""山花相映发，水鸟自孤飞。""衰颜聊自哂，小吏最相轻。""高城秋自落，杂树晚相迷。""百鸟各相命，孤云无自心。""胜地初相引，徐行得自娱。""云里相呼疾，沙边自宿稀。""暗飞萤自照，水宿鸟相呼。""猿挂时相学，鸥行炯自如。""自吟诗送老，相劝酒开颜。""俱飞蛱蝶元相逐，并蒂芙蓉本自双。""自去自来堂上燕，相亲相近水中鸥。""此时对雪遥相忆，送客逢春可自由。""梅花欲开不自觉，棣萼一别永相望。""桃花气暖眼自醉，春渚日落梦相牵。"此以自字对相字也。"自须开竹径，谁道避云萝。""自笑灯前舞，谁怜醉后歌。""死去凭谁报，归来始自怜。""哀歌时自短，醉舞为谁醒。""离别人谁在，经过老自休。""永夜角声悲自语，中天月色好谁看。"此以自字对谁字也。"野人时独往，云木晓相参。""正月莺相见，非时鸟共闻。""江上形容吾独老，天涯风俗病相亲。""纵饮久判人共弃，懒朝真与世相违。""此日此时人共得，一谈一笑俗相看。"此以共字独字对相字也。

7 唐虞象刑

虞书："象刑惟明。"象者，法也。汉文帝诏始云："有虞氏之时，画衣冠、异章服以为戮，而民弗犯。"武帝诏亦云："唐、虞画象，而民不犯。"白虎通云："画象者，其衣服象五刑也。犯墨者蒙巾，犯劓者赭着其衣，犯髌者以墨蒙其髌，犯宫者屝。屝，草屦也。大辟者，布衣无领。"其说虽未必然，杨雄法言："唐、虞象刑惟明。"说者引前诏以证，然则唐、虞之所以齐民，礼义荣辱而已，不专于刑也。秦之末年，赭衣半道，而奸不息。国朝之制，减死一等及胥吏兵卒配徒者，涅其面而刺之，本以示辱，且使人望而识之耳。久而益多，每郡牢城营，其额常溢，殆至十馀万，凶盗处之恬然。盖习熟而无所耻也。罗隐谗书云："九人冠而一人髽，则髽者慕而冠者胜，九人髽而一人冠，则冠者慕而髽者胜。"正谓是欤？老子曰："民常不畏死，奈何以死惧之。若使民常畏死，则为恶者吾得执而杀之，孰敢？"可谓至言。荀卿谓象刑为治古不然，亦正论也。

8　崔常牛李

士大夫一时论议，自各有是非，不当一一校其平生贤否也。常衮为宰相，唐德宗初立，议群臣丧服，衮以为遗诏云"天下吏人三日释服"，古者卿大夫从君而服，皇帝二十七日而除，在朝群臣亦当如之。崔祐甫以为遗诏无朝臣、庶人之别〔一〕，凡百执事，孰非吏人，皆应三日释服。相与力争，衮不能堪，奏贬祐甫。已而衮坐欺罔贬，祐甫代之。议者以祐甫之贤，远出衮右，故不复评其事。然揆之以理，则衮之言为然。李德裕为西川节度使，吐蕃维州副使悉怛谋请降。德裕遣兵据其城，具奏其状，欲因是捣西戎腹心。百官议皆请如德裕策。宰相牛僧孺曰："吐蕃之境，四面各万里，失一维州未能损其势。比来修好，约罢戍兵，彼若来责失信，上平凉坂，万骑缀回中，怒气直辞，不三日至咸阳桥。此时西南数千里外得百维州，何所用之。"文宗以为然，诏以城归吐蕃。由是德裕怨僧孺益深。议者亦以德裕贤于僧孺，咸谓牛、李私憾不释，僧孺嫉德裕之功，故沮其事。然以今观之，则僧孺为得，司马温公断之以义利，两人曲直始分。

【校勘记】

〔一〕崔祐甫　“崔”原脱。按，此则之题为“崔常牛李”，常乃常衮，牛乃牛僧孺，李乃李德裕，知祐甫为崔。崔祐甫唐书有传。今补“崔”字。

9　盗贼怨官吏

陈胜初起兵，诸郡县苦秦吏暴，争杀其长吏以应胜。晋安帝时，孙恩乱东土，所至醢诸县令以食其妻子，不肯食者辄支解之。隋大业末，群盗蜂起，得隋官及士族子弟皆杀之。黄巢陷京师，其徒各出大掠，杀人满街，巢不能禁，尤憎官吏，得者皆杀之。宣和中，方腊为乱，陷数州，凡得官吏，必断脔支体，探其肺肠，或熬以膏油，丛镝乱射，备尽楚毒，以偿怨心。杭卒陈通为逆，每获一命官，亦即枭斩。岂非贪残者为吏，倚势虐民，比屋抱恨，思一有所出久矣，故乘时肆志，人自为怒乎？

10　作诗先赋韵

南朝人作诗多先赋韵，如梁武帝华光殿宴饮连句，沈约赋韵，曹景宗不得韵，启求之，乃得竞病两字之类是也。予家有陈后主文集十卷，载王师献捷，贺乐文思，预席群僚，各赋一字，仍成韵，上得“盛病柄令横映夐并镜庆”十字，宴宣猷堂，得“迮格白赫易夕掷斥坼哑”十字，幸舍人省，得“日谧一瑟毕讫橘质帙实”十字。如此者凡数十篇，今人无此格也。

11　后妃命数

左传所载郑文公之子十馀人，其母皆贵胄，而子多不得其死，惟贱妾燕姞生穆公，独继父有国，子孙蕃衍盛大，与郑存亡。薄姬入汉王宫，岁馀不得幸，其所善管夫人、赵子儿先幸汉王，为言其故，王即召幸之，岁中生文帝，自有子后希见。及吕后幽诸幸姬不得出宫，而薄氏以希见故，得从子之代，为代太后。终之承汉大业者，文帝也。景帝召程姬，程姬有所避不愿进，而饰侍者唐儿使夜往，上醉不知而幸之，遂有身，生长沙王发。以母微无宠，故王卑湿贫国。汉之宗室十有馀万人，而中兴炎祚，成四百年之基者，发之五世孙光武也。元帝为太子，所爱司马良娣死，怒诸娣妾，莫得进见。宣帝令皇后择后宫家人子五人，虞侍太子。后令旁长御问所欲，太子殊无意于五人者，不得已于皇后，彊应曰："此中一人可。"乃王政君也。壹幸有身，生成帝，自有子后，希复进见。然历汉四世，为天下母六十馀载。观此四后妃者，可谓承恩有限，而光华启佑，与同辈辽绝，政君遂为先汉之祸。天之所命，其亦各有数乎！徽宗皇帝有子三十人，唯高宗皇帝再复大业。显仁皇后在宫掖时，亦不肯与同列争进，甚类薄太后云。

12　公晋尊称

柳子厚房公铭阴曰："天子之三公称公，王者之后称公，诸侯之入为王卿士亦曰公，尊其道而师之称曰公。古之人通谓年之长老曰公。而大臣罕能以姓配公者，唐之最著者曰房公。"东坡墨君亭记云："凡人相与称呼者，贵之则曰公。"范晔汉史："惟三公乃以姓配之，未尝或紊。"如邓禹称邓公，吴汉称吴公，伏公湛、宋公宏、牟公融、袁公安、李公固、陈公宠、桥公玄、刘公宠、崔公烈、胡公广、王公龚、杨公彪、荀公爽、皇甫公嵩、曹公操是也。三国亦有诸葛公、司马公、顾公、张公之目。其在本朝，唯韩公、富公、范公、欧阳公、司马公、苏公为最著也。

13　台城少城

晋宋间，谓朝廷禁省为台，故称禁城为台城，官军为台军，使者为台使，卿士为台官，法令为台格，需科则曰台有求须，调发则曰台所遣兵。刘梦得赋金陵五咏，故有台城一篇。今人于它处指言建康为台城，则非也。晋益州刺史治太城，蜀郡太守治少城，皆在成都，犹云大城、小城耳。杜子美在蜀日，赋诗故有"东望少城"之句，今人于它处指成都为少城，则非也。

容斋续笔卷六 十五则

1 严武不杀杜甫

新唐书严武传云："房琯以故宰相为巡内刺史，武慢倨不为礼，最厚杜甫，然欲杀甫数矣，李白为蜀道难者，为房与杜危之也。"甫传云："武以世旧待甫，甫见之，或时不巾。尝醉登武床，瞪视曰：'严挺之乃有此儿。'武衔之，一日欲杀甫，冠钩于帘三，左右白其母，奔救得止。"旧史但云："甫性褊躁，尝凭醉登武床，斥其父名，武不以为忤。"初无所谓欲杀之说，盖唐小说所载，而新书以为然。予案李白蜀道难本以讥章仇兼琼，前人尝论之矣。甫集中诗凡为武作者，几三十篇。送其还朝者，曰"江村独归处，寂寞养残生"。喜其再镇蜀，曰"得归茅屋赴成都，直为文翁再剖符"。此犹是武在时语。至哭其归榇及八哀诗"记室得何逊，韬钤延子荆"，盖以自况；"空馀老宾客，身上愧簪缨"，又以自伤。若果有欲杀之怨，必不应眷眷如此。好事者但以武诗有"莫倚善题鹦鹉赋"之句，故用证前说引黄祖杀祢衡为喻，殆是痴人面前不得说梦也，武肯以黄祖自比乎！

2 王嘉荐孔光

汉王嘉为丞相，以忠谏忤哀帝。事下将军朝者[一]，光禄大夫孔光等劾嘉迷国罔上，不道，请与廷尉杂治。上可其奏。光请谒者召嘉诣廷尉,嘉对吏自言:"不能进贤退不肖。"吏问主名。嘉曰:"贤故丞相孔光,不能进。"嘉死后,上览其对,思嘉言,复以光为丞相。案嘉之就狱,由光逢君之恶,而嘉且死,尚称其贤,嘉用忠直陨命,名章一时,然亦可谓不知人矣。光之邪佞,鬼所唾也,奴事董贤,协媚王莽,为汉蟊蠈,尚得为贤也哉!

【校勘记】

〔一〕事下将军朝者　汉书卷八十六王嘉传"军"后有"中"字。

3　朱温三事

义理所在,虽盗贼凶悖之人,亦有不能违者。刘仁恭为卢龙节度使,其子守文守沧州,朱全忠引兵攻之,城中食尽,使人说以早降。守文应之曰:"仆于幽州,父子也。梁王方以大义服天下,若子叛父而来,将安用之?"全忠愧其辞直,为之缓攻。其后还师,悉焚诸营资粮,在舟中者凿而沉之。守文遗全忠书曰:"城中数万口,不食数月矣,与其焚之为烟,沉之为泥,愿乞其所馀以救之。"全忠为之留数囷,沧人赖以济。及篡唐之后,苏循及其子楷自谓有功于梁,当不次擢用。全忠薄其为人,以其为唐鸱枭,卖国求利,勒循致仕,斥楷归田里。宋州节度使进瑞麦,省之不怿,曰:"宋州今年水灾,百姓不足,何用此为!"遣中使诘责之,县令除名。此三事,在他人为不足道,于全忠则为可书矣,所谓憎而知其善也。

4　文字润笔

作文受谢,自晋、宋以来有之,至唐始盛。李邕传:"邕尤长碑颂，中朝衣冠及天下寺观，多赍持金帛，往求其文。前后所制，凡数百首，受纳馈遗，亦至巨万。时议以为自古鬻文获财，未有如邕者。”故杜诗云：“干谒满其门，碑版照四裔。丰屋珊瑚钩，骐驎织成罽。紫骝随剑几，义取无虚岁。”又有送斛斯六官诗云：“故人南郡去，去索作碑钱。本卖文为活，翻令室倒县。”盖笑之也。韩愈撰平淮西碑，宪宗以石本赐韩宏，宏寄绢五百匹；作王用碑，用男寄鞍马并白玉带。刘叉持愈金数斤去，曰：“此谀墓中人得耳，不若与刘君为寿。”愈不能止。刘禹锡祭愈文云：“公鼎侯碑，志隧表阡。一字之价，辇金如山。”皇甫湜为裴度作福先寺碑，度赠以车马缯彩甚厚。湜大怒，曰：“碑三千字，字三缣，何遇我薄邪！”度笑，酬以绢九千匹。穆宗诏萧俛撰成德王士真碑，俛辞曰：“王承宗事无可书。又撰进之后，例得贶遗，若黾勉受之，则非平生之志。”帝从其请。文宗时，长安中争为碑志，若市买然。大官卒，其门如市，至有喧竞争致，不由丧家。裴均之子，持万缣诣韦贯之求铭。贯之曰：“吾宁饿死，岂忍为此哉！”白居易修香山寺记曰：“予与元微之定交于生死之间，微之将薨，以墓志文见托，既而元氏之老，状其臧获、舆马、绫帛洎银鞍、玉带之物[一]，价当六七十万，为谢文之贽。予念平生分，贽不当纳，往反再三，讫不得已，回施兹寺[二]。凡此利益功德，应归微之。”柳玭善书，自御史大夫贬泸州刺史，东川节度使顾彦晖请书德政碑，玭曰：“若以润笔为赠，即不敢从命。”本朝此风犹存，唯苏坡公于天下未尝铭墓，独铭五人，皆盛德故，谓富韩公、司马温公、赵清献公、范蜀公、张文定公也。此外赵康靖公、滕元发二铭，乃代文定所为者。在翰林日，诏撰同知枢密院赵瞻神道碑，亦辞不作。曾子开与彭器资为执友，彭之亡，曾公作铭，彭之子以金带缣帛为谢。却之至再，曰：“此文本以尽朋友之义，若以货见投，非足下所以事父执之道也。”彭子皇惧而止。此帖今藏其家。

【校勘记】

〔一〕舆马　“舆”原作“与”，误刊，据李本、马本、祠本改。

〔二〕回施兹寺　祠本“回”作“因”。

5　汉举贤良

汉武帝建元元年，诏举贤良方正直言极谏之士。丞相绾奏："所举贤良，或治申、商、韩非、苏秦、张仪之言，乱国政，请皆罢。"奏可。是时对者百馀人，帝独善庄助对，擢为中大夫。后六年，当元光元年，复诏举贤良，于是董仲舒等出焉。资治通鉴书仲舒所对为建元。案，策问中云"朕亲耕籍田，劝孝弟，崇有德，使者冠盖相望，问勤劳，恤孤独，尽思极神"，对策曰"阴阳错缪，氛气充塞，群生寡遂，黎民未济"，必非即位之始年也。

6　戊晋武

十干"戊"字只与"茂"同音，俗辈呼为"务"，非也。吴中术者又称为"武"。偶阅旧五代史，梁开平元年，司天监上言日辰，内"戊"字请改为"武"，乃知亦有所自也。今北人语多曰"武"。朱温父名诚，以"戊"类"成"字，故司天谄之耳。

7　怨耦曰仇

左传：师服曰："嘉耦曰妃，怨耦曰仇，古之命也。"注云："自古有此言。"案，许叔重说文于"逑"字上引虞书曰："方逑孱功。"又曰："怨匹曰逑。"然则出于虞书，今亡矣。以"鸠僝"为"逑孱"，以

"耦"为"匹",以"仇"为"逑",其不同如此。而"僝"字下所引,乃曰:"旁救僝功。"自有二说。"旻"字下引虞书曰:"仁闵覆下,则称旻天。""埶"字下引虞书"雉埶",今皆无此。

8 说文与经传不同

许叔重在东汉,与马融、郑康成辈不甚相先后,而所著说文,引用经传,多与今文不同。聊摭逐书十数条,以示学者,其字异而音同者不载。所引周易"百谷草木丽乎土"为"艸木麗乎地","服牛乘马"为"犕音备。牛乘马","夕惕若厉"为"若夤","其文蔚也"为"斐也","乘马班如"为"驙如","天地细缊"为"天地壹壺","繻有衣袽"为"需有衣絮"。书晋卦为"晉",巽为"顨",艮为"皀"。所引书"帝乃殂落"为"勋乃殂","窜三苗"为"𡨄塞也,音倅。三苗","勿以憸人"为"譣人譣,问也。","在后之侗"为"在夏后之词","尚不忌于凶德"为"上不諅","峙乃糗粮"为"𥻆粮","教胄子"为"教育子","百工营求"为"夐求","至于属妇"为"嫋妇嫋,音邹,妊身也。","有疾弗豫"为"有疾不悆","我之弗辟"为"不𨐨","截截谝言"为"戋戋巧言"。又"圛圛升云,半有半无","獂有爪而不敢以撅"及"以相陵懱","维紬有稽"之句,皆云周书,今所无也。所引诗"既伯既祷"为"既禡既禂","新台有泚"为"有玼","焉得谖草"为"安得藼艸","墙有茨"为"有荠","棘人栾栾"为"脔脔","江之永矣"为"羕矣","得此戚施"为"䶂黿","伐木许许"为"所所","儦儦俟俟"为"伾伾俟俟","啴啴骆马"为"痑痑","赤舄几几"为"己己",又为"掔掔音悭","民之方殿屎"为"方唸吚","混夷駾矣"为"大夷呬矣"〔一〕,"陶复陶穴"为"陶寝地室也。","其会如林"为"其旝","国步斯频"为"斯矉","涤涤山川"为"蔋蔋"。论语"荷蒉"为"荷臾”，“褒裘”为“紶衣”，又有“踦予之足”一句。孟子“源源而来”为“謜謜音愿，徐也。”，“接淅”为“滰淅滰，其两切，干渍米也。”。左传“龙凉”为“牻凉”，“芟夷”为“癹音泼。夷”，“圭窦”为“圭窬”，“泽之萑蒲”为“泽之目篽禁苑也。”，“衷甸两牡”为“中佃一辕”，“槅柎藉幹”为“槅部荐榦”。公羊“闯然”为“覢然覢，失冉切，暂见也。”国语“觥饭不及壶飧”为“侊饭不及一食”。如此者甚多。

【校勘记】

〔一〕混夷駾矣为大夷吅矣　李本、祠本“大”作“犬”。按：详考尚书正义卷十六西伯戡黎所引孔安国传及孔颖达疏，毛诗正义卷十六绵所引郑玄笺、孔颖达疏，“混夷”即“犬夷”，为夷狄国。疑作“犬”是。

9　周亚夫

汉景帝即位三年，七国同日反，吴王至称东帝，天下震动。周亚夫一出即平之，功亦不细矣，而讫死于非罪。景帝虽未为仁君，然亦非好杀卿大夫者，何独至亚夫而忍为之？切尝原其说，亚夫之为人，班、马虽不明言，然必悻直行行者。方其将屯细柳，只以备胡，且近在长安数十里间，非若出临边塞，与敌对垒，有呼吸不可测知之事。今天子劳军至不得入，及遣使持节诏之，始开壁门。又使不得驱驰，以军礼见，自言介胄之士不拜。天子改容称谢，然后去。是乃王旅万骑，乘舆黄屋，顾制命于将帅，岂人臣之礼哉。则其傲睨帝尊，习与性成，故赐食不设箸，有不平之意。鞅鞅非少主臣，必已见于辞气之间。以是陨命，其可惜也。秦王猛伐燕围邺，苻坚自长安赴之。至安阳，猛潜谒坚，坚曰：“昔周亚夫不迎汉文帝，今将军临敌而弃军,何也?”猛曰:“亚夫前却人主以求名,臣窃少之。”猛之识虑,视亚夫有间矣。

10 炀王炀帝

金酋完颜亮陨于广陵,葛王褎已自立,于是追废为王,而谥曰炀。迈奉使之日,实首闻之。接伴副使秘书少监王补言及此,云北人戏诮之,曰:“奉敕江南干当公事回。”及归,觐德寿宫奏其事,高宗天颜甚悦,曰:“亮去岁南牧,已而死归。人皆以为类苻坚,唯吾独云似隋炀帝,其死处既同,今得谥又如此,岂非天乎。”此段圣语,当不见于史录,故窃志之。

11 郑庄公

左传载诸国事,于第一卷首书郑庄公,自后纪其所行尤详,仍每事必有君子一说,唯诅射颍考叔以为失政刑,此外率称其善。杜氏注文,又从而奖与之。案,庄公为周卿士,以平王贰于虢,而取王子为质,以桓王畀虢公政,而取温之麦,取成周之禾。以王夺不使知政,忿而不朝,拒天子之师,射王中肩。谓天子不能复巡守,以泰山之祊易许田。不胜其母,以害其弟,至有城颍及泉之誓。是其事君、事亲可谓乱臣贼子者矣,而曾无一语以贬之。书姜氏为母子如初,杜注云:“公虽失之于初,而孝心不忘,故考叔感而通之。”书郑伯以齐人朝王曰“礼也”,杜云:“庄公不以虢公得政而背王,故礼之。”书息侯伐郑曰“不度德”,杜云:“郑庄贤。”书取郜与防归于鲁曰:“可谓正矣。以王命讨不庭,不贪其土,以劳王爵。”书使许叔居许东偏曰:“于是乎有礼,度德而处,量力而行,相时而动,可谓知礼。”书周、郑交恶曰：“信不由中，质无益也。”是乃以天子诸侯混为一区，无复有上下等威之辨。射王之夜，使祭足劳王，杜云：“郑志在苟免，王讨之非也。”此段尤为悖理。唯公羊子于克段于鄢之下，书曰“大郑伯之恶”，为得之。

12 百六阳九

史传称百六阳九为厄会，以历志考之，其名有八。初入元百六曰阳九，次曰阴九。又有阴七、阳七、阴五、阳五、阴三、阳三，皆谓之灾岁。大率经岁四千五百六十，而灾岁五十七。以数计之，每及八十岁，则值其一。今人但知阳九之厄。云经岁者，常岁也。

13 左传易筮

左传所载周易占筮，大抵只一爻之变，未尝有两爻以上者。毕万筮仕，遇屯之比，初九变也。成季将生，遇大有之乾，六五变也。晋嫁伯姬，遇归妹之睽，上六变也。晋文公迎天子，遇大有，乃九三变而之睽。叔孙庄叔生子豹，遇明夷，乃初九变而之谦。崔杼娶妻，遇困，乃六三变而之大过。南蒯作乱，遇坤，乃六五变而之比。赵鞅救郑，遇泰，乃六五变而之需。占者即演而为说。然崔杼“入于其宫，不见其妻”，叔孙“君子于行，三日不食”，殆若专为二子所作也。唯陈厉公生敬仲，遇观之否。周史曰：“坤，土也；巽，风也；乾，天也。风为天，于土上山也，有山之材，而照之以天光，于是乎居土上。”杜氏注云：“自二至四有艮象，艮为山。”予谓此正是用中爻取义，前书论之详矣。又有相与论事，不假蓍占而引卦以言者，如郑公子曼满欲为卿，王子伯廖曰：“周易有之，在丰之离。”晋先縠违命进师，知庄子曰："周易有之，在师之临。"楚王忲侈，子大叔曰："在复之颐。"但以爻辞合其所行之事耳。至于"为嬴败姬"，"伐齐则可"等语，自是一时探赜索隐，非后人所可到也。卫襄公生子，孔成子占之，亦遇屯之比，与毕万同，虽史朝与辛廖之言则异，然皆以"利建侯"为主。

14　锺繇自劾

汉建安中，曹操以锺繇为司隶校尉，督关中诸军。诏召河东太守王邑，而拜杜畿为太守。郡掾诣繇求留邑，繇不听，邑诣许自归。繇自以威禁失督司之法，乃上书自劾，曰："谨案侍中守司隶校尉东武亭侯锺繇，幸得蒙恩，以斗筲之才，仍见拔擢，显从近密，衔命督使。明知诏书深疾长吏政教宽弱，检下无刑，久病淹滞，众职荒顿。既举文书，操弹失理。轻慢宪度，不与国同心，为臣不忠，大为不敬。臣请法车召诣廷尉治繇罪，大鸿胪削爵土。臣辄以文书付功曹从事，伏须罪诛。"诏不许。予观近时士大夫自劾者，不过云乞将臣重行窜黜阖门待罪而已，如繇此章，盖与为它人所纠亡异也，岂非身为司隶，职在刺举，故如是乎。

15　大义感人

理义感人心，其究至于浃肌肤而沦骨髓，不过语言造次之间，初非有怪奇卓诡之事也。楚昭王遭吴阖庐之祸，国灭出亡，父老送之，王曰："父老返矣，何患无君。"父老曰："有君如是其贤也。"相与从之，或犇走赴秦，号哭请救，竟以复国。汉高祖入关，召诸县豪桀，曰："父老苦秦苛法久矣，吾当王关中，与父老约法三章耳。凡吾所以来，为父兄除害，非有所侵暴，毋恐。"乃使人与秦吏行至县乡邑，告谕之，秦民大喜。已而项羽所过残灭，民大失望。刘氏四百年基业定于是矣。唐明皇避禄山乱，至扶风，士卒颇怀去就，流言不逊，召入谕之，曰："朕托任失人，致逆胡乱常，须远避其锋。卿等仓卒从朕，不得别父母妻子，朕甚愧之。今听各还家，朕独与子弟入蜀，今日与卿等诀。归见父母及长安父老，为朕致意。"众皆哭，曰："死生从陛下。"自是流言遂息。贼围张巡于雍丘，大将劝巡降，巡设天子画像，帅将士朝之，人人皆泣。巡引六将于前，责以大义而斩之，士心益劝。河北四凶称王，李抱真使贾林说王武俊，托为天子之语，曰："朕前事诚误，朋友失意，尚可谢，况朕为四海之主乎。"武俊即首唱从化。及奉天诏下，武俊遣使谓田悦曰："天子方在隐忧，以德绥我，何得不悔过而归之。"王庭凑盗据成德，韩愈宣慰，庭凑拔刃弦弓以逆。及馆，罗甲士于廷。愈为言安、史以来逆顺祸福之理，庭凑恐众心动，麾之使出，讫为藩臣。黄巢伪赦至凤翔，节度使郑畋不出，乐奏，将佐皆哭。巢使者怪之，幕客曰："以相公风痺不能来，故悲耳。"民间闻者无不泣。畋曰："吾固知人心尚未厌唐，贼授首无日矣。"旋起兵率倡诸镇，以复长安。田悦以魏叛，丧师遁还，亦能以语言动众心，誓同生死。乃知陆贽劝德宗痛自咎悔，以言谢天下，制书所下，虽武人悍卒，无不感动流涕，识者知贼不足平。凡此数端，皆异代而同符也。国家靖康、建炎之难极矣，不闻有此，何邪？

容斋续笔卷七 十七则

1 田租轻重

李悝为魏文侯作尽地力之教，云："一夫治田百晦，岁收粟百五十石，除十一之税十五石，馀百三十五石。"盖十一之外，更无他数也。今时大不然，每当输一石，而义仓省耗别为一斗二升，官仓明言十加六，复于其间用米之精粗为说，分若干甲，有至七八甲者，则数外之取亦如之。庾人执概从而轻重其手，度二石二三斗乃可给。至于水脚、头子、市例之类，其名不一，合为七八百钱，以中价计之，并僦船负担，又须五斗，殆是一而取三。以予所见，唯会稽为轻，视前所云不能一半也。董仲舒为武帝言："民一岁力役，三十倍于古，而田租口赋，二十倍于古。"谓一岁之中，失其资产三十及二十倍也。又云："或耕豪民之田，见税什五。"言下户贫民自无田，而耕垦豪富家田，十分之中以五输本田主，今吾乡俗正如此，目为主客分云。

2 女子夜绩

汉食货志云："冬，民既入，妇人相从夜绩，女工一月得四十五日。"谓一月之中，又得夜半，为四十五日也。必相从者，所以省费燎火，同巧拙而合习俗也。战国策甘茂亡秦出关，遇苏代，曰："江上之贫女，与富人女会绩而无烛，处女相与语，欲去之。女曰：妾以无烛故，常先至扫室布席，何爱馀明之照四壁者，幸以赐妾。”以是知三代之时，民风和厚勤朴如此。非独女子也，男子亦然。豳风：“昼尔于茅，宵尔索绹。”言昼日往取茅归，夜作绹索，以待时用也。夜者日之馀，其为益多矣。

3　淮南王

汉淮南厉王死，民作歌以讽文帝曰：“一尺布，尚可缝。一斗粟，尚可舂。兄弟二人不相容。”此史、汉所书也。高诱作鸿烈解叙，及许叔重注文，其辞乃云：“一尺缯，好童童。一升粟，饱蓬蓬。兄弟二人不能相容。”殊为不同。后人但引尺布斗粟之喻耳。厉王子安复为王，招致宾客方术之士，作为内书二十一篇，外书甚众，又有中篇八卷，言神仙黄白之术。汉书艺文志淮南内二十一篇，淮南外三十三篇，列于杂家，今所存者二十一卷，盖内篇也。寿春有八公山，正安所延致客之处，传记不见姓名，而高诱叙以为苏飞、李尚、左吴、田由、雷被、毛被、伍被、晋昌等八人，然唯左吴、雷被、伍被见于史。雷被者，盖为安所斥而亡之长安上书者，疑不得为宾客之贤也。

4　薛国久长

左传载鲁哀公大夫云：“禹合诸侯于涂山，执玉帛者万国，今其存者无数十焉。”汉公孙卿语武帝云：“黄帝万诸侯，而神灵之封君七千。”案，王制所纪九州，凡千七百七十有三国，多寡殊不侔。以环移之，一君会朝所将吏卒，姑以百人计之，则万国之众，当为百万，涂山之下，将安所归宿乎。其为夔言，无可疑者。所谓存者数十，考诸经传，可见者唯薛耳。薛之祖是仲，为夏禹掌车服大夫〔一〕，自此受封，历商及周末，始为宋偃王所灭，其享国千九百馀年，传六十四代，三代诸侯莫之与比。薛壤地褊小，以诗则不列于国风，以世家则不列于史记，而春秋二百四十二年之间，视同侪郲、杞、滕、鄫，独未尝受大国侵伐，则其为邦，亦自有持守之道矣。

【校勘记】

〔一〕薛之祖是仲为夏禹掌车服大夫　马本、祠本"是"作"奚"。按，春秋左传正义卷五十三定公元年有"薛之皇祖奚仲，居薛，以为夏车正"之语，疑作"奚"是。

5　建除十二辰

建除十二辰，史、汉历书皆不载，日者列传但有"建除家以为不吉"一句。惟淮南鸿烈解天文训篇云："寅为建，卯为除，辰为满，巳为平，主生；午为定，未为执，主陷；申为破，主衡；酉为危，主杓；戌为成，主少德；亥为收，主大德；子为开，主太岁；丑为闭，主太阴。"今会元官历，每月遇建、平、破、收日，皆不用，以建为月阳，破为月对，平、收随阴阳月递互为魁罡也。酉阳杂俎梦篇云："周礼以日月星辰各占六梦，谓日有甲乙，月有建破。"今注无此语。正义曰："案堪舆，黄帝问天老事云'四月阳建于巳，破于亥，阴建于未，破于癸，是为阳破阴，阴破阳。'"今不知何书所载，但又以十干为破，未之前闻也。

6　俗语算数

三三如九，三四十二，二八十六，四四十六，三九二十七，四九三十六，六六三十六，五八四十，五九四十五，六九五十四，七九六十三，八九七十二，九九八十一，皆俗语算数，然淮南子中有之。三七二十一，苏秦说齐王之辞也。汉书律历志刘歆典领钟律，奏其辞，亦云八八六十四。杜预注左传，天子用八，云八八六十四人，又六六三十六人，四四十六人。如淳、孟康、晋灼注汉志，亦有二八十六，三四十二，六八四十八，八八六十四等语。

7　伾文用事

唐顺宗即位，抱疾不能言，王伾、王叔文以东宫旧人用事，政自己出。即日禁宫市之扰民，五坊小儿之暴闾巷，罢盐铁使之月进，出教坊女伎六百还其家。以德宗十年不下赦令，左降官虽有名德才望，不复叙用，即追陆贽、郑馀庆、韩皋、阳城还京师，起姜公辅为刺史。人情大悦，百姓相聚欢呼。又谋夺宦者兵，既以范希朝及其客韩泰总统京西诸城镇行营兵马，中人尚未悟。会诸将以状来辞，始大怒，令其使归告其将，"无以兵属人"。当是时，此计若成，兵柄归外朝，则定策国老等事，必不至后日之患矣。所交党与如陆质、吕温、李景俭、韩晔、刘禹锡、柳宗元，皆一时豪俊、知名之士。惟其居心不正，好谋务速，欲尽据大权，如郑珣瑜、高郢、武元衡稍异己者，皆亟斥徙，以故不旋踵而身陷罪戮。后世盖有居伾、文之地，而但务啸引沾沾小人以为鹰犬者，殆又不足以望其百一云。白乐天讽谏元和四年作，其中卖炭翁一篇，盖为宫市，然则未尝能绝也。

8　五十弦瑟

李商隐诗云："锦瑟无端五十弦。"说者以为锦瑟者，令狐丞相侍儿小名，此篇皆寓言，而不知五十絃所起。刘昭释名"箜篌"云师延所作靡靡之乐[一]，盖空国之侯所作也。段安节乐府录云："箜篌乃郑、卫之音，以其亡国之声，故号空国之侯，亦曰坎侯。"吴兢解题云："汉武依琴造坎侯，言坎坎应节也。后讹为箜篌。"予案史记封禅书云："汉公孙卿为武帝言：'太帝使素女鼓五十弦瑟，悲，帝禁不止，故破其瑟为二十五弦。'于是武帝益召歌儿，作二十五弦及空侯。"应劭曰："帝令乐人侯调始造此器。"前汉郊祀志备书此事，言"空侯瑟自此起"。颜师古不引劭所注，然则二乐本始，晓然可考，虽刘、吴博洽，亦不深究，且"空"元非国名，其说尤穿凿也。初学记、太平御览编载乐事，亦遗而不书。庄子言"鲁遽调瑟，二十五弦皆动"，盖此云。续汉书云"灵帝胡服作箜篌"，亦非也。

【校勘记】

〔一〕刘昭释名　祠本"昭"作"熙"。按，直斋书录解题卷三著录释名八卷，谓为汉刘熙撰。清毕沅有释名疏证。疑作"熙"是。

9　迁固用疑字

东坡作赵德麟字说云："汉武帝获白麟，司马迁、班固书曰'获一角兽，盖麟云'，盖之为言，疑之也。"予观史、汉所纪事，凡致疑者，或曰若，或曰云，或曰焉，或曰盖，其语舒缓含深意。姑以封禅书、郊祀志考之，漫记于此。"雍州好畤，自古诸神祠皆聚云。盖黄帝时尝用事，虽晚周亦郊焉"。"三神山，盖尝有至者，诸仙人及不死之药皆在焉"。"未能至，望见之焉"。"新垣平望气言：有神气，成五采，若人冠絻焉"。"权火举而祠，若光煇然属天焉"。"出长安门，若见五人于道北。""盖夜致王夫人之貌云，天子自帷中望见焉"。"登中岳太室,从官在山下闻若有言万岁者云"。"祭封禅祠,其夜若有光"。封栾大诏:"天若遗朕士而大通焉。"河东迎鼎,"有黄云盖焉"。"见神人东莱山,若云欲见天子"。方士言:"蓬莱诸神若将可得。""天子为塞河,兴通天台,若见有光云"。"获若石,云于陈仓"。此外如所谓"及群臣有言老父,则大以为仙人也"。"可为观,如缑城,神人宜可致"。"天旱,意乾封乎"。"然其效可睹矣"。词旨亦相似。

10 僭乱的对

王莽窃位称新室,公孙述称成家,袁术称仲家,董卓郿坞,公孙瓒易京,皆自然的对也。

11 月不胜火

庄子外物篇:"利害相摩,生火甚多,众人焚和,月固不胜火,于是乎有焚和而道尽〔一〕。"注云:"大而暗则多累,小而明则知分。"东坡所引,乃曰:"郭象以为大而暗不若小而明。陋哉斯言也。为更之曰:月固不胜烛,言明于大者必晦于小,月能烛天地,而不能烛毫氂,此其所以不胜火也。然卒之火胜月耶?月胜火耶?"予记朱元成萍洲可谈所载:"王荆公在修撰经义局,因见举烛,言:'佛书有日月灯光明佛,灯光岂足以配日月乎?'吕惠卿曰:'日煜乎昼,月煜乎夜,灯煜乎日月所不及,其用无差别也。'公大以为然,盖发言中理,出人意表云。"予妄意庄子之旨,谓人心如月,湛然虚静,而为利害所薄,生火炽然,以焚其和,则月不能胜之矣,非论其明暗也。

【校勘记】

〔一〕于是乎有焚和而道尽　祠本"焚和"作"債然"。按，庄子外物篇作"債然"。

12　灵台有持

庄子庚桑楚篇云："灵台者，有持而不知其所持而不可持者也。"郭象云："有持者，谓不动于物耳，其实非持。若知其所持而持之，持则失也。"陈碧虚云："真宰存焉，随其成心而师之。"予谓是皆置论于言意之表，玄之又玄，复采庄子之语以为说，而于本旨殆不然也。尝记洪庆善云："此一章谓持心有道，苟为不知其所以持之，则不复可持矣。"盖前二人解释者，为两"而"字所惑，故从而为之辞。

13　董仲舒灾异对

汉武帝建元六年，辽东高庙、长陵高园殿灾，董仲舒居家，推说其意，草稿未上，主父偃窃其书奏之。上召视诸儒，仲舒弟子吕步舒不知其师书，以为大愚。于是下仲舒吏，当死，诏赦之。仲舒遂不敢复言灾异。此本传所书。而五行志载其对曰："汉当亡秦大敝之后，承其下流。又多兄弟亲戚骨肉之连，骄扬奢侈，恣睢者众，故天灾若语陛下，'非以太平至公不能治也，视亲戚贵属在诸侯远正最甚者，忍而诛之，如吾燔辽东高庙乃可；视近臣在国中处旁仄及贵而不正者，忍而诛之，如吾燔高园殿乃可'云尔。在外而不正者，虽贵如高庙，犹灾燔之，况诸侯乎。在内不正者，虽贵如高园殿，犹燔灾之，况大臣乎。此天意也。"其后淮南、衡山王谋反，上思仲舒前言，使吕步舒持斧钺治淮南狱，以春秋谊颛断于外，不请。既还奏事，上皆是之。凡与王谋反列侯二千石豪桀，皆以罪轻重受诛，二狱死者数万人。呜呼，以武帝之嗜杀，时临御方数岁，可与为善，庙殿之灾，岂无它说？而仲舒首劝其杀骨肉大臣，与平生学术大为乖剌，驯致数万人之祸，皆此书启之也。然则下吏几死，盖天所以激步舒云，使其就戮，非不幸也。

14　李正己献钱

唐德宗初即位，淄青节度使李正己畏上威名，表献钱三十万缗。上欲受之，恐见欺，却之则无辞。宰相崔祐甫请遣使慰劳淄青将士，因以正己所献钱赐之，使将士人人戴上恩，诸道知朝廷不重货财。上悦从之。正己大惭服。天下以为太平之治，庶几可望。绍兴三十年，镇江都统制刘宝乞诣阙奏事，朝廷以其方命刻下，罢就散职。宝规取恩宠，扫一府所有，载以自随，巨舟连樯，白金至五舰，它所赍挟皆称是。其始谋盖云此行不以何事，必可力买。既至，趑趄国门，不许入觐，或以谓欲上诸内府。予时为枢密检详，为丞相言："援祐甫所陈，乞以宝所赍等第赐其本军，明降诏书，遣一朝士以宝平生过恶告谕卒伍，使知明天子惠绥恻怛之意。或宝靳固奄有，仞为己物，则宜因人之言，发命诘问在行之物，本安所出，今安所用？悉取而籍之。就其舟楫，北还充赐，尤可以破其豀壑无厌之谋。"汤岐公当国，不能用也。

15　宣室

汉宣室有殿有阁，皆在未央宫殿北。三辅黄图以为前殿正室。

武帝为窦太主置酒，引内董偃，东方朔曰："宣室者，先帝之正处也，非法度之政不得入焉。"文帝受釐于此，宣帝常斋居以决事。如淳曰："布政教之室也。"然则起于高祖时，萧何所创，为退朝听政之所。而史记龟策传云："武王围纣象郎，自杀宣室。"徐广曰："天子之居，名曰宣室。"淮南子云："武王甲卒三千，破纣牧野，杀之宣室。"注曰："商宫名，一曰狱也。"盖商时已有此名，汉偶与之同，黄图乃以为"汉取旧名"，非也。

16 昔昔盐

薛道衡以"空梁落燕泥"之句，为隋炀帝所嫉。考其诗名昔昔盐，凡十韵："垂柳覆金堤，蘼芜叶复齐。水溢芙蓉沼，花飞桃李蹊。采桑秦氏女，织锦窦家妻。关山别荡子，风月守空闺。常敛千金笑，长垂双玉啼。盘龙随镜隐，彩凤逐帷低。飞魂同夜鹊，倦寝忆晨鸡。暗牖悬蛛网，空梁落燕泥。前年过代北，今岁往辽西。一去无消息，那能惜马蹄。"唐赵嘏广之为二十章，其燕泥一章云："春至今朝燕，花时伴独啼。飞斜珠箔隔，语近画梁低。帷卷闲窥户，床空暗落泥。谁能长对此，双去复双栖。"乐苑以为羽调曲。玄怪录载："籧篨三娘工唱阿鹊盐"，又有突厥盐、黄帝盐、白鸽盐、神雀盐、疏勒盐、满座盐、归国盐。唐诗"媚赖吴娘唱是盐"，"更奏新声刮骨盐"。然则歌诗谓之"盐"者，如吟、行、曲、引之类云。今南岳庙献神乐曲，有黄帝盐，而俗传以为"皇帝炎"，长沙志从而书之，盖不考也。韦縠编唐才调诗，以赵诗为刘长卿，而题为别宕子怨，误矣。

17 将帅当专

周易师卦："六三，师或舆尸，凶。""六五[一]，长子帅师，弟子舆尸，贞凶。”爻意谓用兵当付一帅，苟其俦杂然临之，则凶矣。舆尸者，众主也。安庆绪既败，遁归相州，肃宗命郭汾阳、李临淮九节度致讨。以二人皆元勋，难相统属，故不置元帅，但以宦者鱼朝恩为观军容宣慰处置使，步骑六十万，为史思明所挫，一战而溃。宪宗讨淮西，命宣武等十六道进军，虽以韩弘为都统，而身未尝至。既无统帅，至四年不克，及裴度一出，才数月即成功。穆宗讨王庭凑、朱克融，时裴度镇河东，亦为都招讨使，群帅如李光颜、乌重胤，皆当时名将。而翰林学士元稹，意图宰相，忌度先进，与知枢密魏简相结，度每奏画军事，辄从中沮坏之，故屯守逾年，竟无成绩。贞元之诛吴少诚，元和之征卢从史，皆此类也。石晋开运中，为契丹所攻，中国兵力寡弱，桑维翰为宰相，一制指挥节度使十五人。虽杜重威、李守贞、张彦泽辈，驽材反虏，然重威为主将，阳城之战，三人者尚能以身徇国，大败彊胡，耶律德光乘橐驼奔窜〔二〕，仅而获免。由是观之，大将之权，其可不专邪！

【校勘记】

〔一〕六五　“六”原作“九”，误刊，今正。

〔二〕橐驼　“驼”原作“它”，今从李本、马本、库本。

容斋续笔卷八　十五则

1　蓍龟卜筮

古人重卜筮，其究至于通神，龟为卜，蓍为筮，故曰“假尔泰龟有常，假尔泰筮有常”，“定天下之吉凶，成天下之亹亹”，“所以使民信时日，敬鬼神，畏法令”。舜之命禹，武王之伐纣，召公相宅，周公营成周，未尝不昆命元龟，袭祥考卜。然筮短龟长，则龟卜犹在易筮之上。汉艺文志、刘向所辑七略，自龟书、夏龟之属，凡十五家，至四百一卷，后世无传焉。今之揲蓍者，率多流入于影象，所谓龟策，惟市井细人始习此艺。其得不过数钱，士大夫未尝过而问也。伎术标榜，所在如织，五星、六壬、衍禽、三命、轨析、太一、洞微、紫微、太素、遁甲，人人自以为君平，家家自以为季主，每况愈下。由是藉手于达官要人，舟车交错于道路，毁誉纷纭，而术益隐矣。周礼：“太卜掌三兆之灋，一曰玉兆，二曰瓦兆，三曰原兆。”杜子春云：“玉兆，颛帝之兆；瓦兆，帝尧之兆；原兆，有周之兆。”“经兆之体皆百有二十，其颂皆千有二百。”又：“掌三易之灋，曰连山，曰归藏，曰周易。其经卦皆八，其别皆六十有四。”今独周易之书存，它不复可见。世谓文王重易六爻为六十四卦，然则夏、商之易已如是矣。左氏传所载懿氏占曰：“凤皇于飞〔一〕，和鸣锵锵。有妫之后，将育于姜。”成季之卜曰：“其名曰友，在公之右。同复于父，敬如君所。”晋献公骊姬之繇曰：“专之渝，攘公之羭。”嫁伯姬之繇曰：“车说其輹，火焚其旗。寇张之弧，侄其从姑。”秦伯伐晋曰：“千乘三去，三去之馀，获其雄狐。”文公纳王，遇黄帝战于阪泉之兆。鄢陵之战，晋侯筮曰：“南国蹙，射其元王，中厥目。”宋伐郑，赵鞅卜救之，遇水适火，史龟曰：“是谓沈阳，可以兴兵，利以伐姜，不利子商。”史墨曰：“盈，水名。子，水位。名位敌，不可干也。”杜氏谓“鞅姓盈，宋姓子”，盖言“嬴”与“盈”同也。史赵曰：“是谓如川之满，不可游也。”卫庄公卜梦，曰：“如鱼窥尾，衡流而方羊裔焉。阖门塞窦，乃自后逾。”此十占皆不可得其说，故杜元凯云：“凡筮者用周易，则其象可推。非此而往，则临时占者或取于象，或取于气，或取于时日、王相以成其占。若尽附会以爻象，则架虚而不经。”可为通论，然亦安知非连山、归藏所载乎！

【校勘记】

〔一〕凤皇于飞　“皇”原作“望”，误刊。会本、李本、马本、祠本作“皇”。诗经大雅生民之什卷阿有“凤皇于飞”句。今据改。

2　地名异音

郡邑之名，有与本字大不同者，颜师古以为土俗各有别称者是也。姑以汉书地理志言之：冯翊之栎阳为“药阳”，莲勺为“辇酌”，太原之虑虒为“庐夷”，上党之沾为“添”，河内之隆虑为“林庐”，荡阴为“汤阴”，颍川之不羹为“不郎”，南阳之郦为“掷”，堵阳为“者阳”，酂为“赞”，沛之酂为“嵯”，郸为“多”，清河之鄃为“输”，汝南之平舆为“平预”，济阴之宛句为“冤劬”，江夏之沙羡为“沙夷”，九江之橐皋为“拓姑”，庐江之雩娄为“吁闾”，山阳之方与为“房豫”，琅邪之不其为“不基”，东海之承为“证”，长沙之承阳为“烝阳”；临淮之取虑为“秋庐”，会稽之诸暨为“诸既”，太末为“闼末”，豫章之馀汗为"馀干",梓潼之汁方为"十方"[一],蜀郡之徙为"斯",益州之昧为"昧",金城之允吾为"铅牙",允街为"铅街",武威之朴环为"蒲环",张掖之番禾为"盘和",安定之乌氏为"乌支",上郡之龟兹为"丘慈",西河之鹄泽为"梏泽",代郡之狋氏为"权精",辽西之且虑为"趄庐",令支为"铃衹",辽东之番汗为"盘寒",乐浪之粘蝉为"粘提",南海之番禺为"潘隅",苍梧之荔浦为"肄浦",交趾之羸䁖为"莲篓",九真之都庞为"都聋",日南之西卷为"西权",淮阳之阳夏为"阳贾",鲁国之蕃为"皮",皆不可求之于义训,字书亦不尽载也。

【校勘记】

〔一〕梓潼之汁方为十方　马本、祠本"梓潼"作"广汉"。按,汉书地理志卷二十八上广汉郡所属十三县,其二为汁方,而梓潼为首县。疑作"广汉"是。

3　韩婴诗

前汉书儒林传叙诗云:汉兴,申公作鲁诗,后苍作齐诗,韩婴作韩诗。又云:申公为诗训故,而齐辕固、燕韩生皆为之传,或取春秋,采杂说,咸非其本义。与不得已,鲁最为近之。婴为文帝博士,景帝时至常山太傅,推诗人之意,作外传数万言,其语颇与齐、鲁间殊,然归一也。武帝时,与董仲舒论于上前,精悍分明,仲舒不能难。其后韩氏有王吉、食子公、长孙顺之学。艺文志,韩家诗经二十八卷,韩故三十六卷,内传四卷,外传六卷,韩说四十一卷。今惟存外传十卷。庆历中,将作监主簿李用章序之,命工刊刻于杭,其末又题云:"蒙文相公改正三千馀字。"予家有其书,读首卷第二章,曰:"孔子南游适楚，至于阿谷，有处子佩瑱而浣者。孔子曰：'彼妇人其可与言矣乎？'抽觞以授子贡，曰：'善为之辞。'子贡曰：'吾将南之楚，逢天暑，愿乞一饮以表我心。'妇人对曰：'阿谷之水流而趋海，欲饮则饮，何问妇人乎？'受子贡觞，迎流而挹之，置之沙上，曰：'礼固不亲授。'孔子抽琴去其轸，子贡往请调其音。妇人曰：'吾五音不知，安能调琴？'孔子抽绨绤五两以授子贡，子贡曰：'吾不敢以当子身，敢置之水浦。'妇人曰：'子年甚少，何敢受子？子不早去，今切有狂夫守之者矣。'诗曰：'南有乔木，不可休息。汉有游女，不可求思。'此之谓也。"观此章，乃谓孔子见处女而教子贡以微词三挑之，以是说诗，可乎？其谬戾甚矣，它亦无足言。

4　五行衰绝字

木绝于申，故柛字之训为木自毙。水土绝于巳，故汜字之训，说文以为穷渎，圯字之训为岸圮及覆。火衰于戌，故烕为灭。金衰于丑，故钮为键闭。制字之义昭矣。

5　汉表所记事

汉书功臣表所记列侯功状，有纪传所轶者。韩信击魏，以木罂缶度军，表云：祝阿侯高邑以将军属淮阴，击魏，罂度军。史记作"甀"。盖此计由邑所建也。信谋发兵袭吕后，其舍人得罪信，信囚欲杀之。舍人弟上书变告信欲反。晋灼注曰："楚汉春秋云：谢公也。"表有滇阳侯乐说，史记作栾说，以淮阴舍人告反，侯，盖非谢公也。须昌侯赵衍从汉王起汉中，雍军塞渭上，上计欲还，衍言从它道，道通。中牟侯单右车，始高祖微时，有急，给高祖马，故得侯。邔侯黄极忠以群盗长为临江将，已而为汉击临江王。祁侯缯贺从击项籍，汉王败走，贺击楚追骑，以故不得进，汉王顾谓贺祁王。史记作"侯"。颜师古曰："谓之祁王，盖嘉其功，故宠褒之，许以为王也。"它复有与传小异者。史记张良传：项梁立韩王成，以良为韩申徒。徐广云："申徒即司徒，语音讹转也。"而汉表，良以韩申都下韩。师古云："韩申都即韩王信也。楚汉春秋作'信都'，古'信'、'申'同字。"案，良与韩王信了不相干，颜注误矣。自"司徒"讹为"申徒"，自"申徒"为"申都"，自"申都"为"信都"，展转相传，古书岂复可以字义求也！韩信归汉，为治粟都尉，表以为票客。师古曰："与纪传参错不同，或者以其票疾而宾客礼之，故云票客也。"史记作"典客"，索隐以为"粟客"。此外又有官名非史所载者。如孔聚以执盾从；周灶以长鈹都尉；郭蒙以户卫；宣虎以重将，重将者，主将领辎重也；彭跖以门尉；棘丘侯襄以执盾队史；郭亭以塞路，塞路者，主遮塞要路以备敌寇也；丁礼以中涓骑；爰类以慎将，谓以谨慎为将也；许盎以骈邻说卫，骈邻者，二马曰骈，谓并两骑为军翼也，说读曰税，税卫者，军行初舍止之时主为卫也；许瘛以赵右林将，林将者，将士林，犹言羽林之将也；清侯以弩将；留肹以客吏；冯解散以代大与，大与，主爵禄之官也，史记作"太尉"；靳彊以郎中骑千人之类。聊纪于此，以示读史者云。

6　萧何给韩信

黥布为其臣贲赫告反，高祖以语萧相国，相国曰："布不宜有此，恐仇怨妄诬之，请系赫，使人微验淮南。"布遂反。韩信为人告反，吕后欲召，恐其不就，乃与萧相国谋，诈令人称陈豨已破，给信曰："虽病，强入贺。"信入，即被诛。信之为大将军，实萧何所荐，今其死也，又出其谋，故俚语有“成也萧何，败也萧何”之语。何尚能救黥布，而翻忍于信如此？岂非以高祖出征，吕后居内，而急变从中起，已为留守，故不得不亟诛之，非如布之事尚在疑似之域也。

7　彭越无罪

韩信、英布、彭越皆以谋反诛夷。信乘高祖自将征陈豨之时，欲诈赦诸官徒，发兵袭吕后、太子。布见汉使验问，即发兵东取荆，西击楚，对高祖言欲为帝，其为反逆已明。唯越但以称病不亲诣邯郸之故，上既赦以为庶人，而吕后令人告越复谋反，遂及祸。三人之事，越独为冤。且扈辄劝越反，越不听，有司以越不诛辄为反形已具。然则贯高欲杀高祖，张敖不从，其事等耳，乃以为不知状，而敖得释，何也？乐说告信，贲赫告布，皆得封列侯。而梁大仆告越不论赏，岂非汉朝亦知其故耶？栾布为越大夫，使于齐而越死，还，奏事越头下，上召骂布，欲烹之，布谓越反形未见，而帝以苛细诛之，上乃释布，拜为都尉。然则高祖于用刑，为有负于越矣，伤哉！

8　蜘蛛结罔

佛经云：“蠢动含灵，皆有佛性。”庄子云：“惟虫能虫，惟虫能天。”盖虽昆虫之微，天机所运，其善巧方便，有非人智虑技解所可及者。蚕之作茧，蜘蛛之结罔，蜂之累房，燕之营巢，蚁之筑垤，螟蛉之祝子之类是已。虽然，亦各有幸不幸存乎其间。蛛之结罔也，布丝引经，捷急上下，其始为甚难。至于纬而织之，转盼可就，疏密分寸，未尝不齐。门槛及花梢竹间，则不终日，必为人与风所败。唯闲屋垝垣，人迹罕至，乃可久久而享其安。故燕巢幕上，季子以为至危。李斯见吏舍厕中鼠食不絜，近人犬，数惊恐之，仓中之鼠食积粟，居大庑之下，不见人犬之忧，叹曰："人之贤不肖，譬如鼠矣，在所自处耳。"岂不信哉！

9　孙权称至尊

陈寿三国志，固多出于一时杂史，然独吴书称孙权为至尊，方在汉建安为将军时已如此，至于诸葛亮、周瑜，见之于文字间，亦皆然。周瑜病困，与权书曰："曹公在北，刘备寄寓，此至尊垂虑之日也。"鲁肃破曹公还，权迎之，肃曰："愿至尊威德加乎四海。"吕蒙遣邓玄之说郝普曰："关羽在南郡，至尊身自临之。"又曰："至尊遣兵，相继于道。"蒙谋取关羽，密陈计策，曰："羽所以未便东向者，以至尊圣明，蒙等尚存也。"陆逊谓蒙曰："下见至尊，宜好为计。"甘宁欲图荆州，曰："刘表虑既不远，儿子又劣，至尊当早规之。"权为张辽掩袭，贺齐曰："至尊人主，常当持重。"权欲以诸葛恪典掌军粮，诸葛亮书与陆逊，曰："家兄年老，而恪性疏，粮谷军之要最，足下特为启至尊转之。"逊以白权。凡此之类，皆非所宜称，若以为陈寿作史虚辞，则魏、蜀不然也。

10　匡山读书

杜子美赠李太白诗："匡山读书处，头白好归来。"说者以为即庐山也。吴曾能改斋漫录内辨误一卷，正辨是事，引杜田杜诗补遗云："范传正李白新墓碑云：'白本宗室子，厥先避仇客蜀，居蜀之彰明，太白生焉。'彰明，绵州之属邑，有大、小匡山，白读书于大匡山，有读书堂，尚存。其宅在清廉乡，后废为僧坊〔一〕，称陇西院，盖以太白得名。院有太白像。”吴君以是证杜句，知匡山在蜀，非庐山也。予案当涂所刊太白集，其首载新墓碑，宣、歙、池等州观察使范传正撰，凡千五百馀字，但云：“自国朝已来，编于属籍，神龙初，自碎叶还广汉，因侨为郡人。”初无补遗所纪七十馀言，岂非好事者伪为此书，如开元遗事之类，以附会杜老之诗邪？欧阳忞舆地广记云：“彰明有李白碑，白生于此县。”盖亦传说之误，当以范碑为正。

【校勘记】

〔一〕其宅在清廉乡后废为僧坊　祠本“坊”作“房”。按：吴曾能改斋漫录卷五辨误匡山非庐山作“房”。今姑仍其旧。

11　列国城门名

郡县及城门名，用一字者为雅驯近古。今独姑苏曰吴郡吴县，有盘门、阊门、葑门、娄门、齐门，它皆不然。春秋时，列国门名见于左氏传者，郑最多，曰渠门、纯门、时门、将门、闺门、皇门、鄅门、墓门，又有师之梁、桔柣之门。周曰圉门。鲁曰雩门、雉门、稷门、莱门、鹿门，又有子驹之门。公羊传有争门、吏门。宋曰彭门、桐门、卢门、曹门、泽门、扬门、桑林之门。邾曰鱼门、范门。卫曰阅门，盖获之门。齐曰雍门，亦有扬门、鹿门、稷门。吴曰胥门。宋垤泽之门，见孟子。

12　缁尘素衣

陈简斋墨梅绝句一篇，云：“粲粲江南万玉妃，别来几度见春归。相逢京洛浑依旧，只恨缁尘染素衣。”语意皆妙绝。晋陆机为顾荣赠妇诗云：“京洛多风尘，素衣化为缁。”齐谢玄晖酬王晋安诗云：

"谁能久京洛，缁尘染素衣。"正用此也。

13　去国立后

齐高氏食邑于卢，高弱以卢叛齐，闾丘婴围之，弱曰："苟使高氏有后，请致邑。"齐人立高酀，弱致卢而出奔晋。鲁臧氏食邑于防，臧纥得罪，使来告曰："苟守先祀，敢不辟邑。"乃立臧为，纥致防而奔齐。案，弱、纥二人，据地要君，故孔子曰："臧武仲以防求后于鲁，虽曰不要君，吾不信也。"然齐、鲁之君，竟如其请，不以要君之故而背之，盖当是时先王之泽未熄，非若战国务为诈力权谋之比，所谓杀人之中又有礼焉者也。降及末世，遂有带甲约降，既解甲即围而杀之者，不仁孰甚焉！

14　诗词改字

王荆公绝句云："京口、瓜洲一水间，锺山只隔数重山。春风又绿江南岸，明月何时照我还。"吴中士人家藏其草，初云"又到江南岸"，圈去"到"字，注曰不好，改为"过"，复圈去而改为"入"，旋改为"满"，凡如是十许字，始定为"绿"。黄鲁直诗："归燕略无三月事，高蝉正用一枝鸣。""用"字初曰"抱"，又改曰"占"，曰"在"，曰"带"，曰"要"，至"用"字始定。予闻于钱伸仲大夫如此。今豫章所刻本乃作"残蝉犹占一枝鸣"。向巨原云："元不伐家有鲁直所书东坡念奴娇，与今人歌不同者数处，如'浪淘尽'为'浪声沉'，'周郎赤壁'为'孙吴赤壁'，'乱石穿空'为'崩云'，'惊涛拍岸'为'掠岸'，'多情应笑我早生华发'为'多情应是笑我生华发'，'人生如梦'为'如寄'。"不知此本今何在也。

15 姑舅为婚

姑舅兄弟为婚，在礼法不禁，而世俗不晓。案，刑统户婚律云："父母之姑舅、两姨，姊妹及姨若堂姨、母之姑、堂姑，己之堂姨及再从姨、堂外甥女、女婿姊妹，并不得为婚姻。"议曰："父母姑舅、两姨姊妹，于身无服，乃是父母缌麻，据身是尊，故不合娶。及姨又是父母大功尊，若堂姨虽于父母无服，亦是尊属，母之姑、堂姑，并是母之小功以上尊；己之堂姨及再从姨、堂外甥女亦谓堂姊妹所生者、女婿姊妹，于身虽并无服，据理不可为婚。并为尊卑混乱，人伦失序之故。"然则中表兄弟姊妹正是一等，其于婚娶，了无所妨。予记政和八年知汉阳军王大夫申明此项，敕局看详，以为如表叔取表侄女，从甥女嫁从舅之类，甚为明白。徽州法司编类续降有全文，今州县官书判，至有将姑舅兄弟成婚而断离之者，皆失于不能细读律令也。惟西魏文帝时，禁中外及从母兄弟姊妹为婚，周武帝又诏不得娶母同姓以为妻妾，宣帝诏母族绝服外者听婚，皆偏闰之制，漫附于此。

容斋续笔卷九 十四则

1 三家七穆

春秋列国卿大夫世家之盛，无越鲁三家、郑七穆者。鲁之公族如臧氏、展氏、施氏、子叔氏、叔仲氏、东门氏、郈氏之类固多，唯孟孙、叔孙、季孙实出于桓公，其传序累代，皆秉国政，与鲁相为久长。若揆之以理，则桓公弑兄夺国，得罪于天，顾使有后如此。郑灵公亡，无嗣，国人立穆公之子子良，子良辞以公子坚长，乃立坚，是为襄公。襄公将去穆氏，子良争之，愿与偕亡。乃舍之，皆为大夫。其后位卿大夫而传世者，罕、驷、丰、印、游、国、良，故曰七穆。然则诸家不逐而获存，子良之力也。至其孙良霄乃先覆族，而六家为卿如故，此又不可解也。

2 贡薛韦匡

汉元帝纪赞云："贡、薛、韦、匡，迭为宰相。"谓贡禹、薛广德、韦玄成、匡衡也。四人皆握娖自好，当优柔不断之朝，无所规救。衡专附石显，最为邪臣；广德但有谏御楼船一事；禹传称在位数言得失，书数十上；玄成传称为相七年，守正持重，不及父贤，而文采过之。皆不著其有过。案，刘向传："弘恭、石显白逮更生下狱，下太傅韦玄成、谏大夫贡禹与廷尉杂考。劾更生前为九卿，坐与萧望之、周堪谋排许、史，毁离亲戚，欲退去之，而独专权。为臣不忠，幸不伏诛,复蒙恩召用,不悔前过,而教令人言变事,诬罔不道。更生坐免为庶人。”若以汉法论之,更生死有馀罪,幸元帝不杀之耳。京房传房欲行考功法,石显及韦丞相皆不欲行。然则韦、贡之所以进用,皆阴附恭、显而得之。班史隐而不论,唯于石显传云:“贡禹明经著节,显使人致意,深自结纳。因荐禹天子,历位九卿,至御史大夫。”正在望之死后也。

3 兒宽张安世

汉史有当书之事本传不载者。武帝时,兒宽有重罪系,按道侯韩说谏曰:“前吾丘寿王死,陛下至今恨之;今杀宽,后将复大恨矣!”上感其言,遂贳宽,复用之。宣帝时,张安世尝不快上,所为不可上意。上欲诛之,赵充国以为安世本持橐簪笔事孝武帝数十年,见谓忠谨,宜全度之。安世用是得免。二事不书于宽及安世传,而于刘向、充国传中见之。岂非以二人之贤,为讳之邪?韩说能以一言救贤臣于垂死,而不于说传书之,以扬其善,为可惜也。

4 深沟高垒

韩信伐赵,赵陈馀聚兵井陉口御之。李左车说馀曰:“信乘胜而去国远斗,其锋不可当。愿假奇兵,从间道绝其辎重,而深沟高垒勿与战。彼前不得斗,退不得还,不至十日,信之头可致麾下。”馀不听,一战成禽。七国反,周亚夫将兵往击,会兵荥阳,邓都尉曰:“吴、楚兵锐甚,难与争锋。愿以梁委之,而东北壁昌邑,深沟高垒,使轻兵塞其馕道,以全制其极。”亚夫从之,吴果败亡。李、邓之策一也,而用与不用则异耳。秦军武安西,以攻阏与,赵奢救之,去邯郸三十里，坚壁，二十八日不行，复益增垒。既乃卷甲而趋之，大破秦军。奢之将略，所谓玩敌于股掌之上，虽未合战，而胜形已著矣。前所云邓都尉者，亚夫故父绛侯客也。晁错传云："错已死，谒者仆射邓公为校尉，击吴、楚为将。还，上书言军事，拜为城阳中尉。"邓公者，岂非邓都尉乎？亚夫传以为此策乃自请而后行，颜师古疑其不同，然以事料之，必非出于已也。

5　生之徒十有三

老子出生入死章云："出生入死，生之徒十有三，死之徒十有三，人之生，动之死地十有三，夫何故？以其生生之厚。"王弼注曰："十有三，犹云十分有三分取其生道，全生之极，十分有三耳；取死之道，全死之极，十分亦有三耳。而民生生之厚，更之无生之地焉。"其说甚浅，且不解释后一节。唯苏子由以谓"生死之道，以十言之，三者各居其三矣，岂非生死之道九，而不生不死之道一而已乎？老子言其九不言其一，使人自得之，以寄无思无为之妙"，其论可谓尽矣。

6　臧氏二龟

臧文仲居蔡，孔子以为不智。蔡者，国君之守龟，出蔡地，因以为名焉。左传所称作"虚器"，正谓此也。至其孙武仲得罪于鲁，出奔邾，使告其兄贾于铸，且致大蔡焉，曰："纥之罪不及不祀，子以大蔡纳请，其可？"盖请为先人立后也。贾再拜受龟，使弟为为己请，遂自为也。乃立臧为。为之子曰昭伯，尝如晋，从弟会窃其宝龟偻句龟所出地名。以卜为信与僭，僭吉。僭，不信也。会如晋。昭伯问内子与母弟，皆不对。会之意，欲使昭伯疑其若有它故者。归而察之，皆无之，执而戮之，逸奔郈。及昭伯从昭公孙于齐，季平子立会为臧氏后，会曰："偻句不余欺也。"臧氏二事，皆以龟故，皆以弟而夺兄位，亦异矣。

7　有扈氏

夏书甘誓，启与有扈大战于甘，以其"威侮五行，怠弃三正，天用剿绝其命"为辞，孔安国传云："有扈与夏同姓，恃亲而不恭。"其罪如此耳。而淮南子齐俗训曰："有扈氏为义而亡，知义而不知宜也。"高诱注云："有扈，夏启之庶兄也，以尧、舜举贤，禹独与子，故伐启。启亡之。"此事不见于它书，不知诱何以知之。传记散轶，其必有以为据矣。庄子以为"禹攻有扈，国为虚厉"，非也。

8　太公丹书

太公丹书，今罕见于世，黄鲁直于礼书得其诸铭而书之，然不著其本始。予读大戴礼武王践阼篇，载之甚备，故悉纪录以遗好古君子云："武王践阼三日，召士大夫而问焉，曰：'恶有藏之约，行之行，万世可以为子孙恒者乎？'皆曰：'未得闻也。'然后召师尚父而问焉，曰：'黄帝、颛顼之道可得见与？'师尚父曰：'在丹书。王欲闻之，则斋矣。'王斋三日，尚父端冕奉书，道书之言曰：'"敬胜怠者吉，怠胜敬者灭；义胜欲者从，欲胜义者凶。凡事不强则枉，弗敬则不正，枉者灭废，敬者万世。"藏之约，行之行，可以为子孙恒者，此言之谓也。'又曰：'以仁得之，以仁守之，其量百世；以不仁得之，以仁守之，其量十世；以不仁得之，以不仁守之，必及其世。'王闻书之言,惕若恐惧。退而为戒书,于席之四端为铭。前左端曰:‘安乐必敬。’前右端曰:‘无行可悔。’后左端曰:‘一反一侧,亦不可以忘。’后右端曰:‘所监不远,视尔所代。’机之铭曰:‘皇皇惟敬口,口生敬,口生垢,口戕口。’鉴之铭曰:‘见尔前,虑尔后。’盥盘之铭曰:‘与其溺于人也,宁溺于渊。溺于渊,犹可游也;溺于人,不可救也。’楹之铭曰:‘毋曰胡残,其祸将然;毋曰胡害,其祸将大;毋曰胡伤,其祸将长。’杖之铭曰:‘恶乎危?于忿疐。恶乎失道?于嗜欲。恶乎相忘?于富贵。’带之铭曰:‘火灭修容,慎戒必共,共则寿。’屦之铭曰:‘慎之劳,劳则富。’觞豆之铭曰:‘食自杖,食自杖,戒之憍,憍则逃。’户之铭曰:‘夫名难得而易失。无勤弗志,而曰我知之乎?无勤弗及,而曰我杖之乎?扰阻以泥之,若风将至,必先摇摇,虽有圣人,不能为谋也。’牖之铭曰:‘随天之时,以地之财,敬祀皇天,敬以先时。’剑之铭曰:‘带之以为服,动必行德,行德则兴,倍德则崩。’弓之铭曰:‘屈申之义,发之行之,无忘自过。’矛之铭曰:‘造矛造矛,少间弗忍,终身之羞。予一人所闻,以戒后世子孙。’”凡十六铭。贾谊政事书所陈教太子一节千馀言,皆此书保傅篇之文,然及胡亥、赵高之事,则为汉儒所作可知矣。汉昭帝纪“通保傅传”文颖注曰:“贾谊作,在礼大戴记。”其此书乎?荀卿议兵篇:“敬胜怠则吉,怠胜敬则灭,计胜欲则从,欲胜计则凶。”盖出诸此。左传晋斐豹“著于丹书”,谓以丹书其罪也。其名偶与之同耳。汉祖有丹书铁契以待功臣,盖又不同也。

9　汉景帝

汉景帝为人,甚有可议。晁错为内史,门东出,不便,更穿一门南出,南出者,太上皇庙堧垣也。丞相申屠嘉闻错穿宗庙垣,为奏请诛错。错恐,夜入宫上谒,自归上。至朝,嘉请诛错。上曰:“错所穿非真庙垣,乃外堧垣,且又我使为之,错无罪。”临江王荣以皇太子废为王,坐侵太宗庙壖地为宫,诣中尉府对簿责讯,王遂自杀。两者均为侵宗庙,荣以废黜失宠,至于杀之,错方贵幸,故略不问罪,其不公不慈如此。及用爰盎一言,错即夷族,其寡恩忍杀复如此。

10 萧何先见

韩信从项梁,居戏下,无所知名。又属羽,数以策干羽,羽弗用,乃亡归汉。陈平事项羽,羽使击降河内,已而汉攻下之。羽怒,将诛定河内者。平惧诛,乃降汉。信与平固能择所从,然不若萧何之先见。何为泗水卒史事,第一。秦御史欲入言召何,何固请,得毋行。则当秦之未亡,已知其不能久矣,不待献策弗用,及惧罪且诛,然后去之也。

11 史汉书法

史记、前汉所书高祖诸将战功,各为一体。周勃传:攻开封,先至城下为多;攻好畤,最;击咸阳,最;攻曲遇,最;破臧荼,所将卒当驰道为多;击胡骑平城下,所将卒当驰道为多。夏侯婴传:破李由军,以兵车趣攻战疾;从击章邯,以兵车趣攻战疾;击秦军雒阳东,以兵车趣攻战疾。灌婴传:破秦军于杠里,疾斗;攻曲遇,战疾力;战于蓝田,疾力;击项佗军,疾战。又书,击项冠于鲁下,所将卒斩司马、骑将各一人;击破王武军,所将卒斩楼烦将五人;击武别将,所将卒斩都尉一人;击齐军于历下,所将卒虏将军、将吏四十六人;击田横,所将卒斩骑将一人;从韩信,卒斩龙且,所将之卒。身生得周兰,破薛郡,身虏骑将;击项籍陈下,所将卒斩楼烦将二人;追至东城,所将卒共斩籍;击胡骑晋阳下,所将卒斩白题将一人;攻陈豨,卒斩特将五人;破黥布,身生得左司马一人,所将卒斩小将十人。傅宽传:属淮阴,击破历下军;属相国参,残博;属太尉勃,击陈豨。郦商传:与锺离眛战,受梁相国印;定上谷,受赵相国印。五人之传,书法不同如此,灌婴事尤为复重,然读之了不觉细琐,史笔超拔高古,范晔以下岂能窥其篱奥哉!又史记灌婴传书:受诏别击楚军后,受诏将郎中骑兵;受诏将车骑别追项籍;受诏别降楼烦以北六县;受诏并将燕、赵车骑;受诏别攻陈豨。凡六书"受诏"字,汉减其三云。

12 薄昭田蚡

周勃为人告欲反,下廷尉,逮捕,吏稍侵辱之。初,勃以诛诸吕功,益封赐金,尽以予太后弟薄昭。及系急,昭为言太后,后以语文帝,乃得释。王恢坐为将军不出击匈奴单于辎重,下廷尉,当斩。恢行千金于丞相田蚡,蚡不敢言上,而言于太后。后以蚡言告上,上竟诛恢。蚡者,王太后同母弟也。汉世母后豫闻政事,故昭、蚡凭之以招权纳贿,其史所不书者,当非一事也。

神宗熙宁七年,天下大旱,帝对朝嗟叹,欲尽罢法度之不善者。王安石怫然争之,帝曰:"比两宫泣下,忧京师乱起,以为更失人心。"安石曰:"两宫有言,乃向经、曹佾所为耳。"是时,安石力行新法以为民害,向经、曹佾能献忠于母后,可谓贤戚里矣,而安石非沮之,使遇薄昭、田蚡,当如何哉!高遵裕坐西征失律抵罪,宣仁圣烈后临朝,宰相蔡确乞复其官,后曰:"遵裕灵武之役,涂炭百万,得免刑诛幸矣，吾何敢顾私恩而违天下公议！”其圣如此，虽有昭、蚡百辈，何所容其奸乎？

13　文字结尾

老子道经孔德之容一章，其末云：“吾何以知众甫之然哉？以此。”盖用二字结之。左传：“叔孙武叔使郈马正侯犯杀郈宰公若藐，弗能。其圉人曰：‘吾以剑过朝，公若必曰：“谁之剑也？”吾称子以告，必观之，吾伪固而授之末，则可杀也。’使如之。”孟子载：“齐人一妻一妾而处室者，其良人出，必厌酒肉而后反。问所与饮食者，则尽富贵也。妻瞯其所之，乃之东郭墦间之祭者，乞其馀。归告其妾，曰：‘良人者，所仰望而终身也，今若此！’”此二事，反复数十百语，而但以“使如之”及“今若此”各三字结之。史记封禅书载武帝用方士言神祠长陵神君，李少君、谬忌、少翁、游水发根、栾大、公孙卿、史宽舒、丁公、王朔、公玉带、越人勇之之属，所言祠灶，化丹沙，求蓬莱安期生，立太一坛，作甘泉宫台室、柏梁、仙人掌、寿宫神君，斗棋小方，泰帝神鼎，云阳美光，缑氏城仙人迹，太室呼万岁，老父牵狗，白云起封中，德星出，越祠鸡卜，通天台，明堂，昆仑，建章宫，五城十二楼，凡数十事，三千言，而其末云“然其效可睹矣”。则武帝所兴为者，皆堕诞罔中，不待一二论说也。文字结尾之简妙至此。

14　国初古文

欧阳公书韩文后，云：“予少家汉东，有大姓李氏者，其子尧辅颇好学。予游其家，见有敝筐贮故书在壁间，发而视之，得唐昌黎先生文集六卷，脱落颠倒无次序，因乞以归读之。是时，天下未有道韩文者，予亦方举进士，以礼部诗赋为事。后官于洛阳，而尹师鲁之徒皆在，遂相与作为古文，因出所藏昌黎集而补缀之。其后天下学者亦渐趋于古，韩文遂行于世。”又作苏子美集序，云：“子美之齿少于予，而予学古文，反在其后。天圣之间，学者务以言语声偶擿裂以相夸尚，子美独与其兄才翁及穆参军伯长作为古歌诗杂文，时人颇共非笑之，而子美不顾也。其后学者稍趋于古。独子美为于举世不为之时，可谓特立之士也。”柳子厚集有穆修所作后叙，云：“予少嗜观韩、柳二家之文，柳不全见于世，韩则虽目其全，至所缺坠，亡字失句，独于集家为甚。凡用力二纪，文始几定，时天圣九年也。”予读张景集中柳开行状云：“公少诵经籍，天水赵生，老儒也，持韩愈文仅百篇授公，曰：‘质而不丽，意若难晓，子详之，何如？’公一览不能舍，叹曰：‘唐有斯文哉！’因为文章，直以韩为宗尚。时韩之道独行于公，遂名肩愈，字绍先。韩之道大行于今，自公始也。”又云：“公生于晋末，长于宋初，扶百世之大教，续韩、孟而助周、孔。兵部侍郎王祐得公书，曰：‘子之文出于今世，真古之文章也。’兵部尚书杨昭俭曰：‘子之文章，世无如者已二百年矣。’”开以开宝六年登进士第，景作行状时，咸平三年。开序韩文云：“予读先生之文，自年十七至于今，凡七年。”然则在国初，开已得昌黎集而作古文，去穆伯长时数十年矣。苏、欧阳更出其后，而欧阳略不及之，乃以为天下未有道韩文者，何也？范文正公作尹师鲁集序，亦云：“五代文体薄弱，皇朝柳仲涂起而麾之，洎杨大年专事藻饰，谓古道不适于用，废而弗学者久之。师鲁与穆伯长力为古文，欧阳永叔从而振之，由是天下之文一变而古。”其论最为至当。

容斋续笔卷十 十七则

1 经传烦简

左传:蔡声子谓楚子木曰:“善为国者,赏不僭而刑不滥。赏僭则惧及淫人,刑滥则惧及善人。若不幸而过,宁僭无滥,与其失善,宁其利淫。”其语本于大禹谟“罪疑惟轻,功疑惟重,与其杀不辜,宁失不经”也。晋叔向诒郑子产书曰:“先王议事以制,诲之以忠,耸之以行,教之以务,使之以和,临之以敬,莅之以彊,断之以刚,犹求圣哲之上,明察之官,忠信之长,慈惠之师。”其语本于吕刑“惟良折狱,哲人惟刑”也。旨意则同,而经传烦简为不侔矣。

2 曹参不荐士

曹参代萧何为汉相国,日夜饮酒不事事,自云:“高皇帝与何定天下,法令既明,遵而勿失,不亦可乎!”是则然矣,然以其时考之,承暴秦之后,高帝创业尚浅,日不暇给,岂无一事可关心者哉?其初相齐,闻膠西盖公善治黄、老言,使人厚币请之。盖公为言治道贵清净而民自定。参于是避正堂以舍之,其治要用黄、老术。故相齐九年,齐国安集。然入相汉时,未尝引盖公为助也。齐处士东郭先生、梁石君隐居深山,蒯彻为参客,或谓彻曰:“先生之于曹相国,拾遗举过,显贤进能,二人者,世俗所不及,何不进之于相国乎!”彻以告参,参皆以为上宾。彻善齐人安其生,尝干项羽,羽不能用其策。

羽欲封此两人，两人卒不受。凡此数贤，参皆不之用，若非史策失其传，则参不荐士之过多矣。

3　汉初诸将官

汉初诸将所领官，多为丞相。如韩信初拜大将军，后为左丞相击魏，又拜相国击齐。周勃以将军迁太尉，后以相国代樊哙击燕。樊哙以将军攻韩王信，迁为左丞相，以相国击燕。郦商为将军，以右丞相击陈豨，以丞相击黥布。尹恢以右丞相备守淮阳，陈涓以丞相定齐地。然百官公卿表皆不载，盖萧何已居相位，诸人者，未尝在朝廷，特使假其名以为重耳。后世使相之官，本诸此也。

4　汉官名

汉官名既古雅，故书于史者，皆可诵味。如"朝臣龂龂不可光禄勋"，"谁可以为御史大夫者"，"御史大夫言可听"，"郎中令善愧人"，"丞相议不可用"，"太尉不足与计"，"大将军尊贡诚重"〔一〕，"大将军有揖客"，"京兆尹可立得"，"大夫乘私车来邪"，"大官丞日晏不来"，"谢田大夫晓大司农"，"大司马欲用是忿恨"，"后将军数画军册"，"光禄大夫、太中大夫耆艾二人以老病罢"，"驸马都尉安所受此语"之类。又如所书路中大夫、韩御史大夫、叔孙太傅、郑尚书、鲍司隶、赵将军、张廷尉，亦烨然有法。后汉书"执金吾击郾"，"大司马当击宛"，"大司马习用步骑"等语，尚有前史馀味。

【校勘记】

〔一〕大将军尊贡诚重　马本、祠本"贡"作"贵"。按，疑作"贵"是。

5 汉唐辅相

前汉宰相四十五人，自萧、曹、魏、丙之外，如陈平、王陵、周勃、灌婴、张苍、申屠嘉以高帝故臣，陶青、刘舍、许昌、薛泽、庄青翟、赵周以功臣侯子孙，窦婴、田蚡、公孙贺、刘屈氂以宗戚，卫绾、李蔡以士伍，唯王陵、申屠嘉及周亚夫、王商、王嘉有刚直之节，薛宣、翟方进有材具，馀皆容身保位，无所建明。至于御史大夫，名为亚相，尤录录不足数。刘向所谓御史大夫未有如儿宽者，盖以馀人可称者少也。若唐宰相三百馀人，自房、杜、姚、宋之外，如魏徵、王珪、褚遂良、狄仁杰、魏元忠、韩休、张九龄、杨绾、崔祐甫、陆贽、杜黄裳、裴垍、李绛、李藩、裴度、崔群、韦处厚、李德裕、郑畋，皆为一时名宰，考其行事，非汉诸人可比也。

6 汉武留意郡守

汉武帝天资高明，政自己出，故辅相之任，不甚择人，若但使之奉行文书而已。其于除用郡守，尤所留意。庄助为会稽太守，数年不闻问，赐书曰："君厌承明之庐，怀故土，出为郡吏。间者，阔焉久不闻问。"吾丘寿王为东郡都尉，上以寿王为都尉，不复置太守，诏赐玺书曰："子在朕前之时，知略辐凑，及至连十馀城之守，任四千石之重，职事并废，盗贼从横，甚不称在前时，何也？"汲黯拜淮阳太守，不受印绶，上曰："君薄淮阳邪？吾今召君矣，顾淮阳吏民不相得，吾徒得君重，卧而治之。"观此三者，则知郡国之事无细大，未尝不深知之，为长吏者，常若亲临其上，又安有不尽力者乎！惜其为征伐、奢侈所移，使民间不见德泽，为可恨耳。

7 苦荬菜

吴归命侯天纪三年八月，有鬼目菜生工人黄耇家，有买菜生工人吴平家，高四尺，厚三分，如枇杷形，上广尺八寸，下茎广五寸，两边生叶绿色。东观案图，名鬼目作芝草，买菜作平虑草，以耇为侍芝郎，平为平虑郎，皆银印青绶。唐五行志，中宗景龙二年，岐州郿县民王上宾家，有苦荬菜，高三尺馀，上广尺馀，厚二分。说者以为草妖。予案买菜即苦荬，今俗呼为苦笃者是也。天纪、景龙之事甚相类，归命次年亡国，中宗后二年遇害，虽事非此致，亦可谓妖矣。平虑草不知何状。杨雄甘泉赋"并闾"注，如淳曰："并闾，其叶随时政，政平则平，政不平则倾也。"颜师古曰："如氏所说，自是平虑耳。"然则亦异草也。鬼目见尔雅，郭璞云："今江东有鬼目草，茎似葛，叶员而毛，如耳当也，赤色丛生。"广志曰："鬼目似梅，南人以饮酒。"南方草木状曰："鬼目树，大者如木子，小者如鸭子，七月、八月熟，色黄，味酸，以蜜煮之，滋味柔嘉，交趾诸郡有之。"交州记曰："高大如木瓜而小，倾邪不周正。"本草曰："鬼目，一名东方宿，一名连虫陆，名羊蹄。"

8 唐诸生束脩

唐六典："国子生初入，置束帛一篚，酒一壶，脩一案，为束脩之礼。太学、四门、律学、书学、算学皆如国子之法。其习经有暇者，命习隶书，并国语、说文、字林、三苍、尔雅，每旬前一日，则试其所习业。"乃知唐世士人多工书[一]，盖在六馆时，以为常习。其说文、字林、苍、雅诸书，亦欲责以结字合于古义，不特铨选之时，方取楷法遒美者也。束脩之礼，乃于此见之。开元礼载皇子束脩，束帛一篚五匹，酒一壶二斗，脩一案三脡。皇子服学生之服，至学门外，陈三物于西南，少进曰："某方受业于先生，敢请见。"执篚者以篚授皇子，皇子跪，奠篚，再拜，博士答再拜，皇子还避，遂进跪取篚，博士受币，皇子拜讫，乃出。其仪如此，州县学生亦然。

【校勘记】

〔一〕唐世士人多工书　祠本"工"作"攻"。

9　范德孺帖

范德孺有一帖云："纯粹忝冒固多，尤是家兄北归，遂解倒悬之念，庆快安幸，此外何求。四月末雇舟离均，借人至邓，本待家兄之来。今家兄虽得归颍昌，而尚未闻来耗。已累遣人禀问所行路及相见之期，人尚未还，未知果能如约否？盖恐太原接人非久到此，法留半月，则须北去也。"予以其时考之，元符三年四月，德孺除知太原。是月二十一日，忠宣公自邓州分司复故秩，许归颍昌府，则此帖当在五月间，忠宣犹未离永州也。德孺自均州守擢帅河东，至于雇舟借人以行，又云接人法留半月，过此则须北去，虽欲待其兄，亦不可得。今世为长吏，虽居蕞尔小垒，而欲送还兵士，唯意所须。若接人之来，视其私计办否为迟速耳，未尝顾法令以自儆策，使申固要束，稍整摄之，置士大夫于无过之地，亦所以善风俗也。

10　民不畏死

老子曰："民常不畏死，奈何以死惧之。若使人常畏死，则为奇者吾得执而杀之，孰敢？”读者至此，多以为老氏好杀。夫老氏岂好杀者哉！旨意盖以戒时君、世主视民为至愚、至贱，轻尽其命，若刈草菅，使之知民情状，人人能与我为敌国，懔乎常有朽索驭六马之惧。故继之曰：“常有司杀者杀。夫代司杀者杀，是代大匠斫。夫代大匠斫，希有不伤其手矣。”下篇又曰：“人之轻死。以其生生之厚，是以轻死。”且人情莫不欲寿，虽衰贫至骨，濒于饿隶，其与受僇而死有间矣，乌有不畏者哉。自古以来，时运俶扰，至于空天下而为盗贼，及夷考其故，乱之始生，民未尝有不靖之心也。秦、汉、隋、唐之末，土崩鱼烂，比屋可诛。然凶暴如王仙芝、黄巢，不过侥觊一官而已，使君相御之得其道，岂复有滔天之患哉。龚遂之清渤海、冯异之定关中、高仁厚之平蜀盗、王先成之说王宗侃，民情可见。世之君子，能深味老氏之训，思过半矣。

11　天下有奇士

天下未尝无魁奇智略之士，当乱离之际，虽一旅之聚，数城之地，必有策策知名者出其间，史传所书，尚可考也。郑烛之武、弦高从容立计，以存其国。后世至不可胜纪，在唐尤多，姑摭其小小者数人载于此。

武德初，北海贼帅綦公顺攻郡城，为郡兵所败，后得刘兰成以为谋主，才用数十百人，出奇再奋，北海即降。海州臧君相帅众五万来争，兰成以敢死士二十人夜袭之，扫空其众。

徐圆朗据海岱，或说之曰：“有刘世彻者，才略不世出，名高东夏，若迎而奉之，天下指挥可定。”圆朗使迎之。世彻至，已有众数千，圆朗使徇谯、杞，东人素闻其名，所向皆下。

裘甫乱浙东，朝廷遣王式往讨，其党刘暀劝甫引兵取越，凭城郭，据府库，循浙江筑垒以拒之，得间则长驱进取浙西，过大江，掠扬州，还修石头城而守之，宣、歙、江西必有响应者，别以万人循海而南，袭取福建，则国家贡赋之地，尽入于我矣。甫不能用。

高骈之将毕师铎攻骈，乞师于宣州秦彦，彦兵至，遂下扬州。师铎遣使趣彦过江，将奉以为主。或说之曰："仆射顺众心为一方去害，宜复奉高公而佐之，总其兵权，谁敢不服。且秦司空为节度使，庐州、寿州其肯为之下乎。切恐功名成败，未可知也。不若亟止秦司空勿使过江，彼若粗识安危，必未敢轻进，就使他日责我以负约，犹不失为高氏忠臣也。"师铎不以为然，明日，以告郑汉章，汉章曰："此智士也。"求之，弗获。

王建镇成都，攻杨晟于彭州，久不下，民皆窜匿山谷，诸寨日出抄掠之。王先成往说其将王宗侃曰："民入山谷，以俟招安，今乃从而掠之，与盗贼无异。旦出淘虏，薄暮乃返，曾无守备之意，万一城中有智者为之画策，使乘虚奔突，先伏精兵于门内，望淘虏者稍远，出弓弩手炮各百人，攻寨之一面，又于三面各出耀兵，诸寨咸自备御，无暇相救，如此能无败乎！"宗侃矍然。先成为条列七事为状，以白王建，建即施行之。榜至三日，山中之民，竞出如归市，浸还故业。

观此五者，则其他姓名不传与草木俱腐者，盖不可胜计矣。

12　易卦四德

易元、亨、利、贞，谓之四德，唯乾、坤为能尽之。若屯、随二卦，但大亨贞。临、无妄、革三卦，皆大亨以正而已。有亨、利、贞者十一：蒙、同人、离、咸、兑、恒、遁、萃、涣、小过、既济也。元、亨、利者一，蛊也。利、贞者八：大畜、大壮、明夷、家人、中孚、蹇、损、渐也。

亨、贞者三：需、困、旅也。元、亨者三：大有、升、鼎也。亨、利者五：贲、复、大过、巽、噬嗑也。亨者九：小畜、履、泰、谦、节、坎、震、丰、未济也。利者五：讼、豫、解、益、夬也。贞者四：师、比、否、颐也。唯八卦皆无之：观、剥、晋、睽、姤、归妹、井、艮也。若以卦象索之，如剥、睽、姤犹可强为之辞，它则不复容拟议矣。

13 孙坚起兵

董卓盗国柄，天下共兴义兵讨之，惟孙坚以长沙太守先至，为卓所惮，独为有功。故裴松之谓其最有忠烈之称。然长沙为荆州属部，受督于刺史王睿，睿先与坚共击零、桂贼，以坚武官，言颇轻之。及睿举兵欲讨卓，坚乃承案行使者，诈檄杀之，以偿曩忿。南阳太守张咨，邻郡二千石也，以军资不具之故，又收斩之。是以区区一郡将，乘一时兵威，辄害方伯、邻守，岂得为勤王乎！刘表在荆州，乃心王室，袁术志于逆乱，坚乃奉其命而攻之，自速其死，皆可议也。

14 孙权封兄策

孙权即帝位，追尊兄策为长沙王，封其子为吴侯。案，孙氏奄有江、汉，皆策之功，权特承之耳，而报之之礼不相宜称。故陈寿评云："割据江东，策之基兆也，而权尊崇未至，子止侯爵，于义俭矣。"而孙盛乃云："权远思盈虚之数，正本定名，防微于未兆，可谓为之于未有，治之于未乱。"其说迂谬如此。汉室中兴，出于伯升，光武感其功业之不终，建武二年，首封其二子为王，而帝子之封，乃在一年之后。司马昭继兄师秉魏政，以次子攸为师后，常云："天下者，景王之天下。"欲以大业归攸。以孙权视之,不可同日论也。

15 逾年改元

自汉武帝建元纪年之后,嗣君绍统,必逾年乃改元。虽安帝继殇帝,亦终延平而为永初。桓帝继质帝,亦终本初而为建和。唐宣宗以叔继侄,亦终会昌六年而改大中。独本朝太祖以开宝九年十月二十日上仙,太宗嗣位,是年十二月二十二日,改为太平兴国元年,去新岁才八日耳。意当时星辰历象考卜兆祥,必有其说,而国史传记皆失传。窃计岭、蜀之远,制书到时,已是二年之春。是时,宰相薛居正、沈伦、卢多逊失于不考引故实,致行之弗审,使人君即位而无元年,尤为不可也。若唐顺宗以贞元二十一年正月嗣位,至八月辛丑,改元永贞。盖已称太上皇,嫌于独无纪年,故亟更之耳。刘禅、孙亮、石弘、苻生、李璟未逾年而改,此不足责。晋惠帝改武帝太熙为永熙,而以为欲长奉先皇之制,亦非也。唐中宗仍武后神龙,梁末帝追承太祖乾化,孟昶仍父知祥明德,汉刘知远追用晋天福,隐帝仍父乾祐,周世宗仍太祖显德,皆非礼之正,无足议者。唐哀帝仍昭宗天祐,盖畏朱温而不敢云。

16 贼臣迁都

自汉以来,贼臣窃国命,将欲移鼎,必先迁都以自便。董卓以山东兵起,谋徙都长安,驱民数百万口,更相蹈藉,悉烧宫庙、官府、居家,二百里内无复鸡犬。高欢自洛阳迁魏于邺,四十万户狼狈就道。朱全忠自长安迁唐于洛,驱徙士民,毁宫室百司,及民间庐舍,长安自是丘墟。卓不旋踵而死,曹操迎天子都许,卒覆刘氏。魏、唐之祚,竟为高、朱所倾，凶盗设心积虑，由来一揆也。

17 舆地道里误

古今舆地图志所记某州至某州若干里，多有差误。偶阅元祐九域志〔一〕，姑以吾乡饶州证之。饶西至洪州三百八十里，而志云"西至州界一百七十里，自界首至洪五百六十八里。"于洪州书至饶，又衍二十里，是为七百六十里也。饶至信州三百七十里，而志云"东南至本州界二百九十里，自界首至信州三百五十里"，是为六百四十里也。饶至池州四百八十里，而志云"北至州界一百九十里，自界首至池州三百八十里"，是为五百七十里也。唐贾耽皇华四达记所纪中都至外国，尤为详备，其书虔州西南一百十里至潭口驿，又百里至南康县。然今虔至潭口才四十里，又五十里即至南康，比之所载，不及半也。以所经行处验之，知其它不然者多矣。

【校勘记】

〔一〕元祐九域志　祠本"祐"作"丰"。按，元丰九域志今传。元祐、元丰相接，或以书成于元丰，而刊于元祐，故以元祐称之。今姑仍其旧。

容斋续笔卷十一 十五则

1　古錞于

周礼："鼓人掌教六鼓四金之音声，以节声乐。"四金者，錞、镯、铙、铎也。"以金錞和鼓。"郑氏注云："錞，錞于也，圜如碓头，大上小下，乐作鸣之，与鼓相和。"贾公彦疏云："錞于之名，出于汉之太予乐官。"南齐始兴王鉴为益州刺史，广汉什邡民段祚以錞于献鉴，古礼器也，高三尺六寸六分，围二尺四寸，圆如筩，铜色黑如漆，甚薄，上有铜马，以绳县马，令去地尺馀，灌之以水，又以器盛水于下，以芒茎当心跪注錞于，以手振芒，则其声如雷，清响良久乃绝，古所以节乐也。周斛斯徵精三礼，为太常卿。自魏孝武西迁，雅乐废缺，乐有錞于者，近代绝无此器，或有自蜀得之，皆莫之识。徵曰："此錞于也。"众弗之信，遂依干宝周礼注以芒筒捋之，其声极振，乃取以合乐焉。宣和博古图说云："其制中虚，椎首而杀其下。"王黼亦引段祚所献为证云。今乐府金錞，就击于地，灌水之制，不复考矣。是时，有虎龙錞一，山纹錞一，圜花錞一，縈马錞一，龟鱼錞一，鱼錞二，凤錞一，虎錞七。其最大者重五十一斤，小者七斤。淳熙十四年，澧州慈利县周赧王墓傍五里山摧，盖古冢也，其中藏器物甚多。予甥余玠宰是邑，得一錞，高一尺三寸，上径长九寸五分，阔八寸，下口长径五寸八分，阔五寸，虎钮高一寸二分，阔寸一分，并尾长五寸五分，重十三斤。绍熙三年，予仲子签书峡州判官，于长阳县又得其一，甚大，高二尺，上径长一尺六分，阔一尺四寸二分，下口长径九寸五分，阔八寸，虎钮高二寸五分，足阔三寸四分，并尾长一尺，重三十五斤。皆虎錞也。予家蓄古彝器百种，此遂为之冠。小錞无损缺，扣之，其声清越以长。大者破处五寸许，声不能浑全，然亦可考击也。后复得一枚，与大者无小异，自峡来，置诸篛笼中，取者不谨，断其钮，匠以药焊而栅之，遂两两相对。若三礼图、景祐大乐图所画，形制皆非。东坡志林记始兴王鉴一节，云："记者能道其尺寸之详如此，而拙于遣词，使古器形制不可复得其髣髴，甚可恨也。"正为此云。

2 孙玉汝

韩庄敏公缜，字玉汝，盖取君子以玉比德，缜密以栗，及王欲玉汝之义，前人未尝用，最为古雅。案，唐登科记会昌四年及第进士有孙玉汝。李景让为御史大夫，劾罢侍御史孙玉汝。会稽大庆寺碑咸通十一年所立，云衢州刺史孙玉汝记。荣王宗绰书目，有南北史选练十八卷，云孙玉汝撰，盖其人也。

3 唐人避讳

唐人避家讳甚严，固有出于礼律之外者。李贺应进士举，忌之者斥其父名晋肃，以晋与进字同音，贺遂不敢试。韩文公作讳辩，论之至切，不能解众惑也。旧唐史至谓韩公此文为文章之纰缪者，则一时横议可知矣。杜子美有送李二十九弟晋肃入蜀诗，盖其人云。裴德融讳"皋"，高锴以礼部侍郎典贡举，德融入试，锴曰："伊讳皋，向某下就试，与及第，困一生事。"后除屯田员外郎，与同除郎官一人同参右丞卢简求。到宅，卢先屈前一人入，前人启云："某与新除屯田裴员外同祇候。”卢使驱使官传语曰：“员外是何人下及第？偶有事，不得奉见。”裴苍遽出门去。观此事，尤为乖剌。锴、简求皆当世名流，而所见如此。语林载崔殷梦知举，吏部尚书归仁晦托弟仁泽，殷梦唯唯而已。无何，仁晦复诣托之，至于三四。殷梦敛色端笏，曰：“某见进表让此官矣。”仁晦始悟己姓，殷梦讳也。按，宰相世系表，其父名龟从，此又与高相类，且父名晋肃，子不得举进士，父名皋，子不得于主司姓高下登科，父名龟从，子不列姓归人于科籍，揆之礼律，果安在哉？后唐天成初，卢文纪为工部尚书，新除郎中于邺公参〔一〕，文纪以父名嗣业，与同音，竟不见。邺忧畏太过，一夕雉经于室。文纪坐谪石州司马，此又可怪也。

【校勘记】

〔一〕于邺　“于”原作“干”，据会本、李本改。

4　高锴取士

高锴为礼部侍郎，知贡举，阅三岁，颇得才实。始，岁取四十人，才益少，诏减十人，犹不能满。此新唐书所载也。按登科记，开成元年，中书门下奏：“进士元额二十五人，请加至四十人。”奉敕依奏。是年及二年、三年，锴在礼部，每举所放，各四十人。至四年，始令每年放三十人为定，则唐书所云误矣。摭言载锴第一榜裴思谦以仇士良关节取状头，锴庭谴之。思谦回顾厉声曰：“明年打脊取状头〔一〕。”第二年，锴知举，诫门下不得受书题。思谦自携士良一缄入贡院，既而易紫衣，趋至堦下，白曰：“军容有状荐裴思谦秀才。”锴接之，书中与求巍峩。锴曰：“状元已有人，此外可副军容意旨。”思谦曰：“卑吏奉军容处分：‘裴秀才非状元请侍郎不放。’”锴俛首良久，曰："然则略要见裴学士。"思谦曰："卑吏便是也。"锴不得已，遂从之。思谦及第后，宿平康里，赋诗云："银釭斜背解明当，小语低声贺玉郎。从此不知兰麝贵，夜来新惹桂枝香。"然则思谦亦疏俊不羁之士耳。锴徇凶当之意，以为举首，史谓颇得才实，恐未尽然。先是大和三年，锴为考功员外郎，取士有不当，监察御史姚中立奏停考功别头试，六年，侍郎贾𫗧又奏复之，事见选举志。

【校勘记】

〔一〕明年打脊取状头　"状"原作"牀"，据会本、李本改。

5　兵部名存

唐因隋制，尚书置六曹。吏部、兵部分掌铨选，文属吏部，武属兵部。自三品以上官册授，五品以上制授，六品以下敕授，皆委尚书省奏拟。两部分列三铨。曰尚书铨，尚书主之。曰东铨，曰西铨，侍郎二人主之。吏居左，兵居右，是为前行。故兵部班级在户、刑、礼之上。睿宗初政，以宋璟为吏部尚书，李乂、卢从愿为侍郎；姚元之为兵部尚书，陆象先、卢怀慎为侍郎。六人皆名臣，二选称治。其后用人不能悉得贤，然兵部为甚。其变而为三班流外铨，不知自何时。元丰官制行，一切更改，凡选事，无论文武，悉以付吏部。苏东坡当元祐中拜兵书，谢表云："恭惟先帝复六卿之名，本欲后人识三代之旧，古今殊制，闲剧异宜。武选隶于天官，兵政总于枢辅。故司马之职，独省文书。"盖纪其实也。今本曹所掌，惟诸州厢军名籍，及每大礼，则书写蕃官加恩告。虽有所辖司局，如金吾街仗司、骐骥车辂象院、法物库、仪鸾司，不过每季郎官一往耳。名存实亡，一至于是。

6 武官名不正

文官郎、大夫，武官将军、校尉，自秦、汉以来有之。至于阶秩品著，则由晋、魏至唐始定。唐文散阶二十九，自开府、特进之下，为大夫者十一，为郎者十六。武散阶四十五，为将军者十二，为校尉者十六。此外怀化、归德大将军，讫于司戈、执戟，皆以待蕃戎之君长臣仆。本朝因之。元丰正官制，废文散阶，而易旧省部寺监名，称为郎、大夫，曰寄禄官。政和中，改选人七阶亦为郎，欲以将军、校尉易横行以下诸使至三班借职，而西班用事者嫌其涂辙太殊，亦请改为郎、大夫，于是以卒伍厮圉玷污此名，又以节度使至刺史专为武臣正任。且郎、大夫，汉以处名流，观察使在唐为方伯，刺史在汉为监司，在唐为郡守，岂介胄恩幸所得处哉？此其名尤不正者也。

7 名将晚谬

自古威名之将，立盖世之勋，而晚谬不克终者，多失于恃功矜能而轻敌也。关羽手杀袁绍二将颜良、文丑于万众之中〔一〕。及攻曹仁于樊，于禁等七军皆没，羽威震华夏，曹操议徙许都以避其锐，其功名盛矣。而不悟吕蒙、陆逊之诈，竟堕孙权计中，父子成禽，以败大事。西魏王思政镇守玉壁，高欢连营四十里攻围之，饥冻而退。及思政徙荆州，举韦孝宽代己，欢举山东之众来攻，凡五十日，复以败归，皆思政功也。其后欲以长社为行台治所，致书于崔猷。猷曰："襄城控带京洛，当今要地，如其动驳，易相应接。颍川邻寇境，又无山川之固，莫若顿兵襄城，而遣良将守颍川，则表里膠固，人心易安，纵有不虞，岂足为患。"宇文泰令依猷策，思政固请，且约，贼水攻期年，陆攻三年之内，朝廷不烦赴救。已而陷于高澄，身为俘虏。慕容绍宗挫败侯景，一时将帅皆莫及，而攻围颍川，不知进退，赴水而死。吴明彻当陈国衰削之馀，北伐高齐，将略人才，公卿以为举首，师之所至，前无坚城，数月之间，尽复江北之地。然其后攻周彭城，为王轨所困，欲遏归路。萧摩诃请击之，明彻不听，曰："搴旗陷陈，将军事也。长筭远略，老夫事也。"一旬之间，水路遂断。摩诃又请潜军突围，复不许，遂为周人所执，将士三万皆没焉。此四人之过，如出一辙。

【校勘记】

〔一〕关羽手杀袁绍二将颜良文丑于万众之中　按，据三国志卷一、卷六，文丑乃曹操所杀。作者偶误，今姑仍其旧。

8　唐帝称太上皇

唐诸帝称太上皇者，高祖、睿宗、明皇、顺宗凡四君。顺宗以病废之故，不能临政，高祖以秦王杀建成、元吉，明皇幸蜀，为太子所夺，唯睿宗上畏天戒，发于诚心，为史册所表。然以事考之，睿宗以先天元年八月传位于皇太子，犹五日一受朝，三品以上除授及大刑政，皆自决之。故皇帝之子嗣直、嗣谦、嗣升封王，皆以上皇诰而出命。又遣皇帝巡边。二年七月甲子，太平公主诛，明日乙丑，即归政。然则犹有不获已也。若夫与尧、舜合其德，则我高宗皇帝、至尊寿皇圣帝为然。

9　杨倞注荀子

唐杨倞注荀子，乃元和十三年。然臣道篇所引："书曰：从命而不拂，微谏而不倦，为上则明，为下则逊。”注以为伊训篇，今元无此语。致士篇所引曰：“义刑义杀，勿庸以即，汝惟曰未有顺事。”注以为康诰，而不言其有不同者。

10　昭宗相朱朴

唐昭宗出幸华州，方强藩悍镇，远近为梗，思得特起奇士任之，以成中兴之业。水部郎中何迎，表荐国子博士朱朴才如谢安，朴所善方士许岩士得幸，出入禁中，亦言朴有经济才。上连日召对，朴有口辩，上悦之，曰：“朕虽非太宗，得卿如魏徵矣。”上愤天下之乱，朴自言得为宰相，月馀可致太平。遂拜为相，制出，中外大惊。唐制诏有制词，学士韩仪所撰，曰：“梦傅岩而得真相，则商道中兴；猎渭滨而载献臣，则周朝致理。朕自逢多难，渴竚英贤，暗祷鬼神，明祈日月。果得哲辅，契予勤求。朱朴学业优深，识用精敏。久徊翔而不振，弥贞吉以自多。朕知其才，遂召与语。理乱立分于言下，闻所未闻；兵农皆在于术中，得所未得。不觉前席，为之改容；须委化权，用昌衰运。自我拔奇，宁拘品秩。百度群伦，俟尔康济。”其美如此。仪者偓之兄，所谓“暗祷鬼神，明祈日月”之语，必当时所授旨意也。朴为相才半年而罢。后贬郴州司户参军，制云：“不为自审之谋，苟窃相援之力。实因奸幸，潜致显荣。亦谓术可弭兵，学能活国。冒半岁容身之赞，无一朝辅政之功。唯辱中台，颇兴群论。”呜呼，昭宗当王室艰危之际，无知人之明，拔朴于庶僚中，位诸公衮，以今观之，适足诒后人讥笑。新史赞谓“捭豚臑而拒貙牙，趣亡而已”，悲夫！

11　杨国忠诸使

杨国忠为度支郎，领十五馀使。至宰相，凡领四十馀使。第署一字不能尽，胥吏因是恣为奸欺。新、旧唐史皆不详载其职。案，其拜相制前衔云："御史大夫判度支、权知太府卿事兼蜀郡长史、剑南节度支度、营田等副大使，本道兼山南西道采访处置使、两京太府、司农、出纳、监仓、祠祭、木炭、宫市、长春九成宫等使〔一〕，关内道及京畿采访处置使，拜右相兼吏部尚书、集贤殿崇玄馆学士〔二〕、修国史、太清太微宫使。"自馀所领，又有管当租庸、铸钱等使。以是观之，概可见矣。宫市之事，咸谓起于德宗贞元，不知天宝中已有此名，且用宰臣充使也。韩文公作顺宗实录，但云："旧事，宫中有要市外物，令官吏主之，与人为市，随给其直，贞元末以宦者为使。"亦不及天宝时已有之也。

【校勘记】

〔一〕木炭　祠本"木"作"米"。

〔二〕崇玄馆　李本、马本、祠本"玄"作"文"。

12　祖宗朝宰辅

祖宗朝，宰辅名为礼绝百僚，虽枢密副使，亦在太师一品之上。然至其罢免归班，则与庶位等。李崇矩自枢密使罢为镇国军节度使，旋改左卫大将军，遂为广南西道都巡检使。未几，遣使赍诏，徙海南四州都巡检使。皆非降黜。在南累年，入判金吾街仗司而卒，犹赠太尉。赵安仁尝参知政事，而判登闻鼓院。张镕尝知枢密院，而监诸司库务。曾孝宽以签书枢密，服阕，而判司农寺。张宏、李惟清皆自见任枢密副使徙御史中丞。其他以前执政而为三司使、中丞者数人。官制既行，犹多除六曹尚书。自崇宁以来，乃始不然。

13 百官避宰相

刘器之以待制为枢密都承旨，道遇执政出尚书省，相从归府第，刘去席帽凉衫，敛马遣人传语，相揖而过。左相吕汲公归，呼门下省法吏，问从官道逢宰相如何。吏检条，但有尚书省官避令仆，两省官各避其官长，而无两制避宰相之法。汲公乃止，而心甚不乐。刘以此语人，以为有所据。然以事体揆之，侍从不避宰相，恐为不然，亦无所谓只避官长法，刘公盖饰说耳。案，天圣编敕，诸文武官与宰相相遇于路皆退避，见枢密使副、参知政事，避路同宰相，其文甚明，不应元祐时不行用也。

14 百官见宰相

天圣编敕载文武百官见宰相仪。文明殿学士至龙图阁直学士，列班于都堂阶上，堂吏赞云："请，不拜，班首前致词，讫，退，归位，列拜。宰相答拜。"两省官相次同学士之仪。上将军、大将军、将军、御史台官，及南班文武百寮，序班于中书门外，应节度使至刺史，并缀本班，中丞揖讫，入。宰相降阶，南向立于位，乃称班，文东武西，并北上，台官南行，北向东上。赞云："百寮拜，宰相答拜，讫，退。"内客省使至峰门使见宰相、枢密使，并阶上列行拜，不答拜；见参知政事、枢密副使、宣徽使，客礼展拜；皇城使以下诸司使、横行副使见宰相、枢密使，并阶上连姓称职展拜〔一〕，不答拜；见参政、副枢,并列行拜。若诸司副使、峰门祗候见参枢,亦不答拜。国朝上下等威,其严如此。已而浸废。文潞公、富韩公至和中自外镇拜相,诏百官班迎于门,言者乃谓隆之以虚礼。元丰定官制,王禹玉、蔡持正为仆射,上日始用此礼。其后复不行。乾道初,魏仲昌以枢密吏寅缘得副承旨,每谒公府,与侍从同席升车而去。叶子昂为相,独抑之,使与卿监旅进,送之于右序,不索马。及王抃以国信所典仪吏为都承旨,且正任观察使,遂礼均从官矣。

【校勘记】

〔一〕并阶上连姓称职展拜　祠本"上"作"下"。

15　东坡自引所为文

东坡为文潞公作德威堂铭,云:"元祐之初,起公以平章军国重事,期年,乃求去。诏曰:'昔西伯善养老,而太公自至。鲁穆公无人子思之侧,则长者去之。公自为谋则善矣,独不为朝廷惜乎!'又曰:'唐太宗以干戈之事,尚能起李靖于既老,而穆宗、文宗以燕安之际,不能用裴度于未病。治乱之效,于斯可见。'公读诏耸然,不敢言去。"案,此二诏,盖元祐二年三月潞公乞致仕不允批答,皆坡所行也。又缴还乞罢青苗状云:"近日谪降吕惠卿告词云:首建青苗,次行助役。"亦坡所作。张文定公墓志载尝论次其文凡三百二十字,结之云:"世以轼为知言。"又述谏用兵云:"老臣且死,见先帝地下,有以藉口矣。"亦其所作也。并引责吕惠卿词亦然。乾道中,迈直翰苑,答陈敏步帅诏云:"亚夫持重,小棘门、霸上之将军;不识将屯,冠长乐、未央之卫尉。"后为敏作神道碑,亦引之,正以公为法也。

容斋续笔卷十二 十二则

1 妇人英烈

妇人女子，婉娈闺房，以柔顺静专为德，其遇哀而悲，临事而惑，蹈死而惧，盖所当然尔。至于能以义断恩，以智决策，斡旋大事，视死如归，则几于烈丈夫矣。

齐湣王失国，王孙贾从王，失王之处。其母曰："汝朝出而晚来，则吾倚门而望；汝暮出而不还，则吾倚闾而望。汝今事王，不知王处，汝尚何归！"贾乃入市，呼市人攻杀淖齿，而齐亡臣相与求王子立之，卒以复国。

马超叛汉，杀刺史、太守。凉州参军杨阜出见姜叙于历城，与议讨贼。叙母曰："韦使君遇难，亦汝之负，但当速发，勿复顾我。"叙乃与赵昂合谋。超取昂子月为质，昂谓妻异曰："当奈月何？"异曰："雪君父之大耻，丧元不足为重，况一子哉！"超袭历城，得叙母，母骂之曰："汝背父杀君，天地岂久容汝，敢以面目视人乎？"超杀之，月亦死。

晋卞壸拒苏峻，战死，二子随父后，亦赴敌而亡。其母拊尸哭曰："父为忠臣，子为孝子，夫何恨乎！"

秦苻坚将伐晋，所幸张夫人引禹、稷、汤、武事以谏曰："朝野之人，皆言晋不可伐，陛下独决意行之？"坚不听，曰："军旅之事，非妇人所当预也。"

刘裕起兵讨逆，同谋孟昶谓妻周氏曰："我决当作贼，幸早离绝。”周氏曰：“君父母在堂，欲建非常之谋，岂妇人所能谏。事之不成，当于奚官中奉养大家，义无归志也。”昶起，周氏追昶坐，曰：“观君举措，非谋及妇人者，不过欲得财物耳。”指怀中儿示之，曰：“此而可卖，亦当不惜。”遂倾赀以给之。

何无忌夜草檄文，其母，刘牢之姊也，登橙密窥之，泣曰：“汝能如此，吾复何恨。”问所与同谋者，曰：“刘裕。”母尤喜，因为言举事必有成之理以劝之。

窦建德救王世充，唐拒之于虎牢。建德妻曹氏，劝使乘唐国之虚，西抄关中，唐必还师自救。建德曰：“此非女子所知。”

李克用困于上源驿，左右先脱归者，以汴人为变告其妻刘氏，刘神色不动，立斩之，阴召大将约束，谋保军以还。克用归，欲勒兵攻汴。刘氏曰：“公当诉之朝廷，若擅举兵相攻，天下孰能辨其曲直?”克用乃止。

黄巢死，时溥献其姬妾。僖宗宣问曰：“汝曹皆勋贵子女，何为从贼?”其居首者对曰：“狂贼凶逆，国家以百万之众，失守宗祧。今陛下以不能拒贼责一女子，置公卿将帅于何地乎?”上不复问，戮之于市。馀人皆悲怖昏醉，独不饮不泣，至于就刑，神色肃然。

唐庄宗临斩刘守光，守光悲泣哀祈不已，其二妻李氏、祝氏谯之曰：“事已如此，生复何益！妾请先死。”即伸颈就戮。

刘仁赡守寿春，幼子崇谏夜泛舟渡淮北，仁赡命斩之。监军使求救于夫人，夫人曰：“妾于崇谏，非不爱也，然军法不可私，若贷之，则刘氏为不忠之门矣。”趣命斩之，然后成丧。

王师围金陵，李后主以刘澄为润州节度使，澄开门降越。后主诛其家，澄女许嫁未适，欲活之。女曰：“叛逆之馀，义不求生。”遂就死。

此十馀人者，义风英气，尚凛凛有生意也。虽载于史策，聊表出之。至于唐高祖起兵太原,女平阳公主在长安,其夫柴绍曰:“尊公将以兵清京师,我欲往,恐不能偕,奈何?”主曰:“公往矣,我自为计。”即奔鄠,发家赀招南山亡命,谕降群盗,申法誓众,勒兵七万,威振关中,与秦王会渭北,分定京师。此其伟烈,又非它人比也。

2 无用之用

庄子云:“人皆知有用之用,而莫知无用之用。”又云:“知无用,而始可与言用矣,夫地非不广且大也,人之所用容足耳,然则厕足而垫之致黄泉,所谓无用之为用也亦明矣。”此义本起于老子“三十辐共一毂,当其无有车之用”一章。学记:“鼓无当于五声,五声弗得不备,水无当于五色,五色弗得不章,其理一也。”今夫飞者以翼为用,絷其足则不能飞,走者以足为用,缚其手则不能走。举场较艺,所务者才也,而拙钝者亦为之用。战陈角胜,所先者勇也,而老怯者亦为之用。则有用、无用,若之何而可分别哉。故为国者其勿以无用待天下之士,则善矣。

3 龙筋凤髓判

唐史称张鷟早惠绝伦,以文章瑞朝廷,属文下笔辄成,八应制举皆甲科。今其书传于世者,朝野佥载、龙筋凤髓判也。佥载纪事,皆琐尾擿裂,且多媟语。百判纯是当时文格,全类俳体,但知堆垛故事,而于蔽罪议法处不能深切,殆是无一篇可读,一联可味。如白乐天甲乙判则读之愈多,使人不厌,聊载数端于此:“甲去妻,后妻犯罪,请用子荫赎罪,甲不许。判云:‘不安尔室,尽孝犹慰母心;薄送我畿,赎罪宁辞子荫。纵下山之有恕,曷陟屺之无情。’”“辛夫遇盗而死，求杀盗者，而为之妻。或责其失节，不伏。判云：'夫雠不报，未足为非；妇道有亏，诚宜自耻。诗著靡它之誓，百代可知；礼垂不嫁之文，一言以蔽。'""丙居丧，年老毁瘠，或非其过礼，曰：'哀情所锺。'判云：'况血气之既衰，老夫耄矣；纵哀情之罔极，吾子忍之。'""丙妻有丧，丙于妻侧奏乐，妻责之，不伏。判云：'俨衰麻之在躬，是吾忧也；调丝竹以盈耳，于汝安乎？'""甲夜行，所由执之，辞云：'有公事欲早趋朝。'所由以犯禁不听。判云：'非巫马为政，焉用出以戴星；同宣子俟朝，胡不退而假寐。'""乙贵达，有故人至，坐之堂下，进以仆妾之食，曰：'故辱而激之。'判云：'安实败名，重耳竟惭于舅犯；感而成事，张仪终谢于苏秦。'""丙娶妻，无子，父母将出之，辞曰：'归无所从。'判云：'虽配无生育，诚合比于断弦；而归靡适从，庶可同于束缊。'""乙为三品，见本州刺史不拜，或非之，称：'品同。'判云：'或商、周不敌，敢不尽礼事君；今晋、郑同侪，安得降阶卑我。'"若此之类，不背人情，合于法意，援经引史，比喻甚明，非青钱学士所能及也。元微之有百馀判，亦不能工。余襄公集中，亦有判两卷，粲然可观。张鷟，字文成，史云："调露中，登进士第，考功员外郎骞味道见所对，称天下无双。"案，登科记乃上元二年，去调露尚六岁。是年进士四十五人，鷟名在二十九，既以为无双，而不列高第。神龙元年，中才膺管乐科，于九人中为第五。景云二年，中贤良方正科，于二十人中为第三。所谓制举八中甲科者，亦不然也。

4　唐制举科目

唐世制举，科目猥多，徒异其名尔，其实与诸科等也。张九龄以道侔伊、吕策高第，以登科记及会要考之，盖先天元年九月，明皇初即位，宣劳使所举诸科九人，经邦治国、材可经国、才堪刺史、贤良方正与此科各一人，藻思清华、兴化变俗科各二人。其道侔伊、吕策问殊平平，但云："兴化致理，必俟得人；求贤审官，莫先任举。欲远循汉、魏之规，复存州郡之选，虑牧守之明，不能必鉴。"次及"越骑佽飞，皆出畿甸，欲均井田于要服，遵丘赋于革车"，并安人重谷，编户农桑之事，殊不及为天下国家之要道。则其所以待伊、吕者亦狭矣。九龄于神龙二年中材堪经邦科，本传不书，计亦此类耳。

5　渊有九名

庄子载壶子见季咸事，云："鲵旋之审为渊，止水之审为渊，流水之审为渊，渊有九名，此处三焉。"其详见于列子黄帝篇，尽载其目，曰："鲵旋之潘为渊，止水之潘为渊，流水之潘为渊，滥水之潘为渊，沃水之潘为渊，氿水之潘为渊，雍水之潘为渊，汧水之潘为渊，肥水之潘为渊，是为九渊。"案尔雅云："滥水正出。"即槛泉也。"沃泉下出，氿泉穴出[一]，灉者反入，汧者出不流。"又："水决之泽为汧，肥者出同而归异。"皆禹所名也。尔雅之书，非周公所作，盖是训释三百篇诗所用字，不知列子之时已有此书否。细碎虫鱼之文，列子决不肯留意，得非偶相同邪？淮南子有九璇之渊，许叔重云："至深也。"贾谊吊屈赋："袭九渊之神龙。"颜师古曰："九渊，九旋之川，言至深也。"与此不同。

【校勘记】

〔一〕氿泉穴出　"氿"原作"汍"，误刊，据马本、祠本改。按，尔雅作"氿"。

6　东坡论庄子

东坡先生作庄子祠堂记，辨其不诋訾孔子："尝疑盗跖、渔父则真若诋孔子者，至于让王、说剑，皆浅陋不入于道。反复观之，得其寓言之终曰：'阳子居西游于秦，遇老子。其往也，舍者将迎其家，公执席，妻执巾栉，舍者避席，炀者避灶。其反也，与之争席矣。'去其让王、说剑、渔父、盗跖四篇，以合于列御寇之篇，曰：'列御寇之齐，中道而反，曰："吾惊焉，吾食于十浆，而五浆先馈。"'然后悟而笑曰：'是固一章也。'庄子之言未终，而昧者剿之，以入其言尔。"东坡之识见至矣，尽矣。故其祭徐君猷文云："争席满前，无复十浆而五馈。"用为一事。今之庄周书寓言第二十七，继之以让王、盗跖、说剑、渔父，乃至列御寇为第三十二篇，读之者可以涣然冰释也。予案列子书第二篇内首载御寇馈浆事数百言，即缀以杨朱争席一节，正与东坡之旨异世同符，而坡公记不及此，岂非作文时偶忘之乎！陆德明释文："郭子玄云：一曲之才，妄窜奇说，若阏弈、意修之首，危言、游凫、子胥之篇，凡诸巧杂，十分有三。汉艺文志庄子五十二篇，即司马彪、孟氏所注是也，言多诡诞，或似山海经，或类占梦书，故注者以意去取，其内篇众家并同。"予参以此说，坡公所谓昧者，其然乎？阏弈、游凫诸篇，今无复存矣。

7　列子书事

列子书事，简劲宏妙，多出庄子之右，其言惠盎见宋康王，王曰："寡人之所说者，勇有力也，客将何以教寡人？"盎曰："臣有道于此，使人虽勇，刺之不入，虽有力，击之弗中。"王曰："善，此寡人之所欲闻也。”盎曰：“夫刺之不入，击之不中，此犹辱也。臣有道于此，使人虽有勇弗敢刺，虽有力弗敢击。夫弗敢，非无其志也。臣有道于此，使人本无其志也。夫无其志也，未有爱利之心也。臣有道于此，使天下丈夫女子莫不欢然皆欲爱利之，此其贤于勇有力也，四累之上也。”观此一段语，宛转四反，非数百言曲而畅之不能了，而絜净粹白如此，后人笔力，渠复可到耶。三不欺之义，正与此合。不入不中者，不能欺也；弗敢刺击者，不敢欺也；无其志者，不忍欺也。魏文帝论三者优劣，斯言足以蔽之。

8 天生对偶

旧说以“红生”“白熟”、“脚色”“手纹”、“宽焦”“薄脆”之属，为天生偶对。触类而索之，得相传名句数端，亦有经前人纪载者，聊疏于此，以广多闻。如“三川太守，四目老翁”，“相公公相子，人主主人公”〔一〕，“泥肥禾尚瘦，晷短夜差长”，“断送一生惟有，破除万事无过”，“北斗七星三四点，南方万寿十千年”，“迅雷风烈风雷雨，绝地天通天地人”，“筵上枇杷，本是无声之乐；草间蚱蜢，还同不系之舟”，皆绝工者。又有用书语两句而证以俗谚者，如“尧之子不肖，舜之子亦不肖”，谚曰“外甥多似舅”，“吾力足以举百钧，而不足以举一羽”，谚曰“便重不便轻”之类是也。

【校勘记】

〔一〕人主主人公　祠本“公”作“翁”。

9 铜爵灌砚

相州，古邺都，魏太祖铜雀台在其处，今遗址髣髴尚存。瓦绝大,艾城王文叔得其一以为砚,饷黄鲁直,东坡所为作铭者也。其后复归王氏。砚之长几三尺,阔半之。先公自燕还,亦得二砚,大者长尺半寸,阔八寸,中为瓢形,背有隐起六隶字,甚清劲,曰"建安十五年造"。魏祖以建安九年领冀州牧,治邺,始作此台云。小者规范全不逮,而其腹亦有六篆字,曰"大魏兴和年造",中皆作小簇花团。兴和,乃东魏孝静帝纪年。是时正都邺,与建安相距三百年,其至于今,亦六百馀年矣。二者皆藏侄孙偘处。予为铭建安者曰:"邺瓦所范,嘻其是邪?几九百年,来随汉槎。淬尔笔锋,肆其滂葩。偘实宝此,以昌我家。"铭兴和者曰:"魏元之东,狗脚于邺。吁其瓦存,亦禅千劫。上林得雁,获贮归笈。玩而铭之,衰泪栖睫。"赣州雩都县故有灌婴庙,今不复存。相传左地尝为池,耕人往往于其中耕出古瓦,可簌为砚。予向来守郡日所得者,刓缺两角,犹重十斤,湩墨如发硎,其光沛然,色正黄,考德仪年,又非铜雀比,亦尝刻铭于上,曰:"范土作瓦,既埴既已。何断制于火,而卒以囿水?庙于汉侯,今千几年?何址靡祀歇,而此独也存?县赣之雩,曰若灌池。研为我得,而铭以章之。"盖纪实也。

10　崔斯立

崔立之,字斯立,在唐不登显仕,它亦无传,而韩文公推奖之备至。其蓝田丞壁记云:"种学绩文,以蓄其有,泓涵演迤,日大以肆。"其赠崔评事诗云:"崔侯文章苦捷敏,高浪驾天输不尽。顷从关外来上都,随身卷轴车连轸。朝为百赋犹郁怒,暮作千诗转遒紧。才豪气猛易语言,往往蛟螭杂蝼蚓。"其寄崔二十六诗云:"西城员外丞,心迹两崛奇。往岁战词赋,不将势力随。傲兀坐试席,深丛见孤罴。文如翻水成,初不用意为。四坐各低面,不敢捩眼窥。佳句喧众口,考官敢瑕疵。连年收科第,若摘颔底髭。”其美之如是。但记云“贞元初挟其能,战艺于京师,再进再屈于人”,而诗以为“连年收科第”,何其自为异也?予按杭本韩文作“再屈千人”,蜀本作“再进屈千人”,文苑亦然。盖它本误以千字为于也。又登科记“立之以贞元三年第进士,七年中宏词科”,正与诗合。观韩公所言,崔作诗之多可知矣,而无一篇传于今,岂非蝼蚓之杂,惟敏速而不能工邪?

11 汉书注冗

颜师古注汉书,评较诸家之是非,最为精尽,然有失之赘冗及不烦音释者。其始遇字之假借,从而释之,既云“他皆类此”,则自是以降,固不烦申言。然于“循行”字下,必云“行音下更反”,于“给复”字下,必云“复音方目反”。至如说读曰悦,繇读曰徭,乡读曰向,解读曰懈,与读曰豫,又读曰耎,雍读曰壅,道读曰导,畜读曰蓄,视读曰示,艾读曰乂,竟读曰境,饬与敕同,繇与由同,敺与驱同,晻与暗同,娄古屡字,墬古地字,饟古饷字,犇古奔字之类,各以百数。解三代曰夏、商、周,中都官曰京师诸官府,失职者失其常业,其重复亦然。贷曰假也,休曰美也,烈曰业也,称曰副也,靡曰无也,滋曰益也,蕃曰多也,图曰谋也,秏曰减也,卒曰终也,悉曰尽也,给曰足也,寖曰渐也,则曰法也,风曰化也,永曰长也,省曰视也,仍曰频也,疾曰速也,比曰频也,诸字义不深秘,既为之辞,而又数出,至同在一板内再见者,此类繁多,不可胜载。其豁、仇、恢、坐、邾、陕、治、脱、攘、蓺、垣、绾、颛、擅、酣、伻、重、禺、俞、选等字,亦用切脚,皆为可省。志中所注,尤为烦芜。项羽一传,伯读曰霸,至于四言之。若相国何、相国参、太尉勃、太尉亚夫、丞相平、丞相吉，亦注为萧何、曹参，桓、文、颜、闵必注为齐桓、晋文、颜渊、闵子骞之类，读是书者，要非童蒙小儿，夫岂不晓，何烦于屡注哉！颜自著叙例云"至如常用可知，不涉疑昧者，众所共晓，无烦翰墨"，殆是与今书相矛盾也。

12　古迹不可考

郡县山川之古迹，朝代变更，陵谷推迁，盖已不可复识。如尧山、历山所在多有之，皆指为尧、舜时事，编之图经。会稽禹墓，尚云居高丘之颠，至于禹穴，则强名一罅，不能容指，不知司马子长若之何可探也？舜都蒲坂，实今之河中所谓舜城者，宜历世奉之唯谨。案，张芸叟河中五废记云："蒲之西门所由而出者，两门之间，即舜城也，庙居其中，唐张弘靖守蒲，尝修饰之。至熙宁之初，垣墉尚固。曾不五年，而为埏陶者尽矣。舜城自是遂废。又河之中泠一洲岛，名曰中潬，所以限桥。不知其所起，或云汾阳王所为。以铁为基，上有河伯祠，水环四周，乔木蔚然。嘉祐八年秋，大水冯襄，了无遗迹。中潬自此遂废。"显显者若此，它可知矣。东坡在凤翔作凌虚台记，云："尝试登台而望，其东则秦穆之祈年、橐泉，其南则汉武之长杨、五柞，其北则隋之仁寿、唐之九成也。计其一时之盛，宏杰诡丽，坚固而不可动。然数世之后，欲求其髣髴，而破瓦颓垣，无复存者。"谓物之废兴成毁，皆不可得而知，则区区泥于陈迹，而必欲求其是，盖无此理也。汉书地理志，扶风雍县有橐泉宫，秦孝公起。祈年宫，惠公起。不以为穆公。

容斋续笔卷十三 十四则

1 科举恩数

国朝科举取士，自太平兴国以来，恩典始重。然各出一时制旨，未尝辄同，士子随所得而受之，初不以官之大小有所祈诉也。太平之二年，进士一百九人，吕蒙正以下四人得将作丞，馀皆大理评事，充诸州通判。三年，七十四人，胡旦以下四人将作丞，馀并为评事，充通判及监当。五年，一百二十一人，苏易简以下二十三人皆将作丞通判。八年，二百三十九人，自王世则以下十八人，以评事知县，馀授判司簿尉。未几，世则等移通判，簿尉改知令录。明年，并迁守评事。雍熙二年，二百五十八人，自梁颢以下二十一人，才得节察推官。揣拱元年，二十八人，自程宿以下，但权知诸县簿尉。二年，一百八十六人，陈尧叟、曾会至得光禄丞、直史馆，而第三人姚揆，但防御推官。淳化三年，三百五十三人，孙何以下，二人将作丞，二人评事，第五人以下，皆吏部注拟。咸平元年，孙仅但得防推。二年，孙暨以下，但免选注官。盖此两榜，真宗在谅暗，礼部所放，故杀其礼。及三年，陈尧咨登第，然后六人将作丞，四十二人评事；第二甲一百三十四人，节度推官、军事判官；第三甲八十人，防团军事推官。

2 下第再试

太宗雍熙二年，已放进士百七十九人。或云："下第中甚有可取者。”乃令复试，又得洪湛等七十六人，而以湛文采遒丽，特升正榜第三。端拱元年，礼部所放程宿等二十八人，进士叶齐打鼓论榜，遂再试，复放三十一人，而诸科因此得官者至于七百。一时待士，可谓至矣。然太平兴国末，孟州进士张雨光〔一〕，以试不合格，纵酒大骂于街衢中，言涉指斥，上怒斩之，同保九辈永不得赴举。恩威并行，至于如此。

【校勘记】

〔一〕张雨光　马本、祠本“雨”作“两”。

3　试赋用韵

唐以赋取士，而韵数多寡，平侧次叙，元无定格。故有三韵者，花萼楼赋以题为韵是也。有四韵者，蓂荚赋以“呈瑞圣朝”，舞马赋以“奏之天廷”，丹甑赋以“国有丰年”，泰阶六符赋以“元亨利贞”为韵是也。有五韵者，金茎赋以“日华川上动”为韵是也。有六韵者，止水、魍魉、人镜、三统指归、信及豚鱼、洪钟待撞、君子听音、东郊朝日、蜡日祈天、宗乐德、训胄子诸篇是也。有七韵者，日再中、射己之鹄、观紫极舞、五声听政诸篇是也。八韵有二平六侧者，六瑞赋以“俭故能广，被褐怀玉”，日五色赋以“日丽九华，圣符土德”，径寸珠赋以“泽浸四荒，非宝远物”为韵是也。有三平五侧者，宣耀门观试举人以“君圣臣肃，谨择多士”，悬法象魏以“正月之吉，悬法象魏”，玄酒以“荐天明德，有古遗味”，五色土以“王子毕封，依以建社”，通天台以“洪台独出，浮景在下”，幽兰以“远芳袭人，悠久不绝”，日月合璧以“两曜相合，候之不差”，金柅以“直而能一，斯可制动”为韵是也。有五平三侧者，金用砺以“殷高宗命傅说之官”为韵是也。有六平二侧者，旗赋以“风日云舒，军容清肃”为韵是也。自太和以后，始以八韵为常。唐庄宗时，尝覆试进士，翰林学士承旨卢质以后从谏则圣为赋题，以“尧、舜、禹、汤倾心求过”为韵。旧例，赋韵四平四侧，质所出韵乃五平三侧，大为识者所诮，岂非是时已有定格乎？国朝太平兴国三年九月，始诏自今广文馆及诸州府、礼部试进士律赋，并以平侧次用韵，其后又有不依次者，至今循之。

4　贞元制科

唐德宗贞元十年，贤良方正科十六人，裴垍为举首，王播次之，隔一名而裴度、崔群、皇甫镈继之。六名之中，连得五相，可谓盛矣。而邪正复不侔。度、群同为元和宰相，而镈以聚敛贿赂亦居之，度、群极陈其不可，度耻其同列，表求自退，两人竟为镈所毁而去。且三相同时登科，不可谓无事分，而玉石杂糅，薰莸同器，若默默充位，则是固宠患失，以私妨公，裴、崔之贤，谊难以处也。本朝韩康公、王岐公、王荆公亦同年联名，熙宁间，康公、荆公为相，岐公参政，故有“一时同榜用三人”之语，颇类此云。

5　贻子录

先公自燕归，得龙图阁书一策，曰贻子录，有“御书”两印存，不言撰人姓名，而序云：“愚叟受知南平王，政宽事简。”意必高从诲擅荆渚时宾僚如孙光宪辈者所编，皆训儆童蒙。其修进一章云：咸通年中，卢子期著初举子一卷，细大无遗。就试三场，避国讳、宰相讳、主文讳。士人家小子弟，忌用熨斗时把帛，虑有拽白之嫌。烛下写试无误笔，即题其后云“并无揩改涂乙注”；如有，即言字数，其下小书名。同年小录是双只先辈各一人分写。宴上长少分双只相向而坐，元以东为上，傔以西为首，给、舍、员外、遗、补，多来突宴，东先辈不迁，而西先辈避位。及吏部给春关牒，便称前乡贡进士。大略有与今制同者，独避宰相、主文讳，不复讲双只、先辈之名，它无所见。其林园一章，谓茄为酪酥，亦甚新。

6　金花帖子

唐进士登科，有金花帖子，相传已久，而世不多见。予家藏咸平元年孙仅榜盛京所得小录，犹用唐制，以素绫为轴，贴以金花，先列主司四人衔，曰翰林学士给事中杨，兵部郎中知制诰李，右司谏直史馆梁，秘书丞直史馆朱，皆押字。次书四人甲子，年若干，某月某日生，祖讳某，父讳某，私忌某日。然后书状元孙仅，其所纪与今正同。别用高四寸绫，阔二寸，书"盛京"二字，四主司花书于下，粘于卷首，其规范如此，不知以何年而废也。但此榜五十人，自第一至十四人，惟第九名刘烨为河南人，馀皆贯开封府，其下又二十五人亦然。不应都人士中选若是之多，疑亦外方人寄名托籍，以为进取之便耳。四主司乃杨砺、李若拙、梁颢、朱台符，皆只为同知举。

7　物之小大

列御寇、庄周大言小言，皆出于物理之外。列子所载："夏革曰：渤海之东，几亿万里，有大壑焉，实惟无底之谷。中有五山，高下周旋三万里，山之中间，相去七万里，而五山之根，无所连著。帝使巨鳌十五举首而戴之，迭为三番，六万岁一交焉。而龙伯之国有大人，举足不盈数千而暨山所，一钓而连六鳌，合负而趣归其国。于是岱舆、员峤二山，沈于大海。”张湛注云：“以高下周围三万里山，而一鳌头之所戴，而六鳌复为一钓之所引，龙伯之人能并而负之，计此人之形当百馀万里，鲲鹏方之，犹蚊蚋蚤虱耳。太虚之所受，亦奚所不容哉！”庄子逍遥游首著鲲鹏事，云：“北冥有鱼，其名为鲲，鲲之大不知其几千里也。化而为鸟，其名为鹏，鹏之徙于南冥，水击三千里，抟扶摇而上者九万里。”二子之语大若此。至于小言，则庄子谓：“有国于蜗之左角曰触氏，右角曰蛮氏，相与争地而战，伏尸数万，逐北旬有五日而后反。”列子曰：“江浦之间生麽虫，其名曰焦螟，群飞而集于蚊睫，弗相触也，栖宿去来，蚊弗觉也。黄帝与容成子同斋三月，徐以神视，块然见之，若嵩山之阿，徐以气听，砰然闻之，若电霆之声。”二子之语小如此。释氏维摩诘长者居文室而容九百万菩萨并师子座，一芥子之细而能纳须弥，皆一理也。张湛不悟其寓言，而窃窃然以太虚无所不容为说，亦隘矣。若吾儒中庸之书，但云：“天地之大也，人犹有所憾，故君子语大，天下莫能载焉；语小，天下莫能破焉。”则明白洞达，归于至当，非二氏之学一偏所及也。

8　郭令公

唐人功名富贵之盛，未有出郭汾阳之右者。然至其女孙为宪宗正妃，历五朝母天下，终以不得志于宣宗而死，自是支胄不复振。及本朝庆历四年，访求厥后，仅得裔孙元亨于布衣中，以为永兴军助教。欧阳公知制诰，行其词曰：“继绝世，褒有功，非惟推恩以及远，所以劝天下之为人臣者焉。况尔先王，名载旧史，勋德之厚，宜其流泽于无穷，而其后裔不可以废。往服新命，以荣厥家。”且以二十四考中书令之门，而需一助教以为荣，吁，亦浅矣。乃知世禄不朽，如春秋诸国至数百年者，后代不易得也。

9　纪年兆祥

自汉武建元以来，千馀年间，改元数百，其附会离合为之辞者，不可胜书，固亦有晓然而易见者。如晋元帝永昌，郭璞以为有二日之象，果至冬而亡。桓灵宝大亨，识者以为一人二月了，果以仲春败。萧栋、武陵王纪同岁窃位，皆为天正，以为二人一年而止，其后皆然。齐文宣天保，为一大人只十，果十年而终。然梁明帝萧岿亦用此，而尽二十三年。或又云：岿蕞尔一邦，故非机祥所系。齐后主隆化，为降死，安德王延宗德昌，为得二日。周武帝宣政为宇文亡日；宣帝大象，为天子冢。萧琮、晋出帝广运，为军走。隋炀帝大业，为大苦末。唐僖宗广明，为唐去丑口而著黄家日月，以兆巢贼之祸。钦宗靖康为立十二月康，果在位满岁，而高宗由康邸建中兴之业。熙宁之末，将改元，近臣撰三名以进，曰平成、曰美成、曰丰亨，神宗曰："成字负戈，美成者，犬羊负戈，亨字为子不成，不若去亨而加元。"遂为元丰。若隆兴则取建隆、绍兴各一字，与唐贞元取贞观、开元之义同。已而嫌与颜亮正隆相近，故二年即改乾道。及甲午改纯熙，既已布告天下，予时守赣，贺表云："天永命而开中兴，方茂卜年之统；时纯熙而用大介，载新纪号之文。"迨诏至，乃为淳熙，盖以出处有"告成大武"之语，故不欲用。

10　民俗火葬

自释氏火化之说起，于是死而焚尸者，所在皆然。固有炎暑之际，畏其秽泄，敛不终日，肉未及寒而就爇者矣。鲁夏父弗忌献逆祀之议，展禽曰："必有殃，虽寿而没，不为无殃。"既其葬也，焚烟彻于上，谓已葬而火焚其棺椁也。吴伐楚，其师居麇，楚司马子期将焚之。令尹子西曰："父兄亲暴骨焉，不能收，又焚之，不可。"谓前年楚人与吴战，多死麇中，不可并焚也。卫人掘褚师定子之墓，焚之于平庄之上。燕骑劫围齐即墨，掘人冢墓，烧死人，齐人望见涕泣，怒自十倍。王莽作焚如之刑，烧陈良等。则是古人以焚尸为大僇也。列子曰："楚之南有炎人之国，其亲戚死，㓿其肉而弃之，然后埋其骨。秦之西有仪渠之国，其亲戚死，聚柴积而焚之，熏则烟上，谓之登遐，然后成为孝子。此上以为政，下以为俗，而未足为异也。"盖是时其风未行于中国，故列子以仪渠为异，至与㓿肉者同言之。㓿音寡。

11　太史日官

周礼春官之属曰："太史掌建邦之六典，以逆邦国之治。正岁年以序事，颁之于官府及都鄙，颁告朔于邦国。""小史掌邦国之志，奠系世，辨昭穆。"郑氏注云："太史，日官也。"引左传"天子有日官，诸侯有日御"为说。志，谓记也。史官主书，国语所谓郑书及帝系、世本之属是也，小史主定之。然则周之史官、日官同一职耳。故司马谈为汉太史令，而子长以为"文史星历近乎卜祝之间，固主上所戏弄，倡优畜之，流俗之所轻也"。今太史局正星历卜祝辈所聚，其长曰太史局令，而隶秘书省，有太史案主之，盖其源流有自来矣。

12　汲冢周书

汲冢周书今七十篇，殊与尚书体不相类，所载事物亦多过实。其克商解云："武王先入，适纣所在，射之三发，而后下车，击之以轻吕,剑名。斩之以黄钺,县诸大白。商二女既缢,又射之三发,击之以轻吕,斩之以玄钺,县诸小白。”越六日,朝至于周,以三首先馘,入燎于周庙,又用纣于南郊。夫武王之伐纣,应天顺人,不过杀之而已。纣既死,何至枭戮俘馘,且用之以祭乎！其不然者也。又言武王狩事,尤为淫侈,至于擒虎二十有二,猫二,麋五千二百三十五,犀十有三,氂七百二十有一,熊百五十一,罴百十八,豕三百五十有二,貉十有八,麈十有六,麝五十,鹿三千五百有二。遂征四方,凡憝国九十有九国,馘磨亿有十万七千七百七十有九,其多如是,虽注家亦云武王以不杀为仁,无缘所馘如此,盖大言也。王会篇皆大会诸侯及四夷事,云:“唐叔、荀叔、周公在左,太公在右。堂下之右,唐公、虞公南面立焉,堂下之左,商公、夏公立焉。”四公者,尧、舜、禹、汤后,商、夏即杞、宋也。”又言:俘商宝玉亿有百万。所纪四夷国名,颇古奥,兽畜亦奇崛,以肃慎为稷慎,濊人为秽人,乐浪之夷为良夷,姑蔑为姑妹,东瓯为且瓯,渠搜为渠叟,高句丽为高夷。所叙秽人前兒若弥猴,立行,声似小儿。良夷在子,兽名。弊身人首,脂其腹,炙之藿则鸣。扬州禺禺鱼、人鹿。青丘狐九尾。东南夷白民乘黄,乘黄者似骐,背有两角。东越海盒、海阳、盈车、大蟹。西南戎曰央林,以酋耳,酋耳者,身若虎豹。渠叟以鼩犬,鼩犬者,露犬也,能飞食虎豹。区阳戎以鳖封,鳖封者,若彘,前后有首。蜀人以文翰,文翰者,若皋鸡。康民以稃苡,其实如李,食之宜子。北狄州靡费费,其形人身枝踵,自笑,笑则上唇翕其目,食人。都郭亦北狄。生生,若黄狗,人面能言。奇干亦北狄。善芳,头若雄鸡,佩之令人不眯。正东高夷嗛羊,嗛羊者,羊而四角。西方之戎曰独鹿,邛邛距虚。犬戎文马,而赤鬣缟身,目若黄金,名古皇之乘。白州比闾〔一〕,比闾者,其华若羽,以其木为车,终行不败。篇末引伊尹朝献商书云:“汤问伊尹,使为四方献令。伊尹请令,正东以鱼皮之莱鞞、鲗酱、蛟瞂、利剑；正南以珠玑、玳瑁、象齿、文犀，正西以丹青、白旄、江历、珠名。龙角，正北以橐驼、駒駼、駃騠、良弓为献。汤曰：'善。'"凡此皆无所质信，姑录之以贻博雅者。唐太宗时，远方诸国来朝贡者甚众，服装诡异，颜师古请图以示后，作王会图，盖取诸此。汉书所引："天予不取，反受其咎，毋为权首，将受其咎。"以为逸周书，此亦无之，然则非全书也。

【校勘记】

〔一〕白州比闾　李本、祠本"比"作"北"。按：逸周书卷八作"北"（库本）。

13　曹子建论文

曹子建与杨德祖书云："世人著述，不能无病。仆常好人讥弹其文，有不善，应时改定。昔丁敬礼常作小文，使仆润饰之，仆自以才不过若人，辞不为也。敬礼谓仆：'卿何所疑难，文之佳丽，吾自得之，后世谁相知定吾文者邪？'吾常叹此达言，以为美谈。"子建之论善矣。任昉为王俭主簿，俭出自作文，令昉点正，昉因定数字。俭叹曰："后世谁知子定吾文？"正用此语。今世俗相承，所作文或为人诋诃，虽未形之于辞色，及退而怫然者，皆是也。欧阳公作尹师鲁铭文，不深辩其获罪之冤，但称其为文章简而有法。或以为不尽，公怒，至诒书它人，深数责之曰："简而有法，惟春秋可当之，修于师鲁之文不薄矣。又述其学曰通知古今，此语若必求其可当者，惟孔、孟也。而世之无识者乃云云。此文所以慰吾亡友尔，岂恤小子辈哉？"王荆公为钱公辅铭母夫人蒋氏墓，不称公辅甲科，但云："子官于朝，丰显矣，里巷之士以为太君荣。"后云："孙七人皆幼。"不书其名。公辅意不满，以书言之，公复书曰："比蒙以铭文见属，辄为之而不辞。不图乃犹未副所欲，欲有所增损。鄙文自有意义，不可改也。宜以见还，而求能如足下意者为之。如得甲科为通判，何足以为太夫人之荣。一甲科通判，苟粗知为辞赋，虽市井小人，皆可以得之，何足道哉！故铭以谓闾巷之士以为太夫人荣，明天下有识者不以置荣辱也。至于诸孙，亦不足列，孰有五子而无七孙者乎！"二公不喜人之议其文亦如此。

14 雨水清明

历家以雨水为正月中气，惊蛰为二月节，清明为三月节，谷雨为三月中气。而汉世之初，仍周、秦所用，惊蛰在雨水之前，谷雨在清明之前，至于太初始正之云。

容斋续笔卷十四　十七则

1　尹文子

汉艺文志名家内有尹文子一篇，云："说齐宣王，先公孙龙。"刘歆云："其学本于黄、老，居稷下，与宋钘、彭蒙、田骈等同学于公孙龙。"今其书分为上下两卷，盖汉末仲长统所铨次也。其文仅五千言，议论亦非纯本黄、老者。大道篇曰："道不足以治则用法，法不足以治则用术，术不足以治则用权，权不足以治则用势，势不足则反权。权用则反术，术用则反法，法用则反道，道用则无为而自治。"又曰："为善使人不能得从，此独善也。为巧使人不能得为，此独巧也。未尽善巧之理。为善与众行之，为巧与众能之，此善之善者，巧之巧者也。故所贵圣人之治，不贵其独治，贵其能与众共治；贵工倕之巧，不贵其独巧，贵其能与众共巧也。今世之人，行欲独贤，事欲独能，辩欲出群，勇欲绝众。独行之贤，不足以成化；独能之事，不足以周务；出群之辩，不可为户说；绝众之勇，不可与正陈。凡此四者，乱之所由生。圣人任道、立法，使贤愚不相弃，能鄙不相遗，此至治之术也。"详味其言，颇流而入于兼爱。庄子末章，叙天下之治方术者，曰："不累于俗，不饰于物，不苟于人，不忮于众，愿天下之安宁，以活民命，人我之养，毕足而止，以此白心，古之道术有在于是者。宋钘、尹文闻其风而悦之，作为华山之冠以自表。虽天下不取，强聒而不舍者也。其为人太多，其自为太少。"盖亦尽其学云。荀卿非十二子有宋钘，而文不预。又别一书曰尹子，五卷，共十九篇，其言论肤浅，多及释氏，盖晋、宋时细人所作，非此之谓也。

2　帝王训俭

帝王创业垂统，规以节俭，贻训子孙，必其继世象贤，而后可以循其教，不然，正足取侮笑耳。宋孝武大治宫室，坏高祖所居阴室，于其处起玉烛殿，与群臣观之。床头有土障，上挂葛灯笼、麻蝇拂。侍中袁𫖮因盛称高祖俭素之德，上不答，独曰："田舍公得此〔一〕，已为过矣。"唐高力士于太宗陵寝宫，见梳箱一、柞木梳一、黑角篦一、草根刷子一，叹曰："先帝亲正皇极，以致升平，随身服用，唯留此物。将欲传示子孙，永存节俭。"具以奏闻。明皇诣陵，至寝宫，问所留示者何在，力士捧跪上。上跪奉，肃敬如不可胜，曰："夜光之珍，垂棘之璧，将何以喻此！"即命史官书之典册。是时，明皇履位未久，厉精为治，故见太宗故物而惕然有感。及侈心一动，穷天下之力不足以副其求，尚何有于此哉。宋孝武不足责也，若齐高帝、周武帝、陈高祖、隋文帝皆有俭德，而东昏、天元、叔宝、炀帝之淫侈，浮于桀、纣，又不可以语此云。

【校勘记】

〔一〕田舍公得此　马本、祠本"公"作"翁"。

3　用计臣为相

唐自贞观定制，以省台寺监理天下之务，官修其方，未之或改。明皇因时极盛，好大喜功，于财利之事尤切。故宇文融、韦坚、杨慎矜、王𫟹皆以聚敛刻剥进〔一〕，然其职不出户部也。杨国忠得志，乃以御史大夫判度支,权知太府卿及两京司农太府出纳,是时犹未立判使之名也。肃宗以后,兵兴费广,第五琦、刘晏始以户部侍郎判诸使,因之拜相,于是盐铁有使,度支有判。元琇、班宏、裴延龄、李巽之徒踵相蹑,遂浸浸以它官主之,权任益重。宪宗季年,皇甫镈由判度支,程异由卫尉卿盐铁使,并命为相,公论沸腾,不恤也。逮于宣宗,率由此涂大用,马植、裴休、夏侯孜以盐铁,卢商、崔元式、周墀、崔龟从、萧邺、刘瑑以度支,魏扶、魏謩、崔慎由、蒋伸以户部,自是计相不可胜书矣。惟裴度判度支,上言调兵食非宰相事,请以归有司,其识量宏正,不可同日语也。

【校勘记】

〔一〕杨慎矜　"慎"原脱,据祠本补。按,新唐书卷一百三十四、旧唐书卷一百五有杨慎矜传。

4　州县牌额

州县牌额,率系于吉凶,以故不敢轻为改易。严州分水县故额,草书"分"字,县令有作聪明者,谓字体非宜,自真书三字,刻而立之。是年,邑境恶民持刃杀人者众。盖"分"字为"八刀"也。徽州之山水清远,素无火灾。绍熙元年,添差通判卢瑢,悉以所作隶字换郡下扁榜,自谯楼、仪门,凡亭榭、台观之类,一切趋新。郡人以为字多燥笔,而于州牌尤为不严重,私切忧之。次年四月,火起于郡库,经一日两夕乃止,官舍民庐一空。

5　卢知猷

唐之末世,王纲绝纽,学士大夫逃难解散,畏死之不暇。非有扶颠持危之计，能支大厦于将倾者，出力以佐时，则当委身山栖，往而不反，为门户性命虑可也。白马之祸，岂李振、柳璨数凶子所能害哉？亦裴、崔、独孤诸公有以自取耳。偶读司空表圣集太子太师卢知猷神道碑，见其仕于僖、昭，更历荣级，至尚书右仆射，以一品致仕，可以归矣。然由间关跋履，从昭宗播迁，自华幸洛，天祐二年九月乃终，享年八十有六，其得没于牖下，亦云幸也。新唐书有传，附于父后，甚略，云："昭宗为刘季述所幽，感愤而卒。"案，昭宗以光化三年遭季述之祸，天复元年反正，至知猷亡时，相去五年。传云："子文度，亦贵显。"而碑载嗣子刑部侍郎膺，亦不同。表圣乃卢幕客，当时作志，必不误矣。昭宗实录："光化四年三月，华州奏太子太师卢知猷卒。以刘季述之变，感愤成疾，卒年七十五。"正与新唐传同。盖唐武、宣以后，诸录乃宋敏求补撰，简牍当有散脱者，皆当以司空之碑为正。又按，是年四月，改元天复，旧唐纪："十一月，车驾幸凤翔。朱全忠趋长安，文武百寮太子太师卢知猷已下出迎。"又为可证。宰相世系表："知猷生文度，而同族曰渥，渥之子膺，刑部侍郎。"二者矛盾如此。

6 忌讳讳恶

周礼春官："小史诏王之忌讳。"郑氏云："先王死日为忌，名为讳。"礼记王制："大史典礼，执简记，奉讳恶。"注云："讳者先王名，恶者忌日，若子卯。恶，乌路反。"左传："叔弓如滕，子服椒为介。及郊，遇懿伯之忌，叔弓不入。"懿伯，椒之叔父。忌，怨也。"椒曰：'公事有公利，无私忌。椒请先入。'"观此，乃知忌讳之明文。汉人表疏，如东方朔有"不知忌讳"之类，皆戾本旨。今世俗语言多云"无忌讳"及"不识忌讳"，盖非也。

7　陈涉不可轻

杨子法言："或问陈胜、吴广。曰：'乱。'曰：'不若是则秦不亡。'曰：'亡秦乎？恐秦未亡而先亡矣。'"李轨以为："轻用其身，而要乎非命之运，不足为福先，适足以为祸始。"予谓不然。秦以无道毒天下，六王皆万乘之国，相踵灭亡，岂无孝子慈孙、故家遗俗？皆奉头鼠伏。自张良狙击之外，更无一人敢西向窥其锋者。陈胜出于戍卒，一旦奋发不顾，海内豪杰之士，乃始云合响应，并起而诛之。数月之间，一战失利，不幸陨命于御者之手，身虽已死，其所置遣侯王将相竟亡秦。项氏之起江东，亦矫称陈王之令而渡江。秦之社稷为墟，谁之力也？且其称王之初，万事草创，能从陈馀之言，迎孔子之孙鲋为博士，至尊为太师，所与谋议，皆非庸人崛起者可及，此其志岂小小者哉！汉高帝为之置守冢于砀，血食二百年乃绝。子云指以为乱，何邪？若乃杀吴广，诛故人，寡恩忘旧，无帝王之度，此其所以败也。

8　士匄韩厥

晋厉公既杀郤氏三卿，群臣疑惧。栾书、荀偃执公，召士匄，匄辞不往，召韩厥，厥辞曰："古人有言曰'杀老牛莫之敢尸'，而况君乎？二三子不能事君，焉用厥也？"二子竟弑公，而不敢以匄、厥为罪，岂非畏敬其忠正乎！唐武德之季，秦王与建成、元吉相忌害，长孙无忌、高士廉、侯君集、尉迟敬德等，日夜劝王诛之，王犹豫未决。问于李靖，靖辞，问于李世勣，世勣辞，王由是重二人。及至登天位，皆任为将相，知其有所守也。晋、唐四贤之识见略等，而无有称述者，唐史至不书其事，殆非所谓发潜德之幽光也。萧道成将革命，欲引时贤参赞大业，夜召谢朏，屏人与语，朏竟无一言。及王俭、褚渊之谋既定，道成必欲引朏参佐命，朏亦不肯从，遂不仕齐世，其亦贤矣。

9 孔墨

墨翟以兼爱无父之故，孟子辞而辟之，至比于禽兽，然一时之论。迨于汉世，往往以配孔子。列子载惠盎见宋康王，曰："孔丘、墨翟，无地而为君，无官而为长，天下丈夫女子，莫不延颈举踵而愿安利之。"邹阳上书于梁孝王，曰："鲁听季孙之说逐孔子，宋任子冉之计囚墨翟，以孔、墨之辩，不能自免于谗谀。"贾谊过秦云："非有仲尼、墨翟之知。"徐乐云："非有孔、曾、墨子之贤。"是皆以孔、墨为一等，列、邹之书不足议，而谊亦如此。韩文公最为发明孟子之学，以为功不在禹下者，正以辟杨、墨耳。而著读墨子一篇云："儒、墨同是尧、舜，同非桀、纣，同修身正心以治天下国家。孔子必用墨子，墨子必用孔子。不相用，不足为孔、墨。"此又何也？魏郑公南史梁论，亦有抑扬孔、墨之语。

10 玉川月蚀诗

卢仝月蚀诗，唐史以谓讥切元和逆党，考韩文公效仝所作，云元和庚寅岁十一月，是年为元和五年，去宪宗遇害时尚十载。仝云："岁星主福德，官爵奉董秦。"说者谓董秦即李忠臣，尝为将相而臣朱泚，至于亡身，故仝鄙之。东坡以为："当秦之镇淮西日，代宗避吐蕃之难出狩，追诸道兵，莫有至者。秦方在鞠场，趣命治行，诸将请择日，秦曰：'父母有急难，而欲择日乎？'即倍道以进。虽末节不终，似非无功而食禄者。"近世有严有翼者，著艺苑雌黄，谓："坡之言非也，秦守节不终，受泚伪官，为贼居守，何功之足云！诗讥刺当时，故言及此。坡乃谓非无功而食禄，谬矣。"有翼之论，一何轻发至诋坡公为非为谬哉！予案，是时秦之死，二十七年矣。何为而追刺之？使仝欲讥逆党，则应首及禄山与泚矣。窃意元和之世吐突承璀用事，仝以为嬖幸擅位，故用董贤、秦宫辈喻之，本无预李忠臣事也。记前人似亦有此说，而不能省忆其详。

11 诗要点检

作诗至百韵，词意既多，故有失于点检者。如杜老夔府咏怀，前云"满坐涕潺湲"，后又云"伏腊涕涟涟"。白公寄元微之，既云"无盃不共持"，又云"笑劝迂辛酒"、"华樽逐胜移"、"觥飞白玉卮"、"饮讶卷波迟"、"归鞍酩酊驰"、"酡颜乌帽侧"、"醉袖玉鞭垂"、"白醪充夜酌"、"嫌醒自啜醨"、"不饮长如醉"，一篇之中，说酒者十一句。东坡赋中隐堂五诗各四韵，亦有"坡垂似伏鳌"、"崩崖露伏龟"之语，近于意重。

12 周蜀九经

唐贞观中，魏徵、虞世南、颜师古继为秘书监，请募天下书，选五品以上子孙工书者为书手缮写。予家有旧监本周礼，其末云：大周广顺三年癸丑五月，雕造九经书毕，前乡贡三礼郭嵠书。列宰相李谷、范质，判监田敏等衔于后。经典释文末云：显德六年己未三月，太庙室长朱延熙书，宰相范质、王溥如前，而田敏以工部尚书为详勘官。此书字画端严有楷法，更无舛误。旧五代史：汉隐帝时，国子监奏周礼、仪礼、公羊、穀梁四经未有印板，欲集学官考校雕造，从之。正尚武之时，而能如是，盖至此年而成也。成都石本诸经，毛诗、仪礼、礼记皆秘书省秘书郎张绍文书。周礼者，秘书省校书郎孙朋古书。周易者，国子博士孙逢吉书。尚书者，校书郎周德政书。尔雅者，简州平泉令张德昭书。题云广政十四年，盖孟昶时所镌，其字体亦皆精谨。两者并用士人笔札，犹有贞观遗风，故不庸俗，可以传远。唯三传至皇祐元年方毕工，殊不逮前。绍兴中，分命两淮、江东转运司刻三史板，其两汉书内，凡钦宗讳，并小书四字，曰"渊圣御名"，或径易为"威"字，而它庙讳皆只缺画，愚而自用，为可笑也。蜀三传后，列知益州、枢密直学士、右谏议大夫田况衔，大书为三行，而转运使直史馆曹颖叔，提点刑狱、屯田员外郎孙长卿，各细字一行，又差低于况。今虽执政作牧，监司亦与之雁行也。

13　冢宰治内

周礼天官冢宰，其属有宫正，实掌王宫之戒令纠禁。内宰以阴礼教六宫，以阴礼教九嫔，盖宫中官之长也。故自后、夫人之外，九嫔、世妇、女御以下，无不列于属中。后世宫掖之事，非上宰可得而闻也。礼记内则篇记男女事父母、舅姑，细琐毕载，而首句云："后王命冢宰，降德于众兆民。"则以其治内故也。

14　宰相爵邑

国朝宰相初不用爵邑为轻重，然亦尝以代升黜。王文康曾任司空，后为太子太师，经太宗登极恩，但封祁国公。吕文穆自司徒谢事为太子太师，经东封西祀恩，不复再得三公，但封徐国、许国公而已。寇忠愍罢相，学士钱惟演以太子太傅处之，真宗令更与些恩数，惟演但乞封国公。王冀公钦若食邑已过万户，及谪为司农卿，于衔内尽除去，后再拜相，乃悉还之。汤岐公以大观文免相，因御史言落职镌爵。赵卫公坐举官犯赃，见为使相，但降封益川郡公，削二千户。今周益公亦然。皆故实所无也。王嵏相元封冀，嫌其与钦若同，屡欲改，适有进国史赏，予为拟进韩国制词，用"有此冀方，莫如韩乐"。既播告矣，而删定官冯震武以为真宗故封，不许用，遂贴麻为鲁，虽著于司封格，冯盖不知富韩公已用之矣。是时，嵏相以食邑过二万户为辞，寿皇遣中使至迈所居宣示，令具前此有无体例及合如何施行事理拟定闻奏。遂以邑户无止法复命，乃竟行下。

15　杨子一毛

孟子曰："杨子取为我，拔一毛而利天下，不为也。"杨朱之书不传于今，其语无所考。惟列子所载："杨朱曰：'伯成子高不以一毫利物，舍国而隐耕。古之人损一毫利天下，不与也，人人不损一毫，不利天下，天下治矣。'禽子问杨朱曰：'去子体之一毛以济一世，汝为之乎？'杨子曰：'世固非一毛之所济。'禽子曰：'假济，为之乎？'杨子弗应。禽子出语孟孙阳，阳曰：'有侵若肌肤获万金者，若为之乎？'曰：'为之。'曰：'有断若一节得一国，子为之乎？'禽子默然。阳曰：'积一毛以成肌肤，积肌肤以成一节，一毛固一体万分中之一物，奈何轻之？'"观此，则孟氏之言可证矣。

16　李长吉诗

李长吉有罗浮山人诗云："欲翦湘中一尺天，吴娥莫道吴刀涩。"正用杜老题王宰画山水图歌"焉得并州快翦刀,翦取吴松半江水"之句。长吉非蹈袭人后者,疑亦偶同,不失自为好语也。

17　子夏经学

孔子弟子惟子夏于诸经独有书,虽传记杂言未可尽信,然要为与它人不同矣。于易则有传,于诗则有序。而毛诗之学,一云子夏授高行子,四传而至小毛公,一云子夏传曾申,五传而至大毛公。于礼则有仪礼丧服一篇,马融、王肃诸儒多为之训说。于春秋,所云"不能赞一辞",盖亦尝从事于斯矣。公羊高实受之于子夏,穀梁赤者,风俗通亦云子夏门人。于论语,则郑康成以为仲弓、子夏等所撰定也。后汉徐防上疏曰:"诗、书、礼、乐定自孔子,发明章句始于子夏。"斯其证云。

容斋续笔卷十五 十三则

1 紫阁山村诗

宣和间，朱勔挟花石进奉之名，以固宠规利。东南部使者郡守多出其门，如徐铸、应安道、王仲闳辈济其恶，豪夺渔取，士民家一石一木稍堪玩，即领健卒直入其家，用黄封表志，而未即取，护视微不谨，则被以大不恭罪，及发行，必撤屋决墙而出。人有一物小异，共指为不祥，唯恐芟夷之不速。杨戬、李彦创汝州西城所，任辉彦、李士涣、王浒、毛孝立之徒，亦助之发物供奉，大抵类勔，而又有甚焉者。徽宗患其扰，屡禁止之，然覆出为恶，不能绝也。偶读白乐天紫阁山北村诗，乃知唐世固有是事，漫录于此："晨游紫阁峰，暮宿山下村。村老见予喜，为予开一樽。举盃未及饮，暴卒来入门。紫衣挟刀斧，草草十馀人。夺我席上酒，掣我盘中餐。主人退后立，敛手反如宾。中庭有奇树，种来三十春。主人惜不得，持斧断其根。口称采造家，身属神策军。主人切勿语，中尉正承恩。"盖贞元、元和间也。

2 李林甫秦桧

李林甫为宰相，妒贤嫉能，以裴耀卿、张九龄在己上，以李适之争权，设诡计去之。若其所引用，如牛仙客至终于位，陈希烈及见其死，皆共政六七年。虽两人伴食谄事，所以能久，然林甫以忮心贼害，亦不朝愠暮喜，尚能容之。秦桧则不然，其始也，见其能助我，自冗散小官，不三二年至执政。史才由御史检法官超右正言，迁谏议大夫，遂签书枢密。施巨由中书检正、郑仲熊由正言，同除权吏部侍郎。方受告正谢，施即参知政事，郑为签枢。宋朴为殿中侍御史，欲骤用之，令台中申称本台缺检法主簿，须长贰乃可辟。即就状奏除侍御史，许荐举，遽拜中丞，谢日除签枢，其捷如此。然数人者，不能数月而罢。杨愿最善佞，至饮食动作悉效之。秦尝因食，喷嚏失笑，愿于仓卒间，亦阳喷饭而笑，左右侍者哂焉。秦察其奉己，愈喜。既历岁，亦厌之，讽御史排击而预告之，愿涕泪交颐。秦曰："士大夫出处常事耳，何至是。"愿对曰："愿起贱微，致身此地，已不啻足，但受太师生成恩，过于父母，一旦别去，何时复望车尘马足邪？是所以悲也。"秦益怜之，使以本职奉祠，仅三月起知宣州。李若谷罢参政，或曰："胡不效杨原仲之泣？"李，河北人，有直气。笑曰："便打杀我，亦撰眼泪不出。"秦闻而大怒，遂有江州居住之命。秦尝以病谒告，政府独有余尧弼，因奏对，高宗访以机务一二，不能答。秦病愈入见，上曰："余尧弼既参大政，朝廷事亦宜使之与闻。"秦退，扣余曰："比日榻前所询何事？"余具以告。秦呼省吏取公牍阅视，皆已书押。责之曰："君既书押了，安得言弗知，是故欲相卖耳。"余离席辩析，不复应。明日台评交章。段拂为人愦愦，一日，秦在前开陈颇久，遂俯首瞌睡，秦退始觉。殊窘怖，上犹慰拊之，且询其乡里。少顷，还殿廊幕中。秦闭目诵佛，典客赞揖至三，乃答。归政事堂，穷诘其语，无以对，旋遭劾，至于责居。汤思退在枢府，上偶回顾，有所问。秦是日所奏微不合，即云："陛下不以臣言为然，乞问汤思退。"上曰："此事朕岂不晓，何用问它汤思退。"秦还省见汤，已不乐，谋去之。会其病，迨于亡，遂免。考其所为，盖出偃月堂之上也。

3 注书难

注书至难，虽孔安国、马融、郑康成、王弼之解经，杜元凯之解左传，颜师古之注汉书，亦不能无失。王荆公诗新经"八月剥枣"解云："剥者，剥其皮而进之，所以养老也。"毛公本注云："剥，击也。"陆德明音普卜反。公皆不用。后从蒋山郊步至民家，问其翁安在？曰："去扑枣。"始悟前非。即具奏乞除去十三字，故今本无之。洪庆善注楚辞九歌东君篇"緪瑟兮交鼓，箫钟兮瑶簴"，引仪礼乡饮酒章"间歌鱼丽，笙由庚，歌南有嘉鱼，笙崇丘"为比，云："箫钟者，取二乐声之相应者互奏之。"既镂板，置于坟庵，一蜀客过而见之，曰："一本箫作𢷾，广韵训为击也，盖是击钟正与緪瑟为对耳。"庆善谢而亟改之。政和初，蔡京禁苏氏学，蕲春一士独杜门注其诗，不与人往还。钱伸仲为黄冈尉，因考校上舍，往来其乡，三进谒然后得见。首请借阅其书，士人指案侧巨编数十，使随意抽读，适得和杨公济梅花十绝："月地云阶漫一尊，玉奴终不负东昏。临春、结绮荒荆棘，谁信幽香是返魂。"注云："玉奴，齐东昏侯潘妃小字。临春、结绮者，陈后主三阁之名也。"伸仲曰："所引止于此耳？"曰："然。"伸仲曰："唐牛僧孺所作周秦行纪，记入薄太后庙，见古后妃辈，所谓'月地云阶见洞仙'，东昏以玉儿故，身死国除，不拟负他，乃是此篇所用，先生何为没而不书？"士人怅然失色，不复一语，顾其子然纸炬悉焚之。伸仲劝使姑留之，竟不可。曰："吾枉用工夫十年，非君几贻士林嗤笑。"伸仲每谈其事，以戒后生。但玉奴乃杨贵妃自称，潘妃则名玉儿也。剥枣之说，得于吴说傅朋，箫钟则庆善自言也。绍兴初，又有傅洪秀才注坡词，镂板钱塘，至于"不知天上宫阙，今夕是何年"，不能引"共道人间惆怅事，不知今夕是何年"之句。"笑怕蔷薇罝”,“学画鸦黄未就”,不能引南部烟花录,如此甚多。

4 书易脱误

经典遭秦火之馀,脱亡散落,其仅存于今者,相传千岁,虽有错误,无由复改。汉艺文志载:“刘向以中古文易经校施、孟、梁丘经,或脱去‘无咎’‘悔亡’,唯费氏经与古文同。以尚书校欧阳、夏侯三家经文,酒诰脱简一,召诰脱简二。率简二十五字者,脱亦二十五字,简二十二字者,脱亦二十二字。”今世所存者,独孔氏古文,故不见二篇脱处。周易杂卦自乾、坤以至需、讼,皆以两两相从,而明相反之义,若大过至夬八卦则否,盖传者之失也。东坡始正之。元本云:“大过,颠也。姤,遇也,柔遇刚也。渐,女归待男行也。颐,养正也。既济,定也。归妹,女之终也。未济,男之穷也。夬,决也,刚决柔也,君子道长,小人道忧也。”坡改云:“颐,养正也。大过,颠也。姤,遇也,柔遇刚也。夬,决也,刚决柔也。君子道长,小人道忧也。渐,女归待男行也。归妹,女之终也。既济,定也。未济,男之穷也。”谓如此而相从之次、相反之义,焕然若合符节矣。尚书洪范“四五纪,一曰岁,二曰月,三曰日,四曰星辰,五曰历数”,便合继之以“王省惟岁,卿士惟月,师尹惟日”。至于“月之从星,则以风雨”一章,乃接“五皇极”,亦以简编脱误,故失其先后之次。“五皇极”之中,盖亦有杂“九五福”之文者。如“敛时五福,用敷锡厥庶民”,“凡厥正人,既富方谷,汝弗能使有好于而家,时人斯其辜,于其无好德,汝虽锡之福,其作汝用咎”,及上文“而康而色,曰予攸好德,汝则锡之福”是也。康诰自“惟三月哉生魄”至“乃洪大诰治”四十八字,乃是洛诰,合在篇首“周公拜手”之前。武成一篇,王荆公始正之。自“王朝步自周,于征伐商”,即继以“ 底商之罪,告于皇天后土”至“一戎衣，天下大定”，乃继以“厥四月哉生明”，至“予小子其承厥志”，然后及“乃反商政”，以讫终篇，则首尾亦粲然不紊。

5 南陔六诗

南陔、白华、华黍、由庚、崇丘、由仪六诗，毛公为诗诂训传，各置其名，述其义，而亡其辞。乡饮酒燕礼云：“笙入堂下，磬南北面立。乐奏南陔、白华、华黍。乃间歌鱼丽，笙由庚，歌南有嘉鱼，笙崇丘，歌南山有台，笙由仪，乃合乐，周南关雎、葛覃、卷耳，召南鹊巢、采苹、采蘩。”切详文意，所谓歌者，有其辞所以可歌，如鱼丽、嘉鱼、关雎以下是也；亡其辞者不可歌，故以笙吹之，南陔至于由仪是也。有其义者，谓孝子相戒以养，万物得由其道之义。亡其辞者，元未尝有辞也。郑康成始以为及秦之世而亡之，又引燕礼“升歌鹿鸣、下管新宫”为比，谓新宫之诗亦亡。按，左传宋公享叔孙昭子，赋新宫。杜注为逸诗，则亦有辞，非诸篇比也。陆德明音义云：“此六篇，盖武王之诗，周公制礼，用为乐章，吹笙以播其曲。孔子删定在三百一十一篇内，及秦而亡。”盖祖郑说耳。且古诗经删及逸不存者多矣，何独列此六名于大序中乎？束皙补亡六篇，不作可也。左传叔孙豹如晋，晋侯享之，金奏肆夏、韶夏、纳夏，工歌文王、大明、緜、鹿鸣、四牡、皇皇者华。三夏者乐曲名，击钟而奏，亦以乐曲无辞，故以金奏，若六诗则工歌之矣，尤可证也。

6 绍圣废春秋

五声本于五行，而徵音废。四渎源于四方，而济水绝。周官六典所以布治，而司空之书亡。是固出于无可奈何，非人力所能为也。若乃六经载道，而王安石欲废春秋。绍圣中，章子厚作相，蔡卞执政，遂明下诏罢此经，诚万世之罪人也。

7 王韶熙河

王韶取熙河，国史以为尝游陕西，采访边事，遂诣阙上书。偶读晁以道集与熙河钱经略书，云："熙河一道，曹南院弃而不城者也。其后夏英公喜功名，欲城之，其如韩、范之论何？又其后有一王长官韶者，薄游阳翟，偶见英公神道碑所载云云，遂穴以为策以干丞相。时丞相是谓韩公，视王长官者稚而狂之，若河外数州，则又王长官弃而不城者也。彼木征之志不浅〔一〕，鬼章之睥睨尤近而著者，陇挎似若无能，颇闻有子存，实有不可不惧者。"此书盖是元祐初年，然则韶之本指乃如此。予修史时未得其说也。英公碑，王岐公所作，但云尝上十策。若通唃厮啰之属羌，当时施用之，馀皆不书，不知晁公所指为何也？

【校勘记】

〔一〕彼木征之志不浅　四部丛刊续编晁说之（以道）嵩山文集卷十五与熙河钱经略书"木"作"术"。

8 书籍之厄

梁元帝在江陵，蓄古今图书十四万卷，将亡之夕尽焚之。隋嘉则殿有书三十七万卷，唐平王世充，得其旧书于东都，浮舟溯河，尽覆于砥柱。贞观、开元募借缮写，两都各聚书四部。禄山之乱，尺简不藏。代宗、文宗时，复行搜采，分藏于十二库。黄巢之乱，存者盖尠。昭宗又于诸道求访，及徙洛阳，荡然无遗。今人观汉、隋、唐经籍、艺文志，未尝不茫然太息也。晁以道记本朝王文康初相周世宗，多有唐旧书，今其子孙不知何在。李文正所藏既富，而且辟学馆以延学士大夫，不待见主人，而下马直入读书，供牢饩以给其日力，与众共利之。今其家仅有败屋数楹，而书不知何在也。宋宣献家兼有毕文简、杨文庄二家之书，其富盖有王府不及者。元符中，一夕灾为灰烬。以道自谓家五世于兹，虽不敢与宋氏争多，而校雠是正，未肯自逊。政和甲午之冬，火亦告谴。惟刘壮舆家于庐山之阳，自其祖凝之以来，遗子孙者唯图书也，其书与七泽俱富矣，于是为作记。今刘氏之在庐山者，不闻其人，则所谓藏书殆亦羽化。乃知自古到今，神物亦于斯文为靳靳也。宣和殿、太清楼、龙图阁御府所储，靖康荡析之馀，尽归于燕；置之秘书省，乃有幸而得存者焉。

9　逐贫赋

韩文公送穷文，柳子厚乞巧文，皆拟杨子云逐贫赋。韩公进学解，拟东方朔客难，柳子晋问篇拟枚乘七发，贞符拟剧秦美新，黄鲁直跛奚移文拟王子渊僮约，皆极文章之妙。逐贫一赋，几五百言，文选不收，初学记所载才百馀字，今人盖有未之见者，辄录于此，云："杨子遁世，离俗独处。左邻崇山，右接旷野。邻垣乞儿，终贫且窭。礼薄义弊，相与群聚。惆怅失志，呼贫与语：'汝在六极，投弃荒遐。好为庸卒，刑戮是加。匪惟幼稚，嬉戏土沙。居非近邻，接屋连家。恩轻毛羽，义薄轻罗。进不由德，退不受诃。久为滞客，其意若何。人皆文绣，余褐不全。人皆稻粱，我独藜餐。贫无宝玩，何以接欢。宗室之宴，为乐不槃。徒行负赁，出处易衣。身服百役，手足胼胝。或耘或耔，沾体露肌。朋友道绝，进宦凌迟。厥咎安在，职汝之为。舍汝远窜，昆仑之颠。尔复我随，翰飞戾天。舍尔登山，岩穴隐藏。尔复我随，陟彼高冈。舍尔入海，泛彼柏舟。尔复我随，载沉载浮。我行尔动，我静尔休。岂无他人，从我何求。今汝去矣，勿复久留。'贫曰：'唯唯，主人见逐。多言益嗤。心有所怀，愿得尽辞。昔我乃祖，崇其明德。克佐帝尧，誓为典则。土阶茅茨，匪雕匪饰。爰及季世，纵其昏惑。饕餮之群，贫富苟得〔一〕。鄙我先人，乃傲乃骄。瑶台琼室，华屋崇高。流酒为池，积肉为峤。是用鹄逝，不践其朝。三省吾身，谓予无諐。处君之家，福禄如山。忘我大德，思我小怨。堪寒能暑，少而习焉。寒暑不忒，等寿神仙。桀跖不顾，贪类不干。人皆重蔽，子独露居。人皆怵惕，子独无虞。言辞既罄，色厉目张。摄齐而兴，降阶下堂。誓将去汝，适彼首阳。孤竹之子，与我连行。'余乃避席，辞谢不直：'请不贰过，闻义则服。长与尔居，终无厌极。'贫遂不去，与我游息。"唐宣宗时有文士王振，自称紫逻山人，有送穷辞一篇，引韩吏部为说，其文意亦工。

【校勘记】

〔一〕贫富苟得　祠本"贫"作"贪"。按全汉文卷五十二引艺文类聚卷三十五、初学记卷十八、太平御览卷四百八十五作"贪"。疑作"贪"是。

10　涧松山苗

诗文当有所本，若用古人语意，别出机杼，曲而畅之，自足以传示来世。左太冲咏史诗曰："郁郁涧底松，离离山上苗。以彼径寸茎，荫此百尺条。世胄蹑高位，英俊沉下僚。地势使之然，由来非一朝。"白乐天续古一篇，全用之，曰："雨露长纤草，山苗高入云。

风雪折劲木，涧松摧为薪。风摧此何意，雨长彼何因。百尺涧底死，寸茎山上春。”语意皆出太冲，然其含蓄顿挫则不逮也。

11　男子运起寅

今之五行家学，凡男子小运起于寅，女子小运起于申，莫知何书所载。淮南子氾论训篇云：“礼三十而娶。”许叔重注曰：“三十而娶者，阴阳未分时俱生于子，男从子数左行三十年立于巳，女从子数右行二十年亦立于巳，合夫妇。故圣人因是制礼，使男三十而娶，女二十而嫁。其男子自巳数左行十得寅，故人十月而生于寅，故男子数从寅起；女自巳数右行得申，亦十月，而生于申，故女子数从申起。”此说正为起运也。

12　宰我作难

史记称宰我为齐临菑大夫，与田常作难，以夷其族，孔子耻之。苏子由作古史，精为辨之，以为子我者阚止也，与田常争齐政，为常所杀，以其字亦曰子我，故战国之书误以为宰予。此论既出，圣门高第，得免非义之谤。东坡又引李斯谏书，谓曰：“常阴取齐国，杀宰予于庭。”是其不从田常，故为所杀也。予又考之，子路之死，孔子曰：“由也死矣。”又曰：“天祝予〔一〕。”哭于中庭，使人覆醢，其悲之如是，不应宰我遇祸，略无一言。孟子所载三子论圣人贤于尧、舜等语，疑是夫子没后所谈，不然，师在而各出意见议之，无复质正，恐非也。然则宰我不死于田常，更可证矣。而淮南子又有一说，云：“将相摄威擅势，私门成党，而使道不行，故使陈成、田常、鸱夷子皮得成其难，使吕氏绝祀。”子皮谓范蠡也。蠡浮海变姓名游齐，时简公之难已十馀年矣。说苑亦云："田常与宰我争，宰我将攻之，鸱夷子皮告田常，遂残宰我。"此说尤为无稽，是以蠡为助田氏为齐祸，其不分贤逆如此。

【校勘记】

〔一〕天祝予　"天"原作"夫"，误刊。据马本、祠本改。按，春秋公羊传注疏卷二十八作"天"。

13　古人占梦

汉艺文志七略杂占十八家，以黄帝长柳占梦十一卷，甘德长柳占梦二十卷为首。其说曰："杂占者，纪百家之象，候善恶之证。众占非一，而梦为大，故周有其官。"周礼："太卜掌三梦之法。一曰致梦，二曰觭梦，三曰咸陟。"郑氏以为致梦夏后氏所作，觭梦商人所作，咸陟者言梦之皆得，周人作焉。而占梦专为一官，以日月星辰占六梦之吉凶，其别曰正、曰噩、曰思、曰寤、曰喜、曰惧。季冬，聘王梦，献吉梦于王，王拜而受之。乃舍萌于四方，以赠恶梦。舍萌者，犹释采也。赠者，送之也。诗、书、礼经所载，高宗梦得说；周文王梦帝与九龄；武王伐纣，梦叶朕卜；宣王考牧，牧人有熊罴虺蛇之梦，召彼故老，讯之占梦。左传所书尤多。孔子梦坐奠于两楹。然则古之圣贤，未尝不以梦为大，是以见于七略者如此。魏、晋方技，犹时时或有之。今人不复留意此卜，虽市井妄术，所在如林，亦无一个以占梦自名者，其学殆绝矣。

容斋续笔卷十六 十六则

1 高德儒

唐高祖起兵太原,使子建成、世民将兵击西河郡,执郡丞高德儒,世民数之曰:"汝指野鸟为鸾,以欺人主取高官,吾兴义兵,正为诛佞人耳。"遂斩之,自馀不戮一人。读史不熟者,但以为史氏虚设此语,以与指鹿为马作对耳。案,隋大业十一年,有二孔雀飞集宝城朝堂前,亲卫校尉高德儒等十馀人见之,奏以为鸾,时孔雀已飞去,无可得验。诏以德儒诚心冥会,肇见嘉祥,擢拜朝散大夫,馀人皆赐束帛,仍于其地造仪鸾殿。距此时财二年馀。盖唐温大雅所著创业起居注载之,不追书前事故也。新唐书太宗纪但书云:"率兵徇西河,斩其郡丞高德儒。"尤为简略,赖通鉴尽纪其详。范氏唐鉴只论其被诛一节云。

2 唐朝士俸微

唐世朝士俸钱至微,除一项之外,更无所谓料券、添给之类者。白乐天为校书郎,作诗曰:"幸逢太平代,天子好文儒。小才难大用,典校在秘书。俸钱万六千,月给亦有馀。遂使少年心,日日常晏如。"及为翰林学士,当迁官,援姜公辅故事,但乞兼京兆府户曹参军。既除此职,喜而言志,至云:"诏授户曹掾,捧诏感君恩。弟兄俱簪笏,新妇俨衣巾。罗列高堂下,拜庆正纷纷。喧喧车马来,贺客满我门。置酒延贺客，不复忧空樽。”而其所得者，亦俸钱四五万，廪禄二百石而已。今之主簿、尉，占优饫处，固有倍蓰于此者矣，亦未尝以为足，古今异宜，不可一概论也。杨文公在真宗朝为翰林学士，而云：“虚忝甘泉之从臣，终作若敖之馁鬼。”盖是时尚为鲜薄，非后来比也。

3 计然意林

汉书货殖传：“粤王句践困于会稽之上，乃用范蠡、计然，遂报彊吴。”孟康注曰：“姓计名然，越臣也。”蔡谟曰：“‘计然’者，范蠡所著书篇名耳，非人也。谓之计然者，所计而然也。群书所称句践之贤佐，种、蠡为首，岂复闻有姓计名然者乎！若有此人，越但用半策便以致霸，是功重于范蠡，而书籍不见其名，史迁不述其传乎！”颜师古曰：“蔡说谬矣。古今人表，计然列在第四等，一名计研。班固宾戏‘研、桑心计于无垠’，即谓此耳。计然者，濮上人也。尝南游越，范蠡卑身事之，其书则有万物录，事见皇览及晋中经簿。又，吴越春秋及越绝书并作计倪，此则‘倪’‘研’及‘然’声皆相近，实一人耳，何云书籍不见哉！”予案：唐贞元中，马总所述意林一书，抄类诸子百馀家，有范子十二卷〔一〕，云：“计然者，葵丘濮上人，姓辛，字文子，其先晋国之公子也。为人有内无外，状貌似不及人，少而明，学阴阳，见微知著，其志沈沈，不肯自显，天下莫知，故称曰‘计然’。时遨游海泽，号曰‘渔父’。范蠡请其见越王，计然曰：‘越王为人鸟喙，不可与同利也。’”据此，则计然姓名出处，皎然可见。裴骃注史记，亦知引范子。北史萧大圜云：“留侯追踪于松子，陶朱成术于辛文。”正用此事。曹子建表引文子，李善注以为计然，师古盖未能尽也。而文子十二卷，李暹注其序以谓范子所称计然。但其书一切以老子为宗，略无与范蠡谋议之事，意林所编文子正与此同，所谓范子，乃别是一书，亦十二卷。马总只载其叙计然及它三事，云："馀并阴阳历数，故不取。"则与文子了不同，李暹之说误也。唐艺文志范子计然十五卷，注云："范蠡问计然答。"列于农家，其是矣，而今不存。唐世未知尊孟氏，故意林亦列其书，而有差不同者，如伊尹不以一衣与人，亦不取一衣于人之类。其它所引书，如胡非子、随巢子、缠子、王孙子、公孙尼子、阮子、正部、姚信士纬、殷兴通语、牟子、周生烈子、秦菁子、梅子、任弈子、魏朗子、唐滂子、邹子、孙氏成败志、蒋子、谯子、锺子、张俨默记、裴氏新言、袁淮正书、袁子正论、苏子、陆子、张显析言、干子、顾子、诸葛子、陈子要言、符子诸书，今皆不传于世，亦有不知其名者。

【校勘记】

〔一〕抄类诸子百馀家有范子十二卷　"家有范子"四字原为墨钉，据会本、李本补。

4　思颍诗

士大夫发迹垅亩，贵为公卿，谓父祖旧庐为不可居，而更新其宅者多矣。复以医药弗便，饮膳难得，自村疃而迁于邑，自邑而迁于郡者亦多矣。唯翩然委而去之，或远在数百千里之外，自非有大不得已，则举动为不宜轻。若夫以为得计，又从而咏歌夸诩之，著于诗文，是其一时思虑，诚为不审，虽名公巨人，未能或之免也。欧阳公，吉州庐陵人，其父崇公，葬于其里之泷冈，公自为阡表，纪其平生。而公中年乃欲居颍，其思颍诗序云："予自广陵得请来颍，爱其民淳讼简，土厚水甘，慨然有终焉之志。尔来思颍之念，未尝少忘于心，而意之所存，亦时时见于文字。乃发旧稾，得南京以后诗十馀篇，皆思颍之作，以见予拳拳于颍者，非一日也。"又续诗序云：

"自丁家难，服除，入翰林为学士，忽忽八年间，归颍之志虽未遂，然未尝一日少忘焉。至于今，年六十有四，免并得蔡，蔡、颍连疆，因得以为归老之渐。又得在亳及青十有七篇，附之，时熙宁三年也。"公次年致仕，又一年而薨。其逍遥于颍，盖无几时，惜无一语及于松楸之思。崇公惟一子耳，公生四子，皆为颍人，泷冈之上，遂无复有子孙临之，是因一代贵达，而坟墓乃隔为它壤。予每读二序，辄为太息。嗟乎，此文不作可也。若东坡之居宜兴，乃因免汝州居住而至，其后自海外北还，无以为归，复暂至常州，已而捐馆。文定公虽居许，而治命反葬于眉山云。

5 刘蕡下第

唐文宗大和二年三月，亲策制举人贤良方正，刘蕡对策，极言宦官之祸。既而裴休、李郃等二十二人中第，皆除官。考官左散骑常侍冯宿、太常少卿贾悚、库部郎中庞严，见蕡策皆叹服，而畏宦官，不敢取。诏下，物论嚣然称屈。谏官、御史欲论奏，执政抑之。李郃曰："刘蕡下第，我辈登科，能无厚颜？"乃上疏，以为蕡所对策，汉、魏以来无与为比，今有司以蕡指切左右，不敢以闻，恐忠良道穷，纲纪遂绝。臣所对，不及蕡远甚，乞回臣所授以旌蕡直。"不报。予案，是时宰相乃裴度、韦处厚、窦易直。易直不足言，裴、韦之贤，顾独失此，至于抑言者使勿论奏，岂不有愧于心乎！蕡既由此不得仕于朝，而李郃亦不显，盖无敢用之也。令狐楚、牛僧孺乃能表蕡入幕府，待以师礼，竟为宦人所嫉，诬贬柳州司户。李商隐赠以诗，曰："汉廷急诏谁先入？楚路高歌自欲翻。万里相逢欢复泣，凤巢西隔九重门。"及蕡卒，复以二诗哭之，曰："一叫千回首，天高不为闻。"又曰："已为秦逐客，复作楚冤魂。""并将添恨泪，一洒问乾坤。"其悲之至矣。甘露之事，相去财七年，未知蕡及见之否乎？

6 酒肆旗望

今都城与郡县酒务，及凡鬻酒之肆，皆揭大帘于外，以青白布数幅为之，微者随其高卑小大，村店或挂缾瓢，标箒秆。唐人多咏于诗，然其制盖自古以然矣。韩非子云："宋人有酤酒者，斗概甚平，遇客甚谨，为酒甚美，悬帜甚高，而酒不售，遂至于酸。"所谓悬帜者此也。

7 贤宰相遭谗

一代宗臣，当代天理物之任，君上委国而听之，固为社稷之福，然必不使邪人参其间乃可，不然必为所胜。姑以唐世及本朝之事显显者言之，若褚遂良、长孙无忌之遭李义府、许敬宗，张九龄之遭李林甫是已。裴晋公相宪宗，立淮、蔡、青、郓之功，唐之威令纪纲既坏而复振，可谓名宰矣。皇甫镈一共政，则去不旋踵；迨穆、敬、文三宗，主既不明，而元稹、李逢吉、宗闵更撼之，使不得一日安厥位。赵韩王以佐命元勋，而为卢多逊所胜，寇莱公为丁谓所胜，杜祁公、韩、范为陈执中、贾昌朝所胜，富韩公为王介甫所胜，范忠宣为章子厚所胜，赵忠简为秦会之所胜，大抵皆然也。

8 宋齐丘

自用兵以来，令民间以见钱纽纳税直，既为不堪，然于其中所谓和买折帛，尤为名不正而敛最重。偶阅大中祥符间，太常博士许载著吴唐拾遗录，所载多诸书未有者。其劝农桑一篇正云："吴顺义年中，差官兴版簿，定租税，厥田上上者，每一顷税钱二贯一百文，中田一顷税钱一贯八百，下田一顷千五百，皆足陌见钱，如见钱不足,许依市价折以金银。并计丁口课调,亦科钱。宋齐丘时为员外郎,上策乞虚抬时价,而折紬、绵、绢本色,曰:'江、淮之地,唐季已来,战争之所。今兵革乍息,黎甿始安,而必率以见钱,折以金银,此非民耕凿可得也,无兴贩以求之,是为教民弃本逐末耳。'是时绢每匹市卖五百文,紬六百文,绵每两十五文。齐丘请绢每匹抬为一贯七百,紬为二贯四百,绵为四十文,皆足钱,丁口课调亦请蠲除。朝议喧然沮之,谓亏损官钱万数不少。齐丘致书于徐知诰曰:'明公总百官,理大国,督民见钱与金银,求国富庶,所谓拥彗救火,挠水求清,欲火灭水清可得乎?'知诰得书,曰:'此劝农上策也。'即行之。自是不十年间,野无闲田,桑无隙地,自吴变唐,自唐归宋,民到于今受其赐。"齐丘之事美矣,徐知诰亟听而行之,可谓贤辅相。而九国志齐丘传中略不书,资治通鉴亦佚此事。今之君子为国,唯知浚民以益利,岂不有靦于偏闰之臣乎!齐丘平生,在所不论也。

9　咸杬子

玉篇、唐韵释杬字云:"木名,出豫章,煎汁,藏果及卵不坏。"异物志云:"杬子,音元,盐鸭子也。"以其用杬木皮汁和盐渍之。今吾乡处处有此,乃如苍耳、益母,茎干不纯是木。小人争斗者,取其叶挼擦皮肤,辄作赤肿,如被伤,以诬赖其敌。至藏鸭卵,则又以染其外,使若赭色云。

10　月中桂兔

酉阳杂俎天咫篇,载月星神异数事。其命名之义,取国语楚灵王曰"是知天咫,安知民则"之说。其纪月中蟾桂,引释氏书,言须弥山南面有阎扶树,月过树,影入月中。或言月中蟾桂,地影也;空处，水影也。予记东坡公鉴空阁诗云："明月本自明，无心孰为境？挂空如水鉴，写此山河影。我观大瀛海，巨浸与天永。九州居其间，无异蛇盘镜。空水两无质，相照但耿耿。妄云桂兔蟇，俗说皆可屏。"正用此说。其诗在集中，题为和黄秀才。顷予游南海，西归之日，泊舟金利山下，登崇福寺，有阁枕江流，标为鉴空，正见诗牌揭其上，盖当时临赋处也。

11　唐二帝好名

唐贞观中，忽有白鹊营巢于寝殿前槐树上，其巢合欢如腰鼓。左右拜舞称贺，太宗曰："我常笑隋炀帝好祥瑞，瑞在得贤，此何足贺！"乃命毁其巢，放鹊于野外。明皇初即位，以风俗奢靡，制乘舆服御金银器玩，令有司销毁，以供军国之用。其珠玉锦绣焚于殿前，天下毋得复采织，罢两京织锦坊。予谓二帝皆唐之明主，所言所行足以垂训于后，然大要出于好名。鹊巢之异，左右从而献谀，叱而去之可也，何必毁其巢？珠玉锦绣勿珍而尚之可也，何必焚之殿前，明以示外，使家至户晓哉！治道贵于执中，是二者惧不可以为法。其后杨贵妃有宠，织绣之工，专供妃院者七百人，中外争献器服珍玩。岭南经略使张九皋、广陵长史王翼，以所献精靡，九皋加三品〔一〕，翼入为户部侍郎，天下从风而靡，明皇之始终，一何不同如此哉！

【校勘记】

〔一〕岭南经略使张九皋……以所献精靡九皋加三品　"九皋加三品"之"皋"原作"章"，误刊，据李本、会本改。

12　周礼非周公书

周礼一书，世谓周公所作，而非也。昔贤以为战国阴谋之书，考其实，盖出于刘歆之手。汉书儒林传尽载诸经专门师授，此独无传。至王莽时，歆为国师，始建立周官经以为周礼，且置博士。而河南杜子春受业于歆，还家以教门徒，好学之士郑兴及其子众往师之，此书遂行。歆之处心积虑，用以济莽之恶，莽据以毒痡四海，如五均、六筦、市官、赊贷，诸所兴为皆是也。故当其时公孙禄既已斥歆颠倒六经毁师法矣。历代以来，唯宇文周依六典以建官，至于治民发政，亦未尝循故辙。王安石欲变乱祖宗法度，乃尊崇其言，至与诗、书均匹，以作三经新义，其序略曰："其人足以任官，其官足以行法，莫盛乎成周之时，其法可施于后世，其文有见于载籍，莫具乎周官之书。自周之衰，以至于今，太平之遗迹，扫荡几尽，学者所见无复全经。于是时也，乃欲训而发之，臣知其难也。以训而发之之难，则又以知夫立政造事追而复之之为难。"则安石所学所行实于此乎出，遂谓"一部之书，理财居其半"。又谓："泉府，凡国之财用取具焉，岁终，则会其出入而纳其馀，则非特摧兼并[一]，救贫厄，因以足国事之财用。夫然，故虽有不庭不虞，民不加赋，而国无乏事。"其后吕嘉问法之而置市易，由中及外，害遍生灵。呜呼！二王托周官之名以为政，其归于祸民一也。

【校勘记】

〔一〕摧兼并　"摧"原作"摧"，误刊，据马本、祠本改。

13　醉尉亭长

李广免将军为庶人，屏居蓝田，尝夜从一骑出，从人田间饮，还至亭，霸陵尉醉呵止广。后广拜右北平太守，请尉与俱，至军而斩之，上书自陈谢罪。武帝报曰："报忿除害，朕之所图于将军也。"王莽窃位，尤备大臣，抑夺下权。大司空士夜过奉常亭，亭长苛之，告以官名，亭长醉曰："宁有符传邪？"士以马棰击亭长，亭长斩士，亡，郡县逐之。家上书，莽曰："亭长奉公，勿逐。"大司空王邑斥士以谢。予观此两亭尉长，其醉等耳。霸陵尉但呵止李广，而广杀之，武帝不问，奉常亭长杀宰士，而王莽反以奉公免之，亦可笑也。

14　三易之名

三易之名，一曰连山，二曰归藏，三曰周易，皆以两字为义。今人但称周易曰易，非也。夏曰连山，其卦以纯艮为首，艮为山，山上山下，是名连山。云气出内于山，故名易为连山。商曰归藏，以纯坤为首，坤为地，万物莫不归而藏于中，故名为归藏。周曰周易，以纯乾为首，乾为天，天能周帀于四时，故名易为周也。大蔟为人统，寅为人正。夏以十三月为正，人统，人无为卦首之理，艮渐正月，故以艮为首。林锺为地统，未之冲丑，故为地正，商以十二月为正，地统，故以坤为首。黄锺为天统，子为天正。周以十一月为正，天统，故以乾为天首。此本出唐贾公彦周礼正义之说，予整齐而纪之。所谓十三月者，承十二月而言，即正月耳。后汉陈宠论之甚详，本出尚书大传。

15　忠臣名不传

古今忠臣义士，其名载于史策者，万世不朽，然有不幸而泯没无传者。南唐后主，淫于浮图氏，二人继踵而谏，一获徒，一获流。歙人汪焕为第三谏，极言请死，云："梁武事佛，刺血写佛经，散发与僧践，舍身为佛奴，屈膝礼和尚，及其终也，饿死于台城。今陛下事佛，未见刺血、践发、舍身、屈膝，臣恐他日犹不得如梁武之事。”后主览书，赦而官之。又有淮人李雄，当王师吊伐，出守西偏，不遇其敌。雄以国城重围，不忍端坐，遂东下以救之，阵于溧阳，与王师遇，父子俱没，诸子不从行者亦死他所，死者凡八人。李氏讫亡，不沾褒赠，其事仅见于吴唐拾遗录。顷尝有旨合九朝国史为一书，他日史官为列之于李煜传，庶足以慰二人于泉下。欧阳公作吴某墓志云："李煜时，为彭泽主簿，曹彬破池阳，遣使者招降郡县，其令欲以城降，某曰：'吾能为李氏死尔。'乃杀使者，为煜守。煜已降，某为游兵执送军中，主将责以杀使者，曰：'固当如是。'主将义而释之。"其事虽粗见，而集中只云"讳某"，为可惜也。如靖康之难，朱昭等数人死于震武城之类，予得朱并所作忠义录于其子械，乃为作传于四朝史中，盖惜其无传也。

16　唐人酒令

白乐天诗："鞍马呼教住，骰盘喝遣输。长驱波卷白，连掷采成卢。"注云："骰盘、卷白波、莫走鞍马，皆当时酒令。"予按皇甫松所著醉乡日月三卷，载骰子令云：聚十只骰子齐掷，自出手六人，依采饮焉。堂印，本采人劝合席，碧油，劝掷外三人。骰子聚于一处，谓之酒星，依采聚散。骰子令中改易，不过三章，次改鞍马令，不过一章。又有旗幡令、闪擘令、抛打令，今人不复晓其法矣，唯优伶家犹用手打令以为戏云。

容斋三笔

容斋三笔序

王右将军逸少，晋、宋间第一流人也。遗情轩冕，摆落世故，盖其生平雅怀。自去会稽内史，遂不肯复出。自誓于父母墓下，词致确苦。予味其言而深悲之。又读所与谢万石书云："坐而获逸，遂其宿心。比尝与安石东游山海，颐养闲暇之馀，欲与亲故时共欢宴，衔杯引满，语田里所行，故以为抚掌之资，其为得意，可胜言邪！常依依陆贾、班嗣之处世，老夫志愿尽于此也。"案，是时逸少春秋财五十馀耳，史氏不能赏取其高，乃屑屑以为坐王怀祖之故，待之浅矣。予亦从会稽解组还里，于今六年，仰瞻昔贤，犹驽蹇之视天骥，本非伦儗，而年龄之运，逾七望八，法当挂神虎之衣冠，无假于誓墓也。幸方寸未渠昏，于宽闲寂寞之滨，穷胜乐时之暇，时时捉笔据几，随所趣而志之，虽无甚奇论，然意到即就，亦殊自喜。于是容斋三笔成累月矣。稚子云："不可无序引。"因摅写所怀，并发逸少之孤标，破晋史之妄，以诏儿侄，冀为四笔它日嘉话。庆元二年六月晦日序。

容斋三笔卷一 十四则

1 晁景迂经说

景迂子晁以道留意六经之学，各著一书，发明其旨，故有易规、书传、诗序论、中庸、洪范传、三传说。其说多与世儒异。

谓易之学者所谓应、所谓位、所谓承乘、所谓主，皆非是。大抵云，系辞言卦爻象数刚柔变通之类非一，未尝及初应四、二应五、三应六也。以阳居阳、以阴居阴为得位，得位者吉。以阳居阴、以阴居阳为失位，失位者凶。然则九五、九三、六二、六四俱善乎？六五、六三、九二、九四俱不善乎？既为有应无应、得位不得位之说，而求之或不通，则又为承乘之说。谓阴承阳则顺，阳承阴则逆，阳乘柔则吉，阴乘刚则凶，其不思亦甚矣。又必以位而论中正，如六二、九五为中且正，则六五、九二俱不善乎？初、上、三、四永不得用中乎？卦各有主，而一概主之于五，亦非也。

其论书曰：予于尧典，见天文矣，而言四时者不知中星。禹贡敷土治水，而言九州者不知经水。洪范性命之原，而言九畴者不知数。舜于四凶，以尧庭之旧而流放窜殛之。穆王将善其祥刑，而先丑其耄荒。汤之伐桀，出不意而夺农时。文王受命为僭王，召公之不说，类乎无上。太甲以不顺伊尹而放，群叔才有流言而诛，启行孥戮之刑以誓不用命，盘庚行劓殄之刑而迁国，周人饮酒而死，鲁人不板榦而屋诛。先时不及时而杀无赦。威不可讫，老不足敬，祸不足畏，凶德不足忌之类。惟此经遭秦火煨烬之后，孔壁朽折之馀，孔安国初以隶篆推科斗。既而古今文字错出东京，乃取正于杜林。传至唐，弥不能一，明皇帝诏卫包悉以今文易之，其去本几何其远矣！今之学者尽信不疑，殆如手授于洙、泗间，不亦惑乎！论尧典中星云：于春分日而南方井、鬼七宿合，昏毕见者，孔氏之误也。岂有七宿百九度而于一夕间毕见者哉！此实春分之一时正位之中星，非常夜昏见之中星也。于夏至而东方角、亢七宿合，昏毕见者，孔氏之误也。岂有七宿七十七度而于一夕间毕见者哉！此夏至一时之中星，非常夜昏见者也。秋分、冬至之说皆然。凡此以上，皆晁公之说。所辩圣典，非所敢知。但验之天文，不以四时，其同在天者常有十馀宿。自昏至旦，除太阳所舍外，馀出者过三之二，安得言七宿不能于一夕间毕见哉！盖晁不识星故云尔。

其论诗序，云作诗者不必有序。今之说者曰，序与诗同作，无乃惑欤！且逸诗之传者，岐下之石鼓也，又安睹序邪？谓晋武公盗立，秦仲者石勒之流，秦襄公取周地，皆不应美。文王有声为继伐，是文王以伐纣为志，武王以伐纣为功。庭燎、沔水、鹤鸣、白驹、箴、规、诲、刺于宣王，则云汉、韩奕、崧高、烝民之作妄也。未有小雅之恶如此，而大雅之善如彼者也。谓子衿、候人、采绿之序骈蔓无益，樛木、日月之序为自戾，定之方中、木瓜之序为不纯。孟子、荀卿、左氏、贾谊、刘向汉诸儒论说及诗多矣，未尝有一言以诗序为议者，则序之所作晚矣。晁所论是否，亦未敢辄言。但其中有云秦康公隳穆公之业，日称兵于母家，自丧服以寻干戈，终身战不知已，而序渭阳，称其"我见舅氏，如母存焉"，是果纯孝欤？陈厉公弑佗代立，而序墓门责佗"无良师傅"，失其类矣。予谓康公渭阳之诗，乃赠送晋文公入晋时所作，去其即位十六年。衰服用兵，盖晋襄公耳，传云"子墨衰绖"者也。康公送公子雍于晋，盖徇其请。晋背约而与之战，康公何罪哉！责其称兵于母家，则不可。陈佗杀桓公太子而代之，故蔡人杀佗而立厉公，非厉公罪也。晁诋厉以申佗，亦为不可。

其论三传，谓杜预以左氏之耳目，夺夫子之笔削。公羊家失之舛杂〔一〕，而何休者，又特负于公羊。惟穀梁晚出，监二氏之违畔而正之，然或与之同恶，至其精深远大者，真得子夏之所传。范甯又因诸儒而博辩之，申穀梁之志，其于是非亦少公矣，非若杜征南一切申传，汲汲然不敢异同也〔二〕。此论最善。

然则晁公之于群经，可谓自信笃而不诡随者矣。

【校勘记】

〔一〕公羊家失之舛杂　“失”原作“也”，据李本改。

〔二〕汲汲然不敢异同也　马本“汲汲然”作“汲然”，祠本作“决然”。

2　邳彤郦商

汉光武讨王郎时，河北皆叛，独巨鹿、信都坚守，议者谓可因二郡兵自送，还长安。惟邳彤不可，以为若行此策，岂徒空失河北，必更惊动三辅。公既西，则邯郸之兵，不肯背城主而千里送公〔一〕，其离散逃亡可必也。光武感其言而止。东坡曰：“此东汉兴亡之决，邳彤亦可谓汉之元臣也。”彤在云台诸将中，不为人所标异，至此论出，识者始知其然。汉高祖没，吕后与审食其谋曰：“诸将故与帝为编户民，今乃事少主，非尽族是，天下不安。”以故不发丧。郦商见食其曰：“诚如此，天下危矣。陈平、灌婴将十万守荥阳，樊哙、周勃将二十万定燕、代，此闻帝崩，诸将皆诛，必连兵还向以攻关中，亡可跻足待也。”食其入言之，乃发丧。然则是时汉室之危，几于不保，郦商笑谈间，廓廓无事，其功岂不大哉！然无有表而出之者。迨吕后之亡，吕禄据北军，商子寄绐之出游，使周勃得入。则郦氏父子之于汉，谓之社稷臣可也。寄与刘揭同说吕禄解将印，及文帝论功，揭封侯赐金，而寄不录，平、勃亦不为之一言，此又不可晓者。其后寄嗣父为侯，又以罪免，惜哉！

【校勘记】

〔一〕千里送公　“千”原作“十”。马本、祠本作“千”，后汉书卷二十一邳彤传作“千”。今据改。

3　武成之书

孔子言：“周之德，其可谓至德也已矣。三分天下有其二，以服事殷。”所谓服事者，美其能于纣之世尽臣道也。而史记周本纪云西伯盖受命之年称王，而断虞芮之讼，其后改法度，制正朔，追尊古公、公季为王。是说之非，自唐梁肃至于欧阳、东坡公、孙明复皆尝著论，然其失自武成始也。孟子曰：“吾于武成，取二三策而已矣。”今考其书，云“大王肇基王迹，文王诞膺天命，以抚方夏”，及武王自称曰“周王发”，皆纣尚在位之辞。且大王居邠，犹为狄所迫逐，安有“肇基王迹”之事，文王但称西伯，焉得言“诞膺天命”乎！武王未代商，已称周王，可乎！则武成之书，不可尽信，非止“血流标杵”一端也。至编简舛误，特其小小者云。

4　象载瑜

汉郊祀歌象载瑜章云：“象载瑜，白集西。”颜师古曰：“象载，象舆也。山出象舆，瑞应车也。”赤蛟章云“象舆轙”，即此也。而景星章云：“象载昭庭。”师古曰：“象谓县象也。县象秘事，昭显于庭也。”二字同出一处,而自为两说。案乐章词意,正指瑞应车,言昭列于庭下耳。三刘汉释之说亦得之,而谓“白集西”为西雍之麟,此则不然。盖歌诗凡十九章,皆书其名于后,象载瑜前一行云“行幸雍获白麟作”,自为前篇“朝陇首览西垠”之章,不应又于下篇赘出之也。

5 管晏之言

孟子所书:“齐景公问于晏子曰:‘吾欲观于转附、朝儛,遵海而南,放于琅邪,吾何修而可以比于先王观也?’晏子对曰:‘天子诸侯,无非事者。春省耕而补不足,秋省敛而助不给。今也不然,师行而粮食。从流下而忘反谓之流,从流上而忘反谓之连,从兽无厌谓之荒,乐酒无厌谓之亡。先王无流连之乐,荒亡之行。’景公说,大戒于国。”管子内言戒篇曰:桓公将东游,问于管仲曰:“我游犹轴转斛,南至琅邪。司马曰:‘亦先王之游已’,何谓也?”对曰:“先王之游也,春出原农事之不本者,谓之游。秋出补人之不足者,谓之夕。夫师行而粮食其民者,谓之亡。从乐而不反者,谓之荒。先王有游夕之业于民,无荒亡之行于身。”桓公退再拜,命曰宝法。观管、晏二子之语,一何相似,岂非传记所载容有相犯乎?管氏既自为一书,必不误,当更考之晏子春秋也。

6 共工氏

礼记祭法、汉书郊祀志皆言共工氏霸九州,以其无录而王,故谓之霸。历志则云:“虽有水德,在火木之间,非其序也。任知刑以彊,故伯而不王。周人付畀其行序,故易不载。”注言:“以其非次故去之。”史记律书：“颛顼有共工之陈，以平水害。”文颖曰：“共工，主水官也。少昊氏衰，秉政作虐，故颛顼伐之。本主水官，因为水行也。”然左传郯子所叙黄帝、炎帝五代所名官，共工氏以水纪，故为水师而水名。杜预云：“共工氏以诸侯霸有九州者，在神农之前，太昊之后，亦受水瑞，以水名官。”盖其与炎、黄诸帝均受五行之瑞，无所低昂，是亦为王明矣。其子曰后土，能平九州，至今祀以为社。前所纪谓“周人去其行序”，恐非也。至于怒触不周之山，天倾西北，地不满东南，此说尤为诞罔。洪氏出于此，本曰“共”，左传所书晋左行共华、鲁共刘，皆其裔也。后又推本水德之绪加水于左而为洪云。尧典所称“共工方鸠僝功”，即舜所流者，非此也。时以名官，故舜命垂为之。

7　汉志之误

昔人谓颜师古为班氏忠臣，以其注释纪传，虽有舛误，必委曲为之辨故也。如五行志中最多，其最显显者，与尚书及春秋乖戾为甚。桑谷共生于朝〔一〕。刘向以为商道既衰，高宗乘敝而起，既获显荣，怠于政事，国将危亡，故桑谷之异见。武丁恐骇，谋于忠贤。颜注曰：“桑谷自太戊时生，而此云高宗时，其说与尚书大传不同，未详其义，或者伏生差谬。”案艺文志自云：“桑谷共生，太戊以兴。鸣雉登鼎，武丁为宗。”乃是本书所言，岂不可为明证，而翻以伏生为谬，何也？僖公二十九年，大雨雹。刘向以为信用公子遂，遂专权自恣，僖公不寤，后二年，杀子赤，立宣公。又载文公十六年，蛇自泉宫出。刘向以为其后公子遂杀二子而立宣公。此是文公末年事，而刘向既书之，又误以为僖，颜无所辩。隐公三年，日有食之。刘向以为其后郑获鲁隐。注引“狐壤之战，隐公获焉”。此自是隐为公子时事耳，左传记之甚明。宣公十五年，王札子杀召伯、毛伯。董仲舒以为成公时。其它如言楚庄始称王，晋灭江之类，颜虽随事敷演，皆云未详其说，终不肯正诋其疵也。地理志中沛郡公丘县曰："故滕国，周懿王子叔绣所封。"颜引左传"郜、雍、曹、滕，文之昭也"为证，亦云未详其义。真定之肥累、菑川之剧、泰山之肥成皆以为肥子国，而辽西之肥如又云"肥子奔燕，燕封于此"。魏郡元城县云："魏公子元食邑于此，因而遂氏焉。"常山元氏县云："赵公子元之封邑，故曰元氏。"不应两邑命名相似如此。正文及志五引虖池河，皆注云："虖音呼，池音徒河反。"又"五伯迭兴"注云："此五伯谓齐桓、宋襄、晋文、秦穆、楚庄也。"而诸侯王表"五伯扶其弱"注云："谓齐桓、宋襄、晋文、秦穆、吴夫差也。"异姓诸侯王表"适戍彊于五伯"注云："谓昆吾、大彭、豕韦、齐桓、晋文也。"均出一书，皆师古注辞，而异同如此。

【校勘记】

〔一〕桑谷共生于朝　"生"原作"主"，误刊，据下文及汉书改。

8　汉将军在御史上

汉书百官公卿表，御史大夫掌副丞相，位上卿，银印青绶，前后左右将军亦位上卿，而金印紫绶。故霍光传所载群臣连名奏曰：丞相敞、大将军光、车骑将军安世、度辽将军明友、前将军增、后将军充国、御史大夫谊。且云群臣以次上殿。然则凡杂将军，皆在御史大夫上，不必前后左右也。

9　上元张灯

上元张灯，太平御览所载史记乐书曰："汉家祀太一，以昏时祠到明。"今人正月望日夜游观灯，是其遗事，而今史记无此文。唐韦述两京新记曰："正月十五日夜，敕金吾弛禁，前后各一日以看灯。"本朝京师增为五夜，俗言钱忠懿纳土，进钱买两夜，如前史所谓买宴之比。初用十二、十三夜，至崇宁初，以两日皆国忌，遂展至十七、十八夜。予案国史，乾德五年正月，诏以朝廷无事，区寓乂安，令开封府更增十七、十八两夕。然则俗云因钱氏及崇宁之展日，皆非也。太平兴国五年十月下元，京城始张灯如上元之夕，至淳化元年六月，始罢中元、下元张灯。

10　七夕用六日

太平兴国三年七月，诏："七夕嘉辰，著于甲令。今之习俗，多用六日，非旧制也，宜复用七日。"且名为七夕而用六，不知自何时以然〔一〕。唐世无此说，必出于五代耳。

【校勘记】

〔一〕不知自何时以然　祠本"以"作"始"。

11　宰相参政员数

太祖登极，仍用周朝范质、王溥、魏仁浦三宰相，四年皆罢，赵普独相。越三月，始创参知政事之名，而以命薛居正、吕馀庆，后益以刘熙古，是为一相三参。及普罢去，以居正及沈义伦为相，卢多逊参政。太宗即位，多逊亦拜相。凡六年，三相而无一参。自后颇以二相二参为率。至和二年，文彦博为昭文相、刘沆为史馆相，富弼为集贤相，但用程戡一参。惟至道三年吕端以右仆射独相〔一〕，而吏部侍郎温仲舒、兵部侍郎王化基、工部尚书李至、户部侍郎李沆四参政，前后未之有也。

【校勘记】

〔一〕至道三年吕端以右仆射独相　“三”原作“二”。马本、祠本作“三”，宋史宰辅表作“三”，今据改。

12　朱崖迁客

唐韦执谊自宰相贬崖州司户，刺史命摄军事衙推，牒词云：“前件官，久在相廷，颇谙公事，幸期佐理，勿惮縻贤。”当时传以为笑，然犹未至于挫抑也。卢多逊罢相流崖州，知州乃牙校，为子求昏，多逊不许，遂侵辱之，将加害，不得已，卒与为昏。绍兴中，胡邦衡窜新州，再徙吉阳，吉阳即朱崖也。军守张生，亦一右列指使，遇之亡状，每旬呈，必令囚首诣廷下。邦衡尽礼事之，至作五十韵诗，为其生日寿，性命之忧，朝不谋夕。是时，黎酋闻邦衡名，遣子就学，其居去城三十里，尝邀致入山，见军守者，荷枷絣西庑下，酋指而语曰：“此人贪虐已甚，吾将杀之，先生以为何如？”邦衡曰：“其死有馀罪，果若此，足以洗一邦怨心。然既蒙垂问，切有献焉。贤郎所以相从者为何事哉？当先知君臣、上下之名分。此人固亡状，要之为一州主，所谓邦君也。欲诉其过，合以告海南安抚司，次至广西经略司，俟其不行，然后讼于枢密院，今不应擅杀人也。”酋悟，遽释之，令自书一纸引咎，乃再拜而出。明日，邦衡归，张诣门悔谢，殊感再生之恩，自此待为上客。邦衡以隆兴初在待从，录所作生日诗示仲兄文安公，且备言昔日事。乃知去天万里，身陷九渊，日与死迫，古今一辙也。

13　张士贵宋璟

唐太宗自临治兵，以部陈不整，命大将军张士贵杖中郎将等，怒其杖轻，下士贵吏。魏徵谏曰："将军之职，为国爪牙，使之执杖，已非后法，况以杖轻下吏乎！"上亟释之。明皇开元三年，御史大夫宋璟坐监朝堂杖人杖轻，贬睦州刺史，姚崇为宰相，弗能止，卢怀慎亦为相，御疾亟，表言璟明时重器，所坐者小，望垂矜录，上深纳之。太宗、明皇，有唐贤君也，而以杖人轻之故，加罪大将军、御史大夫，可谓失政刑矣。

14　韩欧文语

盘谷序云："坐茂树以终日，濯清泉以自洁。采于山，美可茹，钓于水，鲜可食。"醉翁亭记云："野花发而幽香，佳木秀而繁阴。""临溪而渔，溪深而鱼肥；酿泉为酒，泉香而酒洌。山殽野蔌，杂然而前陈。"欧公文势，大抵化韩语也。然"钓于水，鲜可食"与"临溪而渔，溪深而鱼肥"、"采于山"与"山殽前陈"之句，烦简工夫，则有不侔矣。

容斋三笔卷二 十六则

1 汉宣帝不用儒

汉宣帝不好儒，至云俗儒不达时宜，好是古非今，使人眩于名实，不知所守，何足委任。匡衡为平原文学，学者多上书荐衡经明，当世少双，不宜在远方。事下萧望之、梁丘贺。望之奏衡经学精习，说有师道，可观览。宣帝不甚用儒，遣衡归故官。司马温公谓俗儒诚不可与为治，独不可求真儒而用之乎？且是古非今之说，秦始皇、李斯所禁也，何为而效之邪？既不用儒生而专委中书宦官，弘恭、石显因以擅政事，卒为后世之祸，人主心术，可不戒哉！

2 国家府库

真宗嗣位之初，有司所上天下每岁赋入大数，是时，至道三年也，凡收谷二千一百七十万硕，钱四百六十五万贯，绢、䌷一百九十万疋，丝、绵六百五十八万两，茶四十九万斤，黄蜡三十万斤。自后多寡不常，然大略具此。方国家全盛，民力充足，故于征输未能为害。今之事力，与昔者不可同日而语，所谓缗钱之入，殆过十倍。民日削月朘，未知救弊之术，为可虑耳。黄蜡一项，今不闻有此数。

3 刘项成败

汉高帝、项羽起兵之始，相与北面共事怀王。及入关破秦，子婴出降,诸将或言诛秦王。高帝曰:“始怀王遣我,固以能宽容,且人已服降,杀之不祥。”乃以属吏。至羽则不然,既杀子婴,屠咸阳,使人致命于怀王。王使如初约,先入关者王其地。羽乃曰:“怀王者,吾家武信君所立耳,非有功伐,何以得颛主约?今定天下,皆将相诸君与籍力也,怀王亡功,固当分其地而王之。”于是阳尊王为义帝,卒至杀之。观此二事,高帝既成功,犹敬佩王之戒,羽背主约,其末至于如此,成败之端,不待智者而后知也。高帝微时,尝繇咸阳,纵观秦皇帝,喟然太息曰:“大丈夫当如此矣。”至羽观始皇,则曰:“彼可取而代也。”虽史家所载,容有文饰,然其大旨固可见云。

4 占术致祸

吉凶祸福之事,盖未尝不先见其祥。然固有知之信之,而翻取杀身亡族之害者。汉昭帝时,昌邑石自立,上林僵柳复起,虫食叶曰“公孙病已立”。眭孟上书,言当有从匹夫为天子者,劝帝索贤人而禅位,孟坐祆言诛,而其应乃在孝宣,正名病已。哀帝时,夏贺良以为汉历中衰,当更受命,遂有陈圣刘太平皇帝之事,贺良坐不道诛。及王莽篡窃,自谓陈后,而光武实应之。宋文帝时,孔熙先以天文图谶,知帝必以非道晏驾,由骨肉相残,江州当出天子,遂谋大逆,欲奉江州刺史彭城王义康。熙先既诛,义康亦被害,而帝竟有子祸,孝武帝乃以江州起兵而即尊位。薄姬在魏王豹宫,许负相之当生天子,豹闻言心喜,因背汉,致夷灭,而其应乃在汉文帝。唐李锜据润州反,有相者言,丹阳郑氏女当生天子,锜闻之,纳为侍人。锜败,没入掖庭,得幸宪宗而生宣宗。五代李守贞为河中节度使,有术者善听人声,闻其子妇符氏声,惊曰:“此天下之母也。”守贞曰:“吾妇犹为天下母,吾取天下,复何疑哉!”于是决反,已而覆亡,而符氏乃为周世宗后。

5　绛侯莱公

汉周勃诛诸吕，立文帝以安刘氏。及为丞相，朝罢趋出，意得甚。上礼之恭，常目送之。爰盎进曰："丞相何如人也？"上曰："社稷臣。"盎曰："绛侯所谓功臣，非社稷臣。社稷臣，主在与在，主亡与亡。方吕后时，诸吕用事，擅相王，绛侯为太尉，本兵柄，弗能正。吕后崩，大臣相与共诛诸吕，太尉主兵，适会其成功，所谓功臣，非社稷臣。丞相如有骄主色，陛下谦逊，臣主失礼，窃为陛下弗取也。"后朝，上益庄，丞相益畏。久之，勃遂有逮系廷尉之祸，几于不免。寇莱公决澶渊之策，真宗待之极厚，王钦若深害之。一日会朝，准先退，钦若进曰："陛下敬畏寇准，为其有社稷功邪？"上曰："然。"钦若曰："臣不意陛下出此言。澶渊之役，不以为耻，而谓准有社稷功，何也？"上愕然，曰："何故？"对曰："城下之盟，虽春秋时小国犹耻之。今以万乘之贵，而为此举，是盟于城下也，其何耻如之！"上愀然不能答。由是顾准稍衰，旋即罢相，终海康之贬。呜呼，绛侯、莱公之功，揭若日月，而盎与钦若以从容一言，移两明主意，讫致二人于罪斥，谗言罔极，吁可畏哉！

6　无名杀臣下

传曰："欲加之罪，其无辞乎？"古者置人于死地，必求其所以死。然固有无罪杀之，而必为之名者。张汤为汉武造白鹿皮币，大农颜异以为本末不相称，天子不悦。汤又与异有隙。异与客语初令下有不便者〔一〕，异不应，微反唇。汤奏当异九卿，见令不便，不入言而腹非,论死。自是后有腹非之法。曹操始用崔琰,后为人所谮,罚为徒隶,使人视之,词色不挠。操令曰:“琰虽见刑,而对宾客虬须直视,若有所嗔。”遂赐琰死。隋炀帝杀高颎之后,议新令,久不决。薛道衡谓朝士曰:“向使高颎不死,令决当久行。”有人奏之,帝怒,付执法者推之。裴蕴奏:“道衡有无君之心,推恶于国,妄造祸端。论其罪名,似如隐昧,原其情意,深为悖逆。”帝曰:“公论其逆,妙体本心。”遂令自尽。冤哉,此三臣之死也。

【校勘记】

〔一〕异与客语初令下有不便者　史记卷三十平准书“客语”之下,尚有“客语”二字。按,此二字不可少,疑偶脱。

7　平天冠

祭服之冕,自天子至于下士执事者皆服之,特以梁数及旒之多少为别。俗呼为平天冠,盖指言至尊乃得用。范纯礼知开封府,中旨鞫淳泽村民谋逆事。审其故,乃尝入戏场观优,归涂见匠者作桶,取而戴于首,曰:“与刘先主如何?”遂为匠擒。明日入对,徽宗问:“何以处?”对曰:“愚人村野无所知,若以叛逆蔽罪,恐辜好生之德,以不应为,杖之足矣。”案后汉舆服志蔡邕注“冕冠”曰:“鄙人不识,谓之平天冠。”然则其名之传久矣。

8　介推寒食

左传晋文公反国,赏从亡者,介之推不言禄,禄亦弗及,推遂与母偕隐而死。晋侯求之不获,以绵上为之田,曰:“以志吾过。”绵上者，西河界休县地也。其事始末只如此。史记则曰："子推从者书宫门，有'一蛇独怨'之语。文公见其书，使人召之，则亡。闻其入绵上山中，于是环山封之，名曰介山。"虽与左传稍异，而大略亦同。至刘向新序始云："子推怨于无爵齿，去而之介山之上，文公待之，不肯出。以谓焚其山宜出，遂不出而焚死。"是后杂传记，如汝南先贤传则云："太原旧俗，以介子推焚骸，一月寒食。"邺中记云："并州俗，冬至后一百五日，为子推断火冷食三日。魏武帝以太原、上党、西河、雁门皆沍寒之地〔一〕，令人不得寒食，亦为冬至后百有五日也。"案后汉周举传云："太原一郡，旧俗以介子推焚骸，有龙忌之禁。至其亡月，咸言神灵不乐举火，由是士民每冬中辄一月寒食，莫敢烟爨。举为并州刺史，乃作吊书置子推庙，言盛冬去火，残损民命，非贤者之意，宣示愚民，使还温食。于是众惑稍解，风俗颇革。"然则所谓寒食，乃是冬中，非今节令二三月间也。

【校勘记】

〔一〕沍寒　李本、马本"沍"作"冱"。

9　进士诉黜落

天禧三年，京西转运使胡则言滑州进士杨世质等诉本州黜落，即取元试卷，付许州通判崔立看详。立以为世质等所试不至纰缪，已牒滑州依例解发。诏转运司具析不先奏裁直令解发缘由以闻，其试卷仰本州缴进。世质等仍未得解发。及取到试卷，诏贡院定夺，乃言词理低次，不合充荐，复黜之，而劾胡则、崔立之罪。盖是时贡举条制犹未坚定，故有被黜而来诉其枉者。至于省试亦然，如叶齐之类，由此登第。后来无此风矣。

10 后汉书载班固文

班固著汉书，制作之工，如英、茎、咸、韶，音节超诣，后之为史者，莫能及其髣髴，可谓尽善矣。然至后汉中所载固之文章，断然如出两手。观谢夷吾传云，第五伦为司徒，使固作奏荐之，其辞至有“才兼四科，行包九德”之语。其他比喻，引稷、契、咎陶、傅说、伊、吕、周、召、管、晏，此为一人之身，而唐、虞、商、周圣贤之盛者，皆无以过。而夷吾乃在方术传中，所学者风角占候而已，固之言一何太过欤！

11 赵充国马援

前汉先零羌犯塞，赵充国平之，初置金城属国，以处降羌，西边遂定。成帝命杨雄颂其图画，至比周之方、虎。后汉光武时，西羌入居塞内，来歙奏言，陇西侵残，非马援莫能定。乃拜援太守，追讨之。羌来和亲，于是陇右清静。而自永平以后，讫于灵帝，十世之间，羌患未尝少息。故范晔著论，以为：“二汉御戎之方，为失其本。先零侵境，赵充国迁之内地。当煎作过，马文渊徙之三辅。贪其暂安之势，信其驯服之情，计日用之权宜，忘经世之远略，岂夫识微者之为乎！”援徙当煎于三辅，不见其事。西羌传云：“援破降先零，徙置天水、陇西、扶风三郡，事已具援传。”然援本传盖无其语，唯段纪明与张奂争讨东羌奏疏，正谓赵、马之失，至今为梗。充国、文渊，为汉名臣，段贬之如此，故晔据而用之，岂其然乎？

12 汉人希姓

两汉书所载人姓氏，有后世不著见者甚多，漫纪于此，以助氏族书之脱遗。复姓如公上不害、合傅胡害、室中同、昭涉掉尾、单父右军、阳城延、息夫躬、游水发根、吾丘寿王、落下闳、梁丘贺、五鹿充宗、公户满意、堂谿惠、申章昌、告星赐、阙门庆忌、安国少季、马适建、都尉朝、毋将隆、红阳长仲、乌氏嬴、周阳由、胜屠公、毋盐氏、欧侯氏、士孙喜、索卢恢、屠门少、瓜田仪、工师喜、驳马少伯、公乘歙、鲑阳鸿、弓里游、公沙穆、胡母班、周生丰、友通期、公绪恭、公族进阶、水丘岑、叔先雄。单姓如缯贺、虫达、灵常、赍赫、其石、旅卿、秘彭祖、革朱、樛乐、冷丰、冥都、溲中翁、蒯彻、直不疑、闳孺、使乐成、栝育、制氏、猗顿、义纵、隽不疑、疏广、云敞、枚乘、终军、卤公孺、食子公、犴臂、倗宗、衡胡、乘宏、简卿、快钦、所忠、假仓、眭孟、蘴恽、涂恽、射姓、后仓、姓伟、如氏、苴氏、百政、免公、发福、质氏、浊贤、稽发、萬章、瞷氏、佗羽、绣君宾、漕中叔、栩丹、帛敞、迟招平、汝臣、驹几、称忠、逯普、台崇、沐茂、匽氏、劳丙、抗徐、阙宣、沮俊、卑整、编䜣、亶诵、寻穆、夜龙、弓林、行巡、祋讽、角闳、芳丹、坚镡、锡光、傜伟、重异、力子都、维汜、诗索、繇延、夷长公、防广、镡显、移良、缑玉、蕃向、渠穆、临孝存、脂习、笮融、茨充、处兴、兴渠、具爰、谅辅、腾是、卿仲辽、谒焕、矫慎、晃华、洼丹、祢衡。

13 绛灌

汉书陈平传："绛、灌等谗平。"颜师古注云："旧说云：绛，绛侯周勃也。灌，灌婴也。而楚汉春秋，高祖之臣，别有绛灌，疑昧之文，不可据也。"贾谊传:"绛、灌、东阳侯之属尽害之。"注亦以为勃、婴。案,史记陈平世家曰:"绛侯、灌婴等咸谗平。"则其为两人明甚,师古不必为疑辞也。楚汉春秋,陆贾所作,皆书当时事,而所言多与史不合,师古盖屡辩之矣。史、汉外戚窦皇后传实书绛侯、灌将军,此最的证也。夏侯婴为滕令,故称滕公,而史并灌婴书为滕、灌,贾谊所称亦然,甚与绛、灌相类。楚汉春秋一书,今不复见,李善注文选刘歆移博士书云:"楚汉春秋曰:汉已定天下,论群臣破敌禽将,活死不衰,绛灌、樊哙是也。功成名立,臣为爪牙,世世相属,百出无邪,绛侯周勃是也。"然则绛灌自一人,非绛侯与灌婴。师古所谓疑昧之文者此耳。张耳归汉,即立为赵王,子敖废为侯,敖子偃尝为鲁王,文帝封为南宫侯,而楚汉春秋有"南宫侯张耳"。淮阴舍人告韩信反,史记表云栾说,汉表云乐说,而楚汉以为谢公,其误可见。

14 题咏绝唱

钱伸仲大夫于锡山所居漆塘村作四亭,自其先人已有卜筑之意,而不克就,故名曰"遂初";先垅在其上,名曰"望云";种桃数百千株,名曰"芳美";凿地涌泉,或以为与惠山泉同味,名曰"通惠"。求诗于一时名流,自葛鲁卿、汪彦章、孙仲益既各极其妙,而母舅蔡载天任四绝独擅场。遂初亭曰:"结庐傍林泉,偶与初心期。佳处时自领,未应鱼鸟知。"望云亭曰:"白云来何时,英英冠山椒。西风莫吹去,使我心摇摇。"芳美亭曰:"高人不惜地,自种无边春。莫随流水去,恐污世闲尘。"通惠亭曰:"水行天地间,万派同一指。胡为穿石来,要洗巢由耳。"四篇既出,诸公皆自以为弗及也。吴傅朋游丝书。赋诗者以百数,汪彦章五言数十句,多用翰墨故事,固已超拔,而刘子翚彦冲古风一篇,盖为绝唱。其辞云:"圆清无瑕二三月,时见游丝转空阔。谁人写此一段奇,著纸春风吹不脱。纷纭纠结疑非书,安得龙蛇如许臞。神踪政喜萦不断,老眼只愁看若无。定知苗裔出飞白,古人妙处君潜得。勿轻漠漠一缕浮,力遒可挂千钧石。眷予弟兄情不忘,轴之远寄悠然堂。谢公遗髯凛若活,卫后落鬓摇人光。翻思长安夜飞盖,醉哦声落南山外。乱离契阔四十秋,笔意与人俱老大。政成着脚明河津,外家风流今绝伦。文章固自有机杼,戏事岂足劳心神。"此章尤为驰骋痛快,且卒章含讥讽,正中傅朋之癖。予少时见二公所作,殊敬爱之,至今五十年,尚能记忆,惧其益久而不传,故纪于此。

15　秀才之名

秀才之名,自宋、魏以后,实为贡举科目之最,而今人恬于习玩,每闻以此称之,辄指为轻己。因阅北史杜正玄传载一事云:"隋开皇十五年,举秀才,试策高第,曹司以策过左仆射杨素,素怒曰:'周、孔更生,尚不得为秀才,刺史何忽妄举此人!'乃以策抵地不视。时海内唯正玄一人应秀才,曹司重以启素,素志在试退正玄,乃使拟相如上林赋、王褒圣主得贤臣颂、班固燕然山铭、张载剑阁铭、白鹦鹉赋,曰:"我不能为君住宿,可至未时令就。"正玄及时并了。素读数遍,大惊曰:'诚好秀才!'命曹司录奏。"盖其重如此。又,正玄弟正藏,次年举秀才,时苏威监选,试拟贾谊过秦论、尚书汤誓、匠人箴、连理树赋、几赋、弓铭,亦应时并就,又无点窜。然则可谓难矣。唐书杜正伦传云:"隋世重举秀才,天下不十人,而正伦一门三秀才,皆高第。"乃此也。

16　魏收作史

魏收作元魏一朝史，修史诸人，多被书录，饰以美言，夙有怨者，多没其善。每言："何物小子，敢共魏收作色，举之则使上天，案之当使入地。"故众口喧然，称为"秽史"。诸家子孙，前后投诉，云遗其家世职位，或云不见记录，或云妄有非毁，至于坐谤史而获罪编配，因以致死者。其书今存，视南北八史中，最为冗谬。其自序云："汉初，魏无知封高良侯，子均，均子恢，恢子彦，彦子歆，歆子悦，悦子子建，子建子收。"无知于收为七代祖，而世之相去七百馀年。其妄如是，则其述他人世系与夫事业可知矣。

容斋三笔卷三 十九则

1 兔葵燕麦

刘禹锡再游玄都观诗序云："唯兔葵燕麦，动摇春风耳。"今人多引用之。予读北史邢邵传载邵一书云："国子虽有学官之名，而无教授之实，何异兔丝燕麦，南箕北斗哉！"然则此语由来久矣。尔雅曰："莃，兔葵。籥，雀麦。"郭璞注曰："颇似葵而叶小，状如藜；雀麦即燕麦，有毛。"广志曰："菟葵，爚之可食。"古歌曰："田中菟丝，何尝可络。道边燕麦，何尝可络。"皆见于太平御览。上林赋："葴析苞荔。"张揖注曰："析，似燕麦，音斯。"叶庭珪海录碎事云："兔葵，苗如龙芮，花白茎紫。燕麦草似麦，亦曰雀麦。"但未详出于何书。

2 北狄俘虏之苦

元魏破江陵，尽以所俘士民为奴，无问贵贱，盖北方夷俗皆然也。自靖康之后，陷于金虏者，帝子王孙，官门仕族之家，尽没为奴婢，使供作务。每人一月支稗子五斗，令自舂为米，得一斗八升，用为糇粮。岁支麻五把，令缉为裘，此外更无一钱一帛之入。男子不能缉者，则终岁裸体，虏或哀之，则使执爨，虽时负火得煖气，然才出外取柴归，再坐火边，皮肉即脱落，不日辄死。惟喜有手艺，如医人、绣工之类，寻常只团坐地上，以败席或芦藉衬之。遇客至开筵，引能乐者使奏技，酒阑客散，各复其初，依旧环坐刺绣，任其生死，视如草芥。先公在英州，为摄守蔡寯言之，蔡书于甲戌日记，后其子大器录以相示，此松漠记闻所遗也。

3 太守刺史赠吏民官

汉薛宣为左冯翊，池阳令举廉吏狱掾王立，未及召，立妻受囚家钱，惭恐自杀。宣移书池阳曰："其以府决曹掾书立之柩，以显其魂。"颜师古注云："以此职追赠也。"后魏并州刺史以部民吴悉达兄弟行著乡里，板赠其父渤海太守。此二者，皆以太守、刺史而擅赠吏民官职，不以为过，后世不敢然也。

4 李元亮诗启

建昌县士人李元亮，山房公择尚书族子也。抱材尚气，不以辞色假人。崇宁中，在太学，蔡嶷为学录，元亮恶其人，不以所事前廊之礼事之。蔡擢第魁多士，元亮失意归乡。大观二年冬，复诣学，道过和州。蔡解褐即超用，才二年，至给事中，出补外，正临此邦。元亮不肯入谒。蔡自到官，即戒津吏门卒，凡士大夫往来，无问官高卑，必飞报，虽布衣亦然。既知其来，便命驾先造所馆。元亮惊喜出迎，谢曰："所以来，颛为门下之故。方修贽见之礼，须明旦扣典客，不意给事先生卑躬下贱如此，前贽不可复用，当别撰一通，然后敬谒。"蔡退，元亮旋营一启，旦而往焉，其警策曰："定馆而见长者，古所不然；轻身以先匹夫，今无此事。"蔡摘读嗟激，留宴连夕，饷以五十万钱，且致书延誉于诸公间，遂登三年贡士科。元亮亦工诗，如"人闲知昼永，花落见春深"，"朝雨未休还暮雨，腊寒才过又春寒"，皆佳句也。

5　元魏改功臣姓氏

魏孝文自代迁洛，欲大革胡俗，既自改拓跋为元氏，而诸功臣旧族自代来者，以姓或重复，皆改之。于是拔拔氏为长孙氏，达奚氏为奚氏，乙旃氏为叔孙氏，丘穆陵氏为穆氏，步六孤氏为陆氏，贺赖氏为贺氏，独孤氏为刘氏，贺楼氏为楼氏，勿忸于氏为于氏，尉迟氏为尉氏，其用夏变夷之意如此。然至于其孙恭帝，翻以中原故家，易赐蕃姓，如李弼为徒河氏，赵肃、赵贵为乙弗氏，刘亮为侯莫陈氏，杨忠为普六茹氏，王雄为可频氏，李虎、阎庆为大野氏，辛威为普毛氏，田宏为纥干氏，耿豪为和稽氏，王勇为厍汗氏，杨绍为叱利氏，侯植为侯伏侯氏，窦炽为纥豆陵氏，李穆为㩉拔氏，陆通为步六孤氏，杨纂为莫胡卢氏，寇儁为若口引氏，段永为尔绵氏，韩褒为侯吕陵氏，裴文举为贺兰氏，王轨为乌九氏，陈忻为尉迟氏，樊深为万纽于氏，一何其不循乃祖彝宪也。是时盖宇文泰颛国，此事皆出其手，遂复国姓为拓跋，而九十九姓改为单者皆复其旧。泰方以时俗文敝，命苏绰仿周书作大诰，又悉改官名，复周六卿之制，顾乃如是，殆不可晓也。

6　东坡和陶诗

陶渊明集归园田居六诗，其末“种苗在东皋”一篇，乃江文通杂体三十篇之一，明言斅陶徵君田居。盖陶之三章云：“种豆南山下，草盛豆苗稀。晨兴理荒秽，带月荷锄归。”故文通云：“虽有荷锄倦，浊酒聊自适。”正拟其意也。今陶集误编入，东坡据而和之。又，东方有一士诗十六句，复重载于拟古九篇中，坡公遂亦两和之，皆随意即成，不复细考耳。陶之首章云："荣荣窗下兰，密密堂前柳。初与君别时，不谓行当久。出门万里客，中道逢嘉友。未言心先醉，不在接杯酒。兰枯柳亦衰，遂令此言负。"坡和云："有客扣我门，系马庭前柳。庭空鸟雀噪，门闭客立久。主人枕书卧，梦我平生友。忽闻剥啄声，惊散一杯酒。倒裳起谢客，梦觉两愧负。"二者金石合奏，如出一手，何止子由所谓遂与"比辙"者哉！

7　孔戣郑穆

唐孔戣在穆宗时为尚书左丞，上书去官，天子以为礼部尚书致仕，吏部侍郎韩愈奏疏曰："戣为人守节清苦，论议正平，年才七十，筋力耳目，未觉衰老，忧国忘家，用意至到。如戣辈，在朝不过三数人，陛下不宜苟顺其求，不留自助也。"不报。明年正月，戣薨。国朝郑穆在元祐中以宝文阁待制兼国子祭酒请老，提举洞霄宫，给事中范祖禹言："穆虽年出七十，精力尚彊，古者大夫七十而致仕，有不得谢，则赐之几杖，祭酒居师资之地，正宜处老成，愿毋轻听其去。"亦不报。然穆亦至明年卒。二事绝相类。

8　陈季常

陈慥字季常，公弼之子，居于黄州之岐亭，自称龙丘先生，又曰方山子。好宾客，喜畜声妓，然其妻柳氏，绝凶妒，故东坡有诗云："龙丘居士亦可怜，谈空说有夜不眠。忽闻河东师子吼，拄杖落手心茫然。"河东师子，指柳氏也。坡又尝醉中与季常书云："一绝乞秀英君。"想是其妾小字。黄鲁直元祐中有与季常简曰："审柳夫人时须医药，今已安平否？公暮年来想渐求清净之乐，姬媵无新进矣，柳夫人比何所念以致疾邪?”又一帖云:“承谕老境情味,法当如此,所苦既不妨游观山川,自可损药石,调护起居饮食而已。河东夫人亦能哀怜老大,一任放不解事邪?”则柳氏之妒名固彰著于外,是以二公皆言之云。

9 文用谥字

先王谥以尊名,节以壹惠,故谓为易名。然则谥之为义,正训名也。司马长卿谕蜀文曰:“身死无名,谥为至愚。”颜注云:“终以愚死,后叶传称,故谓之谥。”柳子厚招海贾文曰:“君不返兮谥为愚。”二人所用,其意则同。唯王子渊箫赋曰:“幸得谥为洞箫兮,蒙圣主之渥恩。”李善谓:“谥者号也,言得谥为箫而常施用之。”以器物名为谥,其语可谓奇矣。

10 高唐神女赋

宋玉高唐、神女二赋,其为寓言托兴甚明。予尝即其词而味其旨,盖所谓发乎情,止乎礼义,真得诗人风化之本。前赋云:“楚襄王望高唐之上有云气,问玉曰〔一〕:‘此何气也?’对曰:‘所谓朝云者也。昔者先王尝游高唐,梦见一妇人,曰,妾巫山之女也,愿荐枕席。王因幸之。’”后赋云:“襄王既使玉赋高唐之事,其夜王寝,梦与神女遇,复命玉赋之。”若如所言,则是王父子皆与此女荒淫,殆近于聚麀之丑矣。然其赋虽篇首极道神女之美丽,至其中则云:“澹清静其愔嫕兮,性沉详而不烦。意似近而若远兮,若将来而复旋。褰余帱而请御兮,愿尽心之惓惓。怀贞亮之洁清兮,卒与我乎相难。頩薄怒以自持兮,曾不可乎犯干。欢情未接,将辞而去。迁延引身,不可亲附。愿假须臾,神女称遽。暗然而冥,忽不知处。”然则神女但与怀王交御,虽见梦于襄,而未尝及乱也。玉之意可谓正矣。今人诗词顾以襄王藉口,考其实则非是。頩,音疋零反,剑容怒色也。柳子厚谪龙说有“奇女頩尔怒”之语,正用此也。

【校勘记】

〔一〕问玉曰 “玉”原作“王”,误刊,据上下文意改。

11 其言明且清

礼记缁衣篇:“诗云:昔吾有先正,其言明且清。国家以宁,都邑以成,庶民以生。谁能秉国成? 不自为正,卒劳百姓。”郑氏注不言何诗。今毛诗节南山章但有下三句而微不同。经典释文云:“从第一句至‘庶民以生’五句,今诗皆无此语,或皆逸诗也。”予案文选张华答何劭诗曰:“周任有遗规,其言明且清。”然则周任所作也。而李善注曰:“子思子诗云:‘昔吾有先正,其言明且清。’”世之所存子思子亦无之,不知善何所据? 意当时或有此书,善必不妄也,特不及周任遗规之义,又不可晓。

12 侍从转官

元丰未改官制以前,用职事官寄禄。自谏议大夫转给事中,学士转中书舍人。历三侍郎、学士转左曹礼、户、吏部,馀人转右曹工、刑、兵部。左右丞,吏侍转左,兵侍转右。然后转六尚书,各为一官。尚书转仆射,非曾任宰相者不许转,今之特进是也。故侍从止于吏书,由谏议至此凡十一转。其庶僚久于卿列者,则自光禄卿转秘书监,继历太子宾客，遂得工部侍郎。盖以不带待制以上职，不许入两省、给、谏耳。元丰改谏议为太中大夫，给、舍为通议，六侍郎同为正议，左右丞为光禄。兵、户、刑、礼、工书同为银青，吏书金紫。但六转，视旧法损其五。元祐中以为太简，增正议、光禄、银青为左右，然亦财九资。大观二年，置通奉以易右正议，正奉以易右光禄，宣奉以易左光禄，以右银青为光禄，而至银青者去其左字，今皆仍之。比仿旧制，今之通奉，乃工、礼侍郎，正议乃刑、户，正奉乃兵、吏，宣奉乃左右丞，三光禄乃六尚书也。凡侍从序迁至金紫无止法，建炎以前多有之。绍兴以来，阶官到此绝少，唯梁扬祖、葛胜仲致仕得之。近岁有司不能探赜典故，予以宣奉当磨勘，又该覃霈，颜师鲁在天官，径给回授一据，而不明言其所由。比程叔达由宣奉纳禄不迁官，而于待制阁名升二等。程大昌亦然，以龙图直学士径升本学士，尤非也。予任中书舍人日，已阶太中，及以集英修撰出外，吏部不复为理年劳，凡十八年，始以待制得通议，殊可笑。盖台省之中，无复有老吏矣。

13 曹子建七启

“原头火烧净兀兀，野雉畏鹰出复没。将军欲以巧伏人，盘马弯弓惜不发。地形渐窄观者多，雉惊弓满劲箭加。冲人决起百馀尺，红翎白镞随倾斜。将军仰笑军吏贺，五色离披马前堕。”此韩昌黎雉带箭诗，东坡尝大字书之，以为绝妙。予读曹子建七启论羽猎之美云：“人稠网密〔一〕，地逼势胁。”乃知韩公用意所来处。七启又云：“名秽我身，位累我躬。”与佛氏八大人觉经所书“心是恶源，形为罪薮”，皆修己正心之要语也。

【校勘记】

〔一〕人稠网密　“网”原作“纲”，误刊，据马本、库本改。

14　奸鬼为人祸

晋景公疾病，求医于秦，秦伯使医缓为之。未至，公梦疾为二竖子曰：“彼良医也，惧伤我，焉逃之？”其一曰：“居肓之上，膏之下，若我何！”医至，曰：“疾不可为也。”隋文帝以子秦孝王俊有疾，驰召名医许智藏，俊梦亡妃崔氏泣曰：“本来相迎，如闻许智藏将至，其人当必相苦，奈何？”明夜复梦，曰：“吾得计矣，当入灵府中以避之。”及智藏至，诊俊脉，曰：“疾已入心，不可救也。”二奸鬼之害人，如出一辄。近世许叔微家一妇人，梦二苍头，前者云：“到也未？”后者应云：“到也。”以手中物击一下，遂魇。觉后心痛不可忍，叔微以神精丹饵之，痛止而愈。此事亦与上二者相似。

15　监司待巡检

今监司巡历郡邑，巡检、尉必迎于本界首，公裳危立，使者从车内遣谒吏谢之，即揖而退，未尝以客礼延之也。至有倨横之人，责桥道不整，驱之车前，使徒步与卒伍齿者。予记张文定公所著搢绅旧闻中一事，云：“余为江西转运使，往虔州，巡检殿直今保义成忠郎。康怀琪乘舟于三十里相接，又欲送至大庾县，遂与偕行。及至县驿，驿正厅东西各有一房，予居其左，康处于右。日晚，命之同食，起行数百步，逼暮而退。夜闻康暴得疾，余急趋至康所，康已具舟将归虔，须臾数人扶翼而下，余策杖随之。”观此，则是使者与巡检同驿而处，同席而食，至于步行送之登舟，今代未之见也。

16　十二分野

十二国分野，上属二十八宿，其为义多不然，前辈固有论之者矣。其甚不可晓者，莫如晋天文志谓："自危至奎为娵訾，于辰在亥，卫之分野也，属并州。"且卫本受封于河内商虚，后徙楚丘。河内乃冀州所部，汉属司隶，其它邑皆在东郡，属兖州，于并州了不相干，而并州之下所列郡名，乃安定、天水、陇西、酒泉、张掖诸郡，自系凉州耳。又谓："自毕至东井为实沈，于辰在申，魏之分野也，属益州。"且魏分晋地，得河内、河东数十县，于益州亦不相干，而雍州为秦，其下乃列云中、定襄、雁门、代、太原、上党诸郡，盖又自属并州及幽州耳。谬乱如此，而出于李淳风之手，岂非蔽于天而不知地乎！

17　公孙五楼

南燕慕容超嗣位之后，悉以国事付公孙五楼，燕业为衰。晋刘裕伐之，或曰："燕人若塞大岘之险，坚壁清野，大军深入，将不能自归。"裕曰："鲜卑贪婪，不知远计，谓我不能持久，不过进据临朐，退守广固，必不能守险清野。"超闻有晋师，引群臣会议，五楼曰："吴兵轻果，利在速战，不可争锋，宜据大岘，使不得入，各命守宰，依险自固，焚荡资储，芟除禾苗，使敌无所资。彼侨军无食，可以坐制。若纵使入岘，出城逆战，此下策也。"超不听，裕过大岘，燕兵不出，喜形于色，遂一举灭燕。观五楼之计，正裕之所惮也。　超平生信用五楼，独于此不然，盖天意也。五楼亦可谓智士，足与李左车比肩。后世奸妄擅国，以误大事者多矣，无所谓五楼之智也。

18　荐士称字著年

汉魏以来诸公上表荐士，必首及本郡名，次著其年，又称其字。如汉孔融荐祢衡表云："处士平原祢衡，年二十四，字正平。"齐任昉为萧扬州作荐士表云："秘书丞琅邪王暕，年二十一，字思晦。""前侯官令东海王僧孺，年三十五，字僧孺。"是也。唐以来乃无此式。

19　兄弟邪正

王安石引用小人，造作新法，而弟安国力非之。韩绛附会安石制置三司条例以得宰相，而弟维力争之，曾布当元符、靖国之间，阴祸善类，而弟肇移书力劝之。兄弟邪正之不同如此。

容斋三笔卷四 十五则

1 三竖子

赵为秦所围，使平原君求救于楚，楚王未肯定从。毛遂曰："白起小竖子耳，兴师以与楚战，举鄢郢，烧夷陵，辱王之先人，此百世之怨也。"是时，起已数立大功，且胜于长平矣。人告韩信反，汉祖以问诸将，皆曰："亟发兵坑竖子耳。"帝默然，唯陈平以为兵不如楚精，诸将用兵不能及信〔一〕。英布反书闻，上召诸将问计，又曰："发兵击之，坑竖子耳。"夫白起、信、布之为人，材能不可掩，以此三人为竖子，是天下无复有壮士也。毛遂之言，只欲激怒楚王，使之知合从之利害，故不得不以起为懦夫。至如高帝诸将，不过周勃、樊哙之俦，韩信因执而归，栖栖然处长安为列侯，盖一匹夫也。而哙喜其过己，趋拜送迎，言称臣，况于据有全楚万乘之地，事力强弱，安可同日而语！英布固尝言："诸将独患淮阴、彭越，今皆已死，馀不足畏。"则竖子之对，可谓勇而无谋，殆与张仪诋苏秦为反覆之人相似。高帝默然，顾深知其非也。至于陈平，则不然矣。若乃韩信谓魏将柏直为竖子，则诚然。柏直庸庸无所知名，汉王亦称其口尚乳臭，真一竖子也。阮籍登广武，叹曰："时无英雄，使竖子成名。"盖叹是时无英雄如昔人者。俗士不达，以为籍讥汉祖，虽李太白亦有是言，失之矣。

【校勘记】

〔一〕诸将用兵不能及信　“诸”原作“请”，误刊，据李本改。

2　枢密称呼

枢密使之名起于唐，本以宦者为之，盖内诸司之贵者耳。五代始以士大夫居其职，遂与宰相等。自此接于本朝，又有副使、知院事、同知院事、签书、同签书之别，虽品秩有高下，然均称为枢密。明道中，王沂公自故相召为检校太师、枢密使，李文定公为集贤相，以书迎之于国门，称曰“枢密太师相公”，予家藏此帖。绍兴五年，高宗车驾幸平江，过秀州，执政从行者四人。在前者传呼“宰相”，赵忠简也，次呼“枢密”，张魏公也，时为知院事；次呼“参政”，沈必先也，最后又呼“枢密”，则签书权朝美云。予为检详时，叶审言、黄继道为长贰，亦同一称。而二三十年以来，遂有知院、同知之目，初出于典谒、街卒之口，久而朝士亦然，名不雅古，莫此为甚。

3　从官事体

国朝优待侍从，故事体名分多与庶僚不同，然有处之合宜及肆意者。如任知州申发诸司公状不系衔，与安抚监司序官往还用大状不书年，引接用朱衣，通判入都厅之类，皆杂著于令式。其明载国史者尚可考。大中祥符五年六月，诏：“尚书丞郎、两省给谏知州府，而本部郎中、员外郎及两省六品以下官充本路转运使副者，承前例须申报。虽职当统摄，方委于事权，而官有等差，宜明于品级。自今知制诰、观察使以上知州府处所申转运司状，并止签案检，令通判以下具衔供申。”张咏以礼部尚书知升州，上言：“臣官忝六曹，祠部乃本行司局，而例申公状，似未合宜。望自今尚书丞郎知州者，除申省外，其本行曹局，止签案检。”从之。绍兴中，范同以前执政知太平州，官系中大夫不带职，申诸司状系衔。提刑张绚封还之，范竟不改。次年转太中，再任，始去之。刘焞为江西运判，移牒属郡知、通云“请联衔具报”。迈时以太中守赣，以于式不可，乃作公札，同通判签书。刘邦翰曾任权侍郎，以朝议大夫，集英修撰知饶州。赵烨以承议郎提点刑狱，欲居其上，刘不校，赵又畏人议己，于是遇朝拜国忌日，先后行香。王十朋自侍御史徙权吏部侍郎，不拜，除集撰，知饶州，自处如庶官。林大中亦自侍御史改吏侍，不曾供职，除直宝文阁，知赣州，全衔犹带权知兼劝农事借紫，而尽用从官礼数。黄涣为通判，入都厅，为之不平。郑汝谐除权侍郎，为东省所缴，不得供职，而以秘撰知池州，公状至提刑司，不系衔，为邓驲牒问。唐瑑以司农少卿，王佐以中书检正，皆暂兼权户侍，及出知湖、饶二州，悉用朱衣双引。此数君，皆失于讨问典章，非故为尊大也。陈居仁以大中、集撰知鄂州，只用一朱衣，盖在法，学士乃双引，人以为得体。迈顷守赣、建，官职与居仁等，而误用两朱，殊以自悔。又如监司见前执政，虽本路，并客位下马。伯氏以故相带观文学士帅越，提举宋藻穿戟门诃殿，云浙东监司如何不得穿绍兴府门，将至厅事，始若勉就客位者。主人亟令掖以还。

4　九朝国史

本朝国史凡三书，太祖、太宗、真宗曰三朝，仁宗、英宗曰两朝，神宗、哲宗、徽宗、钦宗曰四朝。虽各自纪事，至于诸志若天文、地理、五行之类，不免烦复。元丰中，三朝已就，两朝且成，神宗专以付曾巩使合之。巩奏言：“五朝旧史，皆累世公卿、道德文学、朝廷宗工所共准裁，既已勒成大典，岂宜辄议损益。”诏不许，始谋纂定，会以忧去，不克成。其后神、哲各自为一史，绍兴初，以其是非褒贬皆失实，废不用。淳熙乙巳，迈承乏修史，丙午之冬，成书进御，遂请合九朝为一，寿皇即以见属。尝奏云：“臣所为区区有请者，盖以二百年间典章文物之盛，分见三书，仓卒讨究，不相贯属，及累代臣僚，名声相继，当如前史以子系父之体，类聚归一。若夫制作之事，则已经先正名臣之手，是非褒贬，皆有据依〔一〕，不容妄加笔削。乞以此奏下之史院，俾后来史官知所以编缵之意，无或辄将成书擅行删改。”上曰：“如有未稳处，改削无害。”迈既奉诏开院，亦修成三十馀卷矣，而有永思攒宫之役，才归即去国，尤袤以高宗皇帝实录为辞，请权罢史院，于是遂已。祥符中，王旦亦曾修撰两朝史，今不传。

【校勘记】

〔一〕皆有据依　“有”下原另有一“有”字，衍，据李本删。

5　银牌使者

金国每遣使出外，贵者佩金牌，次佩银牌，俗呼为金牌、银牌郎君。北人以为契丹时如此，牌上若篆字六七，或云阿骨打花押也。殊不知此本中国之制，五代以来，庶事草创，凡乘置奉使于外，但给枢密院牒。国朝太平兴国三年，因李飞雄矫乘厩马，诈称使者，欲作乱，既捕诛之，乃诏自今乘驿者，皆给银牌，国史云“始复旧制”，然则非起于虏也。端拱二年，复诏：“先是驰驿使臣给篆书银牌，自今宜罢之，复给枢密院牒。”

6　省钱百陌

用钱为币，本皆足陌。梁武帝时，以铁钱之故，商贾浸以奸诈自破。岭以东，八十为百，名曰东钱。江、郢以上，七十为百，名曰西钱。京师以九十为百，名曰长钱。大同元年，诏通用足陌，诏下而人不从，钱陌益少，至于末年，遂以三十五为百。唐之盛际，纯用足钱。天祐中，以兵乱窘乏，始令以八十五为百。后唐天成，又减其五。汉乾祐中，王章为三司使，复减三。皇朝因汉制，其输官者，亦用八十，或八十五，然诸州私用，犹有随俗至于四十八钱。太平兴国二年，始诏民间缗钱，定以七十七为百。自是以来，天下承用，公私出纳皆然，故名省钱。但数十年来，有所谓头子钱，每贯五十六，除中都及军兵俸料外，自馀州县官民所当得，其出者每百才得七十一钱四分，其入者每百为八十二钱四分，元无所谓七十七矣。民间所用，多寡又益不均云。

7　旧官衔冗赘

国朝官制，沿晚唐、五代馀习，故阶衔失之冗赘，予固已数书之。比得皇祐中李端愿所书“雪窦山”三大字，其左云：“镇潼军节度观察留后、金紫光禄大夫、检校刑部尚书、使持节华州诸军事、华州刺史兼御史大夫、上柱国。”凡四十一字。自元丰以后，更使名，罢文散阶、检校官、持节、宪衔、勋官，只云“镇潼军承宣使”六字，比旧省去三十五，可谓简要。会稽禹庙有唐天复年越王钱镠所立碑，其全衔九十五字，尤为冗也。

8 吏胥侮洗文书

郡县胥史，揩易簿案，乡司尤甚。民已输租税，朱批于户下矣，有所求不遂，复洗去之，邑官不能察，而又督理。比其持赤钞为证，则追逮横费，为害已深。此特小小者耳，台省亦然，予除翰林日，所被告命后拟云"可特授依前正奉大夫充翰林学士"，盖初书黄时全文，故官告院据以为式，其制当尔。而告身全衔亦云"告正奉大夫充翰林学士"，予以语吏部萧照邻尚书曰："如此则学士系衔在官下，于故事有戾，今欲书谢表，当如何？"萧悚然。旋遣部主事与告院书吏至，乞借元告以去，明日持来，则已改正，移职居官上，但减一"充"字，于行内微觉疏，其外印文，浓淡了无异，其妙至此。

9 宣告错误

士大夫告命，间有错误，如文官，则犹能自言，书铺亦不敢大有邀索。独右列为可怜，而军伍中出身者尤甚。予检详密院诸房日，有泾原副都军头乞换授，而所持宣内添注"副"字，为房吏所沮，都头者不能自明。两枢密以事见付，予视所添字与正文一体，以白两枢曰："使诉者为奸，当妄增品级，不应肯以都头而自降为副，其为写宣房之失，无可疑也。"枢以为然，乃为改正。武翼郎李青当磨勘，尚左验其文书，其始为"大李青"，吏以为罔冒，青无词以答〔一〕。周茂振权尚书，阅其告命十馀通，其一告前云"大李青"，而告身误去"大"字，故后者相承，只云"李青"，即日放行迁秩，且给公据付之。两人者几困于吏手，幸而获直。用是以知枉郁不伸者多矣。

【校勘记】

〔一〕吏以为罔冒青无词以答 “以”原脱，据马本，祠本补。“无”后原有“而”字，衍，据李本删。

10 军中抵名为官

绍兴以来，兵革务烦，军中将校除官者，大帅尽藏其告命，只语以所居官，其有事故亡没者，亦不关申省部除籍，或径以付它人，至或从白身便为郎、大夫者。杨和王为殿帅，罢一统领使归部，而申枢密院云："此人元姓名曰许超，只是校尉，偶有修武郎李立告，使之鼎名，因得冒转，续以战功积累，今为武显大夫，既已离军，自合依本姓名及元职位。"超诣院诉，而不能为之词。予检详兵房，为言曰："一时冒与，自是主将之命。修武以前，固非此人当得。若武翼之后，皆用军功，使其战死于阵，则性命须要超承当。今但当尅除不应得九官，而理还其馀资，庶合人情，于理为顺。"两枢密甚然予说，即奏行之。

11 祸福有命

秦氏颛国得志，益厉刑辟，以箝制士大夫，一言语之过差，一文词之可议，必起大狱，窜之岭海，于是恶子之无俚者恃告讦以进。赵超然以"君子之泽，五世而斩"责汀州，吴仲宝以夏二子传流容州，张渊道以张和公生日诗几责柳而幸脱，皆是也。予教授福州日，因访何大圭。忽问："君识天星乎？"答曰："未之学。"曰："岂不能认南方中夏所见列宿乎？"曰："此却粗识一二。"大圭曰："君今夕试仰观荧惑何在？"是时正见于南斗之西。后月馀，再相见，时连旬多阴,所谓火曜,已至斗魁之东矣。大圭曰:“使此星入南斗,自有故事。”予闻其语,固已竦然,明日来相访,曰:“吾曹元不洞晓天文,昨晚叶子廉见顾,言及于此,蹙頞云:‘是名魏星,无人能识,非荧惑也。’”予曰:“十二国星,只在牛、女之下,经星不动,安得转移?”圭曰:“乾象欲示变,何所不可?子廉云:‘后汉建安二十五年亦曾出。’”盖秦正封魏国公,圭意比之曹操。予大骇,不复敢酬应。它日,与谢景思、叶晦叔言之,且曰:“使迈为小人告讦之举,有所不能,万一此段彰露,为之奈何!”谢、叶曰:“可以言命矣。与是人相识,便是不幸,不如静以待之。”时岁在己巳,又六年,秦亡,予知免祸,乃始不恐。

12　真宗北征

真宗亲征契丹,幸澶渊,以成却敌之功。是时景德元年甲辰,决此计者,寇莱公也。然前五岁,当咸平二年己亥,契丹寇北边,上自将御之,至澶州、大名府,闻范廷召破虏于莫州北,乃还京。时张文定公、李文靖公为相,不知何人赞此决,而后来不传。用是以知真宗非宴安酖毒而有所畏者,故寇公易以进言。

13　宰相不次补

景德元年七月,宰相李沆薨。时无它相,中书有参知政事王旦、王钦若,不次补。寇准为三司使,真宗欲相之,患其素刚,难独任,乃先以翰林侍读学士毕士安为参政,才一月,并命士安、准为相,而士安居上[一]。旦、钦若各迁官而已。准在太宗朝已两为执政,今士安乃由侍从超用,惟辟作福,图任大臣,盖不应循循历阶而升也。

【校勘记】

〔一〕才一月并命士安准为相而士安居上　“一月”原作“二月”，据李本改。按，据宋史宰辅表，作“一”是。

14　外制之难

中书舍人所承受词头，自唐至本朝，皆只就省中起草付吏，逮于告命之成，皆未尝越日，故其职为难。其以敏捷称者，如韦承庆下笔辄成，未尝起草；陆扆初无思虑，挥翰如飞；颜荛草制数十，无妨谈笑；郑畋动无滞思，同僚阁笔；刘敞临出局，倚马一挥九制：皆见书于史策。其迟钝窘扰者，如陆馀庆至晚不能裁一言，和㠓闭户精思，遍讨群籍，与夫“斲窗舍人”、“紫微失却张君房”之类，盖以必欲速成故也。周广顺初，中书舍人刘涛责授少府少监，分司西京，坐遣男顼代草制词也。顼时为监察御史，亦责复州司户。自南渡以来，典故散失，每除书之下，先以省札授之，而续给告，以是迁延稽滞。段拂居官时，才还家即掩关谢客，畏其促词命也。先公使虏归，除徽猷阁直学士，时刘才邵当制，日于漏舍嘱之，至先公出知饶州，几将一月，犹未受告。其它倩谚朋旧，俾之假手者多矣。故膺此选者，不觉其难，殊与昔异。

15　文臣换武使

祖宗之世，文臣换授武使，皆不越级。钱若水自枢密副使罢守工部侍郎，后除帅并州，乃换邓州观察使。王嗣宗以中丞、侍郎，李士衡以三司使，李维以尚书，王素以端明左丞，亦皆观察。庆历初，以陕西四帅方御夏、羌，欲优其俸赐，故韩琦、范仲淹、王沿、庞籍皆以枢密、龙图直学士换为廉车。自南渡以来，始大不然。张澄以端明学士，杨倓以敷文学士，便为节度。近者赵师夔、吴琚以待制而换承宣使，不数月间遇恩，即建节钺。师揆、师垂以秘阁修撰换观察使，皆度越彝宪，诚异恩也。

容斋三笔卷五 十七则

1 舜事瞽叟

孟子之书，上配论语，唯记舜事多误，故自国朝以来，司马公、李泰伯及吕南公皆有疑非之说。其最大者，证万章涂廪、浚井、象入舜宫之问以为然也。孟子既自云尧使九男事之，二女女焉，百官牛羊仓廪备，以事舜于畎亩之中。则井、廪贱役，岂不能使一夫任其事？尧为天子，象一民耳，处心积虑杀兄而据其妻，是为公朝无复有纪纲法制矣。六艺折中于夫子，四岳之荐舜，固曰："瞽子。父顽，母嚚，象傲，克谐以孝，烝烝乂，不格奸。"然则尧试舜之时，顽傲者既已格乂矣。舜履位之后，命禹征有苗，益曰："帝初于历山，往于田，日号泣于旻天，于父母，负罪引慝，祗载见瞽瞍，夔夔斋慄，瞽亦允若。"既言允若，岂得复有杀之之意乎？司马公亦引九男、百官之语，烝烝之对，而不及益赞禹之辞，故详叙之以示子侄辈。若司马迁史记、刘向列女传所载，盖相承而不察耳。至于桃应有瞽叟杀人之问，虽曰设疑似而请，然亦可谓无稽之言。孟子拒而不答可也。顾再三为之辞，宜其起后学之惑。

2 孔子正名

子路曰："卫君待子而为政，子将奚先？"子曰："必也正名乎。"子路曰："子之迂也，奚其正？"夫子责数之以为"野"。盖是时，夫子在卫，当辄为君之际，留连最久，以其拒父而窃位，故欲正之，此意明白。然子欲适晋，闻其杀鸣犊，临河而还，谓其无罪而杀士也。里名胜母，曾子不入；邑称朝歌，墨子回车。邑里之名不善，两贤去之，安有命世圣人，而肯居无父之国，事不孝之君哉！是可知已。夫子所过者化，不令而行，不言而信，卫辄待以为政，当非下愚而不移者。苟其用我，必将导之以天理，而趣反其真，所谓命驾虚左而迎其父不难也。则其有补于名义，岂不大哉。为是故不忍亟去以须之。既不吾用，于是慨然反鲁。则辄之冥顽悖乱，无所逃于天地之间矣。子路曾不能详味圣言，执迷不悟，竟于身死其难，惜哉。

3 潜火字误

今人所用潜火字，如潜火军兵，潜火器具，其义为防。然以书传考之，乃当为熸。左传襄二十六年，楚师大败，王夷师熸。昭二十三年，子瑕卒，楚师熸。杜预皆注曰："吴、楚之间谓火灭为熸。"释文音子潜反，火灭也。礼部韵将廉反，皆读如歼音。则知当曰熸火。

4 永兴天书

大中祥符天书之事，起于佞臣，固无足言。而寇莱公在永兴军，信朱能之诈，亦为此举，以得召入，再登相位，驯致雷州之祸，凤德之衰，实为可惜。而天禧实录所载云："周怀政与妖人朱能辈伪造灵命，冀图恩宠，且日进药饵。宰相王钦若屡言其妄，复密陈规谏。怀政惧得罪，因共诬谮，言：'捕获道士谯文易，蓄禁书，有神术，钦若素识之。'故罢相也。"朱能之事，钦若欲以沮寇公之入则有之，谓其陈规谏，当大不然。倘非出于寇，则钦若已攘臂其间矣。实录盖钦若提举日所进，是以溢美，岂能弭后人公议哉。

5　王裒嵇绍

舜之罪也殛鲧，其举也兴禹。鲧之罪足以死，舜徇天下之公议以诛之，故禹不敢怨，而终治水之功，以盖父之恶。魏王裒、嵇绍，其父死于非命。裒之父仪，犹以为司马昭安东司马之故，因语言受害，裒为之终身不西向而坐。绍之父康以魏臣锺会谮之于昭，昭方谋篡魏，阴忌之，以故而及诛。绍乃仕于晋武之世，至为惠帝尽节而死。绍之事亲，视王裒远矣。温公通鉴犹取其荡阴之忠，盖不足道也。

6　张咏传

张忠定公咏为一代伟人，而治蜀之绩尤为超卓，然实录所载，了不及之，但云："出知益州，就加兵部郎中，入为户部，使马知节自益徙延，难其代。朝廷以咏前在蜀，寇攘之后，安集有劳，为政明肃，远民便之，故特命再任。"而已。国史本传略同，而增书促招安使上官正出兵一事。皆诋其知陈州营产业，且与周渭、梁鼎辈五人同传，殊失之也。韩魏公作公神道碑云："公以魁奇豪杰之才，逢时自奋，智略神出，勋业赫赫，震暴当世，诚一世伟人。"道州所刻帖，有公与潭牧书一纸，王荆公跋其后云："忠定公殁久矣，而士大夫至今称之，岂不以刚毅正直有劳于世若公者少欤！"文潞公云："予尝守蜀，睹忠定之象，遗爱在民，钦服已甚。"黄诰云："公风烈如此，而不至于宰相，然有忠定之才，而无宰相之位，于公何损！有宰相之位，而无忠定之才，于宰相何益！公虽老死，安肯以此易彼哉。"观四人之言，史氏发潜德之幽光，为有负矣。

7　绯紫假服

唐宣宗重惜服章，牛丛自司勋员外郎为睦州刺史，上赐之紫，丛既谢，前言曰："臣所服绯，刺史所借也。"上遽曰："且赐绯。"然则唐制借服色得于君前服之，国朝之制，到阙则不许。乾道二年，予以起居舍人侍立，见浙西提刑姚宪入对，紫袍金鱼。既退，一峰门吏踵其后嗫嚅。后两日，宪辞归平江，乃绯袍。予疑焉，以问知峰曾觌曰："闻临安守与本路监司皆许服所借，而宪昨紫今绯，何也？"觌曰："监司惟置司在辇下则许服〔一〕，漕臣是也，若外郡则否。前日姚误紫，而谒吏不告，已申其罚，且备牒使知之，故今日只本色以入。"姚盖失于审也，然考功格令既不颁于外，亦自难晓。文惠公知徽州日，借紫，及除江东提举常平，告身不借。予闻尝借者当如旧，与郎官薛良朋言之，于是给公据改借。后于江西见转运判官张坚衣绯，张尝知泉州，紫袍矣，予举前说，张欣然即以申考功，已而部符下，不许，扣其故，曰："唯知州借紫而就除本路，虽运判、提举皆得如初，若它路则不可。"竟不知法如何该说也。若曾因知州府借紫，而后知军〔二〕，则其服亦借，不以本路它路也。近吴镒以知郴州除提举湖南茶盐，遂仍借紫，正用前比云。

【校勘记】

〔一〕监司惟置司在辇下则许服　马本、库本"置司"作"置局"。

〔二〕而后知军　李本、马本、库本、祠本"军"后有"州"字。

8　枢密名称更易

国朝枢密之名，其长为使，则其贰为副使；其长为知院，则其贰为同知院。如柴禹锡知院，向敏中同知，及曹彬为使，则敏中改副使。王继英知院，王旦同知，继冯拯、陈尧叟亦同知，及继英为使，拯、尧叟乃改签书院事，而恩例同副使。王钦若、陈尧叟知院，马知节签书，及王、陈为使，知节迁副使，其后知节知院，则任中正、周起同知。惟熙宁初，文彦博、吕公弼已为使，而陈升之过阙，留，王安石以升之曾再入枢府，遂除知院。知院与使并置，非故事也，安石之意以沮彦博耳。绍兴以来，唯韩世忠、张俊为使，岳飞为副使。此后除使固多，而其贰只为同知，亦非故事也。又使班视宰相，而乾道职制杂压，令副使反在同知院之下，尤为未然。

9　过称官品

士大夫僭妄相尊，日以益甚。予向昔所记文官学士、武官大夫之谚，今又不然。天圣职制，内外文武官不得容人过称官品，诸节度、观察，虽检校官未至太傅者，许称太傅，防御使至横行使，许称太保；诸司使许称司徒；幕职官等称本官；录事参军称都曹；县令称长官；判司、簿、尉许称评事。其太傅、太保、司徒皆一时本等检校所带之官也。自后法令不复有此一项，以是其风愈炽，不容整革矣。

10　仁宗立嗣

东坡作范蜀公墓志云："仁宗即位三十五年，未有继嗣，嘉祐初得疾，中外危恐。公独上疏乞择宗室贤者，异其礼物，以系天下心。"凡章十九上。至元祐初，韩维上言，谓其首开建储之议，其后大臣乃继有论奏。司马温公行状云："至和三年仁宗始不豫，国嗣未立，天下寒心而不敢言，惟谏官范镇首发其议，光时为并州通判，闻而继之。”案至和三年九月，改为嘉祐元年，岁在丁酉。而前此皇祐五年甲午，有建州人太常博士张述者，以继嗣未立，上疏曰：“陛下春秋四十四，宗庙社稷之继，未有托焉。以嫌疑而不决，非孝也。群臣以讳避而不言，非忠也。愿择宗亲才而贤者，异其礼秩，试以职务，俾内外知圣心有所属。”至和二年丙申，复言之。前后凡七疏，最后语尤激切。盖述所论，乃在两公之前，而当时及后来莫有知之者，为可惜也。

11　郎官员数

绍熙四年冬，客从中都来，持所抄班朝录一编相示，盖朝士官职姓名也。读至尚书郎，才有正员四人，其它权摄者亦只六七人耳。因记绍兴二十九年，予为吏礼部时，同舍郎二十人，皆正官。今既限以曾历监司、郡守，故任馆职及寺监、丞者不可进步，其自外召用者，资级已高，曾不数月，必序迁卿、少，以是居之者益少。政和末，郎员冗滥，至于五十有五。侍御史张朴上殿，徽宗谕使论列，退而奏疏，劾十有六人，大略云：“才品甚下，趍操卑污，有如汪师心者；性资茸闒，柔佞取容，有如黄愿、汪希旦者；浅浮躁妄，为胥辈所轻，有如李庄者；轻侻喧嚣〔一〕，漫不省职，有如李扬者；粗冗不才，褊忿轻发，有如成禔者；人才碌碌，初无可取，有如张高者；志气衰落，难与任事，有如常岩者；大言无当，诞诡不情，有如梁子诲者；资望太轻，士论不厌，有如叶椿、唐作求、吴直夫、章芹、李与权、王良钦、强休甫者。乞行罢斥。”从之。考一时标榜，未必尽当，然十六人者后皆不显，视今日员数，多寡不侔如是。秦桧居相位久，不欲士大夫在朝，末年尤甚。二十四司独刑部有孙敏修一员，馀皆兼摄，吏部七司至全付主管告院张云,兵、工八司,并于一寺主簿,又可怪也。

【校勘记】

〔一〕轻侻喧嚣　库本、祠本"嚣"作"嚣"。

12　东坡慕乐天

苏公责居黄州,始自称东坡居士。详考其意,盖专慕白乐天而然。白公有东坡种花二诗云:"持钱买花树,城东坡上栽。"又云:"东坡春向暮,树木今何如。"又有步东坡诗云:"朝上东坡步,夕上东坡步,东坡何所爱?爱此新成树。"又有别东坡花树诗云:"何处殷勤重回首,东坡桃李种新成。"皆为忠州刺史时所作也。苏公在黄,正与白公忠州相似,因忆苏诗,如赠写真李道士云:"他时要指集贤人,知是香山老居士。"赠善相程杰云:"我似乐天君记取,华颠赏遍洛阳春。"送程懿叔云:"我甚似乐天,但无素与蛮。"入侍迩英云:"定似香山老居士,世缘终浅道根深。"而跋曰:"乐天自江州司马除忠州刺史,旋以主客郎中知制诰,遂拜中书舍人。某虽不敢自比,然谪居黄州,起知文登,召为仪曹,遂忝侍从。出处老少,大略相似,庶几复享晚节闲适之乐。"去杭州云:"出处依稀似乐天,敢将衰朽较前贤。"序曰:"平生自觉出处老少粗似乐天。"则公之所以景仰者,不止一再言之,非东坡之名偶尔暗合也。

13　缚鸡行

老杜缚鸡行一篇云:"小奴缚鸡向市卖,鸡被缚急相喧争。家中厌鸡食虫蚁,不知鸡卖还遭烹。虫鸡于人何厚薄,吾叱奴儿解其缚。鸡虫得失无了时，注目寒江倚山阁。”此诗自是一段好议论，至结句之妙，非它人所能跂及也。予友李德远尝赋东西船行，全拟其意，举以相示，云：“东船得风帆席高，千里瞬息轻鸿毛。西船见笑苦迟钝，汗流撑折百张篙。明日风翻波浪异，西笑东船却如此。东西相笑无已时，我但行藏任天理。”是时，德远诵至三过，颇自喜。予曰：“语意绝工，几于得夺胎法，只恐‘行藏任理’与‘注目寒江’之句，似不可同日语。”德远以为知言，锐欲易之，终不能满意也。

14　油污衣诗

予甫十岁时，过衢州白沙渡，见岸上酒店败壁间，有题诗两绝，其名曰犬落水、油污衣。犬诗太俗不足传，独后一篇殊有理致。其词云：“一点清油污白衣，斑斑驳驳使人疑。纵饶洗遍千江水，争似当初不污时。”是时甚爱其语，今六十馀年，尚历历不忘，漫志于此。

15　北虏诛宗王

绍兴庚申，虏主亶诛宗室七十二王，韩昉作诏，略云：“周行管叔之诛，汉致燕王之辟，兹惟无赦，古不为非。不图骨肉之间，有怀蜂虿之毒。皇伯太师宋国王宗磐谓为先帝之元子，常蓄无君之祸心；皇叔太傅兖国王宗俊、虞王宗英、滕王宗伟等，逞躁欲以无厌，助逆谋之妄作。欲申三宥，公议岂容；不顿一兵，群凶悉殄。已各伏辜，并除属籍讫。”绍熙癸丑，今虏主诛其叔郑王，诏曰：“朕早以嫡孙，钦承先绪。皇叔定武军节度使郑王允蹈，属处诸父，任当重藩，潜引凶徒，共为反计，自以元妃之长子，异于它母之诸王，冀幸国灾，窥伺神器。其妹泽国公主长乐牵同产之爱，驸马都尉唐括蒲刺睹狃连姻之私，预闻其谋，相济以恶。欲宽燕邸之戮，姑致郭邻之囚。询诸群言，用示大戒。允蹈及其妻卞玉与男案春、阿辛并公主皆赐自尽，令有司依礼收葬，仍为辍朝。”二事甚相类，盖其视宗族至亲与涂之人无异也。是年冬，倪正父奉使，馆于中山，正其诛戮处，相去一月，犹血腥触人，枯骸塞井，为之终夕不安寝云。

16　州郡书院

太平兴国五年，以江州白鹿洞主明起为褒信主簿。洞在庐山之阳，常聚生徒数百人。李煜有国时，割善田数十顷，取其租廪给之。选太学之通经者，俾领洞事，日为诸生讲诵。于是起建议以其田入官，故爵命之。白鹿洞由是渐废。大中祥符二年，应天府民曹诚即楚丘戚同文旧居造舍百五十间，聚书数千卷，博延生徒，讲习甚盛。府奏其事，诏赐额曰应天府书院，命奉礼郎戚舜宾主之，仍令本府幕职官提举，以诚为府助教。宋兴，天下州府有学自此始。其后潭州又有岳麓书院，及庆历中，诏诸路州郡皆立学，设官教授，则所谓书院者，当合而为一。今岳麓、白鹿复营之，各自养士，其所廪给礼貌乃过于郡庠。近者，巴州亦创置，是为一邦而两学矣。太学、辟雍并置，尚且不可，是于义为不然也。

17　何韩同姓

韩文公送何坚序云：“何与韩同姓为近。”尝疑其说无所从出，后读史记周本纪，应劭曰：“氏姓注云，以何姓为韩后。”邓名世姓氏书辩证云：“何氏出自姬姓，食采韩原，为韩氏。韩王建为秦所灭，子孙散居陈、楚、江、淮间，以韩为何，随声变为何氏，然不能详所出也。”韩王之失国者名安，此云建，乃齐王之名，邓笔误耳。予后读孙愐唐韵云：“韩灭，子孙分散，江淮间音以韩为何，字随音变，遂为何氏。”乃知名世用此。

容斋三笔卷六 十五则

1 蕨萁养人

自古凶年饥岁，民无以食。往往随所值以为命。如范蠡谓吴人就蒲嬴于东海之滨；苏子卿掘野鼠所去屮实，及啮雪与旃毛并咽之；王莽教民煮木为酪；南方人饥饿，群入野泽掘凫茈；邓禹军士食藻菜；建安中，咸阳人拔取酸枣、藜藿以给食；晋郗鉴在邹山，兖州百姓掘野鼠、蛰燕；幽州人以桑椹为粮，魏道武亦以供军；岷、蜀食芋。如此而已。吾州外邑嵊崌山在乐平、德兴境，李罗万斛山在浮梁、乐平、鄱阳境，皆绵亘百馀里，山出蕨萁。乾道辛卯、绍熙癸丑岁旱，村民无食[一]，争往取其根。率以昧旦荷鉏往掘，深至四五尺，壮者日可得六十斤。持归捣取粉，水澄细者煮食之，如粔籹状，每根二斤，可充一夫一日之食。冬晴且暖，田野间无不出者，或不远数十里，多至数千人。自九月至二月终，蕨抽拳则根无力，于是始止。盖救饿嬴者半年，天之生物，为人世之利至矣。古人不知用之，传记亦不载，岂他邦不产此乎？

【校勘记】

〔一〕绍熙癸丑岁旱村民无食　“旱”原作“旦”，据马本、库本、祠本改。

2　贤士隐居者

士子修己笃学，独善其身，不求知于人，人亦莫能知者，所至或有之，予每惜其无传。比得上虞李孟传录示四事，故谨书之。

其一曰：慈溪蒋季庄，当宣和间，鄙王氏之学，不事科举，闭门穷经，不妄与人接。高抑崇居明州城中，率一岁四五访其庐。季庄闻其至，必倒屣出迎，相对小室，极意讲论，自昼竟夜，殆忘寝食。告去则送之数里，相得欢甚。或问抑崇曰："蒋君不多与人周旋，而独厚于公，公亦惓惓于彼，愿闻其故？"抑崇曰："阅终岁读书，凡有疑而未判，与所缺而未知者，每积至数十，辄一扣之，无不迎刃而解。"而蒋之所长，他人未必能知之。世之所谓知己，其是乎？

其二曰：王茂刚，居明之林村，在岩壑深处，有弟不甚学问，使颛治生以糊口，而刻意读书，足迹未尝妄出，尤邃于周易。沈焕通判州事，尝访之。其见趣绝出于传注之外云。气象严重，窥其所得，盖进而未已也。

其三曰：顾主簿，不知何许人，南渡后寓于慈溪。廉介有常，安于贫贱，不蕲人之知。至于践履间，虽细事不苟也。平旦起，俟卖菜者过门，问菜把直几何，随所言酬之。它饮食布帛亦然。久之人皆信服，不忍欺。苟一日之用足，则玩心坟典，不事交游。里中有不安其分、武断彊忮者，相与讥之，曰："汝岂顾主簿耶？"

其四曰：周日章，信州永丰人。操行介洁，为邑人所敬。开门授徒，仅有以自给，非其义一毫不取。家至贫，常终日绝食，邻里或以薄少致餽，时时不继，宁与妻子忍饿，卒不以求人。隆寒披纸裘，客有就访，亦欣然延纳，望其容貌，听其论议，莫不耸然。县尉谢生遗以袭衣，曰："先生未尝有求，吾自欲致其勤勤耳，受之无伤也。"

日章笑答曰："一衣与万锺等耳，倘无名受之，是不辨礼义也。"卒辞之。汪圣锡亦知其贤，以为近于古之所谓独行者。

是四君子，真可书史策云。

3　张籍陈无己诗

张籍在他镇幕府，郓帅李师古又以书币辟之，籍却而不纳，而作节妇吟一章寄之，曰："君知妾有夫，赠妾双明珠。感君缠绵意，系在红罗襦。妾家高楼连苑起，良人执戟明光里。知君用心如日月，事夫誓拟同生死。还君明珠双泪垂，何不相逢未嫁时。"陈无己为颍州教授，东坡领郡，而陈赋妾薄命篇，言为曾南丰作，其首章云："主家十二楼，一身当三千。古来妾薄命，事主不尽年。起舞为主寿，相送南阳阡。忍着主衣裳，为人作春妍？有声当彻天，有泪当彻泉。死者恐无知，妾身长自怜。"全用籍意。或谓无己轻坡公，是不然。前此，无己官于彭城，坡公由翰林出守杭，无己越境见之于宋都，坐是免归，故其诗云："一代不数人，百年能几见？昔为马首衔，今为禁门键。一雨五月凉，中宵大江满。风帆目力短，江空岁年晚。"其尊敬之尽矣。薄命拟况，盖不忍师死而遂倍之，忠厚之至也。

4　杜诗误字

李适之在明皇朝为左相，为李林甫所挤去位，作诗曰："避贤初罢相，乐圣且衔盃。为问门前客，今朝几个来？"故杜子美饮中八仙歌云："左相日兴费万钱〔一〕，饮如长鲸吸百川，衔盃乐圣称避贤。"正咏适之也。而今所行本误以"避贤"为"世贤"，绝无意义，兼

"世"字是太宗讳,岂敢用哉!秦州雨晴诗云:"天永秋云薄,从西万里风。"谓秋天辽永,风从万里而来,可谓广大。而集中作"天水",此乃秦州郡名,若用之入此篇,其致思浅矣。和李表丈早春作云:"力疾坐清晓,来诗悲早春。"正答其意。而集中作"来时",殊失所谓和篇本旨。

【校勘记】

〔一〕左相日兴费万钱　"左"原作"在",误刊。据马本、库本、祠本改。

5　东坡诗用老字

东坡赋诗,用人姓名,多以老字足成句。如寿州龙潭云"观鱼并记老庄周",病不赴会云"空对亲春老孟光",看潮云"犹似浮江老阿童",赠黄山人云"说禅长笑老浮屠",元长老纳裙云"乞与佯狂老万回",东轩云"挂冠知有老萧郎",侍立迩英云"定似香山老居士",赠李道士云"知是香山老居士",蒜山亭云"奇逸多闻老敬通",汶公东堂云"一帖空存老遂良",次韵韶守云"华发萧萧老遂良",游罗浮云"还须略报老同叔",赠辩才云"中有老法师",寄子由云"青山老从事",赠眼医云"忘言老尊宿","妙高台中老比丘",谢惠酒云"青州老从事",谢饷鱼云"谁似老方朔",赠吴子野扇云"得之老月师",次韵李端叔云"此是老牛戬",是皆以为助语,非真谓其老也。大抵七言则于第五字用之,五言则于第三字用之。若其它错出,如"再说走老瞒","故人馀老庞","老濞宫妆传父祖","便腹从人笑老韶","老可能为竹写真","不知老奘几时归"之类,皆随语势而然。白乐天云:"每被老元偷格律。"盖亦有自来矣。

6　杜诗命意

杜公诗命意用事，旨趣深远，若随口一读，往往不能晓解，姑纪一二篇以示好事者。如："能画毛延寿，投壶郭舍人。每蒙天一笑，复似物皆春。政化平如水，皇恩断若神。时时用抵戏，亦未杂风尘。"第三联意味颇与前语不相联贯，读者或以为疑。按，杜之旨本谓技艺倡优不应蒙人主顾眄赏接，然使政化如水，皇恩若神，为治大要既无所损，则时时用此辈，亦亡害也。又如："乱后碧井废，时清瑶殿深。铜缾未失水，百丈有哀音。侧想美人意，应悲寒甃沈。蛟龙半缺落，犹得折黄金。"此篇盖见故宫井内汲者得铜缾而作，然首句便说废井，则下文翻覆铺叙为难，而曲折宛转如是，它人毕一生模写不能到也〔一〕。又一篇云："斗鸡初赐锦，舞马既登床。帘下宫人出，楼前御柳长。仙游终一闷，女乐久无香。寂寞骊山道，清秋草木黄。"先忠宣公在北方，得唐人画骊山宫殿图一轴，华清宫居山颠，殿外垂帘，宫人无数，穴帘隙而窥，一时伶官戏剧，品类杂沓，皆列于下。杜一诗真所谓亲见之也。

【校勘记】

〔一〕一生模写不能到也　"写"原为空格，据马本、库本补。

7　择福莫若重

国语载范文子曰："择福莫若重，择祸莫若轻。"且士君子乐天知命，全身远害，避祸就福，安有迨于祸至择而处之之理哉！韦昭注云："有两福择取其重，有两祸择取其轻。"盖以不幸而与祸会，势不容但已，则权其轻重，顺受其一焉。庄子养生主篇云："为善无近名，为恶无近刑。"夫孳孳为善，君子之所固然，何至于纵意为恶，而特以不丽于刑为得计哉！是又有说矣。其所谓恶者，盖与善相对之辞，虽于德为愆义，非若小人以身试祸自速百殃之比也。故下文云："可以全生，可以保身，可以尽年。"其旨昭矣。

8　用人文字之失

士人为文，或采已用语言，当深究其旨意，苟失之不考，则必诒论议。绍兴七年，赵忠简公重修哲录，书成，转特进，制词云："惟宣仁之诬谤未明，致哲庙之忧勤不显。"此盖用范忠宣遗表中语，两句但易两字，而甚不然。范之辞云："致保佑之忧勤不显。"专指母后以言，正得其实。今以保佑为哲庙，则了非本意矣。绍兴十九年，予为福州教授，为府作谢历日表，颂德一联云："神祇祖考，既安乐于太平；岁月日时，又明章于庶证。"至乾道中，有外郡亦上表谢历，蒙其采取用之，读者以为骈俪精切，予笑谓之曰："此大有利害，今光尧在德寿，所谓'考'者何哉？"坐客皆缩颈，信乎不可不审也。

9　李卫公辋川图跋

辋川图一轴，李赵公题其末云："蓝田县鹿苑寺主僧子良贽于予，且曰：'鹿苑即王右丞辋川之第也。右丞笃志奉佛，妻死不再娶，洁居逾三十载。母夫人卒，表宅为寺。今冢墓在寺之西南隅，其图实右丞之亲笔。'予阅玩珍重，永为家藏。"弘宪题其前一行云："元和四年八月十三日，弘宪题。"弘宪者，吉甫字也。其后，卫公又跋云："乘间阅箧书中，得先公相国所收王右丞书辋川图，实家世之宝也。先公凡更三十六镇,故所藏书画多用方镇印记。大和二年戊申正月四日,浙江西道观察等使、检校礼部尚书兼润州刺史李德裕恭题。"又一行云:"开成二年秋七月望日,文饶记。"前后五印,曰淮南节度使印、浙江西道观察处置等使之印、剑南西川节度使印、山南西道节度使印、郑滑节度使印,并赞皇二字。又内合同印,建业文房之印,集贤院藏书印,此三者南唐李氏所用,故后一行曰:"升元二年十一月三日。"虽今所传云临本,然正自超妙。但卫公所志,殊为可疑。唐书李吉甫传云:"德宗以来,姑息藩镇,有终身不易地者。吉甫为相岁馀,凡易三十六镇。"吉甫平生只为淮南节度耳,今乃言身更三十六镇,诚大不然。所用印记,如浙西、西川、山西、郑滑,皆卫公所历也。且书其父手泽,不言第几子,而有李字,又自标其字,皆非是,盖好事者妄为之。白乐天诗所说清凉寺〔一〕,即辋川云。洪庆善作丹阳洪氏家谱序云:"丹阳之洪本姓弘,避唐讳改。有弘宪者,元和四年跋辋川图。"亦大错也。

【校勘记】

〔一〕清凉寺　马本、祠本"凉"作"源"。

10　白公夜闻歌者

白乐天琵琶行,盖在浔阳江上为商人妇所作。而商乃买茶于浮梁,妇对客奏曲,乐天移船,夜登其舟与饮,了无所忌,岂非以其长安故倡女不以为嫌邪?集中又有一篇题云夜闻歌者,时自京城谪浔阳,宿于鄂州,又在琵琶之前。其词曰:"夜泊鹦鹉洲,秋江月澄澈。邻船有歌者,发调堪愁绝。歌罢继以泣,泣声通复咽。寻声见其人,有妇颜如雪。独倚帆樯立,娉婷十七八。夜泪似真珠,双双堕明月。借问谁家妇？歌泣何凄切。一问一沾襟，低眉终不说。”陈鸿长恨传序云：“乐天深于诗多于情者也，故所遇必寄之吟咏，非有意于渔色。”然鄂州所见，亦一女子独处，夫不在焉，瓜田李下之疑，唐人不议也。今诗人罕谈此章，聊复表出。

11 谢朏志节

荀彧佐魏武帝，刘穆之佐宋高祖，高德政佐齐文宣，高颎佐隋文帝，刘文静佐唐高祖，终之篡汉、晋、魏、周及取隋，其功不细矣。彧以不言伏后事与劝止九锡，饮酖而死。穆之居守丹阳，宋祖北伐，而九锡之旨从北来，愧惧而卒。德政以精神凌逼，为杨愔所谮，颎以为相畜妾，为独孤后所谮，文静以妾弟告变，为裴寂所谮，皆不免于诛。萧道成谋篡宋，欲引谢朏参赞大业，屏人与之语，朏无言。道成必欲引参佐命，以为左长史，从容间道石苞事讽之，朏讫不顺指。及受宋禅，方为侍中，不肯解玺绶，引枕而卧，步出府门，道成之子赜欲杀之，道成畏得罪于公议，曰：“杀之适成其名，正当容之度外耳。”遂废于家，海陵王之世复为侍中。宣城王鸾谋继大统，多引朝廷名士，朏心不愿，乃求出为吴兴太守。其弟沦为吏部尚书，朏致酒与之，曰：“可力饮此，无预人事。”其心盖恶鸾而末如之何也。朏之志节行义，凛凛如此。司马温公犹以为讥，斯亦可恕也已。续笔于士匄、韩厥下略及之，故复详论于此。

12 琵琶亭诗

江州琵琶亭，下临江津，国朝以来，往来者多题咏，其工者辄为人所传。淳熙己亥岁，蜀士郭明复以中元日至亭，赋古风一章，其前云:"白乐天流落湓浦,作琵琶行,其放怀适意,视忧患死生祸福得丧为何物,非深于道者能之乎?贾傅谪长沙,抑郁致死,陆相窜南宾,屏绝人事,至从狗窦中度食饮。两公犹有累乎世,未能如乐天逍遥自得也。予过九江,维舟琵琶亭下,为赋此章。""香山居士头欲白,秋风吹作湓城客。眼看世事等虚空,云梦胸中无一物。举觞独醉天为家,诗成万象遭梳爬。不管时人皆欲杀,夜深江上听琵琶。贾胡老妇儿女语,泪湿青衫如著雨。此公岂作少狂梦,与世浮沉聊尔汝。我来后公三百年,浔阳至今无管弦。公诗有"浔阳地僻无管弦"之句。长安不见遗音寂,依旧匡庐翠扫天。"郭君,成都人,隆兴癸未登科,仕不甚达。但贾谊自长沙召还,后为梁王傅乃卒,前所云少误矣。吾州馀干县东干越亭有琵琶洲在下,唐刘长卿、张祜辈皆留题。绍兴中,王洋元勃一绝句云:"塞外风烟能记否,天涯沦落自心知。眼中风物参差是,只欠江州司马诗。"真佳句也。

13　减损入官人

唐开元十七年,国子祭酒杨玚上言:"省司奏限天下明经、进士及第每年不过百人。窃见流外出身,每岁二千馀人,而明经、进士不能居其什一,则是服勤道业之士,不如胥吏之得仕也。若以出身人太多,则应诸色裁损,不应独抑明经、进士。"当时以其言为然。淳熙九年,大减任子员数,是时,吏部四选开具以三年为率,文班进士大约三四百人,任子文武亦如之。而恩幸流外,盖过二千之数,甚与开元类也。

14　韩苏文章譬喻

韩苏两公为文章,用譬喻处,重复联贯,至有七八转者。韩公送石洪序云:“论人高下,事后当成败,若河决下流东注,若驷马驾轻车就熟路,而王良、造父为之先后也,若烛照数计而龟卜也。”盛山诗序云:“儒者之于患难,其拒而不受于怀也,若筑河堤以障屋溜;其容而消之也,若水之于海,冰之于夏日;其玩而忘之以文辞也,若奏金石以破蟋蟀之鸣、虫飞之声。”苏公百步洪诗云“长洪斗落生跳波,轻舟南下如投梭。水师绝叫凫雁起,乱石一线争磋磨。有如兔走鹰隼落,骏马下注千丈坡。断弦离柱箭脱手,飞电过隙珠翻荷”之类是也。

15 唐昭宗赠谏臣官

唐僖宗幸蜀,政事悉出内侍田令孜之手。左拾遗孟昭图、右补阙常濬上疏论事,昭图坐贬,令孜遣人沉之于蟇颐津,赐濬死。资治通鉴记其事。予读昭宗实录,即位之初,赠昭图起居郎,濬礼部员外郎,以其直谏被戮,故褒之。方时艰危,救亡不暇,而初政及此,通鉴失书之,亦可惜也。

容斋三笔卷七 十四则

1 执政辞转官

真宗天禧元年，合祭天地，礼毕，推恩百僚，宰相以下迁官一等。时参知政事三人，陈彭年自刑部侍郎迁兵部，王曾自左谏议大夫迁给事中，张知白自给事中迁工部侍郎。而知白独恳辞数四，上敷谕，终不能夺。王曾闻之，亦乞寝恩命。上曰："知白无他意，但以卿为谏议大夫，班在上，已为给事中，在下，所以固辞，欲品秩有序尔。"于是从知白所请，而优加名数，进阶金紫光禄大夫，并赐功臣爵邑。元祐三年四月，宰执七人，自文彦博仍前太师外，右仆射吕公著除司空，同平章军国事，中书侍郎吕大防除左仆射，同知枢密院范纯仁除右仆射，尚书左丞刘挚除中书侍郎，右丞王存除左丞，唯知枢密院安焘不迁，乃自正议大夫特转右光禄。焘上章辞，令学士院降诏不允。学士苏轼以为："朝廷岂以执政六人五人进用，故加迁秩以慰其心？既无授受之名，仅似姑息之政，欲奉命草诏，不知所以为词，伏望从其所请。"御宝批："可，且用一意度作不许诏书进入。"焘竟辞，始免。绍兴三十一年，陈康伯自右相拜左相，朱倬自参政拜右相，时叶义问知枢密院，元居倬上，不得迁，朝论谓宜进为使，学士何溥面受草制之旨，曾以为言，高宗不许。绍熙五年七月，主上登极，拜知枢密院赵汝愚为右相，参政陈骙除知院，同知院事余端礼除参政，而左丞相留正以少保进少傅，乃系特迁，且非覃恩，正固辞，乃止。

2 宗室补官

寿皇圣帝登极赦恩，凡宗子不以服属远近，人数多少，其曾获文解两次者，并直赴殿试，略通文墨者，所在州量试，即补承信郎。由是入仕者过千人以上。淳熙十六年二月、绍熙五年七月，二赦皆然，故皇族得官不可以数计。偶阅唐昭宗实录载一事云："宗正少卿李克助奏：'准去年十一月赦书，皇三等以上亲无官者，每父下放一人出身；皇五等以上亲未有出身陪位者，与出身。寺司起请承前旧例，九庙子孙陪位者，每父下放一人出身，共放三百八十人。其诸房宗室等，各赴陪位纳到文状，共一千二十七人。除元不赴陪位及不纳到状，及违寺司条疏，不取宗室充系落下外，系三百八十人，合放出身。'敕准赦书处分。"予案昭宗以文德元年即位，次年十一月南郊礼毕肆赦，其文略云："皇三等以上亲，委中书门下各择有才行者量与改官，无官者，每父下放一人出身；皇五等以上亲未有出身陪位者，与出身。"然则亦有三等五等亲、陪位与不陪位之差别也。

3 孙宣公谏封禅等

景德、祥符之间，北戎结好，宇内乂宁，一时邪谀之臣，唱为瑞应祺祥，以罔明主，王钦若、陈彭年辈实主张之。天书既降，于是东封、西祀、太清之行，以次丕讲，满朝耆老方正之士，鲜有肯启昌言以遏其奸焰，虽寇莱公亦为之。而孙宣公奭独上疏争救，于再于三，真录出于钦若提纲，故不能尽载，以故后人罕称之，予略摘其大概纪于此。

一章论西祀，曰："汾阴后土，事不经见。汉都雍，去汾阴至近；河东者，唐王业所起之地，且又都雍，故武帝、明皇行之。今陛下经重关，越险阻，远离京师根本之固，其为不可甚矣。古者圣王先成民而后致力于神，今土木之功，累年未息，水旱作沴，饥馑居多，乃欲劳民事神，神其享之乎！明皇嬖宠害政，奸佞当涂，以至身播国屯。今议者引开元故事以为盛烈，臣切不取。今之奸臣，以先帝诏停封禅，故赞陛下，以为继承先志。且先帝欲北平幽朔，西取继迁，则未尝献一谋、画一策以佐陛下。而乃卑辞重币，求和于契丹，蹙国縻爵，姑息于保吉。谓主辱臣死为空言，以诬下罔上为己任，撰造祥瑞，假托鬼神，才毕东封，便议西幸。以祖宗艰难之业，为佞邪侥幸之资，臣所以长叹而痛哭也。"

二章论争言符瑞，曰："今野雕山鹿，并形奏简，秋旱冬雷，率皆称贺。将以欺上天，则上天不可欺；将以愚下民，则下民不可愚；将以惑后世，则后世必不信。腹非窃笑，有识尽然。"

三章论将幸亳州，曰："国家近日多效唐明皇所为。且明皇非令德之君，观其祸败，足为深戒，而陛下反希慕之。近臣知而不谏，得非奸佞乎！明皇奔至马嵬，杨国忠既诛，乃谕军士曰：'朕识理不明，寄任失所，近亦觉寤。'然则已晚矣。陛下宜早觉寤，斥远邪佞，不袭危乱之迹，社稷之福也。"

四章论朱能天书，曰："奸憸小人，妄言符瑞，而陛下崇信之，屈至尊以迎拜，归秘殿以奉安。百僚黎庶，痛心疾首，反唇腹非，不敢直言。臣不避死亡之诛，听之罪之，惟在圣断。昔汉文成、五利妄言不雠，汉武诛之。先帝时，侯莫、陈利用方术奸发，诛于郑州。唐明皇得灵符宝券，皆王铁、田同秀等所为，不能显戮，今日见老君于阁上，明日见老君于山中，大臣尸禄以将迎，端士畏威而缄默。及禄山兆乱，辅国劫迁，大命既倾，前功并弃。今朱能所为是已。愿远思汉武之雄材，近法先帝之英断，中鉴明皇之召祸，庶几灾害不生，祸乱不作。”

奭之论谏，虽魏郑公、陆宣公不能过也。

4　赦恩晋害

赦过宥罪，自古不废，然行之太频，则惠奸长恶，引小人于大谴之域，其为害固不胜言矣。唐庄宗同光二年大赦，前云："罪无轻重，常赦所不原者，咸赦除之。"而又曰："十恶五逆、屠牛、铸钱、故杀人、合造毒药、持仗行劫、官典犯赃，不在此限。"此制正得其中。当乱离之朝，乃能如是，亦可取也，而今时或不然。

5　代宗崇尚释氏

唐代宗好祠祀，未甚重佛。元载、王缙、杜鸿渐为相，三人皆好佛。上尝问以"佛言报应，果为有无"。载等奏："国家运祚灵长，非宿植福业，何以致之？福业已定，虽时有小灾，终不能为害，所以安、史有子祸，仆固病死，回纥、吐蕃不战而退，此皆非人力所及。"上由是深信之，常于禁中饭僧，有寇至则令僧讲仁王经以禳之，寇去则厚加赏赐。胡僧不空，官至卿、监，爵为国公，出入禁闼，势移权贵，此唐史所载也。予家有严郢撰三藏和尚碑，徐季海书，乃不空也。云西域人，氏族不闻于中夏，玄、肃、代三朝皆为国师。代宗初以特进、大鸿胪褒表之。及示疾，又就卧内加开府仪同三司、肃国公。既亡，废朝三日，赠司空。其恩礼之宠如此。同时又有僧大济，为帝常修功德，至殿中监。赠其父惠恭兖州刺史，官为营办葬事，有敕葬碑，今存。时兵革未尽息，元勋宿将，赏功赋职，不过以此处之，顾施之一僧，缪滥甚矣。

6 光武苻坚

汉光武建武三十年，群臣请封禅泰山。诏曰："即位三十年，百姓怨气满腹，吾谁欺，欺天乎？若郡县远遣吏上寿，盛称虚美，必髡，令屯田。"于是群臣不敢复言，其英断如此。然财二年间，乃因读河图会昌符，诏索河雒谶文言九世当封禅者，遂为东封之举，可谓自相矛盾矣。苻坚禁图谶之学，尚书郎王佩读谶，坚杀之，学谶者遂绝。及季年，为慕容氏所困，于长安自读谶书，云："帝出五将久长得。"乃出奔五将山，甫至而为姚苌所执。始禁人为谶学，终乃以此丧身亡国。"久长得"之兆，岂非言久当为姚苌所得乎！又"姚"与"遥"同，亦久也。光武与坚非可同日语，特其事偶可议云。

7 周武帝宣帝

周武帝平齐，中原尽入舆地，陈国不足平也，而雅志节俭，至是愈笃。后宫唯置妃二人，世妇三人，御妻三人，则其下保林、良使辈，度不过数十耳。一传而至宣帝，奢淫酣纵，自比于天，广搜美女，以实后宫，仪同以上女不许辄嫁，遂同时立五皇后。父子之贤否不同，一至于此。

8 唐观察使

唐世于诸道置按察使，后改为采访处置使，治于所部之大郡。既又改为观察，其有戎旅之地，即置节度使。分天下为四十馀道，大者十馀州，小者二三州，但令访察善恶，举其大纲。然兵甲、财赋、民俗之事，无所不领，谓之都府。权势不胜其重，能生杀人，或专私其所领州，而虐视支郡。元结为道州刺史，作春陵行，以为“诸使诛求符牒二百馀通”，又作贼退示官吏一篇，以为“忍苦哀敛”。阳城守道州，赋税不时，观察使数诮责，又遣判官督赋，城自囚于狱。判官去，复遣官来按举。韩愈送许郢州序云：“为刺史者常私于其民，不以实应乎府，为观察使者常急于其赋，不以情信乎州，财已竭而敛不休，人已穷而赋愈急。”韩皋为浙西观察使，封杖决安吉令孙澥至死。一时所行，大抵类此，然每道不过一使临之耳。今之州郡控制按刺者，率五六人，而台省不预，毁誉善否，随其意好，又非唐日一观察使比也。

9　冗滥除官

自汉以来，官曹冗滥之极者，如更始“灶下养，中郎将，烂羊头，关内侯”，晋赵王伦“貂不足，狗尾续”，北史周世“员外常侍，道上比肩”，唐武后“补阙连车，拾遗平斗”之谚，皆显显著见者。中叶以后，尤为泛滥，张巡在雍丘，才领一县千兵，而大将六人，官皆开府特进，然则大将军告身博一醉，诚有之矣。德宗避难于奉天，浑瑊之童奴曰黄芩，力战，即封勃海郡王。至于僖、昭之世，遂有“捉船郭使君”、“看马李仆射”。周行逢据湖、湘，境内有“漫天司空，遍地太保”之讥。李茂贞在凤翔，内外持管籥者亦呼为司空、太保。韦庄浣花集有赠仆者杨金诗云：“半年勤苦葺荒居，不独单寒腹亦虚。努力且为田舍客，它年为尔觅金鱼。”是时，人奴腰金曳紫者，盖不难致也。

10 节度使称太尉

唐节度使带检校官，其初只左右散骑常侍，如李愬在唐、邓时所称者也。后乃转尚书及仆射、司空、司徒，能至此者盖少。僖、昭以降，藩镇盛彊，武夫得志，才建节钺，其资级已高，于是复升太保、太傅、太尉，其上惟有太师，故将帅悉称太尉。元丰定官制，尚如旧贯。崇宁中，改三公为少师、少傅、少保，而以太尉为武阶之冠，以是凡管军者，犹悉称之。绍兴间，叶梦得自观文殿学士，张澄自端明殿学士，皆拜节度。叶尝任执政，以暮年拥旄，为儒者之荣，自称叶太尉。张微时用邓洵武给使恩出身，羞为武职，但称尚书如故，其相反如此。

11 五代滥刑

五代之际，时君以杀为嬉，视人命如草芥。唐明宗颇有仁心，独能斟酌俊救。天成三年，京师巡检军使浑公儿口奏，有百姓二人，以竹竿习战斗之事。帝即传宣令付石敬瑭处置，敬瑭杀之。次日，枢密使安重诲敷奏，方知悉是幼童为戏。下诏自咎，以为失刑，减常膳十日，以谢幽冤；罚敬瑭一月俸；浑公儿削官、杖脊，配流登州；小儿骨肉，赐绢五十匹，粟麦各百硕，便令如法埋葬。仍戒诸道州府，凡有极刑，并须子细裁遣。此事见旧五代史，新书去之。

12 太一推算

熙宁六年，司天中官正周琮言："据太一经推算，熙宁七年甲寅岁，太一阳九、百六之数，至是年复元之初，故经言太岁有阳九之灾，太一有百六之厄，皆在入元之终或复元之初。阳九、百六当癸丑、甲寅之岁，为灾厄之会，而得五福太一移入中都，可以消灾为祥。窃详五福太一自雍熙甲申岁入东南巽宫，故修东太一宫于苏村；天圣己巳岁入西南坤位，故修西太一宫于八角镇。望稽详故事，崇建宫宇。”诏度地于集禧观之东，于是为中太一宫。时王安石擅国，尽变乱祖宗法度，为宗社之祸，盖自此始，虽太一照临，亦不能救也。绍熙四年癸丑，五年甲寅，朝廷之间殊为多事，寿皇圣帝厌代，泰安以久疾退处，人情业业，皆有忧葵恤纬之虑。时无星官历翁考步推赜，庸讵知非入元、复元之际乎？

13 赵丞相除拜

绍熙五年七月十六日宣麻制，以太中大夫、知枢密院事赵汝愚为特进、右丞相，议者或谓国朝无宗室宰相，且转官九级非故事。赵上章力辞，不肯入都堂莅职。越六日，诏改除枢密使，依宰臣超三官。又二日，制除正议大夫、枢密使。迈考按故实，宣和二年，王黼自通议大夫、中书侍郎拜特进、少宰，凡迁八官，黼受之。靖康元年，吴敏自中大夫、知枢密院拜银青光禄大夫、少宰，亦迁八官，敏辞之，但以通议就职。秦桧当国，以其子熺为中大夫、知枢密院，已而除观文殿学士，恩数如右仆射，遂暗转通奉大夫，逾年加大学士，径超七秩为特进，熺处之不疑。舍此三人外，盖未之有。若自宰相改枢密使，唯夏竦一人。是时以陈执中为昭文相，竦为集贤相。御史言：“竦向在陕西，与执中议论不协，不可同寅政地。”于是贴麻改命，而初制不出。今汝愚先报相麻，后报枢制，乃是经日已久，因固辞以然。又按国史，明道二年，宰臣张士逊、枢密使杨崇勋同日罢，士逊以左仆射判河南府,崇勋以节度使、平章事判许州,明日入谢,崇勋班居上。仁宗问之,士逊奏曰:"崇勋系使相,臣官只仆射,当在下。"即再锁院,以士逊为使相。是时,学士盛度当制,犹用士逊作相衔,论者非之,谓应用仆射、河南为前衔也。乾道二年,叶颙以前参知政事召还,为知枢密院,未受告而拜左相。迈当制,以新除知枢密院结衔。今汝愚拜相宣麻,已阅八日,故称新除特进、右丞相。二者皆是也。

14 唐昭宗恤录儒士

唐昭宗光化三年十二月,左补阙韦庄奏:"词人才子,时有遗贤。不沾一命于圣明,没作千年之恨骨。据臣所知,则有李贺、皇甫松、李群玉、陆龟蒙、赵光远、温廷筠、刘德仁、陆逵、傅锡、平曾、贾岛、刘稚珪、罗邺、方干,俱无显过,皆有奇才。丽句清词,遍在词人之口;衔冤抱恨,竟为冥路之尘。伏望追赐进士及第,各赠补阙、拾遗。见存唯罗隐一人,亦乞特赐科名,录升三署。"敕奖庄,而令中书门下详酌处分。次年天复元年赦文,又令中书门下选择新及第进士中有久在名场,才沾科级,年齿已高者,不拘常例,各授一官。于是礼部侍郎杜德祥奏:拣到新及第进士陈光问,年六十九,曹松年五十四,王希羽年七十三,刘象年七十,柯崇年六十四,郑希颜年五十九。诏光问、松、希羽可秘书省正字;象、崇、希颜可太子校书。案登科记,是年进士二十六人,光问第四,松第八,希羽第十二,崇、象、希颜居末级。昭宗当斯时,离乱极矣,尚能眷眷于寒儒,其可书也。摭言云:"上新平内难,闻放新进士,喜甚,特授官,制词曰:'念尔登科之际,当予反正之年。宜降异恩,各膺宠命。'时谓此举为五老榜。"

容斋三笔卷八 五则

1　徽宗荐严疏文

徽宗以绍兴乙卯岁升遐，时忠宣公奉使未反命，滞留冷山，遣使臣沈珍往燕山，建道场于开泰寺，作功德疏曰："千岁厌世，莫遂乘云之仙；四海遏音，同深丧考之戚。况故宫为禾黍，改馆徒馈于秦牢；新庙游衣冠，招魂漫歌于楚些。虽置河东之赋，莫止江南之哀。遗民失望而痛心，孤臣久絷惟欧血〔一〕。伏愿盛德之祀，传百世以弥昌；在天之灵，继三后而不朽。"北人读之亦堕泪，争相传诵。其后梓宫南还，公已徙燕，率故臣之不忘国恩者，出迎于城北，搏膺大恸，虏俗最重忠义，不以为罪也。

【校勘记】

〔一〕遗民失望而痛心孤臣久絷惟欧血　"惟"原作"而"，据马本、祠本改。

2　忠宣公谢表

建炎三年，先忠宣公衔命使北方，以淮甸贼蜂起，除兼淮南、京东等路抚谕使，俾李成以兵护至南京。公遣书抵成，成方与耿坚围楚州，答书曰："汴泗，虹有红巾，非五千骑不可往。军食绝，不克唯命。"公阴遣客说坚，坚强成敛兵，公行未至泗，谍云："有迎骑甲而来。"副使龚涛惮之,送兵亦不肯前,遂返旆。即上疏言:"李成以馈饷稽缓,有引众纳命建康之语。今靳赛、薛庆方横,万一三叛连衡,何以待之?方含垢养晦之时,宜选辩士谕意,优加抚纳。"疏奏,高宗即遣使抚谕成,给米五万斛。初,公戒所遣持奏吏,须疏从中出,乃诣政事堂白副封。时方禁直达,忤宰辅意,以托事滞留为罪,特贬两秩,而许出滁阳路。绍兴十三年使回,始复元官。时已出知饶州,命予作谢表,直叙其故,曰:"论事见从,犹获稽留之戾;出疆滋久,屡沾旷荡之恩。始拜明纶,得仍旧秩。伏念臣顷繇乏使,不敢辞难。值三盗之连衡,阻两淮而荐食。深虞猖獗之患,或起呼吸之间。辄露便宜,冀加勤恤。虽玺书赐报,乐闻充国之建言;而吏议不容,见谓陈汤之生事。亏除宦簿[一],绵历岁时。敢自意于来归,遂悉还于所夺。兹盖忘人之过,与天同功。念臣昔丽于微文,蔽罪本无于它意。故从数赦,俾获自新。"书印既毕,父兄复共议,秦桧方擅国,见此表语言,未必不怒,乃别草一通引咎曰:"使指稽留,宜速亏除之戾;圣恩深厚,卒从拔拭之科。仰服矜怜,唯知感戴。伏念臣早繇乏使,遂俾行成。值巨寇之临冲,欲搏人而肆毒。仗节宜图于报称,引车何事于逡巡。徐偃出疆,既失受辞之体;申舟假道,初无必死之心。虽蒙贬秩以小惩,尚许立功而自赎。徒行万里,无补一毫。敢妄冀于隆宽,乃悉还于旧贯。兹盖忘人之过,抚下以仁。阳为德而阴为刑,未尝私意;赏有功而赦有罪,皆本好生。坐使孤臣,尽湔宿负。"云云。前后奉使,无有不转官者,先公以朝散郎被命,不沾恩凡十五年,而归仅复所贬,而合磨勘五官,刑部皆不引用,秦志也。遂终于此阶。

【校勘记】

〔一〕亏除宦簿　李本、马本、祠本"宦"作"官"。

3　四六名对

四六骈俪，于文章家为至浅，然上自朝廷命令、诏册，下而搢绅之间笺书、祝疏，无所不用。则属辞比事，固宜警策精切，使人读之激卬，讽味不厌，乃为得体。姑摭前辈及近时缀缉工致者十数联，以诒同志。

王元之拟李靖平突厥露布，其叙颉利求降且复谋窜曰："阱中饿虎，暂为掉尾之求；韝上饥鹰，终有背人之意。"蕲州谢上表曰："宣室鬼神之问，敢望生还；茂陵封禅之书，已期身后。"

范文正公微时，尝冒姓朱，及后归本宗，作启曰："志在逃秦，入境遂称于张禄；名非霸越，乘舟偶效于陶朱。"用范睢、范蠡，皆当家故事。

邓润甫行贵妃制曰："关雎之得淑女，无险诐私谒之心；鸡鸣之思贤妃，有警戒相成之道。"

绍圣中，百僚请御正殿表曰："皇矣上帝，必临下而观四方；大哉乾元，当统天而始万物。"

东坡坤成节疏曰："至哉坤元，德既超于载籍；养以天下，福宜冠于古今。"慰国哀表曰："大哉孔子之仁，泫然流涕；至矣显宗之孝，梦若平生。"谢赐带马表曰："枯羸之质，匪伊垂之而带有馀；敛退之心，非敢后也而马不进。"

王履道大燕乐语曰："五百里采，五百里卫，外包有截之区；八千岁春，八千岁秋，上祝无疆之寿。"除少宰余深制曰："盖四方其训，以无竞维人；必三后协心，而同底于道。"时并蔡京为三相也。执政以边功转官词曰："惟皇天付予，庶其在此；率宁人有指，敢弗于从。"

翟公巽行外国王加恩制曰："宗祀明堂，所以教诸侯之孝；大赉四海，不敢遗小国之臣。"知越州日，以擅发常平仓米救荒降官，谢表曰："敢效秦人，坐视越人之瘠；既安刘氏，理知晁氏之危。"

孙仲益试词科日，代高丽国王谢赐燕乐表曰："玉帛万国，干舞已格于七旬；箫韶九成，肉味遽忘于三月。"又曰："荡荡乎无能名，虽莫见宫墙之美；欣欣然有喜色，咸豫闻管籥之音。"自中书舍人知和州，既压境，见任者拒不纳，以启答郡僚曰："虽文书衔袖，大人不以为疑；然君命在门，将军为之不受。"邻郡不发上供钱米，受旨推究，为平亭其事，邻守驰启来谢，答之曰："包茅不入，敢加问楚之师；辅车相依，自作全虞之计。"

汪彦章作靖康册康王文曰："汉家之厄十世，宜光武之中兴；献公之子九人，惟重耳之尚在。"为中书舍人试潭州，进士何烈卷子内称臣及圣，问不举觉，坐罢职，谢表曰："谓子路使门人为臣，虽诚悖理；而徐邈云酒中有圣，初亦何心。"又曰："书马者与尾而五，常负谴忧；网禽而去面之三，永衔生赐。"宋齐愈坐于金虏立诸臣状中，辄书"张邦昌"字，送御史台，责词曰："义重于生，虽匹夫不可夺志；士失其守，或一言几于丧邦。"又曰："眭孟五行之说，岂所宜言；袁宏九锡之文，兹焉安忍。"责张邦昌词曰："虽天夺其衷，坐愚至此；然君异于器，代匮可乎。"知徽州，其乡郡也，谢启曰："城郭重来，疑千载去家之鹤；交游半在，或一时同队之鱼。"

何抡除秘书少监，未几以口语出守邛，谢启曰："云外三山，风引舟而莫近；海滨八月，槎犯斗以空还。"

杨政除太尉，汤岐公草制曰："远览汉京，传杨氏者四世；近稽唐室，书系表者七人。"谓杨震子秉、秉子赐、赐子彪，四世为太尉。李德裕辞太尉云："国朝重惜此官，二百年间才七人。"其用事精确如此。

蒋子礼拜右相，王诇贺启曰："早登黄峰，独见明公之妙年；今得旧儒，何忧左辖之虚位。"皆用杜诗语"扈圣登黄峰，明公独妙年"，"左辖频虚位，今年得旧儒"，亦可称。

4 吾家四六

乾道初年，张魏公以右相都督江淮，议者谓两淮保障不可恃，公亲往视之。会诏归朝，未至而免相，文惠公当制，其词曰："棘门如儿戏耳，庸谨秋防；衮衣以公归兮，庶闻辰告。"所谓儿戏者，指边将也，而读者乃以为诋魏公。其尾句曰："春秋责备贤者，慨功业之惟艰；天子加礼大臣，固始终之不替。"所以怅惜之意至矣。王大宝致仕词曰："闵劳以事，圣王隆待下之仁；归絜其身，君子尽遗荣之美。"大宝有遗泄之疾，或又谓有所讥，而实不然。罢相后，起帅浙东，谢表曰："上丞相之印，方事退藏；怀会稽之章，遽叨进用。"谢生日诗词启曰："五十当贵，适买臣治越之年；八千为秋，辱庄子大椿之誉。"时正五十岁也。

绍兴壬戌词科，代枢密使谢赐玉带表，文安公曰："有璞于此必使琢，恍惊制作之工；匪伊垂之则有馀，允谓便蕃之赐。"主司喜焉，擢为第一。

乙丑年，代谢赐御书周易尚书表，予曰："八卦之说谓之索，奉以周旋；百篇之义莫得闻，坦然明白。"尾句曰："但惊奎璧之辉，从天而下；莫测龟龙之秘，行地无疆。"亦忝此选。代福州谢历日表曰："神祇祖考，既安乐于太平；岁月日时，又明章于庶徵。"正用诗凫鹥序"太平之君子，能持盈守成，神祇祖考安乐之也"。洪范庶徵"岁月日时无易，百谷用成，乂用明，俊民用章"，皆上下联文，未尝辄增一字。渊圣乾龙节疏曰："应天而行，早得尊于大有；象日之动，偶蒙难于明夷。”易大有卦“柔得尊位”、“应乎天而时行”，左传叔孙豹筮遇明夷“象日之动，故曰君子于行”，彖辞云“内文明而外柔顺，以蒙大难”，亦纯用本文。

乾道丁亥南郊赦文曰：“皇天后土，监于成命之诗；艺祖、太宗，昭我思文之配。”读者以为壮。后语曰：“天地设位而圣人成能，既扑缊纷之况；雷雨作解而君子赦过，式流汪濊之恩。”此文先三日锁院所作，冬至日适有雷雪之异，殆成谶云。

叶子昂参知政事，为谏议大夫林安宅所击罢去，林遂副枢密，已而置狱治其言，皆无实，林责居筠，叶召拜左揆。予草制曰：“既从有北之投，亟下居东之召。有欲为王留者，孰明去就之忠。无以我公归兮，大慰瞻仪之望。”本意用“公归”之句，指邦人而言也，故云“瞻仪”。而御史单时疑之，谓人君而称臣为我公，彼盖不详味词理耳。子昂坐冬雷罢相，予又当制，曰：“调阴阳而遂万物，所嗟论道之非；因灾异而劾三公，实负应天之愧。”盖因有讽谏也。

嗣濮王加恩制曰：“天神明而照知四方，既下临于精意；王孙子而本支百世，兹载锡于蕃釐。”又曰：“春秋享祀，独冠周家之宗盟；老成典刑，蔚为刘氏之祭酒。”士衎制曰：“克羞馈祀，事其先而万国欢心；肃倡和声，行于郊而百神受职。”赐宰臣辞免提举圣政书成转官诏曰：“为天子父尊之至，永惟传序之恩；问圣人德何以加，莫越重华之孝。”赐叶资政辞召命诏曰：“见蚬曰消，顾何伤于日月；得时则驾，宜亟会于风云。”赐史大观文以新蜀帅改越辞免诏曰：“王阳为孝子，敢烦益部之行；庄助留侍中，姑奉会稽之计。”吴璘在兴元、修塞两县决坏渠为田，奖谕诏曰：“刻石立作三犀牛，重见离堆之利；复陂谁云两黄鹄，讵烦鸿卻之谣。”用老杜石犀行云“秦时蜀太守刻石立作三犀牛”及翟方进坏鸿卻陂童谣云“反乎覆，陂当复，谁云者？两黄鹄”等语也。刘共甫自潭帅除翰林学士，答诏曰：“不见贾生，兹趣长沙之召；既还陆贽，宜膺内相之除。”批执政辞经修哲宗宝训转官曰：“念叠矩重规，当贤圣之君七作；而立经陈纪，在谟训之文百篇。”哲庙正为第七主，而宝训百卷也。答蒋丞相辞免曰：“永惟万事之统，知非艰而行惟艰；有不二心之臣，帅以正则罔不正。”礼部为宰臣以显仁皇后小祥请吉服，奏曰：“练而慨然，礼应顺变；期可已矣，惧或过中。”又曰：“汉中天二百而兴，益隆大业；舜至孝五十而慕，独耀前徽。”时高宗圣寿五十四也。辛巳亲征诏曰：“惟天惟祖宗，方共扶于基绪；有民有社稷，敢自佚于宴安。”又曰：“岁星临于吴分，定成肥水之勋；斗士倍于晋师，可决韩原之胜。”是时，岁星在楚，故云。檄书曰：“为刘氏左袒，饱闻思汉之忠；徯汤后东征，必慰戴商之望。”又曰：“侯王宁有种乎？人皆可致；富贵是所欲也，时不再来。”紫宸大宴致语曰：“庙谟先定，百官修辅而厥后惟明；黼坐端临，五帝神圣而其臣莫及。”修圣政转官词曰：“念五马渡江之后〔一〕，光启中兴；述六龙御天以来，式时猷训。”又曰：“荐于天而天是受，永言覆焘之恩；问诸朝而朝不知，讵测形容之妙。”汪观文复官词曰：“作雷雨之解而宥罪，在法当原；如日月之食而及更，于明何损。”步帅陈敏制曰：“亚夫持重，小棘门、霸上之将军；不识将屯，冠长乐、未央之卫尉。”吴挺兴州制曰：“能得士心，吴起固西河之守；差彊人意，广平开东汉之兴。”起复知金州制曰：“惟天不吊，坏万里之长城；有子而贤，作三军之元帅。”萧鹧巴词曰：“随会在秦，晋国起六卿之惧；日磾仕汉，秺侯传七叶之芳。”姚仲复官制曰：“李广数奇，应恨封侯之相；孟明一眚，终酬拜赐之师。”追封皇弟四子邵王词曰：“举汉武三王之策，方茂徽章；念周文十子之宗，独留遗恨。”时已封建三王也。赵忠简谥制曰：“见夷吾于江左，共知晋室之何忧；还德裕于崖州，岂待令狐之复梦。”王彦赠官词曰：“申带砺以丹书之誓，方休甲第之功臣；挂衣冠于神虎之门，竟失成营之校尉。"向起赠官词曰:"驰至金城郡,方思充国之忠;生入玉门关,竟负班超之望。"李师颜赠官制曰:"青天上蜀道,久严分阃之权;黑水惟梁州,怆失安边之杰。"襄帅王宣赠官词曰:"黄河如带,莫申刘氏之盟;汉水为池,空堕羊公之泪。"王沦以太常少卿朔祭太庙,忘设象尊、牺尊,降官词曰:"牺象不设,已废司彝之供;饩羊空存,殊乖告朔之礼。"潼川神加封词曰:"驾飞龙兮灵之旂〔二〕,具严涣命;驱厉鬼兮山之左,终相此邦。"青城山蚕丛氏封侯词曰:"想青神侯国之封,自今以始;虽白帝公孙之盛,于我何加。"阳山龙母词曰:"居然生子,乘云气以为龙;惟尔有神,时雨旸而利物。"魏丞相赠父词曰:"大名之后必大,非此其身;和戎如乐之和,幸哉有子。"魏盖以使虏定和议,旋致大用。赠母词曰:"藏盟府之国功,不殊魏绛;成外家之宅相,重见阳元。"封妻姜氏词曰:"筮仕于晋曰魏,方开门户之祥;取妻必齐之姜,孰盛闺闱之美。"虞丞相赠父词曰:"活千人有封,非其身者在其子;德百世必祀,畸于人者侔于天。"又周仁赠父词曰〔三〕:"有子能贤,高举而集吴地;受予显服,会同而朝汉京。"用东方朔非有先生传"高举远引,来集吴地"及两京赋"春王三朝,会同汉京"也。奖谕吴挺诏曰:"阃外制将军,方有成于东乡;舟中皆敌国,应无虑于西河。"梁丞相醴泉使兼侍读制曰:"珍台闲馆,独冠皋、伊之伦魁;广厦细旃,尚论唐、虞之盛际。"又答诏曰:"一言可以兴邦,念为臣之不易;三宿而后出昼,勉为王而留行。"王丞相进玉牒加恩制曰:"载籍之传五三,壮太祖、太宗之立极;贤圣之君六七,耀永昭、永厚之诒谋。"批以旱得雨请御殿曰:"念七月之间则旱,咎证已深;虽三日以往为霖,忧端未贯。"

徐不胜书。唯记从兄在泉幕,淮东使者,其友婿也,发京状荐之,为作谢启曰:"襟袂相连,夙愧末亲之孤陋;云泥县望,分无通贵之哀怜。"皆用杜诗。其下句人人知之,上句乃赠李十五丈云:"孤陋忝末亲，等级敢比肩。人生意气合，相与襟袂连。”此事适著题，而与前送韦书记诗句偶可整齐用之，故并纪于此。但以传示子孙甥侄而已，不足为外人道也。

【校勘记】

〔一〕念五马渡江之后　李本、马本、祠本“渡”作“浮”。

〔二〕驾飞龙兮灵之斿　“斿”原作“游”，据李本改。

〔三〕又周仁赠父词曰　“又”原作“大”，据祠本改。马本为空格。

5　唐贤启状

故书中有唐贤启状一册，皆泛泛缄题。其间标为独孤常州及、刘信州太真、陆中丞长源、吕衡州温者各数十篇，亦无可传诵。时人以其名士，故流行至今。独孤有与第五相公书云：“垂示送丘郎中两诗，词清兴深，常情所不及。‘阴天闻断雁，夜浦送归人。’醲丽闲远之外，文句窈窕悽恻，比顷来所示者，才又加等。但吟诵叹咏，大谈于吴中文人耳。”又云：“昨见送梁侍御六韵，清丽妍雅，妙绝今时，掩映风骚，吟讽不足。”案第五琦乃聚敛之臣，不以文称，而独孤奖重之如此。观表出十字，诚为佳句，乃知唐人工诗者多，不必专门名家而后可称也。

容斋三笔卷九 十六则

1　枢密两长官

赵汝愚初拜相，陈骙自参知政事除知枢密院。赵辞不受相印，乃改枢密使，而陈已供职累日。朝论谓两枢长，又名称不同，为无典故。案，熙宁元年观文殿学士、新知大名府陈升之过阙，留知枢密院。故事，枢密使与知院事不并置。时文彦博、吕公弼既为使，神宗以升之三辅政，欲稍异其礼，且王安石意在抑彦博，故特命之。然则自有故事也。

2　赦放债负

淳熙十六年二月登极赦："凡民间所欠债负，不以久近多少，一切除放。"遂有方出钱旬日，未得一息，而并本尽失之者，人不以为便。何澹为谏大夫，尝论其事，遂令只偿本钱，小人无义，几至喧噪。绍熙五年七月覃赦，乃只为蠲三年以前者。案，晋高祖天福六年八月赦云："私下债负取利及一倍者，并放。"此最为得。又云："天福五年终已前，残税并放。"而今时所放官物，常是以前二年为断，则民已输纳，无及于惠矣。唯民间房赁欠负，则从一年以前皆免。比之区区五代，翻有所不若也。

3　冯道王溥

冯道为宰相历数朝，当汉隐帝时，著长乐老自叙云："余先自燕亡归河东，事庄宗、明宗、愍帝、清泰帝、晋高祖、少帝、契丹主、汉高祖、今上，三世赠至师傅，阶自将仕郎至开府仪同三司，职自幽州巡官至武胜军节度使，官自试大理评事至兼中书令，正官自中书舍人至戎太傅、汉太师，爵自开国男至齐国公。孝于家，忠于国，己无不道之言〔一〕，门无不义之货。下不欺于地，中不欺于人，上不欺于天。其不足者，不能为大君致一统，定八方，诚有愧于历官，何以答乾坤之施。老而自乐，何乐如之。"道此文载于范质五代通录，欧阳公、司马温公尝诋诮之，以为无廉耻矣。

王溥自周太祖之末为相，至国朝乾德二年罢。尝作自问诗，述其践历，其序云："予年二十有五，举进士甲科，从周祖征河中，改太常丞。登朝时同年生尚未释褐，不日作相。在廊庙凡十有一年，历事四朝，去春恩制改太子太保。每思菲陋，当此荣遇，十五年间，遂跻极品，儒者之幸，殆无以过。今行年四十三岁，自朝请之暇，但宴居读佛书，歌咏承平，因作自问诗十五章，以志本末。"此序见三朝史本传，而诗不传，颇与长乐叙相类，亦可议也。

【校勘记】

〔一〕己无不道之言　祠本"己"作"口"。按，旧五代史卷一百二十六冯道传作"口"。

4　周玄豹相

唐庄宗时，术士周玄豹以相法言人事，多中。时明宗为内衙指挥使，安重诲使他人易服而坐，召玄豹相之。玄豹曰：“内衙，贵将也，此不足当之。”乃指明宗于下坐，曰：“此是也。”因为明宗言其后贵不可言。明宗即位，思玄豹以为神。将召至京师，宰相赵凤谏，乃止。观此事，则玄豹之方术可知。然冯道初自燕归太原，监军使张承业辟为本院巡官，甚重之。玄豹谓承业曰：“冯生无前程，不可过用。”书记卢质曰：“我曾见杜黄裳写真图，道之状貌酷类焉，将来必副大用，玄豹之言，不足信也。”承业于是荐道为霸府从事，其后位极人臣，考终牖下，五代诸臣皆莫能及，则玄豹未得擅唐、许之誉也。道在晋天福中为上相，诏赐生辰器币。道以幼属乱离，早丧父母，不记生日，恳辞不受。然则道终身不可问命，独有形状可相，而善工亦失之如此。

5　钴鉧沧浪

柳子厚钴鉧潭西小丘记云：“丘之小不能一亩。问其主。曰：‘唐氏之弃地，货而不售。’问其价，曰：‘止四百。’予怜而售之。以兹丘之胜，致之沣水、鄠、杜，则贵游之士争买者，日增千金而愈不可得。今弃是州也，农夫渔父过而陋之，贾四百，连岁不能售。”苏子美沧浪亭记云：“予游吴中，过郡学东，顾草树郁然，崇阜广水，不类乎城中。并水得微径于杂花修竹之间，东趋数百步，有弃地，三向皆水，旁无民居，左右皆林木相亏蔽。予爱而裴回，遂以钱四万得之〔一〕。”予谓二境之胜绝如此，至于人弃不售，安知其后卒为名人赏践。如沧浪亭者，今为韩蕲王家所有，价直数百万矣，但钴鉧复埋没不可识。士之处世，遇与不遇，其亦如是哉！

【校勘记】

〔一〕遂以钱四万得之 "之"原为空格,据明抄本补。

6 司封失典故

南渡之后,台省胥吏旧人多不存,后生习学,加以省记,不复谙悉典章。而司封以闲曹之故,尤为不谨。旧法,大卿、监以上赠父至太尉止,馀官至吏部尚书止。今司封法,馀官至金紫光禄大夫,盖昔之吏书也,而中散以上赠父至少师止。案,政和以前,太尉在太傅上,其上唯有太师,故凡称摄太尉者,皆为摄太傅,则赠者亦应如此,不应但许至少师也。生为执政,其身后但有子升朝,则累赠可至极品大国公。欧阳公位参知政事、太子少师,后以诸子恩至太师兖国公,而其子棐亦不过朝大夫耳,见于苏公祭文及黄门所撰神道碑。比年汪庄敏公任枢密使,以子赠太师,当封国公,而司封以为须一子为侍从乃可,竟不肯施行,不知其说载于何法也。朱汉章却以子赠至大国公。旧少卿、监遇恩,封开国男,食邑三百户,自后再该加封,则每次增百户,无止法。今一封即止。旧学士待制,食邑千五百户以上,每遇恩则加实封,若虚邑五百者,其实封加二百,虚邑三百、二百者,实封加一百。今复不然,虽前执政亦只加虚邑三百耳,故侍从官多至实封百户即止,尤可笑也。

7 老人该恩官封

晁无咎作积善堂记云:"大观元年大赦天下,民百岁男子官,妇人封;仕而父母年九十,官封如民百岁。于是故漳州军事判官晁仲康之母黄氏年九十一矣,其第四子仲询走京师状其事,省中为漳州请，漳州虽没，赦令初不异往者，丞相以为可而上之，封寿光县太君。”今自乾道以来，庆典屡下，仕者之父母年七十、八十即得官封，而子已没者，其家未尝陈理，为可惜也。

8　学士中丞

淳熙十四年九月，予以杂学士除翰林学士，蒋世修以谏议大夫除御史中丞，时施圣与在政府，语同列云：“此二官不常置，今咄咄逼人，吾辈当自点检。”盖谓其必大用也，已而皆不然。因考绍兴中所除者，不暇缕述，姑从寿皇圣帝以后，至于绍熙五年，枚数之，为学士者九人，仲兄文安公、史魏公、伯兄文惠公、刘忠肃、王日严、王鲁公、周益公及予，其后李献之也。二兄、史、刘、王、周皆擢执政，日严以耆老拜端明致仕，唯予出补郡，献之遂踵武。为中丞者六人：辛企李、姚令则、黄德润、蒋世修、谢昌国、何自然也。辛、姚、黄皆执政，唯蒋补郡，昌国徙权尚书，即去国，自然以本生母忧持服云。

9　汉高祖父母姓名

汉高祖父曰太公，母曰媪，见于史者如是而已。皇甫谧、王符始撰为奇语，云太公名执嘉，又名煓，媪姓王氏。唐弘文馆学士司马贞作史记索隐云：“母温氏。是时，打得班固泗水亭长古石碑文，其字分明作‘温’，云‘母温氏’。与贾膺复、徐彦伯、魏奉古等执对反覆，深叹古人未闻，聊记异见。”予切谓固果有此明证，何不载之于汉纪，疑亦后世好事者如皇甫之徒所增加耳。又尝在岭外，见康州龙媪庙碑，亦云姓温氏，则指媪为温者不一也。唐小说纂异记载三史王生醉入高祖庙，见高祖云："朕之中外，泗州亭长碑昭然具载外族温氏。"盖不根诞妄之说。

10 君臣事迹屏风

唐宪宗元和二年，制君臣事迹。上以天下无事，留意典坟，每览前代兴亡得失之事，皆三复其言。遂采尚书、春秋后传、史记、汉书、三国志、晏子春秋、吴越春秋、新序、说苑等书君臣行事可为龟鉴者，集成十四篇，自制其序，写于屏风，列之御座之右，书屏风六扇于中，宣示宰臣。李藩等皆进表称贺，白居易翰林制诏有批李夷简及百寮严绶等贺表，其略云："取而作鉴，书以为屏。与其散在图书，心存而景慕，不若列之绘素，目睹而躬行。庶将为后事之师，不独观古人之象。"又云："森然在目，如见其人。论列是非，既庶几为坐隅之戒；发挥献纳，亦足以开臣下之心。"居易代言，可谓详尽。又以见唐世人主作一事而中外至于表贺，又答诏勤渠如此，亦几于丛脞矣。宪宗此书，有辨邪正、去奢泰两篇，而末年用皇甫镈而去裴度，荒于游宴，死于宦侍之手，屏风本意，果安在哉！

11 僧道科目

唐末帝清泰二年二月，功德使奏："每年诞节，诸州府奏荐僧道，其僧尼欲立讲论科、讲经科、表白科、文章应制科、持念科、禅科、声赞科，道士经法科、讲论科、文章应制科、表白科、声赞科、焚修科，以试其能否。"从之。此事见旧五代史纪，不知曾行与否，至何时而罢也。盖是时犹未鬻卖祠部度牒耳。周世宗废并寺院，有诏约束云："男年十五以上，念得经文一百纸，或读得五百纸，女年十三以上，念得经文七十纸，或读得三百纸者，经本府陈状，乞剃头，委录事参军、本判官试验。两京、大名、京兆府、青州各起置戒坛，候受戒时，两京委祠部差官引试，其三处秪委判官，逐处闻奏。候敕下委祠部给付凭由，方得剃头受戒。”其防禁之详如此，非若今时只纳钱于官，便可出家也。念经、读经之异，疑为背诵与对本云。

12　射佃逃田

汉之法制，大抵因秦，而随宜损益，不害其为炎汉。唐之法制，大抵因隋而小加振饰，不害其为盛唐。国家当五季衰乱之后，其究不下秦、隋，然一时设施，固亦有可采取。案周世宗显德二年，诏："应逃户庄田，并许人请射承佃，供纳税租。如三周年内本户来归者，其桑田不计荒熟，并交还一半。五周年内归业者，三分交还一分。如五周年外，除本户坟茔外，不在交付之限。其近北诸州陷蕃人户来归业者，五周年内三分交还二分，十周年内还一半，十五周年内三分还一。此外者，不在交还之限。"其旨明白，人人可晓，非若今之令式文书，盈于几阁〔一〕，为猾吏舞文之具，故有舍去物业三五十年，妄人诈称逃户子孙，以钱买吏而夺见佃者，为可叹也。

【校勘记】

〔一〕盈于几阁　"几"原作"凡"，据明抄本改。

13　周世宗好杀

史称周世宗用法太严，群臣职事，小有不举，往往置之极刑，予既书于续笔矣。薛居正旧史记载其事甚备，而欧阳公多芟去，今略记于此。樊爱能、何徽以用兵先溃，军法当诛，无可言者。其他如宋州巡检供奉官竹奉邻以捕盗不获，左羽林大将军孟汉卿以监纳取耗，刑部员外郎陈渥以检田失实，济州马军都指挥使康俨以桥道不谨，内供奉官孙延希以督修永福殿而役夫有就瓦中噉饭者，密州防御副使侯希进以不奉使者命检视夏苗，左藏库使符令光以造军士襖襦不办〔一〕，楚州防御使张顺以隐落税钱，皆抵极刑，而其罪有不至死者。

【校勘记】

〔一〕左藏库使符令光以造军士襖襦不办　马本、祠本“襖”作“袍”，旧五代史卷一百一十七作“袍”。按，“襖襦”亦可通。今仍其旧。

14　孟字义训

一字数义，固有之矣。若孟字，只是最长、最先之称，如所谓孟侯、孟孙、元妃孟子、孟春、孟夏之类是也。国语：“优施谓里克妻曰：主孟啗我。”注云：“大夫之妻称主，从夫称也。”而谓孟为里克妻字则非矣。又云：“孟一作盍。”史记吕后本纪注中引此句，而司马贞索隐乃云：“孟者，且也，言且啗我物。”其说无所据。班固幽通赋：“盍孟晋以迨群。”李善乃注孟为勉。蜀王衍书其臣徐延琼宅壁为孟言，蜀语谓孟为弱，故以戏之。其后孟知祥得蜀，馆于徐第，以为己谶，此义又为无稽也。东坡与欧阳叔弼诗云：“主孟当啗我，玉鳞金鲤鱼。”正用优施语。鲁之宝刀曰孟劳，不详其义。

15　向巨原诗

亡友向巨原，自少时能作诗，予初识之于梁宏夫坐上，未深知之也。是日，偕二友从吴傅朋游芝山，登五老亭，以“驾言出游”分韵赋诗。巨原得驾字，其语云：“兹山何巍巍，气欲等嵩、华。从公二三子，胜日饱闲暇。跻攀谢车舆，自办两不借。扪萝觅幽蹬，行椒得孤榭。侧送夕阳移，俯视高鸟下。登临记曩昔，岁月惊代谢。却数一周星，复命千里驾。身从泛梗流，事与浮云化。朅来共一尊，似为天所赦。明发还问涂，合离足悲吒。”诗成，观者皆服。傅朋游丝诗卷数百篇，巨原独不深叹美之，颇记其数句曰：“先生著名节，百世追延陵。我评先生贤，不以能书称。功成磨苍崖，盛德颂日升。勿书陵云榜，华颠踏高层。”句格超峻，其旨皆有规讽，与前所纪刘彦冲古风相类也。后裒其平生所作数千篇，目为葵斋杂藁，倩予为序。时予在章贡，及序成持寄之，则已卧病，仅能于枕上一读而已。巨原初见韩子苍，得一诗，曰：“老子真祠地，君来觅纸题。文如士衡俊，年与正平齐。闻说锺陵郡，官居章水西。涪翁诗律在，佳处可时携。”而韩集佚不收，但见序中耳。

16　叶晦叔诗

亡友叶黯晦叔，尝除敕令所删定官。绍兴十九年，为福建帅属，予尝因春补诸生，白于府主，邀与同考校，锁宿贡院两旬。予作长句云：“沈沈广厦清如水，市声人声不到耳。一闲十日岂天赐，惭愧纷纷白袍子。相逢更得金玉人，久矣眼中无此士。连床夜语不成寐，往往鸡声忽惊起。是中差乐真难名，昔者相过安得此。但怜时节不相谋，正堕清明寒食里。梨花已空海棠榭，外间物色知馀几。只恐雨风摧折之，负此一春吾过矣。谢公寻山饱闲暇，应笑腐儒粘故纸。锦囊得句应已多，万一相思频寄似。”时谢景思为参议官，故卒章简之。晦叔和篇云：“文章万言抵杯水，世上虚名徒尔耳。我常自笑一生痴，那更将痴笑群子。大屋沈沈馀百年，到今所阅知几士。看渠得失自偶然，其间悲喜从何起。君闻我言亦大笑，为说万事总如此。缺两句。急须了却公家事，门外不知春有几。缺三句。飞雨时闻打窗纸。他年万一复相从，未必从容今日似。”其语意超新，惜不能尽忆。又尝云：“五十六言，大氐多引韵起，若以侧句入，尤峻健。如老杜‘幽栖地僻经过少，老病人扶再拜难’是也。然此犹是作对，若以散句起又佳。如‘苦忆荆州醉司马，谪官樽俎定常开’是也。”故予自福泮满归，晦叔以二诗送别，正用此体。一章云：“一门伯仲知谁似？四海文章正数君。何事与予如旧识，由来于世两相闻。闲官各喜光阴賸，胜地空多物色分。忽复翩然从此去，便应变化上青云。”二章云：“此地相从惊岁晚，登临况是客归时。却将襟抱向谁可，正尔艰难惟子知。情到中年工作恶，别于生世易为悲。梅花尽醉江清上，黯澹西风冻雨垂。”可谓奇作。然相别不两年即下世，每诵味其语，辄为悽然。因刻所作容斋记，尝识于末。

容斋三笔卷十 十七则

1 词学科目

熙宁罢诗赋，元祐复之，至绍圣又罢，于是学者不复习为应用之文。绍圣二年，始立宏词科，除诏、诰、制、敕不试外，其章表、露布、檄书、颂、箴、铭、序、记、诫谕凡九种，以四题作两场引试，唯进士得预，而专用国朝及时事为题，每取不得过五人。大观四年，改立词学兼茂科，增试制诏，内二篇以历代史故事，每岁一试，所取不得过三人。绍兴三年，工部侍郎李擢又乞取两科裁订，别立一科，遂增为十二体：曰制、曰诰、曰诏、曰表、曰露布、曰檄、曰箴、曰铭、曰记、曰赞、曰颂、曰序。凡三场，试六篇，每场一古一今，而许卿大夫之任子亦就试，为博学宏词科，所取不得过五人。任子中选者，赐进士第。虽用唐时科目，而所试文则非也。自乙卯至于绍熙癸丑二十榜，或三人，或二人，或一人，并之三十三人，而绍熙庚戌阙不取。其以任子进者，汤岐公至宰相，王日严至翰林承旨，李献之学士，陈子象兵部侍郎，汤朝美右史，陈岘方进用，而予兄弟居其间，文惠公至宰相，文安公至执政，予冒处翰苑。此外皆系已登科人，然擢用者，唯周益公至宰相，周茂振执政，沈德和、莫子齐、倪正父、莫仲谦、赵大本、傅景仁至侍从，叶伯益、季元衡至左右史，馀多碌碌。而见存未显者，陈宗召也。然则吾家所蒙，亦云过矣。

2 唐夜试进士

唐进士入举场得用烛，故或者以为自平旦至通宵。刘虚白有"二十年前此夜中，一般灯烛一般风"之句，及"三条烛尽"之说。按，旧五代史选举志云："长兴二年，礼部贡院奏当司奉堂帖夜试进士，有何条格者。敕旨：'秋来赴举，备有常程。夜后为文，曾无旧制。王道以明规是设，公事须白昼显行。其进士并令排门齐入就试，至闭门时试毕，内有先了者，上历画时，旋令先出，其入策亦须昼试，应诸科对策，并依此例。'"则昼试进士，非前例也。清泰二年，贡院又请进士试杂文，并点门入省，经宿就试。至晋开运元年，又因礼部尚书知贡举窦贞固奏，自前考试进士，皆以三条烛为限，并诸色举人有怀藏书册不令就试。未知于何时复有更革。白乐天集中奏状云："进士许用书册，兼得通宵。"但不明言入试朝暮也。

3 纳䌷绢尺度

周显德三年，敕：旧制织造絁䌷、绢布、绫罗、锦绮、纱縠等，幅阔二尺起，来年后并须及二尺五分。宜令诸道州府，来年所纳官绢，每匹须及一十二两，其絁䌷只要夹密停匀，不定斤两。其纳官䌷绢，依旧长四十二尺。乃知今之税绢，尺度长短阔狭，斤两轻重，颇本于此。

4 朱梁轻赋

朱梁之恶，最为欧阳公五代史记所斥詈。然轻赋一事，旧史取之，而新书不为拈出。其语云：“梁祖之开国也，属黄巢大乱之馀，以夷门一镇，外严烽候，内辟污莱，厉以耕桑，薄其租赋，士虽苦战，民则乐输，二纪之间，俄成霸业。及末帝与庄宗对垒于河上，河南之民，虽困于輓运，亦未至流亡。其义无他，盖赋敛轻而丘园可恋故也。及庄宗平定梁室，任吏人孔谦为租庸使，峻法以剥下，厚敛以奉上，民产虽竭，军食尚亏，加之以兵革，因之以饥馑，不四三年，以致颠陨。其义无他，盖赋役重而寰区失望故也。”予以事考之，此论诚然，有国有家者之龟鉴也。资治通鉴亦不载此一节。

5　坎离阴阳

坎位正北，当幽阴肃杀之地，其象于易为水为月。董仲舒所谓“阴常居大冬，而积于空虚不用之处”，然而谓之阳。离位正南，当文明赫赫之地，于易为日为火。仲舒所谓“阳常居大夏，而以生育长养为事”，然而谓之阴。岂非以阴生于午，阳生于子故邪？司马贞云：“天是阳，而南是阳位，故木亦是阳，所以木正为南正也。火是地正，亦称北正者，火数二，二地数，地阴，主北方，故火正亦称北正。”究其极挚，颇似难晓，圣人无所云，古先名儒以至于今，亦未有论之者。

6　前执政为尚书

祖宗朝，曾为执政，其后入朝为它官者甚多。自元丰改官制后，但为尚书。曾孝宽自签书枢密去位，复拜吏部尚书。韩忠彦自知枢密院出藩，以吏书召。李清臣、蒲宗孟、王存皆尝为左丞，而清臣、存复拜吏书，宗孟兵书。先是元祐六年，清臣除目下，为给事中范祖禹封还，朝廷未决，继又进拟宗孟兵部。右丞苏辙言："不如且止。"左仆射吕大防于帘前奏："诸部久阙尚书，见在人皆资浅，未可用，又不可阙官，须至用前执政。"辙曰："尚书阙官已数年，何尝阙事。"遂已。胡宗愈尝为右丞，召拜礼书、吏书。自崇宁已来，乃不复然。

7　河伯娶妇

史记褚先生所书魏文侯时西门豹为邺令，问民所疾苦。长老曰："吾为河伯娶妇，以故贫。"豹问其故。对曰："邺三老、廷掾常岁赋敛百姓钱，得数百万，用其二三十万为河伯娶妇，与祝巫分其馀钱持归。巫行视小家女好者，即聘取，为治斋宫河上，粉饰女，浮之河中而没。其人家有好女者，多持女远逃亡，以故城中益空无人。"豹曰："至娶妇时，吾亦往送。"遂投大巫妪及三弟子并三老于河，乃罢去。从是以后，不敢复言为河伯娶妇。予案此事，盖出于一时杂传记，疑未必有实。而六国表秦献公八年："初以君甥妻河〔一〕。"言初者，自此年而始，不知止于何时，注家无说。司马贞史记索隐乃云，初以君主妻河，谓初以此年取他女为君主，君主犹公主也。妻河，谓嫁之河伯，故魏俗犹为河伯娶妇，盖其遗风。然则此事秦、魏皆有之矣。

【校勘记】

〔一〕六国表秦献公八年初以君甥妻河　马本、祠本"献"作"灵"，"甥"作"主"。按，史记卷十五六国年表作"灵"、"主"。疑作"灵"、"主"是。

8 六经用字

六经之道同归，旨意未尝不一，而用字则有不同者。如佑、祐、右三字一也，而在书为佑，在易为祐，在诗为右。惟、维、唯，一也，而在书为惟，在诗为维，在易为唯，左传亦然。又如易之旡字，周礼之灋、眡、斖、龘、齍、臯、獻、㯻、斞、䌹、簭等字，他经皆不然。今人书旡咎、旡妄多作无，失之矣。孝宗初登极，以潜邸为佑圣观，令玉册官篆牌。奏云："篆法佑字无立人，只单作右字。"道士力争，以为观名去人，恐不可安迹。有旨特增之。

9 鄂州兴唐寺钟

鄂州城北凤凰山之阴，有佛刹曰兴唐寺。其小阁有钟，题志云："大唐天祐二年三月十五日新铸。"勒官阶姓名者两人，一曰金紫光禄大、检校尚书左仆射兼御史大陈知新，一曰银青光禄大、检校尚书右仆射兼御史大杨琮。大字之下，皆当有夫字，而悉削去，观者莫能晓。五代新旧史、九国志并无其说，唯刘道原十国纪年载杨行密之父名怤，怤与夫同音。是时，行密据淮南，方破杜洪于鄂而有其地，故将佐为讳之。行密之子渭，建国之后，改文散诸大夫为大卿、御史大夫为御史大宪，更可证也。鄱阳浮洲寺有吴武义二年铜钟，安国寺有顺义三年钟，皆刺史吕师造。题官称曰：光禄大卿、检校太保兼御史大卿。然则亦非大宪也。王得臣麈史尝辨此事，而云："行密遣刘存破鄂州，知新、琮不预。志传皆略而不书。"予又案杨溥时，刘存以鄂岳观察使为都招讨使，知新以岳州刺史为团练使，同将兵击楚，为所执杀，则知新乃存偏裨，非不预也。

10　祢衡轻曹操

孔融荐祢衡，以为“淑质贞亮，英才卓砾，志怀霜雪，疾恶若雠，任座、史鱼，殆无以过，若衡等辈，不可多得”。数称述于曹操。操欲见之，衡素相轻疾，不肯往，而数有恣言，操怀忿，因召之击鼓，裸身辱之。融为见操，说其狂疾，求得自谢。操喜，敕门者有客便通，待之极晏，衡乃坐于营门，言语悖逆，操怒，送与刘表。衡为融所荐，东坡谓融视操特鬼蜮之雄，其势决不两立，非融诛操，则操害融。而衡平生唯善融及杨修，常称曰：“大儿孔文举，小儿杨德祖。”融、修皆死于操手，衡无由得全。汉史言其尚气刚傲，矫时慢物，此盖不知其鄙贱曹操，故陷身危机，所谓语言狂悖者，必诵斥其有僭篡之志耳。刘表复不能容，以与黄祖，观其所著鹦鹉赋，专以自况，一篇之中，三致意焉。如云：“嬉游高峻，栖峙幽深。飞不妄集，翔必择林。虽周旋于羽毛，固殊智而异心。配鸾皇而等美，焉比翼于众禽。”又云：“彼贤哲之逢患，犹栖迟以羁旅。矧禽鸟之微物，能驯扰以安处。”又云：“嗟禄命之衰薄，奚遭时以崄巇。岂言语以阶乱，将不密以致危。”又云：“顾六翮之残毁，虽奋迅其焉如。心怀归而弗果，徒怨毒于一隅。”卒章云：“苟竭心于所事，敢背惠以忘初。期守死以报德，甘尽辞以效愚。”予每三复其文而悲伤之。李太白诗云：“魏帝营八极，蚁观一祢衡。黄祖斗筲人，杀之受恶名。吴江赋鹦鹉，落笔超群英。锵锵振金石，句句欲飞鸣。挚鹗啄孤凤，千春伤我情。”此论最为精当也。

11　禁中文书

韩魏公为相，密与仁宗议定立嗣。公曰：“事若行，不可中止，陛下断自不疑。乞内中批出。”帝意不欲宫人知，曰：“只中书行足矣。”淳熙十四年十月二十二日，寿皇圣帝自德寿持丧还宫，二十五日有旨召对，与吏部尚书萧燧同引。中使先谕旨曰：“教内翰留身。”既对，乃旋于东华门内行廊下夹一素幄御榻后出一纸〔一〕，录唐贞观中太子承乾监国事以相示。萧先退，上与迈言，欲令皇太子参决万几，使条具合行事宜。仍戒云：“进入文字须是密。”迈奏言：“当亲自书写实封，诣通进司。”上曰：“也只翦开，不如分付近上一个内臣。”又言：“臣无由可与内臣相闻知，惟御药是学士院承受文字，寻常只是公家文书传达，今则不可，欲俟检索典故了日，却再乞对面纳。”上曰：“极好。”于是七日间三得从容。乃知禁廷机事，深畏漏泄如此。其详见于所记见闻事实。

【校勘记】

〔一〕乃旋于东华门内行廊下　“行”原作“先”，据李本、马本、祠本改。

12　老子之言

老子之言，大抵以无为、无名为本，至于绝圣弃智。然所云“将欲歙之，必固张之，将欲弱之，必固强之，将欲废之，必固兴之，将欲夺之，必固与之”，乃似于用机械而有心者。微言渊奥，固莫探其旨也。

13　孔从子

前汉枚乘与吴王濞书曰：“夫以一缕之任，系千钧之重。上县无极之高，下垂不测之渊。虽甚愚之人，犹知哀其将绝也。马方骇，鼓而惊之，系方绝，又重镇之。系绝于天，不可复结。坠入深渊，难以复出。”孔丛子嘉言篇载子贡之言曰：“夫以一缕之任，系千钧之重，上县之于无极之高，下垂之于不测之深，旁人皆哀其绝，而造之者不知其危。马方骇，鼓而惊之，系方绝，重而镇之。系绝于高，坠入于深，其危必矣。”枚叔全用此语。汉书注诸家皆不引证，唯李善注文选有之。予案孔丛子一书，汉艺文志不载，盖刘向父子所未见。但于儒家有太常蓼侯孔臧十篇，今此书之末，有连丛子上下二卷，云孔臧著书十篇，疑即是已。然所谓丛子者，本陈涉博士孔鲋子鱼所论集，凡二十一篇，为六卷。唐以前不为人所称，至嘉祐四年，宋咸始为注释以进，遂传于世。今读其文，略无楚、汉间气骨，岂非齐、梁以来好事者所作乎！孔子家语著录于汉志，二十七卷，颜师古云：“非今所有家语也。”

14　小星诗

诗序不知何人所作，或是或非，前人论之多矣。唯小星一篇，显为可议。大序云：“惠及下也。”而继之曰：“夫人惠及贱妾，进御于君。”故毛、郑从而为之辞，而郑笺为甚。其释“肃肃宵征，抱衾与裯”两句，谓“诸妾肃肃然而行，或早或夜，在于君所，以次序进御”。又云：“裯者，床帐也。谓诸妾夜行，抱被与床帐待进御。”且诸侯有一国，其宫中嫔妾虽云至下，固非闾阎贱微之比，何至于抱衾而行！况于床帐，势非一己之力所能致者，其说可谓陋矣。此诗本是咏使者远适，夙夜征行，不敢慢君命之意，与殷其雷之指同。

15　桃源行

陶渊明作桃源记云源中人自言：“先世避秦时乱，率妻子邑人，来此绝境，不复出焉。乃不知有汉，无论魏、晋。"系之以诗曰："嬴氏乱天纪，贤者避其世。黄、绮之商山，伊人亦云逝。愿言蹑轻风，高举寻吾契。"自是之后，诗人多赋桃源行，不过称赞仙家之乐。唯韩公云："神仙有无何渺茫，桃源之说诚荒唐。世俗那知伪为真，至今传者武陵人。"亦不及渊明所以作记之意。按，宋书本传云："潜自以曾祖晋世宰辅，耻复屈身后代。自宋高祖王业渐隆，不复肯仕。所著文章，皆题其年月。义熙以前，则书晋氏年号，自永初以来，唯云甲子而已。"故五臣注文选用其语。又继之云："意者耻事二姓，故以异之。"此说虽经前辈所记〔一〕，然予切意桃源之事，以避秦为言，至云"无论魏、晋"，乃寓意于刘裕，托之于秦，借以为喻耳。近时胡宏仁仲一诗，屈折有奇味。大略云："靖节先生绝世人，奈何记伪不考真。先生高步窘末代，雅志不肯为秦民。故作斯文写幽意，要似寰海离风尘。"其说得之矣。

【校勘记】

〔一〕此说虽经前辈所记　库本、祠本"记"作"诋"。

16　司封赠典之失

前所书司封失典故，偶复忆一事，尤为可笑。绍兴二十八年，郊祀赦恩，资政殿学士楼炤，父已赠少师，乞加赠，司封以资政殿学士系只封赠一代，父既至少师，不合加赠，独改封其母范氏、欧阳氏为秦国、魏国夫人。盖楼公虽尝为执政，而见居官职须大学士，乃恩及二代，故但用侍从常格。资政殿学士施巨父仲说，已赠太子太保，加为宫傅，亦不及祖也。乾道六年，仲兄以端明殿学士知太平州。是年郊赦，伯兄已赠祖为太保，而转运司移牒太平州，云准吏部牒，取会本路曾任执政官合封赠二代者。仲兄既具以报，又再行下时，祖母及父母已至极品，于是以祖为言，遂复赠太傅，命词给告，殊非端殿所当得。不知省部一时何所据也。

17 辰巳之巳

律书释十母十二子之义，大略与今所言同，唯至四月，云其于十二子为巳，巳者，言阳气之已尽也。据此，则辰巳之巳，乃为矣音。其它引二十八宿，谓柳为注，毕为浊，昴为留，亦见于毛诗注及左氏传，如诗谓营室为定星也。

容斋三笔卷十一　十六则

1　碑志不书名

碑志之作，本孝子慈孙欲以称扬其父祖之功德，播之当时，而垂之后世，当直存其名字，无所避隐。然东汉诸铭，载其先代，多只书官。如淳于长夏承碑云“东莱府君之孙，太尉掾之中子，右中郎将之弟”，李翊碑云“牂柯太守曾孙，谒者孙，从事君元子”之类是也。自唐及本朝名人文集所志，往往只称君讳某字某，至于记序之文亦然，王荆公为多，殆与求文扬名之旨为不相契。东坡先生送路都曹诗首言：“乖崖公在蜀，有录事参军老病废事，公责之，遂求去，以诗留别，所谓‘秋光都似宦情薄，山色不如归意浓’者。公惊谢之，曰：‘吾过矣，同僚有诗人而吾不知。’因留而慰荐之。坡幼时闻父老言，恨不问其姓名。及守颍州，而都曹路君以小疾求致仕，诵此语，留之不可，乃采前人意作诗送之。”其诗大略云：“结发空百战，市人看先封。谁能搔白首，抱关望夕烽。”则路君之贤而不遇可知矣。然亦不书其名，使之少获表见，又为可惜也。

2　汉文帝不用兵

史记律书云：“高祖厌苦军事，偃武休息。孝文即位，将军陈武等议曰：‘南越、朝鲜，拥兵阻寓，选蠕观望。宜及士民乐用，征讨逆党，以一封疆。’孝文曰：‘朕能任衣冠，念不到此。会吕氏之乱，误居正位,常战战慄慄,恐事之不终。且兵凶器,虽克所愿,动亦耗病,谓百姓远方何!今匈奴内侵,边吏无功,边民父子荷兵日久,朕常为动心伤痛,无日忘之。愿且坚边设候,结和通使,休宁北陲,为功多矣。且无议军。'故百姓无内外之繇,得息肩于田亩,天下富盛,粟至十馀钱。"予谓孝文之仁德如此,与武帝黩武穷兵,为霄壤不侔矣。然班史略不及此事,资治通鉴亦不编入,使其事不甚暴白,惜哉!

3　帝王讳名

帝王讳名,自周世始有此制,然只避之于本庙中耳。"克昌厥后,骏发尔私。"成王时所作诗。"昌"、"发"不为文、武讳也。宣王名诵,而"吉甫作诵"之句,正在其时。厉王名胡,而"胡为虺蜴"、"胡然厉矣"之名,在其孙幽王时。小国曰胡,亦自若也。襄王名郑,而郑不改封。至于出居其国,使者告于秦、晋曰:"鄙在郑地。"受晋文公朝,而郑伯傅王。唯秦始皇以父庄襄王名楚,称楚曰荆,其名曰政,自避其嫌,以正月为一月。盖已非周礼矣。汉代所谓邦之字曰国,盈之字曰满,彻之字曰通,虽但讳本字,而吏民犯者有刑。唐太宗名世民,在位之日不偏讳。故戴胄、唐俭为民部尚书,虞世南、李世勣在朝〔一〕。至于高宗,始改民部为户部,世勣但为勣。韩公讳辨云:"今上书及诏,不闻讳浒、势、秉、机〔二〕,、惟宦官宫妾,乃不敢言喻及机,以为触犯。"此数者,皆其先世嫌名也。本朝尚文之习大盛,故礼官讨论,每欲其多,庙讳遂有五十字者。举场试卷,小涉疑似,士人辄不敢用,一或犯之,往往暗行黜落。方州科举尤甚,此风殆不可革。然太祖讳下字内有从木从匀者,广韵于进字中亦收。张魏公以名其子,而音为进。太宗讳字内有从耳从火者,又有梗音,今为人姓如故。高宗讳内从勹从口者亦然。真宗讳从小从亘，音胡登切。若缺其下画，则为恒，遂并恒字不敢用，而易为“常”矣。

【校勘记】

〔一〕虞世南李世勣在朝　“朝”原作“韩”，误刊。据明抄本、马本、祠本改。

〔二〕韩公讳辨云今上书及诏不闻讳浒势秉机　“韩”原作“讳”，“机”原作“饥”，据明抄本、马本、祠本改。按，韩愈文作“机”。

4　家讳中字

士大夫除官，于官称及州府曹局名犯家讳者听回避，此常行之法也。李焘仁甫之父名中，当赠中奉大夫，仁甫请于朝，谓当告家庙，与自身不同，乞用元丰以前官制，赠光禄卿。丞相颇欲许之。予在西垣闻其说，为诸公言，今一变成式，则它日赠中大夫，必为秘书监，赠太中大夫，必为谏议矣，决不可行。遂止。李愿为江东提刑，以父名中，所部遂呼为通议，盖近世率妄称太中也。李自称只以本秩曰朝散。黄通老资政之子为临安通判，府中亦称为通议，而受之自如。

5　记张元事

自古夷狄之臣来入中国者，必为人用。由余入秦，穆公以霸，金日磾仕汉，脱武帝五柞之厄。唐世尤多，执失思力、阿史那社尔、李临淮、高仙芝、浑瑊、李怀光、跌跌光颜、朱耶克用皆立大功名，不可殚纪。然亦在朝廷所以御之，否则为郭药师矣。倘使中国英隽，翻致力于异域，忌壮士以资敌国者，固亦多有。贾季在狄，晋六卿以为难日至；桓温不能留王猛，使为苻坚用；唐庄宗不能知韩延徽，使为阿保机用，皆是也。西夏曩霄之叛，其谋皆出于华州士人张元与吴昊，而其事本末，国史不书。比得田昼承君集，实纪其事云："张元、吴昊、姚嗣宗皆关中人。负气倜傥，有纵横才，相与友善。尝薄游塞上，观觇山川风俗，有经略西鄙意。姚题诗崆峒山寺壁，在两界间，云：'南粤干戈未息肩，五原金鼓又轰天。崆峒山叟笑无语，饱听松声春昼眠。'范文正公巡边，见之大惊。又有'踏破贺兰石，扫清西海尘'之句。张为鹦鹉诗，卒章曰：'好着金笼收拾取，莫教飞去别人家。'吴亦有诗。将谒韩、范二帅，耻自屈，不肯往，乃砻大石，刻诗其上，使壮夫拽之于通衢，三人从后哭之，欲以鼓动二帅。既而果召与相见，踌躇未用间，张、吴径走西夏，范公以急骑追之，不及，乃表姚入幕府。张、吴既至夏国，夏人倚为谋主，以抗朝廷，连兵十馀年，西方至为疲弊，职此二人为之。时二人家属羁縻随州，间使谍者矫中国诏释之，人未有知者。后乃闻西人临境，作乐迎此二家而去，自是边帅始待士矣。姚又有述怀诗曰：'大开双白眼，只见一青天。'张有雪诗曰：'五丁仗剑决云霓，直取银河下帝畿。战死玉龙三十万，败鳞风卷满天飞。'吴诗独不传。观此数联，可想见其人非池中物也。"承君所记如此。予谓张、吴在夏国，然后举事，不应韩、范作帅日尚犹在关中，岂非记其岁时先后不审乎！姚、张诗，笔谈诸书，颇亦纪载。张、吴之名，正与羌酋二字同，盖非偶然也。

6　宫室土木

秦始皇作阿房宫，写蜀、荆地材至关中，役徒七十万人。隋炀帝营宫室，近山无大木，皆致之远方，二千人曳一柱，以木为轮，则戛摩火出，乃铸铁为毂，行一二里，毂辄破，别使数百人赍毂，随而易之，尽日不过行二三十里，计一柱之费，已用数十万功。大中祥符间，奸佞之臣罔真宗以符瑞，大兴土木之役，以为道宫。玉清昭应之建，丁谓为修宫使，凡役工日至三四万，所用有秦、陇、岐、同之松，岚、石、汾、阴之柏，潭、衡、道、永、鼎、吉之梌、柟、槠，温、台、衢、吉之梼，永、澧、处之槻、樟，潭、柳、明、越之杉，郑、淄之青石，衡州之碧石，莱州之白石，绛州之斑石，吴越之奇石，洛水之石卵，宜圣库之银朱，桂州之丹砂，河南之赭土，衢州之朱土，梓、信之石青、石绿，磁、相之黛，秦、阶之雌黄，广州之藤黄，孟、泽之槐华，虢州之铅丹，信州之土黄，河南之胡粉，衡州之白垩，郓州之蚌粉，兖、泽之墨，归、歙之漆，莱芜、兴国之铁。其木石皆遣所在官部兵民入山谷伐取。又于京师置局，化铜为鍮、冶金薄、锻铁以给用。凡东西三百一十步，南北百四十三步。地多黑土疏恶，于京东北取良土易之，自三尺至一丈有六等。起二年四月，至七年十一月宫成，总二千六百一十区。不及二十年，天火一夕焚爇，但存一殿。是时，役遍天下，而至尊无穷兵黩武、声色苑囿、严刑峻法之举，故民间乐从，无一违命，视秦、隋二代，万万不侔矣。然一时贤识之士，犹为盛世惜之。国史志载其事，欲以为夸，然不若掩之之为愈也。沈括笔谈云："温州雁荡山，前世人所不见。故谢灵运为太守，未尝游历。因昭应宫采木，深入穷山，此境始露于外。"他可知矣。

7　岁月日风雷雄雌

虞喜天文论汉太初历十一月甲子夜半冬至云："岁雄在阏逢，雌在摄提格，月雄在毕，雌在觜，日雄在子。"又云："甲，岁雄也。毕，月雄也。陬，月雌也。"大抵以十干为岁阳，故谓之雄，十二支为岁阴，故谓之雌。但毕、觜为月雄雌不可晓。今之言阴阳者，未尝用雄雌二字也。郎觊传引易雌雄秘历，今亡此书。宋玉风赋有雄风、雌风之说。沈约有“雌霓连蜷”之句。春秋元命包曰：“阴阳合而为雷。”师旷占曰：“春雷始起，其音格格，其霹雳者，所谓雄雷，旱气也；其鸣依依，音不大霹雳者〔一〕，所谓雌雷，水气也。”见法苑珠林。予家有故书一种，曰孝经雌雄图，云出京房易传，亦日星占相书也。

【校勘记】

〔一〕其鸣依依音不大霹雳者　“依音”原作“音音”，据明抄本改。

8　东坡三诗

东坡初赴惠州，过峡山寺，不值主人，故其诗云：“山僧本幽独，乞食况未还。云碓水自舂，松门风为关。石泉解娱客，琴筑鸣空山。”既至惠州，残腊独出，至栖禅寺，亦不逢一僧，故其诗云：“江边有微行，诘曲背城市。平湖春草合，步到栖禅寺。堂空不见人，老稚掩关睡。所营在一食，食已宁复事。客行岂无得，施子净扫地。风松独不静，送我作鼓吹。”后在儋耳作观棋诗，记游庐山白鹤观，观中人皆阖户昼寝，独闻棋声，云：“五老峰前，白鹤遗址。长松荫庭，风日清美。我时独游，不逢一士。谁欤棋者？户外屦二。不闻人声，时闻落子。”其寂寞冷落之味，可以想见，句语之妙，一至于此。

9　天文七政

尚书舜典：“以齐七政。”孔安国本注谓“日月五星也”。而马融云：“七政者，北斗七星，各有所主。第一主日；第二主月；第三曰命火，谓荧惑也；第四曰煞土，谓填星也；第五曰代水，谓辰星也；第六曰危木，谓岁星也；第七曰剽金，谓太白也。日月五星各异，故曰七政。”尚书大传一说又以为：“七政者，谓春、秋、冬、夏、天文、地理、人道，所以为政也，人道正而万事顺成。”三说不同，然不若孔氏之明白也。

10　符读书城南

符读书城南一章，韩文公以训其子，使之腹有诗、书，致力于学，其意美矣。然所谓“一为公与相，潭潭府中居，不见公与相，起身自犁锄”等语，乃是颛觊富贵〔一〕，为可议也。杜牧之寄小侄阿宜诗亦云：“朝廷用文治，大开官职场。愿尔出门去，取官如驱羊。”其意与韩类也。予向为陈铸作城南堂记，亦及此意云。

【校勘记】

〔一〕乃是颛觊富贵　马本、祠本“颛觊”作“觊觎”。

11　致仕官上寿

范蜀公自翰林学士，以本官户部侍郎致仕，仍居京师，同天节乞随班上寿，许之。遂著为令。韩康公元祐二年以司空致仕，太皇太后受册，乞随班称贺，而降诏免赴，二者不同如此。

12　五经字义相反

治之与乱，顺之与扰，定之与荒，香之与臭，遂之与溃，皆美恶相对之字。然五经用之或相反。如乱臣十人，乱越我家，惟以乱民，乱为四方新辟，乱为四辅，厥乱明我新造邦，丕乃俾乱之类，以乱训治也。安扰邦国，扰而毅，扰龙，六扰之类，以扰训顺也。荒度土功，遂荒大东，大王荒之，葛藟荒之之类，以荒训定也。无声无臭，胡臭亶时，其臭亶，臭阴达于渊泉之类，以臭训香也。是用不溃于成，草不溃茂之类，以溃训遂也。郑康成笺毛诗溃成，与毛公皆释为遂，至于溃茂，则以为溃当作汇，汇，茂貌也。自为异同如此。

13 镇星为福

世之伎术，以五星论命者，大率以火、土为恶，故有昼忌火星夜忌土之语。土，镇星也，行迟，每至一宫，则二岁四月乃去，以故为灾最久。然以国家论之则不然。苻坚欲南伐，岁镇守斗，识者以为不利。史记天官书云："五潢，五帝居舍。火入，旱；金，兵；水，水。"宋均曰："不言木、土者，德星不为害也。"又云："五星犯北落，军起。火、金、水尤甚。木、土，军吉。"又云："镇星所居国吉。未当居而居，已去而复，还居之，其国得土。若当居而不居，既已居之，又西东去，其国失土。其居久，其国福厚；其居易，轻速也。福薄。"如此则镇星乃为大福德，与木亡异，岂非国家休祥所系，非民庶可得侔邪！

14 东坡引用史传

东坡先生作文，引用史传，必详述本末。有至百馀字者，盖欲使读者一览而得之，不待复寻绎书策也。如勤上人诗集叙引翟公罢廷尉宾客反覆事，晁君成诗集叙引李郃汉中以星知二使者事，上富丞相书引左史倚相美卫武公事，答李琮书引李固论发兵讨交趾事，与朱鄂州书引王濬活巴人生子事，盖公堂记引曹参治齐事，滕县公堂记引徐公事，温公碑引慕容绍宗、李勣事，密州通判题名记引羊叔子、邹湛事，荔枝叹诗引唐羌言荔枝事是也。

15　两莫愁

莫愁者，郢州石城人，今郢有莫愁村。画工传其貌，好事者多写寄四远。唐书乐志曰："莫愁乐者，出于石城乐，石城有女子名莫愁，善歌谣。"古词曰"莫愁在何处？莫愁石城西，艇子打两桨，催送莫愁来"者是也。李义山诗曰："海外徒闻更九州，他生未卜此生休。空传虎旅鸣宵柝，无复鸡人送晓筹。此日六军同驻马，他时七夕笑牵牛。如何四纪为天子，不及卢家有莫愁？"此莫愁者，洛阳人，梁武帝河中之歌曰"河中之水向东流，洛阳女儿名莫愁。莫愁十三能织绮，十四采桑南陌头。十五嫁为卢家妇，十六生儿似阿侯。卢家兰室桂为梁，中有郁金苏合香。头上金钗十二行，足下丝履五文章。珊瑚挂镜烂生光，平头奴子擎履箱。人生富贵何所望，恨不早嫁东家王"者是也。卢氏之盛如此，所云"不早嫁东家王"，莫详其义。近世周美成乐府西河一阕，专咏金陵，所云"莫愁艇子曾系"之语，岂非误指石头城为石城乎？

16　何公桥诗

英州小市，江水贯其中，旧架木作桥，每不过数年，辄为湍潦所坏。郡守建安何智甫，始叠石为之，方成而东坡还自海外，何求文以纪。坡作四言诗一首，凡五十六句，今载于后集第八卷，所谓"天壤之间，水居其多，人之往来，如鹈在河"是也。予侍亲居英，与僧希赐游南山，步过桥上，读诗碑。希赐云："真本藏于何氏，此有石刻，经党禁亦不存。"今以板刻之，乃希赐所书也。赐因言，何公初请记，坡为赋此诗，既大书矣，而未遣送，郡候兵执役者见之，以告何，何又来谒，坡曰："轼未到桥所，难以想像落笔。"何即命具食，拉坡偕往。坡曰："使君是地主，宜先升车。"何谢不敢，乃并轿而行。既至，坡曰："至堪作诗，晚当奉戒。"抵暮送与之。盖诗中云："我来与公，同载而出。欢呼填道，抱其马足。"故欲同行，以印此语耳。坡公作诗时，建中靖国元年辛巳。予闻希赐语时，绍兴十七年丁卯，相去四十六年。今追忆前事，乃绍熙五年甲寅，又四十七年矣。

容斋三笔卷十二 十六则

1 盼泰秋娘三女

白乐天燕子楼诗序云："徐州故张尚书有爱妓曰盼盼[一]。善歌舞，雅多风态。尚书既殁，彭城有旧第，第中有小楼名燕子，盼盼念旧爱而不嫁，居是楼十馀年，幽独块然。"白公尝识之，感旧游，作三绝句，首章云："满窗明月满帘霜，被冷灯残拂卧床。燕子楼中霜月苦，秋来只为一人长。"末章云："今春有客洛阳回，曾到尚书冢上来。见说白杨堪作柱，争教红粉不成灰。"读者伤恻。刘梦得泰娘歌云："泰娘本韦尚书家主讴者，尚书为吴郡，得之，诲以琵琶，使之歌且舞，携归京师。尚书薨，出居民间，为蕲州刺史张愻所得。愻谪居武陵而卒，泰娘无所归。地荒且远，无有能知其容与艺者，故日抱乐器而哭。"刘公为歌其事，云："繁华一旦有消歇，题剑无光履声绝。蕲州刺史张公子，白马新到铜驼里。自言买笑掷黄金，月堕云中从此始。山城少人江水碧，断雁哀弦风雨夕。朱弦已绝为知音，云鬓未秋私自惜。举目风烟非旧时，梦寻归路多参差。如何将此千行泪，更洒湘江斑竹枝。"杜牧之张好好诗云："牧佐故吏部沈公在江西幕，好好年十三，以善歌来乐籍中，随公移置宣城，后为沈著作所纳。见之于洛阳东城，感旧伤怀，题诗以赠曰：君为豫章姝，十三才有馀。主公再三叹，谓言天下无。自此每相见，三日已为疏。身外任尘土，尊前极欢娱。飘然集仙客，载以紫云车。尔来未几岁，散尽高阳徒。洛城重相见，绰绰为当垆。朋游今在否，落拓更能无？门馆恸哭后，水云秋景初。酒尽满襟泪，短歌聊一书。”予谓妇人女子，华落色衰，至于失主无依，如此多矣。是三人者，特见纪于英辞鸿笔，故名传到今。况于士君子终身不遇而与草木俱腐者，可胜叹哉！然盼盼节义，非泰娘、好好可及也。

【校勘记】

〔一〕徐州故张尚书有爱妓曰盼盼　“盼盼”原作“眄眄”，祠本作“眄眄”。按，“眄眄”、“眄眄”乃斜视貌，非妓名所宜。库本、白香山集皆作“盼盼”，今从。

2　颜鲁公祠堂诗

予家藏云林绘监册，有颜鲁公画象，徐师川题诗曰：“公生开元间，壮及天宝乱。捐躯范阳胡，竟死蔡州叛。其贤似魏徵，天下非贞观。四帝数十年，一身逢百难。少时读书史，此事心已断。老来鬓发衰，慨叹功名晚。嗟哉忠义途，捷去不可缓。初无当年悲，只令后世叹。一朝绝霖雨，南亩常亢旱。小夫计虽得，斯民盖涂炭。长歌咏君节，千载勇夫愞。敬书子张绅〔一〕，庶几古人半。”师川以诗鸣江西，然此篇不为工。尝记李德远举似童敏德游湖州题公祠堂长句曰：“挂帆一纵疾于鸟，长兴夜发吴兴晓〔二〕。杖藜上访鲁公祠，一见目明心瞰瞰。未说邦人怀使君，且为前古惜忠臣。德宗更用卢杞相，出当斯世诚艰辛。生逆龙鳞死虎口，要与乃兄同不朽。狂童希烈何足罪，奸邪嫉忠假渠手。乃知成仁或杀身，保身不必皆哲人。此公安得世复有，洗空凡马须骐驎。”童之诗语意皆超拔，亦临川人，而终身不得仕，为可惜也。

【校勘记】

〔一〕敬书子张绅　“子”原为空格，据明抄本补。

〔二〕长兴夜发吴兴晓　“夜”原为空格，据明抄本补。

3　闵子不名

论语所记孔子与人语及门弟子并对其人问答，皆斥其名，未有称字者，虽颜、冉高弟，亦曰回、曰雍。唯至闵子，独云子骞，终此书无指名。昔贤谓论语出于曾子、有子之门人，予意亦出于闵氏。观所言闵子侍侧之辞，与冉有、子贡、子路不同，则可见矣。

4　曾晳待子不慈

传记所载曾晳待其子参不慈，至云因锄菜误伤瓜，以大杖击之仆地。孔子谓参不能如虞舜小杖则受，大杖则避，以为陷父于不义，戒门人曰：“参来，勿内。”予切疑无此事，殆战国时学者妄为之辞。且曾晳与子路、冉有、公西华侍坐，有“浴乎沂，风乎舞雩”之言，涵泳圣教，有超然独见之妙，于四人之中，独蒙“吾与”之褒，则其为人之贤可知矣。有子如此，而几置之死地，庸人且犹不忍，而谓晳为之乎！孟子称曾子养曾晳酒肉养志，未尝有此等语也。

5　具圆复诗

吴僧法具，字圆复，有能诗声，予乃纪之于夷坚志中，殊为不类。比于福州僧智恢处，见其诗藁一纸，字体效王荆公。其送僧一篇云：“滩声嘈嘈杂雨声，舍北舍南春水平。拄杖穿花出门去，五湖风浪白鸥轻。”送翁士特云：“朝入羊肠暮鹿头，十三官驿是荆州。具车秣马晓将发，寒烛烧残语未休。”竹轩云：“老竹排檐谁手种，山日未斜寒翠重。六月散发叶底眠，冷雨斜风频入梦。冬凋峰木雪缟庐，落眼青青却笑渠。花时吹笋排林上，吴州还见竹溪图。”和子苍三马图云：“从来画马称神妙，至今只说江都王。将军曹霸实季仲，沙苑丞相犹诸郎。龙眠居士善画马，独与二子遥相望。两马骈立真骕骦，一马脱去仍腾骧。浣花老人今已亡，呜呼三马谁平章！饱知画肉亦画骨，妙处不减黄无双。”又一篇云：“烧灯过了客思家，独立衡门数暝鸦。燕子未归梅落尽，小窗明月属梨花。”皆可咀嚼也。吴门僧惟茂，住天台山一禅刹，喜其旦暮见山，作绝句曰：“四面峰峦翠入云，一溪流水漱山根。老僧只恐山移去，日午先教掩寺门。”甚有诗家风旨，而或者谓山若欲去，岂容人掩住，盖吴人痴呆习气也，其说可谓不知音。

6 人当知足

予年过七十，法当致仕，绍熙之末，以新天子临御，未敢遽有请，故玉隆满秩，只以本官职居里。乡衮赵子直不忍使绝禄粟，俾之，因任。方用赘食太仓为愧，而亲朋谓予爵位不逮二兄，以为耿耿。予诵白乐天初授拾遗诗以语之，曰：“奉诏登左掖，束带参朝议。何言初命卑，且脱风尘吏。杜甫、陈子昂，才名括天地。当时非不遇，尚无过斯位。”其安分知足之意，终身不渝。因略考国朝以来名卿伟人负一时重望而不跻大用者，如王黄州禹偁、杨文公亿、李章武宗谔、张乖崖咏、孙宣公奭、晁少保迥、刘子仪筠、宋景文祁、范蜀公镇、郑毅夫獬、滕元发甫、东坡先生、范淳父祖禹、曾子开肇、彭器资汝砺、刘原甫敞、蔡君谟襄、孙莘老觉，近世汪彦章藻、孙仲益觌诸公，皆不过尚书学士，或中年即世，或迁谪流落，或无田以食，或无宅以居，况若我忠宣公者，尚忍言之！，则予之忝窃亦已多矣。

7 渊明孤松

渊明诗文率皆纪实，虽寓兴花竹间亦然。归去来辞云："景翳翳以将入，抚孤松而盘桓。"其饮酒诗二十首中一篇云："青松在东园，众草没其姿。凝霜殄异类，卓然见高枝。连林人不觉，独树众乃奇。"所谓孤松者是已。此意盖以自况也。

8 饶州刺史

饶州良牧守，自吴至今，以政绩著者有九贤，郡圃立祠以事，此外知名者盖鲜。白乐天集有吴府君碑云："君讳丹，字真存。以进士第入官。读书数千卷，著文数万言。生四五岁，所作戏辄象道家法事。既冠，喜道书，奉真箓，每专气入静，不粒食者数岁，飘然有出世心。既壮，在家为长属，有三幼弟、八稚侄，不忍见其饥寒，慨然有干禄意。求名得名，家无长物，澹乎自处，与天和始终。享寿命八十二岁，无室家累，无子孙忧，终于饶州。"官次大略如此。吴君在饶，虽无遗事可纪，以其邦君之故，姑志于书。吴为人清净恬寂，所谓达士，然年过八十，尚领郡符，又非为妻子计者，良不可晓。唐之治不播弃黎老，故其居职不自以为过云。

9 紫极观钟

饶州紫极观有唐钟一口，形制清坚，非近世工铸可比。刻铭其上，曰："天宝九载，岁次庚寅，二月庚申朔，十五日癸酉造，通直郎前监察御史贬乐平员外尉李逢年铭，前乡贡进士薛彦伟述序，给事郎、行参军赵从一书，中大夫、使持节鄱阳郡诸军事、检校鄱阳郡太守、天水郡开国公上官经野妻扶风郡君韦氏奉为开元天地大宝圣文神武应道皇帝敬造洪钟一口。"其后列录事参军、司功、司法、司士参军各一人，司户参军二人，参军三人〔一〕，录事一人，鄱阳县令一人，尉二人，又专检校官、鄱阳县丞宋守静，专检校内供奉道士王朝隐，又道士七人。铭文亦雅洁，字画不俗，但月朔庚申，则癸酉日当是十四日，镌之金石而误如此。浮洲开福院亦有吴武义年一钟，然非此比也。

【校勘记】

〔一〕参军三人　马本、祠本"三"作"二"。

10　兼中书令

绍熙五年十二月二十二日，宣麻制除嗣秀王伯圭兼中书令。此官久不除，学士大夫多不知本末，至或疑为当入都堂治事。邸报至外郡，尤所不晓。迈考之典故，侍中、中书令为两省长官，自唐以来，居真宰相之位，而中令在侍中上。肃宗以后，始以处大将，故郭子仪、仆固怀恩、朱泚、李晟、韩弘皆为之，其在京则入政事堂，然不预国事。懿、僖、昭之时，员浸多，率由平章事迁兼侍中，继兼中书令，又迁守中书令，三者均称使相，皆大敕系衔而下书使字。五代尤多，国朝创业之初，尚仍旧贯，于是吴越国王钱俶、天雄节度符彦卿、雄武王景、武宁郭从义、保大武行德、成德郭崇、昭义李筠、淮南李重进、永兴李洪义、凤翔王彦超、定难李彝兴、荆南高保融、武平周行逢、武宁王晏、武胜侯章、归义曹元忠十五人同时兼中书令。太宗朝，唯除石守信，而赵普以故相拜。真宗但以处亲王。嘉祐末，除宗室东平王允弼、襄阳王允良。元丰中，除曹佾，与允弼、允良相去十七八年，爵秩固存。沈括笔谈谓有司以佾新命，言自来不曾有活中书令请俸则例，盖妄也。官制行，改三使相并为开府仪同三司。元祐以后，不复有之，虽崇、观、政、宣轻用名器，且改为左辅、右弼，然蔡京三为公相，亦不敢居。乾道中，诏于录黄及告命内除去侍中、中书令，遂废此官。今当先降指挥复置，则于事体尤惬当也。嗣王终不敢当，于是寝前命，而赐赞拜不名。

11 作文字要点检

作文字不问工拙小大，要之不可不着意点检，若一失事体，虽遣词超卓，亦云未然。前辈宗工，亦有所不免。欧阳公作仁宗御书飞白记云："予将赴亳，假道于汝阴，因得阅书于子履之室。而云章烂然，辉映日月，为之正冠肃容再拜而后敢仰视，盖仁宗皇帝之御飞白也。曰：'此宝文阁之所藏也，胡为乎子之室乎？'曰：'曩者天子燕从臣于群玉，而赐以飞白，予幸得预赐焉。'乌有记君上宸翰而彼此称"予"，且呼陆经之字？又登真观御书阁记言太宗飞帛，亦自称"予"。外制集序历道庆历更用大臣，称吕夷简、夏竦、韩琦、范仲淹、富弼，皆斥姓名，而曰"顾予何人，亦与其选"，又曰"予时掌诰命"，又曰"予方与修祖宗故事"，凡称"予"者七。东坡则不然，为王诲亦作此记，其语云"故太子少傅、安简王公讳举正，臣不及见其人矣"云云，是之谓知体。

12 侍从两制

国朝官称，谓大学士至待制为“侍从”，谓翰林学士、中书舍人为“两制”，言其掌行内、外制也。舍人官未至者，则云“知制诰”，故称美之为三字。谓尚书侍郎为“六部长贰”，谓散骑常侍、给事谏议为“大两省”。其名称如此。今尽以在京职事官自尚书至权侍郎及学士待制均为“侍从”，盖相承不深考耳。予家藏王沿春秋通义一书，至和元年，邓州缴进，二年有旨送两制看详，于是具奏者十二人皆列名衔：学士七人，曰学士承旨、礼部侍郎杨察，翰林学士、中书舍人赵概、杨伟，刑部郎中胡宿，吏部郎中欧阳修，起居舍人吕溱，礼部郎中王洙；知制诰五人，曰起居舍人王珪，右司谏贾黯，兵部员外郎韩绛，起居舍人吴奎，右正言刘敞。而他官弗预，此可见也。翰林本以六员为额，刘沆作相，典领温成后丧事，以王洙同其越礼建明，于是员外用之，尝为一时言者所论，正此时云。

13 片言解祸

自古将相大臣，遭罹谮毁，触君之怒，堕身于危棘将死之域，而以一人片言，转祸为福，盖投机中的，使闻之者晓然易寤，然非遭值明主，不能也。萧何为民请上林苑中空地，高祖大怒，以为多受贾人财物，下何廷尉，械系之。王卫尉曰：“陛下距楚数岁，陈豨、黥布反，时相国守关中，不以此时为利，乃利贾人之金乎！”上不怿，即日赦出何。绛侯周勃免相就国，人上书告勃欲反，廷尉逮捕勃治之。薄太后谓文帝曰：“绛侯绾皇帝玺，将兵于北军，不以此时反，今居一小县，顾欲反邪？”帝即赦勃。此二者，可谓至危不容救，而于立谈间见效如此。萧望之受遗辅政，为许、史、恭、显所嫉，奏望之与周堪、刘更生朋党，请“召致廷尉”，元帝不省为下狱也，可其奏。已而悟其非，令出视事。史高言：“上新即位，未以德化闻于天下，而先验师傅，既下九卿大夫狱，宜因决免。”于是免为庶人。高祖、文帝之明而受言，元帝之昏而遂非，于是可见。

14　忠言嘉谟

杨子法言：“或问忠言嘉谟。曰：言合稷、契谓之忠，谟合皋陶谓之嘉。”如子云之说，则言之与谟，忠之与嘉，分而为二，传注者皆未尝为之辞，然则稷、契不能嘉谟，皋陶不能忠言乎？三圣贤遗语可传于后世者，唯虞书存，五篇之中，皋陶矢谟多矣，稷与契初无一话一言可考，不知子云何以立此论乎？不若魏郑公但云“良臣稷、契、皋陶”，乃为通论。

15　免直学士院

庆元元年正月一日，郑湜以起居郎直学士院。二月二十三日，赵汝愚罢相，制乃湜所草，议者指为褒词太过。二十五日，有旨免兼直院，或以为故事所无。案熙宁初，王益柔以知制诰兼直学士院，尝奏中书熟状加董毡阶官之误，宰相怒其不申堂，用他事罢其兼直，已而迁龙图阁直学士。湜亦以罢直求去，不许，越三月而迁权刑部侍郎，甚相类也。

16　大贤之后

杜诗云：“大贤之后竟陵迟，荡荡古今同一体。”乃赠狄梁公曾孙者。至云“飘泊岷、汉，干谒王侯”，则其衰微可知矣。近见馀干寓客李氏子云：“本朝三李相，文正公昉、文靖公沆、文定公迪，皆一时名宰，子孙亦相继达宦。然数世之后，益为萧条，又经南渡之厄，今三裔并居馀干，无一人在仕版。文定濮州之族，今有居越者，虽曰不显，犹簪缨仅传，而文正、文靖无闻，可为太息。

容斋三笔卷十三 十三则

1 锺鼎铭识

三代锺鼎彝器存于今者，其间款识，唯"眉寿万年"，"子子孙孙永宝用"之语，差可辨认，馀皆茫昧不可读，谈者以为古文质朴固如此，予切有疑焉。商、周文章，见于诗、书，三盘五诰，虽诘曲聱牙，尚可精求其义，它皆坦然明白，如与人言。自武王丹书诸铭外，其见于经传者，如汤之盘铭曰："苟日新，日日新，又日新。"谗鼎之铭曰："昧旦丕显，后世犹怠。"正考父鼎铭曰："一命而偻，再命而伛，三命而俯，循墙而走，亦莫余敢侮。饘于是，鬻于是，以糊余口。"㮚氏量铭曰："时文思索，久臻其极。嘉量既成，以观四国。永启厥后，兹器维则。"祭射侯辞曰："惟若宁侯，毋或若女不宁侯，不属于王所，故抗而射女。"卫礼至铭曰："余掖杀国子，莫余敢止。"孔悝鼎铭曰："六月丁亥，公假于大庙。公曰叔舅乃祖庄叔，左右成公，成公乃命庄叔，随难于汉阳，即宫于宗周，奔走无射，启若献公，献公乃命成叔，纂乃祖服。乃考文叔，兴旧嗜欲，作率庆士，躬恤卫国，其勤公家，夙夜不解，民咸曰休哉！公曰叔舅，予女铭，若纂乃考服。悝拜稽首曰：对扬以辟之勤大命，施于烝鼎彝。"扶风美阳鼎铭曰："王命尸臣，官此栒邑，赐尔旂鸾，黼黻琱戈。尸臣拜手稽首曰：敢对扬天子丕显休命。"此诸铭未尝不粲然，何为传于今者艰涩无绪乃尔。汉去周未远，武、宣以来，郡国每获一鼎，至于荐告宗庙，群臣上寿。窦宪出征，南单于遗以古鼎，容五斗，其铭曰："仲山甫鼎，其万年子子孙孙永保用。”宪乃上之,盖以其难得故也。今世去汉千年,而器宝之出不可胜计,又为不可晓已。武帝获汾阴脽上鼎〔一〕,无款识,而备礼迎享,宣帝获美阳鼎,下群臣议,张敞乃以有款识之故绌之,又何也?

【校勘记】

〔一〕武帝获汾阴脽上鼎　“脽”原作“睢”,据马本、祠本改。按,汉书卷六武帝纪作“脽”。

2　牺尊象尊

周礼司尊彝:“祼用鸡彝、鸟彝,其朝献用两献尊,其再献用两象尊。”汉儒注曰:“鸡彝、鸟彝,谓刻而画之为鸡、凤皇之形。献读为牺,牺尊饰以翡翠,象尊以象凤凰。”或曰:以象骨饰尊。又云:献音娑,有婆娑之义。”惟王肃云:“牺、象二尊,并全牛、象之形,而凿背为尊。”陆德明释周礼献尊之献,音素何反。而于左氏传“牺象不出门”,释牺为许宜反,又素何反。予案今世所存故物,宣和博古图所写,牺尊纯为牛形,象尊纯为象形,而尊在背,正合王肃之说。然则牺字只当读如本音,郑司农诸人所云,殊与古制不类。则知目所未睹而臆为之说者,何止此哉。又今所用爵,除太常礼器之外,郡县至以木刻一雀,别置杯于背以承酒,不复有两柱、三足、只耳、侈口之状,向在福州见之,尤为可笑也。

3　再书博古图

予昔年因得汉匜,读博古图,尝载其序述可笑者数事于随笔,近复尽观之，其谬妄不可殚举。当政和宣和间，蔡京为政，禁士大夫不得读史。而春秋三传，真束高阁，故其所引用，绝为乖盾。今一切记之于下，以示好事君子与我同志者。

商之癸鼎，只一"癸"字，释之曰："汤之父主癸也。"父癸尊之说亦然。至父癸匜，则又以为齐癸公之子。乙鼎铭有"乙毛"两字，释之曰："商有天乙、祖乙、小乙、武乙、太丁之子乙，今铭'乙'，则太丁之子也。"父己鼎曰："父己者，雍己也。继雍己者乃其弟太戊，岂非继其后者乃为之子邪？"至父己尊，则直云雍己之子太戊为其父作。予案以十干为名，商人无贵贱皆同，而必以为君，所谓癸即父癸，己即雍己，是六七百年中更无一人同之者矣。商公非鼎铭只一字曰"非"，释之曰："据史记有非子者，为周孝王主马，其去商远甚。惟公刘五世孙曰公非，考其时当为公非也。"夫以一"非"字而必强推古人以证之，可谓无理。

周益鼎曰："春秋文公六年有梁氏益，昭公六年有文公益，未知孰是？"予案，左传文八年所纪，乃梁益耳，而杞文公名益姑。

周丝驹父鼎曰："左传有驹伯，为郤克军佐，驹其姓也。此曰驹父，其同驹伯为姓邪？"予案左传，驹伯者郤锜也，锜乃克之子。是时郤氏三卿，锜曰驹伯，犨曰苦成叔，至曰温季，皆其食采邑名耳，岂得以为姓哉！

叔液鼎曰："考诸前代，叔液之名不见于经传，惟周八士有叔夜，岂其族欤！"夫伯仲叔季为兄弟之称，古人皆然，而必指为叔夜之族，是以"叔"为氏也。

周州卣曰："'州'出于来国，后以'州'为氏。在晋则大夫州绰，在卫则大夫州吁，其为氏则一耳。"予案来国之名无所著见，而州吁乃卫公子，正不读春秋，岂不知卫诗国风乎！遂以为氏，尤可哂也。

周高克尊曰:"高克者,不见于它传,惟周末卫文公时,有高克将兵,疑克者乃斯人,盖卫物也。"予案元铭文但云"伯克",初无"高"字,高克郑清人之诗,儿童能诵之,乃以为卫文公时,又言周末,此书局学士,盖不曾读毛诗也。

周毁敦曰:"铭云伯和父,和者卫武公也。武公平戎有功,故周平王命之为公。"予案一时列国,虽子男之微,未有不称公者,安得平王独命卫武之事?

周慧季鬲曰:"慧与惠通,春秋有惠伯、惠叔,虢姜敦有惠仲,而此鬲铭之为惠季,岂非惠为氏而伯仲叔季者乃其序邪?"予案,惠伯、惠叔,正与庄伯、戴伯、平仲、敬仲、武叔、穆叔、成季相类,皆上为谥而下为字,乌得以为氏哉!

齐侯镈钟铭云:"咸有九州,处禹之都。"释之曰:"齐之封域,有临淄、东莱、北海、高密、胶东、泰山、乐安、济南、平原,盖九州也。"予案铭语正谓禹九州耳,今所指言郡名,周世未有,岂得便以为州乎!

宋公䪫钟铭云:"宋公成之䪫钟。"释之曰:"宋自微子有国二十世,而有共公固成,又一世而有平公成,又七世而有剔公成,未知孰是。"予案宋共公名,史记以为瑕,春秋以为固,初无曰"固成"者。且父既名"成",而其子复名之可乎?剔成君为弟偃所逐,亦非名"成"也。

周云雷磬曰:"春秋鲁饥,臧文仲以玉磬告籴于齐。"案经所书,但云"臧孙辰告籴于齐",左传亦无玉磬之说。

汉定陶鼎曰:"汉初有天下,以定陶之地封彭越为梁王,越既叛命,乃以封高祖之子恢,是为定陶共王。"予案恢正封梁王,后徙赵。所谓定陶共王者,元帝之子,哀帝之父名康者也。

4　碌碌七字

今人用碌碌字，本出老子，云："不欲碌碌如玉，落落如石。"孙愐唐韵引此句及王弼别本以为琭琭，然又为录录、娽娽、鹿鹿、陆陆、禄禄，凡七字。史记："毛遂云：'公等录录，因人成事。'"唐韵以为娽娽。汉书萧何赞云："录录未有奇节。"颜师古注："录录犹鹿鹿，言在凡庶之中也。"马援传："今更共陆陆。"庄子渔父篇："禄禄而受变于俗。"后生或不尽知〔一〕。

【校勘记】

〔一〕庄子云云十八字　原脱，据嘉靖本、马本补。王校本有此十八字。

5　占测天星

国朝星官历翁之伎，殊愧汉、唐，故其占测荒茫，几于可笑。偶读四朝史天文志云："元祐八年十月戊申，星出东壁西，慢流至羽林军没。主擢用文士，贤臣在位。""绍圣元年二月丙午，星出壁东，慢流入浊没。主天下文章士登用，贤臣在位。""元符元年六月癸巳，星出室，至壁东没。主文士入国，贤臣用。""二年二月癸卯，星出灵台，北行至轩辕没。主贤臣在位，天子有子孙之喜。"案是时宣仁上仙，国是丕变，一时正人以次窜斥，章子厚在相位，蔡卞辅之，所谓四星之占，岂不可笑也！子孙之说，盖阴谄刘后云。

6　政和宫室

自汉以来，宫室土木之盛，如汉武之甘泉、建章，陈后主之临春、结绮，隋炀帝之洛阳、江都，唐明皇之华清、连昌，已载史册。国朝祥符中，奸臣导谀，为玉清昭应、会灵、祥源诸宫，议者固以崇侈劳费为戒，然未有若政和蔡京所为也。京既固位，窃国政，招大当童贯、杨戬、贾详、蓝从熙、何訢五人〔一〕，分任其事。于是始作延福宫，有穆清、成平、会宁、睿谟、凝和、昆玉、群玉七殿，东边有蕙馥、报琼、蟠桃、春锦、叠琼、芬芳、丽玉、寒香、拂云、偃盖、翠葆、铅英、云锦、兰薰、摘金十五阁，西边有繁英、雪香、披芳、铅华、琼华、文绮、绛萼、秾华、绿绮、瑶碧、清音、秋香、丛玉、扶玉、绛云，亦十五阁。又叠石为山，建明春阁，其高十一丈，宴春阁，广十二丈〔二〕。凿圆池为海，横四百尺，纵二百六十七尺。鹤庄、鹿砦、孔翠诸栅，蹄尾以数千计。五人者各自为制度，不相沿袭，争以华靡相夸胜，故名"延福五位"。其后复营万岁山、艮岳山，周十馀里，最高一峰九十尺，亭堂楼馆，不可殚记。徽宗初亦喜之，已而悟其过，有厌恶语，由是力役稍息。靖康遭变，诏取山禽水鸟十馀万投诸汴渠，拆屋为薪，翦石为炮，伐竹为笓篱，大鹿数千头，悉杀之以啗卫士。

【校勘记】

〔一〕招大当童贯……五人　王校本"大"作"权"。

〔二〕宴春阁广十二丈　王校本"二"作"一"。

7　僧官试卿

唐代宗以胡僧不空为鸿胪卿、开府仪同三司，予已论之矣。自其后习以为常，至本朝尚尔。元丰三年，详定官制所言，译经僧官，有授试光禄鸿胪卿、少卿者，请自今试卿者，改赐三藏大法师，试少卿者，赐三藏法师。诏试卿改赐六字法师，少卿四字，并冠以译经三藏。久之复罢。

8 大观算学

大观中，置算学如庠序之制，三年三月，诏以文宣王为先师，兖、邹、荆三国公配飨，十哲从祀，而列自昔著名算数之人，绘像于两廊，加赐五等之爵。于是中书舍人张邦昌定其名，风后、大桡、隶首、容成、箕子、商高、常仆、鬼臾区、巫咸九人封公，史苏、卜徒父、卜偃、梓慎、卜楚丘、史赵、史墨、裨灶、荣方、甘德、石申、鲜于妄人、耿寿昌、夏侯胜、京房、翼奉、李寻、张衡、周兴、单扬、樊英、郭璞、何承天、宋景业、萧吉、临孝恭、张曾元、王朴二十八人封伯，邓平、刘洪、管辂、赵达、祖冲之、殷绍、信都芳、许遵、耿询、刘焯、刘炫、傅仁均、王孝通、瞿昙罗、李淳风、王希明、李鼎祚、边冈〔一〕、郎顗、襄楷二十人封子，司马季主、洛下闳、严君平、刘徽、姜岌、张立建、夏侯阳、甄鸾、卢太翼九人封男。考其所条具，固有于传记无闻者，而高下等差，殊为乖谬。如司马季主、严君平止于男爵，鲜于妄人、洛下闳同定太初历，而妄人封伯，下闳封男，尤可笑也。十一月，又改以黄帝为先师云。

【校勘记】

〔一〕边冈 “冈”原作“罔”误刊，据库本、祠本改。按：旧五代史卷三作“冈”。

9 十八鼎

夏禹铸九鼎，唯见于左传王孙满对楚子及灵王欲求鼎之言，其后史记乃有鼎震及沦入于泗水之说。且以秦之强暴，视衰周如机上肉，何所畏而不取，周亦何辞以却。赧王之亡，尽以宝器入秦，而独遗此，以神器如是之重，决无沦没之理。泗水不在周境内，使何人般舁而往，宁无一人知之以告秦邪？始皇使人没水求之不获，盖亦为传闻所误。三礼经所载钟彝名数详矣，独未尝一及之。诗、易所书，固亦可考，以予揣之，未必有是物也。唐武后始复置于通天宫，不知何时而毁。国朝崇宁三年，用方士魏汉津言铸鼎，四年三月成，于中太一宫之南为殿，名曰九成宫。中央曰帝鼐，北方曰宝鼎，东北曰牡鼎，东方曰苍鼎，东南曰罔鼎，南方曰彤鼎，西南曰阜鼎，西方曰晶鼎，西北曰魁鼎。奉安之日，以蔡京为定鼎礼仪使。大观三年，又以铸鼎之地作宝成宫。政和六年，复用方士王仔昔议，建阁于天章阁西，徙鼎奉安。改帝鼐为隆鼐，馀八鼎皆改焉，名阁曰圆象徽调阁。七年，又铸神霄九鼎，一曰太极飞云洞劫之鼎，二曰苍壶祀天贮醇之鼎，三曰山岳五神之鼎，四曰精明洞渊之鼎，五曰天地阴阳之鼎，六曰混沌之鼎，七曰浮光洞天之鼎，八曰灵光晃曜炼神之鼎，九曰苍龟大蛇虫鱼金轮之鼎。明年鼎成，置于上清宝箓宫神霄殿，遂为十八鼎。继又诏罢九鼎新名，悉复其旧。今人但知有九鼎，而十八之数，唯朱忠靖公秀水闲居录略纪之，故详载于此。

10　四朝史志

四朝国史本纪，皆迈为编修官日所作，至于淳熙乙巳、丙午，又成列传百三十五卷。惟志二百卷，多出李焘之手，其汇次整理，殊为有工，然亦时有失点检处。盖文书广博，于理固然。职官志云：“使相以待勋贤故老，及宰相久次罢政者，惟赵普得之。明道末，吕夷简罢，始复加使相，其后王钦若罢日亦除，遂以为例。”案，赵普之后，寇准、陈尧叟、王钦若，皆祥符间自枢密使罢而得之。钦若以天圣初再入相，终于位，夷简乃在其后十馀年。今言钦若用夷简故事，则非也。因记新唐书所载："李泌相德宗，加崇文馆大学士。泌建言，学士加大，始中宗时，及张说为之，固辞。乃以学士知院事。至崔圆复为大学士，亦引泌为让而止。"案，崔圆乃肃宗朝宰相，泌之相也，相去三十年，反以为圆引泌为让，甚类前失也。

11　宗室参选

吏部员多阙少，今为益甚，而选人当注职官簿尉，辄为宗室所夺，盖以尽压已到部人之故。案，宣和七年八月，臣僚论："祖宗时宗室无参选法，至崇宁初，大启侥幸，遂使任意出官，又优为之法，参选一日，即在阖选名次之上。以天支之贵，其间不为无人，而膏粱之习，贪淫纵恣，出为民害者不少。议者颇欲惩革，罢百十人之私恩，为亿万人之公利，诚为至当。若以亲爱未忍，姑乞与在部人通理名次。"从之。靖康元年八月，又奏云：祖宗时，未有宗室参部之法，神宗时，始选择差注一二。崇宁初，立法太优，宗室参选之日，在本部名次之上，既压年月深远、劳效显著之人，复占名州大县、优便丰厚之处。议者颇欲惩革，不注郡守、县令，与在部人通理名次。"有旨从之。此二段，元未尝冲改，不知何时复紊也。

12　元丰库

神宗常愤北狄倔彊，慨然有恢复幽、燕之志，于内帑置库，自制四言诗，曰："五季失图，猃狁孔炽。艺祖造邦，思有惩艾。爰设内府，基以募士。曾孙保之，敢忘厥志。"凡三十二库，每库以一字揭之，储积皆满。又别置库，赋诗二十字，分揭于上，曰："每虔夕惕心，妄意遵遗业。顾予不武资，何日成戎捷。"其用志如此，国家帑藏之富可知。熙宁元年，以奉宸库珠子付河北缘边，于四榷场鬻钱银，准备买马，其数至于二千三百四十三万颗。乾道以来，有封桩、南库所贮金银楮券，合为四千万缗，孝宗尤所垂意。入绍熙以来〔一〕，颇供好赐之用，似闻日减于旧云。

【校勘记】

〔一〕入绍熙以来　"熙"原作"興"，误刊，据库本、祠本改。按，以上已言孝宗，绍熙乃孝宗之子光宗年号。

13　五俗字

书字有俗体，一律不可复改者，如冲、凉、况、减、决五字，悉以水为冫，笔陵切，与"冰"同。虽士人札翰亦然。玉篇正收入于水部中，而冫部之末亦存之，而皆注云"俗"，乃知由来久矣。唐张参五经文字亦以为讹。

容斋三笔卷十四 十七则

1 三教论衡

唐德宗以诞日岁岁诏佛、老者大论麟德殿，并召给事中徐岱及赵需、许孟容、韦渠牟讲说。始三家若矛盾，然卒而同归于善，帝大悦，赉予有差。此新书列传所载也。白乐天集有三教论衡一篇，云："大和元年十月，皇帝降诞日，奉敕召入麟德殿内道场，对御三教谈论，略录大端。第一座，秘书监白居易，安国寺引驾沙门义林，太清宫道士杨弘元。"其序曰："谈论之先，多陈三教，赞扬演说，以启谈端。臣学浅才微，猥登讲座。窃以义林法师明大小乘，通内外学，于大众中能师子吼。臣稽先王典籍，假陛下威灵，发问既来，敢不响答。"然予观义林所问，首以毛诗称六义，论语列四科，请备陈名数而已。居易对以孔门之徒三千，其贤者列为四科，毛诗之篇三百，其要者分为六义。然后言六义之数，四科之目，十哲之名。复引佛法比方，以六义可比十二部经，四科可比六度，以十哲可比十大弟子。僧难云："曾参至孝，百行之先，何故不列于四科？"居易又为辩析，乃曰："儒书奥义，既已讨论，释典微言，亦宜发问。"然所问者不过芥子纳须弥山一节而已。后问道士黄庭经中养气存神长生久视之道，道士却问敬一人而千万人悦。观其问答旨意，初非幽深微妙，不可测知。

唐帝岁以此为诞日上仪，殊为可省。国朝命僧升座祝圣，盖本于此。

2 夫兄为公

妇人呼夫之兄为伯，于书无所载。予顷使金国时，辟景孙弟辅行，弟妇在家，许斋醮及还家赛愿。予为作青词，云："顷因兄伯出使，夫婿从行。"虽借用陈平传"兄伯"之语，而自不以为然。偶忆尔雅释亲篇曰："妇称夫之兄为兄公，夫之弟为叔。"于是改"兄伯"字为"兄公"，视前所用，大为不侔矣。玉篇妐字音钟，注云："夫之兄也。"然于义训不若前语。

3 政和文忌

蔡京颛国，以学校科举箝制多士，而为之鹰犬者，又从而羽翼之。士子程文，一言一字稍涉疑忌，必暗黜之。有鲍辉卿者言："今州县学考试，未校文学精弱，先问时忌有无，苟语涉时忌，虽甚工不敢取。若曰：'休兵以息民，节用以丰财，罢不急之役，清入仕之流。'诸如此语，熙、丰、绍圣间试者共用，不以为忌，今悉绌之，所宜禁止。"诏可。政和三年，臣僚又言："比者试文，有以圣经之言辄为时忌而避之者，如曰'大哉尧之为君'，'君哉舜也'，与夫'制治于未乱，保邦于未危'，'吉凶悔吝生乎动'，'吉凶与民同患'，以为'哉'音与'灾'同，而危乱凶悔非人乐闻，皆避。今当不讳之朝，岂宜有此！"诏禁之。以二者之言考之，知当时试文无辜而坐黜者多矣，其事载于四朝志。

4 瞬息须臾

瞬息、须臾、顷刻，皆不久之辞，与释氏"一弹指间"、"一刹那顷"之义同,而释书分别甚备。新婆沙论云:"百二十刹那成一怛刹那,六十怛刹那成一腊缚,二十腊缚成一牟呼麦多,三十牟呼麦多成一昼夜。"又毗昙论云:"一刹那者翻为一念,一怛刹翻为一瞬,六十怛刹那为一息,一息为一罗婆,三十罗婆为一摩睺罗,翻为一须臾。"又僧祇律云:"二十念为一瞬,二十瞬名一弹指,二十弹指名一罗预,二十罗预名一须臾,一日一夜有三十须臾。"

5 神宗待文武臣

元丰三年,诏知州军不应举京官职官者,许通判举之。盖诸州守臣有以小使臣为之,而通判官入京朝,故许之荐举。今以小使臣守沿边小郡,而公然荐人改官,盖有司不举行故事也。神宗初即位,以刑部郎中刘述今朝散大夫。久不磨勘,特命为吏部郎中。今朝议大夫。枢密院言:"左藏库副使陈昉恬静,久应磨勘,不肯自言。"帝曰:"右职若效朝士养名而奖进之,则将习以为高,非便也。"翌日,以兵部员外郎张问今朝请郎。十年不磨勘,特迁礼部郎中。今朝奉大夫。其旌赏驾御,各自有宜,此所以为综核名实之善政。见四朝志。

6 绿竹王刍

随笔中载:"毛公释绿竹王刍,以为北人不见竹,故分绿竹为二物,以绿为王刍。"熙宁初,右赞善大夫吴安度试舍人院,已入等。有司以安度所赋绿竹诗背王刍古说,而直以为竹,遂黜不取。富韩公为相,言:"史记叙载淇园之竹,正卫产也,安度语有据。"遂赐进士出身。予又记前贤所纪,仁宗时,贾边试当仁不避于师论,以师为众,谓其背先儒训释,特黜之。盖是时士风淳厚,论者皆不喜新奇之说，非若王氏之学也。

7　亲除谏官

仁宗庆历三年，用欧阳修、余靖、王素为谏官，当时名士作诗，有“御笔新除三谏官”之句。元丰八年，诏范纯仁为谏议大夫，唐淑问、苏辙为司谏，朱光庭、范祖禹为正言。宣仁后问宰执：“此五人者如何？”佥曰：“外望惟允。”章子厚独曰：“故事，谏官皆荐诸侍从，然后大臣禀奏。今诏除出中，得无有近习援引乎？此门寖不可启。”后曰：“大臣实皆言之，非左右也。”子厚曰：“大臣当明扬，何为密荐？”由是有以亲嫌自言者，吕公著以范祖禹，韩缜、司马光以范纯仁。子厚曰：“台谏所以纠大臣之越法者，故事，执政初除，苟有亲戚及尝被荐引者，见为台臣，则皆他徙。今天子幼冲，太皇同听万几，故事不可违。”光曰：“纯仁、祖禹实宜在谏列，不可以臣故妨贤，宁臣避位。”子厚曰：“缜、光、公著必不私，他日有怀奸当国者，例此而引其亲党，恐非国之福。”后改除纯仁待制，祖禹著作佐郎，然此制亦不能常常恪守也。

8　检放灾伤

水旱灾伤，农民陈诉，郡县不能体朝廷德意。或虑减放苗米，则额外加耗之入为之有亏，故往往从窄。比年以来，但有因赈济虚数而冒赏者，至于蠲租失实，于民不便者，未尝小惩。宣和之世，执政不能尽贤，而其所施行，盖有慰人意[一]。京西运判李祐奏：“房州民数百人，陈言灾伤，知州李悝取其为首者，杖而徇之城市，以戒妄诉，用此其州蠲税不及一釐。”诏：“李悝除名，签书官皆勒停。”祐又奏:“唐、邓州蠲灾赈乏,悉如法令,均、房州不尽减税,致有盗贼。”诏:“均、房州守令悉罢,唐、邓守贰各增一官秩。”百姓见忧出于徽宗圣意,而大臣能将顺也。

【校勘记】

〔一〕其所施行盖有慰人意　库本、祠本“有”作“犹”,“意”作“心”。

9　檀弓注文

檀弓上下篇,皆孔门高第弟子在战国之前所论次。其文章雄健精工,虽楚、汉间诸人不能及也。而郑康成所注,又特为简当,旨意出于言外。今载其两章以示同志。“卫司寇惠子之丧,子游为之麻衰,牡麻绖〔一〕。”注云:“惠子废适立庶,为之重服以讥之。”“文子辞曰:子辱与弥牟之弟游,又辱为之服,敢辞。子游曰:礼也。文子退反哭。”注:“子游名习礼,文子亦以为当然,未觉其所讥。”“子游趋而就诸臣之位。”注:“深讥之。”“文子又辞曰:子辱与弥牟之弟游,又辱为之服,又辱临其丧,敢辞。子游曰:固以请。文子退,扶适子南面而立曰:子辱与弥牟之弟游,又辱为之服,又辱临其丧,虎也敢不复位。”注:“觉所讥也。”“子游趋而就客位。”注:“所讥行。”案,此一事倘非注文明言,殆不可晓。今用五“讥”字,词意涣然,至最后“觉所讥”“所讥行”六字,尤为透彻也。“季孙之母死,哀公吊焉。曾子与子贡吊焉,阍人为君在,弗内也。曾子与子贡入于其厩而修容焉。子贡先入,阍人曰:乡者已告矣。”注:“既不敢止,以言下之。”“曾子后入,阍人辟之。”注:“见两贤相随,弥益恭也。”今人读此段,直如亲立季氏之庭,亲见当时之事,注文尤得其要领云。

【校勘记】

〔一〕牡麻经　“牡”原作“壮”，误刊，据马本、祠本改。

10　左传有害理处

左传议论遗辞，颇有害理者，以文章富艳的艳之故，后人一切不复言，今略疏数端，以箴其失。传云：“郑武公、庄公为平王卿士，王贰于虢。”杜氏谓：“不复专任郑伯也。”“周公阅与王孙苏争政。”“王叛王孙苏。”杜氏曰：“叛者，不与也。”夫以君之于臣，而言贰与叛，岂理也哉！“晋平戎于王，单襄公如晋拜成。刘康公徼戎，将遂伐之。叔服曰：“背盟而欺大国，不义。”晋范吉射、赵鞅交兵。“刘氏、范氏世为昏姻，苌弘事刘文公，故周与范氏。赵鞅以为讨。”夫以天子之使出聘侯国，而言拜成，谓周于晋为欺大国，诸侯之卿跋扈于天子而言讨，皆于名分为不正。其他如晋邢侯杀叔鱼，叔鱼兄叔向数其恶而尸诸市，其于兄弟之谊为弗笃矣，而托仲尼之语云：“杀亲益荣。”杜氏又谓：“荣名益己。”以弟陈尸为兄荣，尤为失也。

11　夫人宗女请受

戚里宗妇封郡国夫人，宗女封郡县主，皆有月俸钱米，春冬绢绵，其数甚多，嘉祐禄令所不备载。顷见张抡娶仲儡女，封遂安县主，月入近百千，内人请给，除粮料院帮勘、左藏库所支之外，内帑又有添给，外庭不复得知。因记熙宁初，神宗与王安石言：“今财赋非不多，但用不节，何由给足？宫中一私身之奉，有及八十贯者，嫁一公主，至用七十万缗。沈贵妃料钱月八百贯。闻太宗时，宫人惟系皂细襜，元德皇后尝以金线缘襜而怒其奢。仁宗初定公主俸料，以问献穆大主，再三始言，其初仅得五贯耳。异时，中官月有止七百钱者。礼与其奢宁俭，自是美事也。”一时旨意如此，不闻奉行。以今度之，何止百十倍也。

12　蜀茶法

蜀道诸司，惟茶马一台，最为富盛，茶之课利多寡，与夫民间利疚，它邦无由可知。予记东坡集有送周朝议守汉州诗云：“茶为西南病，甿俗记二李。何人折其锋？矫矫六君子。”注：“二李，杞与稷也。六君子，谓思道与侄正孺、张永徽、吴醇翁、吕元钧、宋文辅也。”初，熙宁七年，遣三司干当公事李杞经画买茶，以蒲宗闵同领其事。蜀之茶园不殖五谷，惟宜种茶，赋税一例折输，钱三百折绢一匹，三百二十折䌷一匹，十钱折绵一两，二钱折草一围，凡税额总三十万。杞𬘓设官场，岁增息为四十万。其输受之际，往往压其斤重，侵其加直。杞以疾去，都官郎中刘佐体量，多其条画。于是宗闵乃议民茶息收十之三，尽卖于官场，蜀茶尽榷，民始病矣。知彭州吕陶言：“天下茶法既通，蜀中独行禁榷。况川峡四路所出茶货，比方东南诸处，十不及一。诸路既许通商，两川却为禁地，亏损治体，莫甚于斯。且尽榷民茶，随买随卖，或今日买十千，明日即作十三千卖之，比至岁终，不可胜筭，岂止三分而已。佐、杞、宗闵作为敝法，以困西南生聚。”佐坐罢去，以国子博士李稷代之，陶亦得罪。侍御史周尹复极论榷茶为害，罢为湖北提点刑狱。利路漕臣张宗谔张升卿复建议废茶场司，依旧通商；稷劾其疏谬，皆坐贬秩。茶场司行札子督绵州彰明县，知县宋大章缴奏，以为非所当用。稷又诋其卖直钓奇，坐冲替。一岁之间，通课利及息耗至七十六万缗有奇，诏录李杞前劳而官其子。后稷死于永乐城，其代陆师闵言其治茶五年，获净息四百二十八万缗，诏赐田十顷。凡上所书，皆见于国史。坡公所称思道乃周尹〔一〕，永徽乃二张之一，元钧乃吕陶，文辅乃大章也。正孺、醇翁之事不著。

【校勘记】

〔一〕坡公所称思道乃周尹　苏轼诗集卷三十送周朝议守汉州引宋施元之顾禧注东坡先生诗："周思道即汉州，名表臣。"又云："侄正孺名尹。"正孺，以下提及。据此，作者此处叙述有误。今姑仍其旧。

13　判府知府

国朝著令，仆射、宣徽使、使相知州府者为判，其后改仆射为特进，官称如昔时。唯章子厚罢相守越，制词结尾云："依前特进知越州。"虽曰黜典，亦学士院之误。同时执政蒋颖叔以手简与之，犹呼云判府，而章质夫只云知府，盖从其实，予所藏名公法书册有之。吾乡彭公器资有遗墨一帖，不知与何人，其辞曰："某顿首知郡相公峰下。"是必知州者，故亦不以府字借称。今世蕞尔小垒，区区一朝官承乏作守，吏民称为判府，彼固偃然居之不疑。风俗淳浇之异，一至于此！

14　歌扇舞衣

唐李义府有诗云："镂月为歌扇，裁云作舞衣〔一〕。"同时人张怀庆窃为己作，各增两字云："生情镂月为歌扇，出性裁云作舞衣。"致有生吞活剥之诮。予又见刘希夷代闺人春日一联云："池月怜歌扇，山云爱舞衣。”绝相似。杜老亦云：“江清歌扇底，野旷舞衣前。”储光羲云：“竹吹留歌扇，莲香入舞衣。”然则唐诗人好以歌扇、舞衣为对也。

【校勘记】

〔一〕唐李义府有诗云镂月为歌扇裁云作舞衣 “府”原脱，据祠本补。按，镂月云云，全唐诗收入，为李义府诗。

15 官会折阅

官会子之作，始于绍兴三十年，钱端礼为户部侍郎，委徽州创样撩造纸五十万，边幅皆不翦裁。初以分数给朝士俸，而于市肆要闹处置五场，辇见钱收换，每一千别输钱十以为吏卒用。商贾入纳，外郡纲运，悉同见钱。无欠数陪偿及脚乘之费，公私便之。既而印造益多，而实钱浸少，至于十而损一，未及十年，不胜其弊。寿皇念其弗便，出内库银二百万两售于市，以钱易楮，焚弃之，仅解一时之急，时乾道三年也。淳熙十二年，迈自婺召还，见临安人揭小帖，以七百五十钱兑一楮，因入对言之，喜其复行。天语云：“此事惟卿知之，朕以会子之故，几乎十年睡不着。”然是后曩弊又生，且伪造者所在有之。及其败获，又未尝正治其诛，故行用愈轻。迨庆元乙卯，多换六百二十，朝廷以为忧。诏江、浙诸道必以七百七十钱买楮币一道。此意固善，而不深思，用钱易纸，非有微利，谁肯为之！因记崇宁四年有旨，在京市户市商人交子，凡一千许损至九百五十，外路九百七十，得贸鬻如法，毋得辄损，愿增价者听。盖有所赢缩，则可通行，此理固易晓也。

16 飞邻望邻

自古所谓四邻，盖指东西南北四者而言耳。盖贪虐害民者，一切肆其私心。元丰以后，州县榷卖坊场，而收净息以募役，行之浸久，弊从而生。往往鬻其抵产，抑配四邻，四邻贫乏，则散及飞邻、望邻之家，不复问远近，必得偿乃止。飞邻、望邻之说，诚所未闻。元祐元年，殿中侍御史吕陶奏疏论之，虽尝暂革，至绍圣又复然。

17 衙参之礼

今监司、郡守初上事，既受官吏参谒，至晡时，僚属复伺于客次，胥吏列立廷下通刺曰衙，以听进退之命，如是者三日。如主人免此礼，则翌旦又通谢刺。此礼之起，不知何时。唐岑参为虢州上佐，有一诗题为衙郡守还，其辞曰："世事何反覆，一身难可料。头白翻折腰，还家私自笑。所嗟无产业，妻子嫌不调。五斗米留人，东溪忆垂钓。"然则由来久矣。韩诗曰："如今便别官长去，直到新年衙日来。"疑是谓月二日也。

容斋三笔卷十五 十八则

1 内职命词

内庭妇职迁叙，皆出中旨，至中书命词。如尚书内省官，固知其为长年习事，如司字、典字、掌字，知其为主守之微者。至于红紫霞帔郡国夫人，则其年龄之长少，爵列之崇庳，无由可以测度。绍兴二十八年九月，仲兄以左史直前奏事，时兼权中书舍人，高宗圣训云："有一事，待与卿说，昨有宫人宫正者封夫人，乃宫中管事人，六十馀岁，非是嫔御，恐卿不知。"兄奏云："系王刚中行词，刚中除蜀帅，系臣书黄，容臣别撰入。"上颔首。后四日，经筵留身奏事，奏言："前日面蒙宣谕，永嘉郡张夫人告词，既得圣旨，即时传旨三省，欲别撰进。昨日宰臣传圣旨，令不须别撰。"上曰："乃皇后峰中老管事人，今六十六岁，宫正乃执事者，昨日宰执奏欲换告，亦无妨碍，不须别进。今已年老多病，但欲得称呼耳。"盖昨训词中称其容色云。

2 蔡京除吏

唐天宝之季，杨国忠以右相兼吏部尚书，大集选人注拟于私第。故事，注官讫，过门下侍中、给事中，国忠呼左相陈希烈于座隅，时改侍中为左相。给事中在列，曰："既对注拟，过门下了矣。"吏部侍郎二人与郎官同咨事，趋走于前，国忠兮谓诸妹曰："两个紫袍主事何如?"史策书此,以见国忠颛政舞权也。然犹令侍中、给事同坐,以明非矫。若蔡京之盗弄威柄,则又过之。政和中,以太师领三省事,得治事于家。弟卞以开府在经筵,尝挟所亲将仕郎吴说往见,坐于便室,设一卓,陈笔砚,置玉版纸阔三寸者数十片于上。卞言常州教授某人之淹滞,曰:"自初登科作教官,今已朝奉郎,尚未脱故职。"京问:"何以处之?"卞曰:"须与一提学。"京取一纸,书其姓名及提举学事字而缺其路分,顾曰:"要何处?"卞曰:"其家极贫,非得俸入优厚处不可。"于是书"河北西路"字,付老兵持出。俄别有一兵赍一双缄及紫匣来,乃福建转运判官直龙图阁郑可简,以新茶献,即就可漏上书"秘撰运副"四字授之〔一〕。卞方语及吴说曰:"是安中司谏之子,颇能自立,且王逢原外孙,与舒王夫人姻眷,其母老,欲求一见阙省局。"京问:"吴曾踏逐得未?"对曰:"打套局适缺。"又书一纸付出。少顷,卞目吴使先退。吴之从姊嫁门下侍郎薛昂,因馆其家,才还舍,具以告昂,叹所见除目之迅速。昂曰:"此三者,已节次书黄矣。"始知国忠犹落第二义也。

【校勘记】

〔一〕即就可漏上书秘撰运副四字授之　王校:"漏"字误,未云应作何字。

3　题先圣庙诗

兖州先圣庙壁,尝有题诗者云:"灵光殿古生秋草,曲阜城荒噪晚鸦。惟有孔林残照日,至今犹属仲尼家。"不显姓名,颇为士大夫传诵。予顷在福州,于吕虚己处,见邵武上官校书诗一册,内一篇题为州西行。州西者,蔡京所居处也。注云:"靖康元年作。时京谪湖湘，子孙分窜外郡，所居第摧毁，索寞殆无人迹，故为古调以伤之。”凡三十馀韵，今但记其末联云：“君不见乔木参天独乐园，至今仍是温公宅。”其意甚与前相类。绍兴二十五年冬，秦桧死，空其赐宅，明年开河，役夫辇泥土堆于墙下。天台士人左君作诗云：“格天阁在人何在，偃月堂深恨亦深。不见洛阳图白发，但知郿坞积黄金。直言动便遭罗织，举目宁知有照临。炙手附炎俱不见，可怜泥滓满墙阴。”语虽纪实，然太露筋骨，不若前两章浑成也。左颇有才，最善谑，二十八年，杨和王之子偰，除权工部侍郎，时张循王之子子颜、子正，皆带集英修撰，且进待制矣。会叶审言自侍御史、杨元老自给事中徙为吏、兵侍郎，盖以缴论之故。左用歇后语作绝句，曰：“木易已为工部侍，弓长肯作集英修。如今台省无杨、叶，豚犬超升卒未休。”左居西湖上，好事请谒，人或畏其口，后竟终于布衣。

4　季文子魏献公

拟人必于其伦，后世之说也，古人则不然。鲁季文子出一莒仆，而历引舜举十六相去四凶，曰：“舜有大功二十而为天子，今行父虽未获一吉人，去一凶矣，于舜之功二十之一也。”晋魏献子为政，以其子戊为梗阳大夫，谓成鱄曰：“吾与戊也县，人其以我为党乎？”鱄诵大雅文王克明克类、克长克君、克顺克比、比于文王之句，而以为九德不愆。勤施无私曰类，择善而从之曰比。言：“主之举也，近文德矣。”且季孙行父之视舜，魏舒之视文王，何啻天壤之不侔，而行父以自比，舒受人之谀不以为嫌，乃知孟子所谓：“颜渊曰：‘舜何人也？予何人也？有为者亦若是。’”非过论也。

5 尊崇圣字

自孔子赞易、孟子论善信之前，未甚以圣为尊崇，虽诗、书、礼经所载亦然也。书称尧、舜之德，但曰"聪明文思"、"钦明文思"、"濬哲文明"、"温恭允塞"，至益之对舜，始有"乃圣乃神"之语。洪范"睿作圣"与"恭作肃，从作乂，明作哲，聪作谋"，同列于五事，其究但曰"圣时风若"，咎徵至以蒙为对。"惟圣罔念作狂，惟狂克念作圣。"则以狂与圣为善恶之对也。诗曰："国虽靡止，或圣或否。"则以圣与否为对也。下文"或哲或谋，或肃或艾"〔一〕，盖与五事略同。人之齐圣，不过"饮酒温克"而已。左传八恺"齐、圣、广、渊、明、允、笃、诚"，周官六德"知、仁、圣、义、忠、和"，皆混于诸字中，了无所异。以故鲁以臧武仲为圣人，伯夷、伊尹、柳下惠皆曰圣，而孟子以为否。

【校勘记】

〔一〕或哲或谋或肃或艾　"哲"原作"肃"，"肃"原作"哲"，据马本、祠本改。按，"或哲"云云，为诗小旻中之二句。

6 媵字训

媵之义为送，春秋所书，晋人卫人来媵，皆送女也。楚辞九章云："波滔滔兮来迎，鱼鳞鳞兮媵予。"其义亦同。周易咸卦象曰："咸其辅颊舌，滕口说也。"释文云："滕，达也。"九家皆作乘，而郑康成、虞翻作媵，而亦训为送云。

7 周礼奇字

六经用字，固亦间有奇古者，然唯周礼一书独多。予谓前贤以为此书出于刘歆，歆常从杨子云学作奇字，故用以入经。如法为灋，柄为枋，邪为衺，美为微，呼为嘑，拜为撵，韶为磬，怪为傀，暴为虣，独为箈，风为飌，鲜为鱻，槁为薧，螺为蠃，蜱为蠯〔一〕，鱼为魰，埋为貍，吹为歈，陔为祴，暗为簎，柝为橐，探为撢，翅为翨，摘为硩，骇为駴，击为毄，辜为椁，掬为萶，幂为榠，藻为薻，昊为昃〔二〕，叩为敂，艰为囏，魅为彪，与夫庮、皫、胖、鳙、齍、眂、劀、酏、枲、麷、簵、鬻、椢、緆、鼺、㛹、檿、輮之类，皆他经鲜用，予前已书之而不详悉。若考工记之字，又不可胜载也。

【校勘记】

〔一〕蜱 库本、祠本作“脾”。

〔二〕昃 库本、祠本作“庛”。

8 大禹之书

夏书五子之歌，述大禹之戒，其前三章是也。禹之谟训，舍虞、夏二书外，他无所载。汉艺文志杂家者流有大命三十七篇，云：“传言禹所作，其文似后世语。”命，古禹字也，意必依仿而作之者，然亦周、汉间人所为，今寂而无传，亦可惜也。

9 随巢胡非子

汉书艺文志墨家者流，有随巢子六篇、胡非子三篇，皆云墨翟弟子也。二书今不复存，马总意林所述，各有一卷。随巢之言曰："大圣之行，兼爱万民，疏而不绝，贤者欣之，不肖者怜之。贤而不欣，是贱德也。不肖不怜，是忍人也。"又有"鬼神贤于圣人"之论，其于兼爱、明鬼，为墨之徒可知。胡非之言曰："勇有五等：负长剑，赴榛薄，折兕豹，搏熊罴，此猎徒之勇也；负长剑，赴深渊，折蛟龙，搏鼋鼍，此渔人之勇也；登高危之上，鹄立四望，颜色不变，此陶匠之勇也；剽必刺，视必杀，此五刑之勇也；齐桓公以鲁为南境，鲁忧之，曹刿匹夫之士，一怒而劫万乘之师，存千乘之国，此君子之勇也。"其说亦卑陋无过人处。

10 别国方言

今世所传杨子云輶轩使者绝代语释别国方言，凡十三卷，郭璞序而解之。其末又有汉成帝时刘子骏与雄书，从取方言及雄答书。以予考之，殆非也。雄自序所为文，汉史本传但云："经莫大于易，故作太玄；传莫大于论语，作法言；史篇莫善于仓颉，作训纂；箴莫善于虞箴，作州箴；赋莫深于离骚，反而广之；辞莫丽于相如，作四赋。"雄平生所为文尽于是矣，初无所谓方言。汉艺文志小学有训纂一篇。儒家有雄所序三十八篇，注云："太玄十九，法言十三，乐四，箴二。"杂赋有雄赋十二篇，亦不载方言。观其答刘子骏书，称"蜀人严君平"，案君平本姓庄，汉显宗讳庄，始改曰"严"。法言所称"蜀庄沈冥"、"蜀庄之才之珍"、"吾珍庄也"，皆是本字，何独至此书而曰"严"。又子骏只从之求书，而答云："必欲胁之以威，陵之以武，则缢死以从命也。"何至是哉！既云成帝时子骏与雄书，而其中乃云孝成皇帝，反覆抵牾。又书称"汝、颍之间"，先汉人无此语也，必汉、魏之际好事者为之云。

11 纵臾

史记衡山王传："日夜从容王密谋反事。"汉书传云："日夜纵臾王谋反事。"如淳曰："臾读曰勇，纵臾，犹言勉强也。"颜师古曰："纵，音子勇反。纵臾，谓奖劝也。"杨雄方言云："食阎、怂慂，音与上同。劝也。南楚凡己不欲喜，而旁人说之，不欲怒，而旁人怒之，谓之食阎，亦谓之怂慂。"今礼部韵略收入，汉注皆不引用。

12 总持寺唐敕牒

唐世符帖文书，今存者亦少，隆兴府城内总持寺有一碑，其前一纸，乾符三年洪州都督府牒僧仲暹，次一纸中和五年监军使帖僧神遇，第三纸光启三年十一月中书门下牒江西观察使。其后列衔者二十四人，曰中书侍郎兼兵部尚书平章事杜孙能，门下侍郎兼吏部尚书平章事孔纬，此后检校左仆射一人，检校司空二人，检校司徒八人，检校太保三人，检校太傅一人，检校太尉三人，检校太师一人，皆带平章事著姓，太保兼侍中昭度不书韦字，检校太师兼侍中一人，太师兼中书令一人，皆不著姓，舍杜、孔、韦三正相之外，馀皆小书使字，盖使相也。后又有节度使锺传两牒，字画端劲有法，如士人札翰，今时台省吏文不能及也。嘉祐二年，雒阳人职方员外郎李上交来豫章东湖，见所藏真迹，为辨之云：二十一人者，乃张濬、朱玫、李福、李可举、李罕之、陈敬瑄、王处存、王徽、曹诚、李匡威、李茂贞、王重荣、杨守亮、王镕、乐彦祺、朱全忠、张全义、拓拔思恭、时溥、王铎、高骈也〔一〕。而注云："见僖宗纪及实录。"以予考之，自三相及拓拔、乐彦祺、时溥、张濬、朱全忠、李茂贞诸人外，如李克用、朱瑄、王行瑜皆是时使相，不应缺，而朱玫、王铎、王重荣、李福皆已死，所谓太师中书令者，史策不载，唯陈敬瑄检校此官而兼中令，最后者其是欤？它皆不复可究质矣。

【校勘记】

〔一〕乐彦祺　库本、祠本"祺"作"祯"。下同。

13　禁旅迁补

国朝宿卫禁旅迁补之制，以岁月功次而递进者，谓之排连。大礼后，次年殿庭较艺，乘舆临轩，曰"推垛子"。其岁满当去者，随其本资，高者以正任团练使、刺史补外州总管、钤辖，小者得州郡监〔一〕，当留者于军职内升补，谓之转员。唯推垛之日，以疾不趁赴者，为害甚重。绍兴三十二年四月，予以右史午对，时将有使事〔二〕，与上介张才甫同饭于皇城司。有一老兵，幞头执黑杖子，拜辞皇城干办官刘知峰，泣涕哽噎，刘亦为恻然。予问其故，兵以杖相示，满其上皆揭记士卒姓名营屯事件，云："身是天武第一军都指挥使，曾立战功，积官至遥郡团练使，今年满当出职，若御前呈试了，便得正任使名，而为近郡总管。不幸小疾，遂遭拣汰，只可降移外藩将校，在身官位一切除落，方伏事州都监听管营部辖。三十年勤劳，一旦如扫，薄命不偶，至于如是。坐者同叹息怜之。"案，崇宁四年有诏，诸班直尝备宿卫，病告满尚可疗者，殿前指挥使补外牢城指挥使，盖旧法也。

【校勘记】

〔一〕小者得州郡监　马本、库本、祠本"郡"作"都"。按，疑作"都"是。

〔二〕予以右史午对时将有使事　“使”原作“吏”，据马本、库本、祠本改。据宋史洪迈传，时金使来，迈为接伴使。

14　六言诗难工

唐张继诗，今人所传者唯枫桥夜泊一篇，荆公诗选亦但别有两首，乐府有塞孤一篇。而皇甫冉集中载其所寄六言曰：“京口情人别久，扬州估客来疏。潮至浔阳回去，相思无处通书。”冉酬之，而序言：“懿孙，予之旧好，祗役武昌，有六言诗见忆，今以七言裁答，盖拙于事者繁而费。”冉之意，以六言为难工，故衍六为七，然自有三章曰：“江上年年春早，津头日日人行。借问山阴远近，犹闻薄暮钟声。”“水流绝涧终日，草长深山暮云。犬吠鸡鸣几处，条桑种杏何人？”“门外水流何处，天边树绕谁家？山绝东西多少，朝朝几度云遮。”皆清绝可画，非拙而不能也。予编唐人绝句，得七言七千五百首，五言二千五百首，合为万首。而六言不满四十，信乎其难也。

15　杯水救车薪

孟子曰：“仁之胜不仁也，如水胜火，今之为仁者，犹以一杯水救一车薪之火也，不熄，则谓之水不胜火。”予读文子，其书有云：“水之势胜火，一勺不能救一车之薪；金之势胜木，一刃不能残一林；土之势胜水〔一〕，一块不能塞一河。”文子，周平王时人，孟氏之言，盖本于此。

【校勘记】

〔一〕土之势胜水　“土”原作“上”，误刊，据明抄本改。

16　诎一人之下

萧何谏高祖受汉王之封，曰：“夫能诎于一人之下，而信于万乘之上者，汤、武是也。”六韬云：“文王在岐，召太公曰：‘吾地小。’太公曰：‘天下有粟，贤者食之；天下有民，贤者牧之。屈于一人之下，则申于万人之上，唯圣人能为之。’”然则萧何之言，其出于此，而汉书注释诸家，皆不曾引证。

17　秦汉重县令客

秦、汉之时，郡守县令之权极重，虽一令之微，能生死人，故为之宾客者，邑人不敢不敬。单父人吕公善沛令，辟仇从之客，沛中豪桀吏闻令有重客，皆往贺。谓以礼物相庆也。司马相如游梁归蜀，素与临邛令王吉相善，来过之，舍于都亭。临邛富人卓王孙、程郑相谓曰：“令有贵客，为具召之，并召令。”相如窃王孙女归成都，以贫困复如临邛，王孙杜门不出，昆弟诸公更谓王孙曰：“长卿人材足依，且又令客，奈何相辱如此！”注云：“言县令之客，不可以辱也。”是时为令客者如此。今士大夫为守令故人，往见者虽未必皆贤，岂复蒙此礼敬。稍或戾于法制，微有干托，其累主人必矣。

18　之字训变

汉高祖讳邦，荀悦云："之字曰国。惠帝讳盈，之字曰满。"谓臣下所避以相代也。盖"之"字之义训变。左传："周史以周易见陈侯者，陈侯使筮之，遇观之否。"谓观六四变而为否也。他皆仿此。

容斋三笔卷十六 二十则

1 蹇氏父子

蹇周辅立江西、福建茶法，以害两路。其子序辰在绍圣中，乞编类元祐章疏案牍，人为一帙，置在二府。由是搢绅之祸，无一得脱。此犹未足言，及居元符遏密中，肆音乐自娱。后守苏州，以天宁节与其父忌日同，辄于前一日设宴，及节日不张乐。其无人臣之义如是，盖举世未闻也。

2 神臂弓

神臂弓出于弩遗法，古未有也。熙宁元年，民李宏始献之入内，副都知张若水方受旨料简弓弩，取以进。其法以檿木为身，檀为弰，铁为蹬子枪头，铜为马面牙发，麻绳札丝为弦，弓之身三尺有二寸，弦长二尺有五寸，箭木羽长数寸，射二百四十馀步，入榆木半笴。神宗阅试，甚善之。于是行用，而他弓矢弗能及。绍兴五年，韩世忠又侈大其制，更名"克敌弓"，以与金虏战，大获胜捷。十二年词科试日，主司出克敌弓铭为题云。

3 敕令格式

法令之书，其别有四，敕、令、格、式是也。神宗圣训曰："禁于未然之谓敕，禁于已然之谓令，设于此以待彼之至谓之格，设于此使彼效之谓之式。”凡入笞杖徒流死，自例以下至断狱十有二门，丽刑名轻重者，皆为敕；自品官以下至断狱三十五门，约束禁止者，皆为令；命官庶人之等，倍全分釐之给，有等级高下者，皆为格；表奏、帐籍、关牒、符檄之类，有体制模楷者，皆为式。元丰编敕用此，后来虽数有修定，然大体悉循用之。今假宁一门，实载于格，而公私文书行移，并名为式假，则非也。

4　颜鲁公戏吟

陶渊明作闲情赋，寄意女色，萧统以为白玉微瑕。宋广平作梅花赋，皮日休以为铁心石肠人而亦风流艳冶如此。颜鲁公集有七言联句四绝，其目曰大言、乐语、馋语、醉语。于乐语云：“苦河既济真僧喜，新知满坐笑相视。戍客归来见妻子，学生放假偷向市。”馋语云：“拈餲舐指不知休，欲炙侍立涎交流。过屠大嚼肯知羞，食店门外强淹留。”醉语云：“逢糟遇曲便酩酊，覆车坠马皆不醒。倒着接䍦发垂领〔一〕，狂心乱语无人并。”以公之刚介守正而作是诗，岂非以文滑稽乎！然语意平常，无可咀嚼，予疑非公诗也。

【校勘记】

〔一〕倒著接䍦发垂领　“䍦”原作“篱”，误刊，据马本、祠本改。按，接䍦乃头巾。

5　纪年用先代名

唐德宗以建中、兴元之乱，思太宗贞观、明皇开元为不可跂及，故改年为贞元，各取一字以法象之。高宗建炎之元，欲法建隆而下字无所本。孝宗以来，始一切用贞元故事。隆兴以建隆、绍兴，乾道以乾德、至道，淳熙以淳化、雍熙，绍熙以绍兴、淳熙，庆元以庆历、元祐也。

6 中舍

官制未改之前，初升朝官，有出身人为太子中允，无出身人为太子中舍，皆今通直郎也。近时士大夫或不能晓，乃称中书舍人曰中舍，殊可笑云。苏子美在进奏院，会馆职，有中舍者欲预席，子美曰："乐中既无筝、琶、筚、笛，坐上安有国、舍、虞、比。"国谓国子博士，舍谓中舍，虞谓虞部，比谓比部员外、郎中，皆任子官也。

7 多赦长恶

熙宁七年旱，神宗欲降赦，时已两赦矣。王安石曰："汤旱，以六事自责，曰政不节与？若一岁三赦，是政不节，非所以弭灾也。"乃止。安石平生持论务与众异，独此说为至公。近者六年之间，再行覃霈。婺州富人卢助教，以刻核起家，因至田仆之居，为仆父子四人所执，投置杵臼内，捣碎其躯为肉泥，既鞫治成狱，而遇己酉赦恩获免。至复登卢氏之门，笑侮之，曰："助教何不下庄收谷？"兹事可为冤愤，而州郡失于奏论。绍熙甲寅岁至于四赦，凶盗杀人一切不死，惠奸长恶，何补于治哉！

8 奏谳疑狱

州郡疑狱许奏谳，盖朝廷之仁恩。然不问所犯重轻及情理蠹害，一切纵之，则为坏法。耿延年提点江东刑狱，专务全活死囚，其用心固善。然南康妇人谋杀其夫甚明，曲贷其命，累勘官翻以失入被罪。予守赣，一将兵逃至外邑，杀村民于深林，民兄后知之，畏申官之费，即焚其尸，事发系狱，以杀时无证，尸不经验，奏裁刑寺辄定为断配。予持敕不下，复奏论之，未下而此兵死于狱。因记元丰中，宣州民叶元，以同居兄乱其妻而杀之，又杀兄子，而彊其父与嫂约契，不讼于官。邻里发其事，州以情理可悯，为上请。审刑院奏欲贷，神宗曰："罪人已前死，奸乱之事，特出于叶元之口，不足以定罪，且下民虽为无知，抵冒法禁，固宜哀矜。然以妻子之爱，既杀其兄，仍戕其侄，又罔其父，背逆天理，伤败人伦，宜以殴兄至死律论。"此旨可谓至明矣。

9 医职冗滥

神宗董正治官，立医官，额止于四员。及宣和中，自和安大夫至翰林医官，凡一百十七人，直局至祗候，凡九百七十九人，冗滥如此。三年五月，始诏大夫以二十员，郎以三十员，医效至祗候以三百人为额，而额外人免改正，但不许作官户，见带遥郡人并依元丰旧制，然竟不能循守也。乾道三年正月，随龙医官、平和大夫、阶州团练使潘攸差判太医局，请给依能诚例支破。迈时在西掖，取会能诚全支本色，因依诚系和安大夫、潭州观察使，月请米麦百馀硕，钱数百千，春冬绵绢之属，比他人十倍，因上章极论之，乞将攸合得请给，令户部照条支破。孝宗圣谕云："岂惟潘攸不合得，并能诚亦合住了。"即日，御笔批依，仍改正能诚已得真俸之旨，旋又罢医官局。

10　切脚语

世人语音有以切脚而称者，亦间见之于书史中。如以蓬为勃笼，槃为勃阑，铎为突落，叵为不可，团为突栾，钲为丁宁，顶为滴𩒹，角为矻落，蒲为勃卢，精为即零，螳为突郎，诸为之乎，旁为步廊，茨为蒺藜，圈为屈挛，锢为骨露，窠为窟驼是也。

11　唐世辟寮佐有词

唐世节度、观察诸使，辟置僚佐以至州郡差掾属，牒语皆用四六，大略如告词。李商隐樊南甲乙集、顾云编稿、罗隐湘南杂稿皆有之。故韩文公送石洪赴河阳幕府序云："撰书辞，具马币。"李肇国史补载崖州差故相韦执谊摄军事衙推，亦有其文，非若今时只以吏牍行遣也。钱武肃在镇牒锺廷翰摄安吉主簿云："敕淮南、镇海、镇东等军节度使，牒将仕郎试秘书省校书郎锺廷翰，牒奉处分，前件官儒素修身，早升官绪，寓居霅水，累历星霜，克循廉谨之规，备显温恭之道。今者愿求录用，特议抡材，安吉属城印曹阙吏，俾期差摄，勉效公方，倘闻佐理之能，岂悋超升之奖！事须差摄安吉县主簿牒举者，故牒。贞明二年三月日。"牒后衔云："使、尚父、守尚书令、吴越王押。"此牒今藏于王顺伯家，其字画端严有法，其文则掌书记所撰，殊为不工，但印记不存矣。谓主簿为印曹，亦佳。

12　高子允谒刺

王顺伯藏昔贤墨帖至多，其一曰高子允诸公谒刺，凡十六人：

时公美、徐振甫、余中、龚深父、元耆宁、秦少游、黄鲁直、张文潜、晁无咎、司马公休、李成季、叶致远、黄道夫、廖明略、彭器资、陈祥道。皆元祐四年朝士,唯器资为中书舍人,馀皆馆职。其刺字或书官职,或书郡里,或称姓名,或只称名,既手书之,又斥主人之字,且有同舍、尊兄之目,风流气味,宛然可端拜,非若后之士大夫一付笔吏也。蔡忠惠公帖亦有其二,一曰"襄奉候子石兄起居,朔旦谨谒";一曰"襄别洪州少卿学士"。盖又在前帖三十年之先也。

13 蔡君谟书碑

欧阳公作蔡君谟墓志云:"公工于书画,颇自惜,不妄与人书。仁宗尤爱称之,御制元舅陇西王碑文,诏公书之。其后命学士撰温成皇后碑文,又敕公书,则辞不肯,曰:'此待诏职也。'"国史传所载,盖用其语。比见蔡与欧阳一帖云:"鼏者得侍陛下清光,时有天旨,令写御撰碑文,宫寺题榜。至有勋德之家,干请朝廷出敕令书。襄谓近世书写碑志,则有资利,若朝廷之命,则有司存焉,待诏其职也。今与待诏争利,其可乎?力辞乃已。"盖辞其可辞,其不可辞者不辞也。然后知蔡公之旨意如此。虽勋德之家请于朝出敕令书者,亦辞之,不止一温成碑而已。其清介有守,后世或未知之,故载于此。

14 杨涉父子

唐杨涉为人和厚恭谨。哀帝时,自吏部侍郎拜相。时朱全忠擅国,涉闻当为相,与家人相泣,谓其子凝式曰:"此吾家之不幸也,必为汝累。"后二年,全忠篡逆,涉为押传国宝使,凝式曰:"大人为唐宰相，而国家至此，不可谓之无过，况手持天子玺绶与人，虽保富贵，奈千载何，盍辞之?”涉大骇，曰:“汝灭吾族!”神色为之不宁者数日。此一杨涉也，方其且相，则对其子有不幸之语，及持国宝与逆贼，则骇其子劝止之请，一何前后之不相侔也！鄙夫患失，又惩白马之祸，丧其良心，甘入“六臣”之列，其可羞也甚矣。凝式病其父失节，托于心疾，历五代十二君，佯狂不仕，亦贤乎哉！

15　佛胸卍字

法苑珠林叙佛之初生云:“开卍字于胸前，蹑千轮于足下。”又占相部云:“如来至真，常于胸前自然卍字，大人相者，乃往古世蠲除秽浊不善行故。”予于夷坚丁志中载蔡京胸字，言:“京死后四十二年迁葬，皮肉消化已尽，独心胸上隐起一卍字，高二分许，如镌刻所就。”正与此同。以大奸误国之人，而有此祥，诚不可晓也。岂非天崩地拆，造化定数，故产此异物，以为宗社之祸邪！

16　苏涣诗

杜子美赠苏涣诗序云:“苏大侍御涣，静者也，旅寓于江侧，凡是不交州府之客，人事都绝久矣。肩舆江浦，忽访老夫，请诵近诗，肯吟数首，才力素壮，词句动人，涌思雷出，书箧几杖之外，殷殷留金石声。赋八韵记异，亦记老夫倾倒于苏至矣。”诗有“再闻诵新作，突过黄初诗”之语。又有一篇寄裴道州并呈苏涣侍御云:“附书与裴因示苏，此生已愧须人扶。致君尧舜付公等，早据要路思捐躯。”其褒重之如此。唐艺文志有涣诗一卷，云:“涣少喜剽盗，善用白弩，巴蜀商人苦之，称‘白跖’，以比庄跻。后折节读书，进士及第，湖南崔瓘辟从事，继走交、广，与哥舒晃反，伏诛。”然则非所谓驳隐者也。涣在广州作变律诗十九首，上广府帅，其一曰：“养蚕为素丝，叶尽蚕不老。顷筐对空床，此意向谁道。一女不得织，万夫受其寒。一夫不得意，四海行路难。祸亦不在大，祸亦不在先。世路险孟门，吾徒当勉旃。”其二曰：“毒蜂一巢成，高挂恶木枝。行人百步外，目断魂为飞。长安大道边，挟弹谁家儿？手持黄金丸，引满无所疑。一中纷下来，势若风雨随。身如万箭攒，宛转送所之。徒有疾恶心，奈何不知机。”读此二诗，可以知其人矣。杜赠涣诗，名为记异，语意不与它等，厥有旨哉。

17 岁后八日

东方朔占书，岁后八日，一为鸡，二为犬，三为豕，四为羊，五为牛，六为马，七为人，八为谷。谓其日晴，则所主之物育，阴则灾。杜诗云：“元日到人日，未有不阴时。”用此也。八日为谷，所系尤重，而人罕知者，故书之。

18 门焉闺焉

左氏传好用“门焉”字。如“晋侯围曹，门焉”，“齐侯围龙，卢蒲就魁门焉”，“吴伐巢，吴子门焉”，“偪阳人启门，诸侯之士门焉〔一〕”。及“蔡公孙翩以两矢门之”，“门于师之梁”，“门于阳州”之类，皆奇葩之语也。然公羊传云：“入其大门，则无人门焉者；入其闺，则无人闺焉者；上其堂，则无人焉。”又杰出有味。何休注“堂无人焉”之下曰：“但言焉，绝语辞，堂不设守视人，故不言焉者。”休之学可谓精切，能尽立言之深意。

【校勘记】

〔一〕偪阳人启门诸侯之士门焉　“偪”原作“富”，误刊。据马本、祠本改。按：左传襄公十年作“偪偪”。

19　郡县主婿官

本朝宗室袒免亲女出嫁，如婿系白身人，得文解者为将仕郎，否则承节、承信郎，妻虽死，夫为官如故。按，唐贞元中，故怀泽县主婿检校赞善大夫窦克绍状言：“臣顷以国亲，超受宠禄，及县主薨逝，臣官遂停。臣陪位出身，未授检校官，自有本官，伏乞宣付所司，许取前衔婺州司户参军随例调集。”诏：“许赴集，仍委所司比类前任正员官依资注拟。自今已后，郡县主婿除丁忧外，有曾任正员官停检校官俸料后者，准此处分。”乃知婿官不停者，恩厚于唐世多矣。绍兴中，高士褭尚伪福国长公主，至观察使。及公主事发诛死，犹得故官，可谓优渥。

20　乐府诗引喻

自齐、梁以来，诗人作乐府子夜四时歌之类，每以前句比兴引喻，而后句实言以证之。至唐张祜、李商隐、温庭筠、陆龟蒙，亦多此体，或四句皆然。今略书十数联于策。其四句者如：“高山种芙蓉，复经黄蘖坞。未得一莲时，流离婴辛苦。”“窗外山魈立，知渠脚不多。三更机底下，模著是谁梭。”“淮上能无雨，回头总是情。蒲帆浑未织，争得一欢成。”其两句者如：“风吹荷叶动，无夜不摇莲。”“空织无经纬，求匹理自难。”“围棋烧败袄，著子故依然。”“理丝入残机，何悟不成匹。”“攤门不安横，无复相关意。”“黄蘖向春生，苦心日日长。”“明灯照空局，悠然未有期。”“玉作弹棋局，中心最不平。”“剪刀横眼底，方觉泪难裁。”“中劈庭前枣，教郎见赤心。”“千寻葶苈枝，争奈长长苦。”“愁见蜘蛛织，寻思直到明。”“双灯俱暗尽，奈许两无由。”“三更书石阙，忆子夜啼悲。”“芙蓉腹里萎，怜汝从心起。”“朝看暮牛迹，知是宿啼痕。”“梳头入黄泉，分作两死计。”“石阙生口中，衔悲不能语。”“桑蚕不作茧，昼夜长悬丝。”皆是也。龟蒙又有风人诗四首，云：“十万全师出，遥知正忆君。一心如瑞麦，长作两岐分。”“破檗供朝爨，须知是苦辛。晓天窥落宿，谁识独醒人。”“旦日思双屦，明时愿早谐。丹青传四渎，难写是秋怀。”“闻道更新帜，多应废旧期。征衣无伴捣，独处自然悲。”皮日休和其三章，云：“刻石书离恨，因成别后悲。莫言春茧薄，犹有万重思。”“镂出容刀饰，亲逢巧笑难。日中骚客佩，争奈即阑干。”“江上秋声起，从来浪得名。逆风犹挂席，苦不会凡情。”刘采春所唱云：“不是厨中串，争知炙里心。井边银钏落，展转恨还深。”“簳蜡为红烛，情知不自由。细丝斜结网，争奈眼相钩。”尤为明白。七言亦间有之，如“东边日出西边雨，道是无情又有情”，“玲珑骰子安红豆，入骨相思知也无”，“合欢桃核真堪恨，里许元来别有人”是也。近世鄙词，如一落索数阕，盖效此格，语意亦新工，恨太俗耳，然非才士不能为。世传东坡一绝句云：“莲子擘开须见薏，楸枰着尽更无棋。破衫却有重缝处，一饭何曾忘却匙。”盖是文与意并见一句中，又非前比也。集中不载。

容斋四笔

容斋四笔序

始予作容斋随笔，首尾十八年，续笔十三年，三笔五年，而四笔之成，不费一岁。身益老而著书益速，盖有其说。曩自越府归，谢绝外事，独弄笔纪述之习，不可扫除。故搜采异闻，但绪夷坚诸志，于议论雌黄，不复关抱。而稚子櫰每见夷坚满纸，辄曰："随笔、夷坚，皆大人素所游戏。今随笔不加益，不应厚于彼而薄于此也。"日日立案傍，必俟草一则乃退。重逆其意，则裒所忆而书之。櫰嗜读书，虽就寝犹置一编枕畔，旦则与之俱兴。而天啬其付，年且弱冠，聪明殊未开，以彼其勤，殆必有日。丈夫爱怜少子，此乎见之。于是占抒为序，并奖其志云。庆元三年九月二十四日序。

容斋四笔卷一　十九则

1　孔庙位次

自唐以来，相传以孔门高弟颜渊至子夏为十哲，故坐祀于庙堂上。其后升颜子配享，则进曾子于堂，居子夏之次以补其阙。然颜子之父路、曾子之父点，乃在庑下从祀之列，子处父上，神灵有知，何以自安。所谓子虽齐圣，不先父食，正谓是也。又孟子配食与颜子并，而其师子思，子思之师曾子亦在下。此两者于礼于义实为未然，特相承既久，莫之敢议耳。

2　周三公不特置

周成王董正治官，立太师、太傅、太保，兹惟三公，而云："官不必备，惟其人。"以书传考之，皆兼领六卿，未尝特置也。周公既为师，然犹位冢宰，尚书所载召公以太保领冢宰，芮伯为司徒，彤伯为宗伯，毕公以太师领司马，卫侯为司寇，毛公以太傅领司空是已。其所次第惟以六卿为先后，而师傅之尊乃居太保下也。

3　周公作金縢

尚书孔氏所传五十九篇皆有序，其出于史官者不言某人作，如虞书五篇，纪一时君臣吁谟都俞及识其政事，如说命、武成、顾命、康王之诰、召诰自"惟二月既望"至"越自乃御事"、洛诰自"戊辰王在新邑"至篇终，蔡仲之命自"惟周公位冢宰"至"邦之蔡"皆然。如指言某人所作，则伊尹作伊训、太甲、咸有一德，盘庚三篇，周公作大诰、康诰、酒诰、梓材、多士、无逸、君奭、多方、立政是也。惟金縢之篇，首尾皆叙事，而直以为周公作。案此篇除册祝三王外，馀皆周史之词，如"公乃自以为功"、"公归纳册"、"公将不利于孺子"、"公乃为诗以贻王"、"王亦未敢诮公"、"公命我勿敢言"、"天动威以彰周公之德"、"公勤劳王家"之语，"出郊"、"反风"之异，决非周公所自为，今不复可质究矣。

4　云梦泽

云梦，楚泽薮也，列于周礼职方氏。郑氏云："在华容。"汉志有云梦官。然其实云也梦也，各为一处。禹贡所书："云土梦作乂。"注云："在江南。"惟左传得其详。如郧夫人弃子文于梦中，注云："梦，泽名，在江夏安陆县城东南。"楚子田江南之梦，注云："楚之云、梦，跨江南北。"楚子济江入于云中，注："入云泽中，所谓江南之梦。"然则云在江之北，梦在其南也。上林赋："楚有七泽，尝见其一，名曰云梦，特其小小者耳，方九百里。"此乃司马长卿夸言。今为县，隶德安，询诸彼人，已不能的指疆域。职方氏以"梦"为"瞢"。前汉叙传："子文投于瞢中。"音皆同。

5　关雎不同

关雎为国风首，毛氏列之于三百篇之前。大序云："后妃之德也。"而鲁诗云："后夫人鸡鸣佩玉去君所，周康王后不然，故诗人叹而伤之。"后汉皇后纪序:"康王晏朝,关雎作讽,盖用此也。"显宗永平八年,诏云:"昔应门失守,关雎刺世。"注引春秋说题辞曰:"人主不正,应门失守,故歌关雎以感之。"宋均云:"应门,听政之处也。言不以政事为务,则有宣淫之心。关雎乐而不淫,思得贤人与之共化,修应门之政者也。"薛氏韩诗章句曰:"诗人言雎鸠贞絜敬匹,以声相求,隐蔽于无人之处。故人君退朝,入于私宫,后妃御见有度,应门击柝,鼓人上堂,退反燕处,体安志明。今时大人内倾于色,贤人见其萌,故咏关雎之说淑女正容仪以刺时。"三说不同如此。黍离之诗列于王国风之首,周大夫所作也,而齐诗以为卫宣公之子寿闵其兄伋之且见害,作忧思之诗,黍离之诗是也。此说尤为可议。

6　迷痴厥拨

柔词谄笑,专取容悦,世俗谓之迷痴,亦曰迷嬉。中心有愧见诸颜面者,谓之缅靦。举措脱略触事乖忤者,谓之厥拨。虽为俚言,然其说皆有所本。列子云:"墨屎、单至、嘽咺、憋懯,四人相与游于世。"又云:"眠娗、諈诿、勇敢、怯疑,四人亦相与游。"张湛注云:"墨音眉,屎敕夷反,方言:江、淮之间谓之无赖。眠音缅,娗音殄,方言:欺谩之语也。郭璞云:谓以言相轻嗤弄也。"所释虽不同,然大略具是矣。曲礼:"衣毋拨,足毋蹶。"郑氏注云:"拨,发扬貌。蹶,行遽貌。"大抵亦指其荒率也。

7　三馆秘阁

国朝儒馆仍唐制,有四:曰昭文馆,曰史馆,曰集贤院,曰秘阁。率以上相领昭文大学士,其次监修国史,其次领集贤。若只两相,则首厅兼国史。唯秘阁最低，故但以两制判之。四局各置直官，均谓之馆职，皆称学士。其下则为校理、检讨、校勘，地望清切，非名流不得处。范景仁为馆阁校勘，当迁校理，宰相庞籍言："范镇有异才，恬于进取。"乃除直秘阁。司马公作诗贺之，曰："延阁屹中天，积书云汉连。神宗重其选，谓太宗也。国士比为仙。玉槛钩陈上，丹梯北斗边。帝容瞻日角，宸翰照星躔。职秩曾无贵，光华在得贤。"其重如此。自熙宁以来，或颇用赏劳。元丰官制行，不置昭文、集贤，以史馆入著作局，而直秘阁只为贴职。至崇宁、政、宣以处大臣子弟姻戚，其滥及于钱谷文俗吏，士大夫不复贵重。然除此职者必诣馆下拜阁，乃具盛筵，邀见在三馆者宴集，秋曰暴书宴，皆得预席，若馀日则不许至，随笔有馆职名存一则云。

8 亭榭立名

立亭榭名最易蹈袭，既不可近俗，而务为奇涩亦非是。东坡见一客云近看晋书，问之，曰："曾寻得好亭子名否？"盖谓其难也。秦楚材在宣城，于城外并江作亭，目之曰"知有"。用杜诗"已知出郭少尘事，更有澄江消客愁"之句也。王仲衡在会稽，于后山作亭，目之曰"白凉"。亦用杜诗"越女天下白，鉴湖五月凉"之句。二者可谓甚新，然要为未当。庐山一寺中有亭颇幽胜，或标之曰"不更归"，取韩诗末句，亦可笑也。

9 十十钱

市肆间交易论钱陌者，云十十钱。言其足数满百无跷减也。其语至俗，然亦有所本。后汉书襄楷传引宫崇所献神书，其太平经兴帝王篇云："开其玉户，施种于中，比若春种于地也，十十相应和而生。其施不以其时，比若十月种物于地也，十十尽死，固无生者。"其书不传于今，唐章怀太子注释之时，尚犹存也。此所谓十十，盖言十种十生无一失耳，其尽死之义亦然，与钱陌之事殊，然其字则同也。

10 犀舟

张衡应间云："犀舟劲楫。"后汉注引前书："羌戎弓矛之兵，器不犀利。"音义曰："今俗谓刀兵利为犀。犀，坚也。""犀舟"甚新奇，然为文者未尝用，亦虑予所见之不博也。

11 毕仲游二书

元祐初，司马温公当国，尽改王荆公所行政事。士大夫言利害者以千百数，闻朝廷更化，莫不欢然相贺，唯毕仲游一书究尽本末。其略云："昔安石以兴作之说动先帝，而患财之不足也，故凡政之可以得民财者无不用。盖散青苗、置市易、敛役钱、变盐法者，事也，而欲兴作患不足者，情也。苟未能杜其兴作之情，而徒欲禁其散敛变置之事，是以百说而百不行。今遂欲废青苗、罢市易、蠲役钱、去盐法，凡号为财利而伤民者一扫而更之，则向来用事于新法者，必不喜矣。不喜之人，必不但曰青苗不可废，市易不可罢，役钱不可蠲，盐法不可去，必探不足之情，言不足之事，以动上意，虽致石人而使听之，犹将动也。如是则废者可复散，罢者可复置，蠲者可复敛，去者可复存矣。则不足之情可不预治哉！为今之策，当大举天下之计，深明出入之数，以诸路所积之钱粟一归地官，使经费可支二十年之用。数年之间,又将十倍于今日。使天子晓然知天下之馀于财也,则不足之论不得陈于前,然后所谓新法者,始可永罢而不复行矣。昔安石之居位也,中外莫非其人,故其法能行。今欲捄前日之敝,而左右侍从职司使者,十有七八皆安石之徒,虽起二三旧臣,用六七君子,然累百之中存其十数,乌在其势之可为也!势未可为而欲为之,则青苗虽废将复散,况未废乎!市易虽罢且复置,况未罢乎!役钱、盐法亦莫不然。以此捄前日之敝,如人久病而少间,其父兄子弟喜见颜色,而未敢贺者,意其病之在也。"

先是东坡公在馆阁,颇因言语文章,规切时政,仲游忧其及祸,贻书戒之曰:"孟轲不得已而后辩,孔子欲无言。古人所以精谋极虑,固功业而养寿命者,未尝不出乎此。君自立朝以来,祸福利害系身者未尝言,顾直惜其言尔。夫言语之累,不特出口者为言,其形于诗歌、赞于赋颂、托于碑铭、著于序记者,亦言也。今知畏于口而未畏于文,是其所是,则见是者喜;非其所非,则蒙非者怨。喜者未能济君之谋,而怨者或已败君之事矣。天下论君之文,如孙膑之用兵、扁鹊之医疾,固所指名者矣,虽无是非之言,犹有是非之疑,又况其有耶!官非谏臣,职非御史,而非人所未非,是人所未是,危身触讳以游其间,殆由抱石而捄溺也。"

二公得书耸然,竟如其虑。予顷修史时,因得其集,读二书,思欲为之表见,故官虽不显,亦为之立传云。

12　列子与佛经相参

张湛序列子云:"其书大略明群有以至虚为宗,万品以终灭为验,神惠以凝寂常全,想念以着物自丧,生觉与梦化等情。所明往往与佛经相参。"予读天瑞篇载林类答子贡之言曰:"死之与生,一往一反，故死于是者，安知不生于彼，故吾知其不相若矣，吾又安知吾今之死不愈昔之生乎。”此一节，所谓与佛经相参者也。又云：“商太宰问孔子：‘三王、五帝、三皇圣者欤？’孔子皆曰：‘弗知。’太宰曰：‘然则孰者为圣？’孔子曰：‘西方之人有圣者焉，不治而不乱，不言而自信，不化而自行，荡荡乎民无能名焉，丘疑其为圣。弗知真为圣欤？真不圣欤？’”其后论者以为列子所言乃佛也，寄于孔子云。

13　韦孟诗乖疏

汉书韦贤传载韦孟诗二篇及其孙玄成诗一篇，皆深有三百篇风致。但韦孟讽谏云：“肃肃我祖，国自豕韦。总齐群邦，以翼大商。至于有周，历世会同。王赧听谮，寔绝我邦。我邦既绝，厥政斯逸。赏罚之行，非繇王室。庶尹群后，靡扶靡卫。五服崩离，宗周以队。”应劭曰：“王赧听谗受谮，绝豕韦氏，自是政教逸漏，不由王者。”观孟之自叙乃祖，而乖疏如是！周至赧王仅存七邑，救亡不暇，岂能绝侯邦乎！周之积微久矣，非因绝豕韦一国然后五服崩离也。其妄固不待攻，而应劭又从而实之，尤为可笑。左传书范宣子之言曰：“匄之祖在商为豕韦氏，在周为唐杜氏。”杜预曰：“豕韦国于东郡白马县，殷末国于唐，周成王灭之。”此最可证，惜颜师古之不引用也。

14　匡衡守正

汉元帝时，贡禹奏言：天子七庙，亲尽之庙宜毁，及郡国庙不应古礼，宜正定。天子下其议，未及施行而禹卒。后乃下诏先罢郡国庙，其亲尽寝园，皆无复修。已而上寝疾，梦祖宗谴罢郡国庙。诏问丞相匡衡，议欲复之。衡深言不可。上疾久不平，衡皇恐，祷高祖、孝文、孝武庙曰："亲庙宜一居京师，今皇帝有疾不豫，乃梦祖宗见戒以庙，皇帝悼惧，即诏臣衡复修立，如诚非礼义之中，违祖宗之心，咎尽在臣衡，当受其殃。"又告谢毁庙曰："迁庙合祭，久长之策，今皇帝乃有疾，愿复修立承祀。臣衡等咸以为礼不得，如不合诸帝后之意，罪尽在臣衡等，当受其咎。今诏中朝臣具复毁庙之文，臣衡以为天子之祀义有所断，无所依缘，以作其文。事如失措，罪乃在臣衡。"

予案：衡平生佞谀，专附石显以取大位，而此一节独据经守礼，其祷庙之文，殆与金縢之册祝相似，而不为后世所称述，汉史又不书于本传，憎而知其善可也。郊祀志，南山巫祠秦中。秦中者，二世皇帝也。以其强死，魂魄为厉，故祠之。成帝时，匡衡奏罢之，亦可书。

15 西极化人

列子载周穆王时，西极之国有化人来，王敬之若神。化人谒王同游，王执化人之祛，腾而上者中天乃止，暨及化人之宫，自以居数十年，不思其国。复谒王同游，意迷精丧，请化人求还。既寤，所坐犹向者之处，侍御犹向者之人。视其前，则酒未清，肴未昲。王问所从来，左右曰："王默存耳。"穆王自失者三月。复问化人，化人曰："吾与王神游也，形奚动哉？"予然后知唐人所著南柯太守、黄粱梦、樱桃青衣之类，皆本乎此。

16　诏令不可轻出

人君一话一言不宜轻发，况于诏令形播告者哉！汉光武初即位，既立郭氏为皇后矣，时阴丽华为贵人，帝欲崇以尊位，后固辞，以郭氏有子，终不肯当。建武九年，遂下诏曰："吾以贵人有母仪之美，宜立为后，而固辞不敢当，列于媵妾。朕嘉其义让，许封诸弟。"乃追爵其父及弟为侯，皆前世妃嫔所未有。至十七年，竟废郭后及太子彊，而立贵人为后。盖九年之诏既行，主意移夺，已见之矣，郭后岂得安其位乎！

17　战国策

刘向序战国策，言其书错乱相揉，莒本字多误脱为半字，以趙为肖，以齐为立，如此类者多。予案，今传于世者，大抵不可读，其韩非子、新序、说苑、韩诗外传、高士传、史记索隐、太平御览、北堂书钞、艺文类聚诸书所引用者，多今本所无。向博极群书，但择焉不精，不止于文字脱误而已。惟太史公史记所采之事九十有三，则明白光艳，悉可稽考，视向为有间矣。

18　范晔汉志

沈约作宋书谢俨传曰："范晔所撰十志，一皆托俨。搜撰随毕〔一〕，遇晔败，悉蜡以覆车。宋文帝令丹阳尹徐湛之就俨寻求，已不复得，一代以为恨。其志今阙。"晔本传载晔在狱中与诸生侄书曰："既造后汉，欲遍作诸志，前汉所有者悉令备。虽事不必多，且使见文得尽，又欲因事就卷内发论，以正一代得失，意复不果。”此说与俨传不同，然俨传所云乃范纪第十卷公主注中引之，今宋书却无，殊不可晓。刘昭注补志三十卷，至本朝乾兴元年，判国子监孙奭始奏以备前史之阙，故淳化五年监中所刊后汉书凡九十卷，惟帝后纪十卷、列传八十卷，而无志云。新唐书艺文志：“刘昭补注后汉书五十八卷。”不知昭为何代人，所谓志三十卷，当在其中也。

【校勘记】

〔一〕搜撰随毕　马本、库本、祠本“随”作“垂”。按此处所引沈约作宋书谢俨传文字，不见今本宋书，而见后汉书卷十下注文，后汉书注文作“垂”。今姑仍其旧。

19　缮修犯土

今世俗营建宅舍，或小遭疾厄，皆云犯土。故道家有谢土司章醮之文。按后汉书来历传所载：“安帝时皇太子惊病不安，避幸乳母野王君王圣舍，太子厨监邴吉以为圣舍新缮修，犯土禁，不可久御。”然则古有其说矣。

容斋四笔卷二 二十则

1 诸家经学兴废

稚子问汉儒所传授诸经，各名其家，而今或存或不存，请书其本末为四笔一则。乃为采摭班史及陆德明经典释文并它书，删取纲要，详载于此。

周易传自商瞿始，至汉初，田何以之颛门。其后为施雠、孟喜、梁丘贺之学，又有京房、费直、高相三家。至后汉，高氏已微，晋永嘉之乱，梁丘之易亡，孟、京、费氏人无传者，唯郑康成、王弼所注行于世。江左中兴，欲置郑易博士，不果立，而弼犹为世所重。韩康伯等十人并注系辞，今唯韩传。

尚书自汉文帝时伏生得二十九篇，其后为大小夏侯之学。古文者，武帝时出于孔壁，凡五十九篇，诏孔安国作传，遭巫蛊事，不获以闻，遂不列于学官，其本殆绝，是以马、郑、杜预之徒皆谓之逸书。王肃尝为注解，至晋元帝时，孔传始出，而亡舜典一篇，乃取肃所注尧典分以续之，学徒遂盛。及唐以来，马、郑、王注遂废，今以孔氏为正云。

诗自子夏之后，至汉兴，分而为四，鲁申公曰鲁诗，齐辕固生曰齐诗，燕韩婴曰韩诗，皆列博士。毛诗者出于河间人大毛公，为之故训，以授小毛公，为献王博士，以不在汉朝，不列于学。郑众、贾逵、马融皆作诗注，及郑康成作笺，三家遂废。齐诗久亡，鲁诗不过江东，韩诗虽在，人无传者，唯毛诗郑笺独立国学，今所遵用。

汉高堂生传士礼十七篇，即今之仪礼也。古礼经五十六篇，后苍传十七篇，曰后氏曲台记，所馀三十九篇名为逸礼。戴德删古礼二百四篇为八十五篇，谓之大戴礼，戴圣又删为四十九篇，谓之小戴礼。马融、卢植考诸家异同，附戴圣篇章，去其烦重及所缺略而行于世，即今之礼记也。王莽时，刘歆始建立周官经，以为周礼，在三礼中最为晚出。

左氏为春秋传，又有公羊、穀梁、邹氏、夹氏。邹氏无师，夹氏无书。公羊兴于景帝时，穀梁盛于宣帝时，而左氏终西汉不显。迨章帝，乃令贾逵作训诂。自是左氏大兴，二传渐微矣。

古文孝经二十二章，世不复行，只用郑注十八章本。

论语三家，鲁论语者，鲁人所传，即今所行篇次是也；齐论语者，齐人所传，凡二十二篇；古论语者，出自孔壁，凡二十一篇。各有章句。魏何晏集诸家之说为集解，今盛行于世。

2 汉人姓名

西汉名人如公孙弘、董仲舒、朱买臣、丙吉、王褒、贡禹，皆有异世与之同姓名者。战国策及吕氏春秋，齐有公孙弘，与秦王、孟尝君言者。明帝时，又有幽州从事公孙弘，交通楚王英，见于虞延传。高祖时，又有谒者贡禹。梁元帝时，有武昌太守朱买臣、尚书左仆射王褒。后汉安帝时，有太子厨监邴吉。南齐武帝之子巴东王子响为荆州刺史，要直阁将军董蛮与同行，蛮曰："殿下癫如雷，敢相随耶？"子响曰："君敢出此语，亦复奇癫。"上闻而不悦，曰："人名'蛮'，复何容得酝藉。"乃改为仲舒。谓曰："今日仲舒，何如昔日仲舒？"答曰："昔日仲舒，出自私庭，今日仲舒，降自先帝，以此言之，胜昔远矣。"然此人后不复见。

3　轻浮称谓

南齐陆慧晓立身清肃，为诸王长史行事，僚佐以下造诣，必起迎之。或曰："长史贵重，不宜妄自谦屈。"答曰："我性恶人无礼，不容不以礼处人。"未尝卿士大夫。或问其故，慧晓曰："贵人不可卿，而贱者乃可卿〔一〕，人生何容立轻重于怀抱！"终身常呼人位。今世俗浮薄少年，或身为卑官，而与尊者言话，称其侪流，必曰"某丈"。谈其所事牧伯监司亦然。至于当他人父兄尊长之前，语及其子孙甥婿，亦云"某丈"。或妄称宰相执政贵人之字。皆大不识事分者，习惯以然，元非简傲也。予常以戒儿辈云。

【校勘记】

〔一〕贵人不可卿而贱者乃可卿　王校本两"卿"字皆作"轻"。李本皆作"轻"。

4　鬼谷子书

鬼谷子与苏秦、张仪书曰："二足下功名赫赫，但春华至秋，不得久茂。今二子好朝露之荣，忽长久之功，轻乔、松之永延，贵一旦之浮爵。夫女爱不极席，男欢不毕轮，痛哉夫君。"战国策楚江乙谓安陵君曰："以财交者，财尽而交绝。以色交者，华落而爱渝。是以嬖女不敝席，宠臣不敝轩。"吕不韦说华阳夫人曰："以色事人者，色衰而爱弛。"诗氓之序曰："华落色衰，复相弃背。"是诸说大抵意同，皆以色而为喻。士之嗜进而不知自反者，尚监兹哉！

5 有美堂诗

东坡在杭州作有美堂会客诗，颔联云："天外黑风吹海立，浙东飞雨过江来。"读者疑海不能立，黄鲁直曰："盖是为老杜所误，因举三大礼赋朝献太清宫云'九天之云下垂，四海之水皆立'以告之。二者皆句语雄峻，前无古人。坡和陶停云诗有'云屯九河，雪立三江'之句，亦用此也。

6 张天觉小简

张天觉熙宁中为渝州南川宰。章子厚经制夔夷，狎侮州县吏，无人敢与共语。部使者念独张可亢之，檄至夔。子厚询人才，使者以告，即呼入同食。张著道士服，长揖就坐。子厚肆意大言，张随机折之，落落出其上，子厚大喜，延为上客。归而荐诸王介甫，遂得召用。政和六年，张在荆南，与子厚之子致平一帖云："老夫行年七十有四，日阅佛书四五卷，早晚食米一升，面五两，肉八两，鱼、酒佐之，以此为常，亦不服煖药，唯以呼吸气昼夜合天度而已。数数梦见先相公语论如平生，岂其人在天仙间，而老夫定中神游或遇之乎？嗟乎，安得奇男子如先相公者，一快吾胸中哉！"此帖藏致平家，其曾孙简刻诸石。予今年亦七十四岁，侄孙偲于长兴得墨本以相示，聊记之云。

7 城狐社鼠

城狐不灌，社鼠不熏。谓其所栖穴者得所凭依，此古语也，故议论者率指人君左右近习为城狐社鼠。予读说苑所载孟尝君之客曰："狐者人之所攻也，鼠者人之所熏也。臣未尝见稷狐见攻，社鼠见熏，何则？所托者然也。""稷狐"之字，甚奇且新。

8 用兵为臣下利

富公奉使契丹，虏主言欲举兵。公曰："北朝与中国通好，则人主专其利，而臣下无所获。若用兵则利归臣下，而人主任其祸。故北朝群臣争劝举兵者，此皆其自谋，非国计也。胜负未可知，就使其胜，所亡士马，群臣当之欤？抑人主当之欤？"是时，语录传于四方，苏明允读至此，曰："此一段议论，古人有之否？"东坡年未十岁，在傍对曰："记得严安上书云：'今徇南夷，朝夜郎，降羌僰〔一〕，略牙薉州，建城邑，深入匈奴，燔其龙城，议者美之。此人臣之利，非天下之长策也。'正是此意。"明允以为然。予又记魏太武时，南边诸将表称宋人大严，将入寇，请先其未发逆击之。魏公卿皆以为当。崔伯深曰："朝廷群臣及西北守将，从陛下征伐，西平赫连，北破蠕蠕，多获美女珍宝。南边诸将闻而慕之，亦欲南钞以取资财。皆营私计，为国生事，不可从也。"魏主乃止。其论亦然。

【校勘记】

〔一〕降羌僰　原脱。王校本有此三字，今据补。又，李本有此三字。

9 志文不可冗

东坡为张文定公作墓志铭，有答其子厚之一书，云："志文路中已作得太半，到此百冗未绝笔，计得十日半月乃成。然书大事略小节,已有六千馀字,若纤悉尽书,万字不了,古无此例也。知之知之。”盖当时恕之意但欲务多耳。又一帖云:“志文谒告数日方写得了,谨遣持纳。衰病眼眩,辞翰皆不佳,不知可用否?”今志文正本凡七千一百字,铭诗百六十字云。予乡士作一列大夫小郡守行状九千言,衢州士人诣阙上书二万言,使读之者岂不厌倦,作文者宜戒之。坡帖藏梁氏竹斋,赵晋臣镌石于湖南宪司楚观。

10　赵杀鸣犊

汉书刘辅传:“谷永等上书曰:‘赵简子杀其大夫鸣犊,孔子临河而还。’”张晏注曰:“简子欲分晋国,故先杀鸣犊,又聘孔子,孔子闻其死,至河而还也。”颜师古曰:“战国策说二人姓名云:鸣犊、铎犨。而史记及古今人表并以为鸣犊、窦犨。盖‘铎’、‘犊’及‘窦’其声相近,故有不同耳。今永等指鸣犊一人,不论窦犨也。”韩退之将归操亦云:“孔子之赵,闻杀鸣犊作。”予案今本史记孔子世家,乃以为窦鸣犊、舜华。说苑权谋篇云:“晋有泽鸣、犊犨。”其不同如此。

11　五帝官天下

汉盖宽饶奏封事,引韩氏易传言:“五帝官天下,三王家天下,家以传子,官以传贤,若四时之运,成功者去。”坐“指意欲求禅”而死。故或云自后称天子为“官家”,盖出于此。今世无韩氏易,诸家注释汉书,皆无一语。惟说苑至公篇云:“秦始皇帝既吞天下,召群臣议,五帝禅贤,三王世继,孰是?博士鲍令之对曰:‘天下官,则选贤是也;天下家,则世继是也。故五帝以天下为官,三王以天下为家。’始皇帝叹曰:‘吾德出于五帝,吾将官天下,谁可使代我后者！'"此说可以为证，辄记之以补汉注之缺。蒋济万机论亦有官天下、家天下之语。

12　黄帝李法

汉书胡建传："黄帝李法。"苏林曰："狱官名也。天文志：'左角，李；右角，将。'"颜师古曰："李者，法官之号也，其书曰李法。"唐世系表："李氏自皋陶为尧大理，历虞、夏、商，世世作此官，以官命族为理氏。至纣之时，逃难于伊侯之墟，食木子得全，遂改'理'为李氏。"予案今本汉书天文志，骑官"左角，理"，乃用"理"字，而史记天官书则为"李"，说苑载胡建事亦为"理法"，然则"理"、"李"一也。故左传数云"行李往来"。杜预注曰："行李，使人也。"至郑子产与晋盟于平丘，则曰："行理之命。"注亦云："行理，使人通聘问者。"其义益明。皋陶作大理，传子孙不改，迨商之季几千二百年，世官久任，仓氏、库氏不足道矣。表系疑不可信。

13　抄传文书之误

今代所传文书，笔吏不谨，至于成行脱漏。予在三馆假庾自直类文，先以正本点检，中有数卷皆以后板为前，予令书库整顿，然后录之。他多类此。周益公以苏魏公集付太平州镂板，亦先为勘校。其所作东山长老语录序云："侧定政宗，无用所以为用；因蹄得兔，忘言而后可言。"以上一句不明白，又与下不对，折简来问。予忆庄子曰："地非不广且大也，人之所用容足尔。然而厕足而垫之致黄泉，知无用而后可以言用矣。"始验"侧定政宗"当是"厕足致泉"，正与下文相应，四字皆误也。因记曾纮所书陶渊明读山海经诗云：

“形夭无千岁，猛志固常在。”疑上下文义若不贯，遂取山海经参校，则云：“刑天，兽名也，口中好衔干戚而舞，乃知是“刑天舞干戚”，故与下句相应，五字皆讹。以语友人岑公休、晁之道，皆抚掌惊叹，亟取所藏本是正之。此一节甚类苏集云。

14　二十八宿

二十八宿，宿音秀。若考其义，则止当读如本音。尝记前人有说如此。说苑辩物篇曰：“天之五星，运气于五行，所谓宿者，日月五星之所宿也。”其义昭然。

15　大观元夕诗

大观初年，京师以元夕张灯开宴。时再复湟、鄯，徽宗赋诗赐群臣，其颔联云：“午夜笙歌连海峤，春风灯火过湟中。”席上和者皆莫及。开封尹宋乔年不能诗，密走介求援于其客周子雍，得句云：“风生阊阖春来早，月到蓬莱夜未中。”为时辈所称。子雍，汝阴人，曾受学于陈无己，故有句法。则作文为诗者，可无师承乎？

16　颜鲁公帖

颜鲁公忠义气节，史策略尽。偶阅临汝石刻，见一帖云：“政可守不可不守，吾去岁中言事得罪，又不能逆道苟时为千古罪人也，虽贬居远方，终身不耻。汝曹当须谓吾之志不可不守也。”此是独赴谪地，而与其子孙者，无由考其岁月。千载之下，使人读之，尚可畏而仰也。

17　文潞公奏除改官制

自熙宁以来，士大夫资历之法，日趋于坏，岁甚一岁，久而不可复清。近年愈甚，综核之制，未尝能守。偶见文潞公在元祐中任平章军国重事，宣仁面谕，令具自来除授官职次序一本进呈。公遂具除改旧制节目以奏，其一云："吏部选两任亲民，有举主，升通判。通判两任满，有举主，升知州、军，谓之常调。知州、军有绩效，或有举荐，名实相副者，特擢升转运使副、判官，或提点刑狱、府推、判官，谓之出常调。转运使有路分轻重远近之差。河北、陕西、河东三路为重路，岁满多任三司使、副，或发运使。发运任满，亦充三司副使。成都路次三路，京东西、淮南又其次，江东、西、荆湖、两浙又次之，二广、福建、梓、利、夔路为远小。已上三等路分，转运任满，或就移近上次等路分，或归任省府判官，渐次擢充三路重任。内提点刑狱，则不拘路分轻重除授。"潞公所奏乃是治平以前常行，今一切荡然矣。京朝官未尝肯两任亲民，才为通判，便望州郡。至于监司，既无轻重远近之间，不复以序升擢云。

18　待制知制诰

庆历七年，曾鲁公公亮自修起居注除天章阁待制。时陈恭公独为相，其弟妇王氏，冀公孙女，曾出也。当月旦出拜，恭公迎语之，曰："六新妇，曾三做从官，想甚喜。"应声对曰："三舅荷伯伯提挈，极欢喜，只是外婆不乐。"恭公问故，曰："外婆见三舅来谢，责之曰：汝第五人及第，当过词掖，想是全废学，故朝廷如此处汝。"恭公默然自失，后竟改知制诰。盖恭公不由科第，不谙典故，致受讥于女子。而此女对答之时，元未尝往外家也，其警慧如此。国家故事，修注官次补必知制诰，惟赵康靖公以欧阳公位在下，而欲先迁，司马公以力辞，三人皆除待制〔一〕，其杂压先后可见云。

【校勘记】

〔一〕三人皆除待制　“人”原作“字”，李本及王校本作“人”，今据改。

19　裴行俭景阳

裴行俭为定襄道大总管讨突厥，大军次单于北，暮已立营，堑壕既周，更命徙营高冈。吏白：“士安堵不可扰。”不听，促徙之。比夜风雨暴至，前占营所，水深丈馀，众莫不骇叹。问何以知之，行俭曰：“自今第如我节制，毋问我所以知也。”案战国策云：“齐、韩、魏共攻燕，楚王使景阳将而救之。暮舍，使左右司马各营壁地，已植表，景阳怒曰：‘女所营者水皆至灭表，此焉可以舍？’乃令徙。明日大雨，山水大出，所营者水皆灭表，军吏乃服。”二事正同，而景阳之事不传。

20　北人重甘蔗

甘蔗只生于南方，北人嗜之而不可得。魏太武至彭城，遣人于武陵王处求酒及甘蔗。郭汾阳在汾上，代宗赐甘蔗二十条。子虚赋所云：“诸柘巴且。”诸柘者，甘蔗也〔一〕。盖相如指言楚云梦之物，汉郊祀歌“泰尊柘浆”，亦谓取甘蔗汁以为饮。

【校勘记】

〔一〕甘蔗也　李本、马本、库本、祠本“蔗”作“柘”。

容斋四笔卷三 十六则

1 韩退之张籍书

韩公集中有答张籍二书，其前篇曰："吾子所论，排释、老不若著书。若仆之见，则有异乎此，请待五六十然后为之。吾子又讥吾与人为无实驳杂之说，此吾所以为戏耳。若商论不能下气，或似有之。博塞之讥，敢不承教。"后篇曰："二氏行乎中土，盖六百年，非可以朝令而夕禁，俟五六十为之未失也。谓吾与人商论不能下气，若好胜者。虽诚有之，抑非好己胜也，好己之道胜也。驳杂之讥，前书尽之。昔者夫子犹有所戏，乌害于道哉？"

大略籍所论四事，乞著书、讥驳杂、谏商论好胜及博塞也。今得籍所与书，前篇曰："汉之衰，浮图之法入中国，黄、老之术，相沿而炽。盍为一书，以兴存圣人之道。执事多尚驳杂无实之说，使人陈之前以为欢，此有累于盛德。又商论之际，或不容人之短，如任私尚胜者，亦有所累也。况为博塞之戏与人竞财乎？废弃日时，不识其然。愿绝博塞之好，弃无实之谈，弘虑以接士，嗣孟轲、杨雄之作，使圣人之道，复见于唐。"后篇曰："老、释惑于生人久矣，执事可以任著书之事。君子汲汲于所欲为，若皆待五十六十而后有所为，则或有遗恨矣。君子发言举足，不远于礼，未闻以驳杂无实之说以为戏也。执事每见其说，则拊抃呼笑，是挠气害性，不得其正矣。"

籍之二书，甚劲而直。但称韩公为执事，不曰先生。考其时，乃云"执事参于戎府"。按，韩公以贞元十二年为汴州推官，时年二十有九，十五年为徐州推官，时年三十有二，年位未盛，籍未以师礼事之云。

2 韩公称李杜

新唐书杜甫传赞曰："昌黎韩愈于文章重许可，至歌诗，独推曰'李、杜文章在，光焰万丈长'，诚可信云。"予读韩诗，其称李、杜者数端，聊疏于此。石鼓歌曰："少陵无人谪仙死，才薄将奈石鼓何。"酬卢云夫曰："高揖群公谢名誉，远追甫、白感至诚。"荐士曰："勃兴得李、杜，万类困凌暴。"醉留东野曰："昔年因读李白、杜甫诗，长恨二人不相从。"感春曰："近怜李、杜无检束，烂漫长醉多文辞。"并唐志所引，盖六用之。

3 此日足可惜

韩退之此日足可惜一首赠张籍，凡百四十句，杂用东、冬、江、阳、庚、青六韵。及其亡也，籍作诗祭之，凡百六十六句，用阳、庚二韵，其语铿锵震厉，全仿韩体，所谓"乃出二侍女，合弹琵琶筝"者是也。

4 粉白黛黑

韩退之为文章，不肯蹈袭前人一言一句。故其语曰："惟陈言之务去，戛戛乎其难哉！"独"粉白黛绿"四字，似有所因。列子："周穆王筑中天之台，简郑、卫之处子娥媌靡曼者，粉白黛黑以满之。"战国策张仪谓楚王曰："郑、周之女，粉白黛黑，立于衢间，见者以为神。"屈原大招："粉白黛黑，施芳泽只。"司马相如："靓庄刻饰。"郭璞曰："粉白黛黑也。"淮南子："毛嫱、西施，施芳泽，正娥眉，设笄珥，衣阿锡，粉白黛黑，笑目流眺。"韩公以黑为绿，其旨则同。

5 李杜往来诗

李太白、杜子美在布衣时，同游梁、宋，为诗酒会心之友。以杜集考之，其称太白及怀赠之篇甚多。如"李侯金闺彦，脱身事幽讨"，"南寻禹穴见李白，道甫问讯今何如"，"李白一斗诗百篇，自称臣是酒中仙"，"近来海内为长句，汝与山东李白好"，"昔者与高、李，晚登单父台"，"李侯有佳句，往往似阴铿[一]"，"忆与高、李辈，论交入酒垆"，"白也诗无敌，飘然思不群"，"昔年有狂客，号尔谪仙人"，"落月满屋梁，犹疑照颜色"，"三夜频梦君，情亲见君意"，"秋来相顾尚飘蓬，未就丹砂愧葛洪"，"寂寞书斋里，终朝独尔思"，"凉风起天末，君子意何如"，"不见李生久，佯狂真可哀"，凡十四五篇。至于太白与子美诗略不见一句。或谓尧祠亭别杜补阙者是已。乃殊不然，杜但为右拾遗，不曾任补阙，兼自谏省出为华州司功，迤逦避难入蜀，未尝复至东州，所谓"饭颗山头"之嘲，亦好事者所撰耳。

【校勘记】

〔一〕李侯有佳句往往似阴铿　"阴"原作"金"，误刊，据马本、库本改。按，杜甫诗作"阴"。

6 李太白怖州佐

李太白上安州裴长史书云："白窃慕高义，得趋末尘，何图谤言忽生，众口攒毁，将恐投杼下客，震于严威。若使事得其实，罪当其身，则将浴兰沐芳，自屏于烹鲜之地，惟君侯死生之。愿君侯惠以大遇，洞开心颜，终乎前恩，再辱英盼，必能使精诚动天，长虹贯日。若赫然作威，加以大怒，即膝行而前，再拜而去耳。”裴君不知何如人，至誉其贵而且贤，名飞天京，天才超然，度越作者，棱威雄雄，下慴群物。予谓白以白衣入翰林，其盖世英姿，能使高力士脱靴于殿上，岂拘拘然怖一州佐者邪！盖时有屈伸，正自不得不尔。大贤不偶，神龙困于蝼蚁，可胜叹哉。白此书自叙其平生云：“昔与蜀中友人吴指南同游于楚，指南死于洞庭之上〔一〕，白禫服恸哭，炎月伏尸，猛虎前临，坚守不动，遂权殡于湖侧。数年来，观筋骨尚在，雪泣持刃，躬申洗削，裹骨徒步，负之而趋，寝兴携持，无辍身手，遂丐贷营葬于鄂城。”其存交重义如此。“又与逸人东岩子隐于岷山，巢居数年，不迹城市。养奇禽千计，呼皆就掌取食，了无惊猜。”其养高忘机如此，而史传不为书之，亦为未尽。

【校勘记】

〔一〕昔与蜀中友人吴指南同游于楚指南死于洞庭之上　“同游于楚指南”六字原脱，据马本、库本补。按，李太白全集卷二十六上安州裴长史书有此六字。

7　祝不胜诅

齐景公有疾，梁丘据请诛祝史。晏子曰：“祝有益也，诅亦有损。聊、摄以东，姑、尤以西，其为人也多矣。虽其善祝，岂能胜亿兆人之诅！”晋中行寅将亡，召其太祝欲加罪。曰：“子为我祝，斋戒不敬，使吾国亡。”祝简对曰：“今舟车饰，赋敛厚，民怨谤诅多矣。苟以为祝有益于国，则诅亦将为损，一人祝之，一国诅之，一祝不胜万诅,国亡不亦宜乎,祝其何罪!”此二说若出一口,真药石之言也。

8 吕子论学

吕子曰:“天生人而使其耳可以闻,不学,其闻则不若聋;使其目可以见,不学,其见则不若盲;使其口可以言,不学,其言则不若喑;使其心可以智,不学,其智则不若狂。故凡学,非能益之也,达天性也,能全天之所生,而勿败之,可谓善学者矣。”此说甚美,而罕为学者所称,故书以自戒。

9 曾太皇太后

唐德宗即位,访求其母沈太后。历顺宗,及宪宗时为曾祖母,故称为曾太皇太后,盖别于祖母也。旧、新二唐书纪皆载之。今慈福太皇太后在寿康太上时,已加尊称,若于主上则为曾祖母,当用唐故事加“曾”字。向者尝以告宰相,而省吏以为典故所无,天子逮事三世,安得有前比,亦可谓不知礼矣。又嗣濮王士歆在隆兴为从叔祖,在绍熙为曾叔祖,庆元为高叔祖矣,而仍称皇叔祖如故。士歆视嗣秀王伯圭为从祖,今圭称皇伯祖,而歆但为皇叔祖,乃是弟尔。礼寺亦以为国朝以来无称曾、高者,彼盖不知累朝尊属元未之有也。

10 中天之台

中天之台有二。其一,列子曰:“西极化人见周穆王,王为之改筑宫室,土木之功,赭垩之色,无遗巧焉。五府为虚,而台始成。其高千仞,临终南之上,名曰中天之台。”其一,新序曰:“魏王将起中天台,许绾负操锸入,曰:‘臣能商台。’王曰:‘若何?’曰:‘天与地相去万五千里,今王因而半之,当起七千五百里之台,高既如是,其趾须方八千里,尽王之地不足以为台趾。必起此台,先以兵伐诸侯,尽有其地,又伐四夷,得方八千里,乃足以为台趾。度八千里之外,当定农亩之地,足以奉给王之台者。台具以备,乃可以作。’王默然无以应,乃罢起台。”

11 实年官年

士大夫叙官阀,有所谓实年、官年两说,前此未尝见于官文书。大抵布衣应举,必减岁数,盖少壮者欲藉此为求昏地;不幸潦倒场屋,勉从特恩,则年未六十始许入仕,不得不豫为之图。至公卿任子,欲其早列仕籍,或正在童孺,故率增抬庚甲有至数岁者。然守义之士,犹曰儿曹甫策名委质,而父祖先导之以挟诈欺君,不可也。比者以朝臣屡言,年及七十者不许任监司,郡守、搢绅多不自安,争引年以决去就。江东提刑李信甫,虽春秋过七十,而官年损其五,坚乞致仕,有旨官年未及,与之外祠。知房州章騆六十八岁,而官年增其三,亦求罢去。诸司以其精力未衰,援实为请,有旨听终任。知严州秦焴乞祠之疏曰:“实年六十五,而官年已逾七十。”遂得去。齐庆胄宁国乞归,亦曰实年七十而官年六十七,于是实年、官年之字,形于制书,播告中外,是君臣上下公相为欺也。掌故之野甚矣,此岂可纪于史录哉!

12 雷公炮炙论

雷公炮炙论载一药而能治重疾者,今医家罕用之,聊志于此。

其说云："发眉堕落，涂半夏而立生。目辟眼䁢，有五花而自正。脚生肉枕，裩系宕根。囊皱旋多[一]，夜煎竹木。体寒腹大，全赖鸬鹚。血泛经过，饮调瓜子。咳逆数数，酒服热雄[二]。遍体瘑风，冷调生侧。肠虚泄利，须假草零。久渴心烦，宜投竹沥。除症去块，全仗硝、硇。益食加觞，须煎芦、朴。强筋健骨，酒是苁、鳣。驻色延年，精蒸神锦。知疮所在，口点阴胶。产后肌浮，甘皮酒服。脑痛，鼻投硝末。心痛，速觅延胡。"凡十八项。谓眉发堕落者，炼生半夏茎，取涎涂发落处，立生。五花者，五加皮也[三]，叶有雄雌，三叶为雄，五叶为雌，须使五叶者作末，酒浸用之，目䁢者正。脚有肉枕者，取莨岩根，系裩带上，永痊。多小便者，煎萆薢服之，永不夜起。若患腹大如鼓，米饮调鸬鹚末服，立枯如故。血泛行者，捣甜瓜子仁作末去油，饮调服之，立绝。咳逆者，天雄炮过，以酒调一钱，匕服。瘑风者，侧子附子傍生者。作末，冷酒服。虚泄者，捣五倍子末，熟水下之。症块者，以硇砂、硝石二味，乳钵中研作粉，同煅了，酒服，神效。不饮者并饮酒少者，煎逆水芦根并厚朴二味，汤服之。苁蓉并鳣鱼作末，以黄精酒圆服之[四]，可力倍常十也。黄精自然汁拌细研神锦，于柳木甑中，蒸七日了，以蜜圆服，颜貌可如幼女之容色。阴胶即是甑中气垢，点小许于口中，即知藏府所起，直彻至住处知痛，足可医也。产后肌浮，酒服甘皮立枯。头痛者，以硝石作末，内鼻中，立止。心痛者，以延胡索作散，酒服之。

【校勘记】

〔一〕囊皱旋多　祠本"旋"作"漩"。

〔二〕酒服热雄　祠本"热"作"熟"。

〔三〕五花者五加皮也　两"五"字原作"玉"，据会本、李本改。

〔四〕以黄精酒圆服之　祠本"酒"作"汁"。

13　治药捷法

药有至贱易得，人所常用，而难于修制者，如香附子、菟丝子、艾叶之类。医家昧其节度，或终日疲劳而不能成。本草云："凡菟丝子，煖汤淘汰去沙土，漉干，煖酒渍，经一宿，漉出，暴微白捣之，不尽者，更以酒渍，经三五日乃出，更晒微干，捣之须臾悉尽，极易碎。"盖以其颗细难施工，其说亦殊劳费。然自有捷法，但撚纸条数枚置其间，则驯帖成粉〔一〕。香附子洗去皮毛，炒之焦熟，然后举投水钵内，候浸渍透彻，漉出，暴日中微燥，乃入捣臼，悉应手糜碎。艾叶柔软不可着力，若入白茯苓三五片同碾，则即时可作细末。

【校勘记】

〔一〕驯帖成粉　会本、库本"驯帖"作"顷刻"。

14　陈翠说燕后

赵左师触龙说太后，使长安君出质，用爱怜少子之说以感动之。予尝论之于随笔中。其事载于战国策、史记、资治通鉴，而燕语中又有陈翠一段，甚相似。云："陈翠合齐、燕，将令燕王之弟为质于齐，太后大怒曰：'陈公不能为人之国，则亦已矣，焉有离人子母者！'翠遂入见后，曰：'人主之爱子也，不如布衣之甚也，非徒不爱子也，又不爱丈夫子独甚。'太后曰：'何也？'对曰：'太后嫁女诸侯，奉以千金。今王愿封公子，群臣曰公子无功不当封，今以公子为质，且以为功而封之也，太后弗听，是以知人主之不爱丈夫子独甚也。且太后与王幸而在，故公子贵，太后千秋之后，王弃国家，而太子即位，公子贱于布衣。故非及太后与王封公子，则终身不封矣。'太后曰：'老妇不知长者之计[一]。'乃命为行具。"此语与触龙无异，而史记不书，通鉴不取，学者亦未尝言。

【校勘记】

〔一〕老妇不知长者之计　"不"原为墨钉，据会本、李本补。

15　燕非强国

北燕在春秋时最为僻小，能自见于中国者，不过三四，大率制命于齐。七雄之际，为齐所取，后赖五国之力，乐毅为将，然后胜齐，然卒于得七十城不能守也。故苏秦说赵王曰："赵北有燕，燕固弱国，不足畏也。"燕王曰："寡人国小，西迫强秦，南近齐、赵，齐、赵彊国也。"又曰："天下之战国七，而燕处弱焉，独战则不能，有所附则无不重。"昭王谓郭隗曰："孤极知燕弱小，不足以报齐。"苏代曰："一齐之彊，燕犹不能支。"奉阳君曰："燕，弱国也，东不如齐，西不如赵。"赵长平之败，壮者皆死，燕以二千乘攻之，为赵所败。太子丹谓荆轲曰："燕小弱，数困于兵，何足以当秦！"楚、汉之初，赵王武臣为燕军所得，赵厮养卒谓其将曰："一赵尚易燕，况以两贤王，灭燕易矣。"彭宠以渔阳叛，即时夷灭。十六国之起，戎狄乱华，称燕称赵者多矣，未尝有只据幽、蓟之地者也[一]。独安禄山以三十年节制之威，又兼领河东，乘天宝政乱，出不意而举兵，史思明继之，虽为天下之祸，旋亦殄灭。至于藩镇擅地，所谓范阳、卢龙，固常受制于天雄、成德也。刘仁恭、守光父子，僭窃一方，唐庄宗遣周德威攻之，克取巡属十馀州，如拾地芥。石晋割赂契丹，仍其旧国，恃以为强，然晋开运阳城之战，德光几不免。周世宗小振之，立下三关。但太平兴国失于轻举，又不治败将丧师之罪，致令披猖以迄于今。若以谓幽燕为用武之地，则不然也。

【校勘记】

〔一〕未尝有只据幽蓟之地者也　“只”原为墨钉，据会本李本补。

16　水旱祈祷

海内雨旸之数，郡异而县不同，为守为令，能以民事介心，必自知以时祷祈，不待上命也。而省部循案故例，但视天府为节，下之诸道转运司，使巡内州县，各诣名山灵祠，精洁致祷，然固难以一概论。乾道九年秋，赣、吉连雨暴涨。予守赣，方多备土囊，壅诸城门，以杜水入，凡二日乃退。而台符令祷雨，予格之不下，但据实报之。已而闻吉州于小厅设祈晴道场，大厅祈雨。问其故，郡守曰："请霁者，本郡以淫潦为灾，而请雨者，朝旨也。"其不知变如此，殆为侮威神天[一]，幽冥之下，将何所据凭哉！俚语笑林谓："两商人入神庙，其一陆行欲晴，许赛以猪头，其一水行欲雨，许赛羊头。神顾小鬼言：'晴干吃猪头，雨落吃羊头。有何不可。'"正谓此耳。坡诗云："耕田欲雨刈欲晴，去得顺风来者怨。若使人人祷辄遂，造物应须日千变。"此意未易为庸俗道也。

【校勘记】

〔一〕殆为侮威神天　李本"威"作"惑"。

容斋四笔卷四 十五则

1　今日官冗

元丰中，曾巩判三班院，今侍右也。上疏言："国朝景德垦田百七十万顷，官万员。皇祐二百二十五万顷，官二万员。治平四百三十万顷，官二万四千员。田日加辟，官日加多，而后之郊费视前一倍。以三班三年之籍较之，其入籍者几七百人，而死亡免退不能二百，是年增岁溢，未见其止，则用财之端，入官之门，当令有司讲求其故，使天下之入如治平，而财之用官之数同景德，以三十年之通，可以馀十年之蓄矣。"是时，海内全盛，仓库多有桩积，犹有此惧。庆元二年四月，有朝臣奏对，极言云："曩在乾道间，京朝官三四千员，选人七八千员。绍熙二年，四选名籍，尚左，京官四千一百五十九员，尚右，大使臣五千一百七十三员，侍左，选人一万二千八百六十九员，侍右，小使臣一万一千三百十五员，合四选之数，共三万三千五百十六员，冗倍于国朝全盛之际。近者四年之间，京官未至增添，外选人增至一万三千六百七十员，比绍熙增八百一员。大使臣六千五百二十五员，比绍熙增一千三百四十八员。小使臣一万八千七百馀员〔一〕，比绍熙增七千四百员。而今年科举，明年奏荐不在焉。通无虑四万三千员，比四年之数增万员矣，可不为之寒心哉！"盖连有覃霈，庆典屡行，而宗室推恩，不以服派近远为间断，特奏名三举，皆值异恩，虽助教亦出官归正，人每州以数十百，病在膏肓，正使俞跗、扁鹊持上池良药以救之，亦无及已。

【校勘记】

〔一〕小使臣一万八千七百馀员　马本、库本、祠本"馀"作"五"。

2　栾城和张安道诗

张文定公在蜀，一见苏公父子，即以国士许之。熙宁中，张守陈州南都，辟子由莫府。元丰初，东坡谪齐安，子由贬监筠酒税，与张别，张悽然不乐，酌酒相命，手写一诗曰："可怜萍梗飘蓬客，自叹匏瓜老病身。从此空斋挂尘榻，不知重扫待何人。"后七年，子由召还，犹复见之于南都。及元符末，自龙川还许昌，因侄叔党出坡遗墨，再读张所赠诗〔一〕，其薨已十年，泣下不能已，乃追和之曰："少年便识成都尹，中岁仍为幕下宾。待我江西徐孺子，一生知己有斯人。"两诗皆哀而不怨，使人至今有感于斯文。今世薄夫受人异恩，转眼若不相识，况于一死一生，眷眷如此，忠厚之至，殆可端拜也。

【校勘记】

〔一〕再读张所赠诗　"诗"原作"时"，误刊，据库本、祠本改。

3　和范杜苏四公

晋相和凝，以唐长兴四年知贡举，取范质为第十三人。唐故事，知贡举者，所放进士，以己及第时名次为重，谓之传衣钵。盖凝在梁贞明中居此级，故以处质，且云："它日当如我。"后皆至宰相，封鲁国公，官至太子太傅，当时以为荣。凝寿止五十八，质止五十四，三朝史质本传亦书之，而新五代史和凝传误为第五，以登科记考之而非也。杜祁公罢相，以太子少师致仕，后以南郊免陪位恩，连进至太子太师，年八十而薨。苏子容初筮仕为南京判官，杜公方里居，告以平生出处本末，曰："子异日所至，亦如老夫。"及苏更践中外，名德殊与之相似。集中有谢杜公书，正叙此事。其罢相也，亦以太子少师致仕，进太保，年八十二而薨。昔贤谓贵人往往善相人，以所阅多之故也。此二者并官爵年寿皆前知，异矣。

4　外台秘要

外台秘要载制虎方云："到山下先闭气三十五息，所在山神将虎来到吾前，乃存吾肺中，有白帝出，收取虎两目，塞吾下部中，乃吐肺气，上自通冠一山林之上。于是良久，又闭气三十五息，两手捻都监目作三步，步皆以右足在前，乃止，祝曰：'李耳、李耳，图汝非李耳邪？汝盗黄帝之犬，黄帝教我问汝云何。'毕，便行，一山虎不可得见。若卒逢之者，因正面立，大张左手五指侧之，极势跳，手上下三度，于跳中大唤，咄曰：'虎，北斗君使汝去！'虎即走。"予谓人卒逢虎，魂魄惊怖，窜伏之不暇，岂能雍容步趋，仗呪语七字而脱邪！因读此方，聊书之以发一笑。此书乃唐王珪之孙焘所作，本传云："焘视母疾，数从高医游，遂穷其术，因以所学作书，讨绎精明，世宝焉。"盖不深考也。

5　六枳关

盘州种枳六本，以为藩篱之限。立小门，名曰六枳关。每为人问其所出，倦于酬应。今取冯衍显志赋中语书于此。衍云："楗六枳而为篱。"案，东观汉记作八枳。逸周书小开篇云："呜呼，汝何敬非时，何择非德。德枳维大人，大人枳维公，公枳维卿，卿枳维大夫，大夫枳维士。登登皇皇，维在国枳，国枳维都，都枳维邑，邑枳维家，家枳维欲无疆。”言上下相维，递为藩蔽也。其数有八，与东观记同。予详考之，乃九枳也。宋景文公贺宰相启：“式维公枳。”盖用此云。

6　王荆公上书并诗

王荆公议论高奇，果于自用。嘉祐初，为度支判官，上万言书，以为：“今天下财力日以困穷，风俗日以衰坏。患在不知法度，不法先王之政故也。法先王之政者，法其意而已。法其意，则吾所改易更革，不至乎倾骇天下之耳目，而固已合矣。因天下之力，以生天下之财，取天下之财，以供天下之费。自古治世，未尝以不足为公患也，患在治财无其道尔。在位之人才既不足，而闾巷草野之间，亦少可用之材，社稷之托，封疆之守，陛下其能久以天幸为常，而无一旦之忧乎。愿监苟且因循之敝，明诏大臣，为之以渐，期为合于当世之变。臣之所称，流俗之所不讲，而议者以为迂阔而熟烂者也。”当时富、韩二公在相位，读之不乐，知其得志必生事。后安石当国，其所注措，大抵皆祖此书。又不忍贫民，而深疾富民，志欲破富以惠贫。尝赋兼并诗一篇，曰：“三代子百姓，公私无异财。人主擅操柄，如天持斗魁。赋予皆自我，兼并乃奸回。奸回法有诛，势亦无自来。后世始倒持，黔首遂难裁。秦王不知此，更筑怀清台。礼义日已偷，圣经久堙埃。法尚有存者，欲言时所咍。俗吏不知方，掊克乃为才。俗儒不知变，兼并可无摧。利孔至百出，小人司阖开。有司与之争，民愈可怜哉。”其语绝不工。迨其得政，设青苗法以夺富民之利，民无贫富，两税之外，皆重出息十二。吕惠卿复作手实之法，民遂大病。其祸源于此诗。苏子由以为昔之诗病未有若此其酷也。痛哉！

7　左黄州表

唐肃宗时，王玙以祠祷见宠，骤得宰相。帝尝不豫，玙遣女巫乘传分祷天下名山大川。巫皆盛服，中人护领，所至干托州县，赂遗狼藉。时有一巫美而艳，以恶少年数十自随，尤悗狡不法。驰入黄州，刺史左震晨至馆请事，门𫔎不启。震怒，破𫔎入，取巫斩廷下，悉诛所从少年，籍其敛得十馀万，因遣还中人。玙不能诘，帝亦不加罪。震刚决如此，而史不记其他事。予读元次山集，有左黄州表一篇云："乾元己亥，赞善大夫左振，出为黄州刺史，下车，黄人歌曰：'我欲逃乡里，我欲去坟墓。左公今既来，谁忍弃之去。'后一岁，又歌曰：'吾乡有鬼巫，惑人人不知。天子正尊信，左公能杀之。'盖此巫黄人也。振在州三迁侍御史，判金州刺史，将去，黄人多去思，故为作表。"予谓振即震也。为政宜民，见于歌颂，史官当特书之于循吏中，而仅能不没其实，故为标显于此。己亥者，乾元二年。玙以元年五月自太常少卿拜中书相，二年三月罢，本纪及宰相表同。而新史本传以为三年自太常卿拜相，明日罢，失之矣。乃承旧史之误也。

8　李郭诏书

唐代宗即位，郭汾阳为近昵所摇，惧祸之及，表上自灵武、河北至于绛州，两朝所诒诏书一千馀卷。家传载其表语，其多如是。又读韦端符所撰李卫公故物记云："三原令座中有客曰李丞者，卫公之胄，藏文帝赐书二十通，多言征讨事，厚劳苦，'其兵事节度皆付公，吾不从中治也'。暨公疾，亲诏者数四，其一曰：'有昼夜视公病大老妪令一人来，吾欲熟知公起居状。'权文公视此诏，常泣曰：'君臣之际乃如是耶！'"新史载其事云："靖五代孙彦芳，大和中为凤翔司录参军，以高祖、太宗赐靖诏书数函上之，天子悉留禁中。又敕摹诏本还赐彦芳。"即二事观之，唐世之所以眷礼名将相者绸缪熟复至此。汉、晋以来所不及也。

9　两道出师

国家用兵行师，异道并出，其胜败功罪，当随其实而处之，则赏信罚明，人知劝戒。汉武帝遣卫青、霍去病伐匈奴，去病以功益封，又封部将四人为列侯，而青不得益封，军吏卒皆无封侯者。宣帝遣田广明等五将军击匈奴，又以常惠护乌孙兵共出，五将皆无功，而广明及田顺以罪诛，独常惠奉使克获封侯。宋文帝伐魏，雍州诸将柳元景等，既拔弘农陕城，戍潼关矣，而上以东军王玄谟败退，皆召还。其后玄谟贬黜，元景受赏。绍兴七年，淮西大帅刘少师罢，湖北岳少保以母忧去。累辞起复之命。朝廷以兵部尚书吕安老、侍郎张渊道分使两部，已而正除宣抚，遂掌其军。岳在九江，忧兵柄一失，不容再得，亟兼程至鄂，有旨复故任，而召渊道为枢密都承旨。安老在庐遭变，言者论罢张魏公，渊道亦继坐斥。隆兴中，北虏再动兵，张公为督帅，遣李显忠、邵宏渊攻符离，失利而退，一府皆贬秩。是时，汪庄敏以参知政事督视荆、襄，东西不相为谋，乃亦坐谴。古今不侔如此。

10　杜韩用歇后语

杜、韩二公作诗，或用歇后语，如"悽其望吕葛"，"仙鸟仙花吾友于”,“友于皆挺拔”,“再接再砺乃”,“僮仆诚自剑”,“为尔惜居诸”,“谁谓贻厥无基趾”之类是已。

11　唐明皇赐二相物

唐明皇以李林甫为右相,颛付大政,而左相牛仙客、李适之、陈希烈前后同列,皆拱手备员。林甫死,杨国忠代之,其宠遇愈甚。天宝十三载,上御跃龙殿门,张乐宴群臣,赐右相绢一千五百疋,彩罗三百疋,彩绫五百疋,而赐左相绢三百,罗、绫各五十而已。其多寡不侔,至于五倍。如希烈庸才,知上恩意,安得不奴事之乎!宜其甘心臣于禄山也。

12　一百五日

今人谓寒食为一百五者,以其自冬至之后至清明,历节气六〔一〕,凡为一百七日,而先两日为寒食故云,它节皆不然也。杜老有鄜州一百五日夜对月一篇,江西宗派诗云“一百五日足风雨,三十六峰劳梦魂”,“一百五日寒食雨,二十四番花信风”之类是也。吾州城北芝山寺,为禁烟游赏之地,寺僧欲建华严阁,请予作劝缘疏,其末一联云:“大善知识五十三,永壮人天之仰;寒食清明一百六,鼎来道俗之观。”或问一百六所出,应之曰:“元微之连昌宫词:‘初过寒食一百六,店舍无烟宫树绿。’是以用之。”

【校勘记】

〔一〕自冬至之后至清明历节气六　“六”原作“五”,据祠本改。按,自冬至经小寒、大寒、立春、雨水、惊蛰、春分而至清明,凡六节气。

13 老杜寒山诗

老杜春日忆李白诗云:"白也诗无敌,飘然思不群。清新庾开府,俊逸鲍参军。"尝有武弁议其失,曰:"既是无敌,又却似庾鲍。"或折之曰:"庾清新而不能俊逸,鲍俊逸而不能清新。太白兼之,所以为无敌也。"今集别本一作"无数",殆好事者更之乎!寒山子诗云:"吾心似秋月,碧潭清皎洁。无物堪比伦,教我如何说。"人亦有言,既似秋月、碧潭,乃以为无物堪比,何也? 盖其意谓若无二物比伦,当如何说耳。读者当以是求之。

14 礜石之毒

读黄伯思东观馀论,内评王大令书一节,曰:"静息帖云:'礜石深是可疑事,兄憙患散辄发痈[一]。'散者,寒食散之类。散中盖用礜石,是性极热有毒,故云深可疑也。刘表在荆州,与王粲登障山,见一冈不生百草,粲曰:'此必古冢,其人在世服生礜石,热蒸出外,故草木焦灭。'凿看,果墓,礜石满茔。又今洛水冬月不冰,古人谓之温洛,下亦有礜石。今取此石置瓮水中,水亦不冰。又鹳伏卵以助暖气。其烈酷如此,固不宜饵服。子敬之语实然。"淮南子曰:"人食礜石死,蚕食之而不饥。"予仲兄文安公镇金陵,因秋暑减食,当涂医汤三益教以服礜石圆,已而饮啖日进,遂加意服之,越十月而毒作,鼻衄血斗馀,自是数数不止,竟至精液皆竭,迨于捐舘。偶见其语,使人追痛,因书之以戒未来者。

【校勘记】

〔一〕兄憙患散辄发痈　“憙患”原作“患喜”，据祠本改。按，东观馀论卷上作“憙患”。

15　会合联句

韵略上声二肿字险窄。予向作汪庄敏铭诗八十名，唯萧敏中读之，曰：“押尽一韵。”今考之，犹有十字越用一董内韵。其词曰：“维天生材，万汇倾竦。侯王将相，曾是有种？公家江东，世绎耕垄。桃谿之涘，是播是穜。孰丰厥培？艺此圭珙。公羁未奋，逸驾思駷。沈酣春秋，蹈迪周、孔。径策名第，稍辞渫溶。横经湘、沅，士敬如捧。蓬莱方丈，佩饰有琫。应龙天飞，荟蔚云滃。千官在序，摩厉从臾。吾惟片言，借箸泉涌。正冠霜台，过者卞悚。颜颜殿陛，声气不动。显仁东攒，巫史呼汹。昌言一下，恩浃千冢。薰粥孔炽，边戒毛氄。嫔嫈当位，左掣右壅。公云当今，沸渭混澒。天威震耀，谁不愤踊。遂迁中司，西柄是董。出关启旆，筹檄倥偬。业业荆、襄，将懦臼拱。投袂电赴，如尊乃勇。邓、唐、蔡、陈，驰捷系踵。佛狸归骴，民恃不恐。玺书赐朝，百揆参揔。亚勋赞册，国势尊巩。督军载西，寄责冞重。方规许、洛，事援秦、陇。符离罔功，奇画胶拲。钧枢建使，宰席亢宠。还临西州，夹道欢拥。有御未毖，病癖且尰。曾不慭遗，使我心懵。湘湖高丘，草木蔚蓊。维水容裔，维山巃嵸。矢其铭诗，词费以冗。奈何乎公，万祼毋耸。”若韩、孟、籍、彻会合联句三十四韵，除蟓蛹二字韵略不收外，馀皆不出二肿中，雄奇激越，如大川洪河，不见涯涘，非琐琐潢污行潦之水所可同语也。其诗曰：“离别言无期，会合意冞重。病添儿女恋，老丧丈夫勇。剑心知未死，诗思犹孤耸。愁去剧箭飞，欢来若泉涌。析言多新贯，摅抱无昔壅。念难须勤追，悔易勿轻踵。吟巴山荦嵤，说楚波堆垄。马辞虎豹怒，舟出蛟鼍恐。狂鲸时孤轩，幽狖杂百种。瘴衣常腥腻，蛮器多疏冗。剥苔吊斑林，角饺饵沉冢。忽尔衔远命，归欤舞新宠。鬼窟脱幽妖，天居觌清拱。京游步方振，谪梦意犹恟。诗书夸旧知，酒食接新奉。嘉言写清越，瘉病失肬肿[一]。夏阴偶高庇，宵魂接虚拥。雪弦寂寂听，茗盌纤纤捧。驰辉烛浮萤，幽响泄潜蛩。诗老独何心，江疾有馀尰。我家本瀍谷，有地介皋巩。休迹忆沉冥，峩冠惭閴𦬻。升朝高辔逸，振物群听悚。徒言濯幽泌，谁与薙荒茸。朝绅郁青绿，马饰曜珪珙。国雠未销铄，我志荡邛陇。君才诚倜傥，时论方汹溶。格言多彪蔚，县解无梏拲。张生得渊源，寒色拔山冢。坚如撞群金，眇若抽独蛹。伊余何所拟？跛鳖讵能踊。块然堕岳石，飘尔罥巢氄。龙旆垂天卫，云韶凝禁甬。君胡眠安然，朝鼓声汹汹。"其间或有纇句，然众手立成，理如是也。

【校勘记】

〔一〕瘉病失肬肿　王校本"肬"作"肌"。

容斋四笔卷五　十四则

1　土木偶人

赵德夫作金石录，其跋汉居摄坟坛二刻石云："其一上谷府卿坟坛，其一祝其卿坟坛。曰坟坛者，古未有土木像，故为坛以祀之，两汉时皆如此。"予按战国策所载，苏秦谓孟尝君曰："有土偶人与桃梗相语。桃梗曰：'子西岸之土也，埏子以为人〔一〕，雨下水至，则汝残矣。'土偶曰：'子东国之桃梗也，刻削子以为人，雨降水至，流子而去矣。'"所谓土木为偶人，非像而何！汉至寓龙、寓车马，皆谓以木为之，象其真形。谓之两汉未有，则不可也。

【校勘记】

〔一〕埏子以为人　"埏"原作"挺"。祠本作"埏"。战国策札记卷上：挺，吴氏正曰：艺文类聚及晁氏本作埏，黄丕烈按，风俗通引作埏，挺埏同字，形近而讹作"挺"耳。今改"挺"为"埏"。

2　饶州风俗

嘉祐中，吴孝宗子经者，作馀干县学记，云："古者江南不能与中土等，宋受天命，然后七闽二浙与江之西东，冠带诗、书，翕然大肆，人才之盛，遂甲于天下。江南既为天下甲，而饶人喜事，又甲于江南。盖饶之为州，壤土肥而养生之物多。其民家富而户羡，蓄百金者不在富人之列。又当宽平无事之际，而天性好善，为父兄者，以其子与弟不文为咎；为母妻者，以其子与夫不学为辱。其美如此。”予观今之饶民，所谓家富户羡，了非昔时，而高甍巨栋连阡亘陌者，又皆数十年来寓公所擅，而好善为学，亦不尽如吴记所言，故录其语以寄一叹。

3　禽畜菜茄色不同

禽畜、菜茄之色，所在不同，如江、浙间猪黑而羊白，至江、广、吉州以西，二者则反是。苏、秀间鹅皆白，或有一斑褐者，则呼为雁鹅，颇异而畜之。若吾乡，凡鹅皆雁也。小儿至取浙中白者饲养，以为湖沼观美。浙西常茄皆皮紫，其皮白者为水茄。吾乡常茄皮白，而水茄则紫，其异如是。

4　伏龙肝

本草伏龙肝，陶隐居云：“此灶中对釜月下黄土也。以灶有神，故呼为伏龙肝。并以迂隐为名尔。”雷公云：“凡使勿悮用灶下土，其伏龙肝，是十年已来灶额内火气积，自结如赤色石，中黄，其形貌八棱。”予尝见临安医官陈舆大夫，言：“当以砌灶时，纳猪肝一具于土中，俟其积久，与土为一，然后用之，则稍与名相应。”比读后汉书阴识传云：“其先阴子方，腊日晨炊而灶神形见。”注引杂五行书曰：“宜市买猪肝泥灶，令妇孝。”然则舆之说亦有所本云。广济历亦有此说，又列作灶忌日，云：“伏龙在不可移作。”所谓伏龙者，灶之神也。

5　勇怯无常

“民无常勇,亦无常怯。有气则实,实则勇,无气则虚,虚则怯。怯勇虚实,其由甚微,不可不知。勇则战,怯则北。战而胜者,战其勇者也;战而北者,战其怯者也。怯勇无常,倏忽往来,而莫知其方,惟圣人独见其所由然。”此吕氏春秋决胜篇之语,予爱而书之。

6　赵德甫金石录

东武赵明诚德甫,清宪丞相中子也。著金石录三十篇,上自三代,下讫五季,鼎、锺、甗、鬲、槃、匜、尊、爵之款识,丰碑、大碣、显人晦士之事迹,见于石刻者,皆是正伪谬,去取褒贬,凡为卷二千。其妻易安李居士,平生与之同志,赵没后,愍悼旧物之不存,乃作后序,极道遭罹变故本末。今龙舒郡库刻其书,而此序不见取,比获见元稿于王顺伯,因为撮述大概云:

“予以建中辛巳归赵氏,时丞相作吏部侍郎,家素贫俭,德甫在太学,每朔望谒告出,质衣取半千钱,步入相国寺,市碑文果实归,相对展玩咀嚼。后二年,从官〔一〕,便有穷尽天下古文奇字之志,传写未见书,买名人书画、古奇器。有持徐熙牡丹图求钱二十万,留信宿,计无所得,卷还之,夫妇相向惋怅者数日。

“及连守两郡,竭俸入以事铅椠,每获一书,即日勘校装缉,得名画彝器,亦摩玩舒卷,指摘疵病,尽一烛为率。故纸札精致,字画全整,冠于诸家。每饭罢,坐归来堂,烹茶,指堆积书史,言某事在某书某卷第几叶第几行,以中否胜负,为饮茶先后,中则举杯大笑〔二〕,或至茶覆怀中,不得饮而起。凡书史百家字不刓缺、本不误者，辄市之，储作副本。

“靖康丙午，德甫守淄川，闻虏犯京师，盈箱溢箧，恋恋怅怅，知其必不为己物。建炎丁未，奔太夫人丧南来，既长物不能尽载，乃先去书之印本重大者，画之多幅者，器之无款识者，已又去书之监本者，画之平常者，器之重大者，所载尚十五车，连舻渡淮、江。其青州故第所锁十间屋，期以明年具舟载之，又化为煨烬。

“己酉岁六月，德甫驻家池阳，独赴行都，自岸上望舟中告别。予意甚恶，呼曰：‘如传闻城中缓急，奈何？’遥应曰：‘从众。必不得已，先弃辎重，次衣衾，次书册，次卷轴，次古器。独宋器者可自负抱[三]，与身俱存亡，勿忘之！’径驰马去。秋八月，德甫以病不起。时六宫往江西，予遣二吏部所存书二万卷，金石刻二千本，先往洪州。至冬，虏陷洪，遂尽委弃。所谓连舻渡江者，又散为云烟矣。独馀轻小卷轴，写本李、杜、韩、柳集，世说、盐铁论，石刻数十副轴，鼎鼐十数，及南唐书数箧，偶在卧内，岿然独存。上江既不可往，乃之台、温，之衢，之越，之杭，寄物于嵊县。庚戌春，官军收叛卒，悉取去，入故李将军家。岿然者十失五六，犹有五七簏，挈家寓越城，一夕为盗穴壁，负五簏去，尽为吴说运使贱价得之。仅存不成部帙残书策数种。

“忽阅此书，如见故人，因忆德甫在东莱静治堂，装褾初就，芸签缥带，束十卷作一帙，日校二卷，跋一卷，此二千卷，有题跋者五百二卷耳。今手泽如新，墓木已拱，乃知有有必有无，有聚必有散，亦理之常，又胡足道！所以区区记其终始者，亦欲为后世好古博雅者之戒云。”

时绍兴四年也，易安年五十二矣，自叙如此。予读其文而悲之，为识于是书。

【校勘记】

〔一〕后二年从官　库本、祠本“官”作“宦”。按，李清照集校注卷三金石录后序作“宦”。疑作“宦”是。

〔二〕中则举杯大笑　“杯”原作“否”。“杯”一作“桮”，当以略去“木”旁致误。今据马本、库本、李清照集改。

〔三〕独宋器者可自负抱　库本、祠本“宋”作“宗”。李清照集作“宗”。疑作“宗”是。

7　韩文公荐士

唐世科举之柄，颛付之主司，仍不糊名。又有交朋之厚者为之助，谓之通榜，故其取人也畏于讥议，多公而审。亦或胁于权势，或挠于亲故，或累于子弟，皆常情所不能免者。若贤者临之则不然，未引试之前，其去取高下，固已定于胸中矣。

韩文公与祠部陆员外书云：“执事与司贡士者相知识，彼之所望于执事者，至而无间，彼之职在乎得人，执事之职在乎进贤，如得其人而授之，所谓两得矣。愈之知者有侯喜、侯云长、刘述古、韦群玉，摭言作纾〔一〕。此四子者，可以当首荐而极论，期于成而后止可也。沈杞、张苰科记又作弘。尉迟汾、李绅、张后馀、李翊皆出群之才，与之足以收人望而得才实，主司广求焉，则以告之可也。往者陆相公司贡士，愈时幸在得中，所与及第者，皆赫然有声。原其所以，亦由梁补阙肃、王郎中础佐之。梁举八人无有失者，其馀则王皆与谋焉。陆相于王与梁如此不疑也，至今以为美谈。”此书在集中不注岁月。案摭言云：“贞元十八年，权德舆主文，陆傪员外通榜，韩文公荐十人于傪，权公凡三榜，共放六人，馀不出五年内皆捷。”以登科记考之，贞元十八年，德舆以中书舍人知举，放进士二十三人，尉迟汾、侯云长、韦纾、沈杞、李翊登第。十九年，以礼部侍郎放二十人，侯喜登第。永贞元年，放二十九人，刘述古登第。通三榜，共七十二人，而韩所荐者预其七。元和元年，崔邠下放李绅，二年，又放张后馀、张弘。皆与摭言合。

陆傪在贞元间时名最著，韩公敬重之。其行难一篇，为傪作也。曰："陆先生之贤闻于天下，是是而非非。自越州召拜祠部，京师之人日造焉。先生曰：'今之用人也不详，位于朝者，吾取某与某而已，在下者多于朝，凡吾与者若干人。'"又送其刺歙州序曰："君出刺歙州，朝廷耆旧之贤，都邑游居之良，赍咨涕洟，咸以为不当去。"则傪之以人物为己任久矣。其刺歙以十八年二月，权公放榜时，既以去国，而用其言不替，其不负公议而采人望，盖与陆宣公同。

韩公与书时，方为四门博士，居百寮底，殊不以其荐为犯分。故公作权公碑云："典贡士，荐士于公者，其言可信，不以其人布衣不用；即不可信，虽大官势人交言，一不以缀意。"又云："前后考第进士，及庭所策试士，踊相蹑为宰相达官，其馀布处台阁外府，凡百馀人。"梁肃及傪，皆为后进领袖，一时龙门，惜其位不通显也，岂非汲引善士为当国者所忌乎！韩公又有答刘正夫书云："举进士者，于先进之门，何所不往！先进之于后辈，苟见其至，宁可以不答其意邪！来者则接之，举城士大夫莫不皆然，而愈不幸独有接后进名。"以是观之，韩之留意人士可见也。

【校勘记】

〔一〕纾　王校本作"舒"。

8　王勃文章

王勃等四子之文，皆精切有本原。其用骈俪作记序碑碣，盖一时体格如此，而后来颇议之。杜诗云："王、杨、卢、骆当时体，轻薄为文哂未休。尔曹身与名俱灭，不废江、河万古流。"正谓此耳。身名俱灭，以责轻薄子。江、河万古流，指四子也。韩公滕王阁记云："江南多游观之美，而滕王阁独为第一。及得三王所为序、赋、记等〔一〕，壮其文辞。"注谓："王勃作游阁序〔二〕。"又云："中丞命为记，窃喜载名其上，词列三王之次，有荣耀焉。"则韩之所以推勃，亦为不浅矣。勃之文今存者二十卷云〔三〕。

【校勘记】

〔一〕及得三王所为序赋记等　"三"原为空格，据明抄本补。

〔二〕王勃作游阁序　王校本"阁"作"观"。

〔三〕勃之文今存者二十卷　马本、库本"十"后有"七"字。

9　吕览引诗书

吕氏春秋有始览谕大篇引夏书曰："天子之德，广运乃神，乃武乃文。"又引商书曰："五世之庙，可以观怪；万夫之长，可以生谋。"高诱注皆曰："逸书也。庙者，鬼神之所在，五世久远，故于其所观魅物之怪异也。"予谓吕不韦作书时，秦未有诗、书之禁，何因所引讹谬如此！高诱注文怪异之说，一何不典之甚邪！又孝行览亦引商书曰："刑三百，罪莫重于不孝。"今安得有此文，亦与孝经不合。又引周书曰："若临深渊，若履薄冰。"注云："周书周文公所作。"尤妄也。又以"普天之下，莫非王土，率土之滨，莫非王臣"为舜自作诗，"子惠思我，褰裳涉洧，子不我思，岂无他士"为子产答叔向之诗。不知是时国风、雅、颂何所定也。甯戚饭牛歌，高诱全引硕鼠三章，又为可笑。

10 蓝田丞壁记

韩退之作蓝田县丞厅壁记，柳子厚作武功县丞厅壁记，二县皆京兆属城，在唐为畿甸，事体正同，而韩文雄拔超峻，光前绝后，以柳视之，殆犹武夫之与美玉也。莆田方崧卿得蜀本，数处与今文小异，其"破崖岸而为文"一句，继以"丞厅故有记"，蜀本无"而"字。考其语脉，乃"破崖岸为文丞"，是句绝"文丞"者，犹言文具备员而已，语尤奇崛，若以"丞"字属下句，则既是丞厅记矣，而又云"丞厅故有记〔一〕"，虽初学为文者不肯尔也。此篇之外，不复容后人出手。侄孙倬，顷丞宣城，后生颇有意斯道，自作题名记示予。予晓之曰："他文尚可随力工拙下笔，至如此记，岂宜犯不韪哉！"倬时已勒石，深悔之。近日亦见有为之者，吾家孙侄多京官调选，再转必为丞，虑其复有效尤者，故书以戒之。

【校勘记】

〔一〕丞厅故有记　"故"原为墨钉，据李本补。

11 钱武肃三改元

欧阳公五代史叙列国年谱云："闻于故老，谓吴越亦尝称帝改元，而求其事迹不可得，颇疑吴越后自讳之。及旁采诸国书，与吴越往来者多矣，皆无称帝之事，独得其封落星石为宝石山制书，称宝正六年辛卯耳。"王顺伯收碑，有临安府石屋崇化寺尊胜幢云："时天宝四年，岁次辛未，四月某日，元帅府府库使王某。"又明庆寺白伞盖陀罗尼幢云："吴越国女弟子吴氏十五娘建。"其发愿文序曰："十五娘生忝霸朝，贵彰国懿。天宝五年，太岁壬申月日题。"顺伯考其岁年，知非唐天宝，而辛未乃梁开平五年，其五月改乾化，壬申乃二年。梁以丁卯篡唐，武肃是岁犹用唐天祐，次年自建元也。钱唐湖广润龙王庙碑云："钱镠贞明二年丙子正月建。"新功臣禅院碑〔一〕、封睦州墙下神庙敕，皆贞明中登圣寺磨崖，梁龙德元年，岁次辛巳，钱镠建。又有龙德三年上宫诗，是岁梁亡。九里松观音尊胜幢："宝大二年，岁次乙酉建。"衢州司马墓志云："宝大二年八月殁。"顺伯案，乙酉乃唐庄宗同光三年，其元年当在甲申。盖自壬申以后用梁纪元，至后唐革命，复自立正朔也。又水月寺幢云："宝正元年丙戌十月，具位钱镠建。"是年为明宗天成。招贤寺幢云："丁亥宝正二年。"又小昭庆金牛、码磁等九幢，皆二年至五年所刻。贡院前桥柱，刻宝正六年岁在辛卯造。然则宝大止二年而改宝正。宝正尽六年，次年壬辰，有天竺日观庵经幢，复称长兴三年八月，用唐正朔，其年三月，武肃薨。方寝疾，语其子元瓘曰："子孙善事中国，勿以易姓废事大之礼。"于是以遗命去国仪，用藩镇法，然则有天宝、宝大、宝正三名，欧阳公但知其一耳。通鉴亦然。自是历晋、汉、周及本朝，不复建元。今犹有清泰、天福、开运、会同、系契丹年。乾祐、广顺、显德石刻，存者三四十种，固未尝称帝也。

【校勘记】

〔一〕新功臣禅院碑　祠本"禅"作"坛"。

12　黄庭换鹅

李太白诗云："山阴道士如相见，应写黄庭换白鹅。"盖用王逸少事也。前贤或议之，曰："逸少写道德经，道士举鹅群以赠之。"元非黄庭，以为太白之误。予谓太白眼高四海，冲口成章，必不规规然旋检阅晋史，看逸少传，然后落笔，正使误以道德为黄庭，于理正自无害，议之过矣。东坡雪堂既毁，绍兴初，黄州一道士自捐钱粟再营建，士人何颉斯举作上梁文，其一联云："前身化鹤，曾陪赤壁之游；故事换鹅，无复黄庭之字。"乃用太白诗为出处，可谓奇语。案张彦远法书要录载褚遂良右军书目，正书有黄庭经云。注：六十行。与山阴道士真迹故在。又武平一徐氏法书记云："武后曝太宗时法书六十馀函，有黄庭。"又，徐季海古迹记："玄宗时，大王正书三卷，以黄庭为第一。"皆不云有道德经，则知乃晋传误也。

13　宋桑林

左传："宋公享晋侯于楚丘，请以桑林。"注：桑林者，殷天子之乐名。"舞师题以旌夏，晋侯惧而退，及著雍疾，卜桑林见。荀偃、士匄欲奔请祷焉，荀罃不可。"予案吕氏春秋云："武王胜殷，立成汤之后于宋，以奉桑林。"高诱注曰："桑山之林，汤所祷也。故使奉之。"淮南子云："汤旱，以身祷于桑山之林。"许叔重注曰："桑山之林，能兴云致雨，故祷之。""桑林"二说不同。杜预注左传不曾引用，岂非是时未见其书乎！

14　冯夷姓字

张衡思玄赋："号冯夷俾清津兮，櫂龙舟以济予。"李善注文选引青令传曰："河伯姓冯氏，名夷，浴于河中而溺死，是为河伯。"太公金匮曰："河伯姓冯名修。"裴氏新语谓为冯夷。庄子曰："冯夷得之以游大川。"淮南子曰："冯夷服夷石而水仙。"后汉张衡传注引圣贤冢墓记曰："冯夷者，弘农华阴潼乡堤首里人，服八石，得水仙，为河伯。"又龙鱼河图曰："河伯姓吕名公子，夫人姓冯名夷。"唐碑有河侯新祠颂，秦宗撰，文曰："河伯姓冯名夷，字公子。"数说不同，然皆不经之传也。盖本于屈原远游篇，所谓"使湘灵鼓瑟兮，令海若舞冯夷"，前此未有用者。淮南子原道训又曰："冯夷、大丙之御也，乘云车，入云蜺。"许叔重云："皆古之得道能御阴阳者。"此自别一冯夷也。

容斋四笔卷六 十五则

1 韩文公逸诗

唐五窦联珠集载，窦牟为东都判官，陪韩院长、韦河南同寻刘师，不遇，分韵赋诗。都官员外郎韩愈得寻字，其语云："秦客何年驻，仙源此地深。还随蹑凫骑，来访驭云襟。院闭青霞入，松高老鹤寻。犹疑隐形坐，敢起窃桃心。"今诸本韩集皆不载。近者莆田方崧卿考证访迹甚至，犹取联珠中窦庠酬退之登岳阳楼一大篇，顾独遗此，何也？

2 窦叔向诗不存

窦氏联珠序云：五窦之父叔向，当代宗朝，善五言诗，名冠流辈。时属贞懿皇后山陵，上注意哀挽，即时进三章，内考首出，传诸人口。有"命妇羞苹叶，都人插奈花"，"禁兵环素帟，宫女哭寒云"之句，可谓佳唱，而略无一首存于今。荆公百家诗选亦无之，是可惜也。予尝得故吴良嗣家所抄唐诗，仅有叔向六篇，皆奇作。念其不传于世，今悉录之。夏夜宿表兄话旧云："夜合花开香满庭，夜深微雨醉初醒。远书珍重何时达，旧事凄凉不可听。去日儿童皆长大，昔年亲友半凋零。明朝又是孤舟别，愁见河桥酒幔青。"秋砧送包大夫云："断续长门夜，清冷逆旅秋。征夫应待信，寒女不胜愁。带月飞城上，因风散陌头。离居偏入听，况复送归舟。"春日早朝应制云:“紫殿俯千官,春松应合欢。御炉香焰暖,驰道玉声寒。乳燕翻珠缀,祥乌集露盘。宫花一万树,不敢举头看。”过檐石湖云:“晓发鱼门伐[一],晴看檐石湖。日衔高浪出,天入四空无。只尺分洲岛,纤毫指舳舻。渺然从此去,谁念客帆孤。”贞懿挽歌二首云:“二陵恭妇道,六寝盛皇情。礼逊生前贵,恩追殁后荣。幼王亲捧土,爱女复连茔。东望长如在,谁云向玉京。”“后庭攀画柳,上陌咽清笳。命妇羞苹叶,都人插奈花。寿宫星月异,仙路往来赊。纵有迎神术,终悲隔绛纱。”第三篇亡。叔向字遗直,仕至左拾遗,出为溧水令。唐书亦称其以诗自名云。

【校勘记】

〔一〕晓发鱼门伐　马本、库本、祠本“伐”作“埭”,全唐诗卷二百七十一作“戍”。

3　用奈花事

窦叔向所用奈花事,出晋史,云成帝时,三吴女子相与簪白花,望之如素奈,传言天公织女死,为之着服。已而杜皇后崩,其言遂验。绍兴五年,宁德皇后讣音从北庭来,知徽州唐烰使休宁尉陈之茂撰疏文,有语云:“十年罹难,终弗返于苍梧;万国衔冤,徒尽簪于白奈。”是时正从徽宗蒙尘,其对偶精确如此。

4　王廖儿良

贾谊过秦论曰:“六国之士,吴起、孙膑、带佗、儿良、王廖、田忌、廉颇、赵奢之朋制其兵。”汉书注家皆无所释,颜师古但音儿为五奚反，廖为聊而已。此八人者，带佗、儿良、王廖不知其何国人，独吕氏春秋云："老聃贵柔，孔子贵仁，墨翟贵廉，关尹贵清，子列子贵虚，陈骈贵齐，阳朱贵己，孙膑贵势，王廖贵先，儿良贵后。"而注云："王廖谋兵事，贵先，建茅也。儿良作兵谋，贵后。"虽仅见二人之名，然亦莫能详也。廖、良列于孔、老之末，而汉四种兵书，有良权谋一篇。又，贾谊首称甯越、杜赫为之谋，汉书亦不注。吕氏云："孔、墨、甯越，皆布衣之士也。越，中牟人也，周威公师之。"又称："杜赫以安天下说周昭文君。"则越、赫善谋，可以概见。漫书之，以补汉注之缺。

5 徙木偾表

商鞅变秦法，恐民不信，乃募民徙三丈之木而予五十金。有一人徙之，辄予金，乃下令。吴起治西河，欲谕其信于民，夜置表于南门之外，令于邑中曰："有人能偾表者，仕之长大夫。"民相谓曰："此必不信。"有一人曰："试往偾表，不得赏而已何伤！"往偾表，来谒吴起，起仕之长大夫。自是之后，民信起之赏罚。予谓鞅本魏人，其徙木示信，盖以效起，而起之事不传。

6 建武中元续书

随笔所书建武中元一则，文惠公作隶释，于蜀郡守何君阁道碑一篇中，以为不然。比得蜀士袁梦麒应祥汉制丛录，亦以纪、志、传不同为惑，而云近岁雅州荥经县治之西，有得蜀郡治道记于崖壁间者，记末云："建武中元二年六月就。"于是千载之疑，涣然冰释。予观何君阁道正建武中元二年六月就。袁君所言荥经崖壁之记，盖是此耳。但以出于近岁，恨不得质之文惠，为之恻然。

7　草驹聋虫

今人谓野牧马为草马[一]，淮南子修务训曰："马之为草驹之时，跳跃扬蹄，翘尾而走，人不能制。"注云："马五尺已下为驹，放在草中，故曰草不可化，其可驾御，教之所为也。马，聋虫也，而可以通气志，犹待教而成，又况人乎！"注云："虫，喻无知也。"聋虫之名甚奇。

【校勘记】

〔一〕今人谓野牧马为草马　"牧"原作"收"，据马本、库本改。

8　记李履中二事

崇宁中，蔡京当国，欲洗邢恕诬谤宗庙之罪，既拔拭用之，又欲令立边功以进身，于是以为泾原经略使，遂谋用车战法，及造舟五百艘，将直抵兴灵，以空夏国。诏以付熙河漕臣李复。复，长安人，久居兵间，习熟戎事，力上疏诋切之。予顷书之于国史恕列传中。比得上饶所刊潏水集，正复所为文，得此两奏，叹其能以区区外官而排斥上相之客如此，恨史传为不详尽，乃录于此。

其乞罢造战车疏云："奉圣旨，令本司制造战车三百两。臣尝览载籍，古者师行，固尝用车，盖兵不妄动，征战有礼，不为诡遇，多在平原易野[一]，故车可以行。今尽之极边，戎狄乘势而来，虽鸷鸟飞翥，不如是之迅捷，下寨驻军，各以保险为利。其往也，车不及期，居而保险，车不能登，归则虏多袭逐，争先奔趋，不暇回顾，车安能收！非若古昔于中国为用。臣闻此议出于许彦圭，彦圭因姚麟而献说，朝廷遂然之，不知彦圭剧为轻妄。唐之房琯，尝用车战，大败于陈涛斜，十万义军，无有脱者。畿邑平地且如此，况今欲用于峻阪沟谷之间乎！又，战车比常车阔六七寸，运不合辙，牵拽不行。昨来兵夫典卖衣物，自赁牛具，终日方进五七里，遂致兵夫逃亡，弃车于道，大为诸路之患。今乞便行罢造，如别路已有造者，乞更不牵拽前来。"

其乞罢造舡奏云："邢恕乞打造舡五百只，于黄河顺流放下，至会州西小河内藏放。有旨专委臣监督，限一年了当。契勘本路只有舡匠一人，须乞于荆、江、淮、浙和雇。又，丁线物料，亦非本路所出。观恕奏请，实是儿戏。且造舡五百只，若自今工料并备，亦须数年。自兰州驾放至会州，约三百里，北岸是敌境，岂可容易！会州之西，小河咸水，其阔不及一丈，深止于一二尺，岂能藏船！黄河过会州入韦精山，石峡险窄，自上垂流直下，高数十尺，船岂可过！至西安州之东，大河分为六七道，水浅滩碛，不胜舟载，一船所载，不过五马二十人，虽到兴州，又何能为！又不知几月得至。此声若出，必为夏国侮笑，臣未敢便依旨挥擘画，恐虚费钱物，终误大事。"

疏既上，徽宗察其言忠，遂罢二役。复字履中，为关内名儒，官至中大夫、集英殿修撰。李昭玘尝赠诗云："结交赖有紫髯翁，鹤骨崭崭烂修目。五言长城屹千丈，万卷书楼聊一读。"可知其人矣。

【校勘记】

〔一〕平原易野　马本、库本"易"作"广"。

9　乾宁覆试进士

唐昭宗乾宁二年试进士，刑部尚书崔凝下二十五人。放榜后，宣诏翰林学士陆扆、秘书监冯渥入内，各赠衣一副及毡被，于武德殿前覆试，但放十五人。自状头张贻范以下重落，其六人许再入举场，四人所试最下，不许再入，苏楷其一也。故挟此憾，至于驳昭宗"圣文"之谥。崔凝坐贬合州刺史。是时，国祚如赘斿，悍镇强藩，请隧问鼎之不暇，顾卷卷若此。其再试也，诗赋各两篇，内良弓献问赋，以"太宗问工人木心不正，脉理皆邪，若何道理"十七字皆取五声字，依轮次以双周隔句为韵，限三百二十字成。贻范等六人，讫唐末不复缀榜。盖是时不糊名，一黜之后，主司不敢再收拾也。有黄滔者，是年及第，闽人也，九世孙沃为吉州永丰宰，刊其遗文，初试覆试凡三赋皆在焉。曲直不相入赋，以题中曲直两字为韵。释云：邪正殊途，各有好恶。终篇只押两韵。良弓献问赋，取五声字次第用各随声为赋格。于是第一韵尾句云"资国祚之崇崇"，上平声也。第二韵"垂宝祚于绵绵"，下平声也。第三韵"曾非唯唯"，上声也。第四韵"露其言而粲粲"，去声也。而阙入声一韵。赋韵如是，前所未有。国将亡，必多制，亦云可笑矣。信州永丰人王正白，时再试中选，郡守为改所居坊名曰进贤，且减户税，亦后来所无。

10 临海蟹图

文登吕亢多识草木虫鱼。守官台州临海，命工作蟹图，凡十有二种。一曰蝤蛑。乃蟹之巨者，两螯大而有细毛如苔，八足亦皆有微毛。二曰拨棹子。状如蝤蛑，螯足无毛，后两小足薄而微阔，类人之所食者，然亦颇异，其大如升，南人皆呼为蟹，八月间盛出，人采之，与人斗，其螯甚巨，往往能害人。三曰拥剑。状如蟹而色黄，其一螯偏长三寸馀，有光。四曰彭蜎。螯微毛，足无毛，以盐藏而货于市，尔雅曰："彭螺，小者蟧。"云小蟹也。螺音泽，蟧音劳，吴人呼为彭越。搜神记言此物尝通人梦，自称"长卿"，今临海人多以"长卿"呼之。五曰竭朴。大于彭蜞，壳黑斑，有文章，螯正赤，常以大螯障目，小螯取食。六曰沙狗。似彭蜞，壤沙为穴，见人则走，屈折易道不可得。七曰望潮。壳白色，居则背坎外向，潮欲来，皆出坎举螯如望，不失常期。八曰倚望。亦大如彭蜞，居常东西顾睨，行不四五，又举两螯，以足起望，惟入穴乃止。九曰石蜠。大于常蟹，八足，壳通赤，状若鹅卵。十曰蜂江。如蟹，两螯足极小，坚如石，不可食。十一曰芦虎。似彭蜞，正赤，不可食。十二曰彭蜞。大于蜞，小于常蟹。吕君云："此皆常所见者，北人罕见，故绘以为图。又海商言，海中鼊鼊岛之东，一岛多蟹，种类甚异。有虎头者，有翅能飞者，有能捕鱼者，有壳大兼尺者。以非亲见，故不画。"李履中得其一本，为作记。予家楚，宦游二浙、闽、广，所识蟹属多矣，亦不悉与前说同。而所谓黄甲、白蟹、蟳、蠘诸种，吕图不载，岂名谓或殊乎！故纪其详，以示博雅者。

11　东坡作碑铭

东坡祭张文定文云："轼于天下，未尝铭墓。独铭五人，皆盛德故。"以文集考之，凡七篇。若富韩公、司马温公、赵清献公、范蜀公并张公，坡所自作。此外赵康靖、滕元发二志，乃代张公者，故不列于五人之数。眉州小集有元祐中奏稿云："臣近准敕差撰故同知枢密院事赵瞻神道碑并书者。臣平生本不为人撰行状、埋铭、墓碑，士大夫所共知。只因近日撰司马光行状，盖为光曾为臣亡母程氏撰埋铭；又为范镇撰墓志，盖为镇与先臣某平生交契至深，不可不撰。及奉诏撰司马光、富弼等墓碑，不可固辞，然终非本志，况臣老病废学，文词鄙陋，不称人子所欲显扬其亲之意，伏望圣慈别择能者，特许辞免。”观此一奏，可印公心。而杭本奏议十五卷中不载。

12 洗儿金钱

车驾都钱塘以来，皇子在邸生男及女，则戚里、三衙、浙漕、京尹皆有餉献，随即致答，自金币之外，洗儿钱果动以十数合，极其珍巧，若总而言之，殆不可胜算，莫知其事例之所起。刘原甫在嘉祐中，因论无故疏决云：“在外群情皆云，圣意以皇女生，故施此庆，恐非王者之令典也。又闻多作金银、犀象、玉石、琥珀、玳瑁、檀香等钱，及铸金银为花果，赐予臣下，自宰相、台谏，皆受此赐。无益之费，无名之赏，殆无甚于此。若欲夸示奢丽，为世俗之观则可矣，非所以轨物训俭也。宰相、台谏以道德辅主，奈何空受此赐，曾无一言，遂事不谏！臣愿深执恭俭，以答上天之贶，不宜行姑息之恩，以损政体。”伟哉刘公之论，其劲切如此。欧阳公铭墓，略而不书。予为国史，亦不知载于本传，比方读其奏章，故敬纪之。韩偓金銮密记云：“天复二年，大驾在岐，皇女生三日，赐洗儿果子、金银钱、银叶坐子、金银铤子。”予谓唐昭宗于是时尚复讲此，而在庭无一言，盖宫掖相承，欲罢不能也。

13 告命失故事

祖宗时知制诰六员，故朝廷除授，虽京官磨勘，选人改秩，奏荐门客，恩科助教，率皆命词，然有官列已崇而有司不举者，多出时相之意。刘原甫掌外制，以任颛落职，不降诰词，曾奏陈以为非故事，得旨即施行之。已而刘元瑜、王琪降官，直以敕牒。刘又言非朝廷赏罚训诰愍重之意。今观刘集，有太平州文学袁嗣立改江州文学制云："昔先王简不帅教而不变者，屏之裔土，终身不齿，若尔之行，岂足顾哉！然犹假以仕板，徙之善郡，不赀之恩也。勉思自新，无重其咎。"未几，嗣立又徙洪州，制云："尔顷冒宪典，迁之寻阳，复以亲嫌，于法当避。夫薄志节、寡廉耻者，固不可使处有嫌之地，益徙豫章，思自湔涤。"嗣立之事微矣，乃费两诰，读此命书，可知其人。漫书之以发一笑。

14　扁字二义

扁音薄典切，唐韵二义：其一曰扁署门户，其一曰姓也，此外无它说。案，鹖冠子云："五家为伍，十伍为里，四里为扁，扁为之长，十扁为乡。其上为县为郡。其不奉上令者，以告扁长。"盖如遂、党、都、保之称，诸书皆不载。

15　娑罗树

世俗多指言月中桂为娑罗树，不知所起。案，酉阳杂俎云："巴陵有寺，僧房床下，忽生一木，随伐而长。外国僧见曰：'此娑罗也。'元嘉中出一花如莲[一]。唐天宝初，安西进娑罗枝，状言：'臣所管四镇拔汗那国，有娑罗树，特为奇绝，不庇凡草，不止恶禽，近采得树枝二百茎以进。'"予比得楚州淮阴县唐开元十一年海州刺史李邕所作娑罗树碑云："非中夏物土所宜有者，婆娑十亩，蔚暎千人。恶禽翔而不集，好鸟止而不巢。深识者虽徘徊仰止而莫知冥植，博物者虽沈吟称引而莫辩嘉名。随所方面，颇证灵应，东瘁则青郊苦而岁不稔，西茂则白藏泰而秋有成。尝有三藏义净，还自西域，斋戒瞻叹。于是邑宰张松质请邕述文建碑。"观邕所言恶禽不集，正与上说同。又有松质一书答邕云：“此土玉像，爰及石龟，一离淮阴，百有馀载，前后抗表，尚不能称，赖公威德备闻，所以还归故里，谨遣僧三人，父老七人，赍状拜谢。”宣和中，向子諲过淮阴，见此树，今有二本，方广丈馀，盖非故物。蒋颖叔云：“玉像石龟，不知今安在？”然则娑罗之异，世间无别种也。吴兴芮烨国器有从沈文伯乞娑罗树碑古风一首云：“楚州淮阴娑罗树，霜露荣悴今何如。能令草木死不朽，当时为有北海书。荒碑雨侵涩苔藓，尚想墨本传东吴。”正赋此也。欧阳公有定力院七叶木诗云：“伊、洛多佳木，娑罗旧得名。常于佛家见，宜在月宫生。扣砌阴铺静，虚堂子落声。”亦此树耳，所谓七叶者未详。

【校勘记】

〔一〕元嘉中出一花如莲　“一”原为空格，据明抄本补。按酉阳杂俎卷十八有“一”。

容斋四笔卷七 十四则

1 天咫

黄鲁直和王定国诗闻苏子由病卧绩溪云："湔祓瘴雾姿，朝趋去天咫。"蜀士任渊注引"天威不违颜咫尺"。予案国语，楚灵王筑三城，使子皙问范无宇，无宇不可，王曰："是知天咫，安知民则。"韦昭曰："咫者少也，言少知天道耳。"酉阳杂俎有天咫篇。黄诗盖用此。徐师川喜王秀才见过小酌玩月四言曰："君家近市，所见天咫。庭户之间，容光能几。菰蒲之中，江湖之滣。一碧万顷，长空千里。"正祖述黄所用云。

2 县尉为少仙

随笔载县尉为少公，予后得晏几道叔原一帖与通叟少公者，正用此也。杜诗有野望因过常少仙一篇，所谓"落尽高天日，幽人未遣回"者，蜀士注曰："少仙应是言县尉也。"县尉谓之少府，而梅福为尉，有神仙之称。少仙二字，尤为清雅，与今俗呼为仙尉不侔矣。

3 杜诗用受觉二字

杜诗所用受觉二字皆绝奇。今摭其受字云"修竹不受暑"，"勿受外嫌猜"，"莫受二毛侵"，"监河受贷粟"，"轻燕受风斜"，"能事不受相促迫"，"野航恰受两三人"，"一双白鱼不受钓"，"雄姿未受伏枥恩"。其觉字云"已觉糟床注"，"身觉省郎在"，"自觉成老丑"，"更觉松竹幽"，"日觉死生忙"，"最觉润龙鳞"，"喜觉都城动"，"更觉老随人"，"每觉升元辅"，"觉而行步奔"，"尚觉王孙贵"，"含悽觉汝贤"，"厨烟觉远庖"，"诗成觉有神"，"已觉披衣惯"，"自觉酒须赊"，"早觉仲容贤"，"城池未觉喧"，"无人觉来往"，"人才觉弟优"，"直觉巫山暮"，"重觉在天边"，"行迟更觉仙"，"深觉负平生"，"秋觉追随尽"，"追随不觉晚"，"熊罴觉自肥"，"自觉坐能坚"，"已觉良宵永"，"更觉彩衣春"，"已觉气与嵩、华敌"，"未觉千金满高价"，"梅花欲开不自觉"，"胡来不觉潼关隘"，"自得随珠觉夜明"，"放箸未觉金盘空"，"东归贪路自觉难"，"更觉良工心独苦"，"始觉屏障生光辉"，"不觉前贤畏后生"，"更情更觉沧洲远"，"我独觉子神充实"，"习池未觉风流尽"。用之虽多，然每字命意不同，又杂于千五百篇中，学者读之，唯见其新工也。

若陈简斋亦好用此二字，未免频复者，盖只在数百篇内，所以见其多。如"未受风作恶"，"不受珠玑络"，"不受折简呼"，"不受人招麾"，"不受安危侵"，"饱受今日闲"，"却扇受景风"，"语闻受远响"，"坐受世故驱"，"庭柏不受寒"，"可复受忧戚"，"宁受此酸辛"，"滔滔江受风"，"坐受世褊迫"，"清池不受暑"，"平池受细雨"，"穷村受春晚"，"不受急景催"，"肯受元规尘"，"了不受荣悴"，"意闲不受荣与辱"，"独自人闲不受寒"，"枯木无知不受寒"，"天马何妨略受靰"，"来禽花高不受折"，"不受阴晴与寒暑"，"长林巨木受轩轾"。"未觉懒相先"，"未觉壮心休"，"未觉身淹留"，"未觉墉阴迟"，"未觉欠孟嘉"，"未觉有等伦"，"未觉风来迟"，"未觉经旬久"，"欲往还觉非"，"独觉赋诗难"，"稍觉夜月添"，"菰蒲觉风入”,“未觉此计非”,“高处觉眼新”,“意定觉景多”,“未觉徐娘老”,“未觉有荣辱”,“未觉饥肠虚”,“未觉平生与愿违”,“村空更觉水潺湲”,“眼中微觉欠扁舟”,“居夷更觉中原好”,“便觉杯觞耐薄寒”,“墙头花定觉风阑”,可谓多矣。盖喜用其字,自不知下笔所著也。

4　西太一宫六言

“杨柳鸣蜩绿暗,荷花落日红酣。三十六陂春水,白头想见江南。”荆公题西太一宫六言首篇也。今临川刻本以“杨柳”为“柳叶”,其意欲与荷花为切对,而语句遂不佳。此犹未足问,至改“三十六陂春水”为“三十六宫烟水”,则极可笑。公本意以在京华中,故想见江南景物,何预于宫禁哉!不学者妄意涂窜,殊为害也。彼盖以太一宫为禁廷离宫尔〔一〕。

【校勘记】

〔一〕彼盖以太一宫为禁廷离宫尔　“禁廷离宫尔”原作“廷离宫尔禁”,据马本、库本改。

5　由与犹同

新唐书藩镇传序云:“其人自视由羌狄然。”据字义,“由”当为“犹”,故吴缜作唐书音训有纠谬一篇,正指其失,彼元不深究孟子也。文惠公顷与予作唐书补过,尝驳其说。予作文每用之,辄为人所疑问,今为详载于此。如“以齐王,由反手也”,“由弓人而耻为弓”,“王由足用为善”,“是由恶醉而强酒”,“由己溺之,由己饥之”,“由射于百步之外”,“见且由不得亟”,其义皆然,盖“由”与“犹”通用也。

6 人焉廋哉

孔子论人之善恶,始之曰“视其所以”,继之以“观其所由,察其所安”,然后重言之曰“人焉廋哉,人焉廋哉”,盖以上之三语详察之也。而孟氏一断以眸子,其言曰:“存乎人者,莫良于眸子。眸子不能掩其恶,胸中正,则眸子瞭焉,胸中不正,则眸子眊焉。听其言也,观其眸子,人焉廋哉!”说者谓:“人与物接之时,其神在目。故胸中正,则神精而明。不正,则神散而昏。心之所发,并此而观,则人之邪正不可匿矣。言犹可以伪为,眸子则有不容伪者。孔圣既已发之于前,孟子知言之要,续为之说,故简亮如此。”旧见王季明云:太学士子尝戏作一论,其略曰:“知人焉廋哉之义,然后知人焉廋哉,人焉廋哉之义。知人焉廋哉,人焉廋哉之义,然后知人焉廋哉之义。孔子所云‘人焉廋哉,人焉廋哉’者,详言之也。孟子所云‘人焉廋哉’者,略言之也。孔子之所谓‘人焉廋哉,人焉廋哉’,即孟子之所谓‘人焉廋哉’也。孟子之所谓‘人焉廋哉’,即孔子之所谓‘人焉廋哉,人焉廋哉’也。”继又叠三语为一云:“夫人焉廋哉,人焉廋哉,人焉廋哉,虽曰不同,而其所以为人焉廋哉,人焉廋哉,人焉廋哉,未始不同。”演而成数百字,可资一笑,亦几于侮圣言矣!

7 久而俱化

天生万物,久而与之俱化,固其理焉,无间于有情无情,有知无知也。予得双雁于衢人郑伯膺,纯白色,极驯扰可玩,置之云壑,不远飞翔。未几，陨其一，其一块独无俦，因念白鹅正同色，又性亦相类，乃取一只与同处。始也，两下不相宾接，见则东西分背，虽一盆饲谷，不肯并啜。如是五日，渐复相就，逾旬之后，怡然同群，但形体有大小，而色泽飞鸣则一。久之，雁不自知其为雁，鹅不自知其为鹅，宛如同巢而生者。与之俱化，于是验焉。今人呼鹅为舒雁，或称家雁，其褐色者为雁鹅，雁之最大者曰天鹅。唐太宗时，吐蕃禄东赞上书，以谓圣功远被，虽雁飞于天，无是之速，鹅犹雁也，遂铸金为鹅以献。盖二禽一种也。

8 黄文江赋

晚唐士人作律赋，多以古事为题，寓悲伤之旨，如吴融、徐寅诸人是也。黄滔字文江，亦以此擅名，有明皇回驾经马嵬坡隔句云："日惨风悲，到玉颜之死处；花愁露泣，认朱脸之啼痕。""褒云万叠，断肠新出于啼猿；秦树千层，比翼不如于飞鸟。""羽卫参差，拥翠华而不发；天颜怆恨，觉红袖以难留。""神仙表态，忽零落以无归；雨露成波，已沾濡而不及。""六马归秦，却经过于此地；九泉隔越，几悽恻于平生。"景阳井云："理昧纳隍，处穷泉而讵得；诚乖驭朽，攀素绠以胡颜。""青铜有恨〔一〕，也从零落于秋风；碧浪无情，宁解流传于夜壑。""荒凉四面，花朝而不见朱颜；滴沥千寻，雨夜而空啼碧溜。""莫可追寻，玉树之歌声邈矣；最堪惆怅，金瓶之咽处依然。"馆娃宫云："花颜缥缈，欺树里之春风；银焰荧煌，却城头之晓色。""恨留山鸟，啼百卉之春红；愁寄垅云，鏁四天之暮碧。""遗堵尘空，几践群游之鹿；沧洲月在，宁销怒浊之涛。"陈皇后因赋复宠云："已为无雨之期，空悬梦寐；终自凌云之制，能致烟霄。"秋色云："空三楚之暮天，楼中历历；满六朝之故地，草际悠悠。"白日上升云："较美古今，列子之乘风固劣；论功昼夜，姮娥之奔月非优。”凡此数十联，皆研确有精致，若夫格律之卑，则自当时体如此耳。

【校勘记】

〔一〕青铜有恨　“恨”原作“限”，据明抄本改。

9　沈季长进言

沈季长元丰中为崇政殿说书，考开封进士，既罢，入见，神宗曰：“论不以智治国，谁为此者？”对曰：“李定所为。”上曰：“闻定意讥朕。”季长曰：“定事陛下有年，顷者御史言定乃人伦所弃，陛下力排群议，而定始得为人如初，继又擢用不次，定虽怀利，尚当知恩，臣以此敢谓无讥陛下意。诗序曰：‘言之者无罪，闻之者足以戒。’书曰：‘小人怨汝詈汝，则皇自敬德。’陛下自视岂任智者，不知何自慊疑，乃信此为讥也？”上曰：“卿言甚善，朕今已释然矣。卿长者，乃喜为人辩谤。”对曰：“臣非为人辩谤，乃为陛下辩谮耳。”它日，上语及前代君臣，因曰：“汉武帝学神仙不死之术，卿晓其意否？此乃贪生以固位耳，故其晚年举措谬戾，祸贻骨肉，几覆宗社。且人主固位，其祸犹尔，则为人臣而固位者，其患亦何所不至，故朕每患天下之士能轻爵禄者少。”季长曰：“士而轻爵禄，为士言之，则可，为国言之，则非福也。人主有尊德乐道之志，士皆以不得爵禄为耻，宁有轻爵禄者哉！至于言违谏怫，士有去志，故以爵禄为轻。”上曰：“诚如卿言。”按，季长虽尝至修起居注，其后但终于庶僚，史不立传。王和甫铭其墓，载此两论，予在史院时未之见也。其子铢为侍从，恨不获附见之，故表出于是。

10　繁遏渠

国语鲁叔孙穆子曰："金奏肆夏：繁、遏、渠。天子所以飨元侯也。"韦昭注曰："繁、遏、渠，肆夏之三也。礼有九夏，皆篇名。"昭虽晓其义，而不详释。案，周礼春官："钟师掌金奏，以钟鼓奏九夏。"郑氏注引吕叔玉云："肆夏、繁遏、渠，皆周颂也。肆夏，时迈也〔一〕。繁遏，执竞也。渠，思文也。"又曰："繁，多也。遏，止也。言福禄止于周之多也。故执竞曰：'降福穰穰，降福简简。'渠，大也。言以后稷配天，王道之大也。故思文曰：'思文后稷，克配彼天。'"予谓此说亦近于凿。

【校勘记】

〔一〕肆夏时迈也　"迈"原脱，据明抄本补。按，周礼注疏卷二十四郑氏注有"迈"字。

11　替戾冈

坡公游鹤林、招隐，有冈字韵诗，凡作七首，最后云："背城借一吾何敢，切勿樽前替戾冈。"小儿问三字所出。案，晋书佛图澄传，澄能听铃音以知吉凶，往投石勒。及刘曜攻洛阳，勒将救之，其群下咸谏，以为不可。勒以访澄，澄曰："相轮铃音云：'秀支替戾冈，仆谷劬秃当。'此羯语也。秀支，军也。替戾冈，出也。仆谷，刘曜胡位也。劬秃当，捉也。此言军出捉得曜也。"勒遂擒曜。坡公正用此云。

12 文潞公平章重事

文潞公元丰六年以太师致仕，时七十八岁矣。后二年，哲宗即位，太皇太后垂帘同听政。用司马公为门下侍郎，公奏乞召潞公置之百寮之首，以镇安四海，后遣中使梁惟简宣谕曰："彦博名位已重，又得人心，今天子幼冲，恐其有震主之威。且于辅相中无处安排，又已致仕，难为复起。"公当时以新入，不敢复言。元祐元年三月，公拜左仆射，乃再上奏曰："书曰：'人惟求旧。'盖以其历年之多也。彦博沉敏有谋略，知国家治体，能断大事，自仁宗以来，出将入相，功效显著，天下所共知，年逾八十，精力尚强。臣初曾奏陈，寻蒙宣谕。切惟彦博一书生尔，年逼桑榆，富贵已极，夫复何求，非有兵权死党可畏惧也。假使为相，一旦欲罢之，止烦召一学士，授以词头，白麻既出，则一匹夫尔，何难制之。有震主之威，防虑太过。若依今官制用之为相，以太师兼侍中行左仆射，有何不可。倘不欲以剧务烦老臣，则凡常程文书，只委右仆射以下签书发遣，惟事有难决者，方就彦博咨禀。自古致仕复起，盖非一人，彦博今年八十一，不过得其数年之力，愿急用之，臣但以门下侍郎助彦博，恐亦时有小补。今不以彦博首相，而以臣处之，是犹舍骐骥而策驽骀也，切为朝廷惜之。若以除臣左仆射，难为无故以他人易之，则臣欲露表举其自代。"奏入，不许。给事中范纯仁亦劝乞召致，留为师臣。未几，右仆射韩缜求去，后始赐司马公密诏，欲除彦博兼侍中行右仆射事，其合行恩礼，令相度条具。公以名体未正，不敢居其上，乞以行左仆射，自守右仆射。诏曰："使彦博居卿上，非予所以待卿之意，卿更思之。"公执奏言："臣为京官时，彦博已为宰相，今使彦博列位在下，非所以正大伦也。"于是召赴阙。既而御史中丞刘挚、左正言朱光庭、右正言王觌俱上言："彦博春秋高，不可为三省长官。"司马公又言："若令以正太师平章军国重事，亦足以老尊成矣。"四月，遂下制如公言，诏一月两赴经筵，六日一入朝，因至都堂与执政商量事，朝廷有大政令，即与辅臣共议。潞公此命，可谓郑重费力，盖本不出于主意也。然居位越五年，屡谢病，乃得归，竟坐此贻绍圣之贬。

13　考课之法废

唐制，尚书考功掌内外文武官吏之考课，凡应考之官，家具录当年功过行能，本司及本州长官对众读议其优劣，定为九等考第，然后送省。别敕定京官位望高者二人，一校京官考，一校外官考，又定给事中、中书舍人各一人，一监京官考，一监外官考，郎中判京官考，员外郎判外官考，凡考课之法，有四善、二十七最。一最以上有四善，为上上。有三善，或无最而有四善，为上中。有二善，或无最而有三善，为上下。其末至于居官谄诈、贪浊有状，为下下。外州则司录、录事参军主之，各据之以为黜陟。国朝此法尚存。庆历、皇祐中，黄亚夫庶佐一府、三州幕〔一〕，其集所载考词十四篇。黄司理者曰："治犴狱〔二〕，岁再周矣，论其罪弃市者五十四，流若徒三百十有四，杖百八十六，皆得其情，无有冤隐不伸，非才也其孰能！其考可书中。"舞阳尉者曰："舞阳大约地广，它盗往往囊橐于其间，居一岁，为窃与强者凡十一，前件官捕得之，其亡者一而已矣。非才焉固不能。可书中。"法曹刘昭远者曰："法者，礼之防也。其用之以当人情为得，刻者为之，则拘而少恩。前件官以通经举进士，始掾于此，若老于为法者，每抱具狱，必传之经义然后处〔三〕，故无一不当其情。其考可书中。"它皆类此。不知其制废于何时。今但付之士案吏据定式书于印纸，比者又令郡守定县令臧否高下，人亦不知所从出。若使稍复旧贯，似为得宜，虽未必人人尽公得实，然思过半矣。

【校勘记】

〔一〕黄亚夫庶佐一府三州幕　“庶”原脱，据明抄本补。

〔二〕治犴狱　“犴”原作“许”，误刊，据明抄本改。

〔三〕必传之经义然后定　库本、祠本“传”作“傅”。疑作“傅”是。

14　小官受俸

沈存中笔谈书国初时州县之小官俸入至薄，故有“五贯九百六十俸，省钱且作足钱用”之语。黄亚夫皇祐间自序其所为伐檀集云：“历佐一府、三州，皆为从事，逾十年，郡之政，巨细无不与，大抵止于簿书狱讼而已，其心之所存，可以效于君、补于国、资于民者，曾未有一事可以自见。然月廪于官，粟麦常两斛，钱常七千，问其所为，乃一常人皆可不勉而能，兹素餐昭昭矣。遂以‘伐檀’名其集，且识其愧。”予谓今之仕宦，虽主簿、尉，盖或七八倍于此，然常有不足之叹。若两斛、七千，只可禄一书吏小校耳！岂非风俗日趋于浮靡，人用日以汰，物价日以滋，致于不能赡足乎！亚夫之立志如此，真可重也。山谷先生乃其子云。

容斋四笔卷八 十七则

1 库路真

新唐书地理志:"襄州,土贡漆器库路真二品十乘花文五乘。"库路真者,漆器名也,然其义不可晓。元丰九域志云"真漆器二十事"是已。于頔传,頔为襄阳节度,襄有髹器,天下以为法。至頔骄蹇,故方帅不法者,称为"襄样节度"。旧唐书职官志,武德七年,改秦王、齐王下领三卫及库真、驱咥真,并为统军。疑是周、隋间西边方言也。记白乐天集曾有一说,而未之见。

2 得意失意诗

旧传有诗四句诵世人得意者云:"久旱逢甘雨,他乡见故知。洞房花烛夜,金榜挂名时。"好事者续以失意四句曰:"寡妇携儿泣,将军被敌擒。失恩宫女面,下第举人心。"此二诗,可喜可悲之状极矣。

3 狄监卢尹

文潞公留守西京,年七十七,为耆英会,凡十有二人,时富韩公年七十九,最长,至于太中大夫张问,年七十,唯司马公方六十四岁,用狄监、卢尹故事,亦预于会。或问狄、卢之说,乃见唐白乐天集，今所谓九老图者。怀州司马胡杲年八十九，卫尉卿吉皎年八十六，龙武长史郑擄八十四，慈州刺史刘嘉、侍御史卢贞皆八十二，其年皆在元丰诸公之上，永州刺史张浑、刑部尚书白居易皆七十四。时会昌五年。白公序云："六贤皆多年寿，予亦次焉。秘书监狄兼謩、河南尹卢贞以年未七十，虽与会而不及列。"故温公纪韩公至张昌言而自不书。今士大夫皆熟知此事，姑志狄、卢二贤，以示儿辈。但唐两卢贞本字犯庙讳。而又同会，疑文字或误云。

4　项韩兵书

汉成帝时，任宏论次兵书为四种，其权谋中有韩信三篇，形势中有项王一篇，前后艺文志载之〔一〕，且云："汉兴，张良、韩信序次兵法，凡百八十二家，删取要用，定著三十五家。诸吕用事而盗取之。"项、韩虽不得其死，而遗书可传于后者，汉世不废，今不复可见矣。

【校勘记】

〔一〕前后艺文志载之　"后"疑为"汉"之误。按，后汉书无艺文志。以下所云"汉兴张良韩信序次兵法"云云三十四字，即见汉书卷三十艺文志。今姑仍其旧。

5　承天塔记

黄鲁直初谪戎、涪，既得归，而湖北转运判官陈举以时相赵清宪与之有小怨，讦其所作荆南承天塔记，以为幸灾，遂除名羁管宜州，竟卒于彼。今豫章集不载其文，盖谓因之兆祸，故不忍著录。

其曾孙凿续编别集，始得见之。大略云："余得罪窜黔中，道出江陵，寓承天禅院，住持僧智珠方彻旧浮图于地，而嘱余曰：'成功之后，愿乞文记之。'后六年，蒙恩东归，则七级岿然已立，于是作记。"其后云："儒者尝论一佛寺之费，盖中民万家之产，实生民谷帛之蠹，虽余亦谓之然。然自省事以来，观天下财力屈竭之端，国家无大军旅勤民丁赋之政，则蝗旱水溢或疾疫连数十州，此盖生人之共业，盈虚有数，非人力所能胜者邪！"其语不过如是，初无幸灾风刺之意，乃至于远斥以死，冤哉！

6　穆护歌

郭茂倩编次乐府诗穆护歌一篇〔一〕，引历代歌辞曰："曲犯角。"其语曰："玉管朝朝弄，清歌日日新。折花当驿路，寄与陇头人。"黄鲁直题牧护歌后云："予尝问人此歌，皆莫能说牧护之义。昔在巴、僰间六年，问诸道人，亦莫能说。他日，舡宿云安野次，会其人祭神罢而饮福，坐客更起舞而歌木瓠。其词有云：'听说商人木瓠，四海五湖曾去。'中有数十句，皆叙贾人之乐，末云：'一言为报诸人，倒尽百瓶归去。'继有数人起舞，皆陈述己事，而始末略同。问其所以为木瓠，盖刳曲木状如瓠，击之以为歌舞之节耳。乃悟'穆护'盖'木瓠'也。"据此说，则茂倩所序，为不知本原云。且四句律诗，如何便差排为犯角曲，殊无意义。

【校勘记】

〔一〕郭茂倩编次乐府诗穆护歌一篇　"歌"原作"砂"，据李本、马本改。

7　省试取人额

累举省试，锁院至开院，限以一月〔一〕。如未讫事，则申展亦不过十日，所奏名以十四人取一为定数，不知此制起于何年。黄鲁直以元祐三年为贡院参详官，有书帖一纸云："正月乙丑锁太学，试礼部进士四千七百三十二，三月戊申具奏进士五百人。"乃是在院四十四日，而九人半取一人，视今日为不侔也。此帖载于别集。

【校勘记】

〔一〕限以一月　"一"原脱，据李本、马本补。

8　通印子鱼

鱼通印之语，本出于王荆公送张兵部知福州诗"长鱼俎上通三印"之句。盖以福州濒海多鱼，其大如此，初不指言为子鱼也。东坡始以"通印子鱼"对"披绵黄雀"，乃借"子"字与"黄"字为假对耳。山谷所云"子鱼通印蠔破山"，盖承而用之。陈正敏遁斋闲览云："其地有通应庙，庙前港中子鱼最佳。王初寮诗'通应子鱼盐透白'，正采其说。"郡人黄处权云："兴化子鱼，去城五十里地名迎仙者为上，所产之处，土人谓之子鱼潭而已，初无通应港之名。"有大神祠，赐额曰"显应"，乃遁斋所指之庙者，亦非"通应"也。潭傍又有小祠一间，庳陋之甚，农家以祀田神，好事欲实遁斋之说，遂粉刷一扁，妄标曰"通应庙"，侧题五小字曰"元祐某年立"，此尤可笑。且用神庙封额以名土物，它处未尝有也。

9 寿亭侯印

荆门玉泉关将军庙中，有“寿亭侯印”一钮，其上大环，径四寸，下连四环，皆系于印上。相传云：绍兴中，洞庭渔者得之，入于潭府，以为关云长封汉寿亭侯，此其故物也，故以归之庙中。南雄守黄兑见临川兴圣院僧惠通印图形，为作记。而复州宝相院，又以建炎二年，因伐木，于三门大树下土中深四尺馀，得此印，其环并背俱有文，云：“汉建安二十年寿亭侯印。”今留于左藏库。邵州守黄沃叔启庆元二年复买一钮于郡人张氏，其文正同，只欠五系环耳。予以谓皆非真汉物，且汉寿乃亭名，既以封云长，不应去汉字，又其大比它汉印几倍之。闻嘉兴王仲言亦有其一。侯印一而已，安得有四！云长以四年受封，当即刻印，不应在二十年，尤非也。是特后人为之以奉庙祭，其数必多。今流落人间者，尚如此也。予为黄叔启作辩跋一篇，见赘稿。

10 茸附治疽漏

时康祖病心痔二十年，用圣惠方治腰痛者鹿茸、附子服之，月馀而愈，夷坚已志书其事。予每与医言，辄云：“痈疽之发，蕴热之极也，乌有翻使热药之理！”福州医郭晋卿云：“脉陷则害漏，陷者冷也，若气血温煖，则漏自止，正用得茸、附。”案，内经素问生气通天论曰：“陷脉为瘘，留连肉腠。”注云：“陷脉谓寒气陷缺其脉也，积寒留舍，经血稽凝，久瘀内攻，结于肉理，故发为疡瘘，肉腠相连。”此说可谓明白，故复记于此，庶几或有助于疡医云。

11　莆田荔枝

莆田荔枝，名品皆出天成，虽以其核种之，终与其本不相类。宋香之后无宋香，所存者孙枝尔。陈紫之后无陈紫，过墙，则为小陈紫矣。笔谈谓焦核荔子，土人能为之，取本木，去其大根，火燔令焦，复植于土，以石压之，令勿生旁根〔一〕，其核自小。里人谓不然，此果形状，变态百出，不可以理求，或似龙牙，或类凤爪，钗头红之可簪，绿珠子之旁缀，是岂人力所能加哉！初，方氏有树，结实数千颗，欲重其名，以二百颗送蔡忠惠公，绐以常岁所产止此，公为目之曰“方家红”，著之于谱，印证其妄。自后华实虽极繁茂，逮至成熟，所存者未尝越二百，遂成语谶。此段已载遁斋闲览中，郡士黄处权复志其详如此。

【校勘记】

〔一〕复植于土以石压之令勿生旁根　“根”原作“枝”，据马本、祠本改。按，梦溪笔谈卷二十四作“根”。

12　双陆不胜

新唐书狄仁杰传，武后召问：“梦双陆不胜，何也？”仁杰与王方庆俱在，二人同辞对曰：“双陆不胜，无子也。天其意者以儆陛下乎！”于是召还庐陵王。旧史不载，资治通鉴但书鹦鹉折翼一事。而考异云：“双陆之说，世传狄梁公传有之，以为李邕所作，而其词多鄙诞，疑非本书，故黜不取。”艺文志有李繁大唐说纂四卷，今罕得其书，予家有之，凡所纪事，率不过数十字，极为简要，新史大抵采用之。其忠节一门曰:"武后问石泉公王方庆曰:'朕夜梦双陆不胜,何也?'曰:'盖谓宫中无子,意者恐有神灵儆夫陛下。'因陈人心在唐之意,后大悟,召庐陵王,复其储位,俾石泉公为宫相以辅翊之。"然则新史兼采二李之说,而为狄为王莫能辨也。通鉴去之,似为可惜。

13 华元入楚师

左传,楚庄王围宋,宋华元夜入楚师,登子反之床,起之曰:"寡君使元以病告。"子反惧,与之盟,而退三十里。杜注曰:"兵法,因其乡人而用之,必先知其守将左右谒者、门者之姓名,因而利道之。华元盖用此术,得以自通。"予案前三年晋、楚邲之战,随武子称楚之善曰:"军行,右辕,左追蓐,前茅虑无,中权后劲,军政不戒而备。"大抵言其备豫之固。今使敌人能入上将之幕而登其床,则刺客奸人,何施不得!虽至于王所可也,岂所谓军制乎!疑不然也。公羊传云:"楚使子反乘堙而窥宋城,宋华元亦乘堙而出见之。"其说比左氏为有理。

14 公羊用叠语

公羊传书楚子围宋,宋人及楚人平事,几四百字。其称"司马子反"者八,又再曰"将去而归尔","然后而师尔","然后归尔","臣请归尔","吾亦从子而归尔"。又三书"军有七日之粮尔",凡九用"尔"字,然不觉其烦。

15 文书误一字

文书一字之误，有绝系利害者，予亲经其三焉，至今思之，犹为汗下。乾道二年冬，蒙恩召还，过三衢，郡守何德辅问奏对用几札，因出草稿示之，其一乞蠲减鄱阳岁贡诞节金千两事，言此贡不知起于何时，或云艺祖初下江南，郡库适有金，守臣取以献长春节，遂为故事。误书"长春"为"万春"，乃金主褒节名也。德辅读之，指以相告，予悚然面发赤，亟改之。三年，以侍讲讲毛诗，作发题，引孔子于论语中说诗处云："不学诗无以言。"误书"言"为"立"，已写进读正本，经筵吏袁显忠曰："恐是言字。"予愧谢之。淳熙十三年在翰苑，作赐安南国历日诏云："兹履夏正，载颁汉朔。"书"夏正"为"周正"，院吏以呈宰执，周益公见而摘其误，吏还以告，盖语顺意同，一时不自觉也。

16 历代史本末

古者世有史官，其著见于今，则自尧、舜二典。始，周之诸侯，各有国史，孔子因鲁史记而作春秋，左氏为之传，郑志、宋志、晋齐太史、南史氏之事皆见焉。更纂异同以为国语。汉司马谈自以其先周室之太史，有述作之意，传其子迁，紬金鐀石室之书，罔罗天下放失旧闻，述黄帝以来至于元狩，驰骋古今，上下数千载间，变编年之体为十二本纪、十表、八书、三十世家、七十列传，凡百三十篇。而十篇有录无书，元、成之间，褚先生补缺，作武帝纪、三王世家、龟策、日者列传，张晏以为言辞鄙陋，今杂于书中。而艺文志有冯商续太史公七篇，则泯没不见。司马之书既出，后世虽有作者，不能少紊其规制。班彪、固父子，以为汉绍尧运建帝业，而六世史臣，追述功德，私作本纪，编于百王之末，厕于秦、项之列。故探纂前纪，缀辑旧闻，以述汉书，起元高祖，终于王莽之诛，大抵仍司马氏，第更八书为十志，而无世家，凡百卷。固死，其书未能全，女弟昭续成之，是为前汉书。荀悦汉纪则续所论著者也。后汉之事，初命儒臣著述于东观，谓之汉记。其后有袁宏纪，张璠、薛莹、谢承、华峤、袁山松、刘义庆、谢沈皆有书。宋范晔删采为十纪、八十列传，是为后汉书，而张璠以下诸家尽废，其志则刘昭所补也。三国杂史至多，有王沈魏书、元行冲魏典、鱼豢典略、张勃吴录、韦昭吴书、孙盛魏春秋、司马彪九州春秋、丘悦三国典略、员半千三国春秋、虞溥江表传，今唯以陈寿书为定，是为三国志。晋书则有王隐、虞预、谢灵运、臧荣绪、孙绰、干宝诸家，唐太宗诏房乔、褚遂良等修定，为百三十卷。以四论太宗所作，故总名之曰"御撰"，是为晋书，至今用之。南北两朝各四代，而僭伪之国十数，其书尤多，如徐爰、孙严、王智深、顾野王、魏澹、张大素、李德林之正史，皆不传。今之存者，沈约宋书、萧子显齐书、姚思廉梁陈书、魏收魏书、李百药北齐书、令狐德棻周书、魏郑公隋书。其它国则有和包汉赵纪、田融赵石记、范亨燕书、王景晖南燕录、高闾燕志、刘昞凉书、裴景仁秦记、崔鸿十六国春秋、萧方武敏之三十国春秋。李大师、延寿父子悉取为南史八十卷，北史百卷。今沈约以下八史虽存，而李氏之书独行，是为南北史。唐自高祖至于武宗，有实录，后唐修为书，刘昫所上者是已，而猥酿无统。国朝庆历中，复诏刊修，历十七年而成，欧阳文忠公主纪、表、志，宋景文公主传，今行于世。梁、唐、晋、汉、周，谓之五代，国初监修国史薛居正提举上之。其后，欧阳芟为新书，故唐书、五代史各有旧、新之目。凡十七代，本末如此，稚儿数以为问，故详记之。

17　贤者一言解疑谮

贤者以单词片言，为人释谤解患，卓卓可书者，予得两事焉。秦氏当国时，先忠宣公、郑亨仲资政、胡明仲侍郎、朱新仲舍人皆在谪籍，分置广东。方务德为经略帅，待之尽礼。秦对一客言曰："方滋在广部，凡得罪于朝廷者，必加意护结，得非欲为异日地乎？"客曰："非公相有云，不敢辄言。方滋之为人，天性长者，凡于人唯以周旋为志，非独于迁客然也。"秦悟曰："方务德却是个周旋底人。"其疑遂释。当时使一憸巧者承其问，微肆一语，方必得罪，而诸公不得安迹矣。言之者可谓大君子，当求之古人中。严陵王大卞赴曲江守，过南安，谒张先生子韶，从容言："大卞顷在检院，以罗彦济中丞章去国，其后彦济自吏书出守严，遂迁避于兰溪。彦济到郡，遗书相邀曰：'与君有同年之契，何为尔？'不得已，复还。既见，密语云：'前此台评，乃朱新仲所作，托造物之意以相授，一时失于审思，至今为悔。'此事既往，今适守韶，而朱在彼，邂逅有弗惬，为之奈何！"张揣其必将修怨，即云："国光为君子，为小人，皆在此举〔一〕。"王悚然曰："谨受教。"至则降意弥缝，终二年，不见分毫形迹，盖本自相善也。予曩侍张公，坐闻其言，故追纪之。

【校勘记】

〔一〕国光为君子为小人皆在此举　库本、祠本"光"作"先"。

容斋四笔卷九 十六则

1 蒋魏公逸史

蒋魏公逸史二十卷，颖叔所著也，多纪当时典章文物。云旧有数百册，兵火间尽失之，其曾孙芾始捃摭遗藁而成此书，将以奏御，以其副上之太史，且板行之，传之天下后世，既而不果。蒋公在熙宁、元祐、崇宁时，名为博闻强识，然阅其论述，颇有可议，恨不及丞相在日与之言。

其一云："行、守、试，视其官品之高下，除者必带本官。吕晦叔除守司空而不带金紫光禄大夫者，此翰林之失也。既不带官，不当著'守'字，故晦叔辨之，遂去'守'字，为正司空，议者谓超过特进、东宫三太、仪同矣。"予谓行、守、试必带正官，固也。然自改官制以后，既为司空，自不应复带阶官。吕从金紫迁，只是超特进一级耳；东宫三太，何尝以为宰相官？仪同又系使相也。吕亦无自辨之说。

其二云："文潞公既为真太师矣，其罢也，乃加'守'字，潞公怏怏，诸公欲为去之，议者谓非典故，潞公之意，止欲以真太师致仕耳。诸公曰：'如此可乎？'曰：'不可。为真太师则在宰相之上。'竟不去'守'字，但出札子，令权去之。"案，潞公本以开府仪同三司守太师、河东节度使致仕，入为平章军国重事，故系衔只云太师。及再致仕，悉还旧称，当时有旨于制词内除去"守"字，以尝正任太师也。所谓札子权去，恐或不然。

其三云："旧制，执政双转，谓自工部侍郎转刑部，刑部转兵部，兵部转工部尚书。惟宰相对转，工部侍郎直转工书，比执政三迁也。”予考旧制，执政转官，与学士等。六侍郎则升两曹，以工、礼、刑、户、兵、吏为叙，至兵侍者转右丞，至吏侍者转左丞，皆转工书，然后细迁。今言兵侍即转工书，非也。宰相为侍郎者，升三曹，为尚书者，双转。如工侍转户侍，礼侍转兵侍，若系户侍，当改二丞，而宰相故事不历丞，故直迁尚书。今言工侍对转工书，非也。

其四云：“杨察为翰林学士，一夜当三制，刘沆以参知政事，富弼以宣徽使，皆除宰相。宣徽在参政下，则富当在刘下，乃误以居上，人皆不觉其失，惟学士李淑知之，扬言其事，遂贴麻改之。”予考国史，至和元年八月，刘沆以参知政事拜集贤相。二年六月，以忠武军节度使知永兴军文彦博为昭文相，位第一，刘沆迁史馆相，位第二，宣徽南院使判并州富弼为集贤相，位第三，其夕三制是已。而刘先一年已在相位，初无失误贴改之说。

其五云：“有四仪同，一曰开府仪同三司，二曰仪同三司，三曰左仪同三司，四曰右仪同三司。”案自汉邓骘始为仪同三司，魏、晋以降，但有开府仪同三司之目，周、隋又增上字为一阶，又改仪同三司为仪同大将军，又有开府、上开府、仪同、上仪同，班列益卑，未尝有左右之称也。后进不当辄议前辈，因孙偃有问，书以示之。

2　沈庆之曹景宗诗

宋孝武尝令群臣赋诗，沈庆之手不知书，每恨眼不识字，上逼令作诗，庆之曰：“臣不知书，请口授师伯。”上即令颜师伯执笔，庆之口授之，曰：“微生遇多幸，得逢时运昌。朽老筋力尽，徒步还南冈。辞荣此圣世，何愧张子房。”上甚悦，众坐并称其辞意之美。梁曹景宗破魏军还，振旅凯入，武帝宴饮连句，令沈约赋韵，景宗不得韵，意色不平，启求赋诗。帝曰："卿伎能甚多，人才英拔，何必止在一诗！"景宗已醉，求作不已。时韵已尽，唯馀竞、病二字。景宗便操笔，其辞曰："去时儿女悲，归来笳鼓竞。借问行路人，何如霍去病！"帝叹不已，约及朝贤惊嗟竟日，予谓沈、曹二公，未必能办此，疑好事者为之，然正可为一佳对，曰："辞荣圣世，何愧子房；借问路人，何如去病。"若全用后两句，亦自的切。

3　蓝尾酒

白乐天元日对酒诗云："三盃蓝尾酒，一楪胶牙饧。"又云："老过占他蓝尾酒，病馀收得到头身。""岁盏后推蓝尾酒，春盘先劝胶牙饧。"荆楚岁时记云："胶牙者，取其坚固如胶也。"而蓝尾之义，殊不可晓。河东记载申屠澄与路傍茅舍中老父、妪及处女环火而坐，妪自外挈酒壶至，曰："以君冒寒，且进一盃。"澄因揖，逊曰："始自主人翁，即巡澄，当婪尾。"盖以蓝为婪，当婪尾者，谓最在后饮也。叶少蕴石林燕语云："唐人言蓝尾多不同，蓝字多作啉，出于侯白酒律，谓酒巡匝，末坐者连饮三盃，为蓝尾，盖末坐远，酒行到常迟，故连饮以慰之，以啉为贪婪之意。或谓啉为燣，如铁入火，贵其出色，此尤无稽。则唐人自不能晓此义。"叶之说如此。予谓不然，白公三盃之句，只为酒之巡数耳，安有连饮者哉！侯白滑稽之语，见于启颜录。唐艺文志，白有启颜录十卷，杂语五卷，不闻有酒律之书也。苏鹗演义亦引其说。

4　欧阳公辞官

欧阳公自亳州除兵部尚书知青州，辞免至四，云："恩典超优，迁转颇数。臣近自去春，由吏部侍郎转左丞，未逾两月，又超转三资，除刑部尚书，今才逾岁，又超转两资，尚书六曹，一岁之间，超转其五。”累降诏不从其请。此是熙宁元年未改官制时，今人多不能晓。盖昔者左右丞在尚书下，所谓左丞超三资除刑书者，谓历工、礼乃至刑也。下云又超两资者，谓历户部乃至兵也。其上唯有吏部，故言尚书六曹超转其五云。

5　南北语音不同

南北语音之异，至于不能相通，故器物花木之属，虽人所常用，固有不识者。如毛、郑释诗，以梅为楠，竹为王刍，蒌为翘翘之草是已。颜师古注汉书亦然。淮南王安谏武帝伐越书曰：“舆轿而隃领。”服虔曰：“轿音桥，谓隘道舆车也。”臣瓒曰：“今竹舆车也，江表作竹舆以行。”项昭曰：“陵绝水曰轿，音旗庙反。”师古曰：“服音、瓒说是也，项氏谬矣。此直言以轿过领耳，何云陵绝水乎！旗庙之音，无所依据。”又武帝纪：“戈船将军。”张晏曰：“越人于水中负人船，又有蛟龙之害，故置戈于船下，因以为名。”瓒曰：“伍子胥书有戈船，以载干戈，因谓之戈船也。”师古曰：“以楼船之例言之，则非为载干戈也。此盖船下安戈戟以御蛟鼍水虫之害。张说近之。”二说皆为三刘所破，云：“今南方竹舆，正作旗庙音，项亦未为全非。颜乃西北人，随其方言，遂音桥。”又云：“船下安戈戟，既难厝置，又不可以行。且今造舟船甚多，未尝有置戈者，颜北人，不知行船，项说是也。”予谓项音轿字是也，而云陵绝水则谬，故刘公以为未可全非。张晏云“越人于水中负船”，尤可笑。

6 南舟北帐

顷在豫章，遇一辽州僧于上蓝，与之闲谈，曰："南人不信北方有千人之帐，北人不信南人有万斛之舟，盖土俗然也。"法苑珠林云："山中人不信有鱼大如木，海上人不信有木大如鱼。胡人见锦，不信有虫食树吐丝所成。吴人身在江南，不信有千人毡帐，及来河北，不信有二万硕船。"辽僧之谈合于此。

7 魏冉罪大

自汉以来，议者谓秦之亡，由商鞅、李斯。鞅更变法令，使民不见德，斯焚烧诗书，欲人不知古，其事固然。予观秦所以得罪于天下后世，皆自挟诈失信故耳。其始也，以商於六百里啖楚绝齐，继约楚怀王入武关，辱为藩臣，竟留之至死。及其丧归，楚人皆怜之，如悲亲戚。诸侯由是不直秦，未及百年，"三户亡秦"之语遂验。而为此谋者，张仪、魏冉也，仪之恶不待言，而冉之计颇隐，故不为士君子所诛。当秦武王薨，诸弟争立，唯冉力能立昭王。冉者，昭王母宣太后之弟也。昭王少，太后自治事，任冉为政，威震秦国，才六年而诈留楚王，又怒其立太子，复取十六城。是时，王不过十馀岁，为此者必冉也。后冉为范睢所间而废逐。司马公以为冉援立昭王，除其灾害，使诸侯稽首而事秦，秦益彊大者，冉之功也。盖公不细考之云。又尝请赵王会渑池，处心积虑，亦与诈楚同，赖蔺相如折之，是以无所成，不然，与楚等耳。冉区区匹夫之见，徒能为秦一时之功，而诒秦不义不信之名万世不灭者，冉之罪诚大矣。

8　辨秦少游义倡

夷坚己志载潭州义倡事，谓秦少游南迁过潭与之往来，后倡竟为秦死。常州教授锺将之得其说于李结次山，为作传。予反复思之，定无此事，当时失于审订，然悔之不及矣。秦将赴杭倅时，有妾边朝华，既而以妨其学道，割爱去之，未几罹党祸，岂复眷恋一倡女哉！予记国史所书温益知潭州，当绍圣中，逐臣在其巡内，若范忠宣、刘仲冯、韩川原伯、吕希纯子进、吕陶元钧皆为所侵困。邹公南迁过潭，暮投宿村寺，益即时遣州都监将数卒夜出城，逼使登舟，竟凌风绝江去，几于覆舟。以是观之，岂肯容少游款昵累日！此不待辨而明，己志之失著矣。

9　姓源韵谱

姓氏之书，大抵多谬误。如唐贞观氏族志，今已亡其本。元和姓纂，诞妄最多。国朝所修姓源韵谱，又为可笑〔一〕。姑以洪氏一项考之，云："五代时有洪昌、洪杲〔二〕，皆为参知政事。"予案二人乃五代南汉僭主刘龑之子，及晟嗣位，用为知政事，其兄弟本连"弘"字，以本朝国讳，故五代史追改之，元非姓洪氏也。此与洪庆善序丹阳弘氏，云"有弘宪者，元和四年尝跋辋川图"，不知弘宪乃李吉甫之字耳。其误正同。三笔已载此说。

【校勘记】

〔一〕元和姓纂诞妄最多国朝所修姓源韵谱又为可笑　李本"又"后有"大"字，库本、祠本"又"作"尤"。

〔二〕洪杲 “杲”原作“果”，误刊，据李本、库本、祠本改。

10 誉人过实

称誉人过实，最为作文章者之疵病，班孟坚尚不能免。如荐谢夷吾一书，予盖论之于三笔矣。柳子厚复杜温夫书云：“三辱生书，书皆逾千言，抵吾必曰周、孔，周、孔安可当也！语人必于其伦。生来柳州，见一刺史即周、孔之，今而去我，道连而谒于潮，又得二周、孔。去之京师，京师显人，为文词立声名以千数，又宜得周、孔千百。何吾生胸中扰扰焉多周、孔哉！”是时，刘梦得在连，韩退之在潮，故子厚云然。此文人人能诵，然今之好为谀者，固自若也。予表出之，以为子孙戒。张说贺魏元忠衣紫曰：“公居伊、周之任。”即为二张所谗，几于陨命。此但形于语言之间耳。

11 作文句法

作文旨意句法，固有规仿前人，而音节锵亮不嫌于同者。如前汉书赞云：“竖牛奔仲叔孙卒，郈伯毁季昭公逐，费忌纳女楚建走，宰嚭谮胥夫差丧，李园进妹春申毙，上官诉屈怀王执，赵高败斯二世缢，伊戾坎盟宋痤死，江充造蛊太子杀，息夫作奸东平诛。”新唐书效之，云：“三宰啸凶牝夺辰，林甫将蕃黄屋奔，鬼质败谋兴元蹙，崔、柳倒持李宗覆。”刘梦得因论儆舟篇云：“越子膝行吴君忽，晋宣尸居魏臣怠，白公厉剑子西哂，李园养士春申易。”亦效班史语也。然其模范，本自荀子成相篇。

12　书简循习

近代士人，相承于书尺语言，浸涉奇猥，虽有贤识，不能自改。如小简问委，自言所在，必求新异之名。予守赣时，属县兴国宰诒书云："潋水有驱策，乞疏下。"潋水者，彼邑一水耳，郡中未尝知此，不足以为工，当言下邑、属邑足矣。为县丞者，无不采蓝田壁记语，云"负丞某处"，"哦松无补"，"涉笔承乏"，皆厌烂陈言。至称丞曰"蓝田"，殊为可笑。初赴州郡，与人书，必言"前政颓靡，仓库匮乏，未知所以善后"，沿习一律。正使真如所陈，读者亦不之信。予到当涂日，谢执政书云："郡虽小而事简，库钱仓粟，自可枝梧，得坐啸道院，诚为至幸。"周益公答云："从前得外郡太守书，未有不以窘冗为词，独创见来缄如此。"盖觉其与它异也。此两者，皆狃熟成俗，故纪述以戒子弟辈。

13　健讼之误

破句读书之误，根著于人，殆不可复正。在易彖之下，先释卦义，然后承以本名者凡八卦。蒙卦曰："蒙，山下有险，险而止，蒙"，以"止"字为句绝，乃及于"蒙"，始系以"蒙亨，以亨行"。讼卦曰："讼，上刚下险，险而健，讼"，以"健"字为句绝，乃及于"讼"，始系以"讼有孚"。豫卦"刚应而志行，顺以动，豫"，随卦"刚来而下柔，动而说，随"，蛊卦"刚上而柔下，巽而止，蛊"，恒卦"巽而动，刚柔皆应，恒"，解卦"解，险以动，动而免乎险，解"，井卦"巽乎水而上水，井"，皆是卦名之上为句绝。而童蒙入学之初，其师点句，辄混于上，遂以"健讼"相连，此下"说随"二字，尚为有说，若"止蒙"、"动豫”之类，将如之何！凡谓顽民好讼者曰“嚚讼”、曰“终讼”可也。黄鲁直江西道院赋云“细民险而健，以终讼为能，筠独不嚚于讼”是已。同人卦：“柔得中而应乎乾曰同人，同人曰，同人于野，亨。”据其文义，正与诸卦同，但多下一“曰”字，王弼以为“乾之所行，故特曰‘同人曰’”，程伊川以为衍三字，恐不然也。

14　用史语之失

今之牵引史语者，亦未免有失。张释之言便宜事，文帝曰：“卑之，毋甚高论，令今可行也。”遂言秦、汉之间事，帝称善。颜师古云：“令其议论依附时事。”予谓不欲使为甚高难行之论，故令少卑之尔。而今之语者，直以言议不足采为“无甚高论”。又，文帝问上林令禽兽簿，不能对，虎圈啬夫从旁代对。帝曰：“吏不当如此邪？”薛广德谏元帝御楼船，曰：“宜从桥，且有血污车轮之讦。”张猛曰：“乘船危，就桥安。”上曰：“晓人不当如是邪？”师古谓：“谏争之言，当如猛之详婉也。”案，两帝之语，皆是褒嘉之词，犹云“独不当如是乎”，今乃指人引喻非理或直述其私曰“晓人不当如是”。又，韩公送诸葛觉往随州读书诗云：“邺侯家多书，插架三万轴。一一悬牙签，新若手未触。为人强记览，过眼不再读。伟哉群圣文，磊落载其腹。”邺侯盖谓李繁，时为随州刺史，藏书既多，且记性警敏，故签轴严整如是耳。今人或指言虽名为收书而未尝过目者，辄曰“新若手未触”，亦非也。

15　文字书简谨日

作文字纪月日，当以实言，若拘拘然必以节序，则为牵强，乃似麻沙书坊桃源居士辈所跋耳。至于往还书问，不可不系日，而性率者，一切不书。予有婿生子，遣报云："今日巳时得一子。"更不知为何时。或又失之好奇。外姻孙鼎臣，每致书必题其后曰"某节"，至云"小暑前一日"、"惊蛰前两日"之类。文惠公常笑云："看孙鼎臣书，须着置历日于案上。"盖自元正、人日、三元、上巳、中秋、端午、七夕、重九、除夕外，虽寒食、冬至，亦当谨识之，况于小小气候！后生宜戒。

16　更衣

雅志堂后小室，名之曰"更衣"，以为姻宾憩息地。稚子数请所出，因录班史语示之。灌夫传"坐乃起更衣"，颜注："更，改也。凡久坐者，皆起更衣，以其寒燠或变也。""田延年起至更衣"颜注："古者延宾，必有更衣之处。"卫皇后传："帝起更衣，子夫侍尚衣。"

容斋四笔卷十 十七则

1 过所

刑统卫禁律云："不应度关而给过所，若冒名请过所而度者。"又云："以过所与人。"又，关津疏议："关谓判过所之处，津直度人，不判过所。"释名曰："过所，至关津以示之。"或曰："传，传转也，转移所在，识以为信。"汉文帝十二年"除关无用传"，张晏曰："传，信也，若今过所也。""两行书缯帛，分持其一，出入关，合之乃得过，谓之传也。"魏志：仓慈为敦煌太守，西域杂胡欲诣洛者，为封过所。廷尉决事曰："广平赵礼诣雒治病，门人赍过所诣洛阳，责礼冒名渡津，受一岁半刑。"徐铉稽神录："道士张谨好符法，客游华阴，得二奴曰德儿、归宝，谨愿可凭信。张东行，凡书囊、符法、过所、衣服，皆付归宝负之。将及关，二奴忽不见，所赍之物皆失之矣。时秦、陇用兵，关禁严急，客行无验，皆见刑戮，既不敢东度，复还主人，乃见二儿，因掷过所还之。"然过所二字，读者多不晓，盖若今时公凭引据之类，故裒其事于此。

2 露布

用兵获胜，则上其功状于朝，谓之露布。今博学宏词科以为一题，虽自魏、晋以来有之，然竟不知所出，唯刘勰文心雕龙云："露布者，盖露板不封，布诸观听也。"唐庄宗为晋王时，擒灭刘守光，命掌书记王缄草露布，缄不知故事，书之于布，遣人曳之，为议者所笑。然亦有所从来。魏高祖南伐，长史韩显宗与齐戍将力战，斩其裨将。高祖曰："卿何为不作露布？"对曰："顷闻将军王肃获贼二三人，驴马数匹，皆为露布，私每哂之。近虽得摧丑虏，擒斩不多，脱复高曳长缣，虚张功捷，尤而效之，其罪弥甚，臣所以敛毫卷帛，解上而已。"以是而言，则用绢高悬久矣。

3　东坡题潭帖

潭州石刻法帖十卷，盖钱希白所镌，最为善本。吾乡程钦之待制，以元符三年帅桂林，东坡自儋耳移合浦，得观其藏帖，每册各题其末。第二卷云："唐太宗作诗至多，亦有徐庾风气，而世不传，独于初学记时时见之。"第四卷云："吴道子始见张僧繇画，曰：'浪得名耳！'已而坐卧其下，三日不能去。庾征西初不服逸少，有家鸡野鹜之论，后乃以为伯英再生。今观其书，乃不逮子敬远甚，正可比羊欣耳。"第六卷云："'宰相安和，殷生无恙。'宰相当是简文帝，殷生则渊源也邪？"第八卷云："希白作字，自有江左风味，故长沙法帖比淳化待诏所摹为胜，世俗不察，争访阁下本，误矣。此逸少一卷，尤妙。庚辰七夕，合浦官舍借观。"第九卷云："谢安问献之：'君书何如尊公？'答曰：'故自不同。'安曰：'外人不尔。'曰：'人那得知！'"已上所书，今麻沙所刊大全集志林中或有之。案，庾亮及弟翼俱为征西将军，坡所引者翼也。坡又有诗曰："暮年却得庾安西，自厌家鸡题六纸。"盖指翼前所历官云。此帖今藏予家。

4　山公启事

晋书山涛传："涛再居选职，十有馀年，每一官缺，辄启拟数人，诏旨有所向,然后显奏,随帝意所欲为先。故帝之所用,或非举首,众情不察,以涛轻重任意。或谮之于帝,涛行之自若。一年之后,众情乃寝。涛所奏甄拔人物,各为题目,时称山公启事。"此语今多引用,然不得其式,法帖中乃有之,云:"侍中、尚书仆射、奉车都尉、新沓伯臣涛言:'臣近启崔谅〔一〕、史曜、陈准可补吏部郎,诏书可尔。此三人皆众所称,谅尤质正少华,可以崇教,虽大化未可仓卒,风尚所劝,为益者多。臣以为宜先用谅。谨随事以闻。'"观此一帖,可以概见。然所启三人,后亦无闻,既云皆众所称,当不碌碌也。旧潭帖为识者称许,以为贤于他本,然于此奏"未可仓卒"之下乃云"风笔恻然",全无意义。今所录者。临江本也。

【校勘记】

〔一〕崔谅　清抄本原校:"崔"一作"顾"。

5　亲王回庶官书

随笔中载亲王与侍从往还礼数,又得钱丕行年杂纪云:"升王受恩命,丕是时为将作少监,亦投贺状,王降回书签子启头。继为皇太子,三司判官并通榜子,诣内东门参贺。通入后,中贵出传令旨传语。及受册宝讫,百官班贺,又赴东宫贺,宰相亲王阶下班定,太子降阶,宰相前拜,致词讫,又拜。太子皆答拜,亦致词叙谢。"一时之仪如此。

6　责降考试官

天禧二年九月,敕差屯田员外郎判度支计院任布、著作郎直史馆徐奭、太子中允直集贤院麻温其并充开封府发解官。十月，差兵部员外郎直集贤院杨侃、太子中允直集贤院丁度并国子监发解官。十一月，解一百四人，解元郭稹。十六日，宣翰林学士钱惟演、盛度，枢密直学士王晦叔，龙图阁待制李虚己、李行简，覆考开封举人，为落解举人有讼不平者。及奏名，郭稹依旧，其馀覆落并却考上人数甚多。十二月，发解官并降差遣，任布邓州，徐奭洪州，杨侃江州，丁度齐州，并监税。此事见于钱丕杂纪。用五待从覆考解试，前后未之有也。

7　青莲居士

李太白赠玉泉仙人掌茶诗序云："荆州玉泉寺近清溪诸山，往往有乳窟。其水边处处有茗草罗生，枝叶如碧玉，唯玉泉真公常采而饮之。余游金陵，见宗僧中孚，示予茶数十片，其状如手，名为仙人掌茶，盖新出乎玉泉之山，旷古未觌，因持之见遗，兼赠诗，要予答之，遂有此作。后之高僧大隐，知仙人掌茶发乎中孚禅子及青莲居士李白也。"太白之称，但有谪仙人尔，"青莲居士"，独于此见之，文人未尝引用。而仙人掌茶，今池州九华山中亦颇有之，其状略如蕨拳也。

8　闽俗诡秘杀人

奸凶之民，恃富逞力，处心积虑，果于杀人。然揆之以法，盖有敕律所不曾登载，善治恶者，当原情定罪，必致其诛可也。闽中习俗尤甚，每执缚其仇，穷肆残虐。或以酒调锯屑，逼之使饮，欲其粘着肺腑，不能传化，驯致瘵渴之疾。或炒沙镕蜡灌注耳中，令其聋聩。

或以湿荐束体，布裹卵石，痛加殴棰，而外无痕伤。或按擦其肩背，使皮肤宽皱，乃施针刺入肩井，不可复出。或以小钓钩藏于鳅鱼之腹，强使吞之，攻钻五脏，久而必死。凡此众者〔一〕，类非一端，既痕肿不露于外，检验不得而见情犯，巨蠹功意两恶而法所不言。颜度鲁子为转运使，尝揭榜禁约。予守建宁，亦穷治一两事，吴、楚间士大夫宦游于彼者，不可不察也。

【校勘记】

〔一〕凡此众者　清抄本"众"空格。库本、祠本"众"作"术"。

9　富公迁官

富韩公庆历二年，以右正言知制诰报聘契丹，还，除吏部郎中、枢密直学士，不受。寻除翰林学士，又不受。三年，除右谏议大夫、枢密副使，力辞。乃改资政殿学士，而谏议如初，公受之。又五月，复为副枢。盖昔时除目才下，即时命词给告，及其改命，但不拜执政，而犹得所进官。用今日官制言之，是承议郎、旧为正言。中书舍人旧知制诰。而为太中大夫、旧为谏议。资政殿学士也。

10　唐藩镇行墨敕

池州铜陵县孚贶侯庙有唐中和二年二月一碑。其词云："敕宣、歙、池等州都团练、观察使牒。当道先准诏旨，许行墨敕授管内诸州有功刺史、大将等，宪官具件如后：晋朝故晋阳太守兼扬州长史张宽牒。奉处分，当道先准诏旨，许行墨敕，奖劝功勋，虽幽显不同，而褒升一致。神久标奇纪，早揖英风，灵迹屡彰，神逵不昧。夫宠赠之典，非列藩宜为，神功既昭，乃军都颙请，是行权制，用副人心。谨议褒赠游击将军宣州都督。”后云：“使、检校工部尚书兼御史大夫裴押。”邑人以为裴休，秋浦志亦然。予考之，非也。张魏公宣抚川、陕，便宜封爵诸神，实本诸此。

11　吏部循资格

唐开元十八年四月，以侍中裴光庭兼吏部尚书。先是，选司注官，惟视其人之能否，或不次超迁。或老于下位，有出身二十馀年不得禄者。又州县亦无等级，或自大入小，或初近后远，皆无定制。光庭始奏用循资格，各以罢官若干选而集，官高者选少，卑者选多，无问能否，选满则注，限年蹑级，毋得逾越，非负谴者皆有升无降。其庸愚沉滞者皆喜，谓之圣书，而材俊之士，无不怨叹，宋璟争之，不能得。二十一年，光庭薨，博士孙琬议光庭用循资格，失劝奖之道，请谥曰“克”。是年六月，制自今选人有才业操行，委吏部临时擢用。虽有此制，而有司以循资格便于己，犹踵行之。盖今日吏部四选，乃其法也。予案元魏肃宗神龟二年，官员既少，应选者多，尚书李韶铨注不行，大致怨嗟。崔亮代之，奏为格制，不问士之贤愚，专以停解月日为断，沉滞者皆称其能。亮甥刘景安与书曰：“商、周以乡塾贡士，两汉由州郡荐材，魏、晋中正，虽未尽美，应什收六七。而朝廷贡材，止求其文，不取其理，察孝廉唯论章句，不及治道，立中正不考材行，空辨姓氏。舅属当铨衡，宜须改张易调，反为停年格以限之，天下士子，谁复修厉名行哉！”洛阳令薛琡上书言：“黎元命系长吏，若选曹惟取年劳，不简能否，义均行雁，次若贯鱼，执簿呼名，一人足矣，数人而用，何谓铨衡！乞令王公贵人荐贤以补郡县。”诏公卿议之。其后，甄琛等继亮，利其便己，踵而行之。魏之选举失人，自亮始也。至孝静帝元象二年，以高澄摄吏部尚书，始改亮年劳之制，铨擢贤能，当是自此一变。光庭又祖亮故智云。然后人罕有谈亮、澄事者。

12 五行纳音

六十甲子纳音之说，术家多不能晓。原其所以得名，皆从五音所生，有条不紊，端如贯珠。盖甲子为首，而五音始于宫，宫土生金，故甲子为金，而乙丑以阴从阳，商金生水，故丙子为水，而丁丑从之。角木生火，故戊子为火。徵火生土，故庚子为土。羽水生木，故壬子为木。而己丑、辛丑、癸丑各从之。至于甲寅，则纳音起于商。商金生水，故甲寅为水。角木生火，故丙寅为火。徵火生土，故戊寅为土。羽水生木，故庚寅为木。宫土生金，故壬寅为金。而五卯各从之。至甲辰，则纳音起于角，角木生火，故甲辰为火。徵火生土，故丙辰为土。羽水生木，故戊辰为木。宫土生金，故庚辰为金。商金生水，故壬辰为水。而五巳各从之。宫、商、角既然，惟徵、羽不得居首。于是甲午复如甲子，甲申如甲寅，甲戌如甲辰，而五未、五酉、五亥，亦各从其类。

13 五行化真

五行运化，如甲、己化真土之类，若推求其义，无从可得，盖只以五虎元所生命之。如“甲己之年丙作首”，谓丙寅月建也，丙属火，火生土，故甲、己化真土。“乙、庚之岁戊为头”，谓戊寅月建也，戊属土，土生金，故乙、庚化真金。“丙、辛寄向庚寅去”，庚属金，金生水，故丙、辛化真水〔一〕。“丁、壬壬位顺行流”，壬属水，水生木，故丁、壬化真木。“戊、癸但向甲寅求”,甲属木,木生火,故戊、癸化真火。此二说皆得之莆田郑景实。顷在馆中,见魏几道谈五行纳音,亦然。

【校勘记】

〔一〕故丙辛化真水 “故”原脱,据明抄本补。

14 钱忠懿判语

王顺伯家有钱忠懿一判语,其状云:“臣赞宁。右臣伏奉宣旨撰文疏,今进呈,乞给下,取设斋日五更前上塔,臣自宣却欲重建,乞于仁政殿前夜间化却,不然便向塔前化,并取圣旨。判曰:便要吾人宣读后,于真身塔前焚化。廿七日。”而在前花押。予谓钱氏固尝三改元,但或言其称帝,则否也。此状内“进呈”、“圣旨”等语,盖类西河之人疑子夏于夫子,故自贻僭帝之议,想它所施行皆然矣。

15 王逸少晋艺所累

王逸少在东晋时,盖温太真、蔡谟、谢安石一等人也,直以抗怀物外,不为人役,故功名成就,无一可言,而其操履识见,议论闳卓,当世亦少其比。公卿爱其才器,频召不就。殷渊源辅政,劝使应命,遗之书曰:“足下出处,正与隆替对,岂可以一世之存亡,必从足下从容之适!”逸少报曰:“吾素自无廊庙,王丞相欲内吾,誓不许之,手迹犹存,由来尚矣,不于足下参政而方进退。自儿娶女嫁,便怀尚子平之志,数与亲知言之,非一日也。”及殷侯将北伐,以为必败,贻书止之。殷败后，复图再举，又遗书曰："以区区江左，所营综如此，天下寒心久矣。自寇乱以来，处内外之任者，疲竭根本，各从所志，意无一功可论，一事可纪。任其事者，岂得辞四海之责哉！若犹以前事为未工，故复求之于分外，宇宙虽广，何所自容！"又与会稽王笺曰："今虽有可欣之会，内求诸己，而所忧乃重于所欣，以区区吴、越，经纬天下十分之九，不亡何待！愿令诸军皆还保淮，须根立势举，谋之未晚。"其识虑精深，如是其至，恨不见于用耳。而为书名所盖，后世但以翰墨称之。晋书本赞，标为唐太宗御撰，专颂其研精篆素，尽善尽美，至有"心慕手追"之语，略无一词论其平生，则一艺之工，为累大矣。献之立志，亦似其父。谢安欲使题太极殿榜，以为万代宝，而难言之，试及韦仲将陵云榜事，即正色曰："使其若此，有以知魏德之不长。"遂不之逼。观此一节，可以知其为人，而亦以书名之故，没其盛德。二王尚尔，况于他人乎！

16　鄂州南楼磨崖

庆元元年，鄂州修南楼，剥土有大石露于外，奇崛可观。郡守吴琚见而爱之，命洗剔出圭角，即而谛视，乃磨崖二碑。其一刻两字，上曰"柳"，径二尺四寸，笔势清劲，下若翻书"人"字〔一〕，唯存人脚，不可复辨，或以为符，或以为花押，邦人至禩饰置神堂，香火供事。或云道州学侧虞帝庙内亦有之，云柳君名应辰，是唐末五代时湖北人也。其一高丈一尺，阔如其高而加五寸，刻大字八十五，凡为九行，其文曰："乾正元年，荆襄寇乱，大吴将军出陈武昌，诏太守杨公出镇。"后云："荆、江、京、汉推忠、辅国、侍卫将军吴居中记。"案杨行密之子溥嗣吴王位，是岁，唐明宗天成二年，溥以十一月僭帝，改元乾贞，宋莒公纪年通谱书为"乾正"，云避仁宗嫌名，通鉴亦同。而此直以为"乾正",一时所立,不应有误也。

【校勘记】

〔一〕下若翻书人字　库本、祠本"人"作"天"。

17　赏鱼袋出处

随笔书衡山唐碑别驾赏鱼袋,云"名不可晓",今按,唐职林鱼带门叙金玉银铁带,及金银鱼袋。"云:"开元敕,非灼然有战功者,馀不得辄赏鱼袋。"斯明文也。

容斋四笔卷十一　十八则

1　京丞相转官

庆元二年，朝廷奉上三宫徽称册宝，继又进敕令、玉牒、实录，大臣迁秩，于再于三，盖自崇宁至于绍熙，未之有也。于是京右丞相以十月受册宝赏，由正议转宣奉。十二月，用敕局赏，当得两官，以一回授，一转光禄。三年二月，用提举玉牒实录院及礼仪使赏，有旨三项各转两官，辞之至四五。诏减为四官，其半回授，其二遂转金紫。四月之间，陟五华资，仍回授三帙。在法，宰执转官与除拜同，故得给使恩。百二十年而入流者二十有四。迈记淳熙十四年，王左相进玉牒，并充国史礼仪使，梁右相进四朝史传、国朝会要，并充玉牒礼仪使。诏各与转两官。所谓各者，指二相也。时梁公误认为三者各两官，已系特进，谓如此则序进太师矣。中批只共为两官，复辞之，诏许回授，又辞，但令加恩，亦辞。适已罢相在经筵，讫于分毫不受，唯王公独加恩。今日之事全相类，而又已有去冬二赏矣。有司不谙练故实，径准昔年中旨行出，闻京公殊不自安，然无说可免，惜乎东峰贤宾客不告以十年内亲的故事，以成其美。迈顷居翰苑，答王、梁诸诏，尝上章开析论列，是以窃识其详。

2　熙宁司农牟利

熙宁、元丰中，聚敛之臣，专务以利为国，司农遂粥天下祠庙。

官既得钱，听民为贾区，庙中慢侮秽践，无所不至。南京有阏伯、微子两庙，一岁所得不过七八千，张文定公判应天府，上言曰："宋，王业所基也，而以火王。阏伯封于商丘，以主大火，微子为宋始封，此二祠者独不可得免乎〔一〕？乞以公使库钱代其岁入。"神宗震怒，批出曰："慢神辱国，无甚于斯。"于是天下祠庙皆得不粥。又有议前代帝王陵寝，许民请射耕垦，司农可之，唐之诸陵，因此悉见芟刈。昭陵乔木，翦伐无遗。御史中丞邓润甫言："熙宁著令，本禁樵采，遇郊祀则敕吏致祭，德意可谓远矣。小人掊克，不顾大体，使其所得不赀，犹为不可，况至为浅鲜者哉！愿绌创议之人，而一切如故。"于是未耕之地仅得免。二者可谓前古未有，一日万几，盖无由尽知之也。

【校勘记】

〔一〕此二祠者独不可得免乎　"可"原脱，据马本、库本、祠本补。

3　文与可乐府

今人但能知文与可之竹石，惟东坡公称其诗骚，又表出"美人却扇坐，羞落庭下花"之句。予常恨不见其全，比得蜀本石室先生丹渊集，盖其遗文也。于乐府杂咏，有秦王卷衣篇曰："咸阳秦王家，宫阙明晓霞。丹文映碧镂，光采相钩加。铜螭逐银猊，压屋惊蟠拏。洞户锁日月，其中光景赊。春风动珠箔，鸾额金窠斜。美人却扇坐，羞落庭下花。闲弄玉指环，轻冰扼红牙。君王顾之笑，为驻七宝车。自卷金缕衣，龙鸾蔚纷葩。持以赠所爱，结欢期无涯。"其语意深入骚人阃域。又有王昭君三绝句云："绝艳生殊域，芳年入内庭。谁知金屋宠，只是信丹青。""几岁后宫尘，今朝绝国春。

君王重恩信，不欲遣他人。”“极目胡沙满，伤心汉月圆。一生埋没恨，长入四条弦。”令人读之，缥缥然感概无已也。

4 讥议迁史

大儒立言著论，要当使后人无复拟议，乃为至当。如王氏中说谓：“陈寿有志于史，依大议而削异端，使寿不美于史，迁、固之罪也。”又曰：“史之失自迁、固始也，记繁而志寡。”王氏之意，直以寿之书过于汉、史矣，岂其然乎？元经续诗、书，犹有存者，不知能出迁、固之右乎？苏子由作古史，谓：太史公易编年之法，为本纪、世家、列传，后世莫能易之，然其人浅近而不学，疏略而轻信，故因迁之旧，别为古史。今其书固在，果能尽矫前人之失乎？指司马子长为浅近不学，贬之已甚，后之学者不敢谓然。

5 常何

唐太宗贞观五年，以旱，诏文武官极言得失。时马周客游长安，舍于中郎将常何之家。何武人，不学，不知所言，周代之陈便宜二十馀条。上怪其能，以问何。对曰：“此非臣所能，家客马周为臣具草耳。”上即召周与语，甚悦，以何为知人，赐绢三百疋。常何后亦不显，莫知其所以进。予按李密传，密从翟让与张须陀战，率骁勇常何等二十人为游骑，遂杀须陀，常何之名盖见于此。唐史亦采于刘仁轨行年河洛记也。

6 李密诗

李密在隋大业中，从杨玄感起兵被获，以计得脱，变姓名为刘智远，教授诸生自给，郁郁不得志，哀吟泣下。唐史所书如此。刘仁轨行年河洛记专载密事，云："密往来诸贼帅之间，说以举大计，莫肯从者，因作诗言志，曰：'金风荡初节，玉露垂晚林。此夕穷途士，郁陶伤寸心。平野葭苇合，荒村葵藿深。眺听良多感，徙倚独沾襟。沾襟何所为，怅然怀古意。秦、洛既未平，汉道将何冀。樊哙市井屠，萧何刀笔吏。一朝逢时会，千载传名谥。寄言世上雄，虚生真可愧。'诸将见诗渐敬之。"予意此篇，正其哀吟中所作也。

7　寺监主簿

自元丰官制行，九寺、五监各置主簿，专以掌钩考簿书为职，它不得预。绍圣初，韩粹彦为光禄主簿，自言今辄预寺事，非先帝意也，请如元丰诏书。从之。如玉牒修书，主簿不预，见于王定国杂录〔一〕，予犹及见。绍兴中，太府寺公状文移，惟卿丞系衔，后来掌故之吏，昧于典章，遂一切与丞等。今百官庶府，背戾官制，非特此一事也。

【校勘记】

〔一〕王定国杂录　库本、祠本"杂"作"旧"。

8　温大雅兄弟名字

新唐书温大雅字彦弘，弟彦博字大临、大有字彦将。旧史不载彦博字，它皆同。三温，兄弟也，而两人以大为名，彦为字，一以彦为名，大为字。宰相世系表则云彦将字大有，而博、雅与传同，读者往往致疑。欧阳公集古录引颜思鲁制，中书舍人彦将行，证表为是，然则唯彦博异耳，故或以为误。予少时因文惠公得欧率更所书虞恭公志铭，乃彦博也，其名字实然。后见大唐创业起居注，大雅所撰，其中云："炀帝遣使夜至太原，温彦将宿于城西门楼上，首先见之。报兄彦弘，驰以启帝，帝方卧，闻而惊起，执彦弘手而笑。"据此，则三温之名皆从彦，而此书首题乃云大雅奉敕撰，不应于其间敢自称字。已而详考之，高宗太子弘为武后所酖，追尊为孝敬皇帝，庙曰义宗，列于太庙，故讳其名。如弘文馆改为昭文，弘农县改为恒农，徐弘敏改为有功，韦弘机但为机，李含光本姓弘，易为李，曲阿弘氏易为洪，则大雅之名，后人追改之也。颜鲁公作颜勤礼碑叙颜、温二家之盛，曰思鲁、大雅、愍楚、彦博、游秦、彦将。以雅为名，亦由避讳耳。钱闻诗在太学，以此为策问，而言欧阳作传，戾于闻见，彼盖不察宋子京之作云。

9　册府元龟

真宗初，命儒臣编修君臣事迹，后谓辅臣曰："昨见宴享门中录唐中宗宴饮，韦庶人等预会和诗，与臣寮马上口摘含桃事，皆非礼也。已令削之。"又曰："所编事迹，盖欲垂为典法，异端小说，咸所不取，可谓尽善。"而编修官上言："近代臣僚自述扬历之事，如李德裕文武两朝献替记、李石开成承诏录、韩偓金銮密记之类，又有子孙追述先德叙家世，如李繁邺侯传、柳氏序训、魏公家传之类，或隐己之恶，或攘人之善，并多溢美，故匪信书。并僭伪诸国，各有著撰，如伪吴录、孟知祥实录之类，自矜本国，事或近诬。其上件书，并欲不取。馀有三十国春秋、河洛记、壶关录之类，多是正史已有；秦记、燕书之类，出自伪邦；殷芸小说、谈薮之类，俱是谈谐小事；河南志、邠志、平剡录之类，多是故吏宾从述本府戎帅征伐之功，伤于烦碎;西京杂记、明皇杂录,事多语怪;奉天录尤是虚词。尽议采收,恐成芜秽。"并从之。及书成,赐名册府元龟,首尾十年,皆王钦若提总,凡一千卷,其所遗弃既多,故亦不能暴白。如资治通鉴则不然,以唐朝一代言之,叙王世充、李密事,用河洛记;魏郑公谏争,用谏录;李绛议奏,用李司空论事;睢阳事,用张中丞传;淮西事,用凉公平蔡录;李泌事,用邺侯家传;李德裕太原、泽潞、回鹘事,用两朝献替记;大中吐蕃尚婢婢等事,用林恩后史补;韩偓凤翔谋画,用金銮密记;平庞勋,用彭门纪乱;讨裘甫,用平剡录;记毕师铎、吕用之事,用广陵妖乱志。皆本末粲然,然则杂史、琐说、家传,岂可尽废也!

10　汉高帝祖称丰公

前汉书高祖纪赞云:"刘氏自秦获于魏。秦灭魏,迁大梁,都于丰。故周市说雍齿曰:'丰,故梁徙也。'是以颂高祖云:'汉帝本系,出自唐帝。降及于周,在秦作刘。涉魏而东,遂为丰公。'丰公,盖太上皇父。"案上六句皆韵语,不知何人作此颂,诸家注释,大抵阙如。予自少时读班史,今六七十年,何啻百遍,用朱点句,亦须十本,初不记忆高帝之祖称丰公,比再阅之,恍然若昧平生,聊表见于此。旧书不厌百回读,信哉。

11　枢密行香

唐世枢密使专以内侍为之,与它使均称内诸司,五代以来始参用士大夫,遂同执政。案,实录所载景德二年三月元德皇后忌,中书、枢密院文武百官并赴相国寺行香。初,枢密院言:"旧例国忌行香,唯枢密使、副依内诸司例不赴,恐有亏恭恪。今欲每遇大忌日,与中书门下同赴行香。”从之。枢密使副、翰林、枢密直学士并赴,自兹始也。然则枢密之同内诸司久矣。隆兴以来,定朝臣四参之仪,自宰臣至于郎官、御史,皆班列殿庭拜舞,惟枢密立殿上不预,亦此意云。

12　船名三翼

文选张景阳七命曰:“浮三翼,戏中沚。”其事出越绝书,李善注颇言其略,盖战船也。其书云:“阖闾见子胥,问船运之备。对曰:‘船名大翼、小翼、突冒、楼船、桥船。大翼者,当陵军之车;小翼者,当陵军之轻车。’”又,水战兵法内经曰:“大翼一艘,广一丈五尺三寸,长十丈;中翼一艘,广一丈三尺五寸,长九丈;小翼一艘,广一丈二尺,长五丈六尺。”大抵皆巨战船,而昔之诗人乃以为轻舟。梁元帝云“日华三翼舸”,又云“三翼自相追”,张正见云“三翼木兰船”,元微之云“光阴三翼过”。其它亦鲜用之者。

13　东坡诲葛延之

江阴葛延之,元符间,自乡县不远万里省苏公于儋耳,公留之一月,葛请作文之法,诲之曰:“儋州虽数百家之聚,而州人之所须,取之市而足,然不可徒得也,必有一物以摄之,然后为己用,所谓一物者,钱是也。作文亦然,天下之事,散在经、子、史中,不可徒使,必得一物以摄之,然后为己用。所谓一物者,意是也。不得钱不可以取物,不得意不可以用事,此作文之要也。”葛拜其言,而书诸绅。尝以亲制龟冠为献,公受之,而赠以诗曰:“南海神龟三千岁,兆叶朋从生庆喜。智能周物不周身，未死人钻七十二。谁能用尔作小冠，岣嵝耳孙创其制。今君此去宁复来，欲慰相思时整视。”今集中无此诗。葛常之，延之三从弟也，尝见其亲笔。

14 用书云之误

今人以冬至日为书云，至用之于表启中，虽前辈或不细考，然皆非也。左氏传：“僖公五年正月辛亥朔，日南至，公既视朔，遂登观台以望，而书，礼也。凡分、至、启、闭，必书云物，为备故也。”杜预注云：“周正月，今十一月。分，春秋分也；至，冬夏至也；启者，立春、立夏；闭者，立秋、立冬；云物者，气色灾变也。”盖四时凡八节，其礼并同。汉明帝永平二年春正月辛未，宗祀光武毕，登灵台观云物，尤可为证。而但读左传前两三句，故遂颛以指冬至云。今太史局官，每至此八日，则为一状，若立春则曰风从艮位上来，春分则曰风从震位上来，它皆仿此，只是定本，元非摭实。起居注随即修入，显为文具，盖古之书云意也。

15 张鷟讥武后滥官

武后革命，滥授人官，故张鷟为谚以讥之曰：“补阙连车载，拾遗平斗量。杷推侍御史，椀脱校书郎。”唐新、旧史亦载其语，但泛言之。案，天授二年二月，以十道使所举人石艾县令王山辉等六十一人，并授拾遗、补阙；怀州录事参军霍献可等二十四人，并授侍御史，并州录事参军徐昕等二十四人，授著作郎；内黄县尉崔宣道等二十三人，授卫佐校书。凡百三十二人，同日而命试官，自此始也。其滥如此。刘子玄传：“武后诏九品以上陈得失。子玄言：‘君不虚授，臣不虚受，今群臣无功，遭遇辄迁，至都下有车载、斗量、杷推、椀脱之谚。正为此设。’”然只是自外官便除此四职，非所谓辄迁，子玄之言失之矣。

16　唐王府官猥下

唐自高宗以后，诸王府官益轻，惟开元二十三年，加荣王以下官爵，悉拜王府官属。浸又减省，仅有一傅、一友、一长史，亦但备员，至与其府王不相见。宝历中，琼王府长史裴简求具状言：“诸王府本在宣平坊，多年摧毁，后付庄宅使收管，遂为公局。每圣恩除授，无处礼上。王官为众所轻，府既不存，官同虚设，伏乞赐官宅一区。”乃诏赐延康坊宅。予因阅九经字样一书，开成中唐玄度所纂，其官阶云朝议郎知沔王友、充翰林待诏。沔王名恂，宪宗之子，而以书吏为友，其馀可知。案文、武、宣、昭四宗，皆自藩王登大位，刚明果断，为史所称，盖出于天性，然非资于师友成就也。

17　御史风闻

御史许风闻论事，相承有此言，而不究所从来，以予考之，盖自晋、宋以下如此。齐沈约为御史中丞，奏弹王源曰：“风闻东海王源。”苏冕会要云：“故事，御史台无受词讼之例，有词状在门，御史採状有可弹者，即略其姓名，皆云风闻访知。其后疾恶公方者少，递相推倚，通状人颇壅滞。开元十四年，始定受事御史，人知一日劾状，遂题告事人名，乖自古风闻之义。”然则向之所行，今日之短卷是也。二字本见尉佗传。

18　唐御史迁转定限

唐元和中，御史中丞王播奏："监察御史，旧例在任二十五月转，准具员不加，今请仍旧；其殿中侍御史，旧十二月转，具员加至十八月，今请减至十五月；侍御史，旧十月转，加至十三月，今请减至十二月。"从之。案，唐世台官，虽职在抨弹，然进退从违，皆出宰相，不若今之雄紧，观其迁叙定限可知矣。国朝未改官制之前，任监察满四年而转殿中，又四年转侍御，又四年解台职，始转司封员外郎。元丰五年以后，升沉迥别矣。

容斋四笔卷十二 十三则

1 小学不讲

古人八岁入小学，教之六书，周官保氏之职，实掌斯事，厥后浸废。萧何著法，太史试学童，讽书九千字，乃得为吏。以六体试之，吏人上书，字或不正，辄有举劾。刘子政父子校中秘书，自史籀以下凡十家，序为小学，次于六艺之末。许叔重收集篆、籀、古文诸家之学，就隶为训注，谓之说文。蔡伯喈以经义分散，传记交乱、讹伪相蒙，乃请刊定五经，备体刻石，立于太学门外，谓之石经。后有吕忱，又集说文之所漏略，著字林五篇以补之。唐制，国子监置书学博士，立说文、石经、字林之学，举其文义，岁登下之。而考功、礼部课试贡举，许以所习为通，人苟趋便，不求当否。大历十年，司业张参纂成五经文字，以类相从，至开成中，翰林待诏唐玄度又加九经字样，补参之所不载。晋开运末，祭酒田敏合二者为一编，并以考正俗体讹谬。今之世不复详考，虽士大夫作字，亦不能悉如古法矣。韩子曰："凡为文辞，宜略识字。"又云："阿买不识字，颇知书八分。"安有不识字而能书，盖所谓识字者，如上所云也。

予采张氏、田氏之书，择今人所共昧者，谩载于此，以训子孙。本字从木，一在其下，今为大十者非。休字象人息于木阴，加点者非。美从羊从大，今从犬从火者非。匍字古者以车战，故军从勹下车，后相承作军，义无所取。看字从手，凡视物不审，则以手遮目看之，作看者非。扬州取轻扬之义，从木者非。梁从木，作梁者非。乾有干虔二音，为字一体，今俗分别作乹字音虔而乾音干者非。尊从酋下寸，作尊者非。奠从酋从丌，作奠者非。夷从弓从大[一]，作叏者讹。耆从旨作老，下目者讹。漆、泰、黍、黎，下并从水，相承省作小，今从小，从小者讹。決、沖、況、涼、盜并从水，作冫者讹。饑、饥二字，上谷不熟，下饿也，今多误用。至于果、刍、韭之加草，冈加山，攜之作携，鉏作锄，恶作悪，霸作覇，筍作笋，顩作髭，须加髟或从水，秘从禾，簡作蕑，寶从尔，趋从多，衡合从角从大而从鱼，啓从又及弋，肇从文，彻从去，麤作麁，蟲作虫，堕许规反，俗作隳，又以为惰，幡作幡，怪为恠，闋为闋，炙从夕，间从日，功从力，兹合从二玄而作兹，升作井，辈从北，妬从户，奸为姧，纛从毒，吝作吝，冤上加点，邻作隣，牟从干，互作乐，元从点，舌从千，蓋作盖，京作京，皎从日，次从冫，鼓从皮，潛、譖、僭从替，出作二山，覺从與，游、于以方为才，皁为皂，曷为曷，匹为疋，收作妆，敘作叙，卧从臣从人，而以人为卜，改从戊己之己而以为巳，凢作凡，允作乆，馆作舘，览作覽，祭合从月从又而作祭，瞻作瞻，緤从衣，滛从缶，徧作遍，徼作侥，漾作漾，琴瑟之弦从系，轻作軽，如是者皆非也。

【校勘记】

〔一〕夷从弓从大　"大"原作"夫"，据库本、祠本改。

2　主臣

汉文帝问陈平决狱、钱谷，平谢曰："主臣。"史记、汉书皆同。张晏曰："若今人谢曰'惶恐'也。"文颖曰："惶恐之辞，犹今言死罪也。"晋灼曰："主，击也。臣，服也。言其击服，惶恐之辞。"马融龙虎赋曰："勇怯见之，莫不主臣。"正用此意。文选载梁任昉奏弹曹景宗,先叙其罪,然后继之曰"景宗即主臣",仍继之曰"谨案某官臣景宗",又弹刘整亦曰"整即主臣"。齐沈约弹王源文亦然。李善舍史、汉所书,而引王隐晋书庾纯自劾以谓然,以主为句,则臣当下读,殊为非是。不知所谓某人即主,有何义哉?

3 景华御苑

崔德符坐元符上书邪党,困于崇宁。后监洛南稻田务,尝送客于会节园,是时冬暮,梅花已开。明年春,监修大内,阉官容佐取以为景华御苑,德符不知也。至春晚,复骑瘦马与老兵游园内,坐梅下赋诗。其词曰:"去年白玉花,结子深枝间。小憩藉清影,低鞶啄微酸。故人不可见,春事今已阑。绕树寻履迹,空馀土花斑。"次日,佐入园,见地上马粪,知为德符。是时,府官事佐如不及,而德符未尝谒之。佐即具奏,劾以擅入御苑作践。有旨勒停。家素贫,传食于诸贤之舍,久乃归阳翟。德符没于靖康,官卑,不应立传,予详考本末,为特书之,颇忆此段事,拟载于传中,以悼君子之不幸。且知马永卿懒真录中有之,而求不可得,漫纪于此。

4 州升府而不为镇

州郡之名,莫重于府,虽节镇不及焉,固未有称府而不为节度者。比年以来,升蜀州为崇庆府,剑州为隆庆府,恭州为重庆府,嘉州为嘉定府,秀州为嘉兴府,英州为英德府,蜀、剑既有崇庆、普安军之额,而恭、嘉以下独未然,故幕职官仍云某府军事判官、推官,大与府不相称,皆有司之失也。信阳军一小垒耳,而司户参军衔内带兼节推,尤为可笑。顷在中都时,每为天官主者言之,云亦不必白朝廷,只本案检举改正申知足矣。乃曰:“久例如此。”竟相承到今。文安公尝为左选侍郎,是时,未知此也。

5 汉唐三君知子

英明之君,见其子有材者,必爱而称之。汉高祖谓赵王如意类己,欲以易孝惠,以大臣谏而止。宣帝以淮阳王钦壮大,好经书、法律,聪达有材,数嗟叹曰:“真我子也。”常有意欲立为嗣,而用太子起于微细,且蚤失母,故弗忍。唐太宗以吴王恪英果类我,欲以代雉奴。其后如意为吕母所戕,恪为长孙无忌所害,钦陷张博之事,殆于不免。此三王行事,无由表见。然孝惠之仁弱,几遭吕氏之覆宗;孝元之优柔不断,权移于阉寺,汉业遂衰;高宗之庸懦,受制凶后,为李氏祸尤惨。其不能继述固已灼然。高祖、宣帝、太宗盖本三子之材而言之,非专指其容貌也,可谓知子矣。彼明崇俨谓英王哲即中宗也。貌类太宗,张说谓太宗画像雅类忠王,即肃宗也。此惟取其形似也。若以材言之,中宗之视太宗,天壤相隔矣。汉成帝所幸妾曹宫产子,曰:“我儿额上有壮发,类孝元皇帝。”使其真是孝元,亦何足道,而况于婴孺之状邪!

6 当官营缮

元丰元年,范纯粹自中书检正官谪知徐州滕县,一新公堂吏舍,凡百一十有六间,而寝室未治,非嫌于奉己也,曰吾力有所未暇而已。是时,新法正行,御士大夫如束湿,虽任二千石之重,而一钱粒粟,不敢辄用,否则必著册书。东坡公叹其廉[一],适为徐守,故为作记。其略曰:“至于宫室,盖有所从受,而传之无穷,非独以自养也。今日不治，后日之费必倍。而比年以来，所在务为俭陋，尤讳土木营造之功，欹仄腐坏，转以相付，不敢擅易一椽，此何义也！”是记之出，新进趋时之士，娼疾以恶之。恭览国史，开宝二年二月诏曰：“一日必葺，昔贤之能事。如闻诸道藩镇、郡邑公宇及仓库，凡有隳坏，弗即缮修，因循岁时，以至颓毁，及僝工充役，则倍增劳费。自今节度、观察、防御、团练使、刺史、知州、通判等罢任，其治所廨舍，有无隳坏及所增修，著以为籍，迭相符授。幕职州县官受代，则对书于考课之历，损坏不全者，殿一选，修葺、建置而不烦民者，加一选。”太祖创业方十年，而圣意下逮，克勤小物，一至于此。后之当官者不复留意〔二〕。以兴仆植僵为务，则暗于事体、不好称人之善者，往往翻指为妄作名色，盗隐官钱，至于使之束手讳避，忽视倾陋〔三〕，逮于不可奈何而后已。殊不思贪墨之吏，欲为奸者，无施不可，何必假于营造一节乎！

【校勘记】

〔一〕东坡公叹其廉　“廉”原作“然”，据库本、祠本改。

〔二〕不复留意　“不”原作“小”，据马本、库本改。

〔三〕忽视倾陋　“视倾”原作“倾视”，今从马本、祠本。

7　治历明时

易革之象曰：“天地革而四时成。汤武革命，顺乎天而应乎人。”魏、晋而降，凡及禅代者，必据以为说。案汉辕固与黄生争论汤、武于景帝前，但评受命之是非，不引易为证。卦之象曰：“君子以治历明时。”其义了不相涉。偃孙颇留意历学，云按唐一行大衍历日度议曰：“颛顼历上元甲寅正月甲寅晨初合朔立春，七曜皆直艮维之首，汤作殷历，更以十一月合朔冬至为上元，周人因之。”此谓治历也。至于三统之建，夏以寅为岁首，得人统；殷以丑，为得地统；周武王改从子，为得天统。此谓明时也。其革命之说，刘歆作三统历及谱，引革彖“汤、武革命”，又曰“治历明时，所以和人道也”，如是而已。其前又引逸书曰：“先其革命。”颜师古曰：“言王者统业，先立筭数，以命百事也。”推此而伸之，所云革命，盖谓是耳，非论其取天下也。况大衍之用四十有九，一行以之起历，而革卦之序，在周易正当四十九，然则专为历甚明。考其上句，尤极显白，然诸儒赞易，皆不及此，王弼亦无一言。

8　仕宦捷疾

唐傅游艺以期年之中，历衣青、绿、朱、紫，时人谓之“四时仕宦”，言其速也。国朝惟绿、绯、紫三等。而紫袍者，除武臣外，文官之制其别有六：庶僚黑角带，佩金鱼；未至侍从，而特赐带者，为荔枝五子，不佩鱼；中书舍人、谏议、待制、权侍郎，红鞓黑犀带，佩鱼；权尚书、御史中丞、资政、端明殿阁学士、直学士、正侍郎、给事中，金御仙花带，不佩鱼，谓之横金；翰林学士以上正尚书，御仙带，佩鱼，谓之重金；执政官宰相，方团毬文带，俗谓之笏头者是也。其叙如此。若猛进躐得者则不然。绍兴中，宋朴自侍御史迁中丞，施巨自中书检正、郑仲熊自右正言，并迁权侍郎，三人皆受告日易服，以正谢日拜执政。朴、巨以绯，仲熊以绿，服紫之次日，而赐毬文带。盖侍从以下，俟正谢乃易带，而执政命才下，即遣中使赍赐，遂服之而赴都堂供职，可谓捷疾矣。若李纲则又异于是，宣和七年十二月二十九日，自太常少卿除兵部侍郎，未谢间，靖康元年正月四日，胡骑将至京城，纲以边事求见。宰执奏事未退，纲语知峰门事朱孝庄曰："有急切公事，欲与宰执廷辩。"孝庄曰："旧例，未有宰执未退而从官求对者。"纲曰："此何时，而用例邪？"孝庄即具奏。诏引纲立于执政之末。时宰执议欲奉銮舆出狩襄、邓，纲请固守，上曰："谁可将者？"纲曰："愿以死报，第人微官卑，恐不足以镇服士卒。"白时中乞以为礼部尚书，纲曰："亦只是侍从。"即命除尚书右丞。纲曰："臣未正谢，犹衣绿，非所以示中外。"即面赐袍带并笏，纲服之以谢，且言："方时艰难，臣不敢辞。"此为不经绯紫而极其服章，未之有也。

9　词臣益轻

治平以前，谓翰林学士及知制诰为两制，自翰林罢补外者，得端明殿学士，谓之换职。熙宁之后，乃始为龙图，绍兴以来愈不及矣。修起居注者序迁知制诰，其次及辞不为者，乃为待制，赵康靖、冯文简、曾鲁公、司马公、吕正献公是也。学士阙，则次补，或为宰相所不乐者，犹得侍读学士，刘原甫是也。在职未久而外除者，为枢密直学士，韩魏公是也；亦为龙图直学士，欧阳公是也。后来褒擢者，仅得待制，王时亨是也。馀以善去者，集英修撰而止耳。

10　夏英公好处

夏英公既失时誉，且以庆历圣德颂之故，不正之名愈彰，然固自有好处。夏羌之叛，英公为四路经略安抚招讨使，韩魏公副之。贼犯山外，韩公令大将任福自怀远城趋得胜寨，出贼后，如未可战，即据险置伏，要其归，戒之至再。又移檄申约，苟违节度，虽有功亦斩。福竟为贼诱，没于好水川，朝论归咎于韩。英公使人收散兵，得韩榭于福衣带间，言罪不在韩，故但夺一官。英公此事贤矣，而后来士大夫未必知也。予是以表出之。

11　祖宗用人

祖宗用人，进退迟速，不执一端，苟其材可任，则超资越级，曾不少靳，非拘拘于爱惜名器也。宋琪自员外郎以正月擢拜谏议大夫，三月参知政事。太宗将用李昉，时昉官工部尚书，七月特迁琪刑书，遂并命为相。而琪居昉上，自外郎岁中至此。石熙载以太平兴国四年正月，自右补阙今朝奉郎。为兵部员外郎、今朝请郎。枢密直学士，才七日，签书院事，四月拜给事中，今通议大夫。为副枢，十月迁刑部侍郎，今正议。六年迁户部尚书，今银青光禄。为使，八年罢为右仆射，今特进。从初至此五岁，用今时阶秩言之，乃是朝奉郎而为特进也。当日职名，唯有密直多从庶僚得之，旋即大用。张齐贤、王沔皆自补阙、直史舘，迁郎中，充学士，越半岁并迁谏议、签枢。温仲舒、寇准皆自正言、今承议郎。直馆，迁郎中，充职二年，并为枢密副使。向敏中自工部郎中以本官充职，越三月同知密院。钱若水自同州推官入直史舘，逾年擢知制诰，二年除翰林学士，遂以谏议同知密院，首尾五年。

12　至道九老

李文正公罢相后，只居京师，以司空致仕。至道元年，年七十一矣，思白乐天洛中九老之会。适交游中有此数，曰太子中允张好问，年八十五；太常少卿李运，年八十；故相吏部尚书宋琪，庐州节度副使武允成，皆七十九；吴僧赞宁，年七十八；郢州刺史魏丕，年七十六;左谏议大夫杨徽之,年七十五;水部郎中朱昂与昉,皆七十一。欲继其事为宴集,会蜀寇起而罢。其中两宰相乃著一僧,唐世及元丰耆英所无也。次年,李公即世,此事竟不成。耋老康宁,相与燕嬉于升平之世,而雅怀弗遂,造物岂亦吝此耶!

13 李文正两罢相

宰相拜罢,恩典重轻,词臣受旨者,得以高下其手。李文正公昉〔一〕,太平兴国八年,以工部尚书为集贤、史馆相。端拱元年,为布衣翟马周所讼。太宗召学士贾黄中草制,罢为右仆射,令诏书切责。黄中言:"仆射百寮师长,今自工书拜,乃为殊迁,非黜责之义。若以均劳逸为辞,斯为得体。"上然之,其词略云:"端揆崇资,非贤不授。昉素高问望〔二〕,久展谟猷,谦和秉君子之风,纯懿擅吉人之美。辍从三事,总彼六卿,用资镇俗之清规,式表尊贤之茂典。"其美如此。淳化二年,复归旧厅。四年又罢,优加左仆射,学士张洎言:"近者霖霪百馀日,昉职在燮和阴阳,不能决意引退。仆射之重,右减于左,位望不侔,因而授之,何以示劝!"上批洎奏尾,止令罢守本官。洎遂草制峻诋,脑词云:"燮和阴阳,辅相天地,此宰相之任也。苟或依违在位,启沃无闻,虽居廊庙之崇,莫著弥纶之效。宜敷朝旨,用罢鼎司。昉自处机衡,曾无规画。拥化源而滋久,孤物望以何深。俾长中台,尚为优渥。可依前尚书右仆射,罢知政事。"历考前后制麻,只言可某官,其云罢知政事者,洎创增之也。国史昉传云:"昉厚善洎,及昉罢,洎草制乃如此。"绍兴二十九年,沈该罢制,学士周麟之于结句后,添入可罢尚书左仆射同平章事,盖用此云。

【校勘记】

〔一〕李文正公昉　“文”原脱，据明抄本补。

〔二〕昉素高问望　马本、库本、祠本“问”作“闻”。

容斋四笔卷十三 二十四则

1 科举之弊不可革

法禁益烦，奸伪滋炽，唯科场最然，其尤者莫如铨试。代笔有禁也，禁之愈急，则代之者获赂谢愈多。其不幸而败者百无一二，正使得之，元未尝致法。吏部长贰帘试之制，非不善也，而文具儿戏，抑又甚焉。议论奉公之臣〔一〕，朝夕建明，然此风如决流偃草，未尝少革。或以谓失于任法而不任人之故。殊不思所任之人，渠肯一意向方，见恶辄取，于事无益，而祸谤先集于厥身矣！开宝中，太子宾客边光范掌选，太庙斋郎李宗讷赴吏部铨〔二〕，光范见其年少，意未能属辞，语之曰："苟援笔成六韵，虽不试书判，可入等矣。"宗讷曰："非唯学诗，亦尝留心词赋。"即试诗赋二首，数刻而就，甚嘉赏之。翌日，拟授秘书省正字。今之世宁复有是哉！

【校勘记】

〔一〕议论奉公之臣　"之"原脱，据明抄本补。

〔二〕太庙斋郎李宗讷赴吏部铨　清抄本原校："讷"一作"纳"。

2 宰执子弟廷试

太宗朝，吕文穆公蒙正之弟蒙亨举进士，礼部高等荐名。既廷试，与李文正公昉之子宗谔，并以父兄在中书罢之。国史许仲宣传云，仲宣子待问，雍熙二年举进士，与李宗谔、吕蒙亨、王扶并预廷试。宗谔即宰相昉之子，蒙亨参知政事蒙正之弟，扶盐铁使明之子。上曰："斯并势家，与孤寒竞进，纵以艺升，人亦谓朕有私也。"皆下第，正此事也。仲宣时为度支使。仁宗朝，韩忠宪公亿为参知政事，子维以进士奏名礼部，不肯试大廷，受荫入官。唐质肃公介参政，子义问锁厅试礼部，用举者召试秘阁，介引嫌罢之。旧制严于宰执子弟如此，与夫秦益公柄国，而子熺、孙埙皆于省殿试辄冠多士者异矣。

3 国初救弊

国朝削并僭伪，救民水火之中，然亦有因仍旧弊，未暇更张者，故须赖于贤士大夫昌言之。江左初平，太宗选张齐贤为江南西路转运使，谕以民间不便事，令一一条奏。先是诸州罪人多锢送阙下，缘路非理而死者，常十五六。齐贤至蕲州，见南剑州吏送罪人者，索得州帖视之。二人皆逢贩私盐者，为荷盐笼得盐二斤，又六人皆尝见贩盐而不告者，并黥决传送，而五人已死于路。江州司理院自正月至二月，经过寄禁罪人，计三百二十四人。建州民二人，本田家客户，尝于主家塘内，以锥刺得鱼一斤半，并杖脊、黥面，送阙下。齐贤上言："乞俟至京，择官虑问，如显有负屈者，本州官吏量加惩罚，自今只令发遣正身。"及虔州，送三囚，尝市得牛肉，并家属十二人悉诣阙，而杀牛贼不获，齐贤悯之，即遣其妻子还。自是江南送罪人者减太半。是皆相循习所致也。齐贤改为，其利民如此。齐贤以太平兴国二年方登科，六年为使者，八年还朝，由密学拜执政，可谓迅用也。

4　房玄龄名字

旧唐书目录书房元龄，而本传云房乔字玄龄，新唐书列传房玄龄字乔，而宰相世系表玄龄字乔松，三者不同。赵明诚金石录得其神道碑，褚遂良书，名字与新史传同。予记先公自燕还，有房碑一册，于志宁撰，乃玄龄字乔松，本钦宗在东宫时所藏，其后犹有一印，曰"伯志西斋"，今亦不存矣。

5　二朱诗词

朱载上，舒州桐城人，为黄州教授。有诗云："官闲无一事，胡蝶飞上阶。"东坡公见之，称赏再三，遂为知己。中书舍人新仲翌〔一〕，其次子也，有家学，十八岁时戏作小词，所谓"流水泠泠，断桥斜路梅枝亚"者。朱希真见而书诸扇，今人遂以为希真所作。又有折叠扇词云："宫纱蜂赶梅，宝扇鸾开翅。数折聚清风，一捻生秋意。摇摇云母轻，裊裊琼枝细。莫解玉连环，怕作飞花坠。"公亲书稿固存，亦因张安国书扇，而载于于湖集中。其咏五月菊词云："玉台金盏对炎光，全似去年香。有意庄严端午，不应忘却重阳。菖蒲九节，金英蒲把，同泛瑶觞。旧日东篱陶令，北窗正傲羲皇。"渊明于五六月高卧北窗之下，清风飒至〔二〕，自谓羲皇上人。用此事于五月菊，诗家叹其精切云。

【校勘记】

〔一〕中书舍人新仲翌　"翌"原脱，据明抄本补。

〔二〕清风飒至　"清"原为空格，据明抄本补。

6 金刚经四句偈

今世所行金刚经，用姚秦鸠摩罗什所译，其四句偈曰："一切有为法，如梦幻泡影，如露亦如电，应作如是观。"又曰："若以色见我，以音声求我，是人行邪道，不能见如来。"予博观它本，颇有不同。元魏天竺三藏菩提流支译云："一切有为法，如星翳灯幻。露泡梦电云，应作如是观。"而"不能见如来"之下更有四句云："彼如来妙体，即法身诸佛。法体不可见，彼识不能知。"陈天竺三藏真谛译云："如如不动，恒有正说。应观有为法，如暗翳灯幻，露泡梦电云。若以色见我，以音声求我，是人行邪道，不应得见我。由法应见佛，调御法为身。此法非识境，法如深难见。"唐三藏玄奘译云："诸和合所为，如星翳灯幻。露泡梦电云，应作如是观。诸以色见我，以音声寻我，彼生履邪断，不能当见我。应观佛法性，即导师法身。法性非所识，故彼不能了。"唐沙门义净译前四句，与魏菩提本同，而后云："若以色见我，以音声求我，是人起邪观，不能当见我。"后四句与玄奘本同。予案，今人称六如，东坡以名堂者，谓梦、幻、泡、影、露、电也。而此四译，乃知有九如。大般若经第八会世尊颂，第九会能断金刚分二颂，亦与玄奘所译同。

7 四莲华之名

嗢钵摩华，青莲华也；钵特摩华，亦云波头摩，赤莲华也；拘毋陁华，亦云俱物头，亦云俱牟陁，红莲也；奔荼利华，亦云芬陁利，白莲也。堵罗绵，柳絮之类，即兜罗绵也。

8　黑法白法

安立黑法，感黑异熟，所谓地狱傍生鬼界。安立白法，感白异熟，所谓人天。安立黑白法，感黑白异熟，所谓一分傍生鬼界及一分人。安立非黑非白法，感非黑非白异熟，所谓预留果，或一来果，或不还果。

9　多心经偈

多心经偈曰："揭帝揭帝，波罗揭帝，波罗僧揭谛，菩提萨摩诃。"又有大明呪经，鸠罗什所译，曰："竭帝竭帝，波罗竭帝。波罗僧竭帝，菩提僧莎呵。"

10　天宫宝树

"行行相值，茎茎相望。枝枝相准，叶叶相向。华华相顺，实实相当。"此无量寿经所言天宫宝树，非尘世所有也。

11　白分黑分

月盈至满，谓之白分；月亏至晦，谓之黑分。白前黑后合为一月。又曰：日随月后行，至十五日覆月都尽〔一〕，是名黑半；日在月前行，至十五日具足圆满，是名白半。

【校勘记】

〔一〕至十五日覆月都尽　祠本原校："尽"一作"亏"。

12　月双闰双

十五夜为半月，两半月为一月，三月为一时，两时为一行，两行为一年〔一〕，二年半为一双。此由闰，故以闰月兼本月，此谓月双，非闰双也，以五年再闰为闰双。

【校勘记】

〔一〕两行为一年　"年"原作"季"。李本原作"季"，校改"年"。马本、祠本作"年"，今据改。

13　逾缮那一由旬

数量之称，谓逾缮那，四十里也。毗昙论四肘为一弓，五百弓为一拘卢舍，八拘卢舍为一由旬，一弓长八尺，五百弓长四百丈，一拘卢舍有二里，十六里为一由旬。

14　七极微尘

七极微尘成一阿耨池上尘，七阿耨尘为铜上尘，七铜上尘为水上尘，七水上尘为兔毫上尘，七兔毫上尘为一羊毛上尘，七羊毛上尘为一牛毛上尘，七牛毛上尘成一向游尘，七向游尘成一虮，七虮成一虱，七虱成一穬麦，七穬麦为一指，二十四指为一肘，四肘为一弓。

15　宰相赠本生父母官

封赠先世，自晋、宋以来有之，迨唐始备，然率不过一代，其恩延及祖庙者绝鲜，亦未尝至极品。郭汾阳二十四考中书令，而其父赠止太保；权德舆位宰相，其祖赠止郎中。唐末、五季，宰辅贵臣，始追荣三代，国朝因之。李文正公昉本工部郎中超之子，出继从叔绍〔一〕。昉再入相，表其事求赠所生父、祖官封，诏赠祖温太子太保，祖母权氏莒国太夫人，父超太子太师，母谢氏郑国太夫人。可谓异数，后不闻继之者。

【校勘记】

〔一〕出继从叔绍　“绍”原作“沼”，据李本、马本、库本改。

16　执政赠三代不同

文臣封赠三代，自初除执政外，凡转厅皆不再该，唯知枢密院及拜相乃复得之。然旧法又不如是。欧阳公作程文简公琳父神道碑，历叙恩典曰：“琳参知政事，赠为太子少师。在政事迁左丞，系转一官。又赠太子太师。罢为资政殿学士，又赠太师、中书令。为宣徽北院使，又赠兼尚书令。”则是转官与罢政亦褒赠，而自宫师得太师中令，更为超越。它或不然。

17　唐孙处约事

新唐书来济传云：“初，济与高智周、郝处俊、孙处约客宣城石仲览家，仲览衔于财，有器识，待四人甚厚，私相与言志。处俊曰：'愿宰天下。'济及智周亦然。处约曰：'宰相或不可冀，愿为通事舍人足矣。'后济领吏部，处约始以瀛州书佐入调，济遽注曰：'如志。'遂以为通事舍人。后皆至公辅。"高智周传云："智周始与郝处俊、来济、孙处约共依江都石仲览。仲览倾产结四人欢，因请各语所期。处俊曰：'丈夫惟无仕，仕至宰相乃可。'智周、济如之。处约曰：'得为舍人，在殿中周旋吐纳可也。'后济居吏部，处约以瀛州参军入调，济曰：'如志。'拟通事舍人。毕，降阶劳问平生。"案两传相去才一卷，不应重复如此，可谓冗长。本出韩琬所撰御史台记，而所载自不实。处约传："贞观中，为齐王祐记室，祐多过失，数上书切谏。王诛，太宗得其书，擢中书舍人。"是岁十七年癸卯，来济次年亦为中书舍人，永徽三年拜相，六年检校吏部尚书，是岁丁巳，去癸卯首尾十五岁。若如两传所书，大为不合，韩琬之说诚谬，史氏又失于不考。仲览乡里，一以为宣城，一以为江都，岂宣城人而家于广陵也？

18　夏侯胜京房两传

汉书儒林传，欲详记经学师承，故序列唯谨，然夏侯胜、京房又自有传。儒林云："胜其先夏侯都尉，以尚书传族子始昌，始昌传胜，胜又事同郡简卿。传兄子建，建又事欧阳高。"而本传又云："从始昌受尚书，后事简卿，又从欧阳氏。从子建，师事胜及欧阳高。"儒林言："房受易梁人焦延寿。以明灾异得幸，为石显所谮，诛。"凡百馀字。而本传又云："治易，事梁人焦延寿。其说长于灾变，房用之尤精。为石显告非谤政治，诛。"此两者，近于重复也。若其它张禹、彭宣、王骏、倪宽、龚胜、鲍宣、周堪、孔光、李寻、韦贤、玄成、薛广德、师丹、王吉、蔡谊、董仲舒、眭孟、贡禹、疏广、马宫、翟方进诸人，但志姓名及所师耳。

19　汉人坐语言获罪

汉昭帝时，有大石自立，僵柳复起。眭孟上书，言："有从匹夫为天子，宜求索贤人，禅以帝位，而退自封百里。"霍光恶之，论以袄言惑众，伏诛。案，孟之妄发，其死宜矣。宣帝信任宦官，盖宽饶奏封事，言："五帝官天下，三王家天下。家以传子，官以传贤。"执金吾议以指意欲求禅，亦坐死。考其所引，亦不为无罪。杨恽之报孙会宗书，初无甚怨怒之语，其诗曰："田彼南山，芜秽不治。种一顷豆，落而为萁。"张晏释以为言朝廷荒乱，百官谄谀。可谓穿凿。而廷尉当以大逆无道，刑及妻子。予熟味其词，独有所谓"君父至尊亲，送其终也，有时而既"，盖宣帝恶其君丧送终之喻耳。庄助论汲黯辅少主守成，武帝不怒，实系于一时祸福云。贾谊、刘向谈说痛切无忌讳，文、成二帝未尝问焉，随笔纪之矣。

20　枢密书史

景德四年，命宰臣王旦监修两朝正史，知枢密院王钦若、陈尧叟，参知政事赵安仁并修国史。后来执政入枢府，皆不得提举修书，非故事也。

21　知州转运使晋通判

今世士大夫，既贵不可复贱。淳化中，北戎入寇，以殿前都虞候曹璨知定州，时赵安易官宗正少卿，已知州，遂就徙通判。同时有罗延吉者，既知彭、祁、绛三州，而除通判广州，滕中正知兴元府而通判河南。袁郭知楚、郓二州，会秦王廷美迁置房州，诏崇仪副使阎彦进知州，而以郭通判州事。范正辞既知戎、淄二州，而通判棣、深。又陈若拙历知单州、殿中侍御史、西川转运使，召归，会李至守洛都，表为通判；久之，柴禹锡镇泾州，复表为通判。连下迁而皆非贬降，近不复有矣。

22　范正辞治饶州

范正辞太平兴国中，以饶州多滞讼，选知州事，至则宿系皆决遣之，胥史坐淹狱停职者六十三人。会诏令科州兵送京[一]，有王兴者，怀土惮行，以刃故伤其足，正辞斩之。兴妻上诉，太宗召见，正辞庭辩其事。正辞曰："东南诸郡，饶实繁盛，人心易动，兴敢扇摇。苟失控驭，则臣无待罪之地矣。"上壮其敢断，特迁官，充江南转运副使。饶州民甘绍者，为群盗所掠，州捕系十四人，狱具将死。正辞案部至，引问之，囚皆泣下。察其非实，命徙他所讯鞫。既而民有告盗所在者，正辞潜召监军掩捕之。盗觉遁去，正辞即单骑出郭二十里追及之。贼控弦持矟来逼，正辞大呼，以鞭击之，中贼双目，仆之。馀贼渡江散走。被伤者尚有馀息，旁得所弃赃，按其奸状伏法，十四人皆得释。此吾乡里事，而郡人多不闻之。

【校勘记】

〔一〕会诏令科州兵送京　李本、马本、库本"科"作"料"。

23　荣王藏书

濮安懿王之子宗绰[一]，蓄书七万卷。始与英宗偕学于邸，每得异书，必转以相付。宗绰家本有岳阳记者，皆所赐也。此国史本传所载。宣和中，其子淮安郡王仲糜进目录三卷，忠宣公在燕得其中秩，云："除监本外，写本、印本书籍计二万二千八百三十六卷。"观一秩之目如是，所谓七万卷者为不诬矣。三馆秘府所未有也，盛哉！

【校勘记】

〔一〕濮安懿王之子宗绰　"濮安"原作"濮王"，误刊，据李本改。

24　秦杜八六子

秦少游八六子词云："片片飞花弄晚，濛濛残雨笼晴。正销凝，黄鹂又啼数声。"语句清峭，为名流推激。予家旧有建本兰畹曲集，载杜牧之一词，但记其末句云："正销魂，梧桐又移翠阴。"秦公盖效之，似差不及也。

容斋四笔卷十四 十四则

1 祖宗亲小事

太宗朝，吕端自谏议大夫、开封判官左迁卫尉少卿。时群官有负宿谴者，率置散秩，会置考课院，每引对，多泣涕，以不免饥寒为请。至端，即前奏曰："臣罪大而幸深，苟得颍州副使，臣之愿也。"上曰："朕自知卿。"无何，复旧官。逾月，拜参知政事。上留意金谷之务，一日尽召三司吏李溥等对于崇政殿，询以计司利害，溥等愿给笔札，于是二十七人共上七十一事。诏以四十四事付有司奉行，十九事下盐铁使陈恕等，议其可否，遣知杂御史监议，赐溥等白金缗钱，悉补侍禁、殿直，领其职。谓宰相曰："溥等条奏事，亦颇有所长。朕尝语恕等，若文章稽古，此辈固不可望卿，钱谷利病，彼自幼至长寝处其中，必周知根本。卿但假以颜色，引令剖陈，必有所益。"恕不肯降意询问，旋以职事旷废，上召而责之，始顿首谢。王宾以供奉官充亳州监军，妻极妒悍。时监军不许挈家至任所，妻擅至亳州，宾具以白上。上召见其妻诘责，俾卫士交捽之，杖一百，配为忠靖卒妻，一夕死。陈州民张矩，杀里中王裕家两人，知州田锡未尝虑问，又诣阙诉冤。遣二朝士鞫之，皆云："非矩所杀。"裕家冤甚，其子福应募为军，因得见，曰："臣非欲隶军，盖家冤求诉耳。"太宗怒，付御史府治之，置矩于法，二朝士皆坐贬，锡洎通判郭渭，谪为海、郢州团练副使。饶州卒妻诉理夫死，至召知州范正辞庭辩。且夫引见散秩庶僚，而容其各各有请，三司胥吏而引对正殿，命以官爵，听其所陈；一州都监而得自上奏，至召其妻责辱之；一卒应募而得入见，遂伸家冤，为贬责吏。万几如是，安得不理！今之言典故者，盖未能尽云。

2 王居正封驳

绍兴五六年间，王居正为给事中，时王继先方以医进，中旨以其婿添监浙江税务，录黄过门下，居正封还。高宗批三省将上，及二相进呈，圣训云："卿等亦尝用医者否？"对曰："皆用之。"曰："所酬如何？"曰："或与酒，或与钱，或与缣帛，随大小效验以答其劳。"上曰："然则朕宫中用医，反不得酬谢邪！文字未欲再付出，可以喻居正使之书读。"丞相退，即语居正曰："圣意如此，是事亦甚小，给事不必固执。"居正唯唯，遂请对，上语如前，而玉色颇厉。居正对曰："臣庶之家，待此辈与朝廷有异，量功随力，各致陈谢之礼。若朝廷则不然，继先之徒，以技术庸流，享官荣，受禄俸，果为何事哉！一或失职，重则有刑，轻则斥逐。使其应奉有效，仅能塞责而已，想金帛之赐，固自不少。至于无故增创员阙，诚为未善，臣不愿陛下辄起此门。"上悟曰："卿言是也。"即日下其奏，前降旨挥更不施行。居正之直谅有守，高宗之听言纳谏，史录中恐不备载，故敬书之。迈顷闻之于张九成。

3 王元之论官冗

省官之说，昔人论之多矣，唯王元之两疏，最为切当。其一云："臣旧知苏州长洲县，自钱氏纳土以来，朝廷命官，七年无县尉，使主簿兼领之，未尝阙事。三年增置尉，未尝立一功。以臣详之，天下大率如是。诚能省官三千员，减俸数千万，以供边备，宽民赋，亦大利也。”其二云：“开宝中，设官至少，臣占籍济上，未及第时，止有刺史一人，李谦溥是也，司户一人，孙贲是也。近及一年，朝廷别不除吏。自后有团练推官一人，毕士安是也。太平兴国中，臣及第归乡，有刺史、通判、副使、判官、推官、监军，监酒榷税筭又增四员，曹官之外更益司理。问其租税，减于曩日也，问其人民，逃于昔时也，一州既尔，天下可知。冗兵耗于上，冗吏耗于下，此所以尽取山泽之利而不能足也。”观此二说，以今言之，何止于可为长太息哉！

4　梁状元八十二岁

陈正敏遁斋闲览：“梁灏八十二岁，雍熙二年状元及第。其谢启云：‘白首穷经，少伏生之八岁，青云得路，多太公之二年。’后终秘书监，卒年九十馀。”此语既著，士大夫亦以为口实。予以国史考之，梁公字太素，雍熙二年廷试甲科，景德元年以翰林学士知开封府，暴疾卒，年四十二。子固亦进士甲科，至直史馆，卒年三十三。史臣谓：“梁方当委遇，中途夭谢。”又云：“梁之秀颖，中道而摧。”明白如此，遁斋之妄不待攻也。

5　太宗恤民

曾致尧为两浙转运使，尝上言：“去岁所部秋租，惟湖州一郡督纳及期，而苏、常、润三州，悉有逋负，请各按赏罚。”太宗以江、淮频年水灾，苏、常特甚，致尧所言，刻薄不可行，因诏戒之，使倍加安抚，勿得骚扰。是事必已编入三朝宝训中，此国史本传所载也。

6　潘游洪沈

绍兴十三年，敕令所进书删定官五员，皆自选人改秩。潘良能季成、游操存诚、沈介德和、伯兄景伯，皆拜秘书省正字，张表臣正民以无出身，除司农丞，四正字同日赴馆供职。少监秦伯阳于会食之次，谓坐客言，一旦增四同舍，而姓皆从水傍，熺有一句，愿诸君为对之，以成三馆异日佳话。即云："潘、游、洪、沈泛瀛洲。"坐客合词赏叹，竟无有能对者。予因记笔谈所载，元厚之绛少时，曾梦人告之曰："异日当为翰林学士，须兄弟数人同在禁林。"厚之自思素无兄弟，疑为不然。及熙宁中，除学士，同时相先后入院者，韩维持国、陈绎和叔、邓绾文约、杨绘元素，名皆从糸，始悟兄弟之说。欲用"绛、绎、绘、维绾纶綍"为对，然未暇考之史录，岁月果同否也？

7　舞鸥游蜻

战国时，诸子百家之书，所载绝有同者。列子黄帝篇云："海上之人有好沤音鸥鸟者，每旦之海上从沤鸟游，沤鸟之至者百数而不止。其父曰：'吾闻沤鸟皆从汝游，汝取来吾玩之。'明日之海上，沤鸟舞而不下也。"吕览精喻篇云："海上人有好蜻蜻蜓也。者，每朝居海上，从蜻游，蜻之至者百数而不止，前后左右尽蜻也，终日玩之而不去。其父告之曰：'闻蜻皆从汝居，取而来，吾将玩之。'明日之海上，蜻无至者矣。"此二说如出一手也。

8　郎中用资序

国朝官制既行，除用职事官，不问资序高下，但随阶品，而加行、守，试以赋禄，郎中、员外郎亦自为两等，颇因履历而授之。后来相承，必欲已关升知州资序者为郎中，于是拜员外郎者具改官后实历岁月申吏部，不以若干任，但通理细满八考则升知州，乃正作郎中，别命词给告。顷尝有旨，初除郎官者，虽资历已高，且为员外，候吏部再申，然后升作郎中。近岁掌故失之，故李大性自浙东提刑除吏部，时佐自大理正除刑部，徐闶自太府丞除都官，岳震自将作少监除度支，其告内即云郎中，与元旨挥戾矣。

9 台谏分职

台、谏不相见，已书于续笔中，其分职不同，各自有故实。元丰中，赵彦若为谏议大夫，论大臣不以道德承圣化，而专任小数，与群有司校计短长，失具瞻体。因言门下侍郎章子厚、左丞王安礼不宜处位。神宗以彦若侵御史论事，左转秘书监。盖许其论议，而责其弹击为非也。元祐初，孙觉为谏议大夫。是时谏官、御史论事有分限，毋得越职。觉请申唐六典及天禧诏书。凡发令造事之未便〔一〕，皆得奏陈，然国史所载，御史掌纠察官邪，肃正纲纪，谏官掌规谏讽谕，凡朝政阙失，大臣至百官，任非其人，三省至百司，事有失当，皆得谏正。则盖许之矣。唐人朝制，大率重谏官而薄御史，中丞温造道遇左补阙李虞，恚不避，捕从者笞辱。左拾遗舒元褒等建言："故事，供奉官惟宰相外无屈避，造弃蔑典礼，辱天子侍臣。遗、补虽卑，侍臣也，中丞虽高，法吏也。侍臣见陵，法吏自恣，请得论罪。"乃诏台官、供奉官共道路，听先后行，相值则揖。然则居此二雄职者〔二〕，在唐日了不相谋云。

【校勘记】

〔一〕凡发令造事之未便　“令造”原作“造令”，据明抄本改。

〔二〕居此二雄职者　“职”原作“识”，误刊。据明抄本、马本改。

10　贞元朝士

刘禹锡听旧宫人穆氏唱歌一诗云：“曾陪织女度天河，记得云间第一歌。休唱贞元供奉曲，当时朝士已无多。”刘在贞元任郎官、御史，后二纪方再入朝，故有是语。汪藻始采用之，其宣州谢上表云：“新建武之官仪，不图重见；数贞元之朝士，今已无多。”汪在宣和间为馆职符宝郎，是时绍兴十三、四年中，其用事可谓精切。迈尝四用之，谢侍讲修史表云：“下建武之诏书，正尔恢张于治具；数贞元之朝士，独怜留落之孤踪。”以德寿庆典，曾任两省官者迁秩，蒙转通奉大夫，谢表云：“供奉当时，敢齿贞元之朝士；颂歌大业，愿赓至德之中兴。”充永思陵桥道顿递使，转宣奉大夫，谢表云：“武德文阶，愧三品维新之泽；贞元朝士，动一时既往之悲。”主上即位，明堂礼成，谢加恩云：“考皇祐明堂之故，操以举行；念贞元朝士之存，今其馀几。”亦各随事引用。近者，单夔以知绍兴府进华文阁直学士，谢表云：“数甘泉法从之旧，真贞元朝士之馀。”夔当淳熙中虽为侍郎，然一朝名臣尚多，又距今才十馀岁，似为未稳贴也。

11　表章用两臣字对

表章自叙以两“臣”字对说，由东坡至汪浮溪多用之。然须要审度君臣之间情义厚薄，及姓名眷顾于君前如何，乃为合宜。坡湖州谢表云：“知臣愚不适时，难以追陪新进；察臣老不生事，或能牧养小民。”登州表云：“于其党而观过，谓臣或出于爱君；就所短以求长，知臣稍习于治郡。”侍读谢表云：“谓臣虽无大过人之才，知臣粗有不欺君之实，欲使朝夕，与于讨论。”颍州表云：“意其忠义许国，故暂召还；察其老病畏人，复许补外。”汪谢徽州云：“谓臣不改岁寒，故起之散地；察臣素推月旦，故付以本州。”为陆藻谢给事中云：“知臣椎钝无他，故长奉贤王之学；悯臣践扬滋久，故亟升法从之班。”为汪枢密谢子自虏中归不令入城降诏奖谕表云：“知臣齿发已凋，常恐邓攸之无后；怜臣肺肝可见，有如去病之辞家。”凡此所言，皆可自表于君前者。刘梦得代窦群容州表，有“察臣前任事实，恕臣本性朴愚”之句，坡公盖本诸此。近年后生假倩作文，不识事体，至其碌碌常流，乍得一垒，亦辄云知臣察臣之类，真可笑也。

12　刘梦得谢上表

郡守谢上表，首必云：“伏奉告命授臣某州，已于某月某日到任上讫。”然后入词。独刘梦得数表不然，和州者曰：“伏奉去年六月二十五日制书，授臣使持节和州诸军事，守和州刺史。臣自理巴、賨，不闻善最，恩私忽降，庆抃失容。臣某中谢。伏惟皇帝陛下丕承宝祚，光阐鸿猷，有汉武天人之姿，禀周成睿哲之德。发言合古〔一〕，举意通神。委用得人，动植咸悦。理平之速，从古无伦。微臣何幸，获睹昌运。臣业在辞学，早岁策名。德宗尚文，擢为御史。出入中外，历事五朝；累承恩光，三换符竹。分忧之寄，禄秩非轻，而素蓄所长，效用无日。臣闻一物失所，前王轸怀，今逢圣朝，岂患无位。臣即以今月二十六日到所任上讫。伏以地在江、淮，俗参吴、楚，灾旱之后，绥抚诚难。谨当奉宣皇风，慰彼黎庶，久于其道，冀使知方。伏乞圣慈俯赐昭鉴。”首尾叙述，皆与他人表不同。其夔州、汝州、同州、苏州，诸篇一体。迈长子梓常称诵之。及为太平州，遂拟其体，代作一表。其词云：臣迈言：伏奉今年九月十七日制书，授臣知太平州者。一麾出守，方切兢危，三命滋共，弗容控避。仰皇天之大造，扣丹地以何言。中谢。恭惟皇帝陛下睿知有临，神武不杀，慕舜之孝，见尧于墙，德冠古今而独尊，仁并清宁而遍覆。明见万里，将大混于车书；子来庶民，更精求于岳牧。臣家本儒素，时无令名。滥竽宏博之科，说驾清华之地。瀛山抱椠，郎省握兰。在绍兴之季年，污记注于右史。龙飞应运，凤历纪祥。不遗细微，兼取愚顿。遂以词赋之职，获侍清闲之欢。虽宿命应仙，许暂来于天上；而尘心未断，旋即堕于人间。一去十八年之中，三叨二千石之寄。末繇金华郡，还紬石室书。从珍台闲馆之游，劝广厦细旃之讲。真拜学士，号名私人。受九重知己之殊，极三入承明之幸。使与大议，不专斯文。而臣弱羽不足以当雄风，蹇步不足以胜重任。上恩惜其终弃，左符宠其馀生。李广数奇，徒羡侯于校尉；汲黯妄发，敢叹薄于淮阳。臣即以今月二十八日到任上讫。伏以郡在江东，昔称道院；地邻淮右，今谓壮藩。谨当宣布恩威，奉行宽大，求民之瘼，问俗所宜。缓带轻裘，虽弗贤长城于李勣；清心省事，敢不避正堂于盖公。庶几固结本根，少复报酬知遇。"全规模其步骤，然视昔所作，犹觉语烦。

【校勘记】

〔一〕发言合古　"合"原作"今"，据马本、库本、祠本改。按，刘禹锡集作"合"。

13　陈简斋葆真诗

自崇宁以来，时相不许士大夫读史作诗，何清源至于修入令式，本意但欲崇尚经学，痛沮诗赋耳，于是庠序之间，以诗为讳。政和后稍复为之，而陈去非遂以墨梅绝句擢置馆阁，尝以夏日偕五同舍集葆真宫池上避暑，取"绿阴生昼静"分韵赋诗，陈得"静"字。其词曰："清池不受暑，幽讨起予病。长安车辙边，有此万荷柄。是身唯可懒，共寄无尽兴。鱼游水底凉，鸟语林间静。谈馀日亭午，树影一时正。清风不负客，意重百金赠。聊将两鬓蓬，起照千丈镜。微波喜摇人，小立待其定。梁王今何许，柳色几衰盛。人生行乐耳，诗律已其賸。邂逅一尊酒，它年五君咏。重期踏月来，夜半啸烟艇。"诗成，出示坐上，皆诧为擅场。朱新仲时亲见之，云京师无人不传写也。

14 仙传图志荒唐

昔人所作神仙传之类，大底荒唐谬悠，殊不能略考引史策。如卫叔卿事云："汉仪凤二年，孝武皇帝闲居殿上而见之。"月支使者事云："延和三年，武帝幸安定，而月支国遣使献香。"案，仪凤乃唐高宗纪年名，延和乃魏太武、唐睿宗纪年名，而诞妄若是。自馀山经地志，往往皆然。近世士大夫采一方传记及故老谈说，竞为图志，用心甚专，用力甚博，亦不能免牴牾。高夔守襄阳，命僚属作一书，其叙历代沿革云："在周为楚、邓、鄾诸国。"据左传，鄾乃邓邑，后巴人伐楚围鄾，盖楚灭邓，故亦来属，元非列国也。又引左传蔓成然事，以蔓为国。据成然乃楚大夫，灵王夺其邑，无所谓"蔓国"也。

容斋四笔卷十五 十五则

1 徽庙朝宰辅

蔡京擅国命，首尾二十馀年，一时士大夫未有不因之以至大用者，其后颇采公议，与为异同。若宰相则赵清宪挺之[一]、张无尽商英、郑华原居中、刘文宪正夫，所行所言，世多知之。其居执政位者，如张康国宾老、温益禹弼、刘逵公路、侯蒙元功者，皆有可录。康国定元祐党籍，看详讲议司编汇奏牍，皆深预密议，及后知枢密院，始浸为崖异。徽宗察京专愎，阳令狙伺其奸，盖尝许以相。是时西北边帅多取部内好官自辟置，以力不以才。康国曰："并塞当择人以纾忧，顾奈何欲私所善乎？"乃随阙选用，定为格。京使御史中丞吴执中击之，康国先知之，具以奏。益镇潭州，凡元祐逐臣在湖南者，悉遭侵困，因爱莫助之图，遂为京用。至中书侍郎，乃时有立异。京一日除监司郡守十人，将进画，益判其后，曰："收。"京使益所厚中书舍人郑居中问之，益曰："君在西掖，每见所论事，舍人得举职，侍郎顾不许邪？今丞相所拟十人，其皆姻党耳[二]，欲不逆其意，得乎？"逵以附京至中书侍郎。京去相，逵首劝上碎元祐党碑，宽上书邪籍之禁，凡京所行悖理殃民事，稍稍釐正之。蒙在政地，上从容问："蔡京何如人？"对曰："使京能正其心术，虽古贤相何以加！"上颔首，且使密伺京所为，京闻而衔之。凡此数端，皆见于国史本传。

【校勘记】

〔一〕赵清宪挺之　“宪”原作“献”，误刊，据明抄本改。按，清献乃赵抃之谥。

〔二〕其皆姻党耳　马本、库本、祠本“其”作“共”。

2　教官掌笺奏

所在州郡，相承以表奏书启委教授，因而饷以钱酒。予官福州，但为撰公家谢表及祈谢晴雨文，至私礼笺启小简皆不作，然遇圣节乐语尝为之，因又作他用者三两篇，每以自愧。邹忠公为颍昌教授，府守范忠宣公属撰兴龙节致语，辞不为。范公曰：“翰林学士亦作此。”忠公曰：“翰林学士则可，祭酒、司业则不可。”范公敬谢之。前辈风节，可畏可仰如此。

3　经句全文对

予初登词科，再至临安，寓于三桥西沈亮功主簿之馆，沈以予买饭于外，谓为不便，自取家馔日相供。同年汤丞相来访，扣旅食大概，具为言之。汤公笑曰：“主人亦贤矣。”因戏出一语曰：“哀王孙而进食，岂望报乎？”良久，予应之曰：“为长者而折枝，非不能也。”公大激赏而去。汪圣锡为秘书少监，每食罢会茶，一同舍辄就枕不至。及起，亦戏之曰：“宰予昼寝，于予与何诛。”众未有言，汪曰：“有一对，虽于今事不切，然却是一个出处。”云：“子贡方人，夫我则不暇。”同舍皆合词称美。

4　北郊议论

三代之礼，冬至祀天于南郊，夏至祭地于北郊。王莽于元始中改为合祭，自是以来，不可复变。元丰中，下诏欲复北郊，至六年，唯以冬至祀天，而地只不及事。元祐七年，又使博议，而许将、顾临、范纯礼、王钦臣、孔武仲、杜纯各为一说。逮苏轼之论出，于是群议尽废。当时，诸人之说有六。一曰今之寒暑与古无异，宣王六月出师，则夏至之日，何为不可祭；二曰夏至不能行礼，则遣官摄行，亦有故事；三曰省去繁文末节，则一岁可以再郊；四曰三年一祀天，又一年一祭地；五曰当郊之岁，以十月神州之祭，易夏至之方泽，可以免方暑举事之患；六曰当郊之岁，以夏至祀地只于方泽，上不亲郊，而通爟火于禁中望祀。轼皆辟之，以谓无一可行之理，其文载于奏议，凡三千言。元符中，又诏议合祭，论者不一，唯太常少卿宇文昌龄之议，最为简要。曰："天地之势，以高卑则异位，以礼制则异宜，以乐则异数。至于衣服之章，器用之具，日至之时，皆有辨而不乱。夫祀者，自有以感于无，自实以通于虚，必以类应类，以气合气，然后可以得而亲，可以冀其格。今祭地于圆丘，以气则非所合，以类则非所应，而求高厚之来享，不亦难乎！"后竟用其议。此两说之至当如此。

5　讨论滥赏词

东坡公行香子小词云："清夜无尘，月色如银。酒斟时，须满十分。浮名浮利，休苦劳神。叹隙中驹，石中火，梦中身。虽抱文章，开口谁亲。且陶陶，乐尽天真。不如归去，作个闲人。对一张琴、一壶酒、一溪云。”绍兴初，范觉民为相，以自崇宁以来，创立法度，例有泛赏，如学校，茶盐，钱币，保伍，农田，居养，安济，寺观，开封大理狱空，四方边事，御前内外诸局〔一〕，编敕会要、学制、礼制、道史等书局，掖庭编泽，行幸，曲恩，诸色营缮，河扫功役，採石、木栰、花石等纲，祥瑞，礼乐，西城所公田〔二〕，伎术，伶优，三山，永桥，明堂，西内，八宝，玄圭，种种滥赏，不可胜述。其曰应奉有劳、献颂可采、职事修举、特授特转者，又皆无名直与，及白身补官，选人改官，职名碍格，非随龙而依随龙人，非战功而依战功人等，每事各为一项，建议讨论。又行下吏部，若该载未尽名色，并合取朝廷旨挥，临时参酌。追夺事件，遂为画一规式，有至夺十五官者。虽公论当然，而失职者胥动造谤，浮议蜂起。无名子因改坡语云：“清要无因，举选艰辛。系书钱，须要十分。浮名浮利，虚苦劳神。叹旅中愁，心中闷，部中身。虽抱文书〔三〕，苦苦推寻。更休说，谁假谁真。不如归去，作个齐民。免一回来、一回讨、一回论。”至大字书写贴于内前墙上，逻者得之以闻。是时，伪齐刘豫方盗据河南，朝论虑或摇人心，亟罢讨论之举。范公用是为台谏所攻，今章且叟奏稿中正载弹疏，竟去相位云。

【校勘记】

〔一〕御前内外诸局　马本、库本“局”作“司”。

〔二〕西城所公田　马本、库本“西”作“两”。

〔三〕虽抱文书　马本、库本、祠本“书”作“章”。

6　尺八

唐卢肇为歙州刺史，会客于江亭，请目前取一事为酒令，尾有乐器之名。肇令曰:“遥望渔舟,不阔尺八。”有姚岩杰者,饮酒一器,凭栏呕哕,须臾即席,还令曰:“凭栏一吐,已觉空喉。”此语载于摭言。又逸史云:“开元末,一狂僧往终南回向寺,一老僧令于空房内取尺八来,乃玉笛也〔一〕。谓曰:‘汝主在寺,以爱吹尺八,谪在人间,此常吹者也。汝当回,可将此付汝主。’僧进于玄宗,持以吹之,宛是先所御者。”孙夷中仙隐传:“房介然善吹竹笛,名曰尺八。将死,预将管打破,告诸人曰:‘可以同将就圹。’”亦谓此云。尺八之为乐名,今不复有。吕才传云:“贞观时,祖孝孙增损乐律,太宗诏侍臣举善音者。王珪、魏徵盛称才制尺八,凡十二枚,长短不同,与律谐契。太宗即召才参论乐事。”尺八之所出,见于此,无由晓其形制也。尔雅释乐亦不载。

【校勘记】

〔一〕一老僧令于空房内取尺八来乃玉笛也　“笛”原脱,据马本、库本补。

7　三给事相攻

元祐中,王钦臣仲至自权工部侍郎除给事中,为给事姚勔所驳而止。大观中,陈亨伯自左司员外郎擢给事中,为权官蔡嶷所沮而出。政和末,伯祖仲达在东省,以疾暂谒告两日,张天觉复官之命,过门下弟四厅,给事方会论为畏缴驳之故,所以托病,遂罢知滁州。

8　朱藏一诗

政和末,老蔡以太师鲁国公总治三省,年已过七十,与少宰王黼争权相倾。朱藏一在馆阁，和同舍秋夜省宿诗云："老火未甘退，稚金方力征。炎凉分胜负，顷刻变阴晴。"两人门下士互兴谮言，以为嘲谤。其后黼独相，馆职多迁擢，朱居官如故，而和人菊花诗云："纷纷桃李春，过眼成枯萎。晚荣方耐久，造物岂吾欺。"或又谮于黼以为怨愤。是时，士论指三馆为闹蓝。

9　蔡京轻用官职

蔡京三入相时，除用士大夫，视官职如粪土，盖欲以天爵市私恩。政和六年十月，不因赦令，侍从以上先缘左降同日迁职者二十人。通奉大夫张商英为观文殿学士，中大夫王襄为延康殿学士，显谟阁待制李图南为述古殿学士，宝文阁待制蔡薿、显谟阁待制叶梦得并为龙图阁直学士，宝文阁待制张近、通奉大夫钱即、右文殿修撰王汉之并为显谟阁直学士，中大夫叶祖洽为徽猷阁直学士，朝散大夫曾孝蕴为天章阁待制，朝散郎俞㮚、朝议大夫曾孝序、中奉大夫范致明、右文殿修撰蔡肇、太中大夫孙鼛、朝议大夫王觉、右文殿修撰陈旸并为显谟阁待制，朝请郎蔡懋、中奉大夫庞恭孙、朝请郎洪彦升并为徽猷阁待制。至十一月冬祀毕，大赦天下，仍复推恩。

10　节度使改东宫环卫官

太祖有天下，将收藩镇威柄，故渐行改革。至于位至侍中、中书令、使相者，其高仅得东宫官，次但居环卫。凤翔王晏为太子太师，安远武行德为太子太傅，护国郭从义为左金吾上将军，凤翔王彦超为右金吾上将军、定国白重赞为左千牛上将军，保太杨廷璋为右千牛上将军，静难刘重进为羽林统军。若符彦卿者，以太师中书令、天雄节度使直罢归洛，八年不问，亦不别除官。其庙谟雄断如是。靖康初，以戚里冒政、宣恩典，多建节钺，乃稽用此制。钱景臻以少傅、安武节度，刘宗元以开府仪同三司、镇安节度，并为左金吾上将军。范讷以平凉，刘敷以保信，刘敏以保成，张楙以向德，王舜臣以岳阳，朱孝孙以应道，钱忱以泸川节度，并为右金吾上将军。自后不复举行矣。

11　宰相任怨

宰相欲收士誉，使恩归己，故只以除用为意，而不任职及显有过举者，亦不肯任怨，稍行黜徙。文惠公在相位，尝奏言："今之监司、郡守，其无大过者，台谏固不论击。但其间实有疲懦庸老之人，依阿留之，转为民害。臣欲皆与祠禄，理作自陈，监司或就移小郡，庶几人有家食之资，国无旷官之失。"孝宗欣然听许。于是湖南转运判官任诏改知复州，广东提举盐事刘景改知南雄州。时太常丞阙，监左藏库许子绍欲得之，公以大超越，谕使小缓。子绍宛转愈力，乃白其事，出通判静江府。议者私谓若如此则是庙堂而兼台谏之职，殊不思进贤退不肖，真宰相之事耳。欲拟宫观三四人，未暇而去位，子绍之出，遂织入言章中。近者京丞相以国子录吴仁杰居职未久，便欲求迁，奏罢归吏部注签判，亦此意也。

12　四李杜

汉太尉李固、杜乔，皆以为相守正，为梁冀所杀。故掾杨生上书，乞李、杜二公骸骨，使得归葬。梁冀之诛，权势专归宦官，倾动中外，白马令李云露布上书，有“帝欲不谛”之语。桓帝得奏震怒，逮云下北寺狱。弘农五官掾杜众，伤云以忠谏获罪，上书愿与云同日死，帝愈怒，下廷尉，皆死狱中。其后襄楷上言，亦称为李、杜。灵帝再治钩党，范滂受诛，母就与之诀，曰：“汝今与李、杜齐名，死亦何恨。”谓李膺、杜密也。李太白、杜子美同时著名，故韩退之诗云：“李、杜文章在，光焰万丈长。”凡四李、杜云。

13 浑脱队

唐中宗时，清源尉吕元泰上书言时政曰：“比见坊邑相率为浑脱队，骏马胡服，名曰‘苏幕遮’，旗鼓相当，腾逐喧噪。以礼义之朝，法胡虏之俗，非先王之礼乐，而示则于四方。书曰：‘谋时寒若。’何必羸形体，欢衢路，鼓舞跳跃而索寒焉。”书闻不报。此盖并论泼寒胡之戏。唐史附于宋务光传末，元泰竟亦不显。近世风俗相尚，不以公私宴集，皆为耍曲耍舞，如渤海乐之类，殆犹此也。

14 岁阳岁名

岁阳、岁名之说，始于尔雅。太岁在甲曰阏逢，在乙曰旃蒙，在丙曰柔兆，在丁曰彊圉，在戊曰著雍，在己曰屠维，在庚曰上章，在辛曰重光，在壬曰玄黓，在癸曰昭阳，谓之岁阳。在寅曰摄提格，在卯曰单阏，在辰曰执徐，在巳曰大荒落，在午曰敦牂，在未曰协洽，在申曰涒滩，在酉曰作噩，在戌曰阉茂，在亥曰大渊献，在子曰困敦，在丑曰赤奋若，谓之岁名。自后，唯太史公历书用之，而或有不同。如阏逢为焉逢，旃蒙为端蒙，柔兆为游兆，彊圉为彊梧，著雍为徒雍[一]，屠维为祝犁，上章为商横，重光为昭阳，玄黓为横艾，昭阳为尚章，大荒落为大芒骆[二]，协洽为汁洽，涒滩乃为赤奋若[三]，作噩为作鄂，阉茂为淹茂，大渊献、困敦更互，赤奋若乃为汭汉[四]。此盖年祀久远，传写或讹，不必深辨。但汉武帝太初元年太岁丁丑，而以为甲寅，其失多矣。尔雅又有月阳、月名。月在甲曰毕，在乙曰橘，在丙曰修，在丁曰圉，在戊曰厉，在己曰则，在庚曰窒，在辛曰塞，在壬曰终，在癸曰极。正月为陬，二月为如，三月为寎，四月为余，五月为皋，六月为且，七月为相，八月为壮，九月为玄，十月为阳，十一月为辜，十二月为涂。考之典籍，唯历书谓太初十月为毕聚。离骚云："摄提正于孟陬。"左氏传："十月曰良月。"国语："至于玄月。"它未尝称引。郭景纯注释云："自岁阳至月名，皆所未详通者，故阙而不论。"盖不可强为之说。非若律书所言二十八舍、十母、十二子，犹得穿凿傅致也。资治通鉴专取岁阳、岁名以冠年，不可晓解，殊不若甲子至癸亥为明白尔。韩退之诗"岁在渊献牵牛中"，王介甫字说言"彊圉"，自馀亦无说。左传所书"岁在星纪，而淫于玄枵"，"岁在降娄，降娄中而旦"，"岁在陬訾之口"，"岁五及鹑火"，"岁在颛顼之虚"，"岁在豕韦"，"岁在大梁"，皆用岁星次舍言之。司马倬跋温公潜虚，其末云："乾道二年，岁在柔兆阉茂，玄黓执徐月，极大渊献日。"谓丙戌年、壬辰月、癸亥日，以岁名施于月日，尤为不然。汉章不自为文，殆是僚寀强解事者所作也。

【校勘记】

〔一〕徒雍　史记卷二十六历书"雍"作"维"。

〔二〕大荒落为大芒骆　马本、库本、祠本"骆"作"落"。

〔三〕涒滩乃为赤奋若　李本、库本、祠本"赤奋若"作"汭汉"。

〔四〕赤奋若乃为汭汉　李本、库本、祠本"汭汉"作"赤奋若"。

15 官称别名

唐人好以它名标榜官称，今漫疏于此，以示子侄之未能尽知者。太尉为掌武，司徒为五教，司空为空土，侍中为大貂，散骑常侍为小貂，御史大夫为亚台、为亚相、为司宪，中丞为独坐、为中宪，侍御史为端公、南床、横榻、杂端，又曰脆梨，殿中为副端，又曰开口椒，监察为合口椒，谏议为大坡、大谏，补阙今司谏。为中谏，又曰补衮，拾遗今正言。为小谏，又曰遗公，给事郎为夕郎、夕拜，知制诰为三字，起居郎为左螭，舍人为右螭，又并为修注，吏部尚书为大天，礼部为大仪，兵部为大戎，刑部为大秋，工部为大起，吏部郎为小选、为省眼，考功、度支为振行，礼部为小仪、为南省舍人，今曰南宫，刑部为小秋，祠部为冰柄。厅，比部为比盘，又曰昆脚皆头，屯田为田曹，水部为水曹，诸部郎通曰哀乌、依乌，木常卿为乐卿，少卿为少常、奉常，光禄为饱卿，鸿胪为客卿、睡卿，司农为走卿，大理为棘卿，评事为廷平，将作监为大匠，少监为少匠，秘书监为大蓬，少监为少蓬，左右司为都公，太子庶子为宫相，宰相呼为堂老，两省相呼为阁老，尚书丞郎为曹长，御史、拾遗为院长。下至县令曰明府，丞曰赞府、赞公，尉曰少府、少公、少仙，此已见前笔。

容斋四笔卷十六　十二则

1　汉重苏子卿

汉世待士大夫少恩，而独于苏子卿加优宠，盖以其奉使持节，褒劝忠义也。上官安谋反，武子元与之有谋，坐死。武素与上官桀、桑弘羊有旧，数为燕王所讼，子又在谋中，廷尉奏请逮捕武，霍光寝其奏。宣帝立，录群臣定策功，赐爵关内侯者八人，刘德、苏武食邑。张晏曰："旧关内侯无邑，以武守节外国，德宗室俊彦，故特令食邑。"帝闵武年老子坐事死，问左右："武在匈奴久，岂有子乎？"武曰："前发匈奴时，胡妇实产一子通国，有声问来，愿因使者赎之。"上许焉。通国至，上以为郎，又以武弟子为右曹，以武著节老臣，令朝朔望，称祭酒，甚优宠之。皇后父、帝舅、丞相、御史、将军皆敬重武。后图画中兴辅佐有功德知名者于麒麟阁，凡十一人，而武得预。武终于典属国，盖以笃老不任公卿之故。先公絷留绝漠十五年，能致显仁皇太后音书，蒙高宗皇帝有"苏武不能过"之语。而厄于权臣，归国仅升一职，立朝不满三旬，讫于窜谪南荒恶地，长子停官。追诵汉史，可为痛哭者已。又案武本传云："奉使初还，拜为典属国，秩中二千石。昭帝时，免武官。后以故二千石与计谋立宣帝，赐爵。张安世荐之，即时召待诏，数进见，复为典属国。"然则豫定策时，但以故二千石耳。而霍光传连名奏昌邑王时，直称典属国，宣纪封侯亦然，恐误也。

2　昔贤为卒伍

三代而上，文武不分，春秋列国军将皆命卿，处则执政，出则将兵，载于诗、书、左传，可考也。然此特谓将帅耳，乃若卒伍之贱，虽贤士亦为之，不以为异。鲁哀公时，吴伐鲁，次于泗上。微虎欲宵攻王舍，私属徒七百人，三踊于幕庭，卒三百人，有若与焉。杜预云："卒，终也，谓于七百人中，终得三百人任行也。"或谓季孙曰："不足以害吴，而多杀国士，不如已也。"乃止之。此盖后世斫营劫寨之类，而有若亦为之。齐伐鲁，冉求帅左师，樊迟为右，季孙曰："须也弱。"有子曰："就用命焉。"谓虽年少，能用命也。冉有用矛于齐师，故能入其军。杜预云："言能以义勇也。"皆孔门高弟，而亲卒伍之事，后世岂复有之。

3　兵家贵于备预

晋盗卢循据广州，以其党徐道覆为始兴相，循寇建康，以为前锋。初，道覆遣人伐船材于南康山，至始兴贱卖之，居人争市之，船材大积，而人不疑。至是悉取以装舰，旬日而办。萧衍镇雍州，以齐室必乱，密修武备，多伐材竹，沉之檀溪，积茅如冈阜，皆不之用。中兵参军吕僧珍觉其意，亦私具橹数百张。衍既起兵，出竹木装舰，葺之以茅，事皆立办。诸将争橹，僧珍出先所具者，每船付二张，争者乃息。魏太武南伐盱眙，太守沈璞以郡当冲要，乃缮城浚隍，积财谷，储矢石，为城守之备。魏攻之，三旬不拔，烧攻具退走。古人如此者甚多，道覆虽失所从，为畔涣之归，然其事固可称也。

4 渠阳蛮俗

靖州之地，自熙宁九年收复唐溪洞诚州，元丰四年，仍建为诚州，元祐二年，废为渠阳军，又废为寨，五年复之。崇宁二年，改为靖州。始时渠阳县为治所，后改属沅州而治永平。其风俗夐与中州异。蛮酋自称曰官，谓其所部之长曰都幙，邦人称之曰土官。酋官入郭，则加冠巾，馀皆椎髻，能者则以白练布缠之，曾杀人者谓之能。妇人徒跣，不识鞋履，以银、锡或竹为钗，其长尺有咫。通以斑细布为之裳。纪岁不以建寅为首，随所处无常月。要约以木铁为契。病不谒医，但杀牛祭鬼，率以刀断其咽，视死所向以卜，多至十百头。凡昏姻，兄死弟继，姑舅之昏，他人取之，必贿男家，否则争，甚则雠杀。男丁受田于酋长，不输租而服其役，有罪则听其所裁，谓之草断。凡贷易之逋，甲不能偿，则掠乙以取直，谓之准擎。长少相犯，则少者出物，谓之出面。言语相诬，则虚者出物，谓之裹口。田丁之居，峭岩重阜，大率无十家之聚。遇雠杀则立栅布棘以受之。各有门款，门款者，犹言伍籍也。借牛彩于邻洞者，谓之拽门款。方争时，以首博首，获级一二则溃去，明日复来，必相当乃止。欲解仇，则备财物以和，谓之陪头熳心。战之日，观者立其傍和劝之，官虽居其中，不敢犯也。败则走，谓之上坡。志在于掠，而不在于杀，则震以金鼓，而挺其一隅。纵之逸，谓之趟。败者屈而归之，掠其财而还其地，谓之入地。兵器有甲胄、标牌、弓弩，而刀之铁尤良。弩则傅矢于弦而偏架之，谓之偏架弩，其利侔中土神臂弓，虽暑湿亦可用。凡仇杀，虽微隙必发，虽昔衅必报，父子兄弟之亲不避也。子弟为士人者，隶于学，雠杀则归，罢则复来。荆湖南、北路如武冈、桂阳之属傜民，大略如此。

5　寄资官

内侍之职，至于干办后苑，则为出常调，流辈称之曰苑使。又进而干办龙图诸阁，曰阁长。其上曰门司，曰御药，曰御带。又其上为省官，谓押班及都知也。在法，内侍转至东头供奉官则止，若干办御药院，不许寄资，当迁官则转归吏部。司马公论高居简云："旧制，御药院官至内殿崇班以上，即须出外，今独留四人，中外以此窃议。"言之详矣。后乃不然，逮其迁带御器械可带阶官，然后尽还所寄之资。至于宣庆诸使〔一〕，遥郡防、团、观察，其高者为延福宫、景福殿承宣使。顷在枢密行府，有院吏兵房副承旨董球，于绍兴三十二年正月尚未有正官，至四月，予接伴人使回，球通刺字来谒，已转出为武显大夫。问其何以遽得至此，曰："副承旨比附武显郎，后用赏故尔。"盖亦寄资也。

【校勘记】

〔一〕至于宣庆诸使　库本、祠本"宣庆"之上有"宣政"二字。

6　亲王带将仕郎

薛氏五代史，梁太祖开平元年五月，皇第五男友雍封贺王。及友珪篡位，以将仕郎试秘书省校书郎贺王友雍为银青光禄大夫、检校工部尚书兼御史大夫。以亲王而阶将仕郎，仍试衔初品，虽典章扫地之时，恐不应尔也。

7 郡县用阴阳字

山南为阳，水北为阳，穀梁传之语也，若山北、水南则为阴，故郡县及地名多用之，今略叙于此。山之南者，如嵩阳、华阳、恒阳、衡阳、镇阳、岳阳、峄阳、夏阳、城阳、陵阳、岐阳、首阳、营阳、咸阳、栎阳、宜阳、山阳（属河内郡，太行在北）、广阳、辟阳、河阳、鲁阳、黎阳、枞阳、零阳、巫阳、东阳、韶阳、郴阳、揭阳、弋阳（属汝南郡，弋山在西北）、当阳、青阳、黔阳、寿阳、麻阳、云阳、美阳、复阳（在复山之南〔一〕）、上曲阳（在常山）、下曲阳（在巨鹿）、稒阳（在五原）、原阳（在云中）。

水之北者，冯翊之池阳、频阳、郃阳、沈阳，扶风之杜阳，河东之大阳（在大河之北）、平阳（在平河之阳），太原之晋阳、汾阳，及河阳、洛阳、荥阳、偃阳、渭阳、淮阳、汶阳、济阳、襄阳、滏阳、渔阳、辽阳、泗阳、伊阳、永阳、滁阳、潮阳、澧阳、灌阳、汧阳、洮阳、沭阳，东郡之濮阳、东武阳，颍川之颍阳、昆阳、舞阳，汝南之汝阳、鲖阳、细阳、瀷阳、滇阳、新阳、安阳、博阳、成阳，南阳之育阳、涅阳、堵阳、蔡阳、筑阳、棘阳、比阳、朝阳、湖阳、红阳，江夏之西阳，庐江之寻阳，九江之曲阳，济阴之句阳，音钩，句渎之丘。沛郡之谷阳、扶阳、漂阳，魏郡之繁阳，巨鹿之堂阳，清河之清阳，涿郡之高阳、饶阳、范阳，勃海之浮阳，济南之般阳、朝阳，泰山之东平阳、东武阳、宁阳，北海之胶阳，东海之开阳、曲阳、都阳，临淮之射阳、兰阳，丹阳之丹阳、陵阳、溧阳，豫章之鄱阳、鄡阳，桂阳之耒阳、桂阳、浈阳，武陵之无阳、辰阳、酉阳、零阳，零陵之洮阳，汉中之旬阳、沔阳、安阳，犍为之江阳、武阳、汉阳，金城之枝阳，天水之略阳、阿阳，安定之泾阳、彭阳，北地之泥阳，上郡之定阳，雁门之沃阳、剧阳，上谷之沮阳，渔阳之要阳，辽西之海阳，右北平之夕阳、聚阳，苍梧之封阳，赵国之易阳，胶东之观阳，长沙之益阳，已上皆见汉书地理志。

其水之下，必曰在某水之阳，合山水之称阳者，百有五六十，至阴字则甚少，盖面势在背，自难立国邑耳。山之北者，唯华阴、山阴、龟阴、蒙阴、鹑阴、雕阴、襄阴，水之南者，汾阴、荡阴、颍阴、汝阴、舞阴、济阴、汉阴、晋阴、蒲阴、湘阴、漯阴、河阴、湖阴、江阴、淮阴、圜阴，仅三十而已。若乐阳、南阳、合阳、被阳、富阳（在泰山者）、昌阳、建阳（在东海者）、武阳之类，尚多有之，莫能知其为山为水也。

【校勘记】

〔一〕在复山之南　库本、祠本“复”前有“南阳”二字。

8　杜畿李泌董晋

汉建安中，河东太守王邑被召，郡掾卫固、范先请留之。固等外以请邑为名，而内实与并州高幹通谋。曹操选杜畿为太守，固等使兵绝陕津，数月不得渡。畿曰：“河东有三万户，非皆欲为乱也。吾单车直往，出其不意，固为人多计而无断，必伪受吾。吾得居郡一月，以计縻之足矣。”遂诡道从郖津度，固遂奉之。畿谓固、先曰：“卫、范，河东之望也，吾仰成而已。”比数十日，诸将斩固等首。

唐贞元初，陕虢兵马使达奚抱晖杀节度使张劝，代总军务，邀求旌节。德宗遣李泌往，欲以神策军送之，泌请以单骑入，上加泌观察使。泌出潼关，鄜坊步骑三千布于关外，曰：“奉密诏送公。”泌写宣以却之，疾驱而前。抱晖不使将佐出迎，去城十五里方出谒。泌称其摄事保城壁之功，入城视事。明日，召抱晖至宅，语之曰：“吾非爱汝而不诛，恐自今有危疑之地，朝廷所命将帅皆不能入，故匄汝馀生。”抱晖遂亡命。

宣武节度使李万荣疾病，其子迺为兵马使，欲为乱，都虞候邓惟恭执送京师。诏以东都留守董晋为节度使。惟恭权军事，自谓当代万荣，不遣人迎晋。晋既受诏，即与傔从十馀人赴镇，不用兵卫。至郑州，或劝晋且留观变。有自汴州出者，言不可入，晋不对，遂行。惟恭以晋来之速，不及谋，去城十馀里，乃帅诸将出迎。晋入，仍委以军政。久之，惟恭内不自安，潜谋作乱，事觉，晋悉捕斩其党，械惟恭送京师。

观此三者，其危至矣。杜畿、李泌、董晋，皆以单车入逆城，从容妥定，其智勇过人如此。唐史犹讥晋为懦弛苟安，殆不然也。是时，朝议以晋柔仁多可，恐不能集事，用汝州刺史陆长源为行军司马以佐之。长源性刚刻，多更张旧事，晋初皆许之，案成则命且罢，由是军中得安。初，刘玄佐、李万荣、邓惟恭时，士卒骄不能御，乃置腹心之士，幕于公庭庑下，挟弓执剑以备之，时劳赐酒肉。晋至之明日，悉罢之。谓之懦弛，实为失当。晋在汴三年而薨，长源代之，即为军士所杀。向使晋听用其言，汴乱久矣。又李泌传但云拜陕虢观察使，开车道至三门，及杀淮西亡兵，于赴镇事略不书，亦失之也。

9　严有翼诋坡公

严有翼所著艺苑雌黄，该洽有识，盖近世博雅之士也。然其立说颇务讥诋东坡公，予尝因论玉川子月蚀诗，诮其轻发矣。又有八端，皆近于蚍蜉撼大木，招后人攻击。如正误篇中，摭其用五十本葱为“种薤五十本”，发丘中郎将为“中郎解摸金”〔一〕，扁鹊见长桑君，使饮上池之水，为"仓公饮上池"，郑馀庆烝胡芦为卢怀慎云，如此甚多。坡诗所谓抉云汉，分天章，万斛泉源不择地而出。若用葱为薤，用校尉为中郎，用扁鹊为仓公，用馀庆为怀慎，不失为名语，于理何害！公岂一一如学究书生，案图索骏，规行矩步者哉！四凶篇中，谓坡称太史公多见先秦古书，四族之诛，皆非殊死，为无所考据。卢橘篇中谓坡咏枇杷云"卢橘是乡人"，为何所据而言。昌阳篇中昌蒲赞，以为信陶隐居之言，以为昌阳，不曾详读本草，妄为此说。苦荼篇中谓"周诗记苦荼"为误用尔雅。如皋篇中，谓"不向如皋闲射雉"，与左传杜注不合，其误与江总"暂往如皋路"之句同。荔枝篇中，谓四月食荔枝诗，爱其体物之工，而坡未尝到闽中，不识真荔枝，是特火山耳。此数者或是或非，固未为深失，然皆不必尔也。最后一篇，遂名曰辨坡。谓雪诗云"飞花又舞谪仙檐"，李太白本言送酒，即无雪事；"水底笙歌蛙两部"，无笙歌字。殊不知坡借花咏雪，以鼓吹为笙歌，正是妙处。"坐看青丘吞泽芥"，"青丘已吞云梦芥"，用芥字和韵，及以泽芥对溪苹，可谓工新。乃以为出处曾不蔕芥，非草芥之芥。"知白守黑名曰谷"，正是老子所言，又以为老子只云为天下谷，非名曰谷也。如此论文章，其意见亦浅矣。

【校勘记】

〔一〕中郎解摸金　库本、祠本"中郎"作"校尉"。清抄本原作"校尉"，于"校尉"之旁，书"中郎"二字。

10　曹马能收人心

曹操自击乌桓，诸将皆谏，既破敌而还，科问前谏者，众莫知其故，人人皆惧。操皆厚赏之，曰："孤前行，乘危以徼幸，虽得之，天所佐也，顾不可以为常。诸君之谏，万安之计，是以相赏，后勿难言之。"魏伐吴，三征各献计，诏问尚书傅嘏，嘏曰："希赏徼功，先战而后求胜，非全军之长策也。"司马师不从，三道击吴，军大败。朝议欲贬出诸将，师曰："我不听公休，以至于此，此我过也，诸将何罪！"悉宥之。弟昭时为监军，唯削昭爵。雍州刺史陈泰求敕并州，并力讨胡，师从之。未集，而二郡胡以远役遂惊反，师又谢朝士曰："此我过也，非陈雍州之责。"是以人皆愧悦。讨诸葛诞于寿春，王基始至，围城未合，司马昭敕基敛军坚壁，基累求进讨，诏引诸军转据北山。基守便宜，上疏言："若迁移依险，人心摇荡，于势大损。"书奏报听。及寿春平，昭遗基书曰："初，议者云云，求移者甚众，时未临履，亦谓宜然。将军深算利害，独秉固心，上违诏命，下拒众议，终于制敌禽贼，虽古人所述，不过是也。"然东关之败，昭问于众曰："谁任其咎？"司马王仪曰："责在元帅。"昭怒曰："司马欲委罪于孤邪！"引出斩之。此为谬矣。操及师、昭之奸逆，固不待言，然用兵之际，以善推人，以恶自与，并谋兼智，其谁不欢然尽心悉力以为之用！袁绍不用田丰之计，败于官渡，宜悉己谢之不暇〔一〕，乃曰："吾不用丰言，卒为所笑。"竟杀之。其失国丧师〔二〕，非不幸也。

【校勘记】

〔一〕宜悉己谢之不暇　库本、祠本"悉"作"罪"。清抄本原作"罪"，于罪旁书"悉"字。李本作"悉"。细味文意，疑作"罪"是。今姑仍之。

〔二〕其失国丧师　"其"原脱，据李本补。

11　取蜀将帅不利

自巴蜀通中国之后，凡割据擅命者，不过一传再传。而从东方举兵临之者，虽多以得儁，将帅辄不利，至于死贬。汉伐公孙述，大将岑彭、来歙遭刺客之祸，吴汉几不免。魏伐刘禅，大将邓艾、锺会，皆至族诛。唐庄宗伐王衍，招讨使魏王继岌、大将郭崇韬、康延孝皆死。国朝伐孟昶，大将王全斌、崔彦进，皆不赏而受黜，十年乃复故官。

12 李峤杨再思

李峤、杨再思相唐中宗，皆以谀悦保位，为世所诋，然亦有可称。武后时，峤为给事中，来俊臣陷狄仁杰等狱，将抵死，敕峤与大理少卿张德裕、侍御史刘宪覆验。德裕等内知其冤，不敢异，峤曰："知其枉不申，是谓见义不为者。"卒与二人列其枉。忤后旨，出为润州司马，然仁杰数人竟赖此获脱。峤此举可谓至难，而资治通鉴不载。神龙初，要官阙，执政以次用其亲。韦巨源秉笔，当除十人，再思得其一，试问除授，皆诸宰相近属。再思喟然曰："吾等诚负天下。"巨源曰："时当尔耳。"再思此言，自状其短，观过知仁，亦足称也。

容斋五笔卷一 十九则

1 天庆诸节

大中祥符之世，谀佞之臣，造为司命天尊下降及天书等事，于是降圣、天庆、天祺、天贶诸节并兴。始时，京师宫观每节斋醮七日，旋减为三日、一日，后不复讲。百官朝谒之礼亦罢。今中都未尝举行，亦无休假，独外郡必诣天庆观朝拜，遂休务，至有前后各一日。此为敬事司命过于上帝矣，其当寝明甚，惜无人能建白者。

2 虢州两刺史

唐韩休为虢州刺史，虢于东、西京为近州，乘舆所至，常税厩刍。休请均赋它郡，中书令张说曰："免虢而与它州，此守臣为私惠耳。"休复执论，吏白恐忤宰相意。休曰："刺史幸知民之弊而不救，岂为政哉！虽得罪，所甘心焉。"讫如休请。卢杞为虢州刺史，奏言虢有官豕三千，为民患。德宗曰："徙之沙苑。"杞曰："同州亦陛下百姓，臣谓食之便。"帝曰："守虢而忧它州，宰相材也。"诏以豕赐贫民，遂有意柄任矣。俄召入，逾年拜相。案两人皆以虢州守臣言公家事，而休见疑于名相，杞受知于猜主，遇合有命，信哉！

3 狐假虎威

谚有"狐假虎威"之语，稚子来叩其义，因示以战国策、新序所载。战国策云："楚宣王问群臣曰：'吾闻北方之畏昭奚恤也，果诚何如？'群臣莫对。江乙对曰：'虎求百兽而食之，得狐，狐曰："子无敢食我矣，天帝使我长百兽，今子食我，是逆天帝命也。子以我为不信，吾为子先行，子随我后，观百兽之见我而敢不走乎？"虎以为然，故遂与之行。兽见之皆走，虎不知兽畏己而走也，以为畏狐也。今王之地方五千里，带甲百万，而专属之昭奚恤，故北方之畏奚恤也，其实畏王之甲兵也，犹百兽之畏虎也。'"新序并同。而其后云："故人臣而见畏者，是见君之威也，君不用，则威亡矣。"俗谚盖本诸此。

4　徐章二先生教人

徐仲车先生为楚州教授，每升堂训诸生曰："诸君欲为君子，而劳己之力，费己之财，如此而不为，犹之可也；不劳己之力，不费己之财，何不为君子！乡人贱之，父母患之〔一〕，如此而不为可也，乡人荣之，父母欲之，何不为君子！"又曰："言其所善，行其所善，思其所善，如此而不为君子者，未之有也。言其不善，行其不善，思其不善，如此而不为小人者，未之有也。"成都冲退处士章詧，隐者，其学长于易、太玄，为范子功解述大旨，再复攡词曰："'人之所好而不足者，善也；所丑而有馀者，恶也。君子能强其所不足，而拂其所有馀，则太玄之道几矣。'此子云仁义之心，予之于太玄，述斯而已。或者苦其思，艰其言，迂溺其所以为数，而忘其仁义之大，是恶足以语道哉！"二先生之教人，简易明白，学者或未知之，故表出于此。

【校勘记】

〔一〕乡人贱之父母患之　马本、库本、祠本"患"作"恶"。

5　张吕二公文论

张文潜诲人作文，以理为主，尝著论云："自六经以下，至于诸子百氏、骚人、辩士论述，大抵皆将以为寓理之具也。故学文之端，急于明理，如知文而不务理，求文之工，世未尝有是也。夫决水于江、河、淮、海也，顺道而行，滔滔汩汩，日夜不止，冲砥柱、绝吕梁，放于江湖而纳之海，其舒为沦涟，鼓为涛波，激之为风飚，怒之为雷霆，蛟龙鱼鳖，喷薄出没，是水之奇变也。水之初岂若是哉，顺道而决之，因其所遇而变生焉〔一〕。沟渎东决而西竭，下满而上虚，日夜激之，欲见其奇，彼其所至者，蛙蛭之玩耳。江、河、淮、海之水，理达之文也，不求奇而奇至矣。激沟渎而求水之奇，此无见于理，而欲以言语句读为奇，反覆咀嚼，卒亦无有，此最文之陋也。"一时学者，仰以为至言。予作史，采其语著于本传中。

又，吕南公云："士必不得已于言，则文不可以不工。盖意有馀而文不足，则如吃人之辩讼，心未始不虚，理未始不直，然而或屈者，无助于辞而已矣。观书契以来，特立之士未有不善于文者。士无志于立则已，必有志焉，则文何可以卑浅而为之。故毅然尽心，思欲与古人并。"此南公与人书如此，予亦载之传中。

【校勘记】

〔一〕因其所遇而变生焉　清抄本原校："遇"一作"寓"。按：张耒集卷五十五答李推官书作"適"，张耒集校勘者谓一作"遇"。

6　郎官非时得对

唐肃宗在灵武，关东献俘百，将即死，有叹者。司膳员外郎李勉过而问之，曰："被胁而官，非敢反。"勉入见帝，曰："寇乱之污半天下，其欲澡心自归无繇，如尽杀之，是驱以助贼也。"帝驰骑全宥。以一郎吏之微，而非时得入对，虽唐制不可详知，想兵戈艰难时暂如是耳。

7　王安石弃地

熙宁七年，辽主洪基遣泛使萧禧来言河东地界未决。八年再来，必欲以代州天池分水岭为界。诏询于故相文彦博、富弼、韩琦、曾公亮以可与及不可许之状，皆以为不可。王安石当国，言曰："将欲取之，必固与之。"于是诏不论有无照验，擗拨与之。往时界于黄嵬山麓，我可以下瞰其应、朔、武三州，既以岭与之，虏遂反瞰忻、代，凡东西失地七百里。案庆历中，虏求关南十县，朝廷方以西夏为虑，犹不过增岁币以塞其欲，至于土地，尺寸弗与。熙宁之兵力胜于曩时，而用萧禧坚坐都亭之故，轻弃疆埸设险要害之处。安石果于大言，其实无词以却之也。孙权谓："鲁肃劝吾借刘玄德地云：'帝王之起，皆有驱除，关羽不足忌。'此子敬内不能辨，外为大言耳。"安石之语亦然。

8　双生以前晋兄

续笔已书公羊传注双生子事，兹读西京杂记，得一说甚详，云："霍将军妻一产二子，疑所为兄弟。或曰：'前生为兄，后生为弟，今虽俱日，亦宜以先生为兄。'或曰：'居上者宜为兄，居下者宜为弟，居下者前生，今宜以前生为弟。'光曰：'昔殷王祖甲一产二子，以卯日生嚚，以巳日生良，则以嚚为兄，以良为弟，若以在上者为兄，嚚亦当为弟矣。'许庄公一产二女,曰妖曰茂,楚大夫唐勒一产二子,一男一女,男曰正夫,女曰琼华,皆以先生为长。近代郑昌时、文长倩并生二男,滕公一生二女,李黎生一男一女,并以前生为长。霍氏亦以前生为兄焉。"此最可证。

9　风俗通

应劭风俗通虽东汉末所作,然所载亦难尽信。其叙希姓者曰:"合浦太守虎旗、上郡太守邸杜、河内太守遇冲、北平太守贱琼、东平太守到质、沐宠、北平太守卑躬、雁门太守宿详、五原太守督瓒、汝南太守谒涣、九江太守荆修、东海太守鄗熙、弘农太守移良、南郡太守为昆、酒泉太守频畅、北海太守处兴、巴郡太守鹿旗、涿郡太守作显、庐江太守贵迁、交趾太守赖先、外黄令集一、洛阳令诸于、单父令即卖、乌伤令昔登、山阳令职洪、高唐令用虬。"此二十君子,皆是郡守、县令,惟移良之名曾见于史,恐未必然也。

10　俗语有出

今人意钱赌博,皆以四数之,谓之摊。案广韵摊字下云:"摊蒱,四数也。"竹工谓屋椽上织箔曰篖笪,广韵篖字下云:"箊篖,竹笪也〔一〕。"采帛铺谓剪截之馀曰帵子。帵,一欢切。注:裁馀也。挑剔灯火之杖曰㮇,他念切。注:火杖也。李济翁资暇集云:"意钱当曰摊铺,疾道之,讹其音为蒲。"此说不然。

【校勘记】

〔一〕箊篖竹笪也　"竹"原作"行",误刊,据明抄本、马本、库本改。

按,巨宋广韵卷二下平声十一"唐"韵"篖"之下作"竹"。

11 昏主弃功臣

燕昭王伐齐,取其七十城,所存者惟莒、即墨,田单一旦悉复之,使齐复为齐,而襄王听幸臣九子之谮,单几不免。秦苻坚举百万之师伐晋,赖谢安却之,而孝武帝听王国宝之谗,安不能立于朝廷之上。桓温伐慕容暐,暐兵屡挫,议欲奔北,慕容垂一战使燕复存,乃用慕容评之毁,垂窜身苻氏,国随以亡。朱泚据京都,德宗播迁奉天,李怀光继叛,李晟孤军坚壁,竟平大难,而德宗用张延赏之谮,讫罢其兵,且百端疑忌,至于鞅鞅以死。自古昏主不明,轻弃功臣如此,真可叹也。

12 问故居

陶渊明问来使诗云:"尔从山中来,早晚发天目。我屋南窗下,今生几丛菊。蔷薇叶已抽,秋兰气当馥。归去来山中,山中酒应熟。"诸集中皆不载,惟晁文元家本有之。盖天目疑非陶居处。然李太白云:"陶令归去来,田家酒应熟。"乃用此尔。王摩诘诗云:"君自故乡来,应知故乡事。来日绮窗前,寒梅著花未?"杜公送韦郎归成都云:"为问南溪竹,抽梢合过墙。"忆弟云:"故园花自发,春日鸟还飞。"王介甫云:"道人北山来,问松我东冈。举手指屋脊,云今如许长。"古今诗人怀想故居,形之篇咏,必以松竹梅菊为比兴,诸子句皆是也〔一〕。至于杜公将别巫峡赠南卿兄瀼西果园诗云:"苔竹素所好,萍蓬无定居。远游长儿子,几地别林庐。杂蕊红相对,他时锦不如。具舟将出峡,巡圃念携鉏。"每读至此,未尝不为之悽然。寄题草堂云："尚念四小松，蔓草易拘缠。霜骨不甚长，永为邻里怜。"又一篇云："四松初移时，大抵三尺强。别来忽三岁，离立如人长。"尤可见一时之怀抱也。

【校勘记】

〔一〕诸子句皆是也　"子"原作"此"，据马本、库本、祠本改。

13　唐宰相不历守令

唐杨绾、崔祐甫、杜黄裳、李藩、裴垍，皆称英宰。然考其履历，皆未尝为刺史、县令。绾初补太子正字，擢右拾遗，起居、中书舍人，礼、吏部侍郎，国子祭酒，太常卿，拜相。祐甫初调寿安尉，历藩府判官，入为起居、中书舍人，拜相。黄裳初佐朔方府，入为侍御史，太子宾客，太常卿，拜相。藩佐东都、徐州府，入为秘书郎，郎中，给事中，拜相。垍由美原尉，四迁考功员外郎，中书舍人，户部侍郎，拜相。五贤行业，史策书之已详，兹不复论。然则后之用人，必言践扬中外，谙熟民情，始堪大用，殆为隘矣。

14　张释之柳浑

汉张释之为廷尉，文帝出行，有人惊乘舆马，使骑捕之，属廷尉。释之奏当此人犯跸，罚金。上怒，释之曰："方其时，上使使诛之则已。"颜师古谓："言初执获此人，天子即令诛之，其事即毕。"唐柳浑为相，玉工为德宗作带，误毁一銙，工私市它玉足之。帝识不类，怒其欺，诏京兆论死。浑曰："陛下遽杀之则已，若委有司，须详谳乃可。于法，罪当杖，请论如律。"由是工不死。予谓张、柳之论，可谓善矣。然张云“上使使诛之则已”，柳云“陛下遽杀之则已”，无乃启人主径杀人之端乎！斯一节，未为至当也。

15　人臣震主

人臣立社稷大功，负海宇重望，久在君侧，为所敬畏，其究必至于招疑毁。汉高祖有天下，韩信之力为多，终以挟不赏之功，戴震主之威，至于诛灭。霍光拥昭立宣，势侔人主，宣帝谒见高庙，光从骖乘，上内严惮之，若有芒刺在背。其家既覆，俗传之曰：“威震主者不畜，霍氏之祸，萌于骖乘。”周亚夫平定七国，景帝怒其固争栗太子，由此疏之，后目送其出，曰：“此鞅鞅，非少主臣也。”讫以无罪杀之。谢安却苻坚百万之众，晋室复存，功名既盛，险诐求进之徒，多毁短之，孝武稍以疏忌，又信会稽王道子之奸扇，至使避位出外，终以至亡。齐文宣之篡魏，皆高德政之力，德政为相，数彊谏，帝不悦，谓左右曰：“高德政恒以精神凌逼人。”遂杀之，并其妻子。隋文帝将篡周，欲引高颎入府，颎忻然曰：“愿受驱驰，纵公事不成，亦不辞灭族。”及帝受禅，用为相二十年，朝臣莫与为比。颎自以为任寄隆重，每怀至公，无自疑意。积为独孤皇后、汉王谅等所谮，帝欲成其罪，既罢之后，至云：“自其解落，瞑然忘之，如本无高颎。不可以身要君，自云第一也。”迨于炀帝，竟以冤诛。郭子仪再造王室，以身为天下安危，权任既重，功名复大，德宗即位，自外召还朝，所领副元帅诸使悉罢之。李晟以孤军复京城，不见信于庸主，使之昼夜泣，目为之肿，卒夺其兵，百端疑忌，几于不免。李德裕功烈光明，佐武宗中兴，威名独重，宣宗立，奉册太极殿，帝退谓左右曰：“向行事近我者，非太尉邪！每顾我，毛发为之森竖。”明日罢之，终于贬死海外。若郭崇韬、安重诲，皆然也。

16 五经秀才

唐杨绾为相，以进士不乡举，但试辞赋浮文，非取士之实，请置五经秀才科。李栖筠、贾至以绾所言为是，然亦不闻施行也。

17 陶潜去彭泽

晋书及南史陶潜传皆云："潜为彭泽令，素简贵，不私事上官。郡遣督邮至，县吏白，应束带见之。潜叹曰：'吾不能为五斗米折腰，拳拳事乡里小人。'即日解印绶去，赋归去来以遂其志。"案陶集载此辞，自有序，曰："余家贫，耕植不足以自给，彭泽去家百里，故便求之。及少日，眷然有归欤之情。何则？质性自然，非矫励所得，饥冻虽切，违己交病。怅然慷慨，深愧平生之志，犹望一稔，当敛裳宵逝〔一〕。寻程氏妹丧于武昌，情在骏奔，自免去职，在官八十馀日。"观其语意，乃以妹丧而去，不缘督邮。所谓矫励违己之说，疑心有所属，不欲尽言之耳！词中正喜还家之乐，略不及武昌，自可见也。

【校勘记】

〔一〕敛裳宵逝　清抄本原校："逝"一作"遁"。

18 羌戎畏服老将

汉先零羌犯塞，赵充国往击之。羌豪相数责曰："语汝亡反，今天子遣赵将军来，年八九十矣，善为兵。今请欲壹斗而死，可得邪！”充国时年七十六，讫平之。唐代宗时，回纥、吐蕃合兵入寇，郭子仪单骑见回纥，复与之和。诸酋长皆大喜曰：“羼以二巫师从军，巫言：‘此行甚安稳，不与唐战，见一大人而还。’今果然矣。”郭公是时年七十，乃知羌、戎畏服老将如此。班超久在西域，思归，故其言云：“蛮夷之俗，畏壮侮老。”盖有为而云。

19　古人字只一言

檀弓云：“幼名冠字，五十以伯仲，周道也。”古之人命字，一而已矣。初曰子，已而为仲为伯，又为叔为季，其老而尊者为甫，盖无以两言相连取义。若屈原离骚经：“名余曰正则兮，字余曰灵均。”案史记原字平，所谓“灵均”者，释“平”之义，以缘饰词章耳。下至西汉，与周相接，故一切皆然。除子房、子卿、子孟、子政、子孺、子长、子云、子兄、子真、子公、子阳、子宾、子幼之外，若仲孺、仲卿、仲子、长卿、少卿、孺卿、君卿、客卿、游卿、翁卿、圣卿、长君、少君、稚君、游君、次君、赣君、近君、曼君、王孙、翁孙、次公、少公、孟公、游公、仲公、长公、君公、少叔、翁叔、长叔、中叔、子叔、长倩、曼倩、次倩、稚季、长孺、仲孺、幼孺、少孺、次孺、翁孺、君孺、长翁、弱翁、仲翁、少翁、君房、君宾、君倩、君敖、君兰、君长、君仲、君孟、少季、少子、少路、少游、稚宾、稚圭、稚游、稚君、巨先、巨君、长宾、长房、翁思、翁子、翁仲之类，其义只从一训，极为雅驯。至于妇人，曰少夫、君侠、政君、君力、君弟、君之、阿君。单书一字者，若陈胜字涉，项籍字羽，彭越字仲，张欧、吴广、枚乘字叔，楚元王交、朱云字游，爰盎字丝，张释之字季，郑当时字庄，刘德字路，眭弘字孟。迨东汉以下，则不尽然。

容斋五笔卷二 十五则

1　二叔不咸

左氏传载富辰之言曰："昔周公吊二叔之不咸，故封建亲戚，以蕃屏周。"士大夫多以二叔为管、蔡。案蔡仲之命云："群叔流言，乃致辟管叔于商，囚蔡叔，降霍叔为庶人。"盖三叔也。杜预注以为周公伤夏殷之叔世，疏其亲戚，以至灭亡，故广封其兄弟。是以方叙说管、蔡、郕、霍十六国，其义昭然。所言亲戚者，指兄弟耳。

2　官阶服章

唐宪宗时，因数赦，官多泛阶。又，帝亲郊，陪祠者授三品、五品，不计考，使府军吏以军功借赐朱紫率十八。近臣谢，郎官出使，多所赐与。每朝会，朱紫满庭，而少衣绿者，品服太滥，人不以为贵，帝亦恶之。诏太子少师郑馀庆条奏惩革。淳熙十六年，绍熙五年，连有覃霈，转官赐服者众。绍熙元年，予自当涂徙会稽，过阙，遇起居舍人莫仲谦于漏舍，仲谦云："比赴景灵行香，见朝士百数，无一绿袍者。"又，朝议、中奉皆直转行，故五品官不胜计，颇类元和也。

3　月非望而食

历家论日月食，自汉太初以来，始定日食，不在朔则在晦，否则二日，然甚少。月食则有十四、十五、十六之差，盖置望参错也。天体有二交道，曰交初、曰交中。交初者，星家以为罗睺。交中者，计都也。隐暗不可见，于是为入交法以求之，然不过能求朔望耳。若馀日入交，则书所不载，由汉及唐二十八家，暨本朝十一历，皆然。姑以庆元丁巳岁五次月食考之，二月望为入交中，七月为交初，唯十月二十日、二十一日连两夜，乃以二更尽月食之既，才两刻复明，十一月十八夜复如之。案，此三食皆是交中。十月二十夜月在张五度，而计都在翼二度，次夜月在张十七度，计都未动，相距才四度耳。十一月十八夜，月在星五度，计都在张十九度，相距二十度。十二月十七夜，五更，月在星二度，入交阳末，卯初四刻交甚，食六分半，八刻退交。十八夜四更，月在张六度，入交中阴初，至寅四刻交甚，食九分，卯五刻退交。其验如此。予窃又有疑焉。太阴一月一周天，必两值交道，今年遂至八食，一一如星官、历翁之说，仍不拘月望，则玉川子之诗不胜作矣，当更求其旨趣云。顷见太史局官刘孝荣言："月本无光，受日为明，望夜正与日对，故一轮光满。或月行有迟疾先后，日光所不照处，则为食。朔旦之日，日月同宫，如月在日上，掩太阳而过，则日光为所遮，故为日食。非此二日，则无薄食之理。"其说亦通。

4　庆善桥

饶州学非范文正公所建，予既书之矣。城内庆善桥之说，亦然。比因郡人修桥，拆去旧石，见其上镌云"康定庚辰"。案范公以景祐乙亥为待制，丙子知开封府，黜知饶州，后徙润、越，至庚辰岁乃复职，帅长安，既去此久矣。

5　西汉以来加官

汉书百官表云，侍中、左右曹、诸吏、散骑、中常侍皆加官，所加或将军、列侯、卿、大夫、将、都尉。给事中亦加官，所加或大夫、博士、议郎。其侍中、中常侍得入禁中，诸曹受尚书事，诸吏得举法，散骑并步浪切。乘舆车。案汉世除授此等称谓，殆若今之兼职者，不甚为显秩，然魏相以御史大夫而给事中〔一〕。它如刘向以宗正，散骑、给事中；苏武以右曹，典属国；扬雄为诸吏，光禄大夫是也。至于金日磾以降虏为侍中，其子赏、建，诸孙常、敞、岑、明、涉、汤、融、钦，皆为左曹、诸吏、侍中〔二〕，故班史赞之云："七世内侍，何其盛也。"盖如今时峰门宣赞、祗候之类。但汉家多用士人，武帝所任庄助、朱买臣、吾丘寿王、东方朔诸人，皆天下选，此其所以为人贵重。东汉大略亦然。晋、宋以来，又有给事黄门侍郎、散骑常侍、通直散骑常侍、散骑侍郎等，皆为兼官，但视本秩之高下。已而复以将军为宠，齐高帝以太子詹事何戢领选，以戢资重，欲加常侍。褚渊曰："臣与王俭既已左珥，若复加戢，则八座遂有三貂。若帖以骁、游，亦为不少。"乃以为吏部尚书，加骁骑将军。唐有检校官，文武散阶、宪衔，乃此制也。国朝自真宗始创学士、直学士、待制、直阁职名，尤为仕宦所慕。今自观文殿大学士至直秘阁，几四十种，不刊之典，明白易晓，非若前代之冗泛云。

【校勘记】

〔一〕魏相以御史大夫而给事中　库本、祠本"而"作"兼"。

〔二〕皆为左曹诸吏侍中　库本、祠本"为"作"以"。

6　吕望非熊

自李翰蒙求有“吕望非熊”之句，后来据以为用。然以史策考之，六韬第一篇文韬曰：“文王将田，史编布卜曰：‘田于渭阳，将大得焉。非龙非两彲，螭。非虎非罴，兆得公侯，天遗汝师。’文王曰：‘兆致是乎？’史编曰：‘编之太祖史畴，为禹占得皋陶兆[一]。’”史记云：“吕尚穷困年老，以渔钓干西伯，西伯将出猎，卜之，曰：‘所获非龙非彲，非虎非罴，所获霸王之辅。’”后汉崔骃达旨云“渔父见兆于元龟”，注文乃引史记“非龙非骊，非熊非罴”为证。今之史记，盖不然也。“非熊”出处，惟此而已。

【校勘记】

〔一〕为禹占得皋陶兆　“兆”原作“比”，据库本、祠本改。

7　唐曹因墓铭

庆元三年，信州上饶尉陈庄发土得唐碑，乃妇人为夫所作。其文云：“君姓曹，名因，字鄙夫，世为鄱阳人。祖、父皆仕于唐高祖之朝，惟公三举不第，居家以礼义自守。及卒于长安之道，朝廷公卿、乡邻耆旧，无不太息。惟予独不然，谓其母曰：‘家有南亩，足以养其亲，室有遗文，足以训其子。肖形天地间，范围阴阳内，死生聚散，特世态耳，何忧喜之有哉！’予姓周氏，公之妻室也。归公八载，恩义有夺，故赠之铭曰：‘其生也天，其死也天，苟达此理，哀复何言！’”予案唐世上饶本隶饶州，其后分为信，故曹君为鄱阳人。妇人能文达理如此，惜其不传，故书之，以裨图志之缺。

8 唐史省文之失

杨虞卿兄弟怙李宗闵势，为人所奔向。当时为之语曰："欲入举场，先问苏、张。苏、张尚可，三杨杀我。"而新唐书减去"先"字。李德裕赐河北三镇诏曰："勿为子孙之谋，欲存辅车之势。"新书减去"欲"字。遂使两者意义为不铿锵激越，此务省文之失也。

9 李德裕论命令

李德裕相武宗，言从计行。韦弘质建言宰相不可兼治钱谷。德裕奏言："管仲明于治国，其语曰：'国之重器，莫重于令。令重君尊，君尊国安，治人之本，莫要于令。故曰亏令者死，益令者死，不行令者死，留令者死，不从令者死，五者无赦。'又曰：'令在上，而论可否在下，是主威下系于人也。'大和后，风俗寖敝，令出于上，非之在下，此敝不止，无以治国。臣谓制置职业，人主之柄，非小人所得干，弘质贱臣，岂得以非所宜言，妄触天听，是轻宰相也。"德裕大意欲朝廷尊、臣下肃，而政出宰相，故感愤切言之。予谓德裕当国，它相取充位而已。若如所言，则一命一令之出，臣下皆不得有言，谏官、御史、给事、舍人之职废矣。弘质位给事中，亦非贱臣。宜其一朝去位，遂罹抵巇，皆自取之也。

10 汉武唐德宗

汉张汤事武帝，舞文巧诋以辅法，所治夷灭者多，旋以罪受诛。上惜汤，稍进其子安世，擢为尚书令。安世宿卫忠正，肃敬不怠，勤劳国家，卒为重臣，其可大用不疑。而武帝之意，乃以父汤故尔。唐卢杞相德宗，奸邪险贼，为天下祸。以公议不容，谴逐致死。帝念之不忘，擢叙其子元辅，至兵部侍郎。元辅端静介正，能绍其祖奕之忠规，陟之台省要官，宜也。而德宗之意，乃以父杞故尔。且武帝之世，群臣不幸而诛者，如庄助、朱买臣、吾丘寿王诸人，及考终名臣如汲黯、郑庄、董仲舒、卜式，未尝恤其孤。德宗辅相之贤如崔祐甫、李泌、陆贽皆身没则已。而独于汤、杞二人卷卷如此，是可叹也。

11　诸公论唐肃宗

唐肃宗于干戈之际，夺父位而代之，然尚有可诿者。曰："欲收复两京，非居尊位，不足以制命诸将耳。"至于上皇还居兴庆，恶其与外人交通，劫徙之西内，不复定省，竟以怏怏而终，其不孝之恶，上通于天。是时，元次山作中兴颂，所书天子幸蜀，太子即位于灵武，直指其事。殆与洪范云"武王胜殷杀受"之词同。其词曰："事有至难，宗庙再安，二圣重欢。"既言重欢，则知其不欢多矣。杜子美杜鹃诗："我看禽鸟情，犹解事杜鹃。"伤之至矣。颜鲁公请立放生池表云："一日三朝，大明天子之孝；问安视膳，不改家人之礼。"东坡以为彼知肃宗有愧于是也。黄鲁直题磨崖碑尤为深切："抚军监国太子事，何乃趣取大物为？事有至难天幸尔，上皇局脊还京师。南内凄凉几苟活，高将军去事尤危。臣结春秋二三策〔一〕，臣甫杜鹃再拜诗。安知忠臣痛至骨，世上但赏琼琚词。"所以揭表肃宗之罪，极矣。

【校勘记】

〔一〕臣结春秋二三策　库本、祠本“春秋”作“春陵”。按，明陈斗订补浯溪诗文集卷上录此诗作“春陵”。疑作“春陵”是。

12　孙马两公所言

卢照邻有疾，问孙思邈曰：“高医愈疾奈何？”答曰：“天有四时五行，寒暑迭居，和为雨，怒为风，凝为雪霜，张为虹蜺，天常数也。人之四支五藏，一觉一寐，吐纳往来，流为荣卫，章为气色，发为音声，人常数也。阳用其形，阴用其精，天人所同也。失则烝生热，否生寒，结为瘤赘，陷为痈疽，奔则喘乏，竭则焦槁，发乎面，动乎形。天地亦然，五纬缩赢，孛彗飞流，其危诊也。寒暑不时，其烝否也。石立土踊，是其瘤赘。山崩土陷，是其痈疽。奔风暴雨，其喘乏。川渎竭涸，其焦槁。高医导以药石，救以砭剂，圣人和以至德，辅以人事，故体有可愈之疾，天有可振之灾。”睿宗召司马子微问其术，对曰：“为道日损，损之又损，以至于无为。夫心目所知，见每损之尚不能已，况攻异端而增智虑哉。”帝曰：“治身则尔，治国若何？”曰：“国犹身也，故游心于淡，合气于漠，与物自然，而无私焉，而天下治。”孙公、司马所言，皆至道妙理之所寓，治心养性，宜无出此者矣。

13　元微之诗

唐书艺文志元稹长庆集一百卷，小集十卷，而传于今者，惟闽、蜀刻本，为六十卷。三馆所藏，独有小集。文惠公镇越，以其旧治，而文集盖缺，乃求而刻之。外春游一篇云：“酒户年年减，山行渐渐难。欲终心懒慢[一]，转恐兴阑散。镜水波犹冷，稽峰雪尚残。不能辜物色，乍可怯春寒。远目伤千里，新年思万端。无人知此意，闲凭小栏干。”白乐天书之，题云元相公春游。钱思公藏其真迹，穆父守越时，摹刻于蓬莱阁下，今不复存。集中逸此诗，文惠为列之于集外。李端民平叔尝和其韵寄公云：“东阁经年别，穷愁客路难。望尘惊岳峙，怀旧各云散。茵醉恩逾厚，樯歌兴未残。冯唐嗟已老，范叔敢言寒。玉烛调魁柄，阳春在笔端。应怜扫门役，白首滞江干。”乐天所书，予少时得其石刻，后亦失之。

【校勘记】

〔一〕欲终心懒慢　清抄本原校：“终”一作“中”。按，全唐诗卷一百五十四作“终”。

14　谏缭绫戏龙罗

李德裕为浙西观察使，穆宗诏索盘絛缭绫千匹，德裕奏言：“立鹅、天马、盘絛、掬豹，文彩怪丽，惟乘舆当御，今广用千匹，臣所未谕。”优诏为停。崇宁间，中使持御札至成都，令转运司织戏龙罗二千，绣旗五百，副使何常奏：“旗者，军国之用，敢不奉诏。戏龙罗唯供御服，日衣一匹，岁不过三百有奇，今乃数倍，无益也。”诏奖其言，为减四之三。以二事观之，人臣进言于君，切而不许，盖无有不听者。何常所论，甚与德裕相类云。

15　详正学士

唐太宗时，命秘书监魏徵写四部群书，将藏内府，置雠正二十员。后又诏虞世南、颜师古踵领之，功不就。显庆中罢雠正官，使散官随番刊正。后诏东台侍郎赵仁本等，充使检校，置详正学士以代散官，此名甚雅，不知何时罢去。然秘省自有校书郎、正字，使正名责实足矣。绍兴中，以贵臣提举秘书省，而置编定书籍官二员，亦其类也。

容斋五笔卷三 十五则

1 人生五计

朱新仲舍人常云："人生天地间，寿夭不齐，姑以七十为率：十岁为童儿，父母膝下，视寒暖燥湿之节，调乳哺衣食之宜，以须成立，其名曰生计；二十为丈夫，骨强志健，问津名利之场，秣马厉兵，以取我胜，如骥子伏枥，意在千里，其名曰身计；三十至四十，日夜注思，择利而行，位欲高，财欲厚，门欲大，子息欲盛，其名曰家计；五十之年，心怠力疲，俯仰世间，智术用尽，西山之日渐逼，过隙之驹不留，当随缘任运，息念休心，善刀而藏，如蚕作茧，其名曰老计；六十以往，甲子一周，夕阳衔山，倏尔就木，内观一心，要使丝毫无慊，其名曰死计。"朱公每以语人，以身计则喜，以家计则大喜，以老计则不答，以死计则大笑，且曰："子之计拙也。"朱既不胜笑者之众，则亦自疑其计之拙，曰："岂皆恶老而讳死邪！"因为南华长老作大死庵记，遂识其语。予之年龄逾七望八，当以书诸绅云。

2 瀛莫间二禽

瀛、莫二州之境，塘泺之上有禽二种。其一类鹄，色正苍而喙长，凝立水际不动，鱼过其下则取之，终日无鱼，亦不易地。名曰信天缘。其一类鹜，奔走水上，不间腐草泥沙，唼唼然必尽索乃已，无一息少休。名曰漫画。信天缘若无能者，乃与漫画均度，一日无饥色，而反加壮大。二禽皆禀性所赋，其不同如此。

3　士大夫避父祖讳

国朝士大夫，除官避父、祖名讳，盖有不同。不讳嫌名，二名不偏讳，在礼固然，亦有出于一时恩旨免避，或旋为改更者。建隆创业之初，侍卫帅慕容彦钊、枢密使吴廷祚皆拜使相，而彦钊父名章，廷祚父名璋，制麻中为改同中书门下平章事为同二品。绍兴中，沈守约、汤进之二丞相，父皆名举，于是改提举书局为提领，自馀未有不避者。吕希纯除著作郎，以父名公著而辞。然富韩公之父单名言，而公以右正言知制诰，韩保枢之子忠宪公亿，孙绛、缜，皆历位枢密，未尝避。岂别有说乎？

4　元正父子忠死

唐安禄山表权皋入幕府，皋度禄山且叛，以其猜虐不可谏，欲行，虑祸及亲，因献俘京师，在道诈死，既唅敛而逸去。皋母谓实死，恸哭感行路，故禄山不之虞，归其母，皋潜奉侍，昼夜南奔。既渡江而禄山反。天下闻其名，争取以为属。甄济居青岩山，诸府五辟，诏十至，坚卧不起。安禄山入朝，求济于玄宗，授范阳掌书记，济不得已而起。察禄山有反谋，不可谏，因谒归，阳欧血不支，舁归旧庐。禄山反，使封刀召之，曰："即不起，断其首。"济引颈待之。使以实病告，庆绪复使强舆至东都[一]。会广平王平东都，诣军门上谒，肃宗使污贼官罗拜，以愧其心。唐书列二人于卓行传，褒之至矣。有元正者，在河南幕府，史思明陷河、洛，挈父匿山中，贼以名召之。正度事急，谓弟曰："贼禄不可养亲，彼利吾名，难免矣。然不污身而死，吾犹生也。”贼既得，诱以高位，嗔目固拒，兄弟皆遇害。父闻，仰药死。事平，诏录伏节十一姓，而正为冠。皋、济之终，与正皆赠秘书少监。予谓皋、济得生，而正一门皆并命，故当时以为伏节之冠。而唐史不列之忠义、卓行中，但附见于其祖万顷文艺之末，资治通鉴亦不载其事，使正之名寂寥不章显，为可恨也。白乐天作张諴碑云：“以左武卫参军分司东都，属安禄山陷覆洛京，以伪职淫刑，胁劫士庶，公与同官卢巽潜遁于陆浑山，食木实，饮泉水者二年，讫不为逆命所污。肃宗诏河南搜访不仕贼庭、隐藏山谷者，得六人以应诏，公与巽在焉。繇是名节闻于朝，优诏褒美，特授密县主簿。”

【校勘记】

〔一〕庆绪复使强舆至东都　“强”原作“舆”，据马本、库本、祠本改。按：新唐书卷一九四甄济传作“强”。

5　萧颖士风节

萧颖士为唐名人，后之学者但称其才华而已，至以笞楚童奴为之过。予反复考之，盖有风节识量之士也。为集贤校理，宰相李林甫欲见之，颖士不诣，林甫怒其不下己。后召诣史馆，又不屈，愈见疾，至免官更调河南参军。安禄山宠恣，颖士阴语柳并曰：“胡人负宠而骄，乱不久矣。东京其先陷乎！”即托疾去。禄山反，往见河南采访使郭纳，言御守计，纳不用。叹曰：“肉食者以儿戏御剧贼，难矣哉。”闻封常清陈兵东京，往观之，不宿而还，身走山南，节度使源洧欲退保江陵，颖士说曰：“襄阳乃天下喉襟，一日不守，则大事去矣。公何遽轻土地取天下笑乎？”洧乃按甲不出。洧卒，往客金陵，永王璘召之，不见。刘展反，围雍丘，副大使李承式遣兵往救，大宴宾客，陈女乐。颖士曰："天子暴露，岂臣下尽欢时邪！夫投兵不测，乃使观听华丽，谁致其死哉。"弗纳。颖士之言论操持如此，今所称之者浅矣。李太白，天下士也，特以堕永王乱中，为终身累。颖士，永王召而不见，则过之焉。

6 石尤风

石尤风，不知其义，意其为打头逆风也。唐人诗好用之。陈子昂入峡苦风云："故乡今日友，欢会坐应同。宁知巴峡路，辛苦石尤风。"戴叔伦送裴明州云："潇水连湘水，千波万浪中。知君未得去，惭愧石尤风。"司空文明留卢秦卿云："知有前期在，难分此夜中。无将故人酒，不及石尤风。"计南朝篇咏，必多用之，未暇忆也。

7 江枫雨菊

作诗要有来处，则为渊源宗派。然字字执泥，又为拘涩。予于此学，无自得之见，少年时，尤失之琱琢。记一联，初云："雨深荒病菊，江冷落愁枫。"后以其太险，改为："雨深人病菊，江冷客愁枫。"比前句微有蕴藉。盖取崔信明"枫落吴江冷"，杜老"雨荒深院菊"、"南菊再逢人卧病"，严武"江头赤叶枫愁客"，合而用之。乃如补衲衣裳，殊为可笑。聊书之以示儿辈云。

8 开元宫嫔

自汉以来，帝王妃妾之多，唯汉灵帝、吴归命侯、晋武帝、宋苍梧王、齐东昏、陈后主。晋武至于万人。唐世明皇为盛，白乐天长恨歌云“后宫佳丽三千人”，杜子美剑器行云“先帝侍女八千人”，盖言其多也。新唐史所叙，谓开元、天宝中，宫嫔大率至四万。嘻，其甚矣。隋大业离宫遍天下，所在皆置宫女。故裴寂为晋阳宫监，以私侍高祖，及高祖义师经过处，悉罢之。其多可想。

9 相里造

唐内侍监鱼朝恩，怙贵诞肆，凡诏会群臣计事，折愧坐人出其上，虽宰相元载辩彊，亦拱默。唯礼部郎中相里造、殿中侍御史李衎，酬诘往返，未始降屈。朝恩不怿，黜衎以动造，又谋将易执政，以震朝廷，乃会百官都堂，且言：“今水旱不时，屯军馈运困竭，天子卧不安席，宰相何以辅之？不退避贤路，尚何赖乎〔一〕！”宰相俛首，坐皆失色。造徙坐从之，因曰：“阴阳不和，五谷踊贵，皆军容事，宰相何与哉！且军帑不散，故天降之沴。今京师无事，六军可相维镇，又屯十万，馈粮所以不足，百司无稍食，军容为之。宰相行文书而已，何所归罪！”朝恩拂衣去，曰：“南衙朋党且害我。”此段载于唐史宦者传中，不能记相里造之本末。予谓造当阉侍威权震主生杀在手之时，以区区一郎吏，而抗身与为敌，后来名人议论及叙列忠言鲠词，未见有称述之者，通鉴亦不书，聊纪于此，以章潜德。同时刘给事争幸河中，亦然。

【校勘记】

〔一〕不退避贤路尚何赖乎 “赖”原作“须”，据马本、祠本改。按新唐书卷二百七鱼朝恩传作“赖”。

10　先公诗词

先忠宣公好读书，北困松漠十五年，南谪岭表九年，重之以风淫末疾，而繙阅书策，早暮不置，尤熟于杜诗。初归国到阙，命迈作谢赐物一札子，窜定两句云："已为死别，偶遂生还。"谓迈曰："此虽不必泥出处，然有所本更佳。东坡海外表云：'子孙恸哭于江边，已为死别。'杜老羌村诗云：'世乱遭飘荡，生还偶然遂。'正用其语。"在乡邦日，招两使者会集，出所将宣和殿书画旧物示之。提刑洪庆善作诗曰："愿公十袭勿浪出，六丁取将飞辟历。"二字如古文，不从雨。公和之曰："万里怀归为公出，往事宣和空历历。"迈请其意，曰："亦出杜诗'历历开元事，分明在目前'也。"绍兴丁巳，所在始歌江梅引词，不知为谁人所作，己未、庚申年，北庭亦传之。至于壬戌，公在燕，赴张总侍御家宴，侍妾歌之，感其"念此情，家万里"之句，怆然曰："此词殆为我作。"既归不寐，遂用韵赋四阕。时在囚拘中，无书可检，但有初学记、韩、杜、苏、白乐天集，所引用句语，一一有来处。北方不识梅花，士人罕有知梅事者，故皆注所出。其一忆江梅云："天涯除馆忆江梅。几枝开。使南来。还带馀杭春信到燕台。准拟寒英聊慰远，隔山水，应销落，赴愬谁。　空恁遐想笑摘蕊。断回肠，思故里，漫弹绿绮。引三弄，不觉魂飞。更听胡笳哀怨泪沾衣。乱插繁华须异日，待孤讽，怕东风，一夜吹。"元注引杜公："忽忆两京梅发时。""胡笳在楼上，哀怨不堪听。""安得健步移远梅，乱插繁华向晴昊[一]。"乐天忆杭州梅花："三年闲闷在馀杭，曾为梅花醉几场。"车驾时在临安。柳子厚："欲为万里赠，杳杳山水隔。寒英坐销落，何用慰远客。"江总："桃李佳人欲相照，摘蕊牵花来并笑。"高适："遥怜故人思故乡，梅花满枝空断肠。"卢仝："含愁更奏绿绮琴,相思一夜梅花发。”刘方平:“晚岁芳梅树,繁花四面同。东风吹渐落,一夜几枝空。”东坡:“忽见早梅花,不饮但孤讽。”“一夜东风吹石裂,半随飞雪度关山。”

其二访寒梅云:“春还消息访寒梅。赏初开。梦吟来。映雪衔霜清绝绕风台。可怕长洲桃李妒,度香远,惊愁眼,欲媚谁。　曾动诗兴笑冷蕊,效少陵,惭下里。万株连绮。叹金谷,人坠莺飞。引领罗浮翠羽幻青衣。月下花神言极丽,且同醉,休先愁,玉笛吹。”注引李太白:“闻道春还未相识,走傍寒梅访消息。”“绿珠楼下梅花满,今日曾无一枝在。”江总:“金谷万株连绮甍,梅花隐处藏娇莺。”何逊:“衔霜当路发,映雪拟寒开。枝横却月观,花绕凌风台。”杜公:“东峰官梅动诗兴,还如何逊在扬州。”“未将梅蕊惊愁眼,要取楸花媚远天。”“巡檐索共梅花笑,冷蕊疏枝半不禁。”乐天:“赏自初开直至落。”“莫怕长洲桃李妒,明年好为使君开。”王昌龄梦中作梅花诗。梁简文赋“香随风而远度”,及赵师雄罗浮见美人在梅花下有翠羽啾嘈相顾诗云:“学妆欲待问花神。”崔橹:“初开已入雕梁画,未落先愁玉笛吹。”

其三怜落梅云:“重闺佳丽最怜梅。牖春开,学妆来。争粉翻光何遽落梳台。笑坐雕鞍歌古曲,催玉柱,金卮满,劝阿谁。　贪为结子藏暗蕊。敛娥眉,隔千里。旧时罗绮。已零散,沈、谢双飞。不见娇姿真悔着单衣。若作和羹休讶晚,堕烟雨,任春风,片片吹。”注引梁简文赋:“重闺佳丽,貌婉心娴。怜早花之惊节,讶春光之遣寒。”“顾影丹墀,弄此娇姿。洞开春牖,四卷罗帷。春风吹梅畏落尽,贱妾为此敛娥眉。”又:“争楼上之落粉,夺机中之织素。”梁王诗:“翻光同雪舞。”鲍泉:“萦窗落梳台。”江总:“满酌金卮催玉柱,落梅树下宜歌舞。”太白:“千金骏马邀少妾,笑坐雕鞍歌落梅。”古曲有落梅花。又:“片片吹落春风香。”谢庄赋:“隔千里兮共明月。”庾信：“早知觅不见，真悔着衣单。”东坡：“抱丛暗蕊初含子。”“玉妃谪堕烟雨村。”王建：“自是桃花贪结子。”

第四篇失其稿，每首有一笑字，北人谓之“四笑江梅引”，争传写焉。

【校勘记】

〔一〕乱插繁华向晴昊　“昊”原作“汉”。祠本作“昊”，杜集作“昊”，今据改。

11　州县名同

晋、宋以来，置立州郡，惟以多为贵。先是中原陷胡、羯，本土遗民，或侨寓南方，故即其所聚为立郡。而方伯所治之州，亦仍旧名。如南徐、南兖、南豫、南雍州、南兰陵、南东海、南琅邪、南东莞、南鲁郡，其类不一。魏、周在北，亦如此。隋、唐不复然。国朝之制，州名或同，则增一字以别之。若河北有雄州、恩州，故广东者增南字。蜀有剑州，故福建者亦增南字。以至西和、西安州亦然。其声音颇同，患于舛误，则俗间称呼，自加上下东西为别。故称岳为上岳，鄂为下鄂。清州与青类，称为北清，郢州与颍类，称为西郢。融州与容类，称为西融者是也。若县邑则不问。今河南、静江府、巩州皆有永宁县，饶、邛、衡州皆有安仁县，蔡、英之真阳，庐、汝之梁，光、台之仙居，临安、建昌之新城，越、筠之新昌，婺、蜀之永康，处、吉之龙泉，严、池之建德，渭、秀之华亭，信、吉之永丰，郴、兴国之永兴，衢、嘉之龙游，施、临江之清江，洪、万之武宁，福、循之长乐，郴、连之桂阳，福、桂之永福是也。

12　三衙军制

乾道四年正月，迈为中书舍人，因入对，论三衙军制名称不正：

以祖宗之制论之，军职之大者，凡八等。除都指挥使或不常置外，曰殿前副都指挥使、马军副都指挥使、步军副都指挥使，曰殿前都虞候、马军都虞候、步军都虞候，曰捧日天武四厢都指挥使、龙神卫四厢都指挥使〔一〕，秩秩有序，若登梯然，不可一级辄废。一或有阙，即以功次递迁。降此而下，则分营、分厢，各置都副指挥使，如捧日左厢第一军、天武右厢第二军之类。边境有事，命将讨捕，则旋立总管、钤辖、都监之名，使各将其所部以出。事已则复初。累圣相承，皆用此术，以制军诘禁。自南渡以后，触事草创，于是三帅之资浅者，始有主管某司公事之称。而都虞候以下，不复设置，乃以宿卫虎士而与在外诸军同其名，以统制、统领为之长。又使遥带外路总管、钤辖。考之旧制则非法，稽之事体则非是。以陛下圣明，能知人善任，使所谓爪牙之士，岂无十数人以待用者！若法祖宗之制，正三衙之名，改诸军为诸厢，改统制以下为都虞候、指挥使，使宿卫之职预有差等，士卒之心明有所系，异时拜将，必无一军皆惊之举。于以销压未萌，循名责实，则环卫将军虽不置可也。乞下枢密院讨论故实，图议其当，恐或可以少赞布昭圣武之意。

读札子毕，孝宗甚喜，即批付枢密院。是时，知院虞允文使四川，同知刘珙不乐，曰："舍人要如何行？"对之以："但随所见敷陈，若施行与否，自系庙堂处分。"竟寝不行。后阅华阳集，王珪撰高琼神道碑云："王为殿前都指挥使，管军员阙，兼领二司，王乃言曰：

‘臣老矣，如有负薪之忧，谁为可任者？先朝自殿前而下，各置副都指挥使及都虞候，常有十人，职近事亲，易以第进，又使士卒预识其威名，缓急临戎，上下得以附习，此军制之大要也。’有旨从之。”据琼所言如此，正合前说。

【校勘记】

〔一〕龙神卫四厢都指挥使　李本“龙神”作“神龙”。

13　欧阳公勋封赠典

吉州新刊欧阳公文集，于年谱下尽载官爵、制词，无一遗落。考之今制，多有不合。虽非事之所以损益，谩书于策，且记典章随时之异云。公自太子中允初加勋，便得骑都尉，越过骁、武、飞、云四级，自龙图阁直学士初封爵，便得信都县子，越过男一等。翰林学士加恩而得五百户，初加实封，便得二百户。及罢政，为观文学士，遇郊而加食邑五百户，实封二百户。薨之后，以子登朝，遇大礼，自太子太师合赠司空，而躐赠太尉，盖超空、徒、保、傅四官。再赠即为太师，仍封国公。今殊不然，除勋官既罢外，侍从初封，亦从县男为始。每加不过三百户。侍制侍郎只二百。初得实封财百户。执政去位，但与侍从同，均为虚邑三百而已。身后加赠，只单转一官，两子升朝，乃进二官，虽三四人亦不增，未有宫师直赠太尉者。今太傅也。又公任知制诰、知颍州转官而与直龙图阁、知亳州王洙同一词。唐书成，进秩，五人同制。公与宋景文公、范忠文公〔一〕、王忠简公皆带从官职，而宋次道乃集贤校理耳。

【校勘记】

〔一〕范忠文公　“忠文”原作“文忠”。按，此处乃言欧阳修与宋祁、范镇（景仁）等修唐书事。镇修唐书，谥忠文，见苏轼文集卷十四范景仁墓志铭。今改“文忠”为“忠文”。按，祠本亦误作“文忠”。

14　嘉祐四真

嘉祐中，富韩公为宰相，欧阳公在翰林，包孝肃公为御史中丞，胡翼之侍讲在太学，皆极天下之望。一时士大夫相语曰：“富公真宰相，欧阳永叔真翰林学士，包老真中丞，胡公真先生。”遂有四真之目。欧阳公之子发、棐等叙公事迹载此语，可谓公言。

15　五方老人祝圣寿

圣节所用祝颂乐语，外方州县各当筵致语一篇，又有王母队者，若教坊，唯祝圣而已。欧阳公集，乃载五方老人祝寿文五首，其东方曰：“但某太山老叟，东海真仙，溜穿石而曾究始终，松避雨而备知岁月。羲氏定三百六日，尝守寅宾之官；夷吾纪七十二君，尽睹登封之事。遇安期而遗枣，笑方朔之偷桃。风入律而来自岩前，斗指春而光临洞口。昔汉武帝尝怀三岛之胜游，有羡门生欲谒巨公于昭代。今则紫庭降圣，华渚开祥。远离朝日之方，来展望云之悬。千八百国，咸归至治之风；亿万斯年，共祷无疆之寿。”其颂只四句，西、中、南、北方皆然。集中不云何处所作，今无复用之。

容斋五笔卷四 九则

1 作诗旨意

诗三百篇中，其誉妇人者至多。如叙宗姻之贵者，若“平王之孙，齐侯之子”，“汾王之甥，蹶父之子”，“齐侯之子，卫侯之妻，东宫之妹，邢侯之姨，谭公维私”。夸服饰之盛者，若“副笄六珈”，“如山如河”，“玉之瑱也，象之揥也”。赞容色之美者，若“唐棣之华”，“华如桃李”，“鬒发如云”，“手如柔荑，肤如凝脂，领如蝤蛴，齿如瓠犀，螓首蛾眉。巧笑倩兮，美目盼兮”，“颜如舜华”，“洵美且都”。语嫁聘之侈者，若“百两彭彭，八鸾锵锵，不显其光。诸娣从之，祁祁如云，烂其盈门”。其词可谓尽善矣。魏、晋、六朝流连光景，不可胜述。唐人播之歌诗，固亦极挚。若“态浓意远淑且真，肌理细腻骨肉匀。绣罗衣裳照暮春，蹙金孔雀银麒麟”，“翠微匌叶重鬓唇，珠压腰衱稳称身”，“深宫高楼入紫清，金作蛟龙盘绣楹。佳人当窗弄白日，弦将手语弹鸣筝”，“回眸一笑百媚生，六宫粉黛无颜色”，“后宫佳丽三千人，三千宠爱在一身”，“金屋妆成娇侍夜，玉楼宴罢醉和春”，“楼上楼前尽珠翠，眩转荧煌照天地”。此皆李、杜、元、白之丽句也。予独爱朱庆馀闺意一绝句上张籍水部者曰：“洞房昨夜停红烛，待晓堂前拜舅姑。妆罢低声问夫婿，画眉深浅入时无？”细味此章，元不谈量女之容貌，而其华艳韶好，体态温柔，风流酝藉，非第一人不足当也。欧阳公所谓“状难写之景如在目前，含不尽之意见于言外，然后为工”，斯之谓也。庆馀名可久，以字行。

登宝历进士第,而官不达。著录于艺文志者只一卷,予家有之,他不逮此。张籍酬其篇云:“越女新妆出镜心,自知明艳更沉吟。齐纨未是人间贵,一曲菱歌直万金。”其爱之重之,可见矣。然比之庆馀,殊为不及。

2 平王之孙

周南、召南之诗,合为二十有五篇。自汉以来为之说者,必系之文、武、成、康,故不无牴牾。如何彼穠矣乃美王姬之诗,其辞有“平王之孙,齐侯之子”两句,翻覆再言之。毛公笺云:“武王女,文王孙,适齐侯之子。”郑氏不立说。考其意,盖以平王为平正之王,齐侯为齐一之侯,若所谓武王载旆,成王之孚,成王不敢康,非指武与成者。然证诸春秋经,鲁庄公元年,当周庄王之四年,齐襄公之五年,书曰“单伯送王姬”,继之以“筑王姬之馆于外”,又继之以“王姬归于齐”。杜预注云:“王将嫁女于齐,命鲁为主。庄公在谅暗,虑齐侯当亲迎,不忍便以礼接于庙,故筑舍于外。”末书“归于齐”者,终此一事也。十一年又书“王姬归于齐”,传言“齐侯来逆共姬”,乃桓公也。庄王为平王之孙,则所嫁王姬当是娣妹,齐侯之子即襄公、桓公也。二者必居一于此矣。明白如是,而以为武王女,文王孙,于义何取。

3 毛诗语助

毛诗所用语助之字,以为句绝者,若之、乎、焉、也、者、云、矣、尔、兮、哉,至今作文者皆然。他如只、且、忌、止、思、而、何、斯、旃、其之类,后所罕用。“只”字如“母也天只,不谅人只”,“且”字如

“椒聊且”、“远条且”、“狂童之狂也且”、“既亟只且”。“忌”字如“叔善射忌，又良御忌”。“止”字如“齐子归止”、“曷又怀止”、“女心伤止”。“思”字如“不可求思”、“尔羊来思”、“今我来思”。“而”字如“俟我于著乎而，充耳以素乎而，尚之以琼华乎而”。“何”字如“如此良人何”、“如此粲者何”。“斯”字如“恩斯勤斯，鬻子之闵斯”、“彼何人斯”。“旃”字如“舍旃舍旃”。“其”字，音基。如“夜如何其”、“子曰何其”皆是也。“忌”唯见于郑诗，“而”唯见于齐诗。楚词大招一篇全用“只”字。太玄经：“其人有辑杭，可与过其。”至于“些”字，独招魂用之耳。

4　东坡文章不可学

东坡作盖公堂记，云：“始吾居乡，有病寒而欬者，问诸医，医以为蛊，不治且杀人。取其百金而治之，饮以蛊药，攻伐其肾肠，烧灼其体肤，禁切其饮食之美者。期月而百疾作，内热恶寒而欬不已，累然真蛊者也。又求于医，医以为热，授之以寒药，旦朝吐之，莫夜下之，于是始不能食。惧而反之，则锺乳、乌喙，杂然并进，而漂疽、痈疥、眩瞀之状，无所不至。三易医而病愈甚。里老父教之曰：‘是医之罪，药之过也。子何疾之有！人之生也，以气为主，食为辅。今子终日药不释口，臭味乱于外，而百毒战于内，劳其主，隔其辅，是以病也。子退而休之，谢医却药，而进所嗜，气全而食美矣。则夫药之良者，可以一饮而效。’从之，期月而病良已。昔之为国者亦然。吾观夫秦自孝公以来，至于始皇，立法更制，以镌磨锻炼其民，可谓极矣。萧何、曹参亲见其斲丧之祸，而收其民于百战之馀，知其厌苦、憔悴、无聊而不可与有为也，是以一切与之休息，而天下安。”是时熙宁中，公在密州，为此说者，以讽王安石新法也。其议论病之三易，与秦、汉之所以兴亡治乱，不过三百言而尽之。

张文潜作药戒，仅千言，云："张子病痞，积于中者，伏而不能下，自外至者，捍而不能纳，从医而问之。曰：'非下之不可。'归而饮其药，既饮而暴下。不终日，而向之伏者散而无馀，向之捍者柔而不支。焦膈导达，呼吸开利，快然若未始有疾者。不数日，痞复作，投以故药，其快然也亦如初。自是逾月，而痞五作五下，每下辄愈。然张子之气，一语而三引，体不劳而汗，股不步而慄，肤革无所耗于外，而其中薾然，莫知其所来。闻楚之南，有良医焉，往而问之。医叹曰：'子无叹是薾然者也。天下之理，其甚快于予心者，其末必有伤，求无伤于终者，则初无望于快吾心。痞横乎胸中，其累大矣。击而去之，不须臾而除甚大之累，和平之物不能为也。必将击搏震挠而后可，其功未成而和气已病。则子之痞，凡一快者，子之和一伤矣。不终月而快者五，则和平之气，不既索乎！且将去子之痞，而无害于和乎？子归，燕居三月，而后予之药可为也。'张子归三月而复请之。医曰：'子之气少全矣。'取药而授之，曰：'服之三月而疾少平，又三月而少康，终年而复常。且饮药不得亟进。'张子归而行其说。其初使人懑然迟之，盖三投其药而三反之也。然日不见其所攻，久较则月异而时不同，盖终岁而疾平。张子谒医谢而问其故。医曰：'是治国之说也。独不见秦之治民乎？敕之以命，捍而不听令；勤之以事，放而不畏法。令之不听，治之不变，则秦之民尝痞矣。商君见其痞也，厉以刑法，威以斩伐，痛划而力锄之。流荡四达，无敢或拒，痞尝一快矣。至于二世，凡几痞而几快矣。积快而不已，而秦之四支，枵然徒有其物而已。民心日离，而君孤立于上，故匹夫大呼，不终日而百疾皆起，欲运其手足肩膂，而漠然不我应，故秦之亡者，是好为快者之过也。昔者，先王之民初亦尝痞矣。先王不敢求快于吾心，阴解其乱，而除去其滞，使之悠然自趋于平安而不自知。于是政成教达，悠久而无后患。则余之药终年而愈疾者，盖无足怪也。'"予观文潜之说，尽祖苏公之绪论，而千言之烦，不若三百言之简也。故详书之，俾作文立说者知所矜式〔一〕。窃料苏公之记，文潜必未之见，是以著此篇；若既见之，当不复屋下架屋也。

【校勘记】

〔一〕知所矜式　"矜"原作"务"，据明抄本、马本改。

5　韩文称名

欧阳公作文，多自称予，虽说君上处亦然，三笔尝论之矣。欧公取法于韩公，而韩不然。滕王阁记、袁公先庙为尊者所作，谦而称名，宜也。至于徐泗掌书记壁记、科斗书后记、李虚中墓志之类皆曰愈，可见其谦以下人。后之为文者所应取法也。

6　棘寺棘卿

今人称大理为棘寺，卿为棘卿，丞为棘丞，此出周礼秋官："朝士掌建邦外朝之法。左九棘，孤、卿、大夫位焉。右九棘，公、侯、伯、子、男位焉。"郑氏注云："植棘以为位者，取其赤心而外刺也。棘与枣同。"棘之字，两朿相并，枣之字，两朿相承。此所言者，今之枣也。然孤、卿、大夫皆同之，则难以独指大理。王制云："正以狱成，告于大司寇，大司寇听之棘木之下。"料后人藉此而言。郑注亦只引前说，此但谓其入朝立治之处，若以指刑部尚书亦可也。易坎卦"系用徽纆〔一〕，置于丛棘"，以居险陷囚执为词，其义自别。

【校勘记】

〔一〕系用徽纆　“纆”原作“缠”，据库本、祠本改。按，易坎卦作“纆”。

7　晋代遗文

故麓中得旧书一帙，题为晋代名臣文集。凡十四家，所载多不能全，真太山一毫芒耳。有张敏者，太原人，仕历平南参军、太子舍人、济北长史。其一篇曰头责子羽文，极为尖新。古来文士皆无此作，恐艺文类聚、文苑英华或有之，惜其泯没不传，谩采之以遗博雅君子。其序云：“太原温长仁、颍川荀景伯、范阳张茂先、士乡刘先生〔一〕、南阳邹润甫、河南郑思渊。余友有秦生者，虽有姊夫之尊，少而狎之，同时昵好。张、荀之徒，数年之中，继踵登朝，而此贤身处陋巷，屡沽而无善价，抗志自若，终不衰堕，为之慨然。又怪诸贤既已在位，曾无伐木嘤鸣之声，又违王、贡弹冠之义，故因秦生容貌之盛，为头责之文以戏之，并以嘲六子焉。虽似谐谑，实有兴也。”

文曰：“维泰始元年，头责子羽曰：‘吾托为子头，万有馀日矣。大块禀我以精，造我以形。我为子莳发肤，置鼻耳，安眉頞，插牙齿。眸子桥光，双权隆起。每至出入人间，遨游市里，行者辟易，坐者竦跽。或称君侯，或言将军，捧行倾侧，伫立踦跂。如此者，故我形之足伟也。子冠冕弗戴，金银弗佩，艾以当笄，帞以代带，百味弗尝，食粟茹菜，岁暮年过，曾不自悔。子厌我形容，我贱子意态。若此者，必子行已累也。子遇我如雠，我视子如仇。居常不乐，两者俱忧。何其鄙哉！子欲为仁贤耶？则当如咎陶、后稷、巫咸、伊陟，保乂王家，永见封殖。子欲为名高耶？则当如许由、子臧、卞随、务光，洗耳逃禄，千载流芳。子欲为游说耶？则当如陈轸、蒯通、陆生、邓公，转祸为福，含辞从容。子欲为进趋耶？则当如贾生之求试，终军之请使，砥砺锋颖，以干王事。子欲为恬淡耶？则当如老聃之守一，庄周之自逸，漠然离俗，志凌云日。子欲为隐遁耶？则当如荣期之带索，渔父之瀺灂，栖迟神岳，垂饵巨鳌。此一介之人，所以显身成名者也。今子上不睎道德，中不效儒、墨，块然穷贱，守此愚惑。察子之情，观子之志，退不为处士，进无望三事，而徒玩日劳形，习为常人之所喜，不亦过乎！'子羽愀然深念而对曰：'凡所教敕，谨闻命矣。受性拘系，不闻礼义，误以天幸，为子所寄。今子欲使吾为忠耶？当如包胥、屈平；欲使吾为信耶？则当杀身以成名；欲使吾为节耶？则当赴水火以全贞。此四者，人之所忌，故吾不敢造意。'头曰：'子所谓天刑地网，刚德之尤。不登山抱木，则蹇裳赴流。吾欲告尔以养性，诲尔以优游。而与虮虱同情，不听我谋。悲哉！俱御人体，而独为子头。且儗人其伦，喻子侪偶，曾不如太原温颙、颍川荀禹、范阳张华、士乡刘许、南阳邹湛、河南郑诩。此数子者，或蹇吃无宫商，或尫陋希言语，或淹伊多姿态，或欢哗少智谞，或口如含胶饴，或头如巾齑杵。而犹以文采可观，意思详序，攀龙附凤，并登天府。夫舐痔得车，沉渊窃珠，岂若夫子，徒令唇舌腐烂，手足沾濡哉！居有事之世，而耻为权谋，譬犹凿地抱瓮，难以求富。嗟乎子羽，何异牢槛之熊，深阱之虎，石间饿蟹，灶中之鼠。事虽多而见工甚少，宜其卷局煎蹙，至老无所睎也。支离其形者，犹能不困，命也夫，与子同处。'"

其文九百馀言，颇有东方朔客难、刘孝标绝交论之体。集仙传所载神女成公智琼传，见于太平广记，盖敏之作也。邹湛姓名，因羊叔子而传，而字曰润甫，则见于此。

【校勘记】

〔一〕士乡刘先生　祠本"乡"作"卿"，"先"作"文"。按，全晋文卷八十引世说新语注文引张敏集、艺文类聚卷十七“士乡”作“上郡”，“先”作“文”。疑全晋文是。又，本则下文“士乡刘许”之“士乡”，全晋文亦作“上郡”。今姑仍其旧。

8　汉武帝田蚡公孙弘

尚论古人者，如汉史所书，于武帝，则讥其好大喜功，穷奢极侈，置生民于涂炭；于田蚡，则诋其负贵骄溢，以肺腑为相，杀窦婴、灌夫；于公孙弘，则云性意忌，外宽内深，饰诈钓名，不为贤大夫所称述。然以予考之，三君臣者，实有大功于名教。自秦始皇焚书坑儒，六学散缺，高帝初兴，未皇庠序之事，孝惠、高后时，公卿皆武力功臣，孝文好刑名，孝景不任儒。至于武帝，田蚡为丞相，黜黄、老刑名百家之言，延文学儒者以百数。帝详延天下方闻之士，咸登诸朝，令礼官劝学，讲议洽闻，举遗兴礼，以为天下先。而公孙弘以治春秋为丞相，天下学士靡然乡风。弘为学官，悼道之郁滞，始请为博士官置弟子，郡国有秀才异等，辄以名闻。请著功令。而诗、书、易、礼之学，彬彬并兴，使唐、虞、三代以来稽古礼文之事，得以不废。今之所以识圣人至道之要者，实本于此。史称其“罢黜百家，表章六经，号令文章，焕焉可述。”盖已不能尽其美。然则武帝奢暴，固贻患于一时；蚡、弘之为人，得罪于公论，而所以扶持圣教者，乃万世之功也。平帝元始诏书，尚能称弘之率下笃俗，但不及此云。

9　近世文物之殊

国家南渡以来，典章文物，多不与承平类。姑以予所亲见者言之，盖月异而岁不同，今聊纪从官立班随驾、省试官入院、政府呼召、百官驺从、朝报简削数项，以示子侄。

侍从常朝，绍兴中分立于垂拱殿隔门上，南北相向，以俟追班。乾道中犹然。暨淳熙，则引于殿门上，东西对立。车驾出，常朝文臣自宰相至二史，武臣自宗王、使相至观察使，以杂压次序行焉。孝宗在普安邸，官检校少保节度使，每出必处正尚书之后。而乾道以来，两班分而为二，唯使相不然。故开府仪同三司皆与执政官联行，而居其上。

绍兴十二年壬戌，予寓南山净慈，待词科试，见省试官联骑，公服戴帽，不加披衫。每一员以亲事官一人执敕黄行前。是时，知举、参详、点检官合三十一员，最后一中官宣押者，入下天竺贡院。及三十年庚辰，予以吏部郎充参详官，既入内受敕，则各各乘马，不同时而赴院。至淳熙十四年丁未，忝司贡举，则了与昔异。三三两两，自为迟速，其乘轿者十人而九矣。

宰府呼召之礼，始时庶僚皆然，已而卿、监、郎官及史局、玉牒所缘提举官属之故，一切得免。逮乾道以后，宰相益自卑，于是馆职亦免。迄于淳熙则凡职事官悉罢此制。

朝士驺从至少，各得雇募若干，取步军司名籍，而帮钱米于左藏，率就雇游手、冗卒，两分可供一名。如假借于近郡者，给其半。初犹破省，马并一驭者，后不复有焉。若乘轿，仅能充负荷而已。今日似益增，虽下列亦占十馀辈。

进奏院报状，必载外郡谢上或监司到任表，与夫庆贺表章一篇。凡朝廷除郡守，先则除目，但云某人差知某州，替某人。及录黄下吏部，但前衔后拟云："某官姓名。宜差知或权知，权发遣。某州、军州兼管内劝农营田事，替某人。到任成资阙，或云年满。仍借紫借绯，候回日却依旧服色。外官求休致，则云："某州申某官姓名，为病乞致仕。"或两人三人后，云："某时已降敕，命各守本官致仕。"今不复行,但小报批下。或禁小报,则无由可知。此必一宰相以死为讳者,故去之。外官表章闻,有一二欲士大夫见之者,须以属东省乃可。郡守更不报细衔。礼文简脱,一至于此。

容斋五笔卷五 十五则

1　庾公之斯

孟子："逢蒙学射于羿，尽羿之道，思天下惟羿为愈己，于是杀羿。孟子曰：'是亦羿有罪焉？'公明仪曰：'疑若无罪焉。'曰：'薄乎云尔，恶得无罪？'"此一段既毕，而继之曰："郑人使子濯孺子侵卫，卫使庾公之斯追之。子濯孺子曰：'今日我疾作，不可以执弓，吾死矣夫。'问其仆，曰：'追我者谁也？'其仆曰：'庾公之斯也。'曰：'吾生矣。'其仆曰：'庾公之斯，卫之善射者也。夫子曰吾生，何谓也？'曰：'庾公之斯学射于尹公之他，尹公之他学射于我。夫尹公之他，端人也，其取友必端矣。'庾公之斯至，曰：'夫子何为不执弓？'曰：'今日我疾作，不可以执弓。'曰：'小人学射于尹公之他，尹公之他学射于夫子，我不忍以夫子之道反害夫子。虽然，今日之事，君事也，我不敢废。'抽矢，扣轮，去其金，发乘矢而后反。"孟子书子濯、庾公一段，几二百字，其旨以谓使羿如子濯得尹公而教之，则必无逢蒙之祸。然前段结尾，自常为文者处之，必云如子濯孺子，施教于尹公之他则可，不然，后段之末，必当云以是事观之，羿之不善取友，至于杀身，其失如此，然后文体相属。兹判为两节，若不关联，而宫商相宜，律吕明焕，立言之妙，是岂步趋模仿所能彷彿哉！人为儿童时，便读此章，未必深识其趣，故因表出而极论之。左氏传书卫献公奔齐云："尹公他学射于庾公差，庾公差学射于公孙丁。他与差为孙林父追公，公孙丁御公。庾公差曰：'射为背师，不射为戮，射为礼乎？'射两軥而还。尹公他曰：'子为师，我则远矣。'乃反之。公孙丁授公辔而射之，贯他臂。"即孟子所引者，而名字先后美恶皆不同。

2　万事不可过

天下万事不可过，岂特此也！虽造化阴阳亦然。雨泽所以膏润四海，然过则为霖淫；阳舒所以发育万物，然过则为燠亢。赏以劝善，过则为僭；刑以惩恶，过则为滥。仁之过则为兼爱无父，义之过则为为我无君。执礼之过，反邻于谄；尚信之过，至于证父。是皆偏而不举之弊，所谓过犹不及者。扬子法言云："周公以来，未有汉公之懿也，勤劳则过于阿衡。"盖谄王莽也。后之议者，谓阿衡之事不可过也，过则反，乃诮莽耳。其旨意固然。

3　致仕官上寿

国朝大臣及侍从致仕后，多居京师。熙宁中，范蜀公自翰林学士以本官户部侍郎致仕，同天节乞随班上寿，许之。遂著为令。元祐初，韩康公以故相判大名府，还都，拜司空致仕，值太皇太后受册礼毕，乞随班称贺，降诏免赴，皆故事也。

4　桃花笑春风

王荆公集古胡笳词一章云："欲问平安无使来，桃花依旧笑春风。"后章云："春风似旧花仍笑，人生岂得长年少。"二者贴合，如出一手，每叹其精工。其上句盖用崔护诗，后一句久不见其所出。近读范文正公灵岩寺一篇云："春风似旧花犹笑。"以"仍"为"犹"，乃此也。李义山又有绝句云："无赖夭桃面，平明露井东。春风为开了，却拟笑春风。"语意两极其妙。

5　严先生祠堂记

范文正公守桐庐，始于钓台建严先生祠堂，自为记，用屯之初九，蛊之上九，极论汉光武之大，先生之高，财二百字。其歌词云："云山苍苍，江水泱泱。先生之德，山高水长。"既成，以示南丰李泰伯。泰伯读之，三叹味不已，起而言曰："公之文一出，必将名世，某妄意辄易一字，以成盛美。"公瞿然握手扣之，答曰："云山、江水之语，于义甚大，于词甚溥，而'德'字承之，乃似直趢趚，拟换作'风'字，如何？"公凝坐颔首，殆欲下拜。张伯玉守河阳，作六经阁记，先托游士及在职者各为之，凡七八本，既毕，并会于府，伯玉一一阅之，取纸书十四字，遍示客曰："六经阁，诸子、史、集在焉，不书，尊经也。"时曾子固亦预坐，惊起摘伏。迈顷闻此二事于张子韶，不能追忆经阁所在及其文竟就于谁手，后之君子，当有知之者矣。

6　大言误国

隗嚣谋畔汉，马援劝止之甚力，而其将王元曰："今天水全富，士马最强，案秦旧迹，表里河山，元请以一丸泥为大王东封函谷关〔一〕。"嚣反遂决，至于父子不得其死。元竟降汉。隋文帝伐陈，大军临江，都官尚书孔范言于后主曰："长江天堑，古以为限隔南北，今日虏军岂能尽度邪〔二〕？臣每患官卑，虏若渡江，臣定作太尉公矣。"或妄言北军马死，范曰："此是我马，何为而死？"帝笑以为然，故不为深备。已而国亡，身窜远裔。唐元宗有克复中原之志，及下南闽，意以谓诸国可指麾而定，而事力穷薄，且无良将。魏岑因侍宴言："臣少游元城，好其风物，陛下平中原，臣独乞任魏州。"元宗许之。岑趋墀下拜谢，人皆以为佞。孟蜀通奏使王昭远，居常好大言，有杂耕渭上之志，闻王师入讨，对宾客援手言："此送死来尔。乘此逐北，遂定中原，不烦再举也。"不两月蜀亡，昭远为俘。此四臣之佞，本为爵禄及一时容悦而已，亦可悲哉！

【校勘记】

〔一〕请以一丸泥为大王东封函谷关　"丸"原作"寸"，误刊。据马本、库本、祠本改。按，东观汉记卷二十三隗嚣载记作"丸"。

〔二〕虏军岂能尽度　马本、库本、祠本"尽"作"飞"。按，南史卷七十七孔范传作"飞"。

7　宗室覃恩免解

淳熙十三年，光尧太上皇帝以圣寿八十，肆赦推恩，宇宙之内，蒙被甚广。太学诸生，至于武学，皆得免文解一次，凡该此恩者，千二三百人。而宗子在学者不预，诸人相率诣宰府，且遍谒侍从、台谏，各纳一札子，叙述大旨，其要以为："德寿霈典，普天同庆，而玉牒支派，辱居胶庠，顾不获与布衣书生等。窃譬之世俗尊长生日，召会族姻，而本家子孙，不享杯酒脔炙，外议谓何？今厖鸿之泽如此，宗学乃不许厕名，于义于礼，恐为未惬。"是时，诸公莫肯出手为言，迈以待制侍讲内宿，适蒙宣引，因出其纸以奏，仍为敷陈此辈所云尊长生日会客而本家子弟不得坐，譬谕可谓明白。孝宗亦笑曰："甚是切当有理。"时所携只是白札子，蒙径付出施行，遂一例免举。

其人名字，今不复能记忆矣。

8　唐书载韩柳文

宋景文修唐书，韩文公传全载其进学解、谏佛骨表、潮州谢上表、祝鳄鱼文，皆不甚润色，而但换进学解数字，颇不如本意。元云“招诸生立馆下”，改“招”字为“召”，既言先生入学，则诸生在前，招而诲之足矣，何召之为！“障百川而东之”，改“障”字为“停”，本言川流横溃，故障之使东，若以为停，于义甚浅。改“跋前疐后”为“踬后”，韩公本用狼跋诗语，非踬也。其他以“爬罗剔抉”为“杷罗”，“焚膏油”为“烧”，以“取败几时”为“其败”。吴元济传书平淮西碑文千六百六十字，固有他本不同，然才减节辄不稳当。“明年平夏”一句悉芟之。“平蜀西川”减“西川”字。“非郊庙祠祀，其无用乐”减“祠”、“其”两字。“皇帝以命臣愈，臣愈再拜稽首”减下“臣”字。殊害理。“汝其以节都统讨军”，以“讨”为“诸”，尤不然。讨者，如左传讨军实之义，若云“诸军”，何人不能下此语。柳子厚传载其文章四篇，与萧俛、许孟容书、贞符、惩咎赋也。孟容书意象步武，全与汉杨恽答孙会宗书相似，贞符仿班孟坚典引，而其四者次序或失之。至云：“宗元不得召，内闵悼，作赋自儆。”然其语曰：“逾再岁之寒暑。”则责居日月未为久，难以言不得召也。资治通鉴但载梓人及郭橐驼传，以为其文之有理者。其识见取舍，非宋景文可比云。

9　冥灵社首风

光尧上仙，于梓宫发引前夕，合用警场导引鼓吹词。迈在翰苑制撰，其六州歌头内一句云："春秋不说楚冥灵。"常时进入文字，立待报者，则贴黄批急速，未尝停滞。是时，首尾越三日，又入奏，趣请付出。太常吏欲习熟歌唱，守院门伺候，适有表弟沈日新在军将桥客邸，一士人乃上庠旧识，忽问"楚冥灵"出处，沈亦不能知，来扣予，因以庄子语告之，急走报，此士大喜。初，孝宗以付巨当霍汝弼，使释其意。此士，霍客也。故宛转费日如此。又面奉旨令代作挽诗五章。其四云："鼎湖龙去远，社首凤来迟。"当时不敢宣泄，而带御器械谢纯孝密以为问，乃为举王子年拾遗记，盖周成王事也。禁苑文书，周悉乃尔。

10　左传州郡

左传鲁哀公二年，晋赵鞅与郑战，誓众曰："克敌者，上大夫受县，下大夫受郡，士田十万。"注云："周书作雒篇：千里百县，县有四郡。"然则郡乃隶县，而历代地理、郡国志，未之或书。又传所载地名，从州者凡五。"鲁宣公会齐于平州，以定其位。"注云："齐地，在泰山牟县西。"见于正经。它如："允姓之奸，居于瓜州。"注："今燉煌也。""楚庄王灭陈，复封之，乡取一人焉以归，谓之夏州。""齐子尾使闾丘婴伐我阳州。"注："鲁地。"后四十年，又书"鲁侵齐，门于阳州"。注："攻其门也。""苫越生子，将待事而名之，阳州之役获焉，名之曰阳州。"是齐、鲁皆有此地也。卫庄公登城以望，见戎州，曰："我姬姓也，何戎之有焉！"以上唯瓜州之名至今。

11　贫富习常

少时，见前辈一说云："富人有子不自乳，而使人弃其子而乳之；贫人有子不得自乳，而弃之以乳他人之子。富人懒行，而使人肩舆；贫人不得自行，而又肩舆人。是皆习以为常而不察之也。天下事，习以为常而不察者，推此亦多矣，而人不以为异，悲夫。”甚爱其论。后乃得之于晁以道客语中，故谨书之，益广其传。

12　唐用宰相

唐世用宰相不以序，其得之若甚易，然固有出入大僚，历诸曹尚书、御史大夫，领方镇，入为仆射、东宫师傅，而不得相者，若颜真卿、王起、杨於陵、马总、卢钧、韩皋、柳公绰公权、卢知猷是也。如人主所欲用，不过侍郎、给事中，下至郎中、博士者，才居位即礼绝百僚，谏官御史听命之不暇，顾何敢辄抨弹其失，与国朝异矣。其先在职者，仍许引其同列，若姚元崇之引宋璟，萧嵩之引韩休，李林甫引牛仙客、陈希烈，杨国忠引韦见素，卢杞引关播，李泌引董晋、窦参，李吉甫引裴垍，李德裕引李回，皆然。

13　史记渊妙处〔一〕

太史公书不待称说，若云褒赞，其高古简妙处，殆是摹写星日之光辉，多见其不知量也。然予每展读至魏世家、苏秦、平原君、鲁仲连传，未尝不惊呼击节，不自知其所以然。魏公子无忌与王论韩事，曰：“韩必德魏爱魏重魏畏魏，韩必不敢反魏。”十馀语之间，五用魏字。苏秦说赵肃侯曰：“择交而得则民安，择交而不得则民终身不安。齐、秦为两敌而民不得安，倚秦攻齐而民不得安，倚齐攻秦而民不得安。”平原君使楚，客毛遂愿行，君曰：“先生处胜之门下，几年于此矣？”曰：“三年于此矣。”君曰：“先生处胜之门下，三年于此矣，左右未有所称诵，胜未有所闻，是先生无所有也。先生不能，先生留。”遂力请行，而折楚王，再言：“吾君在前，叱者何也？”至左手持盘血，而右手招十九人于堂下，其英姿雄风，千载而下，尚可想见，使人畏而仰之，卒定从而归。至于赵，平原君曰：“胜不敢复相士。胜相士多者千人，寡者百数，今乃于毛先生而失之。毛先生一至楚，而使赵重于九鼎、大吕。毛先生以三寸之舌，强于百万之师。胜不敢复相士。”秦围赵，鲁仲连见平原君曰：“事将奈何？”君曰：“胜也何敢言事！魏客新垣衍令赵帝秦，今其人在是。胜也何敢言事！”仲连曰：“吾始以君为天下之贤公子也，吾今然后知君非天下之贤公子也。客安在〔二〕。”平原往见衍，曰：“东国有鲁仲连先生者，胜请为绍介，交之于将军。”衍曰：“吾闻鲁仲连先生，齐国之高士也。衍，人臣也，使事有职，吾不愿见鲁仲连先生。”及见衍，衍曰：“吾视居此围城之中者，皆有求于平原君者也；今吾观先生之玉貌，非有求于平原君者也。”又曰：“始以先生为庸人，吾乃今日知先生为天下之士也。”是三者，重沓熟复，如骏马下驻千丈坡，其文势正尔。风行于上而水波，真天下之至文也。

【校勘记】

〔一〕史记渊妙处　库本、祠本“渊”作“简”。

〔二〕客安在　“客安”原作“梁客”，据马本、库本、祠本改。按，史记卷八十三鲁仲连传作“客安”。

14　玉津园喜晴诗

淳熙十二年三月二十六日，车驾宿戒幸玉津园，命下，大雨，有旨许从驾官带雨具。将晓，有晴意，已而天宇豁然。至晚归，迈进一诗，歌咏其实，云："五更犹自雨如麻，无限都人仰翠华。翻手作云方怅望，举头见日共惊嗟。天公的有施生妙，帝力堪同造物夸。上苑春光无尽藏，可须羯鼓更催花。"四月四日，扈从诣景灵宫朝献，蒙于幕次赐和篇。圣制云："比幸玉津园，纵观春事，适霁色可喜，卿有诗来上，因俯同其韵：春郊柔绿遍桑麻，小驻芳园览物华。应信吾心非暇逸，顿回晴意绝咨嗟。每思富庶将同乐，敢务游畋漫自夸。不似华清当日事，五家车骑烂如花。"后二日，兵部尚书宇文价内引，上举似此诗曰："洪待制用雨如麻字，偶思得桑麻可押，又其末句用羯鼓催花事，故以华清车骑答之。"价拱手称赞，明日以相告云。

15 虢巨贺兰

天下国家不幸而有四郊之警，为人臣者，当随其事力，悉心尽忠，以致尺寸之效。苟为叨窃禄位，视如秦、越，一切惟己私之是徇，虽千百载后，睹其事者，犹使人怒发冲冠也。唐天宝禄山之乱，可谓极矣。虢王巨为河南节度使，贺兰进明继之，拥数道之兵，临要害之地，尊为征镇，有民有财，而汗漫忌疾，非徒无益，而反败之。巨在彭城，张巡在雍丘，以将士有功，遣使诣巨请空名告身及赐物，巨惟与折冲、果毅告身三十通，不与赐物，巡竟不能，立徙于睢阳。先是太守许远积粮六万石，巨以其半给濮阳、济阴，远固争不得。二郡得粮，遂以城叛，而睢阳食尽。颜鲁公起兵平原，合众十万，既成魏郡堂邑之功矣。是时，进明为北海太守，亦起兵，公以书召之并力，进明度河，公每事咨之，军权始移，遂取舍任意，以得招讨后诣行在，因谮房琯，自岭南而易河南。张巡受围困棘，遣南霁云告急于其所治临淮，相去三百里，弃而不救。平原、睢阳失守，实二人之故。

一时议者，皆不以为言，使之连据高位，显为佚罚。曾不十年，巨斥刺遂州，为段子璋所杀；进明坐第五琦党，自御史大夫窜谪以死。天网恢恢，兹焉不漏。

容斋五笔卷六 十二则

1　鄱阳七谈

鄱阳素无图经地志，元祐六年，馀干进士都颉始作七谈一篇，叙土风人物，云："张仁有篇，徐濯有说，顾雍有论，王德琏有记，而未有形于诗赋之流者，因作七谈。"其起事则命以建端先生，其止语则以毕意子。其一章，言澹浦、彭蠡山川之险胜，番君之灵杰。其二章言滨湖蒲鱼之利，膏腴七万顷，柔桑蚕茧之盛。其三章，言林麓木植之饶，水草蔬果之衍，鱼鳖禽畜之富。其四章，言铜冶铸钱，陶埴为器。其五章，言宫寺游观，王遥仙坛，吴氏润泉，叔伦戴堤。其六章，言鄱江之水。其七章，言尧山之民，有陶唐之遗风。凡三千馀字，自谓八日而成。比之太冲十稔、平子十年为无慊。予偶于故簏中得之，惜其不传于世，故表著于此。其所引张、徐、王、顾所著，今不复存，更为可恨也。

2　经解之名

晋、唐至今，诸儒训释六经，否则自立佳名，盖各以百数，其书曰传、曰解、曰章句而已。若战国迨汉，则其名简雅。一曰故，故者，通其指义也。书有夏侯解故，诗有鲁故、后氏故、韩故也。毛诗故训传，颜师古谓流俗改故训传为诂，字失真耳。小学有杜林苍颉故。二曰微，谓释其微指。如春秋有左氏微、铎氏微、张氏微、虞卿微传。三曰通，如洼丹易通论名为洼君通，班固白虎通，应劭风俗通，唐刘知几史通、韩滉春秋通。凡此诸书，唯白虎通、风俗通仅存耳。又如郑康成作毛诗笺，申明其义，他书无用此字者〔一〕。论语之学，但曰齐论、鲁论、张侯论，后来皆不然也。

【校勘记】

〔一〕郑康成作毛诗笺申明其义他书无用此字者　马本、库本、祠本"其"作"传"。

3　卜筮不敬

古者龟为卜，筴为筮，皆兴神物以前民用。其用之至严，其奉之至敬，其求之至悉，其应之至精〔一〕。斋戒乃请，问不相袭，故史祝所言，其验若答。周史筮陈敬仲，知其八世之后莫之与京，将必代齐有国。史苏占晋伯姬之嫁，而及于为嬴败姬，惠、怀之乱。至邃至赜，通于神明。后世浸以不然，今而愈甚。至以饮食猥杂之际，呼日者隅坐，使之占卜，往往不加冠裳，一问四五，而责其术之不信，岂有是理哉！善乎班孟坚之论曰："君子将有为也，将有行也，问焉而以言，其受命也如响。及至衰世，懈于斋戒，而娄烦卜筮，神明不应。故筮渎不告，易以为忌，龟厌不告，诗以为刺。"谓周易之蒙卦曰："初筮告，再三渎，渎则不告。"诗小旻之章云："我龟既厌，不我告犹。"言卜问烦数，狎嫚于龟，龟灵厌之，不告以道也。汉世尚尔，况在于今，未尝顷刻尽敬，而一归咎于淫巫瞽史，其可乎哉！

【校勘记】

〔一〕其求之至悉其应之至精　"求"原作"来"，误刊，据马本、库本、祠本改。

4　糖霜谱

糖霜之名，唐以前无所见，自古食蔗者始为蔗浆，宋玉招魂所谓"胹鳖炰羔有柘浆"是也。其后为蔗饧，孙亮使黄门就中藏吏取交州献甘蔗饧是也。后又为石蜜，南中八郡志云："笮甘蔗汁，曝成饴，谓之石蜜。"本草亦云"炼糖和乳为石蜜"是也。后又为蔗酒，唐赤土国用甘蔗作酒，杂以紫瓜根是也。唐太宗遣使至摩揭陁国，取熬糖法，即诏扬州上诸蔗，榨渖如其剂，色味愈于西域远甚，然只是今之沙糖。蔗之技尽于此，不言作霜，然则糖霜非古也。历世诗人模奇写异，亦无一章一句言之，唯东坡公过金山寺，作诗送遂宁僧圆宝云："涪江与中泠，共此一味水。冰盘荐琥珀，何似糖霜美。"黄鲁直在戎州，作颂答梓州雍熙长老寄糖霜云："远寄蔗霜知有味，胜于崔子水晶盐。正宗扫地从谁说，我舌犹能及鼻尖。"则遂宁糖霜见于文字者，实始二公。甘蔗所在皆植，独福唐、四明、番禺、广汉、遂宁有糖冰，而遂宁为冠。四郡所产甚微，而颗碎色浅味薄，才比遂之最下者，亦皆起于近世。唐大历中，有邹和尚者，始来小溪之繖山，教民黄氏以造霜之法。繖山在县北寺十里，山前后为蔗田者十之四，糖霜户十之三。蔗有四色，曰杜蔗，曰西蔗，曰艻蔗〔一〕，本草所谓荻蔗也，曰红蔗，本草昆仑蔗也。红蔗止堪生噉，艻蔗可作沙糖，西蔗可作霜，色浅，土人不甚贵，杜蔗紫嫩，味极厚，专用作霜。凡蔗最困地力，今年为蔗田者，明年改种五谷以息之。霜户器用，曰蔗削、曰蔗镰、曰蔗凳、曰蔗碾、曰榨斗、曰榨床、曰漆瓮，各有制度。凡霜，一瓮中品色亦自不同，堆叠如假山者为上，团枝次之，瓮鉴次之，小颗块次之，沙脚为下；紫为上，深琥珀次之，浅黄又次之，浅白为下。宣和初，王黼创应奉司，遂宁常贡外，岁别进数千斤。是时，所产益奇，墙壁或方寸，应奉司罢，乃不再见。当时因之大扰，败本业者居半。久而未复，遂宁王灼作糖霜谱七篇，具载其说，予采取之以广闻见。

【校勘记】

〔一〕芀蔗　祠本“芀”作“芳”。按，库本糖霜谱作“芀”。

5　李彦仙守陕

靖康夷虏之祸，忠义之士，死于守城，而得书史传者，如汾州之张克戬、隆德之张确、怀之霍安国、代之史抗、建宁寨之杨震、震武之朱昭是已〔一〕。唯建炎以来，士之得其死者盖不少。兹读王灼所作李彦仙传，虽尝具表上进，然虑实录、正史未曾采用，谨识于此。

彦仙字少严，本名孝忠，其先宁州人也，后徙于巩。幼有大志，喜谈兵，习骑射，所历山川形势必识之。尚气，谨然诺，非豪侠不交。金人南侵，郡县募勤王军，彦仙散家赀，得三千人，入援京师。虏围太原，李纲为宣抚使，彦仙上书切诋，有司逮捕急，乃易今名，弃官亡命。顷之，复从种师中，师中败死，仙走陕州。守将李弥大问北事，条对详複〔二〕，使扼殽、渑间。金人再围汴，陕西范致虚总六路兵进援，仙请曰：“殽、渑险隘，难于立军，前却即众溃矣。宜分道并进，伺空以出。且留半军于陕，为善后计。”致虚曰：“如子言，乃逗挠也。”仙曰：“兵轻而分，正可速达。”不从，争益牢，致虚怒，罢其职。既而败绩，卒无功。

建炎元年四月，金人屠陕州，经制使王瓛度不能支，引部曲去，官吏逃逸。仙为石壕尉，独如平时，归者繦属，即徙老稚入土花砦、三鴉、石柱、大通诸山，拔武锐者分主之，自营三鴉。谕众曰：“虏实易与，今得地利，若辈坚守足矣。”少日虏复据陕，分军来攻，有健酋升前阜嫚骂，仙单骑冲击，挟之以归，始料众，正部伍。虏数万围三鴉，仙邀战，伏精兵后崦，掩杀万计，夺马三百，虏解去。京、洛间多争附者，势益雄张，未阅月，破虏五十馀壁。

初，虏再入陕，官其土人，俾招复业者，人给符别之。仙阴纵麾下往，约日内应。二年三月，引兵直州南，城中火起，虏方备南壁，而水军自新店，夜顺流薄城东北蒙泉坡、龙堂沟以入，表里夹攻，僵尸相藉，遂复陕。

始，河东之人倡义拒虏，仙约胡夜叉者为助，假以沿河提举，意不满，叛趋南原。仙诱致杀之，夺五千众。邵隆、邵云本其党，欲为复雠，仙因客镌说，遂来归。乘胜渡河，栅中条诸山，蒲、解至太原皆响动，乃分遣隆、云等取安邑、虞乡、芮城、正平、解，皆下之，蒲几拔，会援至，不克。以功迁峰门宣赞舍人，就畀陕，兼安抚司公事，悉裒所俘酋长护送行在。

上咨叹，赐袍带、枪剑，许直达奏事，便宜处决。时关以东独陕在，益增陴、疏堑、蒐军、缮铠，广屯田，训农耕作。家素留巩，尽取至官，曰：“吾父母妻子同城存亡矣。”闻者感悦，各有固志。十二月，金酋乌鲁撒拔围陕，仙背城鏖鬬，七日，虏伤甚跳奔。三年，娄宿孛堇自绛移屯蒲、解，谍知之，设伏于诸谷，鼓躁横突，俘馘十八，娄宿仅以身免。制置使王庶檄使轻军掎角，次虞乡，虏以万甲逆石锺谷口，终日战，斩级二千。迁武功大夫、宁州观察使、河、解、同、耀制置使。

时河东土豪密附，期王师来为应。仙益治军，欲请于朝，乞诏陕西诸路各助步骑二万。会张浚经略处置川、陕，弗之许。十二月，娄宿众十万复围陕，仙夜使人隧地，焚其攻具，营部嚣乱，纵兵乘之，虏稍退。

四年正月，益生兵傅垒，昼夜进攻，鹅车、天桥、火车、冲车丛进，仙随机拒敌，又为金汁炮，火药所及，糜烂无遗，而围不解。日凭堞须外援，浚为遣军，虏先阻雍，不得进，则令泾原曲端出鄜坊绕虏后。端素嫉仙声绩逾己，幸其败，诡托不行。丁巳，城陷，仙挟亲军巷战，矢集身如蝟，左臂中刃，不殊，战逾力，遂死之，并其家遇害。

先是，虏尝许以河南元帅，及围合，复言如前约，当退师。仙叱曰："吾宁鬼于宋，安用汝富贵为。"虏惜其才，必欲降之，城将破，先令军中，生致者予万金。仙平时弊衣同士卒，及是，杂群伍中死，虏不能察。其为人，面少和色，有犯令，虽亲属不贷。诸将败事，或有他过，其外屯者，辄封梃，遣帐下往，皆裸就笞，不敢出一词。当是时，同、华、长安尽为敌薮，陕斗绝一隅，初无朝家素定约束，中立孤军日与虏确，但诵忠义，感励其众。每拜君赐暨取敌金赀，悉均之，毛铢不入己。以是精兵三万，大小二百战，皆乐为用。军事独裁决，至郡政必问法所底，阖境称治。浚承制赠彰武军节度使，建庙商州。

邵云者，龙门人。城破被执，娄宿欲命以千户长，肆詈不屈，乃钉之木架上，置解州东门外。恶少抚其背涅文，戏曰："可鞘吾佩刀。"云怒，偃架仆之。后五日磔解之，至抉眼摘肝，詈不绝，喉断乃已。初行刑，将剸刃，云叱之，失刀而毙，其忠勇盖如此。

【校勘记】

〔一〕震武之朱昭　东都事略卷一一一朱昭传、宋史卷四八六夏国传"武"作"威"。

〔二〕条对详複　李本、马本、库本"複"作"復"。

6 奸雄疾胜己者

自古奸雄得志，包藏祸心，窥伺神器，其势必嫉士大夫之胜己者，故常持“宁我负人，无人负我”之说。若蔡伯喈之值董卓，孔文举、祢正平、杨德祖之值曹操，嵇叔夜、阮嗣宗之值司马昭、师，温太真之值王处仲，谢安石、孟嘉之值桓温，皆可谓不幸矣。伯喈仅仅脱卓手，终以之陨命〔一〕。正平转死于黄祖，文举覆宗，德祖被戮。叔夜罹东市之害，嗣宗沉湎佯狂，至为劝进表以逃大咎。太真以智挫钱凤而免，其危若蹈虎尾。唯谢公以高名达识，表里至诚，故温敬之重之，不敢萌相窥之意。然尚有“为性命忍须臾”及“晋祚存亡在此一行”之虞。孟嘉为人夷旷冲默，名冠州里，称盛德人。仕于温府，历征西参军、从事、中郎、长史，在朝隤然仗正，必不效郗超辈轻与温合。然自度终不得善其去，故放志酒中，如龙山落帽，岂为不自觉哉。温至云“人不可以无势，我乃能驾驭卿”，老贼于是见其肺肝矣。嘉虽得全于酒，幸以考终，然财享年五十一，盖酒为之累也。陶渊明实其外孙，伤其“道悠运促”，悲夫！

【校勘记】

〔一〕蔡……伯喈仅仅脱卓手终以之陨命　李本“仅仅”作“辈仅”。

7 俗语放钱

今人出本钱以规利入，俗语谓之放债，又名生放，予考之亦有所来。汉书谷永传云：“至为人起责，分利受谢。”颜师古注曰：“言富贾有钱，假托其名，代之为主，放与他人，以取利息而共分之。”此放字所起也。

8 汉书多叙谷永

予亡弟景何,少时读书甚精勤,昼夜不释卷,不幸有心疾,以至夭逝。尝见梁宏夫诵汉书,即云:"唯谷永一人,无处不有。"宏夫验之于史,乃服其说。今五十馀年矣,漫摭永诸所论建,以渫予在原之思。薛宣为少府,御史大夫缺,永言宣简在两府。谏大夫刘辅系狱,永同中朝臣上书救之。光禄大夫郑宽中卒,永乞以师傅恩加其礼谥。陈汤下狱,永上疏讼其功。鸿嘉河决,永言当观水势,然后顺天心而图之。成帝好鬼神方术,永言皆妄人惑众,挟左道以欺罔世主,宜距绝此类。梁王为有司奏禽兽行,永上疏谏止勿治。淳于长初封,下朝臣议,永言长当封。段会宗复为西域都护,永怜其老,复远出,手书戒之。建昭雨雪,燕多死,永请皇后就宫,令众妾人人更进。建始星孛营室,永言为后宫怀妊之象,彗星加之,将有绝继嗣者〔一〕。永始日食,永以易占对,言酒亡节之所致。次年又食,永言民愁怨之所致。星陨如雨,永言王者失道,下将叛去,故星叛天而陨,以见其象。楼护传言:"谷子云之笔札。"叙传述其论许、班事。许皇后传云:"上采永所言以答书。"其载于史者,详复如此。本传云:"永善言灾异,前后所上四十馀事。"盖谓是云。

【校勘记】

〔一〕将有绝继嗣者　"有"原为空格,据明抄本补。

9 玉堂殿阁

汉谷永对成帝问曰:"抑损椒房、玉堂之盛宠。"颜师古注:"椒房，皇后所居。玉堂，嬖幸之舍也。”按，汉书李寻传：“久污玉堂之署。”注：“玉堂殿在未央宫。”翼奉疏曰：“孝文帝时，未央宫又无高门、武台、麒麟、凤皇、白虎、玉堂、金华之殿。”三辅黄图曰：“未央宫有殿阁三十二，椒房、玉堂在其中。”汉宫阁记云：“未央宫有玉堂、宣室阁。”又引汉书“建章宫南有玉堂，璧门三层，台高三十丈〔一〕，玉堂内殿十二门阶，阶皆玉为之。又有玉堂、神明堂二十六殿。”然今汉书郊祀志但云“建章宫南有玉堂璧门”，而无它语。晋灼注扬雄解嘲“上玉堂”之句，曰“黄图有大玉堂、小玉堂殿”，而今黄图无此文。国朝太宗淳化中，赐“翰林玉堂”之署四字，其后以最下一字犯庙讳，故元符中只云“玉堂”。绍兴末，学士周麟之又乞高宗御书“玉堂”二字揭于直庐，麟之跋语，自有所疑。已而议者皆谓玉堂乃殿名，不得以为臣下直舍，当如承明故事，请曰“玉堂之庐”可也。今翰林但扁摛文堂三字，示不敢居。然则其为禁内宫殿明白，有殿、有阁、有台。谷永以配椒房言之，意当日亦尝为燕游之地，师古直以为嬖幸之舍，与前注自相舛异，大误矣。

【校勘记】

〔一〕台高三十丈　库本、祠本“三”作“二”。

10　汉武帝喜杀人者

汉武帝天资刚严，闻臣下有杀人者，不唯不加之罪，更喜而褒称之。李广以故将军屏居蓝田，夜出至亭，为霸陵醉尉所辱。居无何，拜右北平太守，请尉与俱，至军而斩之。上书自陈谢罪。上报曰：“将军者，国之爪牙也。怒形则千里竦，威振则万物伏。夫报忿除害，朕之所图于将军也。若乃免冠徒跣，稽颡请罪，岂朕之指哉!”胡建守军正丞,谓未得真官,兼守之也。时监军御史穿北军垒垣以为贾区,建欲诛之。当选士马日,御史与护军诸校列坐堂皇上,建趋至拜谒,因令走卒曳御史下,斩之。遂上奏曰:“案军法:‘正亡属将军,将军有罪以闻,二千石以下行法焉。’丞于用法疑,臣谨以斩。”谓丞属军正,斩御史于法有疑也。制曰:“三王或誓于军中,欲民先成其虑也。或誓于军门之外,欲民先意以待事也。或将交刃而誓,致民志也。建又何疑焉。”建繇是显名。观此二诏,岂不开妄杀之路乎!

11　知人之难

霍光事武帝,但为奉车都尉,出则奉车,入侍左右,虽以小心谨饬亲信,初未尝少见于事也。一旦位诸百寮之上,使之受遗当国。金日磾以胡父不降,没入官养马,上因游宴见马,于造次顷刻间,异其为人,即日亲近,其后遂为光副。两人皆能称上所委。然一日用四人,若上官桀、桑弘羊,亦同时辅政,几于欲害霍光,苟非昭帝之明,社稷危矣。则其知人之哲,得失相半,为未能尽,此虽帝尧之圣而以为难也。

12　馆职迁除

建炎南渡,稍置馆职。绍兴初,始定制,除监、少丞外,以著作郎、佐郎、秘书郎二员,校书、正字通十二员为额,仿唐瀛州十八学士之数。其迁出它司,非郎官即御史。唯林之奇以疾,王十朋以论事,皆徙越府大宗正丞。自乾道以后,有旨,须曾任知县,始得除台、察,曾任郡守,始得为郎。三馆之士固无有历此者,于是朝廷欲越次擢用者，乃以为将作、军器少监，旋进为监，既班在郎上，则无所不可为。欲径隮清要者，则由著廷秘郎而拜左右二史，不然，不过兼权省郎，年岁间求一郡而去，而御史之除，皆归六院矣。尔后颇靳其选，俟再迁寺监丞簿，然后命之。向时郡守召用，虽自军垒亦除郎，今资浅望轻者，但得丞及司直，或又再命，始入省云。

容斋五笔卷七 十四则

1 盛衰不可常

东坡谓废兴成毁不可得而知。予每读书史，追悼古昔，未尝不掩卷而叹。伶子于叙赵飞燕传，极道其姊弟一时之盛，而终之以荒田野草之悲，言盛之不可留，衰之不可推，正此意也。国初时，工部尚书杨玢长安旧居，多为邻里侵占，子弟欲以状诉其事，玢批纸尾，有"试上含元基上望，秋风秋草正离离"之句。方去唐未百年，而故宫殿已如此，殆于宗周黍离之咏矣。慈恩寺塔有荆叔所题一绝句，字极小而端劲，最为感人。其词曰："汉国河山在，秦陵草树深。暮云千里色，无处不伤心。"旨意高远，不知为何人，必唐世诗流所作也。李峤汾阴行云："富贵荣华能几时，山川满目泪沾衣。不见只今汾水上，唯有年年秋雁飞。"明皇闻之，至于泣下。杜甫观画马图云："忆昔巡幸新丰宫，翠华拂天来向东。腾骧磊落三万匹，皆与此图筋骨同。君不见金粟堆前松柏里，龙媒去尽鸟呼风。"公孙大娘弟子舞剑器行云："先帝侍女八千人，公孙剑器初第一。五十年间似反掌，风尘澒洞昏王室。梨园弟子散如烟，女乐馀姿映寒日。"元微之连昌宫词云："两宫定后六七年，却寻家舍行宫前。庄园烧尽有枯井，行宫门闼树宛然。"又云："舞榭欹倾基尚在，文窗窈窕纱犹绿。""上皇偏爱临砌花，依然御榻临堦斜。""寝殿相连端正楼，太真梳洗楼上头。晨光未出帘影黑，至今反挂珊瑚钩。指似傍人因恸哭，却出宫门泪相续。"凡此诸篇，不可胜纪。飞燕别传以为伶玄所作，又有玄自叙及桓谭跋语〔一〕，予窃有疑焉。不唯其书太媟，至云杨雄独知之，雄贪名矫激，谢不与交；为河东都尉，捽辱决曹班躅，躅从兄子彪续司马史记，绌子于无所叙录，皆恐不然。而自云："成、哀之世，为淮南相。"案，是时淮南国绝久矣，可照其妄也〔二〕。因序次诸诗，聊载于此。

【校勘记】

〔一〕桓谭跋语　"桓"原作"宣"，据马本、库本、祠本改。

〔二〕可照其妄也　库本、祠本"照"作"昭"。

2　唐赋造语相似

唐人作赋，多以造语为奇。杜牧阿房宫赋云："明星荧荧，开妆镜也。绿云扰扰，梳晓鬟也。渭流涨腻，弃脂水也。烟斜雾横，焚椒兰也。雷霆乍惊，宫车过也。辘辘远听，杳不知其所之也。"其比兴引喻，如是其侈。然杨敬之华山赋又在其前，叙述尤壮，曰："见若咫尺，田千亩矣。见若环堵，城千雉矣。见若杯水，池百里矣。见若蚁垤，台九层矣。醯鸡往来，周东西矣。蠛蠓纷纷，秦速亡矣。蜂窠联联，起阿房矣。俄而复然，立建章矣。小星奕奕，焚咸阳矣。累累茧栗，祖龙藏矣。"后又有李庾者，赋西都云："秦址薪矣，汉址芜矣。西去一舍，鞠为墟矣。代远时移，作新都矣。"其文与意皆不逮杨、杜远甚。高彦休阙史云敬之"赋五千字，唱在人口"。赋内之句，如上数语。杜司徒佑、李太尉德裕，常所诵念。牧之乃佑孙，则阿房赋实模仿杨作也。彦休者，昭宗时人。

3　张蕴古大宝箴

唐太宗初即位，直中书省张蕴古上大宝箴，凡六百馀言，遂擢大理丞。新唐史虽具姓名于文艺谢偃传末，又不载此文，但云"讽帝以民畏而未怀，其辞挺切"而已。资治通鉴仅载其略曰："圣人受命，拯溺亨屯。""故以一人治天下，不以天下奉一人。""壮九重于内，所居不过容膝，彼昏不知，瑶其台而琼其室；罗八珍于前，所食不过适口，惟狂罔念，丘其糟而池其酒。""勿汶汶而暗〔一〕，勿察察而明，虽冕旒蔽目而视于未形，虽黈纩塞耳而听于无声。"然此外尚多规正之语，如曰："惟辟作福，惟君实难。宅普天之下〔二〕，处王公之上。任土贡其有求，具寮陈其所唱。是故恐惧之心日弛，邪僻之情转放。岂知事起乎所忽，祸生乎无妄。""大明无私照，至公无私亲。""礼以禁其奢，乐以防其佚。""勿谓无知，居高听卑；勿谓何害，积小就大。乐不可极，乐极生哀；欲不可纵，纵欲成灾。""勿内荒于色，勿外荒于禽。勿贵难得货，勿听亡国音。内荒伐人性，外荒荡人心。难得之货侈，亡国之音淫。勿谓我尊，而慢贤侮士；勿谓我智，而拒谏矜己。""安彼反侧，如春阳秋露，巍巍荡荡，恢汉高大度；抚兹庶事，如履薄临深，战战栗栗，用周文小心。""一彼此于胸臆，捐好恶于心想。""如衡如石，不定物以限，物之悬者，轻重自见；如水如镜，不示物以情，物之鉴者，妍媸自生。勿浑浑而浊，勿皎皎而清；勿汶汶而暗，勿察察而明。""吾王拨乱，戡以智力，民惧其威，未怀其德；我皇抚运，扇以淳风，民怀其始，未保其终。""使人以公，应言以行。""天下为公，一人有庆。"其文大抵不凡，既不为史所书，故学者亦罕传诵。蕴古为丞四年，以无罪受戮，太宗寻悔之，乃有覆奏之旨，传亦不书，而以为坐事诛，皆失之矣。旧唐书全载此箴，仍专立传，不知宋景文何为削之也？

【校勘记】

〔一〕勿汶汶而暗　库本、祠本“汶汶”作“没没”。下同。按，资治通鉴作“没没”。全唐文卷一百五十四作“汶汶”。

〔二〕宅普天之下　库本、祠本“宅”作“主”。按，全唐文卷一百五十四作“主”。今姑仍之。

4　国初文籍

国初承五季乱离之后，所在书籍印板至少，宜其焚炀荡析，了无孑遗。然太平兴国中编次御览，引用一千六百九十种，其纲目并载于首卷，而杂书、古诗赋又不及具录，以今考之，无传者十之七八矣，则是承平百七十年，翻不若极乱之世。姚铉以大中祥符四年集唐文粹，其序有云：“况今历代坟籍，略无亡逸。”观铉所类文集，盖亦多不存，诚为可叹。

5　叙西汉郊祀天地

郊祀合祭、分祭之论，国朝元丰、元祐、绍圣中三议之矣，莫辩于东坡之立说，然其大旨驳当时议臣，谓周、汉以来，皆尝合祭，及谓夏至之日行礼为不便。予固赞美之于四笔矣。但熟考汉史，犹为未尽。自高皇帝增秦四畤为五，以事天地。武帝以来，至于元、成，皆郊见甘泉。武帝因幸汾阴，始立后土祠于脽上，率岁岁间举之，或隔一岁，常以正月郊泰畤，三月祠后土。成帝建始元年，初立南北郊，亦用正月、三月辛日，而罢甘泉、汾阴之祭。元丰、祐、绍三议，皆未尝及。此盖盛夏入庙出郊，在汉礼元不然也。是时，坡公以非议者所起，故不暇更为之说，似不必深攻合祭为王莽所行，庶几往复考颐，不至矛盾，当复俟知礼者折衷之焉。

6 褰騫二字义训

褰騫二字，音义训释不同。以字书正之，褰，去乾切。注云："马腹縶，又亏也。"今列于礼部韵略下平声二仙中。騫，虚言切。注云："飞皃。"今列于上平声二十二元中。文人相承，以褰腾之褰为轩昂掀举之义，非也。其字之下从马，马岂能掀举哉？闵损字子褰，虽古圣贤命名制字，未必有所拘泥，若如亏少之义，则涣然矣。其下从鸟，则于掀飞之训为得。此字殆废于今，故东坡、山谷亦皆押"褰"字入"元"韵〔一〕。如"时来或作鹏褰"，传非其人恐飞褰"之类，特不暇毛举深考耳，唯韩公和侯协律咏笋一联云："得时方张王，挟势欲腾騫。"乃为得之。此固小学琐琐，尤可以见公之不苟于下笔也。

【校勘记】

〔一〕押褰字入元韵　"韵"原作"字"，据祠本改。

7 书麹信陵事

夜读白乐天秦中吟十诗，其立碑篇云："我闻望江县，麹令抚惸嫠。麹，名信陵。在官有仁政，名不闻京师。身殁欲归葬，百姓遮路岐。攀辕不得去，留葬此江湄。至今道其名，男女涕皆垂。无人立碑碣，唯有邑人知。"予因忆少年寓无锡时，从钱伸仲大夫借书〔一〕，正得信陵遗集，财有诗三十三首，祈雨文三首。信陵以贞元元年鲍防下及第，为四人，以六年作望江令。读其投石祝江文云：“必也私欲之求，行于邑里，惨黩之政，施于黎元，令长之罪也。神得而诛之，岂可移于人以害其岁！”详味此言，其为政无愧于神天可见矣。至大中十一年，寄客乡贡进士姚辇，以其文示县令萧缜，缜辍俸买石刊之。乐天十诗，作于贞元、元和之际，距其亡十五年耳，而名已不传。新唐艺文志但记诗一卷，略无它说。非乐天之诗，几于与草木俱腐。乾道二年，历阳陆同为望江令，得其诗于汝阴王廉清，为刊板而致之郡库，但无祈雨文也。

【校勘记】

〔一〕从钱伸仲大夫借书　“借”原作“信”，误刊。据库本、祠本改。

8　贡禹朱晖晚达

贡禹壮年，仕不遇，弃官而归。至元帝初，乃召用，由谏大夫迁光禄，奏言：“臣犬马之齿八十一，凡有一子，年十二。”则禹入朝时，盖年八十，其生子时固已七十岁矣。竟再迁至御史大夫，列于三公。杜子美云：“长安卿相多少年，富贵应须致身早。”是不然也。朱晖在章帝朝，自临淮太守屏居，后召拜仆射，复为太守，上疏乞留中，诏许之。因议事不合，自系狱，不肯复署议，曰：“行年八十，得在机密，当以死报。”遂闭口不复言。帝意解，迁为尚书令。至和帝时，复谏征匈奴，计其年当九十矣。其忠正非禹比也。

9　琵琶行海棠诗

白乐天琵琶行一篇，读者但羡其风致，敬其词章，至形于乐府，咏歌之不足，遂以谓真为长安故倡所作。予窃疑之。唐世法网虽于此为宽，然乐天尝居禁密，且谪官未久，必不肯乘夜入独处妇人船中，相从饮酒，至于极弹丝之乐，中夕方去，岂不虞商人者它日议其后乎！乐天之意，直欲摅写天涯沦落之恨尔。东坡谪黄州，赋定惠院海棠诗，有"陋邦何处得此花，无乃好事移西蜀"、"天涯流落俱可念，为饮一尊歌此曲"之句，其意亦尔也。或谓殊无一话一言与之相似，是不然。此真能用乐天之意者，何必效常人章摹句写而后已哉！

10　东坡不随人后

自屈原词赋假为渔父、日者问答之后，后人作者悉相规仿。司马相如子虚、上林赋以子虚、乌有先生、亡是公，杨子云长杨赋以翰林主人、子墨客卿，班孟坚两都赋以西都宾、东都主人，张平子两都赋以凭虚公子、安处先生，左太冲三都赋以西蜀公子、东吴王孙、魏国先生，皆改名换字，蹈袭一律，无复超然新意稍出于法度规矩者。晋人成公绥啸赋，无所宾主，必假逸群公子〔一〕，乃能遣词。枚乘七发，本只以楚太子、吴客为言，而曹子建七启，遂有玄微子、镜机子。张景阳七命，有冲漠公子、殉华大夫之名。言话非不工也，而此习根著，未之或改。若东坡公作后杞菊赋，破题直云："吁嗟先生，谁使汝坐堂上称太守？"殆如飞龙搏鹏，骞翔扶摇于烟霄九万里之外，不可搏诘，岂区区巢林翾羽者所能窥探其涯涘哉！于诗亦然，乐天云："醉儿如霜叶，虽红不是春。"坡则曰："儿童误喜朱颜在，一笑那知是酒红。"杜老云："休将短发还吹帽，笑倩傍人为正冠。"坡则曰："酒力渐消风力软，飕飕，破帽多情却恋头。"郑谷十日菊云："自缘今日人心别，未必秋香一夜衰。"坡则曰："相逢不用忙归去，明日黄花蝶也愁。”又曰：“万事到头都是梦，休休，明日黄花蝶也愁。”正采旧公案，而机杼一新，前无古人，于是为至。与夫用“见他桃李树，思忆后园春”之意，以为“长因送人处，忆得别家时”为一僧所嗤者有间矣。

【校勘记】

〔一〕晋人成公绥啸赋无所宾主必假逸群公子　“公子”原作“父子”，据李本改。

11　元白习制科

白乐天、元微之同习制科，中第之后，白公寄微之诗曰：“皆当少壮日，同惜盛明时。光景嗟虚掷，云霄窃暗闚。攻文朝矻矻，讲学夜孜孜。策目穿如札，毫锋锐若锥。”注云：“时与微之结集策略之目，其数至百十，各有纤锋细管笔，携以就试，相顾辄笑，目为毫锥。”乃知士子待敌，编缀应用，自唐以来则然，毫锥笔之名起于此也。

12　门生门下见门生

后唐裴尚书年老致政。清泰初，其门生马裔孙知举，放榜后引新进士谒谢于裴，裴劝宴永日〔一〕，书一绝云：“宦途最重是文衡，天与愚夫作盛名。三主礼闱今八十，门生门下见门生。”时人荣之。事见苏耆开谭录。予以五代登科记考之，裴在同光中三知举，四年放进士八人，裔孙预焉。后十年，裔孙为翰林学士，以清泰三年放进士十三人，兹所书是已。裔孙寻拜相，新史亦载此一句云〔二〕。白乐天诗有与诸同年贺座主高侍郎新拜太常同宴萧尚书亭子一篇，注云："座主于萧尚书下及第。"予考登科记，乐天以贞元十六年庚辰中书舍人高郢下第四人登科，郢以宝应二年癸卯礼部侍郎萧昕下第九人登科，迨郢拜太常时，几四十年矣。昕自癸卯放进士之后，二十四年丁卯，又以礼部尚书再知贡举，可谓寿俊。观白公所赋，益可见唐世举子之尊尚主司也。

【校勘记】

〔一〕裴劝宴永日　库本、祠本"劝"作"欢"。

〔二〕五代登科记考之云云六十五字　原在本则之末，据库本、祠本移此。

13　韩苏杜公叙马

韩公人物画记，其叙马处云："马大者九匹，于马之中又有上者下者焉，行者，牵者，奔者，涉者，陆者，翘者，顾者，鸣者，寝者，讹者，立者，龁者，饮者，溲者，陟者，降者，痒磨树者，嘘者，嗅者，喜而相戏者，怒踶啮者，秣者，骑者，骤者，走者，载服物者，载狐兔者，凡马之事二十有七焉。马大小八十有三，而莫有同者焉。"秦少游谓其叙事该而不烦，故仿之而作罗汉记。坡公赋韩幹十四马诗云："二马并驱攒八蹄，二马宛颈鬉尾齐。一马任前双举后，一马却避长鸣嘶。老髯奚官骑且顾，前身作马通马语。后有八匹饮且行，微流赴吻若有声。前者既济山林鹤，后者欲涉鹤俛啄。最后一匹马中龙，不嘶不动尾摇风。韩生画马真是马，苏子作诗如见画。世无伯乐亦无韩，此诗此画谁当看。"诗之与记，其体虽异，其为布置铺写则同。诵坡公之语，盖不待见画也。予云林绘监中有临本，略无小异。杜老观曹将军画马图云:“昔日太宗拳毛騧,近时郭家师子花。今之新图有二马,复令识者久叹嗟。其馀七匹亦殊绝,迥若寒空动烟雪。霜蹄蹴踏长楸间,马官厮养森成列。可怜九马争神骏,顾视清高气深稳。”其语视东坡,似若不及,至于“斯须九重真龙出,一洗万古凡马空”,不妨独步也。杜又有画马赞云:“韩幹画马,毫端有神。骅骝老大,騕褭清新。”及“四蹄雷雹,一日天地。瞻彼骏骨,实惟龙媒”之句。坡公九马赞言:“薛绍彭家藏曹将军九马图,杜子美所为作诗者也。”其词云:“牧者万岁,绘者惟霸。甫为作诵,伟哉九马。”读此诗文数篇,真能使人方寸超然,意气横出,可谓“妙绝动宫墙”矣。

14　风灾霜旱

庆元四年,饶州盛夏中,时雨频降,六七月之间未尝请祷,农家水车龙具,倚之于壁,父老以为所未见,指期西成有秋,当倍常岁,而低下之田,遂以潦告。馀干、安仁乃于八月罹地火之厄。地火者,盖苗根及心,孽虫生之,茎干焦枯,如火烈烈,正古之所谓蟊贼也。九月十四日,严霜连降,晚稻未实者,皆为所薄,不能复生,诸县多然。有常产者,诉于郡县,郡守孜孜爱民,有意蠲租,然僚吏多云“在法无此两项”,又云“九月正是霜降节,不足为异”。案白乐天讽谏杜陵叟一篇曰:“九月霜降秋早寒,禾穗未熟皆青干。长吏明知不申破,急敛暴征求考课。”此明证也。予因记元祐五年苏公守杭日,与宰相吕汲公书论浙西灾伤曰:“贤哲一闻此言,理无不行,但恐世俗谄薄成风,揣所乐闻与所忌讳,争言无灾,或有灾而不甚损。八月之末,秀州数千人诉风灾,吏以为法有诉水旱而无诉风灾,闭拒不纳,老幼相腾践,死者十一人。由此言之,吏不喜言灾者,盖十人而九，不可不察也。”苏公及此，可谓仁人之言。岂非昔人立法之初，如所谓风灾、所谓旱霜之类，非如水旱之田可以稽考，惧贪民乘时，或成冒滥，故不轻启其端。今日之计，固难添创条式。但凡有灾伤，出于水旱之外者，专委良守令推而行之，则实惠及民，可以救其流亡之祸，仁政之上也。

容斋五笔卷八 十二则

1 白苏诗纪年岁

白乐天为人诚实洞达，故作诗述怀，好纪年岁。因阅其集，辄抒录之。“此生知负少年心，不展愁眉欲三十”，“莫言三十是年少，百岁三分已一分”，“何况才中年，又过三十二”，“不觉明镜中，忽年三十四”，“我年三十六，冉冉昏复旦”，“非老亦非少，年过三纪馀”，“行年欲四十，有女曰金銮”，“我今欲四十，秋怀亦可知”，“行年三十九，岁暮日斜时”，“忽因时节惊年岁，四十如今欠一年”，“四十为野夫，田中学鉏谷”，“四十官七品，拙宦非由它”，“毛鬓早改变，四十白发生”，“况我今四十，本来形皃羸”，“衰病四十身，娇痴三岁女”，“自问今年几，春秋四十初”，“四十未为老，忧伤早衰恶”，“莫学二郎吟太苦，才年四十鬓如霜”，“下有独立人，年来四十一”，“若为重入华阳院，病发愁心四十三”，“已年四十四，又为五品官”，“面瘦头斑四十四，远谪江州为郡吏”，“行年四十五，两鬓半苍苍”，“四十六时三月尽，送春争得不殷勤”，“我今四十六，衰顇卧江城”，“鬓发苍浪牙齿疏，不觉身年四十七”，“明朝四十九，应转悟前非”，“四十九年身老日，一百五夜月明天”，“衰鬓蹉跎将五十，关河迢递过三千”，“青山举眼三千里，白发平头五十人”，“宦途气味已谙尽，五十不休何日休”，“五十江城守，停杯忽自思”，“莫学尔兄年五十，蹉跎始得掌丝纶”，“五十未全老，尚可且欢娱”，“长庆二年秋，我年五十一”，“二月五日花如雪，五十二人头似霜”，“老校于君合先退，明年半百又加三"，"前岁花前五十二，今年花前五十五"，"倘年七十犹强健，尚得闲行十五春"，"去时十一二，今年五十六"，"我年五十七，荣名得几许"，"我年五十七，归去诚已迟"，"身为三品官，年已五十八"，"五十八翁方有后，静思堪喜亦堪嗟"，"半百过九年，艳阳残一日"，"火销灯尽天明后，便见平头六十人"，"六十河南尹，前途足可知"，"不准拟身年六十，上山仍未要人扶"，"不准拟身年六十，游春犹自有心情"，"我今悟已晚，六十方退闲"，"今岁日馀二十六，来岁年登六十二"，"心情多少在，六十二三人"，"六十三翁头雪白，假如醒黠欲何为[一]"，"行年六十四，安得不衰羸"，"我今六十五，走若下坡轮"，"年开第七秩，屈指几多人"，"五十八归来，今年六十六"，"无忧亦无喜，六十六年春"，"共把十千沽一斗，相看七十欠三年"，"七十欠四岁，此生那足论"，"六十八衰翁，乘衰百疾攻"，"又问年几何，七十行欠二"，"更过今年年七十，假如无病亦宜休"，"今日行年将七十，犹须惭愧病来迟"，"且喜同年满七十，莫嫌衰病莫嫌贫"，"旧语相传聊自慰，世间七十老人稀"，"皤然七十翁，亦足称寿考"，"昨日复今辰，悠悠七十春"，"人生七十稀，我年幸过之"，"白须如雪五朝臣，又入新正第七旬"，（时年七十一）"行开第八秩，可谓尽天年"，"吾今已年七十一，眼昏须白头风眩"，"七十人难到，过三更较稀"，"七十三人难再到，今春来是别花来"，"七十三翁旦暮身，誓开险路作通津"，"风光抛得也，七十四年春"，"寿及七十五，俸沾五十千"，其多如此。

苏公素重乐天，故间亦效之。如"龙锺三十九，劳生已强半"，"岁莫日斜时，还为昔人叹"，正引用其语。又"四十岂不知头颅，畏人不出何其愚"，"我今四十二，衰发不满梳"，"忆在钱塘正如此，回头四十二年非"，"行年四十九，还此北窗宿"，"吾年四十九，赖此一笑喜"，"嗟我与君皆丙子，四十九年穷不死"，"五十之年初过二，衰颜记我今如此”,“白发苍颜五十三,家人强遣试春衫”,“先生年来六十化,道眼已入不二门”,“纷纷华发不足道,当返六十过去魂”,“我年六十一,颓景薄西山”,“结发事文史,俯仰六十逾”,“与君皆丙子,各已三万日”。玩味庄诵,便如阅年谱也。

【校勘记】

〔一〕假如醒黠欲何为 “黠”原作“點”,误刊。据库本、祠本改。按:白居易集作“黠”。

2 天将富此翁

唐刘仁轨任给事中,为宰相李义府所恶,出为青州刺史。及代还,欲斥以罪,又坐漕船覆没免官。其后百济叛,诏以白衣检校带方州刺史。仁轨谓人曰:“天将富贵此翁邪!”果削平辽海。白乐天有自题酒库一篇云:“身更求何事,天将富此翁。此翁何处富,酒库不曾空。”注云:“刘仁轨诗:‘天将富此翁。’以一醉为富也。”然则唐史以此为仁轨之语,而不言其诗,为未审耳。

3 白公说俸禄

白乐天仕宦,从壮至老,凡俸禄多寡之数,悉载于诗,虽波及它人亦然。其立身廉清,家无馀积,可以概见矣。因读其集,辄叙而列之。其为校书郎,曰:“俸钱万六千,月给亦有馀。”为左拾遗,曰:“月惭谏纸二千张,岁愧俸钱三十万。”兼京兆户曹,曰:“俸钱四五万,月可奉晨昏。廪禄二百石,岁可盈仓囷。”贬江州司马,曰:“散员足庇身,薄俸可资家。”壁记曰:“岁廪数百石,月俸六七万。”罢杭州刺史，曰："三年请禄俸，颇有馀衣食。""移家入新宅，罢郡有馀资。"为苏州刺史，曰："十万户州尤觉贵，二千石禄敢言贫。"为宾客分司，曰："俸钱八九万，给受无虚月。""嵩洛供云水，朝廷乞俸钱。""老宜官冷静，贫赖俸优饶。""官优有禄料，职散无羁縻。""官衔依口得，俸禄逐身来。"为河南尹，曰："厚俸如何用，闲居不可忘。"不赴同州，曰："诚贪俸钱厚，春如身力衰。"为太子少傅，曰："月俸百千官二品，朝廷雇我作闲人。""又问俸厚薄，百千随月至。""七年为少傅，品高俸不薄。"其致仕，曰："全家遁此曾无闷，半俸资身亦有馀。""俸随日计钱盈贯，禄逐年支粟满囷。""寿及七十五，俸占五十千。"其泛叙曰："历官凡五六，禄俸及妻孥。""料钱随官用，生计逐年营。""形骸僶俛班行内，骨肉勾留俸禄中。"其它人者，如陕州王司马曰："公事闲忙同少尹，俸钱多少敌尚书。"刘梦得罢宾客，除秘监，禄俸略同，曰："日望挥金贺新命，俸钱依旧又如何。"叹洛阳、长水二县令，曰："朱绂洛阳官位屈，青袍长水俸钱贫。"其将下世，有达哉乐天行曰："先卖南坊十亩园，次卖东郭五顷田。然后兼卖所居宅，髣髴获缗二三千。但恐此钱用不尽，即先朝露归夜泉。"后之君子试一味其言，虽日饮贪泉，亦知斟酌矣。观其生涯如是，东坡云："公廪有馀粟，府有馀帛。"殆亦不然。

4 白居易出位

白居易为左赞善大夫，盗杀武元衡，京都震扰，居易首上疏，请亟捕贼，刷朝廷耻，以必得为期。宰相嫌其出位，不悦，因是贬江州司马。此唐书本传语也。案是时宰相张弘靖、韦贯之，弘靖不足道，贯之于是为失矣。白集载与杨虞卿书云："左降诏下，明日而东，思欲一陈于左右。去年六月，盗杀右丞相于通衢中，迸血体，磔发肉，所不忍道。合朝震慄，不知所云。仆以书籍以来，未有此事，苟有所见，虽畎亩皁隶之臣，不当默默，况在班列，而能胜其痛愤耶！故武丞相之气平明绝，仆之书奏日午入。两日之内，满城知之，其不与者，或语以伪言，或陷以非语，皆曰：'丞、郎、给、舍、谏官、御史尚未论请，而赞善大夫何反忧国之甚也！'仆闻此语，退而思之，赞善大夫诚贱冗耳，朝廷有非常事，即日独进封章，谓之忠，谓之愤，亦无愧矣。谓之妄，谓之狂，又敢逃乎！以此获辜，顾何如耳，况又不以此为罪名乎！"白之自述如此。然则一时指为出位者，不但宰相而已也。史又曰："居易母坠井死，而赋新井篇，以是左降。"前书所谓不以此为罪名者是已。

5　醉翁亭记酒经

欧阳公醉翁亭记、东坡公酒经，皆以"也"字为绝句。欧用二十一"也"字，坡用十六"也"字，欧记人人能读，至于酒经，知之者盖无几。坡公尝云："欧阳作此记，其词玩易，盖戏云耳，不自以为奇特也。而妄庸者作欧语云：'平生为此文最得意。'又云：'吾不能为退之画记，退之不能为吾醉翁亭记。'此又大妄也。"坡酒经每一"也"字上必押韵，暗寓于赋，而读之者不觉，其激昂渊妙，殊非世间笔墨所能形容，今尽载于此，以示后生辈。其词云：

南方之氓，以糯与秫，杂以卉药而为饼，嗅之香，嚼之辣，揣之枵然而轻，此饼之良者也。吾始取麵而起肥之，和之以姜液，烝之使十裂，绳穿而风戾之，愈久而益悍，此麴之精者也。米五斗为率，而五分之，为三斗者一，为五升者四，三斗者以酿，五升者以投，三投而止，尚有五升之赢也。始酿，以四两之饼，而每投以二两之麴，皆泽以少水，足以散解而匀停也。酿者必甕按而井泓之，三日而井溢，此吾酒之萌也。酒之始萌也，甚烈而微苦，盖三投而后平也。凡饼烈而麹和，投者必屡尝而增损之，以舌为权衡也。既溢之三日乃投，九日三投，通十有五日而后定也。既定乃注以斗水，凡水必熟而冷者也。凡酿与投，必寒之而后下，此炎州之令也。既水五日，乃篘，得二斗有半，此吾酒之正也。先篘半日，取所谓赢者为粥，米一而水三之，揉以饼麹，凡四两，二物并也。投之糟中，熟撋而再酿之，五日压得斗有半，此吾酒之少劲者也。劲、正合为四斗，又五日而饮，则和而力、严而不猛也。篘绝不旋踵而粥投之，少留则糟枯中风而酒病也。酿久者酒醇而丰，速者反是，故吾酒三十日而成也。

此文如太牢八珍，咀嚼不嫌于致力，则真味愈集隽永，然未易为俊快者言也。

6 白公感石

白乐天有奉和牛思黯以李苏州所寄太湖石奇状绝伦因作诗兼呈刘梦得，其末云："共嗟无此分，虚管太湖来。"注："与梦得俱典姑苏，而不获此石。"又有感石上旧字云："太湖石上镌三字，十五年前陈结之。"案，陈结之并无所经见，全不可晓。后观其对酒有怀寄李郎中一绝句，曰："往年江外抛桃叶，去岁楼中别柳枝。寂寞春来一盃酒，此情唯有李君知。"注云："桃叶，结之也。柳枝，樊素也。"然后结之义始明。乐天以病而去柳枝，故作诗云："两枝杨柳小楼中，嫋娜多年伴醉翁。明日放归归去后，世间应不要春风。"因刘梦得有戏之之句，又答之云："谁能更学孩童戏，寻逐春风捉柳花。"然其锺情处竟不能忘，如云"病共乐天相伴住，春随樊子一时归"，"金羁骆马近贳却，罗袖柳枝寻放还"，"触咏罢来宾峰闭，笙歌散后妓房空"

是也，读之使人悽然。

7 礼部韵略非理

礼部韵略所分字，有绝不近人情者，如东之与冬，清之与青，至于隔韵不通用。而为四声切韵之学者，必强立说，然终为非是。如“撰”字至列于上、去三韵中，仍义训不一。顷绍兴三十年，省闱举子兼经出易简天下之理得赋。予为参详官，有点检试卷官蜀士杜莘云：“简字韵甚窄，若撰字必在所用，然唯撰述之撰乃可尔，如‘杂物撰德’，‘体天地之撰’，‘异夫三子者之撰’，‘欠伸，撰杖屦’之类，皆不可用。”予以白知举，请揭榜示众。何通远谏议初亦难之，予曰：“倘举场皆落韵，如何出手？”乃自书一榜。榜才出，八厢逻卒以为逐举未尝有此例，即录以报主者。士人满帘前上请，予为逐一剖析，然后退。又“静”之与“靓”，其义一也，而以“静”为上声，“靓”为去声。案，汉书贾谊服赋“澹虖若深渊之靓”，颜师古注“靓与静同”。史记正作静。杨雄甘泉赋“暗暗靓深”，注云“靓即静字耳”。今浙入两音〔一〕，殊为非理。予名云竹庄之堂曰“赏静”，取杜诗“赏静怜云竹”之句也。守僧居之，频年三易，有道人指曰：“静之左傍乃争字，以故不定叠。”于是撤去元扁，而改为靓云。

【校勘记】

〔一〕今浙入两音　李本“浙”作“析”。疑作“析”是。

8 唐臣乞赠祖

唐世赠典唯一品乃及祖，馀官只赠父耳。而长庆中流泽颇异，白乐天制集有户部尚书杨於陵，回赠其祖为吏部郎中，祖母崔氏为郡夫人。马总准制赠亡父，亦请回其祖及祖母。散骑常侍张惟素亦然。非常制也。是时崔植为相，亦有陈情表云："亡父婴甫，是臣本生，亡伯祐甫，臣今承后。嗣袭虽移，孝心则在。自去年以来，累有庆泽，凡在朝列，再蒙追荣，或有陈乞，皆许回授。臣猥当宠擢，而显扬之命，独未及于先人。今请以在身官秩并前后合叙勋封，特乞回充追赠。"则知其时一切之制如此。伯兄文惠执政，乞以己合转官回赠高祖，既已得旨，而为后省封还。固近无此比，且失于考引唐时故事也。

9　承习用经语误

经传中事实多有转相祖述而用，初不考其训故者。如：邶谷风之诗，为淫新昏弃旧室而作，其词曰："宴尔新昏，以我御穷。"宴，安也，言安爱尔之新昏，但以我御穷苦之时，至于富贵则弃我。今人乃以初娶为宴尔，非惟于诗意不合，且又再娶事，岂堪用也。抑之诗曰："訏谟定命，远犹辰告。"毛公曰："訏，大也；谟，谋也；犹，道也；辰，时也。"犹与猷同。郑笺曰："犹，图也，言大谋定命。为天下远图庶事，而以岁时告施之，如正月始和布政也。"案，此特谓上告下之义，今词臣乃用于制诏，以属臣下，而臣下于表章中亦用之，不知其与"入告尔后"之告不侔也。生民之诗曰："诞弥厥月。"毛公曰："诞，大也；弥，终也。"郑笺言："后稷之在其母，终人道十月而生。"案，训弥为终，其义亦未易晓。至"俾尔弥尔性，似先公酋矣"，既释弥为终，又曰酋终也，颇涉烦复。生民凡有八诞字，"诞寘之隘巷"，"诞寘之平林"，"诞寘之寒冰"，"诞实匍匐"，"诞后稷之穑"，"诞降嘉种"，"诞我祀如何"，若悉以诞为大，于义亦不通。它如"诞先登于岸”之类，新安朱氏以为发语之辞，是已。莆田郑氏云：“弥只训满，谓满此月耳。”今称圣节曰降诞，曰诞节，人相称曰诞日、诞辰、庆诞，皆为不然。但承习膠固，无由可革，虽东坡公亦云“仰止诞弥之庆”，未能免俗。书之于此，使子弟后生辈知之。左传：“王使宰孔赐齐侯胙，齐侯将下拜，孔曰：‘天子使孔曰：以伯舅耋老，无下拜。’对曰：‘天威不违颜咫尺，敢不下拜。’下拜登受。”谓拜于堂下，而受胙于堂上。今人简牍谢馈者，辄曰“谨已下拜”，犹未为甚失，若“天威不违颜咫尺”，则上四字为天子设，下三字为人臣设，故注言：“天鉴察不远，威严常在颜面之前。”今士大夫往往于表奏中言违颜，或曰咫颜、咫尺之颜，全与本指爽戾。如用龙颜、圣颜、天颜之类，自无害也。

10　长庆表章

唐自大历以河北三镇为悍藩所据，至元和中，田弘正以魏归国，长庆初王承元、刘总去镇、幽，于是河北略定。而穆宗以昏君，崔植、杜元颖、王播以庸相，不能建久长之策，轻徙田弘正，以启王庭凑之乱，缪用张弘靖，以启朱克融之乱。朝廷以诸道十五万众，裴度元臣宿望，乌重胤、李光颜当时名将，屯守逾年，竟无成功，财竭力尽，遂以节钺授二贼，再失河朔，讫于唐亡。观一时事势，何止可为痛哭！而宰相请上尊号表云：“陛下自即大位，及此二年，无巾车汗马之劳，而坐平镇、冀；无亡弓遗镞之费，而立定幽、燕。以谓威灵四及，请为‘神武’。”君臣上下，其亦云无羞耻矣。此表乃白居易所作。又翰林学士元稹求为宰相，恐裴度复有功大用，妨己进取，多从中沮坏之。度上表极陈其状，帝不得已，解稹翰林，恩遇如故。稹怨度，欲解其兵柄，劝上罢兵。未几，拜相，居易代作谢表，其略云:“臣遭遇盛明,不因人进,擢居禁内,访以密谋。恩奖太深,谗谤并至。虽内省行事,无所愧心,然上黩宸聪,合当死责。”其文过饰非如此。居易二表,诚为有玷盛德。

11　元白制科

元、白习制科,其书后分为四卷,命曰策林。其策头、策项各二道,策尾三道,此外曰美谦逊、塞人望、政必成、不劳而理、风化浇朴、复雍熙、感人心之类,凡七十五门,言所应对者百不用其一二,备载于文集云。

12　八种经典

开士悟入诸佛知见,以了义度无边,以圆教垂无穷,莫尊于妙法莲华经,凡六万九千五百五字。证无生忍,造不二门,住不可思议解脱,莫极于维摩经,凡二万七千九十二字。摄四生九类,入无馀涅槃,实无得度者,莫先于金刚般若波罗密经,凡五千二百八十七字。坏罪集福,净一切恶道,莫急于佛顶尊胜陀罗尼经,凡三千二十字。应念顺愿,愿生极乐土,莫疾于阿弥陀经,凡一千八百字。用正见,观真相,莫出于观音普贤菩萨法行经,凡六千九百九十字。诠自性,认本觉,莫深于实相法密经,凡三千一百五字。空法尘,依佛智,莫过于般若波罗密多心经,凡二百五十八字。是八种经典十二部[一],合一十一万六千八百五十七字。三乘之要旨,万佛之秘藏,尽矣。唐长庆二年,苏州重玄寺法华院石壁所刻金字经,白乐天为作碑文,其叙如此。予切爱其简明洁亮,故备录之。

【校勘记】

〔一〕八种经典　“典”原作“具”，据库本、祠本改。按，此则之题即作“八种经典”。

容斋五笔卷九 十二则

1 畏人索报书

士大夫得交朋书问，有懒傲不肯即答者。记白乐天老慵一绝句曰："岂是交亲向我疏，老慵自爱闭门居。近来渐喜知闻断，免恼嵇康索报书。"案，嵇康与山涛绝交书云："素不便书，又不喜作书，而人间多事，堆案盈几，不相酬答，则犯教伤义，欲自勉强，则不能久。"乐天所云正此也。乃知畏于答书，其来久矣。

2 不能忘情吟

予既书白公锺情蛮、素于前卷，今复见其不能忘情吟一篇，尤为之感叹，辄载其文，因以自警。其序云："乐天既老，又病风。乃录家事，会经费，去长物。妓有樊素者，年二十馀，绰绰有歌舞态，善唱杨柳枝，人多以曲名名之，由是名闻洛下，籍在经费中，将放之。马有骆者，籍在长物中，将鬻之。马出门，骧首反顾，素闻马嘶，惨然立见拜，婉娈有辞，辞毕涕下。予亦愍默不能对，且命反袂，饮之酒，自饮一盃，快吟数十声，声成文，文无定句。予非圣达，不能忘情，又不至于不及情者，事来搅情，情动不可柅，因自哂，题其篇曰不能忘情吟。"吟曰："鬻骆马兮，放杨柳枝。掩翠黛兮，顿金羁。马不能言兮，长鸣而却顾。杨柳枝再拜长跪而致辞。辞曰：'素事主十年，凡三千有六百日。巾栉之间，无违无失。今素貌虽陋，未至衰摧，骆力犹壮，又无虺隤。即骆之力，尚可以代主一步，素之歌，亦可以送主一盃。一旦双去，有去无回。故素将去，其辞也苦，骆将去，其鸣也哀。此人之情也，马之情也，岂主君独无情哉！'予俯而叹，仰而咍，且曰骆骆尔勿嘶，素素尔勿啼，骆反厩，素反闺。吾疾虽作年虽颓，幸未及项籍之将死，亦何必一日之内弃骓兮而别虞兮。乃目素兮，素兮为我歌杨柳枝，我姑酌彼金罍，我与尔归醉乡去来。"观公之文，固以遣情释意耳，素竟去也。此文在一集最后卷，故读之者未必记忆。东坡犹以为柳枝不忍去，因刘梦得"春尽絮飞"之句方知之。于是美朝云之独留，为之作诗，有"不似杨枝别乐天，恰如通德伴伶玄"之语。然不及二年而病亡，为可叹也。

3　擒鬼章祝文

东坡在翰林作擒鬼章奏告永裕陵祝文云："大猕获禽，必有指踪之自；丰年多廪，孰知耘耔之劳。昔汉武命将出师，而呼韩来庭，效于甘露；宪宗厉精讲武，而河湟恢复，见于大中。"其意盖以神宗有平唃氏之志，至于元祐，乃克有成，故告陵归功，谓武帝、宪宗亦经营于初，而绩效在于二宣之世，其用事精切如此。今苏氏眉山功德寺所刻大小二本及季真给事在临安所刊，并江州本、麻沙书坊大全集，皆只自"耘耔"句下，便接"憬彼西戎，古称右臂"。正是好处，却芟去之，岂不可惜。唯成都石本法帖真迹独得其全。坡集奏议中登州上殿三札，皆非是。司马季思知泉州，刻温公集，有作中丞日弹王安石章，尤可笑。温公以治平四年解中丞，还翰林，而此章乃熙宁三年者。二集皆出本家子孙，而为妄人所误。季真、季思不能察耳。坡内制有温公安葬祭文，云："元丰之末，天步为艰。社稷之卫，中外所属。惟是一老，屏予一人。名高当世，行满天下。措国于太山之安,下令于流水之源。岁月未周,纲纪略定。天若相之,又复夺之。殄瘁之哀,古今所共。知之者神考,用之者圣母。驯致其道,太平可期。长为宗臣,以表后世。往奠其葬,庶知予怀。”而石本颇不同,其词云:“元丰之末,天步惟艰。社稷之卫,存者有几。惟是一老,屏予一人。措国于太山之安,下令于流水之原。岁未及朞,纲纪略定。道之将行,非天而谁。天既予之,又复夺之。惟圣与贤,莫如天何。然其所立,天亦不能亡也。知之者神考,用之者圣母。驯致其道,终于太平。永为宗臣,与国无极。于其葬也,告诸其柩。”今莫能考其所以异也。

4 欧公送慧勤诗

国朝承平之时,四方之人,以趋京邑为喜。盖士大夫则用功名进取系心,商贾则贪舟车南北之利,后生嬉戏则以纷华盛丽而悦。夷考其实,非南方比也。读欧阳公送僧慧勤归馀杭之诗可知矣。曰:“越俗僭宫室,倾赀事雕墙。佛屋尤其侈,耽耽拟侯王。文彩莹丹漆,四壁金焜煌。上悬百宝盖,宴坐以方床。胡为弃不居,栖身客京坊。辛勤营一室,有类燕巢梁。南方精饮食,菌笋比羔羊。饮以玉粒粳,调之甘露浆。一馔费千金,百品罗成行。晨兴未饭僧,日昃不敢尝。乃兹随北客,枯粟充饥肠。东南地秀绝,山水澄清光。馀杭几万家,日夕焚清香。烟霏四面起,云雾杂芬芳。岂如车马尘,鬓发染成霜。三者孰苦乐,子奚勤四方。”观此诗中所谓吴越宫室、饮食、山水三者之胜,昔日固如是矣。公又有山中之乐三章送之归。勤后识东坡,为作诗集序者。

5　委蛇字之变

欧公乐郊诗云："有山在其东，有水出逶夷。"近岁，丁朝佐辨正谓其字参古今之变，必有所据。予因其说而悉索之，此二字凡十二变。一曰委蛇，本于诗羔羊："退食自公，委蛇委蛇。"毛公注："行可从迹也。"郑笺："委曲自得之皃。委，於危反[一]。蛇，音移。"左传引此句，杜注云："顺貌。"庄子载齐桓公泽中所见，其名亦同。二曰委佗，诗君子偕老："委委佗佗。"毛注："委委者，行可委曲从迹也。佗者，德平易也。"三曰逶迤，韩诗释上文云："公正貌。"说文："逶迤，斜去貌。"四曰倭迟，诗："四牡騑騑，周道倭迟。"注："历远之貌。"五曰倭夷，韩诗之文也。六曰威夷，潘岳诗："回谿萦曲阻，峻阪路威夷。"孙绰天台山赋："既克隮于九折，路威夷而修通。"李善注引韩诗"周道威夷"。薛君曰："威夷，险也。"七曰委移，离骚经："载云旗之委蛇。"一本作逶迤，一本作委移。注："云旗委移，长也。"八曰逶移，刘向九叹："遵江曲之逶移。"九曰逶蛇，后汉费凤碑："君有逶蛇之节。"十曰蝼蛇，张衡西京赋："女、娥坐而长歌，声清畅而蝼蛇。"李善注："蝼蛇，声馀诘曲也。"十一曰遏迆，汉逢盛碑："当遂遏迆，立号建基。"十二曰威迟，刘梦得诗："柳动御沟清，威迟堤上行。"韩公南海庙碑："蜿蜿蛇蛇。"亦然也。则欧公正用韩诗，朝佐不暇寻绎之尔。

【校勘记】

〔一〕委於危反　"於"原为空格，据明抄本补。

6　东不可名园

今人亭馆园池，多即其方隅以命名。如东园、东亭、西池、南馆、北榭之类，固为简雅，然有当避就处。欧阳公作真州东园记，最显。案汉书百官表："将作少府，掌治宫室。属官有东园主章。"注云："章谓大材也。主章掌大材，以供东园大匠。"绍兴三十年，予为省试参详官，主司委出词科题，同院或欲以"东园主章"为箴，予曰："君但知汉表耳。霍光传：'光之丧，赐东园温明。'服虔曰：'东园处此器，以镜置其中，以悬尸上。'师古曰：'东园，署名也。属少府。其署主作此器。'董贤传：'东园秘器以赐贤。'注引汉旧仪：东园秘器作棺。若是，岂佳处乎！"同院惊谢而退。然则以东名园，是为不可。予有两园，适居东西，故扁西为西园，而以东为东圃，盖避此也。

7　一二三与壹贰叁同

古书及汉人用字，如一之与壹，二之与贰，三之与叁，其义皆同。鸤鸠序："刺不壹也。"又云："用心之不壹也。"而正文"其仪一兮"。表记："节以壹惠。"注："言声誉虽有众多者，节以其行一大善者为谥耳。"汉华山碑："五载壹巡狩。"祠孔庙碑："恢崇壹变。"祝睦碑："非礼，壹不得犯。"而后碑云："非礼之常，一不得当。"则与壹通用也。孟子："市价不贰。"赵岐注云："无二贾者也。"本文用大贰字，注用小二字，则二与贰通用也。易系辞："叁天两地。"释文云："参，七南反。又如字，音三。"周礼："设其参。"注："参，谓卿三人。"则三与参通用也。九之与久，十之与拾，百之与栢，亦然。予顷在英州，访邻人利秀才。利新作茅斋，颇净洁，从予乞名。其前有两高松，因为诵蓝田壁记，命之曰二松。其季请曰："是使大贰字否？"坐者皆哂。盖其人不知书，信口辄言，以贻讥笑。若以古字论之，亦未为失也。文惠公名流杯亭曰"一咏"，而采借隶法，扁为"壹咏"，读者多以为疑，顾第弗深考耳。

8　何恙不已

公孙弘为丞相，以病归印，上报曰："君不幸罹霜露之疾，何恙不已？"颜师古注："恙，忧也。何忧于疾不止也。"礼部韵略训恙字，亦曰忧也。初无训病之义。盖既云罹疾矣，不应复云病，师古之说甚为明白。而世俗相承，至问人病为贵恙，谓轻者为微恙，心疾为心恙，风疾为风恙，根著已深，无由可改。

9　西汉用人人元元字

前汉书好用人人字。如文帝纪"人人自以为得之者以万数"，又曰"人人自安难动摇"，元帝纪"人人自以得上意"，食货志"人人自爱而重犯法"，韩信传"人人自以为得大将"，曹参传"齐故诸儒以百数，言人人殊"，张良传"人人自坚"，叔孙通传"吏人人奉职"，贾谊传"人人各如其意所出"，杨雄传"人人自以为咎繇"，鲍宣传"人人牵引所私"，韩延寿传"人人问以谣俗"、"人人为饮"，张骞传"人人有言轻重"，李寻传"人人自贤"，王莽传"人人延问"，严安传"人人自以为更生"，王吉传"人人自制"是也。后汉书亦间有之，如崔骃传"人人有以自优"，五行志"人人莫不畏宪"，吴汉传"诸将人人多请之"，申屠刚传"人人怀忧"，王允传"人人自危"，荀彧传"人人自安"，吕强传"诸常侍人人求退"是也。

又元元二字，考之六经无所见，而两汉书多用之。如前汉文帝纪"全天下元元之民"，武纪"烛幽隐，劝元元"、"所以化元元"，宣纪"不忘元元"，元纪"元元失望"、"元元何辜"、"元元大困"、"元元之民，劳于耕耘"、"元元骚动"、"元元安所归命"，成纪"元元冤失职者众"，哀纪"元元不赡"，刑法志"罹元元之不逮"，严安传"元元黎民，得免于战国"，严助传"使元元之民，安生乐业"，贾捐之传"保全元元"，东方朔传"元元之民，各得其所"，魏相传"尉安元元"、"唯陛下留神元元"，鲍宣传"为天牧养元元"，萧育传"安元元而已"，匡衡薛宣传"哀闵元元"，王嘉传"忧闵元元"，谷永传"以慰元元之心"，匈奴传"元元万民"是也。后汉光武纪"下为元元所归"、"贼害元元"、"元元愁恨"、"惠兹元元"，章纪"诚欲元元去末归本"、"元元未谕"、"深元元之爱"，和纪"爱养元元"、"下济元元"，顺纪"元元被害"，质纪"元元婴此困毒"，桓纪"害及元元"，邓后纪、刘毅传"垂恩元元"，王昌传"元元创痍"，耿弇传"元元叩心"，郎𫖮传"弘济元元"、"贷赡元元"，曹褒传"仁济元元"，范升传"元元焉所呼天"、"免元元之急"，锺离意传"忧念元元"，何敞传"元元怨恨"、"安济元元"，杨终传"以济元元"，虞诩传"遭元元无妄之灾"，皇甫规传"平志毕力，以庆元元"是也。予谓元元者，民也。而上文又言元元之民，元元黎民，元元万民，近于复重矣。故颜注："或云：元元，善意也。"

10　韩公潮州表

韩文公谏佛骨表，其词切直，至云："凡有殃咎，宜加臣身，上天监临，臣不怨悔。"坐此贬潮州刺史。而谢表云："臣于当时之文，未有过人者。至论陛下功德，与诗、书相表里，作为歌诗，荐之郊庙，虽使古人复生〔一〕，臣亦未肯多逊。而负罪婴衅，自拘海岛，怀痛穷天，死不闭目。伏惟天地父母，哀而怜之。”考韩所言，其意乃望召还。宪宗虽有武功，亦未至编之诗、书而无愧，至于“纪泰山之封，镂白玉之牒，东巡奏功，明示得意”等语，摧挫献佞，大与谏表不侔，当时李汉辈编定文集，惜不能为之除去。东坡自黄州量移汝州，上表云：“伏读训词，有‘人材实难，不忍终弃’之语。臣在常州〔二〕，有田粗给饘粥，欲望许令常州居住。”辄叙徐州守河及获妖贼事，庶因功过相除，得从所便。读者谓与韩公相类，是不然。二表均为归命君上，然其情则不同。坡自列往事，皆其实迹，而所乞不过见地耳，且略无一佞词，真为可服。

【校勘记】

〔一〕虽使古人复生　“使”原为空格，据明抄本、马本、库本补。

〔二〕东坡自黄州量移汝州上表云伏读训词有人材实难不忍终弃之语臣在常州云云　查苏轼文集卷二十三“量移汝州”乃“乞常州居住”之误。今姑仍之。“在”前原有“昔”字，苏轼文集无，今据删。

11　燕赏逢知己

白乐天为河南尹日，有答舒员外云：“员外游香山寺，数日不归，兼辱尺书，大夸胜事，时正值坐衙虑囚之际，走笔题长句以赠之曰：‘黄菊繁时好客到，碧云合处佳人来。请遣英、蒨二妓与舒君同游也。酡颜一笑夭桃绽，清冷秋声寒玉哀。轩骑逶迤棹容与，留连三日不能回。白头老尹府中坐，早衙才退暮衙催。’”谢希深、欧阳公官洛阳，同游嵩山归，暮抵龙门香山，雪作，留守钱文僖公遣吏以厨传歌妓至，且劳之曰：'山行良劳，当少留龙门赏雪，府事简，无遽归也。"王定国访东坡公于彭城，一日，棹小舟与颜长道携盼、英、卿三子游泗水〔一〕，南下百步洪，吹笛饮酒，乘月而来。坡时以事不得往，夜着羽衣，伫立黄楼上，相视而笑，以为李太白死，世间无此乐三百馀年矣。定国既去，逾月，复与参寥师泛舟洪下，追忆曩游，作诗曰："轻舟弄水买一笑，醉中荡桨肩相摩。归来笛声满山谷，明月正照金叵罗。"味此三游之胜，今之燕宾者宁复有之！盖亦值知己也。

【校勘记】

〔一〕携盼英卿三子游泗水　"英"原脱，据明抄本、马本、库本补。

12　端午贴子词

唐世五月五日扬州于江心铸镜以进，故国朝翰苑撰端午贴子词，多用其事，然遣词命意，工拙不同。王禹玉云："紫閤曈昽隐晓霞，瑶墀九御荐菖华。何时又进江心鉴，试与君王却众邪。"李邦直云："艾叶成人后，榴花结子初。江心新得镜，龙瑞护仙居。"赵彦若云："扬子江中方铸镜，未央宫里更飞符。菱花欲共朱灵合，驱尽神奸又得无？"又："扬子江中百炼金，宝奁疑是月华沉。争如圣后无私鉴，明照人间万善心。"又："江心百炼青铜镜，架上双纫翠缕衣。"李士美云："何须百炼鉴，自胜五兵符。"傅墨卿云："百炼鉴从江上铸，五时花向帐前施。"许冲元云："江中今日成龙鉴，苑外多年废鹭陂。合照乾坤共作镜，放生河海尽为池。"苏子由云："扬子江中写镜龙，波如细縠不摇风。宫中惊捧秋天月，长照人间助至公。"大概如此。唯东坡不然，曰："讲馀交翟转回廊，始觉深宫夏日长。扬子江心空百炼，只将无逸监兴亡。"其辉光气焰，可畏而仰也。若白乐天讽谏百炼镜篇云："江心波上舟中铸，五月五日日午时。""背有九五飞天龙，人人呼为天子镜。"又云："太宗常以人为镜，监古监今不监容。""乃知天子别有镜，不是扬州百炼铜。"用意正与坡合。予亦尝有一联云："愿储医国三年艾，不博江心百炼铜。"然去之远矣。端午故事，莫如楚人竞渡之的，盖以其非吉祥，不可施诸祝颂，故必用镜事云。

容斋五笔卷十 十二则

1　哀公问社

哀公问社于宰我，宰我对曰："夏后以松，殷人以柏，周人以栗。"曰："使民战栗。"子闻之，曰："成事不说，遂事不谏，既往不咎。"古人立社，但各因其土地所宜木为之，初非求异而取义于彼也。哀公本不必致问，既闻用栗之言，遂起"使民战栗"之语。其意谓古者弗用命戮于社，所以威民。然其实则非也。孔子责宰我不能因事献可替否，既非成事，尚为可说，又非遂事，尚为可谏，且非既往，何咎之云。或谓"使民战栗"一句，亦出于宰我，记之者欲与前言有别，故加"曰"字以起之，亦是一说。然战栗之对，使出于我，则导君于猛，显为非宜。出于哀公，则便即时正救，以杜其始。两者皆失之，无所逃于圣人之责也。哀公欲以越伐鲁而去三家，不克成，卒为所逐，以至失邦，其源盖在于此。何休注公羊传云："松，犹容也，想见其容貌而事之，主人正之意也。柏，犹迫也，亲而不远，主地正之意也。栗犹战栗，谨敬貌，主天正之意也。"然则战栗之说，亦有所本。公羊云："虞主用桑，练主用栗。"则三代所奉社，其亦以松、柏、栗为神之主乎！非植此木也。程伊川之说有之。

2　绝句诗不贯穿

"夜凉吹笛千山月，路暗迷人百种花。棋罢不知人换世，酒阑无奈客思家。”此欧阳公绝妙之语。然以四句各一事，似不相贯穿，故名之曰梦中作。永嘉士人薛韶喜论诗，尝立一说云：老杜近体律诗，精深妥帖，虽多至百韵，亦首尾相应。如常山之蛇，无间断龃龉处。而绝句乃或不然，五言如“迟日江山丽，春风花草香。泥融飞燕子，沙暖睡鸳鸯”，“急雨梢溪足，斜晖转树腰。隔巢黄鸟并，翻藻白鱼跳”，“江动月移石，溪虚云傍花。鸟栖知故道，帆过宿谁家”，“凿井交棕叶，开渠断竹根。扁舟轻褭缆，小径曲通村”，“日出篱东水，云生舍北泥。竹高鸣翡翠，沙僻舞鹍鸡。”“钓艇收缗尽，昏鸦接翅稀。月生初学扇，云细不成衣”，“舍下笋穿壁，庭中藤刺檐。地晴丝冉冉，江白草纤纤”，七言如“糁径杨花铺白毡，点溪荷叶叠青钱。笋根雉子无人见，沙上凫雏傍母眠”，“两个黄鹂鸣翠柳，一行白鹭上青天。窗含西岭千秋雪，门泊东吴万里船”之类是也。予因其说，以唐人万绝句考之，但有司空图杂题云“驿步堤萦阁，军城鼓振桥。鸥和湖雁下，雪隔岭梅飘”，“舴艋猿偷上，蜻蜓燕竞飞。樵香烧桂子，苔湿挂莎衣”。

3　农父田翁诗

张碧农父诗云：“运锄耕劚侵星起，陇畔丰盈满家喜。到头禾黍属他人，不知何处抛妻子。”杜荀鹤田翁诗云：“白发星星筋力衰，种田犹自伴孙儿。官苗若不平平纳，任是丰年也受饥。”读之使人怆然，以今观之，何啻倍蓰也。

4　卫宣公二子

卫宣公二子之事，诗与左传所书，始末甚详，乘舟之诗，为伋、寿而作也。左传云："宣公烝于庶母夷姜，生急子〔一〕。为之娶于齐而美，公取之，生寿及朔。宣姜与公子朔谮急子。宣姜者，宣公所纳伋之妻，翻谮其过。公使诸齐，使盗待诸莘，将杀之。寿子告之，使行，不可。寿子载其旌以先，盗杀之，遂兄弟并命。"案，宣公以鲁隐四年十二月立，至桓十二年十一月卒，凡十有九年。姑以即位之始，便成烝乱，而急子即以次年生，势须十五岁然后娶。既娶而夺之，又生寿、朔，朔已能同母谮兄，寿又能代为使者以越境，非十岁以下儿所能办也。然则十九年之间，如何消破？此最为难晓也。

【校勘记】

〔一〕宣公烝于庶母夷姜生急子　库本、祠本"急"作"伋"。按，急子即伋。见于春秋左传正义卷七者为"急子"，见于毛诗正义卷二二子乘舟者为"伋"。以其有助于文义理解，故为出校于此。

5　谓端晋匹

今人谓缣帛一匹为壹端，或总言端匹。按左传"币锦二两"注云："二丈为一端，二端为一两，所谓匹也。二两，二匹也。"然则以端为匹非矣。湘山野录载夏英公镇襄阳，遇大礼赦恩，赐致仕官束帛，以绢十匹与胡旦。旦笑曰："奉还五匹，请检韩诗外传及诸儒韩康伯等所解'束帛戋戋'之义，自可见证。"英公检之，果见三代束帛、束修之制。若束帛则卷其帛为二端，五匹遂见十端，正合此说也。然周易正义及王弼注、韩诗外传皆无其语。文莹多妄诞，不足取信。按，春秋公羊传"乘马束帛"注云："束帛谓玄三纁二，玄三法天，纁二法地。"若文莹以此为证，犹之可也。

6　唐人草堂诗句

予于东圃作草堂，欲采唐人诗句书之壁而未暇也，姑录之于此。杜公云“西郊向草堂”，“昔我去草堂”，“草堂少花今欲栽”，“草堂堑西无树林”。白公有别草堂三绝句，又云“身出草堂心不出”。刘梦得伤愚溪云“草堂无主燕飞回”。元微之和裴校书云“清江见底草堂在”。钱起有暮春归故山草堂诗，又云“暗归草堂静，半入花源去”。朱庆馀“称着朱衣入草堂”。李涉“草堂曾与雪为邻”。顾况“不作草堂招远客”。郎士元“草堂竹径在何处”。张籍“草堂雪夜携琴宿”，又云“西峰月犹在，遥忆草堂前”。武元衡“多君能寂寞，共作草堂游”。陆龟蒙“草堂祗待新秋景”，又云“草堂尽日留僧坐”。司空图“草堂旧隐犹招我”。韦庄“今来空讶草堂新”。子兰“策杖吟诗上草堂”。皎然有题湖上草堂云：“山居不买剡中山，湖上千峰处处闲。芳草白云留我住，世人何事得相关。”

7　公穀解经书日

孔子作春秋，以一字为褒贬，大抵志在尊王，至于纪年叙事，只因旧史。杜预见汲冢书魏国史记，谓“其著书文意大似春秋经，推此足以见古者国史策书之常也”。所谓书日不书日，在轻重事体本无所系，而公羊、穀梁二传，每事断之以日，故窒而不通。左氏惟有公子益师卒，“公不与小敛，故不书日”一说，其它亦鲜。今表二传之语，以示儿曹。

公羊云：“益师卒，何以不日？远也。”“葬者不及时而日，渴葬也。不及时而不日，慢葬也。过时而日，隐之也。过时而不日，谓之不能葬也。当时而不日，正也。当时而日，危不得葬也。”“庚寅，入邴，其日何？难也。”“取邑不日。”“桓之盟不日，信之也。”“甲寅，齐人伐卫。伐不日，此何以日？至之日也。”“壬申，公朝于王所。其日何？录乎内也。”“辛巳，晋败秦于殽。诈战不日，此何以日？尽也。”“甲戌，败狄于咸。其日何？大之也。”“子卒。何以不日？隐之也。”“即位不日。”穀梁最多。“卑者之盟，不日。”“大夫日卒，正也。”“诸侯日卒，正也。”“日入，恶入者也。”“外盟不日。”“取邑不日。”“大阅崇武，故谨而日之。”“前定之盟，不日。”“公败齐师。不日，疑战也。”“公败宋师，其日，成败之也。”“齐人灭遂，其不日，微国也。”“公会齐侯，盟于柯，桓盟虽内与，不日，信也。”“媵陈人之妇。其不日，数渝，恶之也。”“癸亥，葬纪叔姬，不日卒，而日葬，闵纪之亡也。”“子卒日，正也。不日，故也。有所见则日。”“戊辰，盟于葵丘。桓盟不日，此何以日？美之也。”“辛卯，沙鹿崩。其日，重变也。”“戊申，陨石于宋。是月，六鹢退飞。石无知，故日之。鹢微有知之物，故月之。”“乙亥，齐侯小白卒。此不正，其日之〔一〕，何也？”“壬申，公朝于王所。其日，以其再致天子，故谨而日之。日系于月，月系于时。其不月，失其所系也。”“丁未，商臣弑其君髡。日髡之卒，所以谨商臣之弑也。”“乙巳，及晋处父盟。不言公，讳也。何以知其与公盟？以其日也。”“甲戌，所取须句。取邑不日，此其日，何也？不正其再取，故谨而日之也。”“辛丑，葬襄王。日之，甚矣，其不葬之辞也。”“乙卯，晋、楚战于邲。日，其事败也。”“癸卯，晋灭潞。灭国有三术，中国谨日，卑国月，夷狄不日。其日，潞子贤也。”“甲戌，楚子卒。夷狄卒而不日。日，少进也。”“癸酉，战于鞌。其日，或曰日其战也。或曰日其悉也。”“梁山崩。不日，何也？高者有崩道也。”“鼷鼠食郊牛角。不言日，急辞也。”“庚申，莒溃恶之，故谨而日之也。”“秋，公至自会。不日，至自伐郑也。”

"丙戌，郑伯卒于操。其日，未逾竟也。""乙亥，臧孙纥出奔邾。其日，正纥之出也。""蔡世子弑其君。其不日，子夺父政，是谓夷之。""冬十月，葬蔡景公。不日卒而月葬，不葬者也。""四月，楚公子比弑其君。弑君者日，不日，比不弑也。""甲戌，同盟于平丘。其日，善是盟也。""内之大事日。即位，君之大事也。其不日，何也？以年决者，不以日决也。定之即位，何以日也？著之也。"它释时月者亦然，通经之士，可以默谕矣。沙鹿、梁山为两说，尤不然。苏子由春秋论云："公羊穀梁之传，日月土地，皆所以为训。夫日月之不知，土地之不祥，何足以为喜怒！"其意盖亦如此。

【校勘记】

〔一〕乙亥齐侯小白卒此不正其日之　"不"原作"以"，据库本、祠本改。按，春秋穀梁传注疏卷八作"不"。

8　柳应辰押字

予顷因见鄂州南楼土中磨崖碑，其一刻"柳"字，下一字不可识，后访得其人，名应辰，而云是唐末五代时湖北人也，既载之四笔中，今始究其实，柳之名是已。盖以国朝宝元元年吕溱榜登甲科，今浯溪石上有大押字，题云："押字起于心，心之所记，人不能知。大宋熙宁七年甲寅岁刻，尚书都官员外郎武陵柳应辰，时为永州通判。"仍有诗云："浯溪石在大江边，心记闲将此地镌。自有后人来屈指，四千六百甲寅年。"有阆中陈思者跋云："右柳都官欲以怪取名，所至留押字盈丈，莫知其何为。押字古人书名之草者，施于文记间，以自别识耳。今应辰镌刻广博如许，已怪矣。好事者从而为之说，谓能祛逐不祥，真大可笑。"予得此帖，乃恨前疑之非。石傍又有蒋世基述梦记云："至和三年八月，知永州职方员外郎柳拱辰受代归阙，祁阳县令齐术送行至白水，梦一儒衣冠者曰：'我元结也。今柳公游浯溪，无诗而去，子盍求之？'觉而心异之，遂献一诗。柳依韵而和，其语不工。"拱辰以天圣八年王拱辰榜登科，殆应辰兄也，辄并记之。

9　唐尧无后

尧、舜之子，不肖等耳。舜之后虽不有天下，而传至于陈及田齐，几二千载。惟尧之后，当舜在位时即绝，故禹之戒舜曰："毋若丹朱傲，用殄厥世。"又作戒曰："惟彼陶唐，有此冀方。今失厥道，乱其纪纲，乃底灭亡。"原丹朱之恶，固在所绝。方舜、禹之世，顾不能别访贤胄为之立继乎！左传载子产之辞曰："唐人是因，以服事夏、商，其季世曰唐叔虞。谓唐人之季，非周武王子封于晋者。成王灭唐而封太叔。"又蔡墨曰："陶唐氏既衰，其后有刘累氏，曰御龙。"范宣子曰："匄之祖，自虞以上为陶唐氏，在夏为御龙氏。"然则封国虽绝，尚有子孙。武王灭商，封帝尧之后于蓟，而未尝一见于简策。史赵言楚之灭陈，曰："盛德必百世祀，虞之世数未也。"臧文仲闻蓼与六二国亡，曰："皋陶庭坚不祀，忽诸！"尧之盛德，岂出舜、皋之下，而爵邑不能及孙，何也？

10　斯须之敬

今公私宴会，称与主人对席者曰席面。古者谓之宾、谓之客是已。仪礼燕礼篇："射人请宾。公曰：'命某为宾。'宾少进，礼辞。又命之，宾许诺。"左传季氏饮大夫酒，臧纥为客。宋公兼享晋、楚之大夫，赵孟为客。杜预云："客，一坐所尊也。"乾道二年十一月，薛季益以权工部侍郎受命使金国，侍从共饯之于吏部尚书厅，陈应求主席，自六部长贰之外，两省官皆预，凡会者十二人。薛在部位最下，应求揖之为客，辞不就，曰："常时固自有次第，奈何今日不然！"诸公言："此席正为侍郎设，何辞之为！"薛终不可。予时为右史，最居末坐，给事中王日严目予曰："景卢能仓卒间应对，愿出一转语折衷之。"予笑谓薛曰："孟子不云乎：'庸敬在兄，斯须之敬在乡人。'侍郎姑处斯须之敬可也。明日以往，不妨复如常时。"薛无以对，诸公皆称善，遂就席。

11 丙午丁未

丙午、丁未之岁，中国遇此辄有变故，非祸生于内，则夷狄外侮。三代远矣，姑摭汉以来言之。高祖以丙午崩，权归吕氏，几覆刘宗。武帝元光元年为丁未，长星见，蚩尤旗亘天，其春，戾太子生，始命将出征匈奴，自是之后，师行三十年，屠夷死灭，不可胜数，及于巫蛊之祸，太子子父皆败。昭帝元平元年丁未，帝崩，昌邑立而复废，一岁再易主。成帝永始二年，三年，为丙午、丁未，王氏方盛，封莽为新都侯，立赵飞燕为皇后，由是国统三绝，汉业遂颓，虽光武建武之时，海内无事，然勾引南匈奴，稔成刘渊乱华之衅，正是岁也。殇帝、安帝之立，值此二年，东汉政乱，实基于此。桓帝终于永康丁未，孝灵继之，汉室灭矣。魏文帝以黄初丙午终，明帝嗣位，司马氏夺国，兆于此时。晋武太康六年、七年，惠帝正在东宫，五胡毒乱，此其源也。东晋讫隋，南北分裂，九县飚回，在所不论。唐太宗贞观之季，武氏已在后宫，中宗神龙、景龙，其事可见。代宗大历元、二，大盗初平，而置其馀孽于河北，强藩悍镇，卒以亡唐。宝历丙午，敬宗遇弑。大和丁未，是为文宗甘露之悲，至于不可救药。僖宗光启之际，天下固已大乱，而中官劫幸兴元，襄王煴僭立。石晋开运，遗祸至今。皇朝景德，方脱契丹之扰，而明年祥符，神仙宫观之役崇炽，海内虚耗。治平丁未，王安石入朝，惛乱宗社。靖康丙午，都城受围，逮于丁未，汴失守矣。淳熙丁未，高宗上仙。总而言之，大抵丁未之灾，又惨于丙午，昭昭天象，见于运行，非人力之所能为也。

12 祖宗命相

祖宗进用宰相，惟意所属，初不以内外高卑为主。若召故相，则率置诸见当国者之上，太平兴国中，薛文惠公居正薨，卢多逊、沈伦在相位，而赵韩王普以太子太保散秩而拜昭文。咸平四年，李文靖公沆为集贤，而召故相吕文穆公蒙正为昭文。景德元年，文靖薨，王文正公旦、文穆公钦若为参政，不次补，而毕文简公士安由侍读学士、寇忠愍公准由三司使，并命为史馆、集贤，毕公虽历参政，不及一月。至和二年，陈恭公执中罢，刘沆在位，而外召文、富二公，文公复为昭文，富为集贤，而沆迁史馆。熙宁三年，韩献肃公绛、王荆公安石同拜，韩在上而先罢，荆公越四年亦罢。韩复为馆相，明年荆公再入，遂拜昭文，居韩之上。元祐元年，召文潞公于洛，司马公自门下侍郎，拜左仆射，固辞，乞令彦博以太师兼侍中行左仆射，而己为右以佐之。宣仁不许，曰："彦博岂可居卿上！"欲命兼侍中行右仆射，会台谏有言，彦博不可居三省长官，于是但平章军国重事。崇宁以后，蔡京凡四入，辄为首台。此非可论典故也。隆兴元年冬，汤岐公思退为右仆射，张魏公浚为枢密使，孝宗欲命张为左，请于德寿，高宗曰："汤思退元是左相，张浚元是右相，只仍其旧可也。"于是出命。

附录　关于容斋随笔及其作者洪迈的研究资料

小　引

关于容斋随笔及其作者洪迈之研究资料至多，今举其要。为眉目清晰计，今区而为三。一曰著录之属，二曰序跋之属，三曰传记之属。题跋之属于著录者，入著录之属；其属于刊刻者，入序跋之属。

一、著录之属

宋尤袤遂初堂书目一则

容斋随笔　小说类

宋陈振孙直斋书录解题一则

容斋随笔、续笔、三笔、四笔各十六卷，五笔十卷　翰林学士鄱阳洪迈景卢撰。每编皆有小序。五笔未成书。卷十杂家类

元脱脱宋史艺文志一则

洪迈随笔五集七十四卷　小说类

明杨士奇文渊阁书目二则

容斋随笔　一部，二十册，残缺。　卷八荒字号子杂

容斋随笔　一部，十四册，完全。　同上

明叶水盛菉竹堂书目一则

容斋随笔　一册　卷三

清钱谦益绛云楼书目一则

容斋随笔十册　随笔、续笔、三笔、四笔各十六卷，五笔十卷。卷二小说类

清毛扆汲古阁珍藏秘本书目一则

宋板容斋随笔三笔半部。七卷起，十六卷止。四本，一两六钱。

清永瑢等四库全书总目提要一则

容斋随笔十六卷，续笔十六卷，三笔十六卷，四笔十六卷，五笔十卷，宋洪迈撰。

迈字景卢，鄱阳人，皓之子。绍兴十五年进士，历官端明殿学士，事迹具宋史本传。其书先成随笔十六卷，刻于婺州，淳熙间传入禁中，孝宗称其有议论。迈因重编为续笔、三笔、四笔、五笔。续笔有绍熙三年自序，三笔有庆元二年自序，四笔有庆元三年自序，亦各十六卷。而五笔止十卷，盖未成而迈遂没矣。

其中自经、史、诸子百家以及医、卜、星、算之属，凡意有所得，即随手札记。辩证考据，颇为精确。如论易说卦"寡发"之为"宣发"，论豳风"七月在野"、"八月在宇"之文为农民出入之时，非指蟋蟀，皆于经义有裨。尤熟于宋代掌故。如以宋自翰林学士入相者非止向敏中一人，驳沈括笔谈之误，又引国史梁颢传证陈正敏遁斋闲览所纪八十二岁及第之说为不实，皆极审核。惟自序称作一笔首尾十八年，二笔十三年，三笔五年，四笔不费一岁。盖其晚年

撰夷坚志，于此书不甚关意，草创促速，未免少有牴牾。如谓刘昭注后汉书五十八卷，补志当在其中，而不知所注乃司马彪续汉书志，章怀太子以后汉书无志，移补其阙。又驳宣和博古图释云雷磬所引臧文仲以玉磬告籴之文，谓左传并无其说，而不知出自国语中，颇为失检。又如史家本末及小学字体皆无所发明，而缀为一条，徒取速成，不复别择。然其大致，自为精博。南宋说部，终当以此为首焉。前有嘉定壬申何异序，明李瀚、马元调先后刊行之。考永乐大典所载应俊合辑琴堂谕俗编中，有引容斋随笔所论服制一条，而今本无之。岂尚有所脱佚欤？明人传刻古书，无不窜乱脱漏者，此亦一证矣。卷一百十八

按：文中"续笔有隆兴三年自序"云云。"隆兴"乃"绍熙"之误，今正。

清陆心源仪顾堂题跋一则

容斋随笔十六卷，二笔十六卷，三笔十六卷，四笔十六卷，五笔十卷。明无锡安氏会通馆照宋绍定元年周某刊本，以活字印行。初笔前有何异序，二、三、四笔皆有自序，五笔后有丘楠跋、洪伋跋、周某刊板跋，每半页十八行，每行十七字，语涉宋帝，或提行，或空一格。宋讳多缺笔，盖悉照宋刊摹写者。板心有"会通馆活字铜板印"及"弘治岁在旃蒙单阏"等字。以弘治李瀚刊本互校，随笔卷十一小贞大贞条"若齐郁林王知"下夺五十馀字，"诗以见意"以下，乃唐诗戏语条之下半段，脱去上半二百一字，误连为一。四笔卷八"前后艺文"下夺六十馀字，其"或疾疫连数州"以下，乃承天寺塔条之下半段，脱去上半二百馀字，误连为一。想安氏所藏宋本有阙页，故有此误。两本皆刊于弘治中，皆以宋本重雕。李本似以宋本上板，故少夺落，此本以活字摆印，略更行款，故夺误较多。而丘楠、洪伋、周某三跋，则为此本所独，皆不失为善本。兵燹之后，李本固稀

如星凤，此本则尤为江南藏家所珍耳。卷十会通馆容斋五笔跋

按："周某"乃周文炳，见附录序跋之属。

清耿文光万卷精华楼藏书记八则

一　跋容斋五笔

容斋随笔十六卷、续笔十六卷、三笔十六卷、四笔十六卷、五笔十卷。宋洪迈撰。

明本　崇祯三年嘉定马元调重刊，每叶十八行，行十八字，板心中截正刻容斋几笔，旁刻卷第几，下截正刻叶数。随笔三百二十九则，续笔二百四十九则，三笔二百四十八则，四笔二百五十九则，五笔一百三十五则。每卷皆刻则数，不题洪氏名。五集总七十四卷，共一千二百二十则。书前有谢三宾、李瀚、马元调、何异刻书四序，各集有洪氏小序，惟五笔卷少而无序，盖绝笔于此，未成之书也。是书与沈存中梦溪笔谈、王伯厚困学纪闻并重于世，自经史典故、诸子百家，以及诗词、文翰、医卜、星算之类，意有所得，随手札记，昔人称其考据精确，议论高简，欧、曾之徒所不及也。故南宋说部以此为首。嘉定壬申，公从孙寺簿伋锓木于章贡郡斋，临川何异为之序，此初刻也。弘治戊午，沁水李瀚又刻之。马巽甫所刻，即李本补其残缺，改定千馀字。康熙三十九年，公之族孙璟得此板于嵺邑，补其阙失，志其本末。同治十一年，洪氏后裔重刊马本，今所行新丰洪氏祠本是也。李本最工整，予得汾阳曹氏所藏，纸墨俱佳，前后完善。马本不及李本，祠本又不如马本，几经翻刻，屡有增改，且有脱佚。提要云：考永乐大典有引容斋随笔论服制一条，而今本无之，此脱佚之一证。明人传刻古书，无不窜乱脱漏者，汲古毛本世最称善，而舛讹脱漏，亦所不免。直斋书录引癸辛杂识两条，钱竹汀检汲古阁本癸辛杂识，无此两条，想亦是脱漏。盖明人气习如此。又有钞撮容斋五笔，移置前后，编为五卷，名曰搜采异闻录，题宋永亨

撰，此亦明人所为，商氏刻入稗海，盖不知为欺世之本也。五笔有会通馆活字本，嘉定壬申丘𣙜跋、洪伋跋、周谨跋，皆今本所无。宋刻有婺女本、章贡本、建溪本，今皆不传。又有临安本，目录后有临安府鞔鼓桥南河西岸陈宅书籍舖印。桥在杭州府城内西北隅，陈思刻南宋六十家小集，首尾皆识临安府棚北大街陈氏书籍舖刊行。方回瀛奎律髓载陈起睦亲坊开书肆，自称陈道人。起字宗之，能诗，凡江湖诗人，皆与之游。尝刻江湖集以售。时又有卖书者，号小陈道人。据此，则陈思在大街，陈起在睦亲坊，在鞔鼓桥者别为一人，当时临安书肆，陈氏最著矣。陈本藏于内府，外间人不得见。诸家书目未有著录宋板者，元刻亦未之闻。钱氏养新录所据为会通馆本。初刻于婺州者止一集，嘉定壬申从孙伋合五笔刻于章贡，有何异及丘𣙜前后两序。又十年，伋守建宁，再刻于郡斋。伋自为跋，嘉定十六年八月也，最后。绍定改元，临川周谨因赣本漫灭，以建本参校重梓，此即会通馆所翻之本也。此本刊于弘治八年，板心有“会通馆活字铜板印行”两行，前有锡山华昱序，正文皆作夹注。知不足斋有义门评校本，拜经楼有影钞旧本，皆不知为何本。杭氏经韵楼全集有洪文敏年谱，读洪氏书者宜参考也。

二　跋谢三宾容斋随笔序

文光案，此即马巽甫所云明府公序也。巽甫所得李本不全，又借残本数卷，参伍改正，则亦非李本之旧矣。夷坚志载于直斋书录，以为谬用其心，甚不取之，妄人取广记欺之，即直斋之说，非胡元瑞语也。文敏著书，喜于贪多，唐绝至万，随笔至五，夷坚志至四百二十卷，以前则精心别择，至后急于成书，不免滥收，以盈其数。三书皆然，宜取其最先者。予欲取广记与夷坚志对校一过，姑识于此。

三　跋李瀚刻本自序

文光案，李序撰于弘治戊午，盖巡按河南时所刻，止有何异一序，实马本之所自出。文敏自四十一岁撰随笔，至七十五岁序四笔，已积三十五年，尚无五笔，李氏以为廿馀年，岂未睹自序乎！

四　跋何异容斋随笔序

文光案，何序撰于嘉定五年，此合五笔之第一刻，即李本之所自出。马本宋序仅存此篇，盖沿李本之旧。钱氏谓马刻尽削旧序，非也。陈录夷坚志甲至癸二百卷，支甲至支癸一百卷，三甲至三癸一百卷，四甲四乙二十卷，凡四百二十卷。何序三百乃四百之讹，非所得不全也。何同叔取陈昱所藏夷坚志重编为十卷，此序甚明。陈录载夷坚志类编三卷，四川总领陈昱日华编，当即同叔之本，而卷数、人名皆误也。夷坚志陆氏刻入十万卷楼丛书，何氏十卷之本，予家藏之，其别为一书者，则未见也。

五　跋洪迈容斋随笔初笔自序

文光案，此序题庚子，盖淳熙七年也。是时公年五十八岁，在建宁府任。

六　跋洪迈容斋随笔续笔自序

文光案，此绍熙三年序。是时公年七十岁，即去越之岁也。其侍孝宗之年，为六十五岁，一笔之成已八年。婺州本不详刻于何时，当在淳熙十年前后。

七　跋洪迈容斋随笔三笔自序

文光案，此庆元二年序，是时公年七十四岁。六十八岁知绍兴府，六十九岁从会稽还里，此六年中为学士。

八　跋洪迈容斋随笔四笔自序

文光案，此庆元三年序。文敏以耄年著书，取其速成，且意不属此，徒为稚子所迫，勉盈卷帙。故四笔、五笔不免牴牾，不如前三笔之精审。盖自序已然矣。是时公年七十五岁，又五年，以端明殿学士致仕，未几而卒，故五笔为未成之书。予初读李氏序，误以自越归后，不复禄仕，以著书终老。后读文敏自序，知其不然，因详考之。明人立说多卤莽，取原序一二语用之，不复覈其前后，且于岁月亦不细审，实足以疑误后人，不可不辨。叔渊吾晋人也，喜刻书，亦好事者，因以此补其不逮云。又按文敏四序，前二序在卷内书前，后二序在目录前，位置不同，未知宋本何如也。是书大有益于学问，宜家置一编，以为读书、作文之助。壬辰春日多暇，因取五笔，选其诂经者为一卷，考史者为一卷，记朝章典故者为一卷，评诗文者为一卷，终以异闻一卷，共五卷，颇便观览。凡书手录一过，胜于眼观三过，古人学问胜于今人者在此。然必辨其是非，正其讹谬，方为有益，学问思辨，缺一不可也。以上俱见卷九十二

周中孚郑堂读书记一则

容斋随笔十六卷，续笔十六卷，三笔十六卷，四笔十六卷，五笔十卷。树来堂刊本。宋洪迈撰。迈仕履见史钞类。四库全书著录，书录解题、通考、宋志小说家类俱载之。惟宋志题作随笔五集七十四卷。每编皆有自序，五笔仅成十卷而殁，故未有序。大都考覈经史，釐订典故，旁及诗词文翰数术医卜之类，无不有所辨证，因其后先，无复诠次，故目之曰随笔。加以续笔、三笔、四笔、五笔，莫非随之之意。昔人尝称其考据精确，议论高简，如执权度而称量万物，不差累黍，欧、曾之徒所不及也。其淹通该博，实为南宋说部之冠。朱子语录亦称其中辨得数种伪书皆是云。其书至嘉定壬申，其从孙伋知赣州始刻于郡斋，临川何异为之序。明弘治戊午，沁水李瀚复序而重刊之。崇祯庚午，嘉定马元调又重刊之，并为纪事一篇，同时谢三宾亦为之序。国朝康熙庚辰，其后人璟得马氏刊版，其有阙失者，一一补正完好，亦系以纪事一篇。卷五十四

罗振常善本书所见录一则

容斋随笔　七十四卷。马刻原印批校本，小字甚密，引申发明

处极多，洵为洪氏功臣，后有王西庄墨笔手跋。南宋说部诸书，王野客外，惟洪容斋称淹通赅博，后此作者如杨慎之丹铅录，胡应麟之少室山房笔丛，极欲方驾，以余观之，终嫌不逮也。此数册，为吾友竹珊所读，用功颇深，向从假阅，迟迟未返，而竹珊逝矣。摩挲旧物，不胜山阳之感云。戊子秋日，耕养斋主人记。有西庄居士（白方）、王鸣盛印（白方）、凤喈（半白朱）。卷三

缪荃孙跋一则

右容斋随笔、续笔三十二卷，宋嘉定刊本。每半叶十行，行廿一字，高七寸二分，广五寸五分。白口，口上有刻工姓名。题下四格，卷后书名空两行，皆宋板例。日本鞠山文库所藏，荆州田监督伏侯载以归。以马刻校之，止十三卷中落一行、续笔目录落一"目"、及总目后"凡二百四十九则"一条。续笔卷十四尹文子条"盖晋、宋时细人所作"，"细"不作"衲"。卷十六计然意林条"如伊尹不以一衣与人，亦不取一衣于人"，"衣"不作"介"。今意林作"介"。后人以孟子改之。此为至善。是书向以李瀚本、会通馆活字本为最善。马本自序云："向得沁水李公不全本，又得友人残本，汇而刻之。"乃其校订并不甚谬，亦可见前辈用力之勤矣。学部图书馆止存二册，一随笔弟四卷，一四笔弟五卷，行款同，而有大德乙亥补板。中"贞元"、"贞观"、"贞定"、"贞惠"并作"正"，"桓公"作"威公"，"魏徵"作"魏证"、"殷武"作"商武"、"颛项"作"颛帝"、"慎戒"作"谨戒"、"完颜亮"作"元颜亮"，至"匡"、"朗"、"勗"、"树"、"玄"、"弘"、"让"、"殷"、"徵"，则缺笔，"慎"、"贞"、"桓"缺二画，与他宋本不同。抬写如先朝、讳号，提行，"上"字有提行、有不提行，二笔铜雀丸砚"先公"亦提行，例均不一。惜止存两笔，不知天壤间尚有全部否？江阴缪荃孙跋。时年七十有五。影宋嘉定刊本卷末

王国维跋九则

一

宣统辛亥正月廿七日，灯下假荆州田氏宋本校此三卷毕。宋本何异序在目录后。清乾隆五十九年扫叶山房刊本容斋随笔卷首（三卷谓随笔前三卷）

二

宋本、田氏自日本购归。有鞠山文库印。十六卷后，有日本长禄庚辰丹波人梧巢慧驾语。长禄庚辰者，明天顺四年也。卷六、卷十一均有题识，以文琐不录。同上

三

荆州田氏藏嘉定赣州本，仅至续笔为止。闻前内阁大库中，尚有四笔，他日当取以再校。馀笔恐仅有李瀚本，不能更见宋刊矣。国维。同上容斋续笔卷十六之末

四

维校此本毕，缪艺风先生复取宋本校于马刻上。二本互勘，各得数十字，致为快意，落叶扫尘，非虚语也。同上

五

宣统辛亥正月，既以宋赣州本随笔、续笔校此本，又从罗氏唐风楼假得明"活字"本，行数、字数与宋本同，盖自宋本出也。即据以校三、四、五笔，可无遗憾矣。国维。同上容斋三笔卷首

六

唐风楼本或谓即李瀚本，然每行字形，殊不整齐。似活字本有二，一会通馆［本］，一兰雪堂本。此本行款一依宋本，殆即兰雪堂本矣。细阅罗本，实有不类活字，或系李本，后人去李序，以充宋刻耳。　同上

七

是岁八月，得见会通馆活字本，每半页双行，十八行，每行十七

字，前有华燧序。又记。同上

八

四笔序不连本文，与随笔、续笔不同，目后亦无总数。同上容斋四笔卷首

九

内阁大库有嘉定本。四笔前五卷，艺风老人曾取以校马本，因临校于此本上。其有与宋本不合者，不审何故，或缪校漏耳。凡朱笔者，临校也。国维。同上容斋四笔卷五之末

傅增湘跋十一则

一

容斋随笔十六卷、续笔十六卷　宋洪迈撰。

宋刊本，十行二十一字，白口，左右双阑，版心鱼尾上记字数，下记刻工姓名，宋讳慎、贞、桓缺笔，与他书不同。刻工有遇、鼎、谅、圭等字，又萧谅、邓鼎、萧文超、萧文显等。　曾藏日本鞠山文库，田伏侯在东时得之，今归徐恕介可。后余代涵芬楼收之，价一千二百金，印入四部丛刊中。

按：此本即底本之一。

二

容斋随笔十六卷、二笔十六卷、三笔十六卷、四笔十六卷、五笔十卷　宋洪迈撰。四笔一至八卷钞补。

明弘治八年华燧会通馆铜活字印本，九行十七字。除书名标题外，本书皆作双行。版心题“弘治岁在旃蒙单阏”，下方题“会通馆活字铜版印”。

有清严元照修能跋，录后：

“此卷中第十七则引孟子‘行者有裹囊’，新刻依流俗本改‘囊’为‘粮’，此旧本之可贵也。嘉庆八年十一月廿三日雨中书。

元照。”在随笔卷一后。

“世行容斋随笔字画粗劣可厌。此系翻宋绍定年间刊本，提行避讳一遵旧式，每叶上方有‘弘治岁在旃蒙单阏’八字，下方有‘会通馆活字铜版印’八字。书后有嘉定中丘㯳、洪伋两序，绍定中周谨跋，前有弘治八年华燧序，皆近本所无，纸墨亦古雅可爱。然亦颇有讹脱，随笔第十一卷合九、十两条为一，脱字二百七十九。续笔第三卷又合九、十两条为一，脱字百七十九。第九卷末则脱三百又六字，误杂于十一卷之首则中。凡书中夹注皆不具，盖由铜版无小字而然。又凡容斋自称名，皆脱去‘迈’字，不可解也。予既取新刻校而跋之，复书数语于此。予十年前于苏州萃古斋得宋刻夷坚甲、乙、丙、丁四志，共八十卷。乙、丙、丁志皆有容斋自序，为世人所未见者。今又得觏此本，予于容斋之书何多缘也。此本获港章君文鱼所藏，君之少子，予次女桐庆婿也。仲冬之朔订婣，此书与媒妁同来，兹将附便寄还，乃以香修小印钤于简端云。嘉庆八年十二月初六日黄昏蕙櫋书。”在随笔卷二后。

“竹墩朱履端教谕，章君之师也。今兹八十有五，犹留馆章氏。予于教谕案头见此书，予与章氏缔昏姻之雅，亦教谕启之。今夕校勘罢，遂作跋。将就寝而教谕之讣至，于今日晡时捐馆。其族弟竹海文学馆予家，故来报。既送竹海去，复挑灯书于三卷之末。异日章君见此跋，定黯然也。初六日，元照又书。”赵元方藏书。癸未

按：跋语中“周谨”之“周”后，明抄本有“文炳”二字，参本书附录序跋之属。

三

容斋续笔十六卷　宋洪迈撰。

明弘治八年乙卯华燧会通馆铜活字印本，九行十七字，书名大字，馀均小字双行，白口单阑。版心上方题“弘治岁在旃蒙单阏”，

中题"容斋续笔几卷",下题"会通馆活字铜版印"。余藏。

四

容斋随笔十六卷、续笔十六卷、三笔十六卷、四笔十六卷、五笔十卷　宋洪迈撰。

明弘治十一年李瀚刊本,十行二十一字,大黑口,四周双阑。明代原装。余藏。

五

容斋一笔十六卷、二笔十六卷、三笔十六卷、四笔十六卷、五笔十卷　宋洪迈撰。

明刊大字本,九行十八字。　前嘉定壬申何异五集总序。本书首行题容斋一笔卷第一,旁书二十九则,次低一格录洪迈小记三行。　钤有四明卢氏抱经楼藏书印。

按:此书刊刻精工,大字方整,似嘉靖本。马元调崇祯本行款正与此同,疑直翻此本,但随笔、续笔改称一、二笔为足异耳。余藏。

按:此本今藏北京国家图书馆。

六

容斋续笔十六卷　宋洪迈撰。

明末马元调刊本。何义门焯手校,有跋录后:

"又五月十四日阅,诘朝沂之士方以文会,而主人又将以唐诗类苑见委选练,三笔苦不得即阅。生平读书本以懒废,而他务夺之,为可叹息。"　后钤"青阳斋"、"何焯之印"、"屺瞻"、"玉常清暇"、"直夫"、"傲惰矫轻"各印。

又李葆恂跋:

"余酷嗜名人批点之书,谓能启发人神智,而于义门先生尤所服膺。先生年二十四客于山阳,与阎潜丘订交,遂精考订之学,又得张力臣符山堂藏书,闻见益博。方望溪侍郎每一文成，必置之先生友人案头，记其褒贬之语以定去留，其为名儒倾服若此。相传先生因'塞思黑'牵连被逮，家人闻将搜其笔札，将平生所著及评阅之籍尽付焚如，今所传义门读书记，盖先是门弟子所逡录，故或有赝本羼人也。石莲暗主人以此见示，评点既精，书法亦隽，先生的笔也。古籍日亡日少，先生真迹尤希如星凤，可为宝诸。癸丑十二月望，义州李葆恂识于津门寓舍。" 钤"猛堪"朱文圆印。

"先生讥容斋不免制科人习气，后来钱竹汀詹事亦笑先生以批纸尾家尚轻量古人。文人相轻类如此矣。"

寒夜诣藏园谈，主人方小极，犹丹铅不去手。适过录何校容斋残本，为海丰吴氏石莲暗藏书，有义州李猛厂长跋。反复爱玩，如接清尘。主人手倦，爰为录竟。 癸酉九月晦， 岳棻识。（此条后半傅岳棻代录）

七

容斋随笔十六卷、续笔十六卷、三笔十六卷、四笔十六卷、五笔十卷 宋洪迈撰。

明崇祯三年马元调刊本。

清何复斋临何焯、陈訏批本。诸跋录后：

"前四笔皆十六卷，而此止十卷，盖未成而公已□□□□之已五年，今始粗阅一过，予之废学亦可见矣。去年□□□□书颇多，咸以为非计，不知都下借书至不易得也。冬间□□□滞大定精舍，乡人以会试至者诮余曰：所攜书亦曾看过□□否？予愧谢之。然欲于半岁中阅三四千卷，虽古人或难之，乡人殆不识甘苦之语，以警予之惰则可耳。又五月二十一日灯下沂州奈园书塾书。屺瞻。"

"康熙乙未十二月重阅□□中，至正月三日而毕，去甲戌客临淮时已二十馀年矣。予精神日已向衰，读书所向[抵]滞，聪明非复当日，□□之留示馀儿，少小当早自鞭策也。”亦何氏跋。

“右容斋随笔五集，梅里何复斋先生所校也。先生为吾师徐传山太史之女婿，吾友蓉初司马之妇翁，生平无他嗜好，惟以典籍自娱，暇辄从事丹铅，精审不苟，所勘不下数十种，此其一也。盖悉遵拜经楼吴氏本，其间朱笔为陈言扬訏，蓝笔为何义门焯，分录眉端，首尾如一，非率尔操觚者比。兹先生已归道山，蓉初出此索跋，爰缀数语，愿何氏子子孙孙永宝之。光绪二十五年己亥正月海昌朱昌燕书于沙滨草堂。”余藏。

八

容斋随笔十六卷、续笔十六卷、三笔十六卷、四笔十六卷、五笔十卷 宋洪迈撰。

明人照宋钞本，棉纸墨格，九行十七字。卷中遇宋帝提行空格，涉文敏亦提行。五笔后有嘉定壬申子月初吉里学生从事郎充江南西路提举茶盐司干办公事丘讦序，又嘉定十六年孙伋序，又绍定改元周文炳跋。此三序跋，明嘉靖本及马元调本不载，惟活字本有之。

钤有“温仪可象”及“斐斋图书”各印，皆明人印章。丙辰记，余藏。

按：此本今藏北京国家图书馆。

九

容斋随笔十六卷、二笔十六卷、三笔十六卷、四笔十六卷、五笔十卷 宋洪迈撰。

旧钞本，照崇祯马元调本录出。全部朱笔批点，为陈宋斋訏手笔。其蓝笔则吴兔床临何义门评校者也。旧为宣城李氏藏书，今归吴县徐君芷升。

“乾隆辛丑春日，偕鲍君以文游武原，有书估谒予舟次，攜钞本容斋五笔求售，有硃笔评校，盖陈宋斋先生笔也，因酹以直得之。复从鲍君借所藏何义门先生评校本，用蓝笔点次。鲍本末复有筠溪煦一跋，不具录。壬寅冬日，兔床吴骞记”后钤“醉花庵主”朱文印。

“此书予得之顾布衣君源，前有元调巽[甫]序，识重刻之缘起，行文犹有震川馀韵，而君源弃之，岂以其序中及鹅笼公故耶。焯记。”此跋在何异序后。

“甲戌又五月初九日沂州奈园书塾雨窗阅。此书刻于崇祯间，舛讹必多，惜予浅学不能正也。平阳兄有亭林先生手书小字节本，当假而校之。此本出于丘子成先生家，比之嘉靖以前旧本为优。练以文有沈存中笔谈刊本，予家无之，其板亦尚存，他日尚当置一本也。何焯记。”此则在随笔卷五后。

“四笔所记或不详审，师丹老忘，殆非前三笔比矣。四笔、五笔讹字亦多，校刻者往往始勤终怠，亦一失也。何焯记”此则在四笔后。

钤印有：“查继左印”、“伊璜氏”、“宣城李氏瞿研石室图书印记”朱、“宛陵李之郇藏书印”、“佞汉斋藏宋元椠经籍记”、“李伯雨校定”、“李之郇印”、“行行万里”、“新若手未触”白、“江城如画楼”、“莲隐”。

按：此书余曩在南中曾收得马元调本，有梅里何复斋先生评点，卷末有朱昌燕跋，云悉遵拜经楼吴氏本。其间朱笔为陈言扬訏，蓝笔为何义门焯，分录眉端行间，标点亦通体工整，余藏之箧中已近廿年。顷徐君芷升以写本容斋五笔见寄，云旧为拜经楼中物，原本为陈言扬先生手批，复经兔床临写、义门评点,以前辈名迹郑重相托,将以传诸其人。予发函谛视,则正为何氏所临之底本也。予前获临本,既已什袭珍藏,不意二十年后更得亲见真本,何巧合如是耶!抑有不可解者,原本系照马氏所刻传摹,其行格及序文均按之刻本无异。陈言扬氏去明末未远,又马氏本流传尚多,何乃不惜繁难如此。岂所居僻远求书顾不易耶!卷中何、陈二先生所录皆为评骘是非或考证辨难之言,于文字异同殊少校订,盖此书自马本盛行,古刻殊不易觏也。予生平于此书所见异本特多,曾收宋本随笔及续笔二集,今尚藏涵芬楼中,视北京图书馆残本摹印为精,而同年叶奂彬乃认为高丽覆雕,殊难索解。此外会通馆活字本、弘治李瀚本、嘉靖大字本及明钞本,予皆得度储且从而勘读之,然其文字殊未有胜于马氏本者。以是推之,则巽甫所言会合数本,较勘翻刻,参伍是正,改定千馀字者,其说固非妄,而其精勤亦已至矣。惟明钞本五笔后有嘉定壬申丘棣序,侄孙洪伋跋,绍定元年临川周谨重刻书跋,为马本所无,而会通馆本独为完具,意巽甫重刻时固未及见活字本也。锡山安氏、沁水李氏皆弘治时人,自崇祯上溯不越百馀年,而巽甫访求二十馀年,或只得残卷,或未经寓目,可知古人著述绵历久远留贻以至于今者,搜辑订正,存之如是其艰,散轶摧残,失之又何其易!况复水火兵戈,祸乱相寻,茫茫浩劫,伊于胡底,能勿惧哉!壬申九月二十三日藏园居士记。

十

容斋一笔十六卷、二笔十六卷、三笔十六卷、四笔十六卷、五笔十卷　宋洪迈撰。

日本写本,十行二十一字。一笔、二笔以宋本校过,审为田伏侯手笔也。(文禄堂王晋卿购于厂甸,持以送阅。丁卯)　以上俱见藏园群书经眼录

十一

容斋随笔前后凡七十四卷，宋时有嘉定、绍定两刻本，明代有会通馆活字本、弘治李瀚刻、崇祯马元调本。今宋本只存随笔、续笔及四笔残卷，会通馆及李氏本亦世所稀见，今之传布者独马氏本耳。余昔年在南中得明刊大字本，为抱经楼卢氏旧藏，各家藏目均未见著录。原书半叶九行，每行十八字，白口，左右双阑，大字疏朗悦目。前后无序跋，未审何时及谁氏所刻，以字体雕工风气定之，当为嘉靖时刻本，与马氏本版式行格绝相类，惟标题作"一笔"、"二笔"为独异耳。余颇疑马氏乃直就此嘉靖本翻刻，其序谓得李瀚本者，或据以校勘耶！原阙一笔卷九之十二，余属写官取马本依仿其行格补成，遂为完璧。至其文字之得失，俟暇时检宋刻本及李本互勘之。藏园群书题记卷七嘉靖本容斋五笔跋

按：此本即第五则所云之明刊大字本。今藏北京国家图书馆。

又，傅增湘跋十一则中之第九则转录何焯"四笔所记或不详审"一条之下，尚有何焯"前四笔皆十六卷"云云、"康熙乙未"云云二条，已见此前傅增湘跋之第七则，兹删去（"康熙乙未"条末，有傅氏"此二则在五笔后"七字）。

又，傅跋第七则"康熙乙未"云云一则之后，尚有吴骞跋一条"乾隆辛丑春日"云云。此条，第九则又见，吴跋之末，有傅氏后钤'醉花庵主'朱文印九字；今删去第七则中吴骞跋（以有傅氏之语，故删彼留此）。

张元济跋一篇

洪文敏自序称余作容斋随笔首尾十八年，续笔十三年，三笔五年，四笔不费一岁。丘楙跋称笔为卷各十六，咸冠以叙，五独十卷而无题辞，盖未及成而绝笔也。随笔刻于婺州，嘉定中，其侄孙伋守章

贡,始裒五笔锓于郡斋,其后移守建宁,又复锓之。绍定改元,临川周谨得建溪刊本,更为覆刻。是本随笔、续笔均宋刻,宋讳阙笔,或改字以避,当即伋守章贡时所刊者。字体端严,写刻绝精。明嘉靖本误处甚多,此可是正。四笔卷一至五亦宋刻,行款相同,然刻工姓名无一与首二笔同者,且字体已转为圆润,疑是建宁覆本,且有元大德补刊之叶,馀皆配以明华氏会通馆铜活字板。此由宋绍定刊本出,世亦推为善本。顾间有讹夺,四笔卷八承天塔记"或疾疫连数十州"至穆护歌末行,误羼入项韩兵书第二三行间,今为移正,取便读者。其空格阙字,则仍未敢率补。清代坊刻随笔卷九阙五胡乱华一则,三笔卷三阙北狄俘虏之苦一则,卷五阙北虏诛宗王一则,盖当时深讳"胡"、"虏"等字,刊者惧罹禁网,故概从删削。又三笔卷七唐昭宗恤录儒士一则,坊本移入卷五,均非洪氏旧第,其窜乱脱漏,殆更甚已。民国纪元二十三年十月,海盐张元济。商务印书馆涵芬楼影印四部丛刊续编容斋随笔卷末

二、序跋之属

宋何异序一篇

知赣州寺簿洪公伋,以书来曰:"从祖文敏公由右史出守是邦,今四十馀年矣。伋何幸远继其后,官闲无事,取文敏随笔纪录,自一至四各十六卷,五则绝笔之书,仅有十卷,悉锓木于郡斋,用以示邦人焉。想像抵掌风流,宛然如在,公其为我识之。"

仆顷备数宪幕,留赣二年,至之日,文敏去才旬月,不及识也。而经行之地,笔墨飞动,人诵其书,家有其像,平易近民之政,悉能言之。有诉不平者,如诉之于其父,而谒其所欲者,如谒之于其母。后十五年,文敏为翰苑,出镇浙东,仆适后至,滥叨朝列,相隔又旬

月，竟不及识。而与其子太社榟，其孙参军偃，相从甚久，得其文愈多，而所谓随笔者，仅见一二，今所有太半出于浙东归休之后，宜其不尽见也。可以稽典故，可以广闻见，可以证讹谬，可以膏笔端，实为儒生进学之地，何止慰赣人去后之思。仆又尝于陈日华晔，尽得夷坚十志与支志、三志及四志之二，共三百二十卷，就摘其间诗词、杂著、药饵、符呪之属，以类相从，编刻于湖阴之计台，疏为十卷，览者便之。仆因此搜索志中，欲取其不涉神怪，近于人事，资鉴戒而佐辩博，非夷坚所宜收者，别为一书，亦可得十卷。俟其成也，规以附刻于章贡可乎？

寺簿方以课最就持宪节，威行溪洞，折其萌芽，民实阴受其赐。愿少留于此，他日有馀力，则经纪文敏之家，子孙未振，家集大全，恐驯致散失，再为收拾实难。今盘洲、小隐二集，士夫珍藏墨本已久，独野处未焉，寺簿推广随笔之用心，愿有以亟图之可也。嘉定壬申仲冬初吉，宝谟阁直学士、太中大夫、提举隆兴府玉隆万寿宫临川何异谨序。影宋嘉定刊本容斋随笔卷首

宋丘楗跋一篇

自随笔权舆，而续之次、三至五，合七十四卷，容斋先生文敏洪公之所纪述也。笔为卷各十六，咸冠以叙，五独十卷，而无题辞，盖未及成而绝笔也。先生父子伯仲以文筞相禅，屹为一代诗书礼乐宗主，论中兴人物巨擘，当首屈也。蒙和四朝，眂仪两地。大而裁成国史，作宋一经。次而代言坡掖，雷风鼓动。其它高文大册，胪分两稿，而是书所载，又翰墨之馀力也。其为书也，阴阳象纬，是钩是索，经籍传注，是纠是砭。古事于我乎发覈，古人于我乎品藻。正讹考异，核伪剖微。若典故沿革，若姓族谱谍。文有町畦，诗有胎骨。源而委，叶而根。下逮仙梵医数，亦时罔罗。为之量齐，千汇万状，而道以贯之，卒归乎一也。圭璋璧琮，旅㯷位置，而犀象珠

贝，钟磬彝鬲，又错其中、丽其侧也。今江右祥刑使者寺簿公，视先生为从祖，赣昔作屏，依然遗爱。闻孙绍最，因任乘轺，亦既出潢池赤子，劳徕而枕席之。台府文书益省，乃裒五笔而刻诸梓，校宝婺旧刊，兹为全书，将使章贡父老指为棠阴之茇也。以梂闾阎晚生，首况摹本，俾克细绎。念昔侍先生丈席，尝窃窥绪馀，或与客语，悠然反隅，或阅近书，跃然触机，辄引笔行墨，顷刻数则，殆如凿地而井，随凿涌泉，桥衡百罂，衮衮不竭，巨畚万茧，信手得绪，缫之杼之，可丈而可匹也。汉王充有书，释物类同异，正时俗嫌疑，名曰论衡。而唐李肇纪事，实探物理，辨疑惑，示劝戒，采风俗，助谭笑，号其书国史补，论议有识，以权衡史籍，有功于裨补，沿名取义，于先生宜两得也。论衡八十五篇，二十馀万言，而史补仅仅三卷，彼善于此，犹足称雄。然史载充著书时，闭门潜思，绝庆吊之礼，户牖墙壁，各置刀笔，或者为先生哂之，彼一何劳而我佚也。蔡邕入吴，始得其书，归藏帐中，或搜得抱数卷去，邕嘱勿广，曰："惟我与尔共之。"噫嘻，邕护它人书，闷惜如宝。寺簿公乃出其家书与众共之，自是人可读，户可传，又将无翼而蜚，且至鸡林矣。此其量之广狭，见之公私，又何翅山渊夐而霄壤隔也。嘉定壬申子月初吉，里学生从事郎充江南西路提举茶盐司干办公事丘梂谨书。影印明会通馆活字印本容斋随笔卷末

宋洪伋跋一篇

叔祖文敏公居闲日久，著述为多，随笔五书，凡七十四卷，考覈经史，捃摭典故，参订品藻，精审该洽，学士大夫争欲传袭。伋顷守章贡，后公四十年，以其书锓于郡斋。竭来守建，又后公四十三年，于是复锓此书于建。方欲汇公之文刻置祠下，适以移官未暇也。当嗣图之，以成山庄先生之志云。嘉定十六年秋八月既望，侄孙朝议大夫、直华文阁、知建宁军府事、新除直敷文阁、知隆兴府江西安

抚伋谨识。影印明会通馆活字印本容斋随笔卷末

宋周文炳跋一则

容斋随笔初刊于婺女，自续至五，继刊于章贡。然岁久字漫，不复可辨。绍定改元，文炳偶得建溪刊本，详加校，命工锓梓。始于是年之仲春，讫于次年之季秋，刊成全书，庶几流传益广云。重九日，临川周文炳谨书。明抄本卷末

明华燧序一篇

博学而详说之，将以反说约也。然博而不约者有矣，未有不博而能至于约也。容斋随笔，书之博者也。提纲挈领，博而能约者也。书成于宋学士洪景卢，学者歆羡而未得其真者久矣。太医院医士吴郡盛用美得之于京师，士夫欲版其行，邑宰邢君阳民用而未行，适佥宪雷公水利江南，巡行吾锡，遂致礼会通馆以达君志。呜呼，燧生当文明之运，而活字铜版，乐天之成，苟以是心，至应之惟谨，况士夫以稽古为事，君以爱民为心，而公礼意兼至者乎！虽然，学者徒务其博而不能反说以至于约，则是书为糟粕，岂公之所望于人者哉！弘治八年中秋，锡山华燧序。会通馆活字印本卷首

明李瀚序一篇

书必符乎名教，君子有所取，而读者要非无益之言也。夫天下之事，万有不齐，而可以凭藉者理之正，事不一而理有定在，犹百川万折，必归于海。否则涉于荒唐缪悠，绝类离索，以盲聩人之耳目者，在所不取。古今驰声于墨札之场者，嘘英吐华，争相著作，浩渺连舻，策氏籍名，不可纪极，嗜博者亦必珍如拱璧，而把玩之不辍焉。

文敏公洪景卢，博洽通儒，为宋学士。出镇浙东，归自越府，谢绝外事，聚天下之书而遍阅之。搜悉异闻，考核经史，捃拾典故，值言之最者必札之，遇事之奇者必摘之，虽诗词、文翰、历谶、卜医，钩纂不遗，从而评之。参订品藻，论议雌黄，或加以辩证，或系以赞

繇，天下事为，寓以正理，殆将毕载。积廿馀年，率皆成书，名曰随笔，谦言顺笔录之云尔。加以续笔、三笔、四笔，绝于五笔，莫非随之之意，总若干万言。比所作夷坚志、支志、盘洲集，踔有正趣。可劝可戒，可喜可愕，可以广见闻，可以证讹谬，可以祛疑贰，其于世教未尝无所裨补。

予得而览之，大豁襟抱，洞归正理，如跻明堂，而胸中楼阁四通八达也。惜乎传之未广，不得人挟而家置。因命纹梓，播之方舆，以弘博雅之君子，而凡志于格物致知者，资之亦可以穷天下之理云。弘治戊午冬十月既望，巡按河南监察御史沁水李瀚书。李本卷首

明马元调序一篇

元调少时就童子试于松江，郡将堂邑许公，通经学古人也。一语意合，或旬日再三召，恒坐列肆中，以待门启而入。有鬻容斋随笔者，取阅一二，则喜其闻所未闻，千钱易之。然犹未悉容斋之为何等人，随笔之为何等书也。归以告本师子柔先生，先生曰："此宋文敏洪公之所著书，其考据精确，议论高简，读书作文之法尽是矣。"又曰："吾向从丘子成先生见此书而不全，汝亟取以来，吾将卒业焉。"又曰："考据议论之书，莫备于两宋，然北则三刘、沈括，南则文敏兄弟，欧、曾辈似不及也。"元调谨受教，日夕浸灌其中，行李往来，未尝不挟与之俱。

壬子秋，寓长干报恩僧舍，得略识一时知名士，每集必数十人，论及古今成败及文章得失，忿争不决者，元调辄片言以解，此书之助为多。间以示玉绳周子，读之尽卷，惘然曰："古人学问如是，吾侪穷措大，纵欲留意，顾安所得书，又安所得暇日乎？虽然，吾来年将馆丹阳荆氏，君游踪务相近，颇载所藏书借我。"已而周子入翰林为修撰，寄语："子今不患无书可读矣。"周子谢不敏，报书："吾则未暇，留以待子。"盖戏之也。自后读随笔渐熟，又推其意以渐读他

书，如执权度称量万物，爽者鲜矣。每逢同侪，必劝令读是书，而传本甚少，慨然欲重梓以公同好。

去年春，明府勾章谢公刻子柔先生等集，工匠稿不应手，屡欲散去。元调实董较勘，始谋翻刻，以寓羁縻。而所蓄本未免舛讹，适丘子成先生家鬻旧书，得向不全本，考其序，乃弘治中沁水侍御李公瀚所刻。又从友人沈子海借得残落数卷，会之良合。然舛讹较所蓄本尤多，参伍是正，为改定千馀字，仍阙其疑，明府公遂为之序，复纪其重刻之故，以告我后人。

嗟乎！二十年之间，曩时相与读是书者，遭逢圣明，当古平章军国之任，元调独穷老不遇，啜粥饮水，优游江海之滨，聊以整顿旧书为乐事，曾不得信其舌而夺其笔，何托落之甚也。上有稷、禼，下有巢、由，道并行而不相悖，均之为太平之象，亦各言其志也已矣。崇祯三年三月朔，嘉定马元调书于僦居之纸窗竹屋。马本卷首

按：马本此文原题"重刻容斋随笔纪事"。

明谢三宾序一篇

宋南渡后，名臣屈指，洪氏忠宣著冰天之节，与苏属国争光。其子文惠、文安、文敏，先后立朝，名满天下。文敏尤以博洽受知孝宗，史称其考阅典故，渔猎经史，极鬼神事物之变。所纂述有夷坚志、万首唐诗、容斋五笔等书，学士家脍炙之。然唐绝时杂宋人之作，前辈病其庞杂。夷坚一书，吾乡胡元瑞尝言容斋晚岁急于成书，其门下客多取太平广记中旧事，改易姓名以欺之，亦不复辨。由此观之，则二书跧盩盖亦多矣。惟五笔系生平睹记，捃缀奚囊，久而成集，往往传信后代，博雅之士亟称是书，有以哉！昔赵和仲尝言知古莫如洪景卢，知今莫如陈君举。读五笔所记，宁独知古已耶！是书向无佳刻，得者复不能全，马巽甫博学好古，汇而梓之，兼精心慧识，长于较雠，鲁鱼亥豕，考核再四，人亦有言，讹如落叶，扫而愈

有，巽甫兹刻，吾知免夫。其有功载籍，岂浅鲜耶！余喜而为之序。古勾章谢三宾撰。马本卷首

清洪璟序一篇

先文敏公容斋先生随笔一书，与沈存中梦溪笔谈、王伯厚困学纪闻等，后先并重于世。其书自经史典故、诸子百家之言，以及诗词文翰、医卜星历之类，无不纪载，而多所辨证。昔人尝称其考据精确，议论高简，如执权度而称量万物，不差累黍，欧、曾之徒所不及也。

考公自浙东致政归田里后，自谓老懒读书不多，凡意有得，随笔志之，初成十六卷，又续笔以至三笔、四笔、五笔共七十四卷。宋嘉定中，公从孙寺簿伋，锓木于章贡郡斋。明弘治中，沁水御史李公瀚，又尝序而梓之。其嘉惠来学，为读书稽古之益者，岂为少哉！吾家旧有此书，乃嘉定娄先生子柔，俾其门人马巽甫氏刻而行世者。又尝补其残缺，订其舛讹，流传于今，亦已七十馀年矣。从子天爵，自郿邑得此版而归于璟，其有阙失者，一一补正完好，重为披读，如获重器焉，然愧学殖荒落，不能发明其万一。而公之沾丐后人者，已历五百年所，又世为家藏之旧，用以公诸天下博雅嗜古之儒，未必不如瑚琏、簠簋三代法物，登之宗庙，可以观礼，与他玩好者殊异也。公父子兄弟，忠孝大节，炳在宋史，人皆知之。

又公所著有文集、唐人万首绝句、夷坚志等书，其题跋一种，今刻于津逮秘书中，又巽甫刻有梦溪笔谈，与是书如合璧然，皆天下之公物也。璟喜是书之归，而有光复旧物之意，因志其本末如此云。康熙三十九年春三月，族孙璟谨书。祠本卷首

聂崇岐序一篇

宋绍兴中，三洪以文章噪一时。三洪者，文惠适（一一一七——一一八四），文安遵（一一二〇——一一七四），文敏迈（一一二三——一二〇二），皆忠宣皓（一〇八八——一一五五）子也。而文

敏尤博洽。其文，备众体；其学，兼综经史，出入百家；其箸述甚多，见于宋史艺文志者约三十种；而士林独重其容斋随笔。

考据之学，兴于唐，盛于宋，前后名家，凡数十辈。宋政尚宽仁，文网疏阔，学士大夫，每就闻见所及，自军国重事以至委巷琐谈，箸于竹帛；故私家笔记之书远超前代。容斋随笔实兼二体。其考据，博引详徵，不苟同，不苟立异，不为高奇之论，而以至当为归；淹通处，时可方驾深宁。其记述宋代故事，推本求原，综核贯穿，历历若指诸掌；精确处则又常胜存中也。

随笔共五集，七十四卷。曰随笔，十六卷，完成于淳熙七年（一一八〇）；曰续笔，十六卷，完成于绍熙二年（一一九三）；曰三笔，十六卷，完成于庆元二年（一一九六）；曰四笔，十六卷，完成于庆元三年（一一九七）；曰五笔，十卷，盖绝笔之作，未成完书也。

随笔初集成，即有婺州刻本。嘉定中，其侄孙伋守赣州，更取全部，为之镂版郡斋。明李瀚、马元调及会通馆、兰雪堂皆有刊本；而马板独通行，清康熙乾隆光绪时，数有翻刻。惟明人刻书，每喜改窜，据四库总目所言，随笔亦非完璧，可慨已！

随笔为治宋史及考据学者必读之书。顾全帙一千二百一十九条，三十五万馀言，逐页翻阅，需时孔多。因取光绪二十年皖南洪氏重刊本，编为引得；庶按图索骥，或能收事半功倍之效也。

中华民国二十二年四月二十二日，聂崇岐序于蔚秀园。容斋随笔五集综合引得卷首

三、传记之属

宋史洪迈传一篇

迈字景卢，皓季子也。幼读书日数千言，一过目辄不忘，博极

载籍，虽稗官虞初，释老傍行，靡不涉猎。从二兄试博学宏词科，迈独被黜。绍兴十五年始中第，授两浙转运司干办公事，入为敕令所删定官。皓忤秦桧投闲，桧憾未已，御史汪勃论迈知其父不靖之谋，遂出添差教授福州。累迁吏部郎兼礼部。

上居显仁皇后丧，当孟飨，礼官未知所从，迈请遣宰相分祭，奏可。除枢密检详文字。建议令民入粟赎罪，以纾国用，又请严法驾出入之仪。

三十一年，议钦宗谥，迈曰："渊圣北狩不返，臣民悲痛，当如楚人立怀王之义，号怀宗，以系复雠之意。"不用。吴璘病笃，朝论欲徙吴拱代之。迈曰："吴氏以功握蜀兵三十年，宜有以新民观听，毋使尾大不掉。"知枢密院事叶义问出视师，奏以迈参议军事，至镇江，闻瓜洲官军与金人相持，遑遽失措。会建康走驿告急，义问遽欲还，迈力止之曰："今退师，无益京口胜败之数，而金陵闻返旆，人心动摇，不可。"迁左司员外郎。

三十二年春，金主褒遣左监军高忠建来告登位，且议和，迈为接伴使，知峰门张抡副之。上谓执政曰："向日讲和，本为梓宫、太后，虽屈己卑辞，有所不惮。今两国之盟已绝，名称以何为正，疆土以何为准，朝见之仪，岁币之数，所宜先定。"及迈、抡入辞，上又曰："朕料此事终归于和，欲首议名分，而土地次之。"迈于是奏更接伴礼数，凡十有四事。自渡江以来，屈己含忍多过礼，至是一切杀之，用敌国体，凡远迎及引接金银等皆罢。既而高忠建有责臣礼及取新复州郡之议，迈以闻，且奏言："土疆实利不可与，礼际虚名不足惜。"礼部侍郎黄中闻之，亟奏曰："名定实随，百世不易，不可谓虚。土疆得失，一彼一此，不可谓实。"兵部侍郎陈俊卿亦谓："先正名分，名分正则国威张，而岁币亦可损矣。"

进起居舍人。时议遣使报金国聘，三月丁巳，诏侍从、台谏各举可备使命者一人。初,迈之接伴也,既持旧礼折伏金使,至是,慨然请行。于是假翰林学士,充贺登位使,欲令金称兄弟敌国而归河南地。夏四月戊子,迈辞行,书用敌国礼,高宗亲札赐迈等曰:“祖宗陵寝,隔阔三十年,不得以时洒扫祭祀,心实痛之。若彼能以河南地见归,必欲居尊如故,正复屈己,亦何所惜。”迈奏言:“山东之兵未解,则两国之好不成。”至燕,金峰门见国书,呼曰:“不如式。”抑令使人于表中改陪臣二字,朝见之仪必欲用旧礼。迈初执不可,既而金锁使馆,自旦及暮水浆不通,三日乃得见。金人语极不逊,大都督怀忠议欲质留,左丞相张浩持不可,乃遣还。七月,迈回朝,则孝宗已即位矣。殿中侍御史张震以迈使金辱命,论罢之。明年,起知泉州。

乾道二年,复知吉州。入对,遂除起居舍人,直前言:“起居注皆据诸处关报,始加修纂,虽有日历、时政记,亦莫得书。景祐故事,有迩英延义二阁注记,凡经筵侍臣出处、封章进对、宴会赐予,皆用存记。十年间稍废不续,陛下言动皆罔闻知,恐非命侍本意。乞令讲读官自今各以日得圣语关送修注官,令讲筵所牒报,使谨录之,因今所御殿名曰祥曦记注。”制可。

三年,迁起居郎,拜中书舍人兼侍读、直学士院,仍参史事。父忠宣、兄适、遵皆历此三职,迈又踵之。迈奏:“三省事无巨细,必先经中书书黄,宰执书押,当制舍人书行,然后过门下,给事中书读,如给、舍有所建明,则封黄具奏,以听上旨。惟枢密院既得旨,即书黄过门下,例不送中书,谓之‘密白’,则封驳之职似有所偏,况今宰相兼枢密,因而釐正,不为有嫌。望诏枢密院,凡已被制敕,并关左右省依三省书黄,以示重出命之意。”报可。

六年,除知赣州,起学宫,造浮梁,士民安之。郡兵素骄,小不如欲则跋扈,郡岁遣千人戍九江,是岁,或怵以至则留不复返,众遂反戈。民讹言相惊，百姓恟惧。迈不为动，但遣一校婉说之，俾归营，众皆听，垂橐而入，徐诘什五长两人，械送浔阳，斩于市。辛卯岁饥，赣适中熟，迈移粟济邻郡。僚属有谏止者，迈笑曰："秦、越瘠肥，臣子义耶？"寻知建宁府。富民有睚眦杀人衷刃篡狱者，久拒捕，迈正其罪，黥流岭外。

十一年，知婺州，奏："金华田多沙，势不受水，五日不雨则旱，故境内陂湖最当缮治。命耕者出力，田主出谷，凡为公私塘堰及湖，总之为八百三十七所。"婺军素无律，春给衣，欲以缗易帛，吏不可，则群呼啸聚于郡将之治，郡将惴恐，姑息如其欲。迈至，众狃前事，至以飞语榜谯门。迈以计逮捕四十有八人，置之理，党众相嗾，哄拥迈轿，迈曰："彼罪人也，汝等何预？"众逡巡散去。迈戮首恶二人，枭之市，馀黥挞有差，莫敢哗者。事闻，上语辅臣曰："不谓书生能临事达权。"特迁敷文阁待制。

明年，召对，首论淮东边备六要地：曰海陵，曰喻洳，曰盐城，曰宝应，曰清口，曰盱眙。谓宜修城池，严屯兵，立游桩，益戍卒。又言："许浦宜开河三十六里，梅里镇宜筑二大堰，作斗门，遇行师，则决防送船。"又言："冯湛创多桨船，底平樯浮，虽尺水可运。今十五六年，修葺数少，不足用。"谓宜募濒海富商人船予爵，招善操舟者以补水军，上嘉之。以提举佑神观兼侍讲、同修国史。

迈初入史馆，预修四朝帝纪，进敷文阁直学士、直学士院。讲读官宿直，上时召入，谈论至夜分。十三年九月，拜翰林学士，遂上四朝史，一祖八宗百七十八年为一书。

绍熙改元，进焕章阁学士、知绍兴府。过阙奏事，言新政宜以十渐为戒。上曰："浙东民困于和市，卿往，为朕正之。"迈再拜曰："誓尽力。"迈至郡，覈实诡户四万八千三百有奇，所减绢以匹计者，略如其数。提举玉隆万寿宫。明年，再上章告老。进龙图阁学士。

寻以端明殿学士致仕，是岁卒，年八十。赠光禄大夫，谥文敏。

迈兄弟皆以文章取盛名，跻贵显，迈尤以博洽受知孝宗，谓其文备众体。迈考阅典故，渔猎经史，极鬼神事物之变，手书资治通鉴凡三。有容斋五笔、夷坚志行于世，其他著述尤多。所修钦宗纪多本之孙觌，附耿南仲，恶李纲，所纪多失实，故朱熹举王允之论，言佞臣不可使执笔，以为不当取觌所纪云。卷三百七十三